COMMENTARY & PHOTOGRAPH FOR ALL PSP FAN!

PSP

플레이스테이션 포터블 퍼펙트 카탈로그

PlayStation Portable Perfect Catalogue

마에다 히로유키·조기현 감수

김경문 옮김

samho MEDIA

머리말

2022년 초 '플레이스테이션 퍼펙트 카탈로그' 상·하권을 발매(한국 기준)한 이후로, 소니컴퓨터엔터테인먼트(이하 SCE, 현 소니인터랙티브엔터테인먼트)가 내놓은 게임기를 소재로 삼은 두 번째 퍼펙트 카탈로그. 이번 책의 테마는 '플레이스테이션 포터블'로 정하였다. SCE의 게임사업 도전 후 첫 기기였던 플레이스테이션은 '가전업체인 소니가 만든 게임기'였던지라 사실상 신참 회사의 무모한 도전이었기에, '소니다움'을 굳이 전면에 내세우지 않고서 '최대공약수'로서의 대중적인 게임기를 목표로 디자인되었다. 반면, 플레이스테이션 2는 전세대기가 이룩한 안정적인 점유율을 무기삼아 유저를 '소니의 홈그라운드'로 끌어들이는 하드웨어로서 시장에 등장했다. 그리고 이 흐름을 이어서 출시한 플레이스테이션 포터블(이하 PSP로 약칭)에 이르러서는, 한층 더 '소니다움'이 넘쳐흐르는 하드웨어가 되었다.

굳이 오해를 무릅쓰고 극단론을 펼쳐보자면, 사실 소니의 본질은 이미 오래전부터 '오락' 회사였다. 살림을 직접적으로 도와주는 세탁기·냉장고 등의 백색가전과 달리, 영상기기·오디오기기 등의 흑색가전(전자제품)은 어디까지나 정신적인 풍요로움을 충족시켜 주는 물건이다. 이런 제품(하드웨어)을 오랫동안 만들어온 소니가 또 하나의 축인 영화사·음반사 등의 소프트웨어 사업부문까지 확보한 시점에서, 게임사업의 진출도 게임 소프트 제작사로서의 활약도 어떤 의미에서는 필연이 아닐 수 없었으리라.

다른 한편으로 소니는 '소형화'의 회사이기도 하니, 소니가 만들어온 역대 제품의 역사는 곧 소형화의 역사라고 해도 과언은 아니다. 트랜지스터 라디오를 시작으로 워크맨과 핸디캠과 사이버샷 등에 이르기까지, 기존의 전자제품을 '소형화'하는 데에 소니가 표출해온 정열만큼은 아마 누구도 이의를 제기하지 않을 것

이다. '오락'회사이자 '소형화'의 회사이기도 한 소니가 이제까지 내놓아온 수많은 제품들은 조그만 부피 안에 최고의 기능을 한껏 압축해낸 기술의 결정체로서, 이를 보고 감동하여 기꺼이 구입한 유저의 소유욕을 충족시켜준다. 한 마디로 표현하자면 '작고도 멋진 아이템'. 이것이, '소니다움'의 본질이라 생각한다.

PSP라는 제품은 게임사업에 도전하여 성공을 거둔 소니가 다음 목표로 삼은 '소형화된 플레이스테이션'으로서, 양손에 잡히는 작은 바디 안에 플레이스테이션 2 급의 스펙을 압축해냈다. 단순히 '조그만 플레이스테이션'에 만족하는 단계를 넘어 당시 기술수준에서 구현할 수 있는 최고의 스펙을 추구하였으며, 광택이 살아있는 바디부터 투명 플라스틱으로 고급감을 표출한 버튼에 이르기까지 디테일 하나하나에도 철저하게 심혈을 기울였다. 당시 SCE의 사장이었던 쿠타라기 켄은 PSP에 대해 "세계에서 가장 아름다운 것을 만들었다고 생각한다"라 발언한 적이 있는데, 그 진의는 소니다움을 극한까지 구현한 데 대한 자신감을 드러내고 싶었던 것이 아니었을까 한다.

실제로 PSP는 마치 보석이나 명품 액세서리처럼, 바라보기만 해도 아름다움과 두근거림을 자아내는 매력이 있다. 재미있는 게임을 즐길 수 있는 게임기는 세상에 많으나, '아름다움'을 느끼게끔 하는 게임기는 실로 드물지 않을까. 그런 이유로, 이번 책에서는 '퍼펙트 카탈로그' 시리즈의 기본인 소프트 카탈로그와 하드웨어 해설은 물론이거니와, PSP 본체의 외관 사진을 최대한 곳곳에 실어보았다. 이 책을 읽으며, 이 게임기의 매력 중 하나인 '아름다움' 역시도 부디 독자 여러분에게 전달되었으면 한다.

2021년 3월, 마에다 히로유키

PlayStation Portable

플레이스테이션 포터블 퍼펙트 카탈로그

CHAPTER 1

플레이스테이션 포터블 하드웨어 대연구

PLAYSTATION PORTABLE HARDWARE CATALOGUE

CHAPTER 2

플레이스테이션 포터블 일본 소프트 올 카탈로그

PLAYSTATION PORTABLE SOFTWARE ALL CATALOGUE

Perfect Catalogue

CONTENTS

CHAPTER 3
플레이스테이션 포터블 일본 소프트 색인

INDEX OF PLAYSTATION PORTABLE GAME SOFTWARE

CHAPTER 4
한국의 플레이스테이션 포터블 이야기

PLAYSTATION PORTABLE KOREAN CATALOGUE

- 이 책 안에서 다루는 게임기, 소프트, 기타 각 상품은 ™ 및 ©, ® 표기를 생략했으나, 각종 권리는 해당 회사의 소유이며, 각 회사의 상표 또는 등록상표입니다.
- 이 책 안에서 다루는 게임기, 소프트, 기타 각 상품은 일부를 제외하고 현재 판매 종료되었습니다. 문의처가 게재되어 있는 상품을 제외하고, 이 책의 정보를 근거로 각 회사에 직접 문의하시는 것은 삼가 주십시오.
- 이 책에 실린 사진은 저자가 촬영한 것을 제외하고는 모두 당시의 카탈로그, 위키미디어 공용의 사진을 사용하였습니다. http://commons.wikimedia.org/wiki/Main_Page
- 회사명 및 상품명은 발매 당시 기준입니다. 또한, 일부 회사명 및 상품명이 정확한 표기가 아닌 경우가 있습니다만, 가독성을 위해 조정한 것이며 오독·오해 유발 목적이 아닙니다.
- 회사명 표기 시에는 '주식회사' 등의 표기를 생략했습니다. 또한 개인 이름의 경칭은 생략했습니다.
- 가격 표시는 원칙적으로 일본의 소비세 제외 가격 기준이지만, 당시 표기를 따라 소비세가 포함되어 표기된 경우가 일부 있습니다.
- 한국어판의 추가 페이지는 모두 한국어판 감수자가 집필하였습니다.

Special Thanks To

38	네이버 카페 '구닥동' 회원
yoshua	게임/웹툰 시나리오 라이터
게임샵 트레더	
꿀딴지곰	고전게임 컬럼니스트, 유튜브 채널 '꿀딴지곰의 게임탐정사무소' 운영
오영욱	게임잡지의 DB를 꿈꾸는 게임개발자
왓썹	네이버 카페 '구닥동' 회원
이승준	'레트로장터' 행사 주최자
정세윤	http://blog.naver.com/plaire0
타잔	레트로 게임 컬렉터, 네이버 카페 '추억의 게임 여행' 운영자
홍성보	월간 GAMER'Z 수석기자
히규	모리 게임(게임샵), 모리 마켓(캐릭터샵) 운영

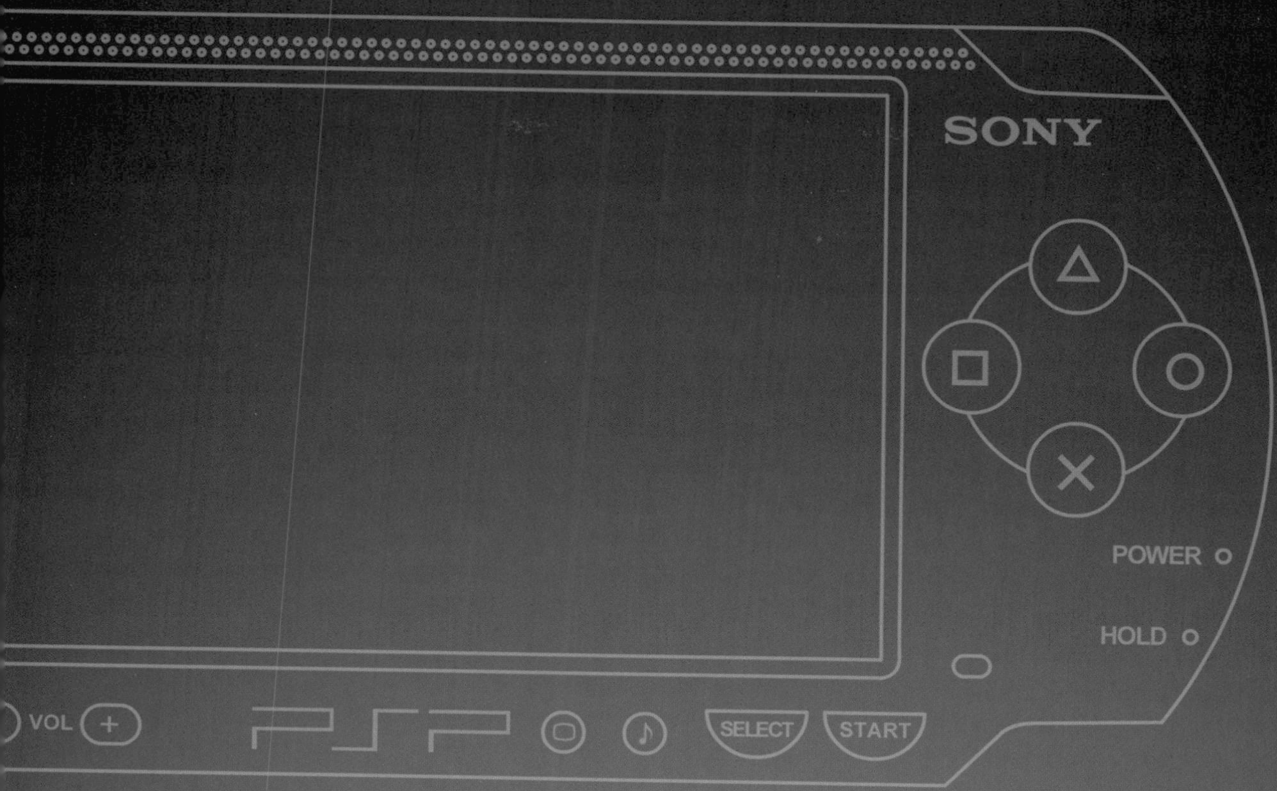

CHAPTER 1

플레이스테이션 포터블 하드웨어 대연구

PLAYSTATION PORTABLE HARDWARE CATALOGUE

해설 미디어 플레이어 역할을 겸비한 휴대용 게임기

COMMENTARY OF PLAYSTATION PORTABLE #1

세상에서 가장 아름다운 휴대용 게임기를 탄생시키다

플레이스테이션(이하 PS1)과 플레이스테이션 2(이하 PS2)로 가정용 게임기 시장을 제패하는 데 성공한 소니컴퓨터엔터테인먼트(이하 SCE, 현 소니인터랙티브엔터테인먼트) 사가 다음으로 노린 신규 사업의 대해양은, 바로 휴대용 게임기 시장이었다. 휴대용 게임기 시장은 1989년 닌텐도가 게임보이로 처음 이를 창출해낸 이래 세가·NEC 홈일렉트로닉스·아타리·SNK 등 수많은 회사가 도전해왔으나, 그중 누구도 닌텐도의 절대적인 아성을 무너뜨리지 못해 오랫동안 닌텐도가 단독 지배해오고 있었다(사실 소프트 교체식 휴대용 게임기 자체는 게임보이 이전에도 에포크 사의 '게임 포켓컴' 등등이 나온 바 있으나, 다들 '시장'까지 가지도 못하고 끝나버렸기에 본 지면에서는 소개를 생략한다).

닌텐도는 게임보이를 슈퍼 패미컴이나 닌텐도 64와 연동시켜 데이터를 교환하는 기능 등의 새로운 놀이방법을 다양하게 제안했는데, 특히 「포켓몬스터」가 창출해낸 사회현상 급의 엄청난 파급효과는 SCE 입장에서 충분히 경이롭게 느껴졌을 터이리라. SCE도 1999년 포켓스테이션을 발매한 바 있으나, 어디까지나 PS1용 보조기억장치의 연장선상이었기에 그 자체로 휴대용 게임기 시장이 만들어질 만한 성격의 기기는 아니었다. 성능도 뛰어나다곤 할 수 없었던지라 소프트 제작사들도 이를 제대로 활용하는 소프트를 내놓지 않아, 게임보이에 승부를 걸어볼 만한 단계에조차 도달하지 못하고 끝나버렸다.

포켓스테이션의 실패를 바탕으로 SCE가 세운 다음 목표는, '플레이스테이션 그 자체를 휴대용 게임기화한다'라는 발상이었다. 1994년 발매했던 PS1은 가정용 게임기로는 처음으로 본격적인 3D 폴리곤 기반 아키텍처를 구현하고 소프트 매체로 CD-ROM을 도입함으로써, 당시 게임계의 상식을 완전히 바꾸어버렸다. 이런 패러다임 시프트를 휴대용 게임기에서도 일으키자는 것이다.

마침, 당시 소니 그룹은 이데이 노부유키 사장이 제창했던 '디지털 드림 키즈'라는 캐치프레이즈 하에 '전자제품의 소니'에서 '컨텐츠의 소니'로 진화하자는 개혁을 한창 진행하던 시기였기에, 게임·음악·영화 등의 다양한 컨텐츠를 소니의 제품 및 서비스 내에서 유기적으로 운용한다는 방향성을 모색하고 있었다. 그런 와중이었던지라 '플레이스테이션 수준의 표현력을 갖춘 휴대용 기기의 개발'은 소니 그룹 측면에서도 큰 가능성이 엿보이는 신규사업이었다. 그리하여 '무선 LAN을 통한 인터넷 서비스와의 연계', '영화·음악 소프트도 바깥에서 간편히 즐길 수 있는 휴대성', '외부에서도 자택의 데이터에 접근할 수 있는 로케이션 프리', '휴대하기 편리한, CD·DVD를 대신하는 새로운 매체', '데이터 교환을 위해 탑재한 메모리 스틱' 등, 소니 그룹이 그렸던 컨텐츠 산업의 미래상을 구현한다는 막중한 임무를 SCE가 개발하는 새로운 휴대용 게임기에 과감히 맡긴 것이다.

후일 '플레이스테이션 포터블'(이하 PSP)로 명명되는 이 기기는, 단순한 휴대용 게임기의 범주를 아득히 초월한 대형 프로젝트가 되었다. UMD의 사양 책정부터 시작해 포터블 오디오용 프로세서 'VME'의 탑재, 메인 CPU와는 별개로 동영상 재생에 특화된 '미디어 엔진'의 내장에 이르기까지 일개 게임기로는 과잉이라 할 만한 고급 기술들을 아낌없이 투입하여, 당대 최첨단 미디어 플레이어급의 성능을 컴팩트하고도 아름다운 바디 내에 압축해냈다. 이렇게 완성된 PSP는, 당시 수준으로 가능했던 최대한의 성능과 기능미를 겸비한 '세계에서 가장 아름다운 휴대용 게임기'로서 화려하게 시장에 데뷔한 것이다.

▲ 단순한 휴대용 게임기를 뛰어넘어, 소니 그룹의 컨텐츠 전략을 선도한다는 책임까지도 짊어졌던 PSP.

닌텐도 DS와의 대결

PSP가 일본에서 첫 출시된 2004년 12월엔 묘하게도 시장의 경쟁사인 닌텐도 역시 닌텐도 DS를 발매한 탓에, 이 해의 연말상전은 양사의 제품이 일대일로 대결하는 구도가 되었다.

닌텐도 DS는 게임보이 어드밴스와 호환성이 있으며 소프트 라인업 면에서도 「포켓몬스터」·「마리오」 등 저연령층에 어필하는 인기 캐릭터물을 대거 배치한데다 처음부터 15,000엔이라는 저렴한 가격으로 승부하는 등 어디까지나 '게임기'로 디자인된 기기로서, 앞서 서술한 대로 미디어 플레이어로서의 기능성을 겸비했고 가격도 2만 엔에 근접했던 PSP와는 개발 컨셉에 큰 차이가 있었다. 그러나 PSP 역시 PS2에 육박하는 하이스펙과 풍부한 다기능으로 제품 발표 단계부터 세간의 이목을 끌어모아, 플레이스테이션의 서드파티 회사들을 중심으로 절대적인 지지를 받았다.

다만, 닌텐도 DS가 순수하게 '플레이하고픈 게임이 있기에 소프트를 즐길 목적으로' 사는 경우가 많았던 데 비해, PSP는 게임을 즐길 목적보다는 뛰어난 스펙의 첨단 디지털 기기라는 측면에서 흥미를 갖는 사람이 사는 경우가 더 많았기에, 양 기기의 유저 평가 간에는 다소 관점의 차이가 있었다.

소프트 라인업 면에서도, 닌텐도 DS는 「만져라 메이드 인 와리오」와 「너를 위해서라면 죽을 수 있어」 등 터치펜·마이크 등의 하드웨어 특성을 활용해 신선한 재미를 주려는 게임이 다수 있었던 반면, PSP 쪽은 PS2와 방향성이 동일한 타이틀 위주로서 휴대용 게임기라는 특성을 살린 게임이 상대적으로 적었던 점도, 양 기기의 특색이 명확히 갈렸음을 잘 보여준다. 다만 PS2에 버금가는 고퀄리티 게임을 휴대용 게임기에서 온전히 즐길 수 있다는 사실 자체가 당시엔 충분히 놀라웠다는 점만큼은, 오해가 없도록 덧붙여 두고자 한다.

결론을 말하자면 이 대결은 딱히 우열을 가릴 수 있는 성격이 아니었으며, 단지 같은 시기에 발매되어 연말상전에서 격돌했을 뿐 결국 양 기기는 각각 다른 고객층에 어필하였기에, 결과적으로 볼 때 동일한 시장을 놓고 다투는 형태로는 가지 않았다고 정리할 수 있겠다. 이러한 양 기종의 차별화된 소프트 전략은 발매 직후에 국한되지 않고 이후로도 일관되게 이어져, 닌텐도 DS에서는 「포켓몬스터」시리즈와 「놀러오세요 동물의 숲」이 500만 장 이상의 판매량을 기록했고, PSP 쪽은 「몬스터헌터 포터블」 시리즈가 400만 장 이상을 판매하였으니, 두 기종은 세간에서는 라이벌로 치부되었지만 실제로는 공존공영 관계를 구축했었다고 봐야 할 것이다.

스마트폰의 대두로, 미디어 플레이어 전략이 종언을 맞다

'소니의 미디어 플레이어 전략'이라는 측면에서, 과연 PSP는 결과적으로 얼마만큼의 성과를 거두었을까? 게임 소프트 라인업을 우선하다 보니 UMD VIDEO·UMD MUSIC 타이틀 쪽의 구색이 부족했던 플랫폼 초기 단계에서는, 비교적 PC에 능숙한 유저가 동영상·음악 등을 직접 인코딩해 넣고 휴대하며 '동영상·음악 감상용 기기'로서 활용하는 케이스가 많았다. 이는 본국인 일본뿐만 아니라 PSP가 보급된 나라 대부분에서 비슷한 경향이었던 듯하니, 어느 정도는 SCE가 의도한 바였다고 할 수 있다. 하지만 게임기 사업은 하드웨어의 적자를 소프트 판매로 메우는 이른바 '질레트형 사업모델'이 기본인데, PSP의 경우 초기 개발비용과 제조원가가 상당했던지라, 소프트 판매로 비용을 회수하기가 여의치 않았던 발매 초기는 그야말로 고난의 연속이었다.

어느 정도 소프트 라인업이 갖춰진 2007년경에 들어서야 플랫폼으로서의 PSP는 드디어 제 궤도에 올랐고, 플레이스테이션 3 발매 후 상호연동이 본격화되면서 선순환이 형성되기 시작했다. 특히 소프트 다운로드 판매 서비스인 'PlayStation Store'와 PS1 구작 게임 소프트를 다운로드 판매 형태로 제공하는 '게임 아카이브스'가 차례대로 오픈되면서, 이제부터는 순풍에 돛단배가 될 것처럼 보였다.

이 흐름에 찬물을 끼얹은 것이, 딱 이 시기에 급속하게 보급된 스마트폰의 등장이었다. PSP의 특기였던 동영상·음악·사진 감상, 인터넷 기반의 다양한 서비스 제공, PC와의 연동 등은 모두 스마트폰을 쓰는 쪽이 한층 더 편리했던 영역이었다. 해가 갈수록 더욱 뛰어난 신모델이 등장하며 급속도로 발전해가는 스마트폰은, PSP의 장점이었던 분야들을 착실하게 빼앗아 갔다. 동영상·음악 서비스는 대부분 인터넷을 통해 디지털 구매하는 방향으로 정착했고, PC를 모르는 일반인도 손쉽게 동영상을 업로드해 즐길 수 있을 만큼의 온라인 환경이 갖춰졌다. 이 시점에서, UMD라는 광매체로 컨텐츠를 판매한다는 사업모델은 사실상 붕괴된 것이나 다름없었다.

돌아보면, PSP의 당초 목표였던 '미디어 플레이어'라는 방향성 자체는 분명 제대로 미래를 예측한 것이었다. 하지만 결과적으로는 이 방향성을 더욱 세련되게 제시한 스마트폰에 밀려나 버리고 말았으니, PSP의 전략은 스마트폰 등장 이전의 시대여야만 성립 가능했던 사업모델인 셈이다.

그리하여, 후속기종인 PS Vita는 PSP의 미디어 플레이어 노선과 결별하고 인터넷 서비스를 적극적으로 포용하는 단말기 쪽으로 방향성을 바꾼 측면이 강해졌다. 이렇게 보면, SCE 휴대용 게임기의 역사는 그야말로 컨텐츠 제공 서비스의 변천사라 해도 과언이 아닐 것이다.

플레이스테이션에 이은, 세계에서 가장 아름다운 휴대용 게임기

플레이스테이션 포터블

소니컴퓨터엔터테인먼트 2004년 12월 12일 19,800엔 PSP-1000계

※ 2007년 9월 20일, 오픈 프라이스로 가격 변경

휴대용 게임기 시장 진출 제1호기

PSP-1000은 SCE가 2004년 12월 12일 일본에서 첫 발매한, PSP의 초대 모델이다(역주 ※). 플레이스테이션과 플레이스테이션 2로 가정용 게임기 시장에서 확고한 지위를 구축해낸 SCE가, 휴대용 게임기라는 새로운 시장에 도전장을 던진 기종이기도 하다.

고밀도 와이드스크린 LCD와 3D 사운드 기능, 1.8GB 대용량의 UMD 드라이브를 탑재했고, 플레이스테이션 2에 버금가는 고성능을 컴팩트한 본체 내에 압축했다. 표면을 기품 있는 광택의 글레어 코팅으로 가공하고 버튼 류에 투명 플라스틱을 채용하는 등 고급 AV 기기를 방불케 하는 세련된 본체 디자인도 한몫하여, 그야말로 '소니가 만든 휴대용 게임기'라는 이미지를 그대로 실물로 구현해낸 제품이 되었다.

(역주 ※) 한국에서는 소니컴퓨터엔터테인먼트코리아가 2005년 5월 2일 정식 발매했다. 한국판의 형식번호는 PSP-1005로서, 이후의 모델도 한국판을 뜻하는 끝자리 '5'가 붙는다. 발매 당초엔 VALUE PACK(PSP-1005K, 328,000원)만 출시했다.

플레이스테이션 포터블(PSP-1000계)의 사양

형식번호	PSP-1000
CPU	MIPS R4000 기반 32비트 RISC 프로세서 (최대 333MHz)×2
메모리	메인 RAM : 32MB, 서브(Media Engine) RAM : 2MB, 비디오 RAM : 2MB
지오메트리 연산	연산능력 : 최대 3,300만 폴리곤/초
그래픽	해상도 : 480×272픽셀 (16 : 9) 발색수 : 최대 1,677만 색 (내부적으로는 16비트/32비트 컬러) 필레이트 : 6억 6,400만 픽셀/초 특수 기능 : 텍스처 매핑, 프로젝션 매핑, 환경 매핑, 밉매핑, 포그, 셰이드 매핑, 뎁스 큐잉, 바이리니어·트라이리니어 필터, 반투명 처리 기능
디스플레이	4.3인치 TFT 와이드스크린 LCD (200, 180, 130, 80cd/㎡) 명암비 400 : 1, 응답속도 30ms
사운드	7.1채널 서라운드 디코딩, 3D 사운드(돌비 프로로직 II) 지원 스테레오 스피커 내장
내장 드라이브	재생 전용 "UMD" 드라이브 (단면 2층 1.8GB)
인터페이스	DC IN 5V 단자, 충전용 단자, 이어폰/마이크 단자, 적외선 포트, Hi-Speed USB, DC OUT 단자, "메모리 스틱 Duo" 슬롯, 무선 LAN (IEEE 802.11b)
배터리	리튬이온 충전지 3.7V / 1800mAh 지속시간 : 4~6시간(게임), 4~5시간(동영상 재생)
전원 / 소비전력	AC 어댑터 DC 5V / 충전지 : 리튬이온 충전지 / 약 6W (충전시)
외형 치수 / 중량	170(가로)×74(세로)×23(두께) mm / 약 280g (배터리 팩 포함)
부속품	배터리 팩×1, AC 어댑터, AC 전원 코드, 사용설명서, 서비스 가이드

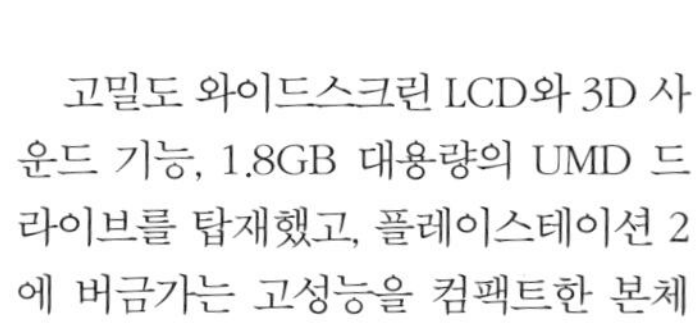

▲ PSP-1000의 외장 패키지.

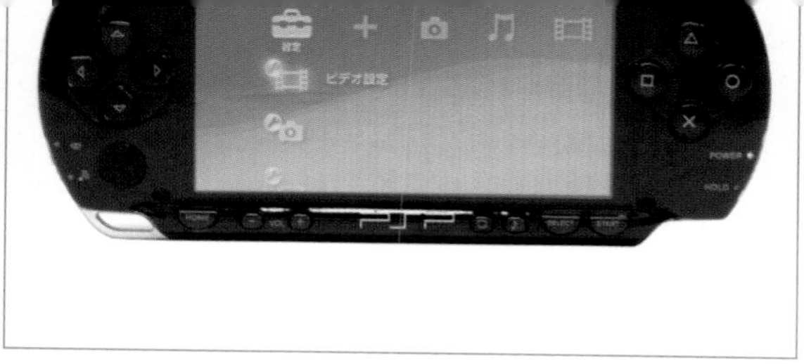

TOP VIEW

BOTTOM VIEW

LEFT SIDE VIEW

RIGHT SIDE VIEW

조작용으로 제공되는 버튼 류는 '방향키', '아날로그 패드', '○×△□ 버튼', 'L·R 버튼', 'SELECT 버튼', 'START 버튼'이다. 플레이스테이션의 아날로그 컨트롤러와 비교하면 'L2·R2 버튼이 없음', '오른쪽 아날로그 스틱이 없음' 등의 차이가 있는데, 타 플레이스테이션용 게임의 이식작에서는 이런 버튼에 할당된 기능을 다른 버튼에 재배치하는 등으로 해결했다. 또한, 진동 기능은 탑재하지 않았다.

그밖에, 시스템용 버튼으로서 누를 때마다 화면 밝기가 4단계로 변화되는 '디스플레이 버튼', 음악 재생 도중에 음장효과를 변경하는 '사운드 버튼', 볼륨 변경에 사용하는 '음량 +/- 버튼', 홈 메뉴로 돌아가기 위한 'HOME 버튼'이 존재한다. 게다가 휴대중의 의도치 않은 조작을 차단 가능한 'HOLD 스위치'도 집어넣었는데, 휴대용 게임기 제작이 처음일 뿐 포터블 오디오 기기를 오랫동안 만들어온 바 있는 소니의 풍부한 디자인 경험을 제대로 살려낸 결과라 하겠다.

▲ 아날로그 패드와 방향키. 왼쪽 측면의 슬라이드 스위치는 무선 LAN 기능의 ON/OFF 스위치다.

▲ ○×△□ 버튼. 클리어 플라스틱으로 멋지게 마감하여 고급감이 넘쳐난다.

해 갔다. 기본적으로는 보안 취약점을 막는 업데이트 위주였지만, CPU의 클럭 제한을 푸는 등 게임 동작에 큰 영향을 미치는 개선을 가하기도 했고, PlayStation Store의 오픈, Skype·DMB 기능의 추가, 인터넷 브라우저의 추가 등 유저 편의성을 크게 상승시키는 대형 업데이트도 여러 차례 있었다.

LAN 기능으로 온라인 업데이트하는 방법 외에, PC에서 다운로드한 업데이트 파일을 USB 케이블로 전송하는 방법, 게임 소프트의 UMD에 내장된 업데이트를 실행하는 방법 등 다양한 경로를 통한 업데이트가 가능했다.

▲ 게임 UMD 내에 포함돼 있는 업데이트 파일. 업데이트해야만 게임 구동이 가능한 경우도 있었다.

카테고리와 항목을 질서정연하게 배치한, PSP의 홈 메뉴

PSP의 홈 메뉴는 XMB(크로스 미디어 바)라는 독자적인 유저 인터페이스로 디자인돼 있어, 가로축에 카테고리 분류, 세로축에 해당 카테고리 내의 세부항목이 십자형태로 배치된다. 이 인터페이스는 플레이스테이션 3를 비롯해, 당시 소니의 LCD TV나 HDD 레코더 등 일부 가전제품에도 탑재되었다.

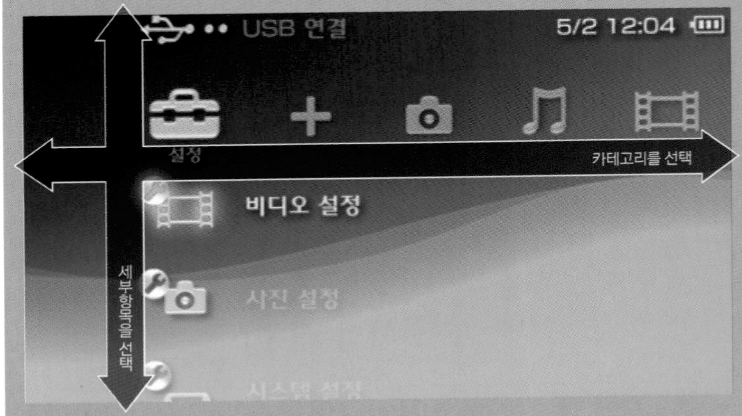

설정
본체 설정과 테마, 바탕화면 등을 변경한다.

엑스트라
원세그(일본), 지상파 DMB(한국) 등의 추가기능을 구동한다.

사진
메모리 스틱 내의 사진 파일을 본다.

음악
UMD MUSIC이나 메모리 스틱 내의 음악을 듣는다.

비디오
UMD VIDEO나 메모리 스틱 내의 동영상을 본다.

게임
UMD나 메모리 스틱 내의 게임을 즐긴다.

네트워크
인터넷 브라우저나 인터넷 라디오 등을 즐긴다.

PlayStation Network
소프트를 다운로드 구매하거나 서비스를 이용한다.

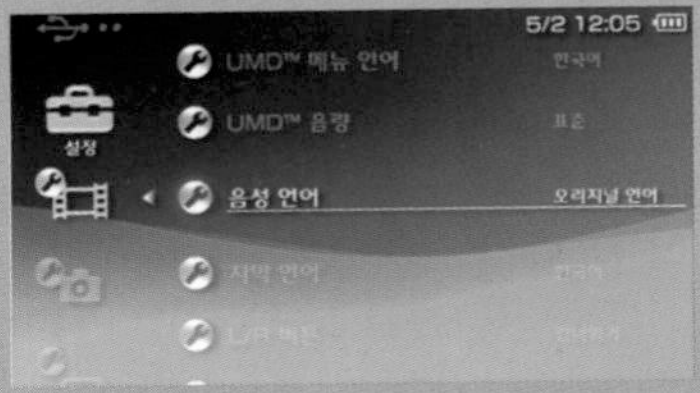

▲ '설정'에서는 사진·비디오 등 각 카테고리의 환경설정이 가능하다. 사진대로 꽤 상세하게 설정할 수 있다.

▲ 홈 메뉴에는 '테마'란 개념이 있어, 아이콘부터 바탕화면까지 한 번에 일관된 스타일로 변경도 가능하다.

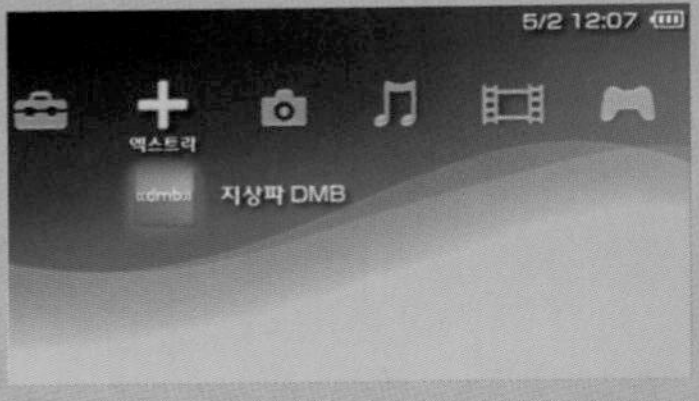

▲ '엑스트라'에는 '지상파 DMB' 등 비 게임계 서비스·앱이 위치한다.

▲ UMD VIDEO를 넣으면 작품별 오리지널 아이콘과 바탕화면이 표시된다. 이대로 ○ 버튼을 누르면 재생된다.

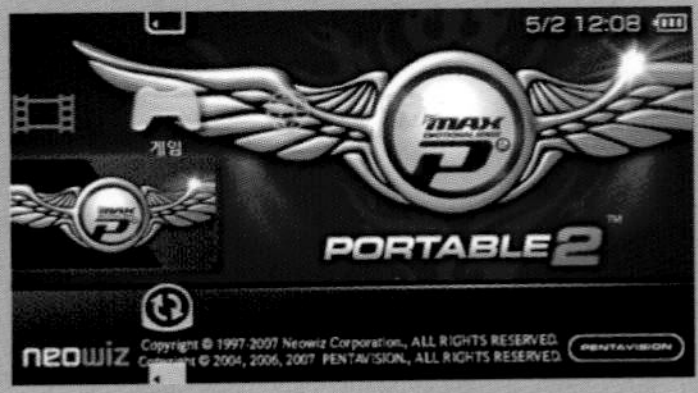

▲ 게임 소프트 역시 전용 아이콘과 화면이 표시된다. 이런 화면·연출의 감상도 PSP 소프트만의 즐거움 중 하나다.

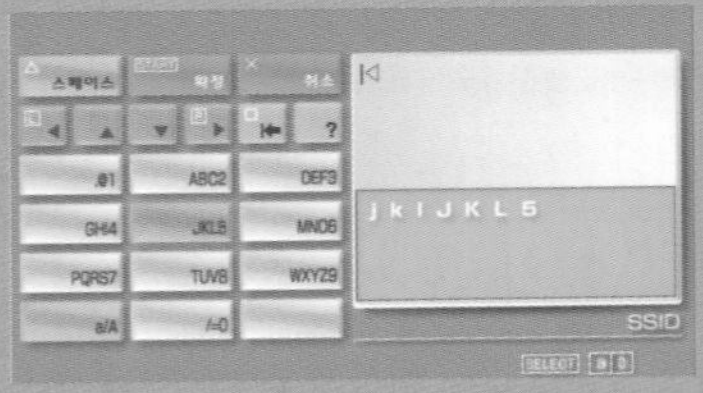

▲ 문자 입력시에 나타나는 소프트웨어 키보드. 당시의 휴대폰과 유사한 텐키 입력 방식을 채용했다.

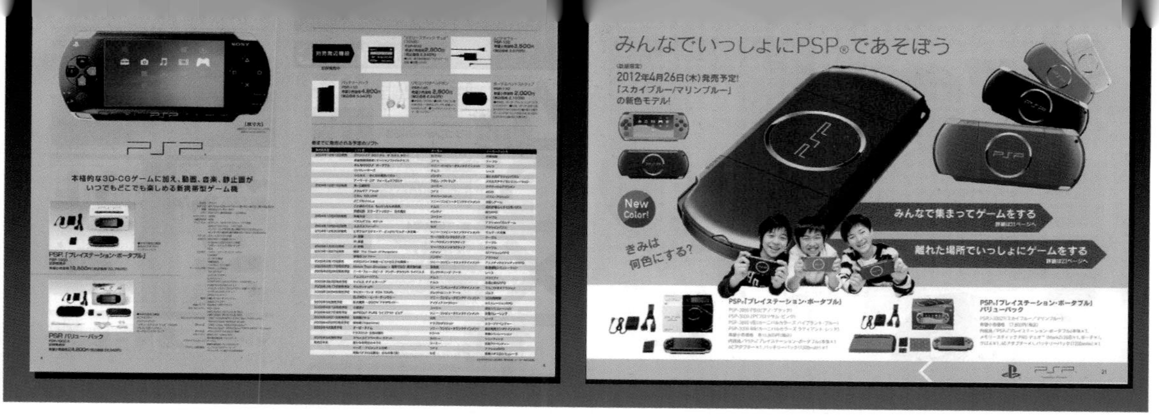

다양한 컬러와 모델로 판매된 PSP

PSP는 발매 초기 단계에서는 기본 색인 블랙 모델뿐이었으나, 적극적으로 컬러 바리에이션을 전개했던 닌텐도 휴대용 게임기의 영향도 있었고, 유저들 쪽에서도 컬러 바리에이션 모델에 대한 요망이 많았기에, 블랙 모델 발매 2년 뒤인 2006년 세라믹 화이트를 투입했고, 같은 해 연말상전부터는 신 컬러 모델도 속속 발매했다.

한편, 기본 본체에 파우치, 리모컨 부착 이어폰, 메모리 스틱 Duo를 동봉한 세트 상품 'VALUE PACK'과 같은 세트 패키지 판매는 본체 발매와 동시에 전개했고, 2005년 말에는 1GB 메모리 스틱 Duo와 손질용 수건, 전용 스탠드까지 한 세트로 묶은 'GIGA PACK'도 발매했다. 또한 특정 게임 소프트와의 콜라보레이션 모델도 수량 한정으로 발매하는 등 다양한 세트 판매를 전개했고, 이는 이후 모델에서도 계속 이어졌다.

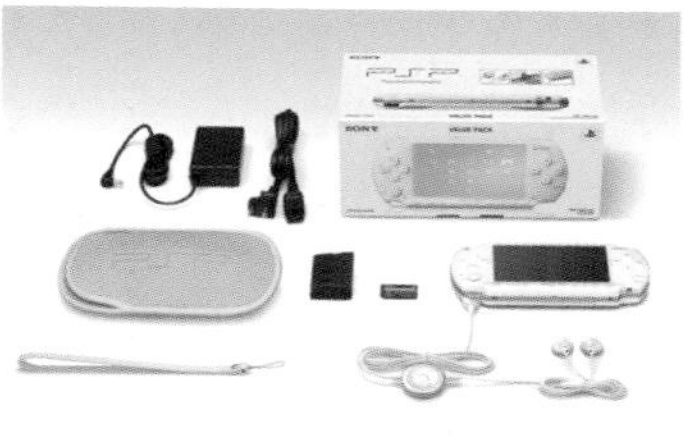
▲ 플레이스테이션 포터블 VALUE PACK.

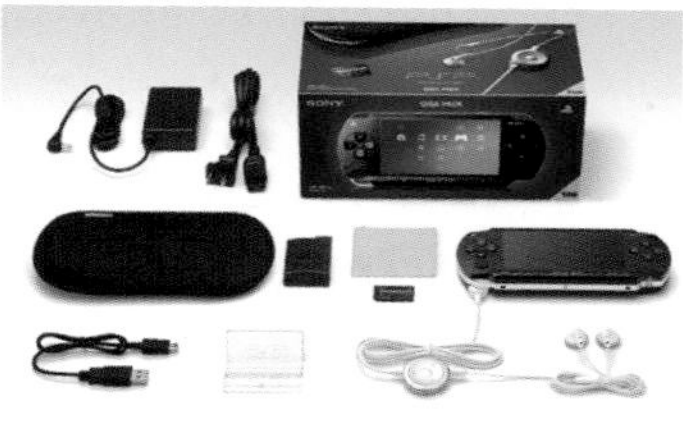
▲ 플레이스테이션 포터블 GIGA PACK.

COLOR VARIATION

PSP-1000
블랙

PSP-1000CW
세라믹 화이트

PSP-1000 PK
핑크

PSP-1000 SV
실버

PSP-1000 MB
메탈릭 블루

PSP-1000 CG
샴페인 골드

PSP-1000 CA 소프트 동봉 한정품
메탈기어 솔리드 포터블 옵스 프리미엄 팩 '카무플라주'

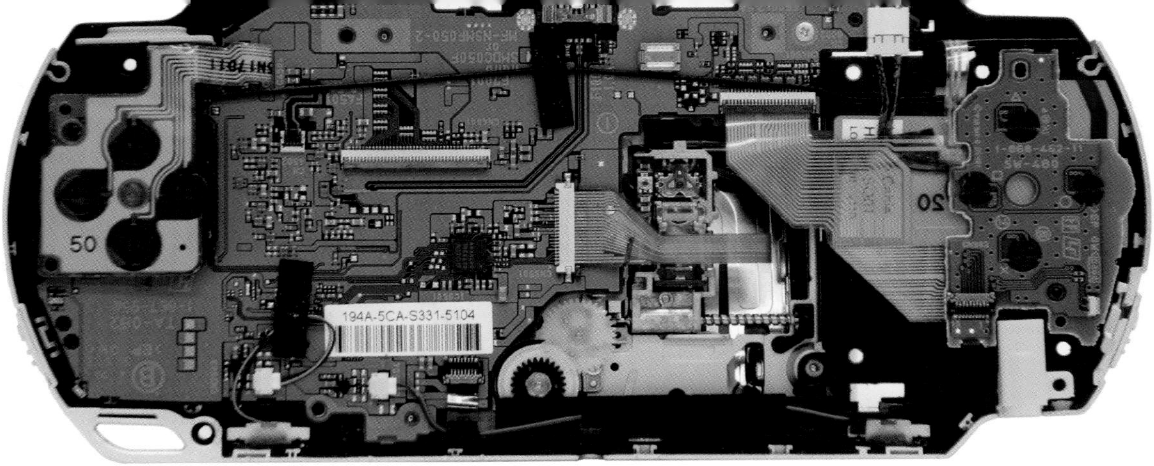

작은 바디 내에 꽉 들어찬 부품들

PSP의 내부는 자신이 고성능임을 증명하듯 정밀하고도 복잡한 구조로 구성되어 있다. 가정용 플레이스테이션이 추후의 집적화를 전제로 하여 사전에 충분히 여유를 둔 레이아웃이였던 데 반해, PSP는 소니의 정밀 실장기술의 정수를 발휘해 제작한 기기임을 실감할 수 있다. 이후부터는 각부 파츠 및 기능에 대해 해설한다.

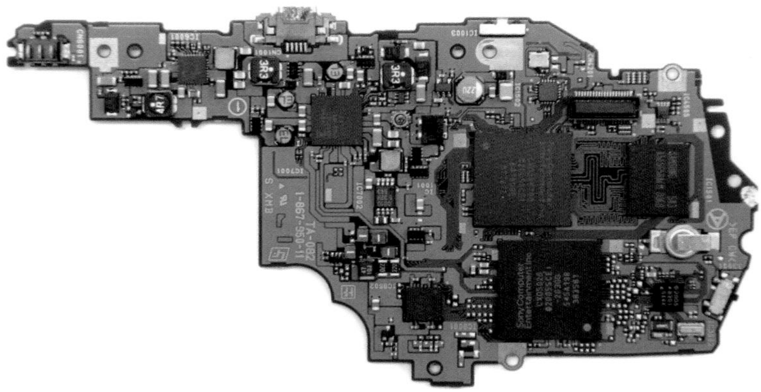
▲ 메인 기판의 사진. 주요 칩은 본체의 후면부(UMD 드라이브 쪽)에 배치돼 있다.

CHECK POINT | LCD LCD 패널

샤프의 ASV식 LCD 패널을 채택

휴대용 게임기의 얼굴이라면, 뭐니 뭐니 해도 LCD 패널이리라. PSP가 아무리 고성능 그래픽과 동영상을 표현할 수 있다 한들 LCD 화면 자체의 품질이 나쁘면 그 매력이 단숨에 무색해질 테니, 그야말로 가장 중요한 부품이라 하겠다.

PSP에 탑재된 LCD 패널은 샤프 사가 제조한 ASV식 액정이다. ASV는 이전까지 LCD 패널의 결점으로 꼽혔던 좁은 시야각과 느린 응답속도를 극복한 방식으로서, 패널 단가가 비싼 대신 고시야각·고반응속도·고명암비를 구현해내 LCD의 이미지를 단숨에 뒤집은 제품이다.

표시해상도는 480×272픽셀로서, RGBA 색심도는 각각 8비트이며 1,677만 색 발색이 가능하다. 휘도는 80~200cd/㎡ 내에서 4단계로 설정할 수 있다(최고인 200cd/㎡는 AC 어댑터 연결중일 때만 가능). PSP-1000이 첫 등장할 당시만 해도 충분히 멋진 화질이었지만, 후일의 PSP-3000은 한층 더 명암비가 높아진 LCD를 탑재해 유저들을 놀라게 했다.

▲ PSP의 LCD 패널. 왼쪽 하단의 테두리 구석에 샤프 사의 로고가 보인다.

CHECK POINT 2 CPU1 중앙연산장치 + 그래픽스 코어

CPU, FPU, GPU를 원칩으로 통합

PSP에 채용된 CPU는 미국 MIPS 사가 개발한 R4000 아키텍처 기반으로서, PS1에 탑재된 R3000A와 마찬가지로 CG 제작용 워크스테이션과 서버 등에 채용된 실적이 있는 프로세서다. 휴대용 게임기에 탑재될 것을 전제로 설계했기에 CPU뿐만 아니라 FPU(부동소수점 연산 유닛)와 GPU(그래픽 연산 유닛)까지 원칩으로 통합시켰으며, 심지어 폴리곤 연산에 특화시키기 위해 VFPU(벡터 부동소수점 연산 유닛)까지도 내장한 PSP 전용의 커스텀 칩이다. 기본적인 설계사상 면에서는 PS2의 CPU인 '이모션 엔진'의 개발 노하우를 바탕으로 삼았지만, 휴대용 게임기 탑재를 상정했기에 프로세서의 규모는 대폭 축소시켰다.

스펙 상의 동작주파수는 1~333 MHz의 가변 클럭으로서, 요구 스펙이 낮은 소프트를 구동할 경우엔 클럭을 낮춰 배터리 소모를 억제할 수 있다. 참고로, 발매 초기에는 클럭 최대치에 222MHz라는 제한이 걸려있었기에 그 이상의 클럭으로는 동작시킬 수 없었다. PSP의 소비전력이 당초 예상 이상으로 커서 배터리 수명이 단축될 가능성이 있었기에, 그 대책으로서 의도적으로 고클럭 대역을 펌웨어 차원에서 차단했기 때문이다. 이 클럭 제한은 2007년 6월 22일 배포된 시스템 소프트웨어 버전 3.50부터 해제되어, 최대치인 333MHz까지 동작이 가능해졌다.

연산 및 표현성능은 대략 'PS1.5' 수준

PSP의 GPU는, 앞서 서술한 대로 CPU와 원칩으로 통합된 상태로 탑재돼 있다. '서피스 엔진'과 '렌더링 엔진'의 2코어 구성으로서, 각각 좌표연산과 렌더링 처리를 담당한다. GPU도 최대 클럭 166MHz로 설계돼 있지만, CPU와 같은 이유로 발매 초기에는 111MHz까지의 제한이 걸려 있었다.

GPU 역시 PS2의 GPU인 '그래픽 신시사이저'의 개발 노하우를 피드백하여 설계했으며, 초대 플레이스테이션을 훨씬 뛰어넘는 그래픽 성능을 자랑한다(PS1 대비로 지오메트리 연산은 20배, 필레이트는 10배). 아무래도 플레이스테이션 2의 그래픽 성능에까지는 미치지 못하지만, 연산처리를 경감하는 독자적인 기능을 탑재하는 등 '플레이스테이션 1.5'라 부를 만한 수준의 성능을 구현했다.

▲ PSP의 메인 기판에 탑재돼 있는 CPU(CXD2967GG). 제조시기별로 여러 버전이 존재한다.

PSP CPU의 사양

아키텍처	MIPS R4000 코어 32비트
시스템 클럭	1~333MHz(기본값은 222MHz)
버스 폭	32비트
명령어(I) 캐시	16KB
데이터(D) 캐시	16KB
내장 FPU	부동소수점 연산 유닛, 벡터 부동소수점 연산 유닛 (333MHz 구동시 2.6 GFLOPS)

PSP GPU의 사양

아키텍처	렌더링 엔진+서피스 엔진
시스템 클럭	1~166MHz(기본값은 111MHz)
버스 폭·대역폭	256비트(5.3Gbit/초)
비디오 RAM	2MB
픽셀 필레이트	6억 6,400만 픽셀/초
표시 폴리곤 수	최대 3,300만 폴리곤/초
발색 수	1,677만 색(RGBA 32비트)

플레이스테이션 2에도 없는 기능, 'NURBS'란?

PSP의 GPU에는 플레이스테이션 2에도 탑재되지 않았던 몇 가지 신기능이 들어가 있는데, 그중 가장 눈에 띄는 것이 '곡면 서피스'라는 개념이다. 일반적으로 폴리곤을 표시할 때 리얼한 모델을 묘사하려면 대량의 폴리곤을 사용해야 하지만, NURBS(Non-Uniform Rational B-Spline)의 채용으로 적은 정점 수로도 곡면 표시를 구현 가능해졌다(오른쪽 도해).

이를 활용하면 CPU·GPU에 부담을 주지 않고도 자연스러운 3D 모델을 묘사할 수 있어, 플레이스테이션 2에 필적하는 고품질 표현이 가능하다.

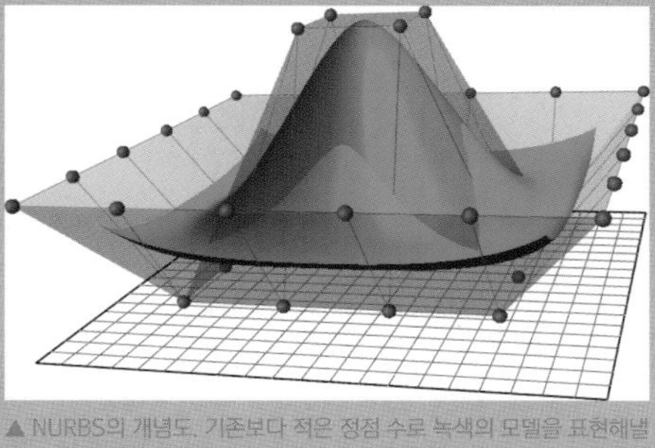
▲ NURBS의 개념도. 기존보다 적은 정점 수로 녹색의 모델을 표현해낼 수 있다.

CHECK POINT 3 CPU2 미디어 엔진

영상·음성을 처리하는 막후의 실력자

PSP에는, 앞 페이지에서 소개했던 PSP CPU와 동등한 성능의 CPU가 하나 더 내장되어 있다. 하지만 이 CPU는 메인 CPU 쪽에서 직접 제어하지 못하도록 되어 있으며, 독립적으로 영상처리만을 묵묵히 전담하는 기묘한 존재다. 이 칩이, 본 지면에서 소개하는 '미디어 엔진'이다.

미디어 엔진은 동영상·사운드 디코딩 및 주변 I/O 제어를 전담시키기 위해 내장된 CPU로서, PSP CPU와 동일한 R4000 코어 기반이다. 다만 이쪽은 영상·음성 처리에 특화시켰기에, PSP CPU에 있는 FPU와 VFPU는 탑재되지 않았다.

▲ PSP의 고품질 동영상 재생은, 바로 미디어 엔진의 산물이다.

동작 클럭은 PSP CPU와 마찬가지로 최대 333MHz의 구동이 가능하나, 배터리 지속시간 문제로 222MHz까지의 제한이 걸려있는 점도 공통이다.

UMD VIDEO도 이쪽이 전담한다

PSP가 재생하는 동영상 포맷은 MPEG-4 AVC다. 이 포맷은 높은 압축률이 특징이라, DVD에 준하는 화질의 동영상을 지름 6cm짜리 작은 광매체에 무려 2시간이나 수록할 수 있는 것이다. 또한 UMD VIDEO는 규격 책정 과정에서의 영화사측 요청으로 128비트 AES 암호화도 들어갔는데, 이 암호화된 데이터를 해독하는 처리도 미디어 엔진이 담당한다.

미디어 엔진에는 동영상을 실시간 재생하며 효율적으로 디코딩하기 위한 2MB의 전용 DRAM도 내장돼 있어, 메인 메모리에 부담을 주지 않고 독립적으로 동영상 처리를 수행한다.

▲ PSP의 메인 기판 상에 탑재된 또 하나의 CPU, 미디어 엔진(CXD5026).

사운드 기능도 미디어 엔진에 내장

PSP의 사운드 기능도, 미디어 엔진 내의 VME(버추얼 모바일 엔진)가 담당하고 있다. VME에 대해서는 이 페이지 하단의 박스 내 설명을 참조하도록 하자.

PSP가 지원하는 데이터 포맷

동영상	H.264/MPEG-4 AVC Main Profile Level 3
음성	ATRAC3, ATRAC3plus, MP3(MPEG-1/2 Audio Layer 3), MP4(MPEG-4 AAC), WAVE(Linear PCM), WMA
사진	JPEG(DCF 2.0/Exif 2.21 준거), TIFF, GIF, PNG, BMP

미디어 엔진의 사양

아키텍처	MIPS R4000 코어 32비트
시스템 클럭	1~333MHz (기본값은 222MHz)
명령어(I) 캐시	16KB
데이터(D) 캐시	16KB
버스 폭·대역폭	128비트 (2.6Gbit/초)
DRAM	2MB

PSP의 사운드 기능

PSP의 사운드 기능은, 이 페이지에서 소개한 미디어 엔진 내에 통합돼 있는 VME(버추얼 모바일 엔진)로 구현하고 있다. VME란 소니가 독자 개발한 사운드 코어로서, 저소비전력과 고음질이라는 상반된 두 목표를 모두 만족시켜야 하는 포터블 오디오 기기에 탑재하기 위해 만든 기술이다. 2000년부터 개발을 시작했던 '마이크로와트 프로젝트'에서 탄생한 산물로서, 2003년 최초로 VME를 탑재하여 발매된 네트워크 워크맨(NW-MS70D)은 ATRAC3 포맷 재생시 VME의 내부 소비전력이 놀랍게도 4mW, 즉 기존의 불과 1/4이라는 저소비전력을 구현해내, 무려 33시간의 연속재생을 자랑했다. 저소비전력과 고음질의 양립이 요구되는 PSP에도 안성맞춤인 LSI였다 하겠다.

사운드 출력 기능은 돌비 프로로직 Ⅱ에 의한 가상 5.1채널 서라운드 출력도 지원해, 내장 스피커로도 박력 넘치는 입체음향을 즐길 수 있다.

VME의 사양

시스템 클럭	1~166MHz
버스 폭	128비트
데이터 버스	24비트
연산성능	5 GFLOPS
회로 구성	리컨피규러블

CHECK POINT 4 UMD 유니버설 미디어 디스크

전용 광디스크 'UMD'를 채용

PSP용 소프트는 UMD(유니버설 미디어 디스크)라는 명칭의 독자규격 광매체로 공급되었다(후일엔 디지털 다운로드로도 판매했다). UMD는 당초엔 PSP 전용 디스크가 아니었으며, 어디까지나 범용 디스크 규격이 될 것을 상정하고 사양을 책정했던 매체다. 이렇다보니 PSP용 게임 소프트 외에 동영상 컨텐츠를 수록한 'UMD VIDEO', 음악 컨텐츠를 수록한 'UMD MUSIC' 등의 소프트도 발매될 수 있었다. PSP 역시 이런 다양한 소프트의 재생을 적극 지원하여 즐길 수 있도록 했다.

본체인 디스크는 특수 케이스 내에 들어가 있으며, 레이저로 읽기 위한 창이 뚫려있는 뒷면 부분엔 셔터가 없기 때문에 취급시 주의해야 한다. 포켓용 성경책 사이즈에 가까운 전용 플라스틱 외장 케이스에 수납하여 판매했다.

구조적으로는 듀얼 레이어 DVD를 기반으로 개발한 듯해, 리전 코드가 존재하는(코드 분류도 DVD와 동일) 등 공통점이 많다. 또한 읽기 전용 매체라, 게임의 세이브데이터 등은 메모리 스틱 Duo에 별도로 저장해야 한다. 다만 규격 자체는 범용으로 제정되었음에도, 결과적으로는 UMD를 재생할 수 있는 기기가 PSP 외에는 발매되지 않았기에, 안타깝게도 사실상 PSP 전용 규격으로서 수명을 마감했다.

▲ PSP용 소프트의 외장 패키지. 재질은 투명 폴리카보네이트로서, DVD의 톨 케이스와 구조가 유사하다.

▲ UMD의 앞면. 디스크는 꺼낼 수 없도록 밀봉돼 있다.

▲ UMD의 뒷면. 왼쪽에 로딩을 위해 창을 뚫어 놓았다.

UMD의 사양

기록 용량	1.8GB (단면 2층)
읽기 속도	10Mbps
읽기 방식	660nm 적색 레이저
디스크 지름	6cm
외형 치수	65(가로)×64(세로)×2(두께) mm

동영상과 음악을 수록한 UMD 디스크

위에서 언급한 대로, 게임 외에도 영상물·음악 컨텐츠 역시 UMD 규격으로 발매되었다. UMD VIDEO는 DVD VIDEO처럼 메뉴 화면을 띄울 수 있고, 자막 표시 ON/OFF와 음성 트랙 선택이 가능한 등, 영상물 DVD와 대체로 부가기능이 동등했다.

한편, UMD MUSIC은 표준 코덱으로 당시의 MD(미니디스크) 및 소니의 휴대용 음악 플레이어에서 일반적으로 사용되던 ATRAC3 규격을 사용했으나, 코덱이나 비트레이트를 선택할 수 있는 소프트도 있었다. 수록 컨텐츠의 종류는 UMD 매체 오른쪽 하단의 마크로 판별 가능하다.

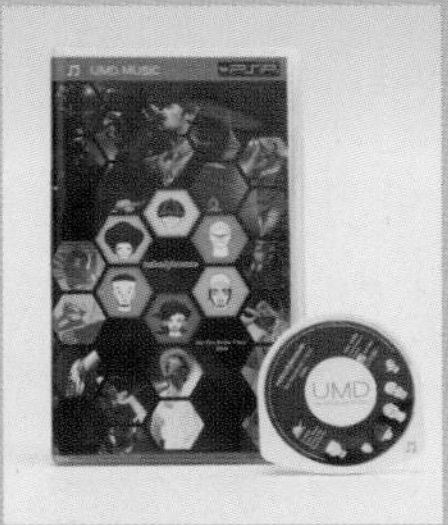

▲ UMD VIDEO 소프트. 얼핏 보기엔 게임 소프트와 패키지가 엇비슷하다.

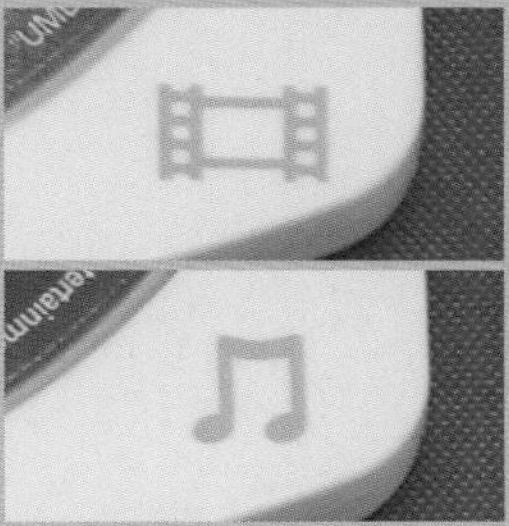
▲ 오른쪽 하단에 있는 컨텐츠 종류 마크.

CHECK POINT 5 NETWORK 통신 기능

다양한 통신수단을 완비했던 PSP

PSP는 게임뿐만 아니라 미디어 플레이어로서의 활용도 전제한 기기였던지라 인터넷 연결 및 PC 등에서의 데이터 전송을 처음부터 염두에 두고 개발했기에, 다양한 통신수단을 기본 내장하고 있다. 이 페이지에서는 PSP의 다양한 통신기능을 해설한다.

■ 무선 LAN

게임 소프트의 다운로드부터 인터넷 접속, Skype, 리모트 플레이, 인터넷 라디오에 이르기까지, 인터넷 기반의 각종 서비스를 이용하기 위한 사실상의 필수 기능이었던 통신수단. PSP에는 IEEE 802.11b 규격에 준거한 무선 LAN 모듈이 내장돼 있다.

PSP는 '애드혹 모드'와 '인프라스트럭처 모드' 두 가지를 사용할 수 있다. '애드혹 모드'는 여러 대의 PSP끼리 직접 통신하는 방법으로서, 전파 도달거리는 30m 정도이며 주로 게임의 협동 및 대전 플레이 등에 활용되었다.

'인프라스트럭처 모드'는 공유기를 경유해 서버에 접속하여 인터넷 회선을 이용하는 통신방법으로서, 온라인 기반의 각종 서비스나 게임 소프트가 활용했다.

▲ XMB 상의 '네트워크' 카테고리. 활용하려면 무선 LAN 통신 환경을 갖춰야 한다.

■ USB 케이블 통신

PSP에는 USB 2.0 mini-B 포트가 하나 있어, 이를 통해 PS3 혹은 PC와 연결할 수 있다. PC 내에 있는 사진·동영상·음악 등의 데이터를 PSP에서 감상하기 위한 개인 소유 데이터의 전송을 비롯해, 시스템 업데이트 설치용 파일이나 PlayStation Store에서 구입한 소프트의 전송에 이르기까지, 주로 PS3나 PC를 경유한 데이터 전송 용도로 활용되었다.

■ 적외선 통신

적외선 통신은 1990년대부터 휴대폰·PDA(정보단말기) 등에서 주로 사용되었던 통신수단으로서, PSP 상단에도 적외선 포트가 있다. 당초에는 소규모 데이터의 간편 송수신 용도를 상정해 넣은 것이었으나, 이미 USB나 무선 LAN이 대중화된 시점이었다 보니 지원 소프트가 딱히 나오지 않아, 결국 PSP-2000부터는 삭제돼 버렸다.

▲ 게임의 통신대전 기능 활용에 필수적인 무선 LAN.

▲ 지금은 거의 보기 힘들어진 USB mini-B 단자.

▲ PSP-1000에만 탑재돼 있는 적외선 포트.

카메라에 DMB에 GPS까지, 주변기기 연결에도 활용됐던 USB 단자

위의 본문에서는 통신수단 용도로서만 소개했지만, PSP의 USB 단자는 카메라·DMB 튜너·GPS 리시버 등의 여러 주변기기를 접속하는 단자로 활용되기도 해, 사실상 범용 확장 포트에 가까웠다.

참고로, PSP에 탑재된 USB 단자는 mini-B라 불리는 규격으로서, 원래는 게스트형 단말기(이때 호스트는 PS3 또는 PC가 된다)에 사용되는 단자다. 하지만 DMB 튜너나 카메라 등의 PSP 전용 주변기기를 연결한 경우엔, PSP 쪽이 호스트가 된다.

▲ PSP의 USB 단자 좌우에는 주변기기 고정용 나사구멍이 있다.

CHECK POINT 6 GADGET & SERVICE

게임 외에도 사용법이 가지가지

PSP가 미디어 플레이어 용도로도 다양하게 활용됐다는 점에 대해서는 앞서 상세히 서술했는데, 스마트폰이 본격 보급되기 전이었던 2010년 언저리까지는 이러한 기능·수요를 PSP가 전담했다는 측면도 있었다. 이제는 모두 스마트폰 하나만으로도 만족되는 기능들이지만, 뒤집어 생각하면 스마트폰이 없던 시대에 큼직한 LCD가 있고 이러한 다기능을 하나로 만족시킬 만큼 기반이 탄탄했던 기기는 PSP 외에 딱히 찾기 어려웠을 것이리라.

카메라

PSP용 소프트 「살짝 찰칵」 등에서 제공했던 카메라 기능. 촬영한 사진이나 동영상은 메모리 스틱 내에 저장되며, PC나 PS3로 복사해올 수도 있다.

▲ 카메라는 130만 화소짜리라 지금 기준으론 초저화질이지만, 막 찍을 용도라면 이 정도로도 괜찮을 듯.

원세그

(일본 한정) (역주 ※1)

별매품인 '원세그 튜너'로 PSP에서 원세그(일본의 모바일 지상파 방송 서비스)를 시청한다. TV와 데이터를 동시 수신 가능해, 지금도 어느 정도 유용하다.

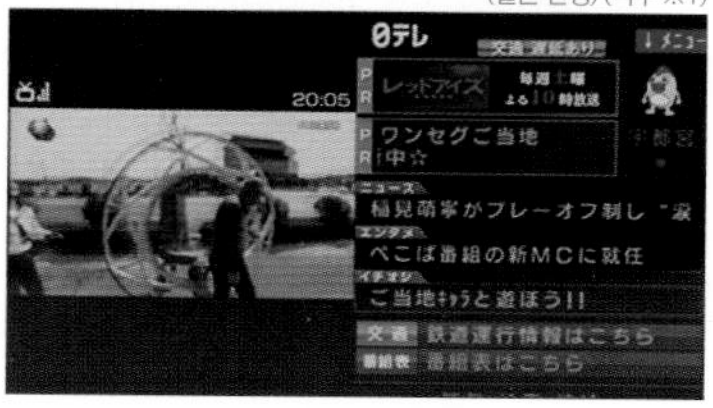
▲ 단순 시청은 물론이고, 메모리 스틱 Duo에 방송을 녹화할 수도 있다.

코믹 리더

(일본 한정) (역주 ※2)

PSP로 만화 컨텐츠를 볼 수 있는, 만화 제공에 특화시켜 운영했던 온라인 다운로드 판매 서비스. 아쉽게도 2012년 3월 15일 서비스가 종료되었다.

▲ 당시엔 1화 당 100엔, 단행본 1권 당 400엔 정도에 판매했다.

x-Radar Portable

(일본 한정) (역주 ※2)

인근에 있는 Wi-Fi 스팟들의 전파를 캐치해, GPS가 없더라도 자신의 현재 위치를 알려주는 서비스. 아쉽게도 2014년 6월 30일 서비스가 종료되었다.

▲ 'PetaMap'과 연동하면 주변정보 등도 알려주던, 나름 쓸만한 앱이었다.

(역주 ※1) 한국에서는 이와 유사한 용도의 주변기기로서, 'DMB 튜너'가 정규 발매되었다. 한국 국내용 지상파 DMB 방송을 청취할 수 있으며, 2024년 현재도 사용 가능하다.
(역주 ※2) 일본에서만 제공된 서비스이며, 한국에는 제공되지 않았다.

CHECK POINT 7 MEMORY STICK 저장매체

세이브데이터는 메모리 스틱으로

PSP 본체 내에는 저장용 플래시 메모리가 내장되지 않았기에, 게임의 세이브데이터 등은 전부 별매품인 메모리 스틱 Duo를 통해 저장해야 한다. '메모리 스틱'이란 소니가 규격을 책정한 플래시 메모리 기반의 소형 저장매체로서, 32MB부터 32GB까지 다양한 용량으로 판매했다. 주로 소니 제 디지털카메라나 네트워크 워크맨 등을 중심으로 활용되었다.

게임의 세이브데이터 저장이 기본 용도이지만 다운로드로 구입한 게임이나 음악·동영상 등의 저장매체로도 쓰였으며, 일부 게임의 경우 UMD의 로딩 빈도를 줄여 쾌적하게 플레이하기 위해 기본 데이터를 설치하는 용도로 이용하기도 했다.

▲ 본체 오른쪽 측면에 위치한 메모리 스틱 삽입구. PSP 마크가 붙은 순정품 메모리 스틱도 발매되었다.

이전 모델의 결점을 대폭 해소한, 새로운 표준 모델

플레이스테이션 포터블

소니컴퓨터엔터테인먼트　2007년 9월 20일　19,800엔(세금 포함)　PSP-2000계

얇고 가벼워지고, UMD 고속화까지

PSP-2000은 SCE가 2007년 9월 20일 일본에서 발매한, PSP의 제2세대 모델이다(역주 ※). 기존 소프트 전부를 문제없이 사용할 수 있는데다, 본체가 대폭 얇아지고 경량화되어 휴대용 게임기로서의 매력이 일거에 늘어났다.

기본성능 면에서도 메인 RAM 용량이 기존의 2배인 64MB로 늘어났으며, 추가분은 UMD 로딩용 캐시로 사용한다. 이 덕분에 느린 로딩 속도와 격한 배터리 소모 등 UMD의 주요 단점이 어느 정도 해소되어, 쾌적한 게임플레이가 가능해졌다. 그 반면 활용도가 낮았던 적외선 포트와 충전용 접점 단자는 삭제되어, 이 기체가 이후의 실질적인 표준 모델이 되었다.

(역주 ※) 한국에서는 소니컴퓨터엔터테인먼트코리아가 일본보다 앞선 2007년 9월 7일 178,000원으로 정식 발매했다. 한국판의 형식번호는 PSP-2005다.

플레이스테이션 포터블(PSP-2000계)의 사양

형식번호	PSP-2000
CPU	MIPS R4000 기반 32비트 RISC 프로세서 (최대 333MHz)×2
메모리	메인 RAM : 64MB, 서브(Media Engine) RAM : 2MB, 비디오 RAM : 2MB
지오메트리 연산	연산능력 : 최대 3,300만 폴리곤/초
그래픽	해상도 : 480×272픽셀 (16 : 9) 발색수 : 최대 1,677만 색 (내부적으로는 16비트/32비트 컬러) 필레이트 : 6억 6,400만 픽셀/초 특수 기능 : 텍스처 매핑, 프로젝션 매핑, 환경 매핑, 밉매핑, 포그, 셰이드 매핑, 뎁스 큐잉, 바이리니어·트라이리니어 필터, 반투명 처리 기능
디스플레이	4.3인치 TFT 와이드스크린 LCD (200, 180, 130, 80cd/㎡) 명암비 400 : 1, 응답속도 30ms
사운드	7.1채널 서라운드 디코딩, 3D 사운드(돌비 프로로직 Ⅱ) 지원 스테레오 스피커 내장
내장 드라이브	재생 전용 "UMD" 드라이브 (단면 2층 1.8GB)
인터페이스	DC IN 5V 단자, 비디오/이어폰/마이크 단자, Hi-Speed USB, "메모리 스틱 Duo" 슬롯, 무선 LAN (IEEE 802.11b)
배터리	리튬이온 충전지 3.7V / 1200mAh 지속시간 : 4~6시간(게임), 4~5시간(동영상 재생)
전원 / 소비전력	AC 어댑터 DC 5V / 충전지 : 리튬이온 충전지 / 약 6W (충전시)
외형 치수 / 중량	169.4(가로)×71.4(세로)×18.6(두께) mm / 약 189g (배터리 팩 포함)
부속품	배터리 팩×1, AC 어댑터, AC 전원 코드, 사용설명서, 서비스 가이드

▲ PSP-2000의 외장 패키지.

FRONT VIEW

REAR VIEW

TOP VIEW

BOTTOM VIEW

LEFT SIDE VIEW

RIGHT SIDE VIEW

UMD 드라이브까지 샅샅이 개량하다

본체가 얇아졌다 보니, 특히 후면 부분은 기존 대비로 상당량의 변경이 가해졌다. 기존 모델은 후면에 거칠거칠한 촉감이 있었으나, 이번엔 뒷면도 유광으로 가공하여 심플한 실루엣으로 거듭났으며, 전체적인 외관이 훨씬 고급스럽게 마감되었다.

얇아진 구조 탓에, UMD 드라이브 역시 이젝트 레버를 제껴 반자동으로 열던 기존의 스프링 메커니즘을 삭제하고 손으로 직접 열도록 변경했다. 덕분에 게임 플레이 도중 갑작스럽게 UMD 디스크가 배출될 수 있었던 문제도 동시에 방지되어, 결과적으로 일석이조의 해결책이 되었다.

본체 박형화로 가장 큰 영향을 받은 부분은 배터리로서, 기존의 1800mAh보다 소용량인 1200mAh의 소형 배터리를 채용했다. 그럼에도 앞서 언급한 UMD 데이터 로딩 캐시 효과 및 내부회로 저소비전력화 등에 힘입어, PSP-1000과 동등한 지속시간을 구현했다. 또한, 후일 2200mAh의 대용량 배터리도 전용 배터리 커버와 묶어 주변기기 형태로 별매했다.

▲ 측면에서 본 PSP-1000(사진 왼쪽)과 PSP-2000(사진 오른쪽). 두께가 확연히 얇아졌음을 알 수 있다.

외관으로 비교해보는, PSP-1000과 PSP-2000의 차이점

앞서 설명한 대로 PSP-2000의 최대 변경점은 얇아진 본체 두께이지만, 이에 관련된 변경점 외에도 다양한 부분이 개선되었다. 이전판의 문제점 해소나 편의성 증가를 위한 개선 등 다방면에 걸쳐 개량이 가해졌는데, 본 지면에서는 외관으로 바로 알 수 있는 양 기종의 변경점에 초점을 맞춰 비교사진으로 소개해 보았다. 보유한 제품의 기종을 외관으로 판별할 때 참고가 되었으면 한다.

① 표면처리의 변경

PSP-1000의 후면부 표면은 매트 가공이었으나, PSP-2000은 전면부와 동일한 유광 표면 가공으로 변경했다. 본체 박형화와 배터리 소형화로 인한 결과이긴 하나, 전·후면 디자인이 통일되어 실루엣이 깔끔해졌다.

② 배터리 커버의 변경

PSP-1000은 두툼한 배터리를 본체에 수납하려다 보니 배터리 부분이 볼록한 형태였다. PSP-2000은 본체 두께에 딱 맞도록 깔끔하게 수납되는 배터리 사이즈의 구현에 성공하여, 배터리 커버도 평평해졌다.

③ 배터리의 돌기 형태

PSP-2000부터 기본 배터리의 용량이 변경되었기에, 배터리 본체의 크기를 차별화한 것은 물론 다른 기종용의 기본 배터리를 착오로 잘못 장착하는 일이 없도록 아예 돌기 형태까지 변경했다.

④ 이어폰 단자부의 변경

PSP-2000은 '이어폰/영상출력 단자'라는 신규 규격으로 바뀌었기에, 이어폰 단자 오른쪽의 확장단자 형태가 이전과 달라졌다. 이 탓에, PSP-1000용 주변기기 중 리모컨 부착 이어폰(PSP-140) 등은 사용할 수 없다.

⑤ 스테레오 스피커의 위치

PSP-1000의 경우 스테레오 스피커가 본체 하단에 배치되어 있었으나, PSP-2000에서는 본체 상단으로 옮겨졌다. 그 덕분에 이전보다 더욱 효과적인 3D 사운드를 즐길 수 있게 되었다.

⑥ 메모리 스틱 슬롯의 위치

PSP-1000의 메모리 스틱 삽입구는 본체 좌측 뒤편의 두툼한 부분에 배치되었으나, PSP-2000은 얇아진 본체에 맞춰 중간의 은색 테두리 부분으로 옮겨졌다. 동시에 무선 LAN 스위치도 본체 상단으로 이동했다.

⑦ UMD 추출구조의 변경

PSP-1000의 UMD 드라이브는 이젝트 레버를 밀면 도어가 자동으로 열리고 디스크가 추출되는 구조였으나, 이는 오작동의 원인이 되기도 했다. PSP-2000은 수동개폐식으로 변경했고, 개폐각도도 커져 UMD 교체가 편해졌다.

외부영상 출력으로 TV에서도 즐긴다

PSP-2000의 최대 변경점 중 하나가, 바로 비디오 외부출력 기능의 추가다. 기존의 이어폰/마이크 단자를 대체하여 탑재된 이어폰/영상출력 단자를 이용하여 컴포지트 비디오, S비디오, 컴포넌트 비디오 단자가 있는 TV로의 외부영상 출력이 가능해진 것이다(단 게임 구동중엔 프로그레시브 출력만 지원하므로, 컴포지트 비디오 및 S비디오 케이블로는 게임 영상 출력 불가).

또한, 사운드 기능도 개량하여 기존 모델에서는 본체 하단에 있었던 스피커가 상단으로 이동해, PSP의 매력 중 하나인 3D 사운드를 더욱 효과적으로 활용할 수 있게 되었다.

파스텔톤 컬러가 멋진 바리에이션 모델

PSP-2000은 최초 출시 시점부터 다양한 컬러의 본체를 발매하는 컬러 바리에이션을 전개했다. 기본색상 3종을 제외하면 모두 전반적으로 은은한 색조의 파스텔톤 컬러가 채용되었다는 게 특징인데, 이를 SCE는 통칭 '블루메 시리즈'로 명명했다.

중반 이후부터는 한층 색채가 강렬해진 딥 레드·매트 브론즈·메탈릭 블루 컬러의 PSP-2000 신모델도 추가하여 수량한정으로 발매했다. 또한 특정 소프트를 동봉한 한정 프린트 모델도 등장했는데, 이 한정 본체 마케팅은 PSP-3000에서도 이어진다.

COLOR VARIATION

PSP-2000 PB
피아노 블랙

PSP-2000 CW
세라믹 화이트

PSP-2000 IS
아이스 실버

PSP-2000 RP
로즈 핑크

PSP-2000 LP
라벤더 퍼플

PSP-2000 FB
펠리시아 블루

PSP-2000 MG
민트 그린

PSP-2000 ZS 소프트 동봉 한정품
크라이시스 코어 파이널 판타지 VII
-FINAL FANTASY VII 10th Anniversary Limited-

PSP-2000 ZN 소프트 동봉 한정품
몬스터헌터 포터블 2nd G
헌터즈 팩 G

ULJM-05298 소프트 동봉 한정품
스타 오션 First Departure
-Eternal edition-

PSPL-90001 소프트 동봉 한정품
기렌의 야망 스페셜 팩

PSPJ-20001 수량한정 발매
딥 레드

PSPJ-20002 수량한정 발매
매트 브론즈

PSPJ-20003 수량한정 발매
메탈릭 블루

(역주 ※) 본 페이지의 한정 모델은 일본 발매 기준이다.

더욱 AV 기능에 충실해진, 플레이스테이션 포터블의 완성형

플레이스테이션 포터블

소니컴퓨터엔터테인먼트　2008년 10월 16일　19,800엔(세금 포함)　PSP-3000계

※ 2009년 10월 1일 16,800엔(세금 포함)으로, 2012년 10월 1일 13,800엔(세금 포함)으로 각각 가격 인하

고품질 LCD로 아름다워진 화면

PSP-3000은 SCE가 2008년 10월 16일 일본에서 발매한, PSP의 제3세대 모델이다(역주 ※). 기본 스펙 및 외관 디자인은 PSP-2000계를 답습했기 때문에, PSP-2000계의 주변기기는 모두 그대로 이용 가능하다.

3000계의 최대 변경점은 LCD의 명암비를 기존의 400 : 1에서 무려 2000 : 1로 대폭 끌어올렸으며, 초저반사 시트를 채용해 밝은 장소에서도 고품질 영상표시를 구현했다는 점이다. 응답속도도 30ms에서 8ms로 고속화하여, 더욱 쾌적한 환경으로 게임과 동영상을 즐길 수 있게 되었다.

게다가, 기존 모델에서는 프로그레시브 출력만 가능했던 게임 영상의 외부출력 기능도 PSP-3000에서는 인터레이스 출력까지 지원하는 등, LCD 외에도 도처를 개량했다.

(역주 ※) 한국에서는 소니컴퓨터엔터테인먼트코리아가 일본과 같은 2008년 10월 16일 228,000원으로 정식 발매했다. 한국판의 형식번호는 PSP-3005다.

플레이스테이션 포터블(PSP-3000계)의 사양

형식번호	PSP-3000
CPU	MIPS R4000 기반 32비트 RISC 프로세서 (최대 333MHz)×2
메모리	메인 RAM : 64MB, 서브(Media Engine) RAM : 2MB, 비디오 RAM : 2MB
지오메트리 연산	연산능력 : 최대 3,300만 폴리곤/초
그래픽	해상도 : 480×272픽셀 (16 : 9) 발색수 : 최대 1,677만 색 (내부적으로는 16비트/32비트 컬러) 필레이트 : 6억 6,400만 픽셀/초 특수 기능 : 텍스처 매핑, 프로젝션 매핑, 환경 매핑, 밉매핑, 포그, 셰이드 매핑, 뎁스 큐잉, 바이리니어·트라이리니어 필터, 반투명 처리 기능
디스플레이	4.3인치 TFT 와이드스크린 LCD (200, 180, 130, 80cd/㎡) 명암비 2000 : 1, 응답속도 8ms
사운드	7.1채널 서라운드 디코딩, 3D 사운드(돌비 프로로직 II) 지원 스테레오 스피커 내장
내장 드라이브	재생 전용 "UMD" 드라이브 (단면 2층 1.8GB)
인터페이스	DC IN 5V 단자, 비디오/이어폰/마이크 단자, Hi-Speed USB, 마이크, "메모리 스틱 Duo" 슬롯, 무선 LAN (IEEE 802.11b)
배터리	리튬이온 충전지 3.7V / 1200mAh 지속시간 : 4~6시간(게임), 4~5시간(동영상 재생)
전원 / 소비전력	AC 어댑터 DC 5V / 충전지 : 리튬이온 충전지 / 약 6W (충전시)
외형 치수 / 중량	169.4(가로)×71.4(세로)×18.6(두께) mm / 약 189g (배터리 팩 포함)
부속품	배터리 팩×1, AC 어댑터, AC 전원 코드, 사용설명서, 서비스 가이드

▲ PSP-3000의 외장 패키지.

FRONT VIEW

REAR VIEW

TOP VIEW

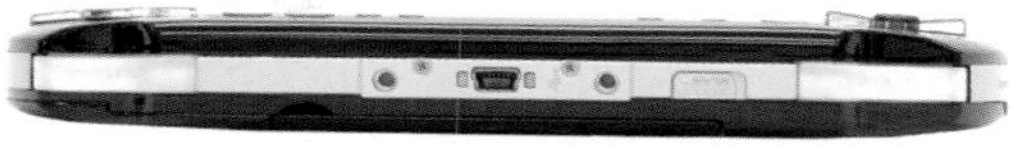

BOTTOM VIEW

LEFT SIDE VIEW

RIGHT SIDE VIEW

PSP 시장을 지탱한 롱셀러 모델

PSP-3000은 앞서 언급한 LCD 화면뿐만 아니라, 자잘한 편의성도 개선했다. 기존 모델에서는 옵션 형태였던 마이크를 본체에 기본 내장시켜, 「토크맨」 시리즈 등 마이크 기능을 지원하는 소프트를 별매품인 헤드셋·마이크 없이도 본체만으로 즐길 수 있게 했다. 또한 스마트폰의 보급률이 아직 낮았던 시절에 PC 없이도 Skype 등의 서비스를 이용할 수 있었던 것 역시 PSP만의 매력이었는데, 이 모델의 경우 별도 주변기기 없이도 간편하게 이용할 수 있는 점이 좋았다.

본격적인 온라인 서비스가 개시된 것도 이 당시 PSP의 큰 변화 중 하나였다. 이전까지는 Wi-Fi를 통한 웹브라우징 정도나 가능할 뿐이었던 네트워크 기능이 대폭 강화되어, PSP 내에서 직접 PlayStation Store에 접속해 소프트를 다운로드 구입 가능해졌다(기존 기종도 최신 시스템 업데이트로 이 기능을 추가했다).

PSP-3000은 2008년 발매 이후 PSP 시장을 무려 8년 이상이나 지탱시켜준 명기로서, PSP의 시대가 막을 내릴 때까지 현역을 유지했다. 그렇다 보니 이전 모델에 비해 다채로운 컬러 바리에이션 모델이 발매되었으므로, 유저들에게도 가장 추억이 깊은 모델이지 않을까 싶다.

▲ PSP 로고 좌측에 신설된 내장 마이크. 마이크 지원 게임은 물론, Skype에서도 활용 가능하다.

외관으로 비교해보는, PSP-2000과 PSP-3000의 차이점

PSP의 기본 아키텍처는 PSP-2000 시점에서 거의 완성되었기에, PSP-3000은 그다지 큰 변경점이 없다. 기능 면의 변경은 마이크 탑재 정도가 전부라, 그 외의 변경점은 직접 사용해본 유저조차 '굳이 지적하지 않으면 모르고 넘어갈' 수준의 마이너 업데이트라 할 수 있다.

뒤집어 말하면 PSP-2000과 PSP-3000은 겉모습으로 구분이 힘든 기종이라는 말도 되니, 이 지면을 참고하여 판별해보도록 하자.

① 손에 잘 감기는 곡면 바디

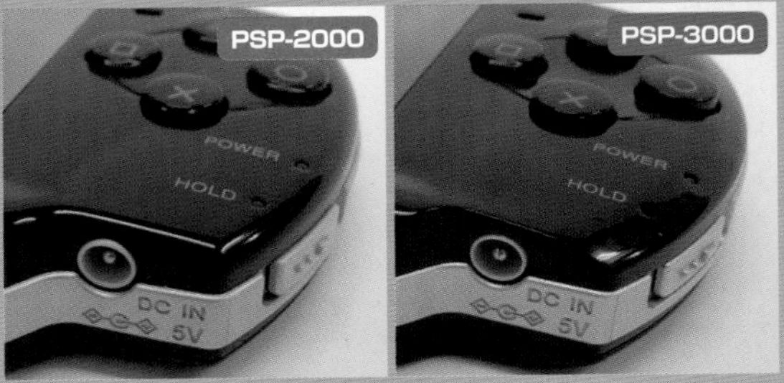

본체 두께 및 외형 치수는 양 모델이 동일하나, PSP-3000은 좌우 모서리 부분이 곡면 형태로 변경되었다. 덕분에 손 크기 문제로 기존 모델이 불편했던 사람도 잡기 편해져, 더욱 폭넓게 애용되는 디자인이 되었다.

② 뒷면 링 부분의 디자인 변경

PSP-1000부터의 전통이었던, 디스크 매체를 상징하는 메탈릭 링 디자인이 PSP-3000에서는 얇은 선 형태로 변경되었다. 기능상의 변경은 아니므로, 단순한 디자인상의 차별화 목적으로 보인다.

③ HOME 버튼을 PS 버튼으로 변경

소프트를 종료하고 홈 화면(XMB)으로 돌아가기 위해 사용하는 HOME 버튼이, PSP-3000에서는 PS 버튼으로 변경되었다. PS3의 듀얼쇼크 3 컨트롤러와 유저 인터페이스를 통일시키기 위해서다.

컬러 바리에이션이 풍성했던 모델

PSP-3000은 PSP 말기까지 현역이었던 모델인지라, 컬러 바리에이션 전개도 매우 다채롭게 펼쳐졌다. 심지어 투톤 컬러 등의 특수 배색 모델까지 발매됐던 것도 PSP-3000의 특징이라 하겠다. VALUE PACK은 물론이고 원세그 튜너를 동봉한 원세그 팩(역주 ※1), 특정 게임 소프트를 동봉한 한정 팩 등도 다수 발매하여, 총 모델 수가 무려 42종에 달한다.

게임 소프트 동봉 팩이 많은 것도 PSP-3000의 특징으로서, 특별 패키지까진 아니나 유저가 본체에 직접 붙이는 스킨 스티커를 소프트에 오리지널 특전으로 제공한 제작사도 있었다.

(역주 ※1) 한국에서는 소니컴퓨터엔터테인먼트코리아가, DMB 튜너를 PSP-3005(피아노 블랙) 및 메모리 스틱 Duo(32MB)와 합본한 DMB PACK을 278,000원에 동시 발매했다.

COLOR VARIATION

PSP-3000 PB
피아노 블랙

PSP-3000 PW
펄 화이트

PSP-3000 MS
미스틱 실버

PSP-3000 RR
래디언트 레드

PSP-3000 VB
바이브런트 블루

PSP-3000 BY

브라이트 옐로

PSP-3000 SG

스피리티드 그린

PSP-3000 ZP 수량한정 발매

블로섬 핑크

PSPJ-30016 수량한정 발매

라일락 퍼플

PSPJ-30017 수량한정 발매

블랙 / 레드

PSPJ-30018 수량한정 발매

화이트 / 블루

PSPJ-30026 수량한정 발매

레드 / 블랙

PSPJ-30027 수량한정 발매

스카이 블루 / 마린 블루

PSP-3000 XZG 소프트 동봉 한정품

하츠네 미쿠 -Project DIVA- 2nd 한가득 팩 터코이즈 그린(역주 ※2)

PSP-3000MHB 소프트 동봉 한정품

몬스터헌터 포터블 3rd 헌터즈 모델(역주 ※3)

PSP-3000XUB 소프트 동봉 한정품

위닝 일레븐 × UEFA CHAMPIONS LEAGUE 스페셜 팩(역주 ※3)

PSP-3000 XZC 소프트 동봉 한정품

메탈기어 솔리드 피스 워커 프리미엄 패키지 (스컬 카무플라주)(역주 ※3)

기동전사 건담 VS. 건담 프리미엄 팩

그란 투리스모 RACING PACK(역주 ※3)

ULJM-05405

디시디아 파이널 판타지 -FINAL FANTASY 20th Anniversary Limited-

PSPJ-30022

디시디아 듀오데심 파이널 판타지 Chaos & Cosmos Limited(역주 ※3)

PSPJ-30012

킹덤 하츠 버스 바이 슬립 "KINGDOM HEARTS EDITION"

PSP-3000 AKB

AKB1/48 : 아이돌과 사랑을 한다면… Premier Special Pack

PSPJ-30028

원피스 로맨스 던 : 모험의 새벽 오리지널 모델

PSPJ-30029

노래의☆왕자님♪All Star 오리지널 모델

(역주 ※) 본 페이지의 한정 모델은 일본 발매 기준이다.
(역주 ※2) 터코이즈 그린 컬러는 한국에서는 일반 시판품 형태로 발매되었다.
(역주 ※3) 이 모델은 한국에도 정식 발매되었다.

시대를 지나치게 앞서 나왔던, 다운로드 전용 PSP

플레이스테이션 포터블 go

소니컴퓨터엔터테인먼트 2008년 11월 1일 26,800엔(세금 포함) PSP-N1000

※ 2010년 10월 26일 16,800엔(세금 포함)으로 가격 인하

▲ XMB 화면 상태에서 본체를 닫으면 대기 상태가 된다. 슬립은 기존 기종과 동일하게 전원 스위치로 걸 수 있다.

▲ PSP go의 외장 패키지.

UMD를 넣을 수 없는 다운로드 전용기

플레이스테이션 포터블 go(이하 PSP go)는, SCE가 2008년 11월 1일 일본에서 발매한 PSP의 자매기종이다(역주 ※). UMD 드라이브를 없애고 다운로드 소프트 구입 및 플레이에만 특화시킨 모델로서, 그만큼 대폭적으로 소형화한 것이 최대 특징이다. 슬라이드형 컨트롤러 부분을 밀어 닫으면 마치 소형 스마트폰 같은 외관이 되었다(닫은 상태로도 음악·게임·동영상을 즐길 수 있다).

PSP go의 발매 시점은 같은 해 7월 iPhone 3G가 일본에 막 상륙한 지 얼마 지나지 않은 시기로서, 아직 스마트폰이 대중화되기 전이었다. 이를 감안하면, PSP go 자체는 꽤나 선구적인 디자인이었다.

인터페이스 면에서도 PSP go는 기존 기종과의 주변기기 공용화를 과감히 포기하고, 신규 추가한 블루투스 연결 및 멀티유스(다목적) 단자의 단 둘로 입출력 인터페이스를 통합했다. 이 탓에 이어폰·리모컨 등 무선화가 가능한 쪽은 블루투스로, USB·전원 등 물리적인 케이블 연결이 필요한 쪽은 멀티유스 단자로 각각 연결점이 나뉘어

플레이스테이션 포터블 go의 사양

형식번호	PSP-N1000
CPU	MIPS R4000 기반 32비트 RISC 프로세서 (최대 333MHz)×2
메모리	메인 RAM : 64MB, 서브(Media Engine) RAM : 2MB, 비디오 RAM : 2MB 저장용 내장 플래시 메모리 : 16GB
지오메트리 연산	연산능력 : 최대 3,300만 폴리곤/초
그래픽	해상도 : 480×272픽셀 (16 : 9) 발색수 : 최대 1,677만 색 (내부적으로는 16비트/32비트 컬러) 필레이트 : 6억 6,400만 픽셀/초 특수 기능 : 텍스처 매핑, 프로젝션 매핑, 환경 매핑, 밉매핑, 포그, 셰이드 매핑, 뎁스 큐잉, 바이리니어·트라이리니어 필터, 반투명 처리 기능
디스플레이	4.3인치 TFT 와이드스크린 LCD (200, 180, 130, 80cd/㎡) 명암비 2000 : 1, 응답속도 8ms
사운드	7.1채널 서라운드 디코딩, 3D 사운드(돌비 프로로직 II) 지원 스테레오 스피커 내장
인터페이스	헤드폰/마이크 단자, 멀티유스 단자, "메모리 스틱 Micro" 슬롯, 무선 LAN (IEEE 802.11b), Bluetooth 2.0(EDR)
배터리	리튬이온 충전지 3.7V / 930mAh 지속시간 : 3~6시간(게임), 3~5시간(동영상 재생)
전원 / 소비전력	AC 어댑터 DC 5V / 충전지 : 리튬이온 충전지 / 약 3W (충전시)
외형 치수 / 중량	128(가로)×69(세로)×16.5(두께) mm / 약 158g (배터리 팩 포함)
부속품	AC 어댑터, USB 케이블, CD-ROM(Media Go), 사용설명서, 서비스 가이드

(역주 ※) 한국에서는 소니컴퓨터엔터테인먼트코리아가 2009년 10월 1일 328,000원으로 정식 발매했다. 한국판의 형식번호는 PSP-N1005다.

FRONT VIEW

REAR VIEW

TOP VIEW

BOTTOM VIEW

LEFT SIDE VIEW

RIGHT SIDE VIEW

있다. 이러한 인터페이스는 지금의 스마트폰·태블릿에도 보편적으로 정착되어 있으니, 이런 관점에서 보면 PSP go가 추구했던 컨셉은 그야말로 선견지명이었다 할 수 있다.

다만 다운로드로 구매한 게임만 즐길 수 있는 기기인 탓에 UMD로 공급되었던 기존 PSP용 게임은 일절 플레이할 수 없는데다(무단복제를 막기 위해, 외장형 UMD 드라이브를 발매하지 않았다), 당시는 아직 다운로드로 소프트를 구입하는 문화가 정착되기 전이었기에, 먼저 발매된 PSP-3000보다도 일찍 단종되고 말았다. 지금처럼 다운로드 게임 시장이 성숙된 시대라면 모를까, 세상에 너무 일찍 나와 버린 제품이라 하겠다.

▲ 본체 하단에 위치한 멀티유스 단자. 물리적인 케이블 연결은 이 단자 하나로 통일했다.

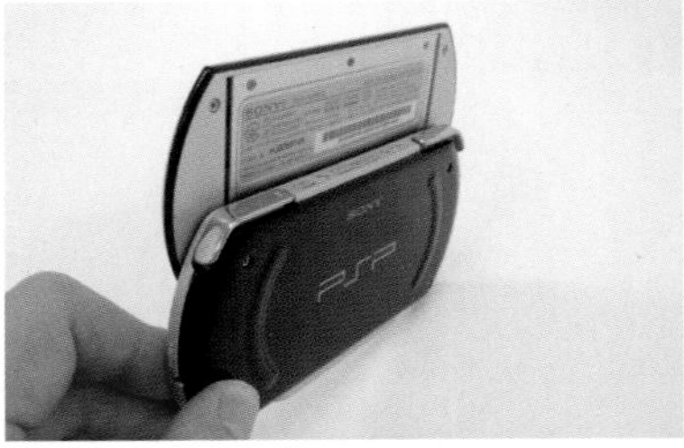

▲ 손에 집어들 때의 느낌이 마치 조그만 스마트폰인 듯한 감각을 주는 PSP go(왼쪽·오른쪽 위 사진). PSP-1000과 비교해보면 얼마나 작아졌는지를 알 수 있다(오른쪽 아래 사진).

공예품스러운 미감은 실로 PSP의 자매기

PSP go를 집어 들면 제일 먼저 놀라게 되는 게 본체 사이즈다. 손바닥 안에 쏙 들어오는 크기인지라, 지금의 감각으로 예를 들자면 조그만 스마트폰을 방불케 한다. 두께 면에서는 역시나 슬라이드 구조 탓도 있어 스마트폰과 동급이라고까지는 하기 어렵긴 하나, 당시로서는 상당한 노력이 들어간 제품인 것도 사실이다.

경탄스러운 점은, UMD 드라이브가 빠지긴 하였으나 PSP의 모든 기능을 이 작은 사이즈에 온전히 압축해냈다는 것이다. 영상출력·전원·USB를 멀티유스 단자로 통합시키기는 했지만, 버튼 류만큼은 하나도 빠짐없이 전부 이 작은 본체에 집어넣는 데 성공했다.

게다가 이제까지 PSP가 일관되게 추구해왔던 디지털 휴대기로서의 아름다움은 PSP go에도 제대로 계승되어, 투명 플라스틱으로 고급감을 살린 방향키부터 ○×△□ 버튼, 본체 주변을 테두리처럼 둘러싼 알루미늄 가공 파츠, 금속성 광택을 준 링 형태의 시그니처 디자인까지도 치밀하게 재현했다. 그 덕에 '기존 PSP와는 다르지만, PSP라는 것만큼은 제대로 어필하는' 디자인으로 완성됐으니, 이 공예품스러운 미감이야말로 PSP다움의 진수라 할 수 있지 않을까. 이제까지의 PSP처럼, 유저의 소유욕을 지나칠 만큼 자극하는 디자인이 아닐 수 없다.

▲ 버튼은 기존 PSP보다 얕게 눌리는 편이나, 그럼에도 여전히 투명 플라스틱 재질이다. 실로 소니다운 집착.

▲ 화면 왼쪽 구석에 배치된 PS 버튼. XMB로 돌아가려면 이 버튼을 눌러야 한다.

▲ Bluetooth 표시등. 리모컨·이어폰 및 플레이스테이션 3용 컨트롤러 등의 지원기기를 접속하면 켜진다.

▲ 음량 및 화면 밝기를 조정하는 버튼이 상단 위쪽 부분에 있다(왼쪽 사진). 한편 왼쪽 측면에는 무선 스위치 및 메모리 스틱 슬롯을 배치했다(오른쪽 사진).

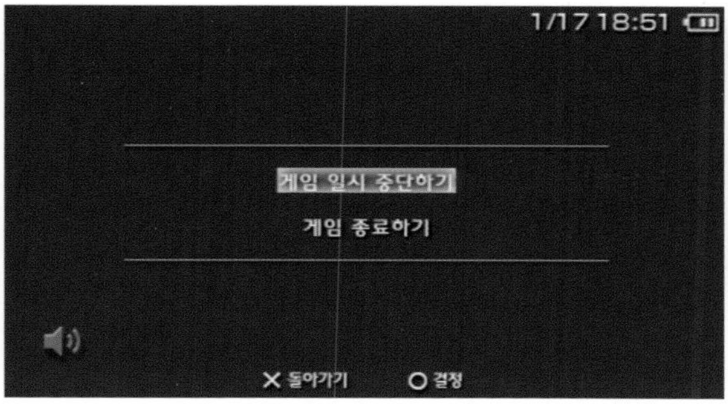

▲ PS 버튼을 누르면 기존의 '게임 종료하기' 메뉴에 '게임 일시 중단하기'가 추가로 표시된다. 나중에 '게임 재개하기'를 선택하면, 중단한 시점부터 그대로 이어 플레이할 수 있다.

언제 어디서든 일시 중단·재개 가능

PSP go에서 새로 추가된 기능 중 하나가 일시 중단 및 재개 기능이다. 기존 PSP는 PS 버튼(HOME 버튼)을 누르면 게임을 종료할 수 있지만, PSP go의 경우 여기에 '게임 일시 중단하기'라는 선택지가 추가되는데, 게임 내에서 세이브 기능을 사용할 수 없는 상황이라도 PS 버튼을 누른 시점의 게임 상태를 강제로 임시 저장하는 기능이다. 중단한 게임은 나중에 '게임 재개하기'로 즉시 이어할 수 있으며, 전철 탑승이나 운전 등의 급한 상황일 때 즉시 게임을 중단하고 나중에 재개가 가능한 실로 고마운 기능이다.

휴대용 게임기에서는 매우 유용한 기능인만큼 모든 PSP가 표준 탑재했더라면 좋지 않았을까 싶지만, 기존 PSP의 경우 UMD라는 디스크 매체의 특성 탓에 구현하기가 어려웠다. 본체 내에 충분한 저장 공간을 내장한 PSP go였기에 구현 가능했던 기능이라 하겠다.

컨트롤러로 쾌적하게 플레이

PSP go는 블루투스 모듈이 탑재돼 있어, 블루투스 리모컨·이어폰 등을 무선으로 연결할 수 있다. 지원되는 블루투스 기기 중에는 플레이스테이션 3용 아날로그 컨트롤러(DUALSHOCK 3)도 포함되므로, 외부 컨트롤러로 게임을 플레이할 수도 있다. 특히 이를 연결하고 게임 아카이브스(클래식 게임)로 PS1용 게임을 즐기면, PSP에 없는 L2·R2 버튼 및 오른쪽 아날로그 스틱을 사용 가능해지기에 원작 그대로의 조작감각으로 플레이할 수 있다는 게 커다란 장점이다. 게다가 컨트롤러를 여러 개 연결할 수도 있어, 휴대용 게임기인데도 다인 플레이가 가능해진다는 것 역시 재미있다.

▲ 플레이스테이션 3의 아날로그 컨트롤러를 사용할 수 있는 건 큰 장점이다! TV로 외부 출력까지 하면 그야말로 가정용 게임기를 즐기는 기분이 난다.

유일하게 주의할 점이라면, 아날로그 컨트롤러 단독으로는 페어링이 불가능하므로 PSP go에 인식시키려면 플레이스테이션 3 본체와 PS3용 USB 케이블도 필요하다는 것이다. 이 기능은 설명서에 실려 있지 않은데, 본체 개발 당초부터 상정한 사양이 아니었고 나중에 추가 탑재되었기 때문이 아닐까 생각된다.

설정 방법은 XMB 메뉴의 '설정' → 'Bluetooth 기기 설정' → 'Bluetooth 기기 관리' → '새 기기 등록' → 'PS3 컨트롤러 등록하기' 순으로 선택한 뒤 메뉴의 지시대로 조작하면 된다.

COLOR VARIATION

PSP-N1000 PB
피아노 블랙

PSP-2000 PW
펄 화이트

다채로운 플레이스테이션 포터블용 주변기기를 일괄 소개!

플레이스테이션 포터블용 순정 주변기기

본 지면에서는 플레이스테이션 포터블용으로 일본에서 발매된 소니 순정품 주변기기들을 소개한다. 실제로는 소니 순정품 외에도 타사로부터 수많은 라이선스 상품이 발매됐기에, 그야말로 다채로운 주변기기가 나왔다.

초보자가 구입하기 쉽도록 저렴하게 세트화한 액세서리 팩 등의 독특한 상품도 있었다.

AV 주변기기 AUDIO & VISUAL

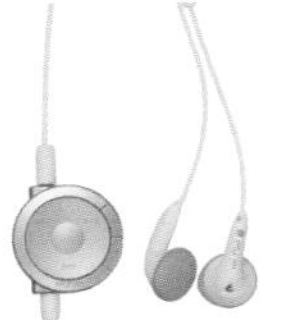
화이트

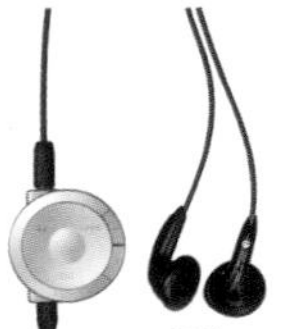
블랙

리모컨 부착 이어폰 PSP-140, PSP-140B 2,800엔
본체와 동시 발매된 백색 리모컨 부착형 이어폰. 후일 블랙 버전도 발매됐다.

리모컨 부착 이어폰
PSP-S140 2,800엔(세금 포함)
PSP-2000/3000 전용의 리모컨 부착 이어폰. 간편하게 음량조절이 가능하다.

Bluetooth 스테레오 헤드셋 리시버
PSP-N270 4,980엔(세금 포함)
스테레오 헤드폰 접속에 사용하는, PSP go 전용 Bluetooth 리시버.

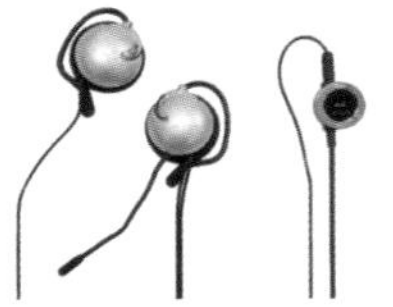

리모컨 부착 헤드셋
PSPJ-15012 3,800엔(세금 포함)
PSP-2000/3000 전용의 마이크 포함 헤드셋. 리모컨으로 음량 조절도 가능하다.

크레이들
PSP-N340 4,800엔(세금 포함)
PSP go 전용 크레이들. PS3용 컨트롤러를 연결하면 본체를 닫은 상태로도 조작 가능하다.

크레이들
PSP-S360 4,800엔(세금 포함)
PSP-2000을 지원하는 크레이들. 리모컨을 동봉하여, 무선으로 PSP를 조작할 수 있다.

크레이들
PSP-S410 4,800엔(세금 포함)
PSP-2000/3000을 지원하는 크레이들. 리모컨을 동봉하여, 무선으로 PSP를 조작할 수 있다.

크레이들 & D단자 케이블
PSPJ-15013 6,500엔(세금 포함)
PSP-S360에 D단자(역주 ※) 케이블을 동봉한 세트. 간편하게 TV에 연결할 수 있다.

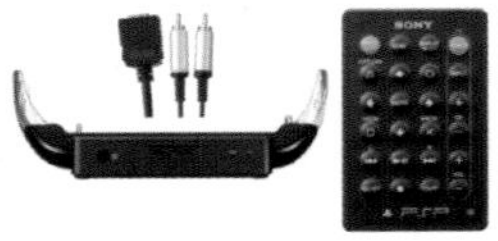

크레이들 & D단자 케이블
PSPJ-15017 6,500엔(세금 포함)
PSP-S410에 D단자 케이블을 동봉한 세트. 간편하게 TV에 연결할 수 있다.

마이크 SINGLE PACK
PSPJ-15014 2,500엔(세금 포함)
USB 단자로 접속하는 전용 마이크. 마이크가 내장된 PSP-3000에서도 사용 가능하다.

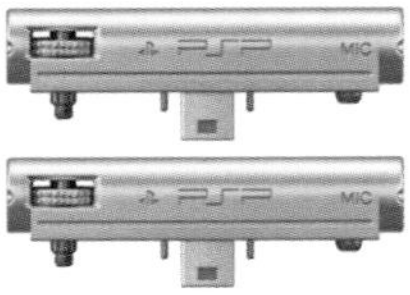

마이크 TWIN PACK
PSPJ-15015 4,000엔(세금 포함)
마이크 2개를 세트화한 염가형 패키지. 성능은 단품과 완전 동일하다.

스테레오 이어폰 SCZM-92091 ~ SCZM-92096 2,200엔(세금 포함) PS 마크로 포인트를 주어 멋을 낸 총 6색의 커널형 스테레오 이어폰.

(역주 ※) 일본 외 국가의 컴포넌트 케이블과 신호체계가 동일한 일본 독자규격 단자.

전원 POWER SUPPLY

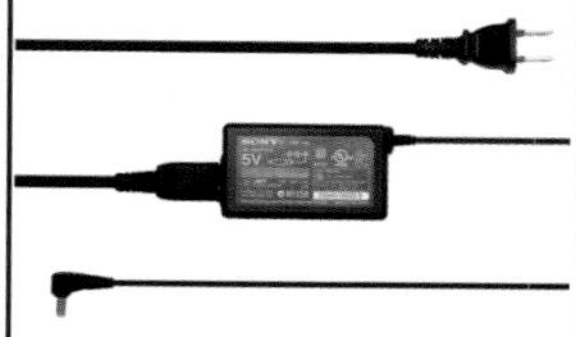

AC 어댑터
PSP-100 1,500엔
PSP-1000/2000 본체 동봉품과 동일한 AC 어댑터.

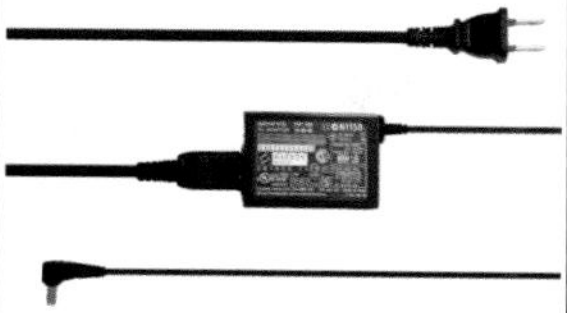

AC 어댑터
PSP-380 2,500엔
PSP-3000 본체 동봉품과 동일한 AC 어댑터.

AC 어댑터
PSP-N100 2,500엔
PSP go 본체 동봉품과 동일한 AC 어댑터.

카 어댑터
PSP-180 3,000엔
PSP-1000/2000/3000을 시거잭 소켓으로 충전할 수 있는 카 어댑터.

카 어댑터
PSP-N380 1,500엔
PSP go를 시거잭 소켓으로 충전할 수 있는 카 어댑터.

배터리 충전기
PSP-190 2,500엔
PSP-1000용 배터리 팩을 단독으로 충전할 수 있는 배터리 충전기.

배터리 충전기
PSP-330 2,500엔
배터리 팩을 단독으로 충전할 수 있는 배터리 충전기. 전 기종의 배터리를 지원한다.

배터리 팩
PSP-110 3,000엔
PSP-1000 본체 동봉품과 동일한, 예비용 추가구매 배터리.

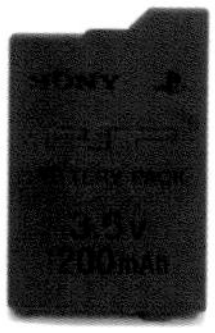

배터리 팩
PSP-S110 1,500엔
PSP-2000/3000 본체 동봉품과 동일한, 예비용 추가구매 배터리.

배터리 팩 2200mAh
PSP-280 2,500엔
PSP-1000에 사용할 수 있는, 기본 동봉품보다 대용량으로 증강된 배터리.

배터리 팩 2200mAh 배터리 커버 세트 피아노 블랙
PSPJ-15007 2,500엔
PSP-2000/3000에 장착하기 위한 커버를 동봉했다.

배터리 팩 2200mAh 배터리 커버 세트 세라믹 화이트
PSPJ-15008 2,500엔
PSP-2000/3000에 장착하기 위한 커버를 동봉했다.

배터리 팩 2200mAh 배터리 커버 세트 아이스 실버
PSPJ-15009 2,500엔
PSP-2000/3000에 장착하기 위한 커버를 동봉했다.

배터리 팩 2200mAh 배터리 커버 세트 펄 화이트
PSPJ-15018 2,500엔
PSP-2000/3000에 장착하기 위한 커버를 동봉했다.

배터리 팩 2200mAh 배터리 커버 세트 미스틱 실버
PSPJ-15019 2,500엔
PSP-2000/3000에 장착하기 위한 커버를 동봉했다.

배터리 팩 2200mAh 배터리 커버 세트 래디언트 레드
PSPJ-15020 2,500엔
PSP-2000/3000에 장착하기 위한 커버를 동봉했다.

배터리 팩 2200mAh 배터리 커버 세트 바이브런트 블루
PSPJ-15021 2,500엔
PSP-2000/3000에 장착하기 위한 커버를 동봉했다.

배터리 팩 2200mAh 배터리 커버 세트 브라이트 옐로
PSPJ-15022 2,500엔
PSP-2000/3000에 장착하기 위한 커버를 동봉했다.

배터리 팩 2200mAh 배터리 커버 세트 스피리티드 그린
PSPJ-15023 2,500엔
PSP-2000/3000에 장착하기 위한 커버를 동봉했다.

배터리 팩 및 몬스터헌터 포터블 오리지널 디자인 배터리 커버
PSPJ-15029 2,500엔
PSP-2000/3000에 장착하기 위한 커버를 동봉했다.

케이블 CABLE

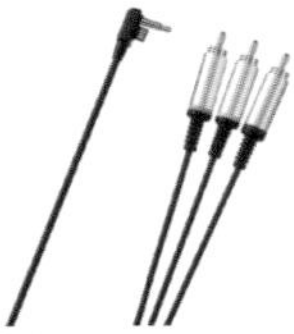

AV 케이블
PSP-S150 2,200엔(세금 포함)
PSP-2000/3000을 비디오 단자로 TV에 연결하기 위한 케이블.

AV 케이블
PSP-N150 2,200엔(세금 포함)
PSP go를 비디오 단자로 TV에 연결하기 위한 케이블.

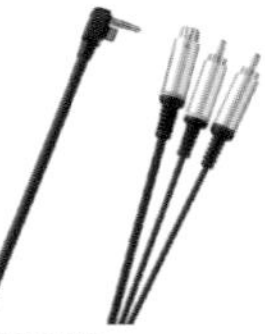

S비디오 케이블
PSP-S160 2,200엔(세금 포함)
PSP-2000/3000을 S비디오 단자로 TV에 연결하기 위한 케이블.

D단자 케이블
PSP-S170 2,800엔(세금 포함)
PSP-2000/3000을 D단자로 TV에 연결하기 위한 케이블.

D단자 케이블
PSP-N170 2,800엔(세금 포함)
PSP go를 D단자로 TV에 연결하기 위한 케이블.

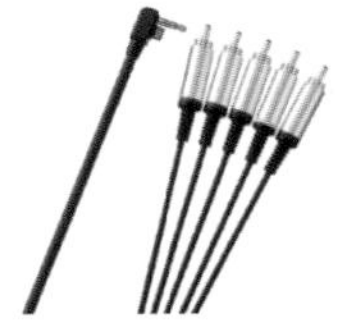

컴포넌트 AV 케이블
PSP-S180 2,800엔(세금 포함)
PSP-2000/3000을 컴포넌트 단자로 TV에 연결하기 위한 케이블.

컴포넌트 AV 케이블
PSP-N180 3,000엔(세금 포함)
PSP go를 컴포넌트 단자로 TV에 연결하기 위한 케이블.

USB 케이블
PSP-N430 1,575엔(세금 포함)
PSP go 본체 동봉품과 동일한, 전용 USB 케이블.

확장기기 OTHER

GPS 리시버
PSP-290 6,000엔(세금 포함)
「모두의 지도」 등의 지원 소프트와 함께 사용하면 PSP를 내비게이터로 쓸 수 있는 GPS 리시버.

카메라
PSP-300 「살짝 찰칵」에 동봉
130만 화소 급의 전용 카메라. 렌즈부를 180도 회전시키면 셀프카메라 촬영도 가능하다.

원세그 튜너
PSP-S310 6,980엔(세금 포함)
PSP-2000/3000으로 원세그 방송(역주※)을 시청 가능한 전용 튜너.

변환 케이블 어댑터
PSP-N440 1,980엔(세금 포함)
PSP go에 USB 단자를 사용하는 주변기기를 연결하기 위한 어댑터.

액정 보호 필름
PSP-N510 800엔(세금 포함)
PSP go에 붙일 수 있는 전용 보호 필름. 2장이 한 세트다.

보안 필름
PSP-N520 1,000엔(세금 포함)
옆에서 화면을 훔쳐보는 것을 막아주는, PSP go 전용 프라이버시 필름.

아날로그 컨트롤러(SIXAXIS)
CECHZC1J 5,000엔(세금 포함)
플레이스테이션 3용 아날로그 컨트롤러. PSP go에 사용 가능하다.

아날로그 컨트롤러(DUALSHOCK 3)
CECHZC2J 5,500엔(세금 포함)
플레이스테이션 3용 진동기능 포함 아날로그 컨트롤러. PSP go에 사용 가능하다.

(역주 ※) 한국에는 이 액세서리의 한국판에 해당하는 DMB 튜너(PSPAS-D200KR)가, 2008년 10월 16일 발매되었다.

메모리 카드 MEMORY CARD

메모리 스틱 Duo 32MB
SCPH-1040 1,500엔
PSP 로고가 붙은 32MB 용량의 순정품 메모리 스틱 Duo.

메모리 스틱 PRO Duo 1GB
SCPH-1050 2,500엔
PSP 로고가 붙은 1GB 용량의 순정품 메모리 스틱 PRO Duo.

「포토카노」 메모리 스틱 PRO Duo (Mark2) 4GB
PSPJ-15030 3,280엔(세금 포함)
일러스트가 인쇄된, 4GB 특제 백색 메모리 스틱 PRO Duo.

「마법소녀 마도카☆마기카 포터블」 메모리 스틱 PRO Duo (Mark2) 4GB
PSPJ-15031 3,280엔(세금 포함)
일러스트가 인쇄된, 4GB 특제 백색 메모리 스틱 PRO Duo.

파우치 & 스트랩 POUCH & STRAP

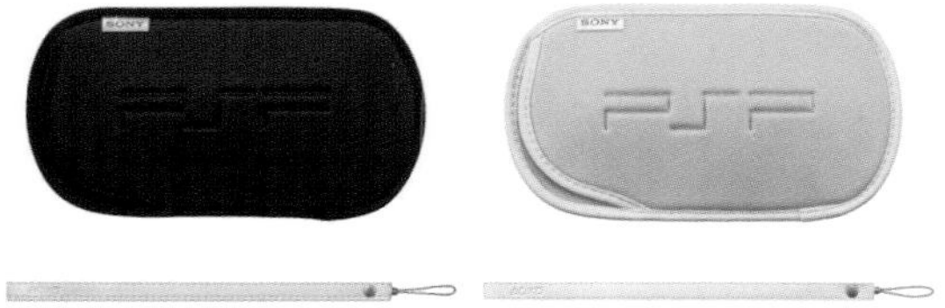

파우치 & 스트랩 PSP-170, PSP-170W 각 2,000엔
하드웨어 발매 극초기에 동시 발매되었던, 파우치 및 스트랩 세트.

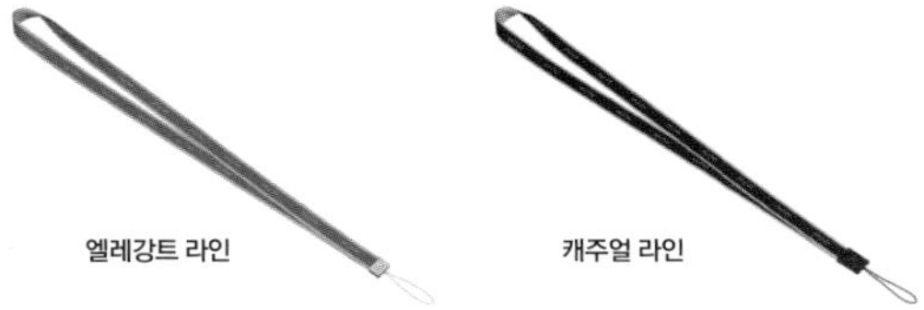

엘레강트 라인 / 캐주얼 라인

넥 스트랩 PSP-261 2,300엔 / PSP-262 1,300엔
소재를 차별화해 제작한 넥 스트랩 2종.

어번 라인 / 엘레강트 라인 / 캐주얼 라인

핸드 스트랩 PSP-250 3,000엔 / PSP-251 2,000엔 / PSP-252 1,000엔
소재를 차별화해 제작한 핸드 스트랩 3종.

액세서리 파우치 & 클로스
PSP-220 1,500엔
이어폰이나 메모리 스틱 등의 휴대에 편리한 소형 파우치. 화면닦이용 천 포함.

PSP 파우치
SCZM-92090 1,800엔(세금 포함)
블로섬 핑크 컬러의 PSP에 맞춰 발매된 동일 색상의 파우치.

모노톤 / 펠리시아 블루 / 로즈 핑크 / 라벤더 퍼플 / 민트 그린

파우치 SCZM-92067~SCZM-92070, SCZM-92077 각 1,890엔(세금 포함) 화사한 5색으로 발매된 스트라이프 무늬의 소프트 파우치.

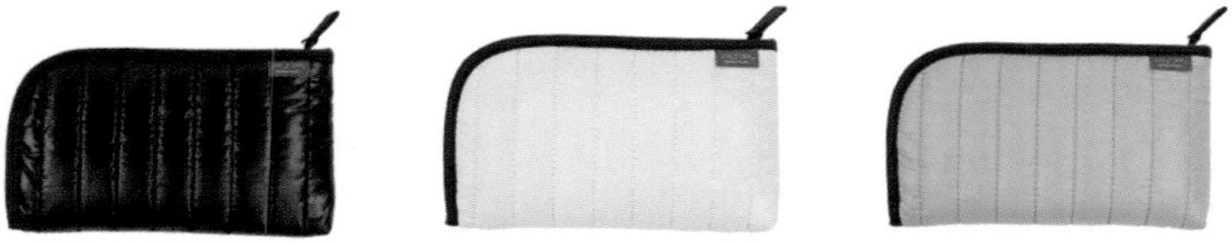

블랙 / 샌드 베이지 / 스카이 블루

퀼팅 파우치 SCZM-92087~SCZM-92089 각 1,980엔(세금 포함)
퀼팅된 겉감의 감촉이 부드러운, 소프트 타입 파우치.

PSP go 가죽 파우치 & 핸드 스트랩
SCZM-92086 4,200엔
가죽 재질의 본격파 파우치 & 스트랩.

블랙 / 그레이

PSP go 파우치 SCZM-92084 ~ SCZM-92085 각 1,600엔(세금 포함)
PSP go의 사이즈에 딱 맞춘 전용 파우치. 케이블·이어폰도 함께 휴대 가능.

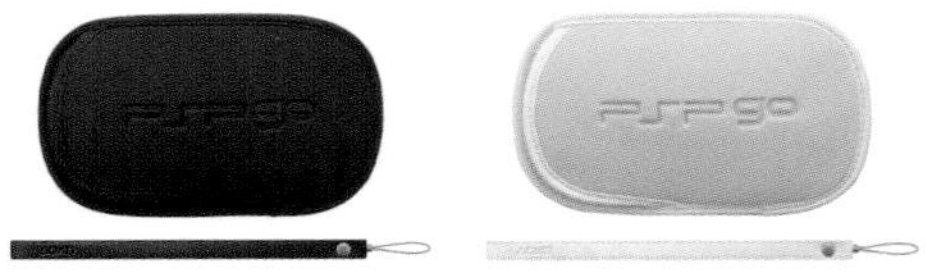

블랙 / 화이트

파우치 & 스트랩 PSPJ-15027 ~ PSPJ-15028 각 1,000엔(세금 포함)
PSP go의 사이즈에 딱 맞춘, 소프트 타입 파우치와 핸드 스트랩의 세트.

피아노 블랙 / 펄 화이트 / 미스틱 실버 / 래디언트 레드 / 바이브런트 블루 / 브라이트 옐로 / 스피리티드 그린

PSP 파우치 SCZM-92078 ~ SCZM-92083 각 1,800엔(세금 포함) PSP의 사이즈에 딱 맞춘 6색의 전용 파우치. 케이블·이어폰도 함께 휴대 가능.

액세서리 팩 ACCESSORY PACK

Play! Game Pack
PSPJ-15001 3,800엔(세금 포함)
메모리 스틱 Duo 32MB, 파우치 & 핸드 스트랩, 액세서리 파우치 & 클로스의 세트.

Enjoy! AV Pack
PSPJ-15002 3,800엔(세금 포함)
리모컨 부착 이어폰, 스탠드, USB 케이블, 액세서리 파우치 & 클로스의 세트.

Play! Game Pack
PSPJ-15004 3,500엔(세금 포함)
메모리 스틱 Duo 32MB, 파우치 & 핸드 스트랩, 클로스의 세트.

Enjoy! AV Pack
PSPJ-15005 3,500엔(세금 포함)
리모컨 부착 이어폰, 스탠드, USB 케이블, 클로스의 세트.

액세서리 팩
PSPJ-15006 3,800엔(세금 포함)
메모리 스틱 PRO Duo 1GB, 파우치 & 핸드 스트랩, 클로스의 세트.

액세서리 팩
PSPJ-15016 3,800엔(세금 포함)
메모리 스틱 PRO Duo 2GB, 파우치 & 핸드 스트랩, 클로스의 세트.

액세서리 팩
PSPJ-15025 3,800엔(세금 포함)
메모리 스틱 PRO Duo 4GB, 파우치 & 핸드 스트랩, 클로스의 세트.

액세서리 팩 (메모리 스틱 Micro 8GB)
PSPJ-15026 6,000엔(세금 포함)
8GB M2 카드, 파우치 & 스트랩의 세트.

플레이스테이션 포터블용 주변기기 기종별 대응 일람표 (일본 발매 기준)

	제품번호	상품명	PSP-1000	PSP-2000	PSP-3000	PSP go	가격	발매일
AV 주변기기	PSP-140	리모컨 부착 이어폰 (화이트)	●				2,800엔	2004년 12월 12일
	PSP-140B	리모컨 부착 이어폰 (블랙)	●				2,800엔	2005년 7월 14일
	PSP-S140	리모컨 부착 이어폰		●	●		2,800엔(세금 포함)	2007년 9월 13일
	PSP-N270	Bluetooth 스테레오 헤드셋 리시버				●	4,980엔(세금 포함)	2009년 12월 24일
	PSPJ-15012	리모컨 부착 헤드셋		●	●		3,800엔(세금 포함)	2008년 6월 19일
	PSP-N340	크레이들				●	4,800엔(세금 포함)	2009년 11월 1일
	PSP-S360	크레이들		●			4,800엔(세금 포함)	2008년 4월 24일
	PSP-S410	크레이들		●	●		6,500엔(세금 포함)	2008년 4월 24일
	PSPJ-15013	크레이들 & D단자 케이블		●			6,500엔(세금 포함)	2008년 4월 24일
	PSPJ-15017	크레이들 & D단자 케이블		●	●		6,500엔(세금 포함)	2008년 10월 16일
	PSPJ-15014	마이크 SINGLE PACK	●	●	●	▲※	2,500엔(세금 포함)	2008년 3월 19일
	PSPJ-15015	마이크 TWIN PACK	●	●	●	▲※	4,000엔(세금 포함)	2008년 3월 19일
	SCZM-92091	스테레오 이어폰 (블랙)		●	●	●	2,200엔(세금 포함)	2011년 7월 21일
	SCZM-92092	스테레오 이어폰 (화이트)		●	●	●	2,200엔(세금 포함)	2011년 7월 21일
	SCZM-92093	스테레오 이어폰 (실버)		●	●	●	2,200엔(세금 포함)	2011년 7월 21일
	SCZM-92094	스테레오 이어폰 (레드)		●	●	●	2,200엔(세금 포함)	2011년 7월 21일
	SCZM-92095	스테레오 이어폰 (블루)		●	●	●	2,200엔(세금 포함)	2011년 7월 21일
	SCZM-92096	스테레오 이어폰 (핑크)		●	●	●	2,200엔(세금 포함)	2011년 7월 21일
전원	PSP-100	AC 어댑터	●	●	●		3,500엔	2004년 12월 12일
	PSP-380	AC 어댑터			●		3,500엔	2008년 10월 16일
	PSP-N100	AC 어댑터				●	2,100엔(세금 포함)	2009년 11월 1일
	PSP-180	카 어댑터	●	●	●		3,500엔	2005년 6월 9일
	PSP-N380	카 어댑터				●	1,980엔(세금 포함)	2009년 12월 24일
	PSP-190	배터리 충전기	●				3,500엔	2005년 7월 14일
	PSP-330	배터리 충전기	●	●	●		3,800엔(세금 포함)	2007년 12월 13일
	PSP-110	배터리 팩	●				4,800엔	2004년 12월 12일
	PSP-S110	배터리 팩		●	●		4,500엔(세금 포함)	2007년 9월 20일
	PSP-280	배터리 팩 2200mAh	●				5,300엔	2005년 10월 27일
	PSPJ-15007	배터리 팩 2200mAh 배터리 커버 세트 (피아노 블랙)		●	●		5,500엔(세금 포함)	2008년 3월 19일
	PSPJ-15008	배터리 팩 2200mAh 배터리 커버 세트 (세라믹 화이트)		●	●		5,500엔(세금 포함)	2008년 3월 19일
	PSPJ-15009	배터리 팩 2200mAh 배터리 커버 세트(아이스 실버)		●	●		5,500엔(세금 포함)	2008년 3월 19일
	PSPJ-15018	배터리 팩 2200mAh 배터리 커버 세트(펄 화이트)		●	●		5,500엔(세금 포함)	2008년 10월 16일

※ 연결하려면 변환 케이블 어댑터(PSP-N440)가 필요

	제품번호	상품명	PSP-1000	PSP-2000	PSP-3000	PSP go	가격	발매일
	PSPJ-15019	배터리 팩 2200mAh 배터리 커버 세트(미스틱 실버)		●	●		5,500엔(세금 포함)	2008년 10월 16일
	PSPJ-15020	배터리 팩 2200mAh 배터리 커버 세트(레디언트 레드)		●	●		5,500엔(세금 포함)	2009년 3월 5일
	PSPJ-15021	배터리 팩 2200mAh 배터리 커버 세트(바이브런트 블루)		●	●		5,500엔(세금 포함)	2009년 3월 5일
	PSPJ-15022	배터리 팩 2200mAh 배터리 커버 세트(브라이트 옐로)		●	●		5,500엔(세금 포함)	2009년 3월 19일
	PSPJ-15023	배터리 팩 2200mAh 배터리 커버 세트(스피리티드 그린)		●	●		5,500엔(세금 포함)	2009년 3월 19일
	PSPJ-15029	배터리 팩 몬스터헌터 포터블 오리지널 디자인 배터리 커버		●	●		5,800엔(세금 포함)	2010년 12월 1일
케이블	PSP-S150	AV 케이블		●	●		2,200엔(세금 포함)	2007년 9월 13일
	PSP-N150	AV 케이블				●	2,200엔(세금 포함)	2009년 11월 1일
	PSP-S160	S비디오 케이블		●	●		2,200엔(세금 포함)	2007년 9월 13일
	PSP-S170	D단자 케이블		●	●		2,800엔(세금 포함)	2007년 9월 13일
	PSP-N170	D단자 케이블				●	2,800엔(세금 포함)	2009년 11월 1일
	PSP-S180	컴포넌트 AV 케이블		●	●		2,800엔(세금 포함)	2007년 9월 13일
	PSP-N180	컴포넌트 AV 케이블				●	3,000엔(세금 포함)	2009년 11월 1일
	CECH-ZUC1	USB 케이블	●	●	●		500엔(세금 포함)	2010년 12월 16일
	PSP-N430	USB 케이블				●	1,575엔(세금 포함)	2010년 12월 16일
확장기기	PSP-290	GPS 리시버	●	●	●	▲※	6,000엔(세금 포함)	2006년 12월 7일
	PSP-300	카메라	●	●	●	▲※	5,000엔(세금 포함)	2006년 11월 2일
	PSP-S310	원세그 튜너		●	●	▲※	6,980엔(세금 포함)	2007년 9월 20일
	PSP-N440	변환 케이블 어댑터				●	1,980엔(세금 포함)	2009년 12월 24일
	PSP-N510	액정 보호 필름				●	800엔(세금 포함)	2009년 11월 1일
	PSP-N520	보안 필름				●	1,000엔(세금 포함)	2009년 11월 1일
	CECHZC1J	컨트롤러 (SIXAXIS)				●	5,000엔(세금 포함)	2006년 11월 11일
	CECHZC2J	컨트롤러 (DUALSHOCK 3)				●	5,500엔(세금 포함)	2007년 11월 11일
메모리 카드	PSP-M32	메모리 스틱 Duo 32MB	●	●	●		2,800엔	2004년 12월 12일
	PSP-MP1G	메모리 스틱 PRO Duo 1GB	●	●	●		9,500엔	2005년 10월 27일
	PSPJ-15030	「포토카노」 메모리 스틱 PRO Duo (Mark2) 4GB	●	●	●		3,280엔(세금 포함)	2012년 2월 2일
	PSP-MP1G	「마법소녀 마도카☆마기카 포터블」 메모리 스틱 PRO Duo (Mark2) 4GB	●	●	●		9,500엔(세금 포함)	2005년 10월 27일
파우치·스트랩	PSP-170B	파우치 & 핸드 스트랩	●	●	●		2,000엔	2004년 12월 12일
	PSP-170W	파우치 & 핸드 스트랩	●	●	●		2,000엔	2004년 12월 12일
	PSP-220	액세서리 파우치 & 클로스	●	●	●		1,500엔	2005년 6월 9일
	PSP-250	핸드 스트랩 (어번 라인)	●	●	●	●	3,000엔	2005년 11월 17일
	PSP-251	핸드 스트랩 (엘레강트 라인)	●	●	●	●	2,000엔	2005년 11월 17일
	PSP-252	핸드 스트랩 (캐주얼 라인)	●	●	●	●	1,000엔	2005년 11월 17일
	PSP-261	넥 스트랩 (엘레강트 라인)	●	●	●	●	2,300엔	2005년 11월 17일
	PSP-262	넥 스트랩 (캐주얼 라인)	●	●	●	●	1,300엔	2005년 11월 17일
	SCZM-92067	파우치 (모노톤)	●	●	●		1,890엔(세금 포함)	2007년 11월 1일
	SCZM-92068	파우치 (펠리시아 블루)	●	●	●		1,890엔(세금 포함)	2007년 11월 1일
	SCZM-92069	파우치 (로즈 핑크)	●	●	●		1,890엔(세금 포함)	2007년 11월 1일
	SCZM-92070	파우치 (라벤더 퍼플)	●	●	●		1,890엔(세금 포함)	2007년 11월 1일
	SCZM-92077	파우치 (민트 그린)	●	●	●		1,890엔(세금 포함)	2007년 11월 1일
	SCZM-92078	PSP 파우치 (피아노 블랙)	●	●	●		1,800엔(세금 포함)	2008년 10월 16일
	SCZM-92079	PSP 파우치 (펄 화이트/미스틱 실버)	●	●	●		1,800엔(세금 포함)	2008년 10월 16일
	SCZM-92080	PSP 파우치 (래디언트 레드)	●	●	●		1,800엔(세금 포함)	2009년 3월 5일
	SCZM-92081	PSP 파우치 (바이브런트 블루)	●	●	●		1,800엔(세금 포함)	2009년 3월 5일
	SCZM-92082	PSP 파우치 (브라이트 옐로)	●	●	●		1,800엔(세금 포함)	2009년 3월 19일
	SCZM-92083	PSP 파우치 (스피리티드 그린)	●	●	●		1,800엔(세금 포함)	2009년 3월 19일
	SCZM-92090	PSP 파우치 (블로섬 핑크)	●	●	●		1,800엔(세금 포함)	2009년 11월 11일
	SCZM-92084	PSP go 파우치 (블랙)				●	1,600엔(세금 포함)	2009년 11월 11일
	SCZM-92085	PSP go 파우치 (그레이)				●	1,600엔(세금 포함)	2009년 11월 1일
	SCZM-92086	PSP go 가죽 파우치 & 핸드 스트랩				●	4,200엔(세금 포함)	2009년 11월 26일
	SCZM-92087	퀼팅 파우치 (블랙)	●	●	●		1,980엔(세금 포함)	2009년 11월 26일
	SCZM-92088	퀼팅 파우치 (샌드 베이지)	●	●	●		1,980엔(세금 포함)	2009년 11월 26일
	SCZM-92089	퀼팅 파우치 (스카이 블루)	●	●	●		1,980엔(세금 포함)	2010년 11월 18일
	PSPJ-15027	파우치 & 스트랩 (블랙)				●	1,000엔(세금 포함)	2009년 11월 1일
	PSPJ-15028	파우치 & 스트랩 (화이트)				●	1,000엔(세금 포함)	2009년 11월 1일
액세서리 팩	PSPJ-15001	Play! Game Pack	●	●	●		3,800엔(세금 포함)	2006년 9월 14일
	PSPJ-15002	Enjoy! AV Pack		●	●		3,800엔(세금 포함)	2006년 9월 14일
	PSPJ-15004	Play! Game Pack	●	●	●		3,500엔(세금 포함)	2006년 11월 22일
	PSPJ-15005	Enjoy! AV Pack		●	●		3,500엔(세금 포함)	2006년 11월 22일
	PSPJ-15006	액세서리 팩	●	●	●		3,800엔(세금 포함)	2007년 9월 28일
	PSPJ-15016	액세서리 팩	●	●	●		3,800엔(세금 포함)	2008년 10월 16일
	PSPJ-15025	액세서리 팩	●	●	●		3,800엔(세금 포함)	2009년 7월 23일
	PSPJ-15026	액세서리 팩 (메모리 스틱 Micro 8GB)				●	6,000엔(세금 포함)	2009년 11월 1일

이렇게 사용할 수도 있다! PSP의 다양한 활용법

다른 기기와 연동시켜 PSP를 120% 활용하기

PSP는 단독으로 사용해도 충분하지만, 실은 플레이스테이션 3 등의 다른 기기와 연동시켜 다양하게 활용할 수도 있다. 본 지면에서는 PSP를 더욱 다채롭게 즐겨볼 수 있는 기능 및 서비스를 소개한다. 참고로, 다운로드 구매로만 플레이 가능하다는 제한이 있기는 하나 플레이스테이션 비타(이하 PS Vita)로도 PSP용 소프트를 즐길 수 있으니, 이 책을 계기로 PS Vita를 재활용해보는 것도 좋겠다.

PSP로도 PS1용 게임을 즐기는 '게임 아카이브스'

PSP는 앞서 서술한 대로, 하드웨어적으로는 PS1을 훨씬 능가하는 스펙의 기기다. 이 스펙을 활용해 PS1용 타이틀을 PSP에서 즐길 수 있도록 다운로드 판매로 제공한다는 개념의 서비스가 '게임 아카이브스'(역주※)다.

기본적으로는 SCE의 다운로드 판매 서비스 'PlayStation Store' 내에서 개별 컨텐츠 형태로 제공되며, 총 801종(일본 기준)에 달하는 소프트 수가 그야말로 압권이다. 널리 알려진 유명한 작품은 물론이고, 아는 사람만 아는 숨겨진 명작까지 발굴할 수 있어 찾아보는 재미가 있다.

PS1과 PSP는 버튼·스틱 수에 차이가 있어, 게임에 따라서는 버튼 설정을 다시 할 필요가 있다. 또한, 애드혹 통신을 지원하지 않으므로 2명 이상의 통신대전도 불가능하다.

비슷한 개념의 서비스로서 PC엔진용 게임을 즐기는 'PC엔진 아카이브스'와 네오지오용 게임을 즐기는 '네오지오 스테이션' 등도 전개한 바 있는데, 208p에 발매 리스트를 정리해두었으니 참고하도록 하자.

이들 서비스는 PSP로는 현재 서비스 및 지원이 종료되었지만, PS3·PS Vita를 경유하면 아직 구매할 수 있으니 필요하다면 서둘러 입수해두도록.

(역주 ※) 한국에서는 '클래식 게임'이란 명칭으로 제공되었으며, 2024년 4월 현재는 PSP에서 구입할 수 없고 PS3 및 PS Vita용 PlayStation Store에서만 구입 가능하다.

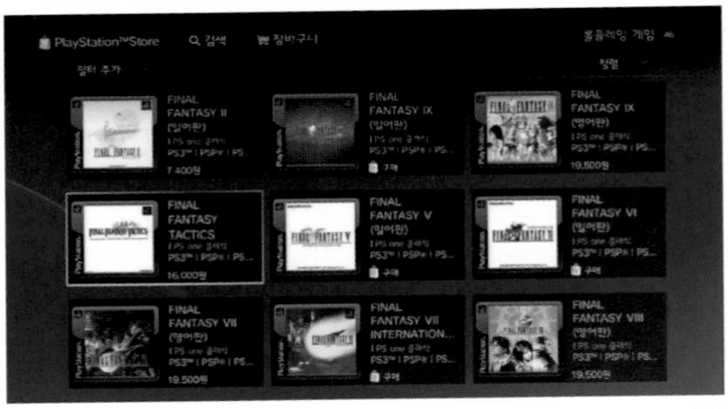

▲ 플레이스테이션 3로는 지금도 구입할 수 있는, PlayStation Store의 'PS One 클래식' 게임 카테고리.

PSP 본체나 PC 상에서도 구입 가능했었다

플레이스테이션 3 이외에, PSP 본체 혹은 PC 상에서도 소프트를 구입할 수 있었다. 현재는 서비스가 종료됐다.

▲ 지금은 컨텐츠 구매가 불가능한 상태인, PSP 실기의 PlayStation Store 화면.

▲ PC용 관리 소프트 'Media Go'. 이쪽도 현재는 서비스가 종료됐다.

PSP로 플레이스테이션 3를 조작할 수 있는 '리모트 플레이'

PSP에는, 무선 LAN을 이용해 PSP의 LCD 화면을 보면서 플레이스테이션 3를 원격 조작할 수 있는 '리모트 플레이'란 기능이 있다. 저작권 보호 및 성능 문제로 인해 블루레이·DVD 비디오 재생 및 PS3용 소프트 플레이는 불가능하나, 그 외의 기능은 대부분 사용할 수 있다. 멀리 떨어진 곳에서도 조작이 가능한 편리한 기능이다.

▶ 이 기능을 쓰면, 무선 LAN 환경만 있다면 집 밖에서도 플레이스테이션 3를 조작 가능하다.

PS Vita로 PSP용 게임을 즐기는 'PlayStation Store'

PSP와 PS Vita는 직접적인 호환성이 없으나, PSP로 PS1 게임을 즐길 수 있는 것처럼, PS Vita에서도 PlayStation Store에서 제공하고 있는 PSP용 타이틀을 다운로드로 구입하면 즐길 수 있다(단, PSP용 UMD를 직접 PS Vita로 구동할 수는 없다). PSP 소프트 호환 기능은 PS Vita 전용 소프트의 라인업이 부족했던 발매 초기의 타이틀 가뭄 해소가 목적이었으나, 어쨌든 과거의 명작들을 즐길 수 있는 기능이니 활용해볼 만하다.

구매 이력은 PlayStation Store에 연결된 소니 계정과 연동되므로, 과거 PSP에서 다운로드 구입했었던 타이틀이라면 PS Vita에도 재다운로드할 수 있다. 또한, 아래에 소개한 'UMD Passport'(역주 ※)에 과거 구매한 UMD를 등록해두었다면 할인가로 다운로드판을 구입할 수도 있었다.

PS Vita로도 즐길 수 있는 PSP용 소프트는 이 책의 소프트 카탈로그 내에 'PS Vita 호환' 아이콘으로 표시해 두었으니, 다운로드판을 구입할 때 참고하기 바란다.

▲ PlayStation Store의 화면. PSP용 게임뿐만 아니라 minis 게임도 지원한다.

▲ 알파벳 및 가나다순 분류에 따라 소프트를 찾아볼 수 있다.

UMD를 보유중이라면 다운로드판이 할인되는 'UMD Passport'

실물 UMD 소프트를 구입했던 유저가 동일 타이틀의 다운로드판을 구입하려 할 경우 할인해주는 서비스가 'UMD Passport'다(역주 ※). 타이틀별로 할인율이 다르긴 하나, 정상가의 1/2~1/3 정도 가격으로 구입할 수 있어 제법 만족감이 있는 서비스였다. 지원 타이틀은 이 책의 소프트 카탈로그 내에 'UMD Passport 지원' 아이콘으로 표시해 두었다. 또한, 아쉽게도 이제는 서비스가 종료되었다.

▶ UMD Passport를 지원한다고 명시된 상품의 화면. 가격은 할인 적용 후 기준으로 표시되었다.

(역주 ※) UMD Passport 서비스는 한국에서는 제공되지 않았다.

세계 각국에 발매되었던 플레이스테이션 포터블

PSP는 아름다운 디자인과 기능성은 물론, 플레이스테이션의 이름값도 한몫 하여 세계적으로 히트했다. 총 출하대수 8,200만 대 중 3/4에 달하는 6,200만 대가 일본 외 국가에서 판매되었으며, 특히 유럽에서 절대적인 인기를 누렸다. 그 덕분에 일본에는 없고 타국에서만 발매된 전용 액세서리나 주변기기도 다수 있는 등, 독자적인 시장을 구축했다. 그러한 높은 인기의 증거 중 하나가, PSP-E1000이라는 유럽 전용 오리지널 모델이다.

PSP-E1000은 무선 LAN 기능을 제거하고 스피커도 모노럴 사양으로 넣은 염가형 모델로서, 슬림형 플레이스테이션 3에 맞춰 차콜 블랙·아이스 화이트 컬러로 발매되었다. 또한 LCD 화면의 밝기는 물리 버튼 자체를 없애고 본체의 설정 메뉴에서 변경하는 식으로 바꾸었다.

또한, 소니에릭슨 사는 PSP go와 디자인이 매우 닮은 Android 스마트폰 'Xperia Play'(엑스페리아 플레이)를 유럽에 선행 발매하기도 했다. PlayStation Store에 접속하여 PSP용 게임을 다운로드 구매로 즐길 수 있는 스마트폰으로서 화제를 낳은 이 기기는, 일본에도 도코모를 통해 기기명 'SO-01D'로 2011년 10월 26일 발매되었다(역주 ※).

PSP-E1000 CB (차콜 블랙) 2011년 10월 26일 발매

PSP-E1000 IW (아이스 화이트) 2012년 7월 20일 발매

Xperia Play 2011년 4월 1일 발매

(역주 ※) 한국에서도 소니에릭슨코리아가 당초 발매를 준비했다고 하나, 당시 스마트폰 게임 스토어 규제 관련의 난맥상 등 여러 사정으로 결국 무산되었다.

ADVERTISING

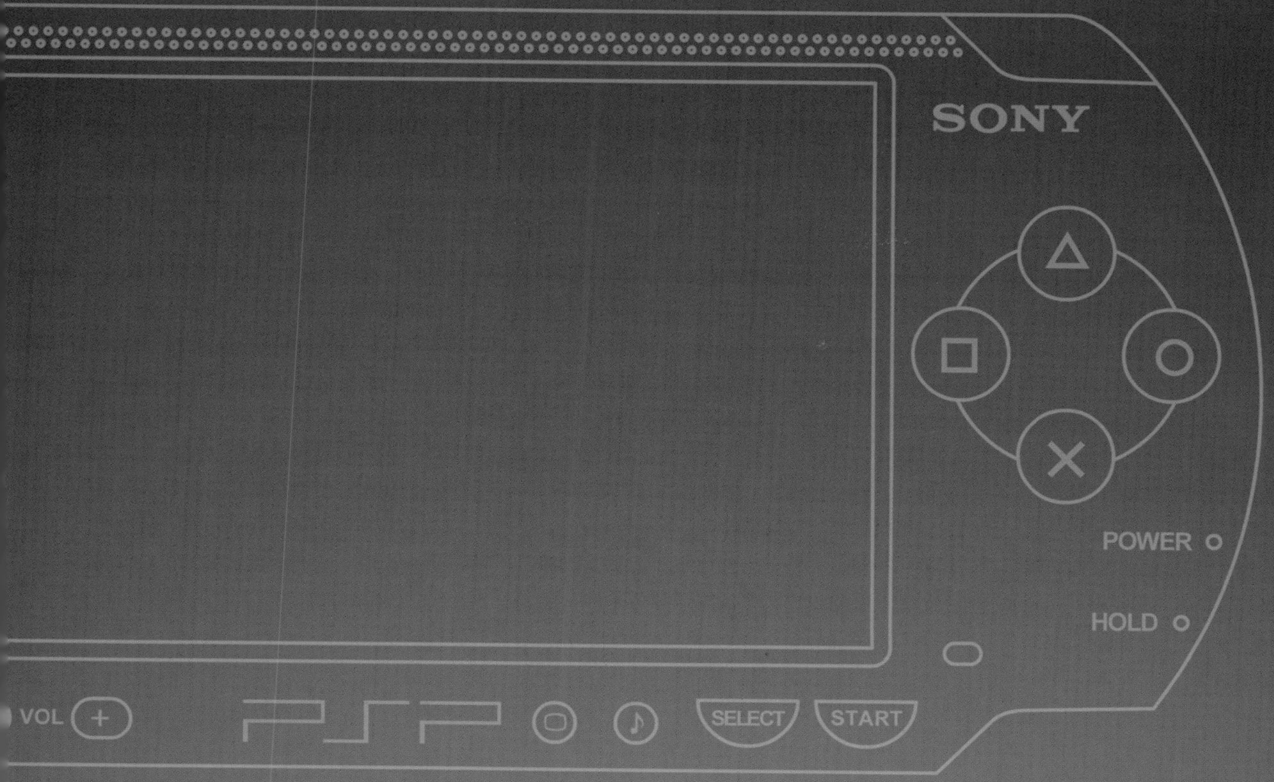

CHAPTER 2

플레이스테이션 포터블 일본 소프트 올 카탈로그

PLAYSTATION PORTABLE SOFTWARE ALL CATALOGUE

해설 가정용 게임기와 휴대용 게임기, 두 시장의 차이점

COMMENTARY OF PLAYSTATION PORTABLE #2

가정용 게임기 급의 체험을 그대로 야외에서

예전까지만 해도 가정용 게임기는 하이스펙이고 휴대용 게임기는 저성능이라는 식으로, 휴대용 게임기를 성능 면에서 수준 아래로 보는 경향이 있었다. 휴대용 게임기는 휴대 가능한 크기여야 한다는 제약이 있기에 부품을 고밀도로 집적해야만 하는데다, LCD 화면·배터리 등 가정용 게임기에는 필요없는 부품도 넣어야 하므로, 가정용 게임기급의 성능을 추구하려면 아무래도 고가화를 피할 수가 없다. 반대로 아이들에게 사줄 만한 가격대를 전제로 설계하려면 스펙을 희생해야만 하기에, 필연적으로 '휴대용 게임기는 가정용 게임기에 비해 성능이 낮다'라는 구조가 되곤 하는 것이다.

이런 전제가 있는 이상, 가정용 게임기와 휴대용 게임기는 자연스럽게 양자의 소프트 퀄리티와 방향성도 크게 갈리게 된다. 휴대용 게임기의 '나쁜 화질'·'낮은 표현성능'·'뒤떨어지는 연산성능'이라는 제약 하에서 제작되는 탓에

① 단시간 내로 간편하게 즐길 수 있어야 하고

② 높은 연산능력이나 그래픽이 불필요해야 하며

③ 대낮의 저성능 LCD로도 화면이 명확히 보여야 하는

게임이어야 했으니, 휴대용 게임기에서 퍼즐 게임이나 텍스트 위주의 게임이 일정 비율을 차지했던 것은 이런 이유 때문이다. 이는 어디까지나 휴대용 게임기에 대한 일반론이긴 하나, 과연 PSP는 이 법칙에 맞았을까?

지금까지 서술한 대로, PSP는 SCE가 '최고의 휴대용 게임기'를 목표로 개발한 제품이다. 기본성능부터가 PS1을 훨씬 능가하며, 일부 성능은 PS2조차도 웃돈다. 애초에 PS2의 설계사상의 연장선상에서 제작된 기기였고, 심지어는 아예 PSP를 위한 전용 아키텍처 및 그래픽 엔진을 바닥부터 개발하기까지 했으니, 가정용 게임기의 아키텍처를 깎아내 휴대용으로 압축한다는 일반적인 발상과는 정반대인 '신(新) 플레이스테이션'이라 할 만한 거물이었다.

따라서 소프트 개발 측면에서도 휴대용 게임기라며 타협할 필요가 전혀 없이 가정용 게임기와 동급인 소프트를 제작할 수 있었으므로, PS1과 PSP에 한해서만큼은 '가정용과 휴대용의 경계가 사라진 시장'을 실현해냈다고 할 수 있다.

실제로도, PSP로 발매된 소프트들 중 굳이 '휴대용'을 전제로 디자인한 게임은 그다지 많지 않으며, 오히려 가정용 게임기를 그대로 야외에 갖고 나온 듯한 느낌으로 제작한 타이틀이 더 많다. 바꿔 생각하면, 이런 발상을 처음으로 가능케 한 PSP야말로 소프트 측면에서도 혁명을 일으킨 휴대용 게임기라고 표현해도 되지 않을까.

가격대와 판매형태를 다변화해, 유저의 선택이 폭넓어지다

PS1과 PSP로 사실상 똑같은 수준의 게임을 만들 수 있다고 하면, 소프트 제작사와 유저는 양 플랫폼의 게임 규모와 수준을 과연 어떻게 구분 지어야 하는가?

결론부터 말하자면, 가격대로 구별할 수밖에 없다. 가정용과 휴대용이라는 하드웨어적 차이로 게임 규모를 구별할 수 없게 된 이상, 소프트 제작사가 제시하는 '가격'이 유저 입장에서 게임의 볼륨을 가늠케 하는 유일한 지표가 되는 것이다. 얼핏 당연한 얘기 아닌가 싶겠지만, 뒤집어 말하면 가정용이니 휴대용이니를 따지지 않고 순수하게 게임의 퀄리티와 가격만 고려해 선택하면 되는 셈이니, 오히려 건전한 변화라고 봐도 되지 않을까.

이러한 흐름을 뒷받침하는 또 하나의 변화는, 게임을 디지털 다운로드로 판매하는 시스템의 등장이다. 실물 패키지 판매는 제조·판매·재고 등의 여러 불안요소가 따라붙지만, 다운로드라면 그런 리스크가 모두 사라지므로 패키지 판매에서는 엄두조차 낼 수 없었던 대담한 염가화도 시도해볼 수 있다(아예 무료 배포조차도 가능하다).

특히 다운로드 판매는 PSP 등의 휴대용 게임기와 친화성이 높아, PlayStation Store가 오픈된 후부터는 말 그대로 때와 장소에 관계없이 직접 구입이 가능해졌다. 이는 당시 SCE뿐만 아니라 타사도 시도했던 것이니만큼 꼭 PSP만이 이룩해낸 변혁은 아니나, 소프트의 품질·가격·판매형태를 변화시켜 사회에 그 편리성을 널리 침투시킨 플랫폼으로서 PSP의 공로가 실로 크다는 점만큼은 이 지면에서 강조해두어야 하리라.

PSP 시장 중반부터 펼쳐진, 미소녀 게임과 여성용 게임 장르의 범람

2007년 이후부터의 PSP 소프트 라인업의 두드러진 특징이, 미소녀 게임(PC용 미소녀 게임 이식판을 포함)·여성용 게임·미소녀 계열 심야 애니메이션(역주 ※)의 게임화 등, 이전까지와는 궤를 달리하는 특정 유저층 대상 타이틀의 비중이 뚜렷하게 증가하는 것이다. 이는, 이전까지 미소녀 게임류의 주력 플랫폼이었던 드림캐스트 시장이 세가의 가정용 게임기 사업 철수로 인해 대폭 축소된 탓이다. 이들 게임은 원작이 PC용 소프트였던 경우가 많아 당시의 일반적인 게임 해상도(640×480 픽셀)를 준수하므로 비교적 이식이 수월한 편이었기에, 드림캐스트 시장이 끝난 후 미소녀·여성용 게임 개발사들은 주로 PS2를 새로운 타깃 플랫폼으로 골랐고, PS2와의 개발자원 공유가 용이했던 PSP도 이식대상에 함께 포함시켰다(PS3는 스펙이 너무 높아 PC용 게임 이식대상으로 삼기엔 기술격차가 컸기에 상대적으로 기피되었다).

하지만 시대가 좀 더 흘러 PS3로 세대교체가 진행되면서 PS2 시장이 축소되어가던 2012년경부터는, 미소녀·여성용 게임을 발매하던 소프트 제작사들이 다음 주력 개발 타깃을 PSP 쪽으로 옮기게 된다. 일설에 따르면, 'PS2의 생산라인이 곧 접힐 예정'이라는 소문이 돌았기에 플랫폼을 변경할 필요를 강하게 느꼈던 탓이라고 한다.

이러한 사정으로 인해 PSP의 발매 라인업에서 미소녀 게임과 여성용 게임의 비율은 해를 거듭할수록 늘어나고, 이들 장르와 구매층 성향이 비교적 겹치는 미소녀계 심야 애니메이션의 게임화 발매도 가속되어갔다. 특히 PSP-2000/3000은 가정용 TV로의 외부출력도 가능했고, PSP는 개발사 입장에서도 충분히 익숙한 하드웨어라 비교적 염가에 개발할 수 있었다. 오리지널 스킨 스티커나 스트랩 등 단가가 저렴한 굿즈를 예약특전으로 제공할 수 있고, 초회한정판 상술과도 궁합이 좋았던 점 역시, PSP 선택의 이유로 함께 꼽을 수 있겠다.

이렇게 시장 후기까지 밀월관계를 유지했던 미소녀 게임과 여성용 게임이 PSP 시장의 축소 가속화로 인해 다음 개발 타깃을 PS Vita로 옮기면서, PSP는 비로소 게임 플랫폼으로서의 수명을 마치게 되었다.

(역주 ※) 일본의 TV 애니메이션은 23시경을 기준으로 그 이전의 오후·저녁시간대 등에 방영되는 '아동용 애니메이션'과, 23시 이후의 심야시간대에 방영되는 '심야 애니메이션'으로 나뉜다. 심야 애니메이션은 청년·성인·매니아층이 타깃으로서, 좀 더 자극적인 묘사와 전개를 추구하는 편이다.

이 장에 게재된 카탈로그의 범례

① 게임 타이틀명

② 기본 스펙 표기란

발매 회사, 장르명, 발매일, 가격, 플레이 명수 등을 표기한다.

③ 염가판·지원 서비스 아이콘

'PSP the Best' 및 각종 서비스 지원 여부를 알려주는 아이콘.

Best판 출시 / PS Vita와 호환됨 / UMD Passport 지원

④ 패키지 표지

⑤ 게임 화면

⑥ 내용 설명

⑦ 연령구분 마크

일본 CERO 등급제(역주 ※) 기준의 연령제한 구분을 아이콘으로 표시했다.

A (전체 이용가) / B (12세 이용가) / C (15세 이용가) / D (17세 이용가) / Z (청소년 이용불가) / 교육·데이터베이스

⑧ 컨텐츠 명시 아이콘

해당 연령등급이 책정된 근거를 아이콘으로 표시했다.

연애 / 선정성 / 폭력성 / 공포 / 음주·흡연 / 사행성 / 범죄 / 약물 / 언어·기타

※ 일본 소프트 카탈로그에 표기된 게임 타이틀명 중, 한국에도 정식 발매된 작품은 가급적 한국 타이틀명으로 표기하였습니다.
※ 일본 소프트 카탈로그 상의 'VITA 호환' 및 'UMD Passport' 아이콘의 경우, 일본 PlayStation Store 기준으로서 한국과는 무관합니다.

(역주 ※) '컴퓨터 엔터테인먼트 심의기구'의 약칭으로서, 일본 가정용·휴대용 게임업계의 자율심의 등급제 시스템. 심의를 통과해야 일반 판매가 가능하다. 2002년 설립.

2004

PlayStation Portable Game Software Catalogue

PSP 발매 원년에 발매된 타이틀은 총 18종. SCE가 발매한 첫 휴대용 게임기였기에 업계 안팎에서도 큰 주목을 받아, 12월 12일부터 연말까지의 기간이 불과 20일 남짓이었음에도 불구하고 상당히 충실한 소프트 라인업으로 스타트를 끊었다. 장르도 레이싱·퍼즐·대전격투 등등 다채롭기 이를 데 없어, 그야말로 이상적인 런칭이었다.

아머드 코어 포뮬러 프론트

CERO A

●프롬 소프트웨어 ●SLG ●2004년 12월 12일 ●4,800엔
●플레이 명수 : 1~2인 ●세이브 용량 : 450KB 이상

Best / VITA 호환

인기 3D 전투 메카닉 시뮬레이터 시리즈의 신작. 아머드 코어의 파츠와 두뇌를 조합하고 조종은 AI에게 맡기는 식으로, 메카니컬 배틀에 도전한다. PS2판과의 데이터 연동도 지원한다.

뱀파이어 크로니클 : 더 카오스 타워

CERO C

●캡콤 ●ACT ●2004년 12월 12일 ●4,800엔
●플레이 명수 : 1~2인 ●세이브 용량 : 128KB 이상

Best / VITA 호환 / UMD Passport

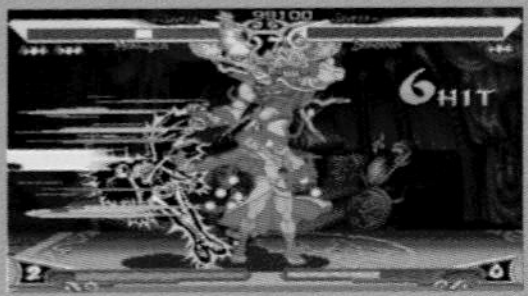

캡콤이 제작한 2D 대전격투 게임. 「뱀파이어」 시리즈 작품 중 하나. 시리즈 5개 작품의 모든 시스템과 총 18종의 캐릭터를 게임 하나로 통합했다. 물론 통신대전도 가능하다.

마작격투 클럽

CERO A

●코나미 ●TBL ●2004년 12월 12일 ●4,800엔
●플레이 명수 : 1인 (통신시 : 2~4인) ●세이브 용량 : 900KB 이상

Best

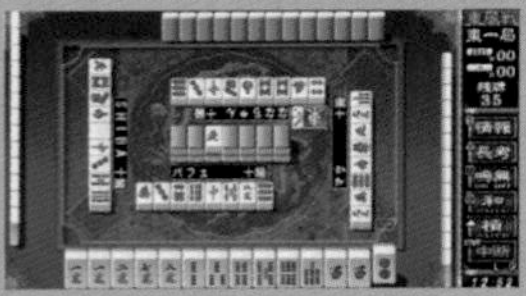

당시 일본 게임센터에서 인기였던 마작 게임을 이식했다. 아케이드판 기준의 '격투 클럽 모드', 룰을 설정할 수 있는 '자유 룰 대국'은 물론, 초심자용인 '퀴즈 모드'도 탑재했다.

모두의 GOLF 포터블

CERO A

●소니컴퓨터엔터테인먼트 ●SPT ●2004년 12월 12일 ●4,800엔
●플레이 명수 : 1인 (애드혹 모드시 : 2~8인) ●세이브 용량 : 769KB 이상

Best / VITA 호환 / UMD Passport

리얼함보다 친숙함을 추구한 골프 게임 시리즈의 5번째 작품. 홀 단위로 저장 가능해져 단시간 플레이를 할 수 있으며, 캐릭터 육성과 코스튬 수집 및 교체 시스템을 추가하였다.

릿지 레이서즈

CERO A

●남코 ●RCG ●2004년 12월 12일 ●4,800엔
●플레이 명수 : 1인 (2~8인) ●세이브 용량 : 700KB 이상

Best

과거의 역대 「릿지 레이서」 시리즈에 등장했던 머신·코스·BGM을 총망라하고, 신규 코스와 리믹스 BGM 등도 수록했다. 드리프트로 니트로 게이지를 충전하는 새로운 시스템도 탑재했다.

루미네스 : 빛과 소리의 환상적 퍼즐게임

CERO A

●반다이 ●PZL ●2004년 12월 12일 ●3,800엔
●플레이 명수 : 1~2인 ●세이브 용량 : 96KB 이상

Best

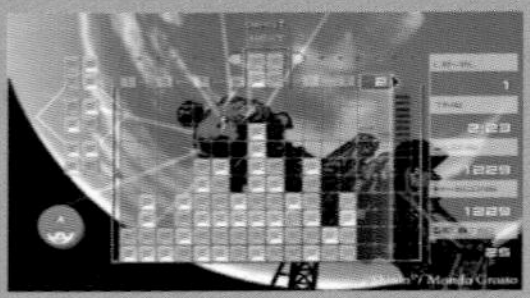

2색 블록을 쌓아 같은 색끼리 사각형을 만드는 낙하계 퍼즐 게임. 좌에서 우로 슬라이드하는 타임라인이 사각형 위를 통과하면 없어진다. 플레이 상황과 연동되는 음악이 분위기를 돋운다.

영웅전설 가가브 트릴로지 : 하얀 마녀

CERO A

●반다이 ●RPG ●2004년 12월 16일 ●4,800엔
●플레이 명수 : 1인 ●세이브 용량 : 2000KB 이상

Best

순례여행을 떠난 소년소녀가 '하얀 마녀'의 전설과 세계의 진실을 알아내가는 판타지 RPG의 리메이크작. 감동적이고 중후한 스토리가 특징. 필살기·애완동물 등의 신 요소를 추가했다.

단어퍼즐 모지핏탄 대사전

CERO A

●남코 ●PZL ●2004년 12월 16일 ●4,500엔
●플레이 명수 : 1~2인 ●세이브 용량 : 192KB 이상

Best / VITA 호환

일본어 '글자'를 연결해 단어를 만드는 퍼즐 게임. 10만 단어가 넘는 오리지널 사전을 내장해, 일반적인 단어부터 당시 젊은 세대의 유행어까지 충실하게 인식한다. 어휘력 증진도 도와준다.

CERO 등급 아이콘 A B C D Z 審査予定
컨텐츠 명시 아이콘 연애 선정성 폭력성 공포 음주·흡연 사행성 범죄 약물 언어·기타

CERO A 코롱

●사이버프론트 ●PZL ●2004년 12월 16일 ●2,500엔
●플레이 명수 : 1인 ●세이브 용량 : -

만화처럼 컷을 분할한 화면 디자인이 특징인 퍼즐 게임. 가로세로 2×2짜리 블록을 빙글빙글 회전시켜 쌓아 없애가는 룰로서, 블록은 시간이 지나거나 버튼을 조작하면 쌓여 올라간다.

CERO B 진 삼국무쌍

●코에이 ●ACT ●2004년 12월 16일 ●5,280엔
●플레이 명수 : 1인 ●세이브 용량 : 640KB 이상

삼국지의 영웅을 조작해, 대량의 적을 단신으로 쓸어버리는 통쾌한 액션 게임. 전장은 각각 병량고·야전장 등의 역할을 지닌 여러 지역으로 분할돼 있다. 영웅을 육성하며 본진을 제압하자.

CERO A 어디서나 함께

●소니컴퓨터엔터테인먼트 ●ETC ●2004년 12월 16일 ●4,800엔
●플레이 명수 : 1인(2~8인) ●세이브 용량 : 800KB 이상

'포케피'에게 단어를 가르치며 교류하는 과정을 즐기는 대화 게임. 시리즈 5주년 기획의 일환으로 등장한 타이틀로서, 다른 유저와의 명함·선물 교환, 끝말잇기 미니게임을 새로 추가했다.

CERO C 메탈기어 애시드

●코나미 ●ETC ●2004년 12월 16일 ●4,800엔
●플레이 명수 : 1인 ●세이브 용량 : 280KB 이상

총 200종류 이상에 달하는 역대 「메탈기어」 시리즈의 친숙한 캐릭터·아이템 등등을 카드화시켜, 잠입 액션 게임과 트레이딩 카드 게임의 시스템을 융합해 제작한 외전격 타이틀이다.

CERO A 퍼즐 보블 포켓

●타이토 ●PZL ●2004년 12월 22일 ●4,800엔
●플레이 명수 : 1인 ●세이브 용량 : 256KB 이상

타이토 사의 인기 퍼즐 액션 게임이 PSP로 등장했다. 귀여운 드래곤을 조작해 거품을 천정 쪽으로 발사하여, 거품을 같은 색끼리 3개 이상 붙이면 터진다는 심플한 룰이다. 총 500스테이지.

CERO A 마작대회

●코에이 ●TBL ●2004년 12월 22일 ●4,200엔
●플레이 명수 : 1인(2~4인) ●세이브 용량 : 80KB 이상

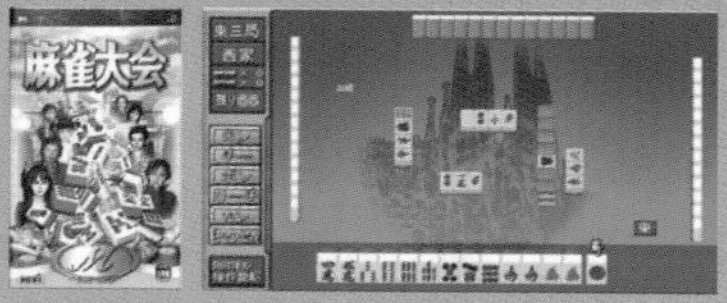

코에이 사가 다양한 기종으로 발매해온 마작 게임. 통신대전 등 여러 모드를 수록했으며, 와레메 등의 룰도 세세하게 설정 가능하다. 스타일이 다른 개성적인 캐릭터와의 대국을 즐길 수 있다.

CERO A 뿌요뿌요 피버

●세가 ●PZL ●2004년 12월 24일 ●4,800엔
●플레이 명수 : 1~2인 ●세이브 용량 : 128KB 이상

인기 낙하계 퍼즐 게임 「뿌요뿌요」 시리즈의 신작. 초보자라도 대연쇄의 흥분을 맛볼 수 있는 신규 시스템 '피버 모드'를 도입했으며, PSP 한 대로도 두 사람이 대전할 수 있도록 했다.

CERO A AI 바둑

●마벨러스 인터랙티브 ●TBL ●2004년 12월 30일 ●3,800엔
●플레이 명수 : 1~2인 ●세이브 용량 : 64KB 이상

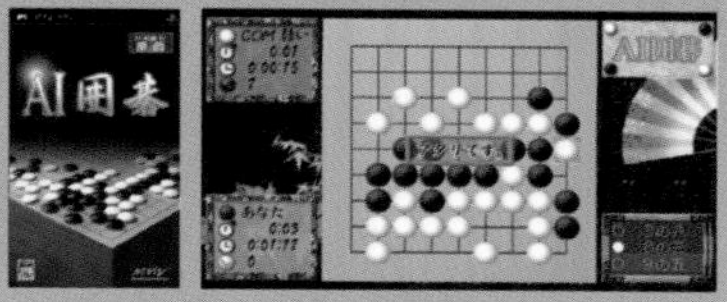

일본기원이 추천한 바둑 소프트. 세계대회에서도 활약했던 사고루틴 'Many Faces of GO'를 개량하여 사용했기 때문에, 사고시간이 짧으면서도 강력한 AI와 대국할 수 있다.

CERO A AI 마작

●마벨러스 인터랙티브 ●TBL ●2004년 12월 30일 ●3,800엔
●플레이 명수 : 1인(2~4인) ●세이브 용량 : 64KB 이상

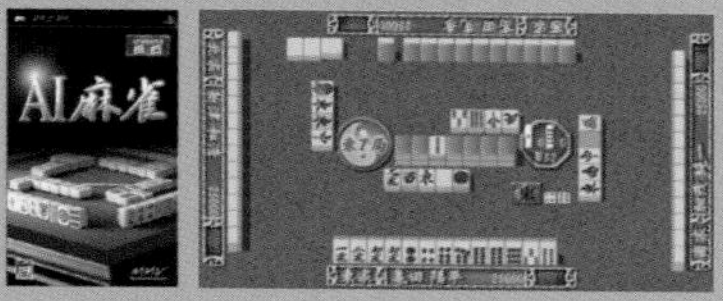

강력한 AI와 사기 기술이 배제된 진검승부를 즐길 수 있는 마작 게임. 대국시 적절한 조언도 해주며, 게임 자체는 심플하나 유저가 실력을 배양할 수 있도록 도와주는 식으로 구성했다.

CERO A 삐뽀사루 아카데미~아 : 사고뭉치능력평가 완전정복

●소니컴퓨터엔터테인먼트 ●ETC ●2004년 12월 30일 ●4,800엔
●플레이 명수 : 1~2인(애드혹 모드시 : 최대 4인) ●세이브 용량 : 544KB 이상

PSP 최초의 미니게임 모음집. 삐뽀사루가 활약하는 코믹한 '사루게임'이 무려 30종류 이상이다. 동작을 따라하는 '원숭이 흉내', 쏟아지는 화살을 방패로 막는 '황혼 몽키호테' 등을 수록했다.

HARDWARE
2004
2005
2006
2007
2008
2009
2010
2011
2012
2013
2014
2015
2016
INDEX

각종 아이콘 : Best판 출시 / PS Vita와 호환됨 / UMD Passport 지원

2005

PlayStation Portable Game Software Catalogue

2005년에 발매된 PSP용 타이틀 수는 총 94종으로서, 2년차로서는 그럭저럭 나온 편이라고 할 수 있다. 「니드 포 스피드」·「와이프아웃」·「포포로크로이스 이야기」 등 PS1을 빛냈던 주력 타이틀이 속속 이식된 것을 보아도, PSP가 휴대용 게임기이지만 기본적으로는 PS1과 유저층을 공유했다는 점을 알 수 있다.

AI 쇼기

CERO A

●마벨러스 인터랙티브 ●TBL ●2005년 1월 20일 ●3,800엔
●플레이 명수 : 1~2인 ●세이브 용량 : 64KB 이상

Best VITA 호환 UMD Passport

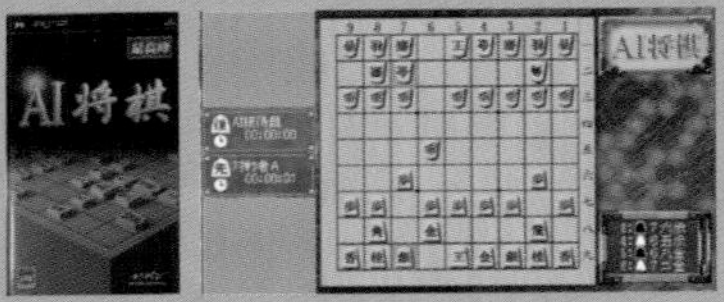

다양한 기종으로 발매되었던 쇼기(일본 장기) 게임. 대전 성적에 따라 승단(승급) 내지는 강단(강급)되는 'AI 장려회' 등의 모드가 있다. AI의 실력에 포커스를 맞춘 본격파 타이틀이다.

창궁의 파프너

CERO A

●반다이 ●ACT ●2005년 1월 27일 ●4,800엔
●플레이 명수 : 1인 ●세이브 용량 : 192KB 이상

원작 애니메이션과 동일한 성우·기체·오프닝 애니메이션을 수록한 로봇 액션 게임. 플레이어는 주인공 '마카베 카즈키'가 되어, '파프너'를 타고 동료와 함께 고향 섬을 지키기 위해 싸운다.

연옥 : 더 타워 오브 퍼거토리

CERO B

●허드슨 ●ARPG ●2005년 1월 27일 ●4,800엔
●플레이 명수 : 1인(2~4인) ●세이브 용량 : 1000KB 이상

Best VITA 호환

자아를 갖게 된 인간형 전투용 안드로이드가 자신과 동일한 모델들을 파괴하며 '연옥'이란 탑을 오르는, 묵직한 분위기의 SF 액션 RPG. 빼앗은 무기로 자신을 강화하며 최상층에 도달하자.

포포로크로이스 이야기 : 피에트로 왕자의 모험

CERO A

●소니컴퓨터엔터테인먼트 ●RPG ●2005년 2월 10일 ●4,800엔
●플레이 명수 : 1인 ●세이브 용량 : 992KB 이상

Best VITA 호환 UMD Passport

「포포로크로이스 이야기」 시리즈의 1편+2편에 신규 에피소드를 추가해 재편집한 리메이크판. 원작의 이벤트나 대사 등을 일부 삭제했고 난이도도 낮췄으며, 무비도 고화질로 재제작했다.

Mobile Train Simulator + 전차로 GO! : 동경급행편

CERO A

●온가쿠칸 ●SLG ●2005년 2월 17일 ●4,800엔
●플레이 명수 : 1인 ●세이브 용량 : 640KB 이상

2003년 12월 시점의 노선·시각표 기준인 철도운전 시뮬레이션 게임. 두 철도 게임의 콜라보 작품으로서, 실사 영상을 도입한 화면과 리얼한 조작감이 특징. PS2판과는 일부 내용이 다르다.

남코 뮤지엄

CERO A

●남코 ●ETC ●2005년 2월 24일 ●3,800엔
●플레이 명수 : 1~2인(애드혹 모드시 : 2~4인) ●세이브 용량 : 512KB 이상

Best VITA 호환

「팩맨」·「갤러그」·「랠리-X」·「디그더그」 등 남코의 고전 명작 타이틀 총 7작품과, 이 원작을 현대적으로 개변한 총 4개 타이틀을 수록한 타이틀. 하이스코어 어택 모드도 탑재했다.

테일즈 오브 이터니아

CERO A

●남코 ●RPG ●2005년 3월 3일 ●4,800엔
●플레이 명수 : 1인 ●세이브 용량 : 400KB 이상

Best VITA 호환

「테일즈 오브」 시리즈의 제3탄. '인페리아'와 '셀레스티아'라는 두 세계가 서로 마주해 위치한 대면세계 '이터니아'를 무대로, 세계를 구할 운명을 지닌 소년소녀들의 이야기가 펼쳐진다. PS1용 게임의 이식작으로서, 원작의 분위기를 충실히 재현하면서도 더욱 즐기기 쉽도록 진화시켰다. 서브 시나리오·미니게임도 대량으로 수록했고, 체감 로딩 시간도 짧아 쾌적하게 즐길 수 있다.

CERO A 니드 포 스피드 언더그라운드 라이벌

●일렉트로닉 아츠 ●RCG ●2005년 2월 24일 ●4,800엔
●플레이 명수 : 1~2인 ●세이브 용량 : 288KB 이상

미국에서 제작된 공공도로 레이싱 게임. 스카이라인 GTR이나 RX-7 등의 차량을 선택해, 성능부터 외관까지 자신의 취향대로 커스터마이즈해 가며 길거리 레이서의 정상을 노려보자.

CERO A 삐뽀사루 겟츄 P!

●소니컴퓨터엔터테인먼트 ●ACT ●2005년 3월 17일 ●4,800엔
●플레이 명수 : 1~2인 ●세이브 용량 : 336KB 이상

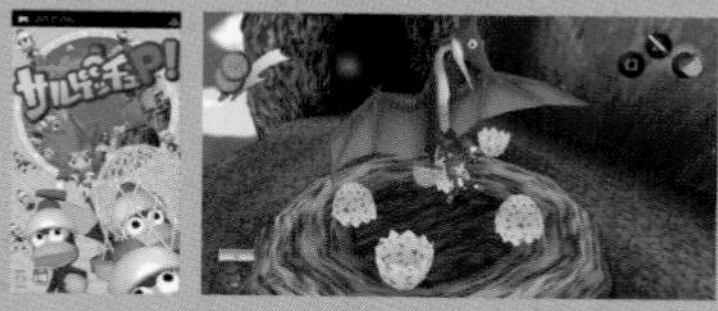

원숭이 포획 액션 게임 「삐뽀사루 겟츄」의 리메이크판. 듀얼쇼크에 최적화된 원작의 독특한 조작감을 PSP에 맞춰 변경했고, 신작 미니게임과 무선랜 대전을 추가했다. 폴리곤도 부드러워졌다.

CERO A BLEACH 히트 더 소울

●소니컴퓨터엔터테인먼트 ●ACT ●2005년 3월 24일 ●4,800엔
●플레이 명수 : 1~2인 ●세이브 용량 : 512KB 이상

원작자가 감수한 스토리를 바탕으로 '영압'을 사용하여 배틀을 펼치는 3D 대전격투 게임. 타임 어택과 통신대전 등 다양한 게임 모드를 수록하였으며, 보너스 요소도 충실하다.

CERO A 신천마계 : GOCⅣ 어나더 사이드

●아이디어 팩토리 ●RPG ●2005년 3월 31일 ●4,800엔
●플레이 명수 : 1인 ●세이브 용량 : 272KB 이상

최대 30 : 30의 실시간 배틀에서 승리하여 대륙 제패를 노리는 시뮬레이션 RPG. PS2용 게임 「제네레이션 오브 카오스 Ⅳ」의 이식작이지만, 새로운 주인공이 펼치는 새로운 이야기를 즐길 수 있다.

CERO A 삼국지 V

●코에이 ●SLG ●2005년 4월 1일 ●4,800엔
●플레이 명수 : 1인 ●세이브 용량 : 672KB 이상

삼국시대 중국의 통일을 노리는 역사 시뮬레이션 게임. '명성'이 커맨드 실행 횟수와 연동되는 개념과 전투의 '진형' 시스템을 새로 도입한 타이틀로서, 원작인 PC판에서 소소한 개량도 가했다.

CERO B 머나먼 시공 속에서 : 채회수상

●코에이 ●ETC ●2005년 4월 7일 ●6,800엔
●플레이 명수 : 1인 ●세이브 용량 : -

이세계 '쿄'(京)를 무대로 펼쳐지는 게임 「머나먼 시공 속에서」의 팬 디스크. 낙하계 퍼즐 게임과 음악집, 회화집, OVA 상·하권을 수록하여, 원작의 세계를 다양한 각도에서 즐길 수 있다.

CERO A 와이프아웃 퓨어

●소니컴퓨터엔터테인먼트 ●RCG ●2005년 4월 7일 ●4,800엔
●플레이 명수 : 1인 (애드혹 모드 : 최대 8인) ●세이브 용량 : 512KB 이상

반중력 크래프트를 주파하는 근미래 하이스피드 레이싱 게임. 실드 에너지가 바닥나면 기체가 폭발하므로, 속도뿐만 아니라 무기 공방이나 심지어 차체로 직접 들이받는 플레이도 필요하다.

CERO B 수도고 배틀

●겐키 ●RCG ●2005년 4월 21일 ●4,800엔
●플레이 명수 : 1인 ●세이브 용량 : 390KB 이상

도쿄의 수도고속도로와 그 주변 경치를 재현한 공공도로 레이싱 게임. 각종 차량부품부터 번호판까지도 편집할 수 있는 커스터마이징, 현재 진행도가 반영되는 '칭호' 등 특이한 시스템이 많다.

CERO A 더비 타임

●소니컴퓨터엔터테인먼트 ●SLG ●2005년 4월 21일 ●4,800엔
●플레이 명수 : 1인 ●세이브 용량 : 320KB 이상

'헤이세이의 경마왕'이란 별명의 마주 밑에서 경주마 육성에 도전하는 시뮬레이션 게임. 최대 9인 대전이 가능한 레이스와 리얼한 그래픽이 특징. 스기모토 키요시를 기용한 TV 광고도 유명했다.

CERO A 도라슬롯 : 주인공은 제니가타

●도라스 ●SLG ●2005년 4월 28일 ●3,800엔
●플레이 명수 : 1인 ●세이브 용량 : 513KB 이상

PSP로 즐기는 파치슬로 실기 시뮬레이션 게임 「도라슬롯」의 제1탄으로서, 헤이와 사가 출시한 같은 제목의 파치슬로 기기를 리얼하게 재현한 작품. 총 4종류의 패널을 수록하였다.

각종 아이콘 | Best판 출시 | PS Vita와 호환됨 | UMD Passport 지원

피안도

●나우프로덕션 ●AVG ●2005년 4월 28일 ●4,800엔
●플레이 명수 : 1인 ●세이브 용량 : 400KB 이상

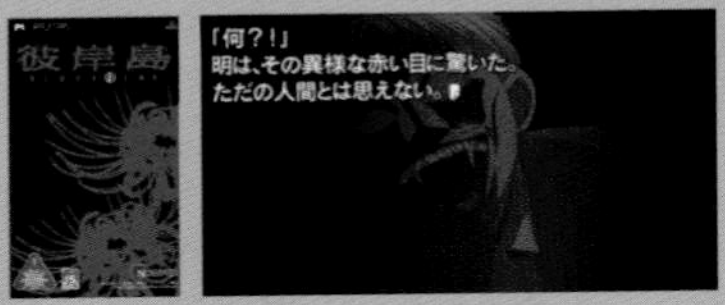

'영 매거진'에서 연재하던 같은 제목의 만화를 원작으로 삼은 호러 어드벤처 게임. 발매 당시에는 원작이 아직 연재 도중이었기에, 게임만의 오리지널 스토리로 이야기가 전개된다.

스페이스 인베이더 포켓

●타이토 ●STG ●2005년 5월 12일 ●3,800엔
●플레이 명수 : 1인 ●세이브 용량 : 256KB 이상

「스페이스 인베이더」 시리즈의 첫 작품(총 4개 버전)과 PART 2, 그 속편인 「리턴 오브 더 인베이더」, 「마제스틱 트웰브」, 「아칸베다~」까지 총 8작품을 수록한 합본 모음집이다.

인텔리전트 라이선스

●나우프로덕션 ●ETC ●2005년 5월 26일 ●4,800엔
●플레이 명수 : 1인 ●세이브 용량 : 400KB 이상

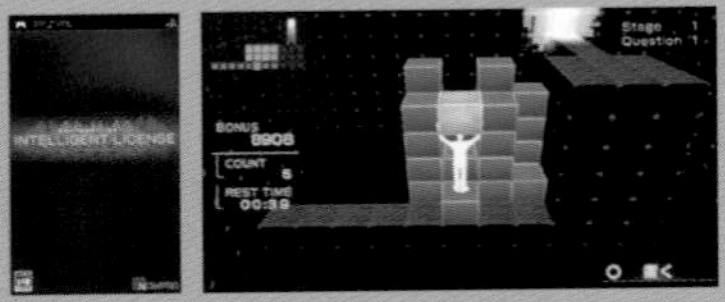

실용적 지능지수 'PQ'를 측정해주는 퍼즐 게임. 입체적인 필드 위에 배치된 블록 등을 잘 이용해가며 골 지점까지 도달하는 것이 목적으로서, 플레이어의 판단력·기억력 등을 시험한다.

영웅전설 가가브 트릴로지 : 주홍 물방울

●반다이 ●RPG ●2005년 6월 2일 ●4,800엔
●플레이 명수 : 1인 ●세이브 용량 : 480KB 이상

2004년 발매된 「하얀 마녀」에 이은, '가가브 트릴로지' 제2탄. 신들이 잠들어있는 땅 '엘 필딘'에서, 어빈·아이멜 남매를 중심으로 펼쳐지는 핏줄와 마음의 인연을 그린 스토리다.

폭뇌 : BAKU-NO

●에이도스 ●PZL ●2005년 6월 16일 ●3,800엔
●플레이 명수 : 1인(2~4인) ●세이브 용량 : 64KB 이상

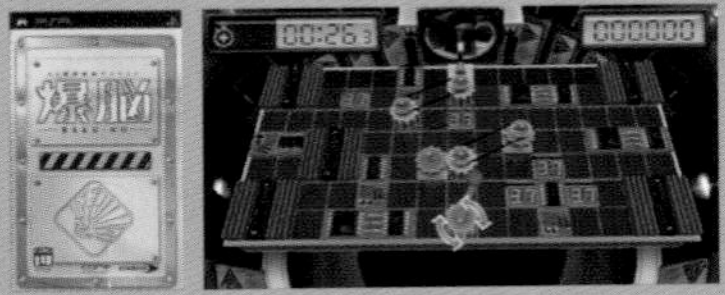

시한폭탄을 해체하는 것이 목적인 게임. 폭탄에 부착돼 있는 기폭장치 유닛의 내부는 다양한 스타일의 퍼즐 형태로 구성되어 있으며, 이를 제한시간 내에 풀어내야만 한다.

코디드 건

●코나미 ●STG ●2005년 6월 23일 ●4,980엔
●플레이 명수 : 1인(2~4인) ●세이브 용량 : 160KB 이상

사이버 세계의 가상공간 내를 무대로 삼은 FPS. 맵은 매번 자동적으로 생성되며, 리얼한 3D 그래픽으로 표현된다. 애드혹 모드를 이용하면 최대 4인 대전도 가능하다.

봄버맨 : 패닉 봄버

●허드슨 ●PZL ●2005년 6월 23일 ●3,800엔
●플레이 명수 : 1~4인 ●세이브 용량 : 256KB 이상

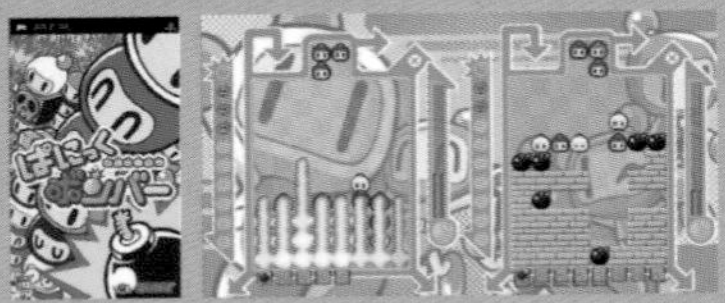

위에서 떨어지는 3개 한 묶음짜리 '봄'을 회전·이동시켜, 가로·세로·대각선으로 같은 색끼리 3개를 맞추면 없어진다. 컴퓨터와의 대전 모드와 스코어 어택 모드도 있다.

어드벤처 플레이어

●프롬 소프트웨어 ●ETC ●2005년 6월 30일 ●3,800엔
●플레이 명수 : 1인 ●세이브 용량 : 448KB 이상

다른 유저가 만든 어드벤처 게임을 '재생'해 즐기는 플레이어 소프트. 샘플 게임 3종이 내장돼 있으며, Windows용 개발 툴 디스크도 동봉하여 오리지널 게임을 제작할 수도 있었다.

실전 파치슬로 필승법! 북두의 권 포터블

●세가 ●SLG ●2005년 6월 30일 ●3,800엔
●플레이 명수 : 1인 ●세이브 용량 : 752KB 이상

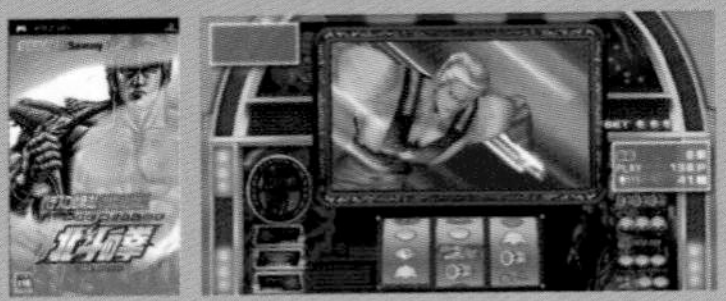

파치슬로 4호기 시장에서 화제를 모았던 대히트 기기 '북두의 권'의 실기 시뮬레이터. 배틀 보너스의 지속 기대도가 높아지는 북두 무늬를 완성시켜 대박 찬스를 체험해보자.

머나먼 시공 속에서 2

●코에이 ●AVG ●2005년 6월 30일 ●4,800엔
●플레이 명수 : 1인 ●세이브 용량 : 922KB 이상

「머나먼 시공 속에서」의 100년 후가 무대인 여성용 연애 어드벤처 게임. '쿄'를 양분하는 두 세력인 '원'(院)과 '제'(帝) 중 어느 쪽에 붙느냐에 따라, 두 가지 다른 스토리가 펼쳐진다.

CERO A 스쿨 럼블 : 언니, 사건이에요!

●반다이 ●AVG ●2005년 7월 7일 ●4,800엔
●플레이 명수 : 1인 ●세이브 용량 : 800KB 이상

주간 '소년 매거진'에서 연재되었던 인기 만화 '스쿨 럼블'을 어드벤처 게임화했다. 모든 캐릭터가 풀보이스이며, 게임 전용으로 제작된 오리지널 스토리가 펼쳐진다.

CERO A 스타 솔저

●허드슨 ●STG ●2005년 7월 21일 ●4,800엔
●플레이 명수 : 1인 ●세이브 용량 : 256KB 이상

타카하시 명인이 일본 전국에 널리 알려지는 계기가 된 명작 슈팅 게임의 리메이크판. 단시간동안 스코어 어택을 즐기는 모드를 탑재했다. 본체를 세로로 잡고 즐길 수도 있다.

CERO B 천지의 문

●소니컴퓨터엔터테인먼트 ●RPG ●2005년 7월 21일 ●4,800엔
●플레이 명수 : 1인 (애드혹 모드시 : 2인) ●세이브 용량 : 448KB 이상

PSP 오리지널 액션 RPG. 모험 도중 150종 이상의 검술을 입수하게 되며, 이를 조합하여 새로운 기술을 만들어낼 수도 있다. 풀보이스로 펼쳐지는 드라마 장면도 작품의 매력이다.

CERO C 실화괴담 '신 미미부쿠로' 제1장

●메트로 ●ETC ●2005년 7월 28일 ●3,800엔
●플레이 명수 : 1인 ●세이브 용량 : 320KB 이상

인기 연작 서적을 바탕으로 풀보이스 나레이션과 3D 사운드를 넣어 게임화한 괴담 체험 소프트. 원작에서 엄선한 총 50화와, 특전영상 격인 드라마 하나를 수록했다.

CERO B 전국 캐논 : SENGOKU ACE EPISODE Ⅲ

●크로스노츠 ●STG ●2005년 7월 28일 ●4,800엔
●플레이 명수 : 1인 ●세이브 용량 : 320KB 이상

아케이드판 시대극풍 슈팅 게임 「전국 에이스」·「전국 블레이드」의 속편. 캐릭터별로 차별화된 공격 패턴을 자랑한다. 호쾌한 신규 시스템 '캐논 샷'을 탑재했다.

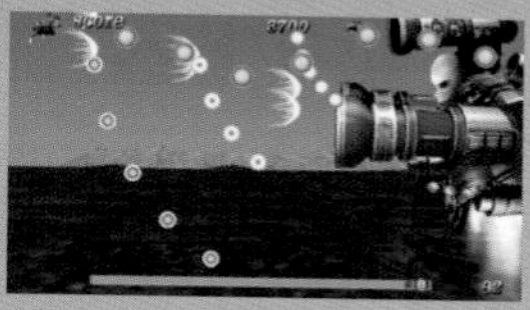

CERO C 천주 : 시노비 대전

●프롬 소프트웨어 ●ACT ●2005년 7월 28일 ●4,800엔
●플레이 명수 : 1인 (2인) ●세이브 용량 : 256KB 이상

Best VITA 호환

닌자 액션 「천주」 시리즈의 PSP판 제1탄. 적에게 들키지 않도록 접근해 일격에 처리하면서 임무를 수행한다. 캐릭터별로 차별화된 시나리오를 준비했다.

CERO B 야루도라 포터블 : 더블 캐스트

●소니컴퓨터엔터테인먼트 ●AVG ●2005년 7월 28일 ●3,800엔
●플레이 명수 : 1인 ●세이브 용량 : 544KB 이상

VITA 호환 UMD Passport

애니메이션풍 어드벤처 게임 '야루도라' 브랜드의 제1탄. PS1판을 이식했다. 폰트 고품질화, 기능 추가 등의 개선점이 있다. 기억상실 여성과 만나며 시작되는 전율의 서스펜스물.

CERO B 야루도라 포터블 : 계절을 안고서

●소니컴퓨터엔터테인먼트 ●AVG ●2005년 7월 28일 ●3,800엔
●플레이 명수 : 1인 ●세이브 용량 : 544KB 이상

VITA 호환 UMD Passport

PS1용 '야루도라' 시리즈의 이식판. 어느 날 벚나무 아래 쓰러져 있는 소녀를 발견한 주인공. 첫사랑을 빼닮은 소녀 '마유'는 기억상실이었다. 사랑과 우정에 흔들리는 마음을 그린 이야기다.

CERO B 야루도라 포터블 : 삼파기타

●소니컴퓨터엔터테인먼트 ●AVG ●2005년 7월 28일 ●3,800엔
●플레이 명수 : 1인 ●세이브 용량 : 512KB 이상

PS1 '야루도라'의 이식판. 주인공은 비 내리는 밤 기억상실 여성 '마리아'를 만나 집으로 데려오지만, 그녀의 가방 속엔 권총이……. 일본에서 필리핀으로 이어지는 바이올런스 드라마.

CERO B 야루도라 포터블 : 설앵화

●소니컴퓨터엔터테인먼트 ●AVG ●2005년 7월 28일 ●3,800엔
●플레이 명수 : 1인 ●세이브 용량 : 576KB 이상

VITA 호환 UMD Passport

PS1 '야루도라'의 이식판. '카오리'는 애인의 사고사에 충격 받아 기억을 잃는다. 옆집에 살던 주인공은 카오리의 애인을 연기하기로 결심한다. 거짓과 진실이 엇갈리는 사랑 이야기.

각종 아이콘: Best Best판 출시 / VITA 호환 PS Vita와 호환됨 / UMD Passport UMD Passport 지원

CERO A 도라슬롯 : 거인의 별 II

●도라스 ●SLG ●2005년 7월 28일 ●3,800엔
●플레이 명수 : 1인 ●세이브 용량 : 197KB 이상

PSP로 즐기는 파치슬로 실기 시뮬레이터 「도라슬롯」의 제2탄. 반·오즈마·호적수의 3개 패널은 기본이고, PS2판에는 없었던 하나가타 패널도 수록하였다.

CERO A 태고의 달인 포~터블

●남코 ●ACT ●2005년 8월 4일 ●4,800엔
●플레이 명수 : 1~2인(1~4인) ●세이브 용량 : 230KB 이상

인기 음악게임 시리즈의 첫 휴대용 게임기 이식작. 통신기능을 사용하는 최대 4인 대전·협력 플레이, 2명이 PSP 1대를 나눠 잡고 플레이하는 모드 등의 다채로운 놀이법도 제공한다.

CERO A 【Hg】 하이드리움

●소니컴퓨터엔터테인먼트 ●ACT ●2005년 8월 4일 ●4,800엔
●플레이 명수 : 1~2인 ●세이브 용량 : 144KB 이상

필드 자체를 기울여 액체를 잘 유도해 골까지 도달시키는 퍼즐 게임. 다양한 장치가 배치된 72+α종의 스테이지를 공략하자. 애드혹 모드를 통한 대전·협력 플레이도 가능하다.

CERO A 록맨 DASH : 강철의 모험심

●캡콤 ●ARPG ●2005년 8월 4일 ●3,800엔
●플레이 명수 : 1인 ●세이브 용량 : 360KB 이상

「록맨」 시리즈의 신작이지만 3D로 구성된 필드를 돌아다니는 '프리 러닝 RPG'. PS1 등으로도 발매된 바 있는 작품이지만, PSP판은 16 : 9 와이드스크린 화면비인 것이 특징이다.

CERO A 기동전사 건담 : 기렌의 야망 - 지온의 계보

●반다이 ●SLG ●2005년 8월 11일 ●4,800엔
●플레이 명수 : 1인 ●세이브 용량 : 256KB 이상

'지구연방군의 레빌', 혹은 '지온공국군 총수인 기렌 자비'의 입장이 되어 싸우는 시뮬레이션 게임. '기렌의 야망' 편과 '지온의 계보' 편의 두 파트로 구성되어 있다.

CERO A 타이거 우즈 PGA TOUR

●일렉트로닉 아츠 ●SPT ●2005년 8월 25일 ●4,800엔
●플레이 명수 : 1~4인(2인) ●세이브 용량 : 288KB 이상

PGA TOUR가 공인한 골프 게임으로서, 타이거 우즈를 비롯한 유명 골퍼들이 실명으로 등장하며 선수 특유의 모션도 재현했다. 세계 각국의 실존 코스도 다수 수록되어 있다.

CERO A 트웰브 : 전국봉신전

●코나미 ●SRPG ●2005년 8월 25일 ●4,980엔
●플레이 명수 : 1인 ●세이브 용량 : 448KB 이상

전국시대 일본이 모티브인 '야마토'를 무대로 삼은 시뮬레이션 RPG. 12지 정령의 수호를 받는 동료들과 만나, 마신의 힘을 빌려 야마토 통일을 노리는 오와리 군과 싸운다.

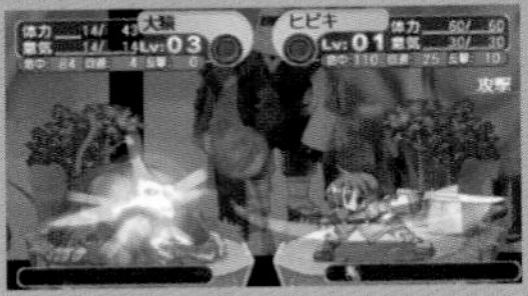

CERO A 브레스 오브 파이어 III

●캡콤 ●RPG ●2005년 8월 25일 ●4,800엔
●플레이 명수 : 1인 ●세이브 용량 : 192KB 이상

'용'이 스토리의 중심인 RPG 시리즈의 제3탄. PS1판의 이식작이다. 주인공은 용족의 생존자로서, 용으로 변신하는 능력이 있다. PSP판은 '낚시 모드'와 '갤러리 모드'가 추가되었다.

CERO A 노부나가의 야망 : 천상기

●코에이 ●SLG ●2005년 9월 1일 ●4,800엔
●플레이 명수 : 1인 ●세이브 용량 : 704KB 이상

인기 전국시대 시뮬레이션 게임 시리즈의 6번째 작품. 합전 시스템과 군단 시스템 덕에 전투 템포가 쾌적해졌다. 5종의 시나리오로 214곳의 성을 제패하고 전국통일을 노려보자.

CERO A BLEACH 히트 더 소울 2

●소니컴퓨터엔터테인먼트 ●ACT ●2005년 9월 1일 ●4,800엔
●플레이 명수 : 1~2인 ●세이브 용량 : 992KB 이상

인기 만화 'BLEACH'가 원작인 3D 격투 게임의 제2탄. 전작의 라인업에 5명의 캐릭터를 새로 추가했으며, 캐릭터를 강화시킬 수 있는 '호정 13대 입대 모드'를 탑재했다.

록맨 DASH 2 : 에피소드 2 - 위대한 유산

CERO A

●캡콤 ●ARPG ●2005년 9월 8일 ●3,800엔
●플레이 명수 : 1인 ●세이브 용량 : 360KB 이상

VITA 호환 UMD Passport

「록맨 DASH」의 속편이자, PS1용 게임의 이식작. 전작과 마찬가지로 PSP판은 16 : 9 화면으로 바뀌었으며, 에피소드 1인 '롤짱 위기일발! 편'도 함께 수록했다.

공각기동대 STAND ALONE COMPLEX : 사냥꾼의 영역

CERO B

●소니컴퓨터엔터테인먼트 ●STG ●2005년 9월 15일 ●4,800엔
●플레이 명수 : 1인 ●세이브 용량 : 416KB 이상

TV 애니메이션 '공각기동대 STAND ALONE COMPLEX'를 FPS 게임화했다. 조준을 보조해주는 '록온 시스템'을 탑재했으며, 타치코마의 커스터마이징도 가능해졌다.

월드 사커 위닝 일레븐 9 유비쿼터스 에볼루션

CERO A

●코나미 ●SPT ●2005년 9월 15일 ●4,980엔
●플레이 명수 : 1~2인 ●세이브 용량 : 1856KB 이상

무선 LAN 대전에 특화시킨 「위닝 일레븐」 시리즈의 신작. 다양한 국가의 대표팀 및 클럽팀을 사용 가능하며, 6개국의 클럽 팀과 인터내셔널 리그를 플레이할 수 있다.

건담 배틀 택틱스

CERO A

●반다이 ●ACT ●2005년 9월 22일 ●4,800엔
●플레이 명수 : 1인 ●세이브 용량 : 576KB 이상

'기동전사 건담' 시리즈의 주요 사건인 '1년 전쟁'의 모빌슈트 및 파일럿들이 등장하는 3D 액션 게임. 원작에서 그려진 주요 에피소드를 재현한 미션을 다수 수록했다.

스페이스 인베이더 갤럭시 비트

CERO A

●마벨러스 인터랙티브 ●STG ●2005년 9월 22일 ●4,800엔
●플레이 명수 : 1~4인 ●세이브 용량 : 288KB 이상

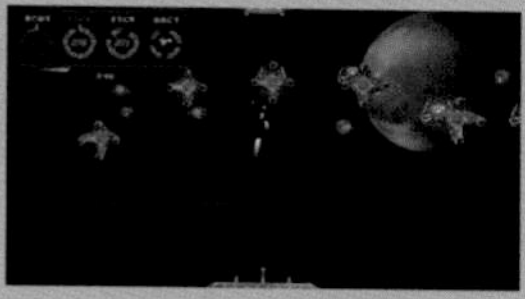

인기 슈팅 게임의 리메이크 작품. 초대 「스페이스 인베이더」를 재현한 'CLASSIC', 리듬 액션 요소를 가미한 3D판인 'FUTURE', 2인 대전이 가능한 'MATCH-UP' 등, 총 4가지 모드가 있다.

Formula 1 2005 포터블

CERO A

●소니컴퓨터엔터테인먼트 ●RCG ●2005년 9월 22일 ●4,800엔
●플레이 명수 : 1인 (8인) ●세이브 용량 : 256KB 이상

PSP 최초의 F1 레이싱 게임으로서, FOM 공인 2005년도 데이터를 탑재했다. 총 10개 팀, 20명의 드라이버, 19곳의 서킷이 수록돼 있다. 8명까지 대전 플레이도 가능하다.

프린세스 크라운

CERO A

●아틀라스 ●ARPG ●2005년 9월 22일 ●4,800엔
●플레이 명수 : 1인 ●세이브 용량 : 512KB 이상

VITA 호환 UMD Passport

세가새턴용으로 발매된 2D 액션 RPG의 이식판. 불과 13세에 여왕이 된 소녀 '그라드리엘' 등, 여러 매력적인 캐릭터들의 운명이 엇갈리는 검과 마법의 판타지 스토리다.

NBA 스트리트 쇼다운

CERO A

●일렉트로닉 아츠 ●SPT ●2005년 9월 29일 ●4,800엔
●플레이 명수 : 1~4인 ●세이브 용량 : 320KB 이상

박력 만점의 덩크슛으로 승부를 결정하는 3-on-3 농구 게임. 상대를 제쳐내는 드리블과 덩크를 저지하는 블로킹을 활용해, 강적들을 물리치고 길거리 농구의 정상에 올라보자.

갤러리 페이크

CERO A

●반다이 ●AVG ●2005년 9월 29일 ●4,800엔
●플레이 명수 : 1인 ●세이브 용량 : 320KB 이상

인기 만화가 원작인, 총 8장 구성의 오리지널 스토리로 진행되는 어드벤처 게임. 미술품에 얽힌 다양한 사건들 사이에 숨겨진 '페이크'를 간파해야 하는 추리 게임이다.

길티기어 이그젝스 샤프 리로드

CERO B

●세가 ●ACT ●2005년 9월 29일 ●3,800엔
●플레이 명수 : 1인 (2인) ●세이브 용량 : 128KB 이상

공중 대시, 2단 점프 등의 다이내믹한 모션으로 인기를 얻은 아케이드용 대전격투 게임의 이식작. 밸런스를 수정한 버전 기준으로 이식하였고, 통신대전도 가능하다.

각종 아이콘: Best판 출시 / VITA 호환: PS Vita와 호환됨 / UMD Passport 지원

CERO A 전차로 GO! 포켓 : 야마노테선 편

●타이토 ●SLG ●2005년 9월 29일 ●3,800엔
●플레이 명수 : 1인 ●세이브 용량 : 704KB 이상

도쿄 야마노테선의 외선순환·내선순환을 돌며 기관사 기분을 만끽하는 전철 운전 시뮬레이션 게임. 플레이어의 정보를 기록한 '명함'을, 통신기능으로 다른 플레이어와 교환할 수 있다.

CERO A 핀볼

●허드슨 ●TBL ●2005년 9월 29일 ●2,800엔
●플레이 명수 : 1인 (2인) ●세이브 용량 : 250KB 이상

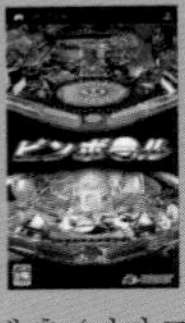
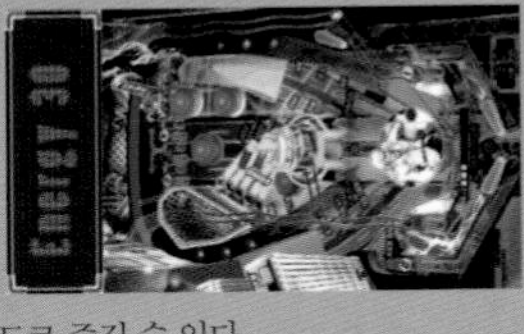

본체를 세로로 잡고 조작하는 리얼한 핀볼 게임. 2종류의 핀볼 기기를 수록했으며, 제한된 구슬 수로 스코어를 경쟁하는 '아케이드'를 비롯해 총 4가지 모드로 즐길 수 있다.

CERO A 삼국지 Ⅵ

●코에이 ●SLG ●2005년 10월 6일 ●4,800엔
●플레이 명수 : 1~2인 ●세이브 용량 : 704KB 이상

정통 시뮬레이션 게임의 6번째 작품. 원작은 PC판이다. 삼국시대의 영웅이 되어 중국 통일을 노리자. PSP판은 인터페이스 강화와 고속 알고리즘 탑재 덕에 플레이 감각이 쾌적해졌다.

CERO A 토호쿠대학교 미래과학기술공동연구센터 카와시마 류타 교수 감수 뇌력 트레이너 포터블

●세가 ●ETC ●2005년 10월 20일 ●2,800엔
●플레이 명수 : 1인 ●세이브 용량 : 544KB 이상

계산·반사·기억·판단 4계통을 트레이닝하여 두뇌의 능력을 단련하는 소프트. 챌린지 모드에서는 일본 전국에서 제공되는 문제를 풀며 갤러리 컬렉션을 채울 수 있다.

CERO B 번아웃 레전드

●일렉트로닉 아츠 ●RCG ●2005년 10월 20일 ●4,800엔
●플레이 명수 : 1인 ●세이브 용량 : 160KB 이상

반대차선을 역주행하고 적 차량이나 일반차량을 들이받아 파괴하는 등, 교통법규를 완전 무시하는 익스트림 카 액션을 즐기는 레이싱 게임. 경찰차로 적을 뒤쫓는 'PURSUIT' 미션도 있다.

CERO A 신기환상 : SS Ⅱ 언리미티드 사이드

●아이디어 팩토리 ●SRPG ●2005년 10월 27일 ●4,800엔
●플레이 명수 : 1인 ●세이브 용량 : 832KB 이상

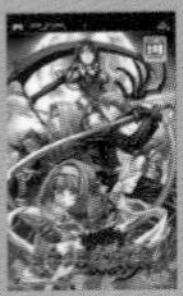

PS2로 발매되었던 시뮬레이션 RPG, 「신기환상 스펙트럴 소울즈 Ⅱ」의 이식판. '네버랜드'라 불리는 판타지 세계가 무대로서, 인간과 마족이 대립하는 '7년전쟁'을 그렸다.

CERO A 기동경찰 패트레이버 : 컴백 미니패트

●반다이 ●AVG ●2005년 11월 2일 ●4,800엔
●플레이 명수 : 1인 ●세이브 용량 : 193KB 이상

만화 '기동경찰 패트레이버'의 세계를 SD화된 캐릭터들이 연기하는 종이인형극풍 애니메이션을 어드벤처 게임화했다. 주인공 '이즈미 노아'가 되어, 특차2과의 일상을 체험하자.

CERO A 금색의 코르다

●코에이 ●SLG ●2005년 11월 10일 ●4,800엔
●플레이 명수 : 1인 ●세이브 용량 : 576KB 이상

코에이의 '네오 로망스' 시리즈 제3탄. 클래식 음악이 테마인 연애 시뮬레이션 게임으로서, 음악을 주관하는 요정에 선택받은 주인공이 교내 음악 콩쿠르에 출전한다는 스토리다.

CERO A 복복 섬

●소니컴퓨터엔터테인먼트 ●SLG ●2005년 11월 10일 ●4,800엔
●플레이 명수 : 1인 (애드혹 모드시 : 최대 5인) ●세이브 용량 : 704KB 이상

꿈과 현실의 경계선에 있는 신비한 '복복 섬'에서 생활해보자. 생년월일 등의 개인정보를 넣어 점술이나 심리테스트도 즐길 수 있다. 그날의 운세에 따라 게임 내용도 변화한다.

CERO A 아머드 코어 포뮬러 프론트 인터내셔널

●프롬 소프트웨어 ●SLG ●2005년 11월 17일 ●2,667엔
●플레이 명수 : 1~2인 ●세이브 용량 : 450KB 이상

파츠를 교체하고 튜닝 등으로 커스터마이즈한 메카닉을 대전시키는 시뮬레이션 게임의 마이너 업그레이드 버전. 이번엔 기체를 직접 조작하는 '액션 모드'를 추가했다.

토크맨

CERO A

●소니컴퓨터엔터테인먼트 ●ETC ●2005년 11월 17일 ●5,800엔
●플레이 명수 : 1~2인 ●세이브 용량 : 384KB 이상

동봉된 전용 마이크를 PSP에 장착하여, 이를 통해 유저의 음성을 입력받아 일본어·한국어·중국어·영어로 번역해주는 통역 소프트. 게임 모드에서는 언어별 발음을 채점하여 평가해준다.

목장이야기 : 하베스트 문 - 보이 & 걸

CERO A

●마벨러스 인터랙티브 ●SLG ●2005년 11월 23일 ●4,800엔
●플레이 명수 : 1인 ●세이브 용량 : 240KB 이상

작물을 기르거나 동물을 사육해가며 황폐해진 목장을 재건하는 시뮬레이션 게임. PS1으로 발매됐던 「목장이야기 : 하베스트 문」 및 「~ for 걸」의 두 버전을 모두 수록했다.

SSX On Tour 포터블

CERO A

●일렉트로닉 아츠 ●SPT ●2005년 11월 24일 ●4,800엔
●플레이 명수 : 1인 ●세이브 용량 : 176KB 이상

드넓은 설산을 압도적인 속도감으로 활주하는 스노보드 게임 「SSX」 시리즈의 제4탄. 이번 작품은 스키도 선택할 수 있다. 화려한 트릭을 성공시켜 라이벌을 랭킹에서 따돌리자.

뿌요뿌요 피버 2(츄!)

CERO A

●세가 ●PZL ●2005년 11월 24일 ●4,800엔
●플레이 명수 : 1인(2~4인) ●세이브 용량 : 300KB 이상

인기작 「뿌요뿌요」 시리즈의 6번째 작품이자, 「뿌요뿌요 피버」의 속편. 시리즈 최초의 남자 주인공 '시그'가 플레이어블 캐릭터로 들어왔으며, '아이템' 시스템도 추가되었다.

크래시 밴디쿳 : 합체 월드

CERO A

●비벤디 유니버설 게임즈 ●ACT+RCG ●2005년 12월 1일 ●4,800엔
●플레이 명수 : 1~8인 ●세이브 용량 : 288KB 이상

「크래시 밴디쿳」 시리즈의 핵심인 '3D 액션'에 '레이싱'이라는 장르를 넘다 '합체'시켜버린 독특한 작품. 레이스 모드에서는 차량끼리 합체함으로써 파워 업시킬 수도 있다.

NBA 라이브 06

CERO A

●일렉트로닉 아츠 ●SPT ●2005년 12월 8일 ●4,800엔
●플레이 명수 : 1인 ●세이브 용량 : 2208KB 이상

NBA가 공인한 농구 게임. 당시 NBA 리그에 소속되어 있던 30개 팀과 소속 선수들이 전부 실명으로 등장한다. 간단한 조작으로 박력만점의 슈퍼 플레이를 자유롭게 구사할 수 있다.

몬스터헌터 포터블

CERO C

●캡콤 ●ACT ●2005년 12월 1일 ●4,800엔
●플레이 명수 : 1인(애드혹 모드시 : 2~4인) ●세이브 용량 : 550KB 이상

다양한 몬스터들이 서식하는 세계에서 '헌터'로서 생활하는 인기 액션 게임 「몬스터헌터」 시리즈의 PSP 발매 제1탄. 시스템 기반은 PS2판 「몬스터헌터 G」이지만, '코코트 농장'·'아이루 키친' 등의 신규 시스템을 다수 추가했으며 조작성도 휴대용 게임기에 맞춰 리뉴얼했다. 애드혹 모드를 지원하여, 이를 이용하면 간단히 협력 플레이를 즐길 수 있다.

메탈기어 애시드 2

CERO C

●코나미 ●ETC ●2005년 12월 8일 ●2,667엔
●플레이 명수 : 1~2인 ●세이브 용량 : 352KB 이상

「메탈기어」 시리즈의 외전 작품인 「메탈기어 애시드」의 속편. 전작과 마찬가지로, 액션 게임이 아니라 카드를 사용해 턴 단위로 행동하는 전술 시뮬레이션풍 게임이다. 전작에서 진화한 점으로는 미국 코믹스풍 그래픽으로 전개되는 신규 스토리, 500종류 이상의 신규 카드 추가 등이 있으며, 게임 내에서 입체영상을 볼 수 있는 3D 안경 'SOLID EYE TOBIDAC!D'를 동봉했다.

CERO A EXIT

●타이토 ●ACT ●2005년 12월 15일 ●4,800엔
●플레이 명수 : 1인 ●세이브 용량 : 288KB 이상

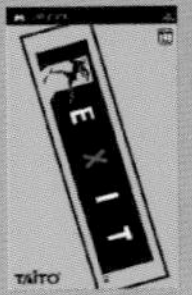

제한시간 내에 건물에서 탈출하는 퍼즐형 액션 게임. 플레이어는 'Mr.ESC'(미스터 이스케이프)를 조작해, 다양한 장치를 이용하며 출구로 나가야만 한다. 그 과정에서 건물 내의 생존자들을 구조하고, 때로는 협력하면서 난관을 돌파해야 할 필요도 있다. 캐릭터를 실루엣풍으로 그린 독특한 그래픽도 매력이다. 기본 스테이지는 총 100종이며, 다운로드 컨텐츠로 추가 스테이지를 제공하기도 했다.

CERO B 격 전국무쌍

●코에이 ●ACT ●2005년 12월 8일 ●5,280엔
●플레이 명수 : 1~4인 ●세이브 용량 : 768KB 이상

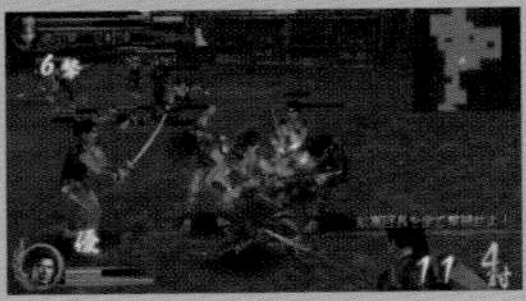

일본 전국시대의 유명한 무장이 되어 적군과 싸우는 액션 게임. 아군이나 적을 대상으로 책략을 전개하는 '택티컬 파트'와, 무쌍오의 등으로 적과 싸우는 '액션 파트'가 교대로 진행된다.

CERO A 이레귤러 헌터 X

●캡콤 ●ACT ●2005년 12월 15일 ●4,800엔
●플레이 명수 : 1인 ●세이브 용량 : 512KB 이상

명작 액션 게임 「록맨 X」를 PSP용으로 리메이크했다. 그래픽을 3D화했고, 숙적 VAVA를 사용할 수 있는 모드를 추가하는 등, 원작을 대폭적으로 업그레이드한 작품이다.

CERO A 카라쿠리

●테크모 ●ACT ●2005년 12월 15일 ●4,800엔
●플레이 명수 : 1인 ●세이브 용량 : 500KB 이상

'쥬클'이라는 로봇들을 부리며 고대 유적을 탐색하는 3D 액션 게임. 쥬클은 가로줄·세로줄·원진 3종류의 진형을 취할 수 있으니, 공격·이동·함정 회피 등에 잘 활용해보자.

CERO A JET로 GO! 포켓 : LET'S GO BY AIRLINER

●타이토 ●SLG ●2005년 12월 15일 ●4,800엔
●플레이 명수 : 1인 ●세이브 용량 : 208KB 이상

일본항공의 협력으로 제작된, 이착륙에 초점을 맞춘 플라이트 시뮬레이션 게임. 8곳의 공항을 무대로, 실존하는 항공기를 다양한 날씨·시간대 상황에서 이착륙시켜보자.

CERO C 하야리가미 포터블 : 경시청 괴이 사건 파일

●니폰이치 소프트웨어 ●AVG ●2005년 12월 15일 ●4,800엔
●플레이 명수 : 1인(2인) ●세이브 용량 : 736KB 이상

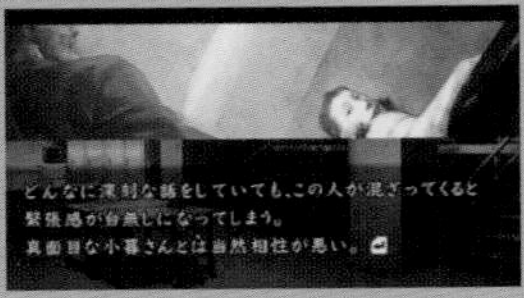

도시괴담이 소재인, PS2용 호러 어드벤처 게임의 이식작. 플레이어는 형사로서 다양한 사건을 해결한다. 과학적·오컬트적 시점 중 어느 쪽으로 해석하느냐에 따라 스토리가 변화한다.

CERO A 삐뽀사루 아카데미~아 2 : 카드로 배틀해 보실라우끼끼?

●소니컴퓨터엔터테인먼트 ●ETC ●2005년 12월 15일 ●4,800엔
●플레이 명수 : 1인(애드혹 모드시 : 2인) ●세이브 용량 : 320KB 이상

「삐뽀사루 겟츄」의 삐뽀사루가 등장하는 미니게임 모음집의 제2탄. 카드로 가위바위보 배틀을 하여, 이긴 쪽이 고른 미니게임 '사루게임'으로 대전한다. 사루게임은 총 100종류가 있다.

CERO A 최강 도다이 쇼기 포터블

●마이니치 커뮤니케이션즈 ●TBL ●2005년 12월 22일 ●3,800엔
●플레이 명수 : 1인 ●세이브 용량 : 200KB 이상

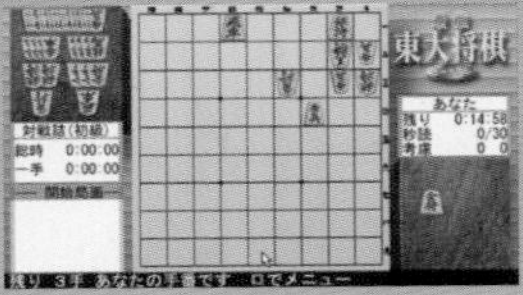

'IS 쇼기'라는 사고루틴을 사용한 쇼기 대국 소프트. '대전 박보장기', '쇼기 대회', '다음 한 수' 등 다양한 모드를 수록하였으며, 인기 여성 쇼기 기사도 등장한다.

CERO A 진 여신전생 데빌 서머너

●아틀라스 ●RPG ●2005년 12월 22일 ●4,800엔
●플레이 명수 : 1인 ●세이브 용량 : 544KB 이상

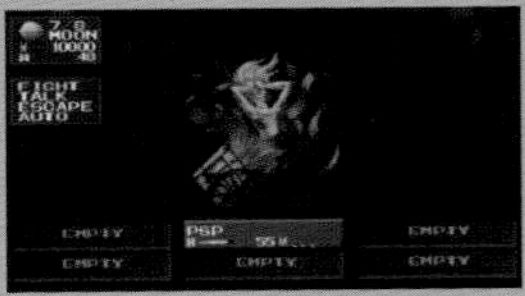

「여신전생」 시리즈의 신기축을 세운 작품. 쿠즈노하 쿄지의 몸에 혼 형태로 빙의돼버린 주인공이, 악마소환사가 되어 파트너 '레이 레이호우'와 함께 괴사건의 비밀을 파헤쳐간다.

CERO 등급 아이콘 A B C D Z 審査予定

컨텐츠 명시 아이콘 연애 선정성 폭력성 공포 음주·흡연 사행성 범죄 약물 언어·기타

영식함상전투기 : 정공왕

●타이토 ●STG ●2005년 12월 22일 ●4,800엔
●플레이 명수 : 1인 ●세이브 용량 : 224KB 이상

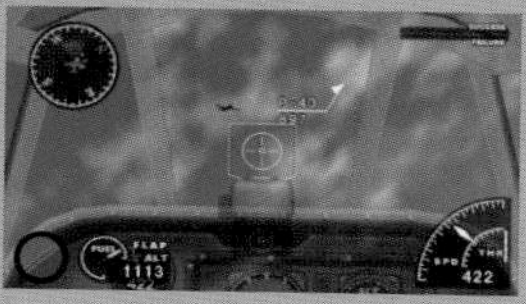

제로센 등의 구 일본군 전투기를 조종하여 제2차 세계대전 당시의 공중전에 도전하는 3D 슈팅 게임. 진행도가 올라가면 가상의 기체나 대형 폭격기 등도 조종할 수 있게 된다.

대전략 포터블

●겐키 ●SLG ●2005년 12월 22일 ●4,800엔
●플레이 명수 : 1인 (통신대전시 : 2인) ●세이브 용량 : 256KB 이상

워 시뮬레이션 게임의 결정판. 용병부대 '와일드 기스'를 지휘하여 동아시아의 평화를 되찾아보자. 어느 나라에 가담하느냐로 난이도와 시나리오가 변화하는 것이 특징이다.

니드 포 스피드 모스트 원티드 5-1-0

●일렉트로닉 아츠 ●RCG ●2005년 12월 22일 ●4,800엔
●플레이 명수 : 1인 ●세이브 용량 : 160KB 이상

스트리트 레이스를 소재로 삼은 인기 시리즈의 신작. 이 작품은 경찰차와의 격렬한 카 체이스가 특징으로서, 레이스를 이기면 이길수록 경찰의 방해도 집요해진다.

노부나가의 야망 : 장성록

●코에이 ●SLG ●2005년 12월 22일 ●4,800엔
●플레이 명수 : 1인 ●세이브 용량 : 704KB 이상

인기 전국시대 시뮬레이션 게임 시리즈의 제7탄. 일본 전토를 1장의 대형 맵으로 구축한 샌드박스 내정 시스템 덕에 도시의 발전도가 한눈에 들어오며, 전투도 동일한 맵에서 전개된다.

알바지옥 2000

●소니컴퓨터엔터테인먼트 ●ETC ●2005년 12월 22일 ●4,800엔
●플레이 명수 : 1인 (애드혹 모드시 : 2~8인) ●세이브 용량 : 512KB 이상

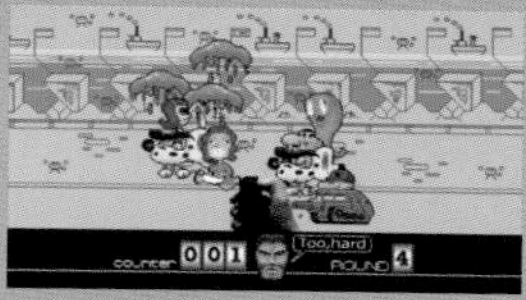

'망겜'을 의도적인 컨셉으로 잡은 미니게임 모음집 「그루브 지옥 V」의 속편. '알바'란 이름의 미니게임에 특화시켜, 좋은 의미로 천차만별인 40종류의 다양한 미니게임을 즐길 수 있다.

FIFA 06

●일렉트로닉 아츠 ●SPT ●2005년 12월 22일 ●4,800엔
●플레이 명수 : 1인 ●세이브 용량 : 1376KB 이상

세계 최고봉의 축구 시합을 펼칠 수 있는, FIFA 공인 축구 게임. 각국 대표팀전 및 클럽 팀 간의 대전은 물론이고, 팀을 직접 운영해보는 프랜차이즈 모드 등도 탑재되어 있다.

아바마마 오셨다! 어서 굴려라!

●남코 ●ACT ●2005년 12월 22일 ●4,800엔
●플레이 명수 : 1인 (2~4인) ●세이브 용량 : 512KB 이상

「괴혼」 시리즈의 3번째 작품이자, 첫 휴대용 게임기용 작품. '덩어리'를 굴려 다양한 물건을 뭉치며 점점 키워가는 액션 게임으로서, 남국의 섬을 무대로 총 21스테이지를 클리어한다.

코믹 파티 포터블

●아쿠아플러스 ●SLG+AVG ●2005년 12월 29일 ●4,800엔
●플레이 명수 : 1인 ●세이브 용량 : 640KB 이상

동인지 판매 이벤트에 깊은 감명을 받은 플레이어가 직접 동인지 제작에 뛰어들어, 이를 도와주는 히로인들과 교류하며 관계가 깊어지는 연애 어드벤처 게임. DC판 기반으로 이식했다.

SIMPLE 2500 시리즈 포터블!! Vol.1 : THE 테이블 게임

●D3 퍼블리셔 ●TBL ●2005년 12월 29일 ●2,500엔
●플레이 명수 : 1인 (1~4인) ●세이브 용량 : 700KB 이상

쇼기·바둑·마작·화투·트럼프 등의 다양한 테이블 게임을 하나로 집약시킨 모음집. 본체 1대만으로도 대전 플레이가 가능하며, 여러 대를 준비하면 최대 4인 플레이까지도 가능하다.

슈퍼로봇대전 MX 포터블

●반프레스토 ●SRPG ●2005년 12월 29일 ●4,800엔
●플레이 명수 : 1인 ●세이브 용량 : 740KB 이상

신형 병기의 강탈범과 뭔가의 인연이 있는 '휴고'·'아쿠아' 두 명의 소위가 주인공인 시뮬레이션 RPG. PS2판의 이식작이며, 이식 과정에서 난이도를 조정하고 에피소드도 추가했다.

각종 아이콘: Best판 출시 / VITA 호환: PS Vita와 호환됨 / UMD Passport: UMD Passport 지원

2006

PlayStation Portable
Game Software
Catalogue

2006년에 발매된 게임은 총 188타이틀. 플레이스테이션 3가 발매되어 시장에 활기가 넘쳤던 한 해였다. PS1·2용 게임의 이식작과 리메이크작이 많은 것은 여전했으나, 한편으로는 휴대용 게임기만의 특성을 살린 이색적인 게임, 신선한 아이디어로 승부하는 라이트한 게임도 늘어난 것이 이 해의 경향이라 하겠다.

타이토 메모리즈 포켓

●타이토 ●ETC ●2006년 1월 5일 ●4,800엔
●플레이 명수 : 1인 ●세이브 용량 : 768KB 이상

1980년부터 1989년까지의 타이토 아케이드 발매작 총 16개 작품을 수록한 고전게임 컬렉션. 「카게의 전설」·「크레이지 벌룬」 등의 4개 타이틀은 어레인지판까지 함께 수록했다.

영웅전설 가가브 트릴로지 : 바다의 함가

●반다이 ●RPG ●2006년 1월 12일 ●4,800엔
●플레이 명수 : 1인 ●세이브 용량 : 480KB 이상

PC용 게임 「영웅전설 V : 바다의 함가」의 이식작이자, '가가브 트릴로지' 시리즈의 완결작. 전투가 턴제로 바뀌었고 3D화되었으며, 엑스트라 시나리오가 추가되었다.

이스 : 나피쉬팀의 상자

●코나미 ●ARPG ●2006년 1월 19일 ●4,800엔
●플레이 명수 : 1인 ●세이브 용량 : 880KB 이상

아돌의 모험을 그린 PC용 게임 「이스 VI : 나피쉬팀의 상자」의 이식작. 전작들과 달리 3D화된 부감 시점으로 바뀌었으며, 검을 휘두르거나 대시할 수 있는 등 액션성을 강화했다.

빙글빙글 카멜레온

●스타피시 SD ●PZL ●2006년 1월 19일 ●4,800엔
●플레이 명수 : 1~2인 ●세이브 용량 : -

필드 위의 칸들을 자신의 영토로 만들며 확장하여, 전체의 과반수를 차지하면 승리하는 대전형 퍼즐 게임. 캐릭터별로 차별화된 필살기를 잘 사용하여 유리하게 진행해보자.

스트리트 파이터 ZERO 3 : 더블 어퍼

●캡콤 ●ACT ●2006년 1월 19일 ●4,800엔
●플레이 명수 : 1~8인 ●세이브 용량 : 256KB 이상

아케이드판 및 가정용판 「스트리트 파이터 ZERO 3」의 전 캐릭터를 사용 가능한 대전격투게임. 100명의 적과 연속 대전하는 모드 '100인 연전' 등의 다양한 게임 모드가 특징이다.

전차로 GO! 포켓 : 츄오선 편

●타이토 ●SLG ●2006년 1월 19일 ●3,800엔
●플레이 명수 : 1인 ●세이브 용량 : 672KB 이상

「~야마노테선 편」에 이어, 도쿄-타카오 구간을 달리는 츄오선을 수록했다. 플레이어의 차량 운행이력과 기관사 등급 등이 기록된 '명함'은 야마노테선 편의 유저와도 교환 가능하다.

파워 스매시 : 뉴 제네레이션

●세가 ●SPT ●2006년 1월 26일 ●4,800엔
●플레이 명수 : 1인(2~4인) ●세이브 용량 : 112KB 이상

세계 랭킹에 이름을 올린 유명 선수들이 실명으로 등장하는 걸작 테니스 게임. 오리지널 캐릭터를 제작·육성하거나 미니게임을 즐기는 등의 파고들기용 컨텐츠도 다수 내장돼 있다.

야루도라 포터블 : 블러드 더 라스트 뱀파이어

●소니컴퓨터엔터테인먼트 ●AVG ●2006년 1월 26일 ●4,800엔
●플레이 명수 : 1인 ●세이브 용량 : 832KB 이상

PS2로 발매된 동일 타이틀의 이식작으로서, PSP판은 원작의 상·하권 내용을 통합 수록했다. 기괴한 흡혈생물 '익수'를 집요하게 쫓는, 검을 쥔 소녀 '사야'를 둘러싼 스토리가 펼쳐진다.

CERO B 주의(呪医) : Dr. 토마 죠타로

●타이토 ●AVG ●2006년 2월 2일 ●4,800엔
●플레이 명수 : 1인 ●세이브 용량 : 128KB 이상

비주얼 노벨 스타일의 호러 어드벤처 게임. 플레이어는 '토마 죠타로'가 되어, 영적인 흔적을 찾는 능력 '다이브 모드'를 구사하여 원령이 일으킨 사건의 진상을 추적한다.

CERO A 그라디우스 포터블

●코나미 ●STG ●2006년 2월 9일 ●4,980엔
●플레이 명수 : 1인 ●세이브 용량 : 128KB 이상

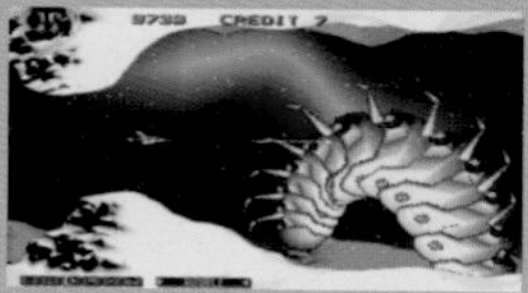

「그라디우스」 1~4편과 「그라디우스 외전」을 합본 수록한 고전게임 모음집. 아케이드판 원작과 동일한 4 : 3 화면 모드와, PSP에 최적화해 좌우로 확대한 'PSP 풀스크린 모드'를 탑재했다.

CERO B 심즈 2 : Dr.도미니크의 음모

●일렉트로닉 아츠 ●AVG ●2006년 2월 9일 ●4,800엔
●플레이 명수 : 1인 ●세이브 용량 : 672KB 이상

드라이브하던 도중 갑자기 차량이 고장 나 어느 시골마을에서 생활하게 된 주인공은, 어느새 다양한 사건에 말려들고 만다. 주민들과 교류하며, 마을을 둘러싸고 있는 음모를 저지하자.

CERO A 삼국지 Ⅶ

●코에이 ●SLG ●2006년 2월 9일 ●4,800엔
●플레이 명수 : 1인 ●세이브 용량 : 1280KB 이상

삼국시대 중국의 통일을 노리는 정통 시뮬레이션 게임의 제7탄. 원작은 PC판이다. 전작까지는 군주 입장에서 플레이했지만, 이번엔 500명 이상의 장수 중 누구로든 플레이 가능해졌다.

CERO A 중원의 패자 : 삼국장성전

●남코 ●SLG ●2006년 2월 9일 ●4,800엔
●플레이 명수 : 1인 ●세이브 용량 : 672KB 이상

패미컴용으로 발매되었던 역사 시뮬레이션 게임의 리메이크작. 삼국시대의 군주가 되어 대륙 통일을 노린다. 지시를 실행하는 휘하 무장들이 전략의 핵심이다. 등장하는 무장은 약 400명.

CERO A 타이거 우즈 PGA TOUR 06

●일렉트로닉 아츠 ●SPT ●2006년 2월 16일 ●4,800엔
●플레이 명수 : 1~4인 ●세이브 용량 : 288KB 이상

명 선수 '타이거 우즈'의 이름을 사용한 PGA TOUR 공인 골프 게임의 2006년판으로서, PSP용으로는 2번째 작품이다. 샷의 강도를 보여주는 스윙 미터가 새로 추가되었다.

CERO A 이니셜 D : STREET STAGE

●세가 ●RCG ●2006년 2월 23일 ●4,800엔
●플레이 명수 : 1인(2인) ●세이브 용량 : 512KB 이상

같은 제목의 인기 만화가 원작인 레이싱 게임으로서, 아케이드판 「이니셜 D : ARCADE STAGE Ver.3」 기반의 이식작이다. PSP판은 신규 코스 및 신규 캐릭터를 추가했다.

CERO A 오오에도 돈궤짝

●타이토 ●ETC ●2006년 2월 23일 ●4,800엔
●플레이 명수 : 1인 ●세이브 용량 : 320KB 이상

도쿄의 옛 이름인 오오에도의 정취가 가득한 테마파크를 무대로 삼은 버라이어티 미니게임 모음집. 15종류 이상의 게임이 제공되며, 혼자서든 애드혹 대전으로든 즐길 수 있다.

CERO B THE CON : Gamble Fight

●어테인 ●ACT ●2006년 2월 23일 ●4,800엔
●플레이 명수 : 1~2인 ●세이브 용량 : 704KB 이상

지하에서 벌어지는 돈내기 대전 시합을 묘사한 격투 액션 게임. D랭크부터 시작해, 대회 출전권이 주어지는 S랭크까지 올라가보자. 자신의 얼굴 사진을 불러와 캐릭터를 만들 수도 있다.

CERO A 근육맨 머슬제네레이션즈

●반다이 ●SPT ●2006년 2월 23일 ●4,800엔
●플레이 명수 : 1인 ●세이브 용량 : 256KB 이상

PS2용 게임 「근육맨 제네레이션즈」의 컨텐츠에 '켄다맨'과 '스크류 키드'를 추가해, 총 51명의 캐릭터를 사용 가능해졌다. 원작의 조작성과 밸런스를 조정한 리메이크판이다.

각종 아이콘 · Best판 출시 · PS Vita와 호환됨 · UMD Passport 지원

CERO A 그립시프트

●UBISOFT ●RCG ●2006년 2월 23일 ●4,800엔
●플레이 명수 : 1인 ●세이브 용량 : 320KB 이상

공중에 설치된 입체적인 코스 상에서 경주하는 레이싱 게임. 아이템을 사용해 파워 업한 후 화려하게 점프해 보자. 축구·볼링 등의 미니게임도 수록돼 있다.

CERO B 환상수호전 I & II

●코나미 ●RPG ●2006년 2월 23일 ●5,229엔
●플레이 명수 : 1인 ●세이브 용량 : 736KB 이상

VITA 호환

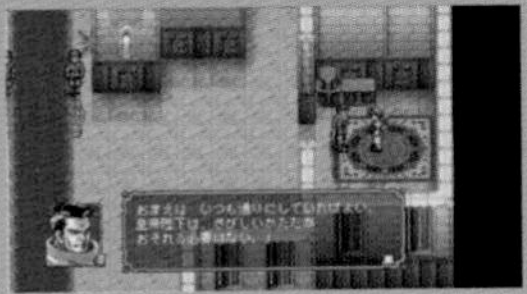

108명에 달하는 등장인물들이 펼치는 인간 드라마를 그린 명작 RPG 1·2편의 합본 컬렉션. 그래픽을 리뉴얼했으며, '사운드'·'무비'·'이벤트'를 다시 감상할 수 있는 기능도 추가했다.

CERO A 실록 공처가 일기 : 핍박에 시달리는 남편의 부조리 체험 어드벤처

●AQ 인터랙티브 ●AVG ●2006년 2월 23일 ●4,800엔
●플레이 명수 : 1인 ●세이브 용량 : 400KB 이상

일본의 인기 블로그 '실록 공처가 일기'가 원작인 어드벤처 게임. 가벼운 스토리의 총 66화를 수록했다. 수집한 메달로 본격 파치슬로를 즐기거나, 자신의 일기를 만드는 모드도 있다.

CERO A SIMPLE 2500 시리즈 포터블!! Vol.2 : THE 테니스

●D3 퍼블리셔 ●SPT ●2006년 2월 23일 ●2,500엔
●플레이 명수 : 1인 (애드혹 모드시 : 최대 4인) ●세이브 용량 : 928KB 이상

VITA 호환 UMD Passport

간단한 조작으로 테크니컬한 플레이를 즐기는 테니스 게임. 미니게임으로 서브·리시브·스매시 등을 연습할 수 있어, 테니스 초보자라도 쉽게 즐길 수 있도록 한 작품이다.

CERO A 도라슬롯 : 오키슬롯 왕! 파이오니어 12

●도라스 ●SLG ●2006년 2월 23일 ●4,000엔
●플레이 명수 : 1인 ●세이브 용량 : 197KB 이상

'오키슬롯'이란 통칭으로 유명한 파이오니어사의 '하나하나'·'시오사이' 등 12가지 기종을 수록한 실기 파치슬로 시뮬레이터. 타이밍 맞추기·리플레이 넘기기 등의 연습도 가능하다.

CERO B 남코 뮤지엄 Vol.2

●남코 ●ETC ●2006년 2월 23일 ●3,800엔
●플레이 명수 : 1~4인 ●세이브 용량 : 550KB 이상

VITA 호환

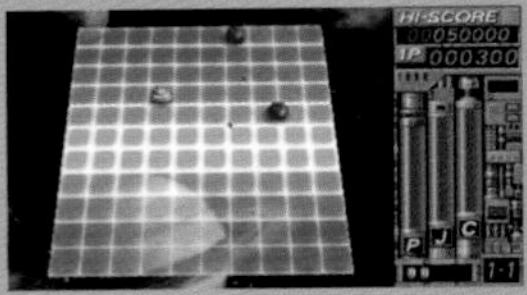

「제비우스」·「매피」·「드루아가의 탑」·「보스코니안」 등, 남코 불후의 명작들을 수록했다. 「모토스」와 「팩맨」은 오리지널 버전과 함께 어레인지 버전도 수록했다.

CERO A 프란틱스 : 반짝반짝 퍼즐 대모험

●UBISOFT ●AVG ●2006년 2월 23일 ●4,800엔
●플레이 명수 : 1인 ●세이브 용량 : 288KB 이상

제한시간 내에 젬을 모아 가며, 웅덩이나 몬스터 등의 다양한 함정이 설치된 스테이지를 클리어해 가는 퍼즐형 게임. 180종 이상의 스테이지가 준비되어 있다.

CERO B 마이히메 : 폭렬! 후우카 고교 격투사?!

●선라이즈 인터랙티브 ●ACT ●2006년 2월 23일 ●5,800엔
●플레이 명수 : 1~2인 ●세이브 용량 : 512KB 이상

인기 애니메이션 '마이히메'의 3D 대전격투 게임. 필살기 발동 장면에서 애니메이션 동영상이 나오는 연출이 있다. 애니메이션의 명장면을 소재로 삼은 미니게임 모음집도 수록했다.

CERO A 모바일 트레인 시뮬레이터 : 게이세이·도에이 아사쿠사·케이큐선

●온가쿠칸 ●SLG ●2006년 2월 23일 ●4,800엔
●플레이 명수 : 1인 ●세이브 용량 : 256KB 이상

전철 운전 시뮬레이션 게임으로서, PS2용 게임의 이식작. 게이세이선·도에이 아사쿠사선·케이큐선 중 원하는 노선을 운전할 수 있다. 게임 화면은 실사영상으로 리얼하게 표현했다.

CERO A 몬스터 킹덤 : 주얼 서머너

●소니컴퓨터엔터테인먼트 ●RPG ●2006년 2월 23일 ●4,800엔
●플레이 명수 : 1인 (애드혹 모드시 : 2인) ●세이브 용량 : 512KB 이상

VITA 호환 UMD Passport

적을 물리쳐 입수하는 마테리얼을 '주얼'로 만들어 자신의 아군으로 삼아, 주얼 몬스터와 싸우는 RPG. 주얼을 융합하여 연성시킴으로써 몬스터를 강화하는 시스템이 게임의 핵심이다.

CERO 등급 아이콘 A B C D Z 심사예정

컨텐츠 명시 아이콘 연애 선정성 폭력성 공포 음주·흡연 사행성 범죄 약물 언어·기타

아이실드 21 : 포터블 에디션

●코나미 ●SPT ●2006년 3월 2일 ●4,980엔
●플레이 명수 : 1인 ●세이브 용량 : 384KB 이상

애니메이션화도 된 인기 미식축구 만화를 게임화했다. 데이몬 데빌배츠 팀의 감독 겸 선수가 되어 선수들을 단련시키자. 미니게임식 특훈과, 원작을 재현한 시합도 플레이할 수 있다.

발키리 프로파일 레나스

●스퀘어 에닉스 ●RPG ●2006년 3월 2일 ●4,800엔
●플레이 명수 : 1인 ●세이브 용량 : 352KB 이상

PS1으로 발매되었던 시리즈 첫 작품을 이식했다. 발키리가 되어, 불사자를 정화시키고 인간의 혼을 구원하는 것이 목적인 RPG. PSP판은 원작에 없었던 동영상을 다수 추가했다.

더비 타임 2006

●소니컴퓨터엔터테인먼트 ●SLG ●2006년 3월 2일 ●4,800엔
●플레이 명수 : 1인 (2~9인) ●세이브 용량 : 608KB 이상

전설의 마주 '헤이세이 경마왕'의 딸이 주목하는 남자가 되어 경주마 육성에 도전하는 시뮬레이션 게임. 어린 말부터 키우며, 주는 먹이에 따라 말의 체질 등이 변화하는 시스템도 있다.

다이토기켄 공식 파치슬로 시뮬레이터 : 으라차! 번장 포터블

●다이토기켄 ●SLG ●2006년 3월 2일 ●4,200엔
●플레이 명수 : 1인 ●세이브 용량 : 750KB 이상

다이토기켄 사의 인기 기종을 재현한 파치슬로 실기 시뮬레이터. 데이터 분석·오토 플레이 등 공략을 돕는 기능이 가득하다. 본체를 세로로 잡고 패널을 보면서 플레이할 수도 있다.

체이스 캅 : 대추적

●스파이크 ●RCG ●2006년 3월 2일 ●4,800엔
●플레이 명수 : 1인 ●세이브 용량 : 256KB 이상

도주중인 흉악한 갱 차량을 추격하는 카 체이스 액션 게임. 도주 차량을 플레이어가 직접 냅다 들이받거나, 아예 차체 위로 뛰어올라 지붕에서 총격전을 벌이는 등, 통쾌한 연출이 특징이다.

블레이드 댄서 : 천년의 약속

●소니컴퓨터엔터테인먼트 ●RPG ●2006년 3월 2일 ●4,800엔
●플레이 명수 : 1인 (애드혹 모드시 : 최대 4인) ●세이브 용량 : 224KB 이상

천년의 저주가 걸려있는 소녀를 구하려는 검사 '셰인'의 모험을 그린 RPG. 전투는 실시간 형태로 진행되며, 적도 아군도 공통적으로 지닌 '루나 파워'라는 힘의 공방이 핵심이다.

록맨 록맨

●캡콤 ●ACT ●2006년 3월 2일 ●4,800엔
●플레이 명수 : 1인 ●세이브 용량 : 512KB 이상

「록맨」 시리즈 첫 작품의 리메이크판. 원작과 비슷한 화면의 '올드 스타일'과, 2종의 신규 보스를 추가했고 보스로도 플레이 가능한 '뉴 스타일'의 2가지 타입으로 즐길 수 있다.

I.Q Mania

●소니컴퓨터엔터테인먼트 ●PZL ●2006년 3월 9일 ●3,800엔
●플레이 명수 : 1인 (2~3인) ●세이브 용량 : 640KB 이상

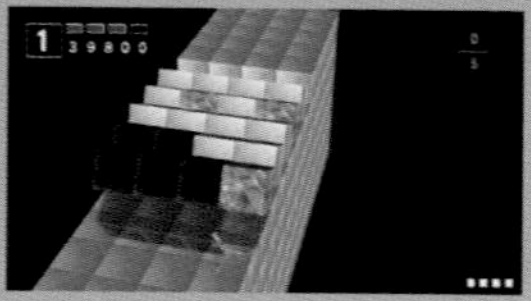

바닥을 한 칸씩 마킹해 가며, 화면 멀리서 서서히 밀려오는 큐브들을 일정 턴 내에 없애야 하는 액션 퍼즐 게임. 퍼즐 모드·서바이벌 모드를 수록했으며, 3명까지 통신대전도 즐길 수 있다.

XI 콜로세움

●소니컴퓨터엔터테인먼트 ●PZL ●2006년 3월 9일 ●3,800엔
●플레이 명수 : 1인 (2~5인) ●세이브 용량 : 640KB 이상

필드 위의 주사위를 굴려, 주사위 눈을 규칙에 따라 맞추면 없어지는 액션 퍼즐 게임. 5인 대전 모드인 'WARS', 정해진 턴 내로 클리어해야 하는 'PUZZLE' 모드 등을 준비했다.

사쿠라대전 1&2

●세가 ●AVG ●2006년 3월 9일 ●4,800엔
●플레이 명수 : 1인 ●세이브 용량 : 1560KB 이상

세가새턴으로 발매되었던 시리즈 1·2편의 커플링 이식작. '타이쇼 시대'의 제도(帝都)를 무대로 펼쳐지는, 제국화격단과 거대한 악 간의 싸움을 그린 드라마틱 어드벤처 게임이다.

각종 아이콘: Best판 출시 / PS Vita와 호환됨 / UMD Passport 지원

CERO A WRC : FIA 월드 랠리 챔피언십

●스파이크 ●RCG ●2006년 3월 9일 ●4,800엔
●플레이 명수 : 1인 ●세이브 용량 : 320KB 이상

세계적인 랠리 경기를 재현한 WRC 공인 레이싱 게임. 2005년도 데이터 기반으로 수록한 차종을 몰고, 시간과 날씨가 변화하는 총 16라운드의 코스를 주파하여 우승을 노려보자.

CERO A 두근두근 메모리얼 : forever with you

●코나미 ●SLG ●2006년 3월 9일 ●4,980엔
●플레이 명수 : 1인 ●세이브 용량 : 288KB 이상

시리즈 10주년 돌파를 기념하여, PS1판 원작을 완전 이식한 복각판. 3년간의 고교 생활을 통해 자신을 성장시키며 히로인과 좋은 관계를 구축해, 졸업할 때 그녀의 고백을 받는 것이 목표다.

CERO A 비즈니스 체험 시리즈 : 기업도

●코쿠요 ●AVG ●2006년 3월 9일 ●4,800엔
●플레이 명수 : 1인 ●세이브 용량 : 600KB 이상

월급쟁이 생활을 집어치운 '오다기리 신고'가 회사를 독립하여 창업하기까지의 과정을 그려낸 어드벤처 게임. 용어해설, 확인 테스트 등을 통해 비즈니스 관련 지식을 익힐 수 있다.

CERO A 봄버맨 : 폭풍전대 봄버매~앤

●소니컴퓨터엔터테인먼트 ●ACT ●2006년 3월 9일 ●3,800엔
●플레이 명수 : 1인(애드혹 : 2~5인) ●세이브 용량 : 672KB 이상

인기 액션 게임 「봄버맨」을 대담하게 개변 이식한 작품. 원작을 재현한 '클래식 모드'는 물론이고, 원작과 차별화돼 있는 '폭풍전대 모드'까지 두 가지 모드를 즐길 수 있다.

CERO A 레밍스

●소니컴퓨터엔터테인먼트 ●PZL ●2006년 3월 9일 ●3,800엔
●플레이 명수 : 1인 ●세이브 용량 : 288KB 이상

명작 「레밍스」의 이식작. 레밍들에게 지시를 내려 골인 지점까지 잘 유도하자. 원작의 120스테이지와, 새로 제작한 36스테이지를 수록하였다. 스테이지 에디트도 가능하다.

CERO A SIMPLE 2500 시리즈 포터블!! Vol.4 : THE 우뇌 단련

●D3 퍼블리셔 ●ETC ●2006년 3월 16일 ●2,500엔
●플레이 명수 : 1인 ●세이브 용량 : 128KB 이상

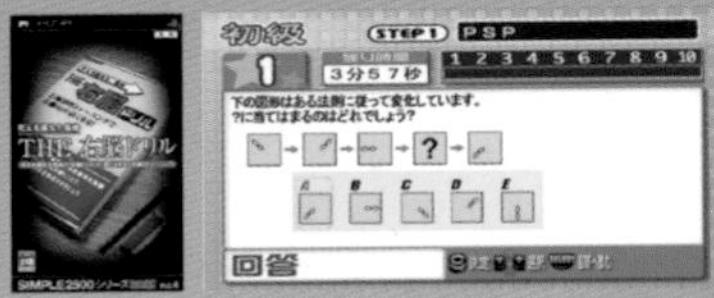

지각·감성·직감 등을 관장한다고 알려져 있는 우뇌를 활성화시켜주는 트레이닝용 미니게임 등을 다수 수록한 타이틀. 게임을 즐기면서 우뇌를 단련해보자.

CERO B 언톨드 레전드 : 우나타카의 용검

●코나미 ●ARPG ●2006년 3월 23일 ●4,980엔
●플레이 명수 : 1인(4인) ●세이브 용량 : 128KB 이상

무기와 마법으로 싸우는 판타지 액션 RPG. 능력이 차별화된 4가지 타입의 캐릭터를 선택할 수 있다. 무기·방어구·특수능력을 커스터마이즈하여 오리지널 캐릭터를 육성해보자.

CERO A 울트라 퍼즐버블 포켓

●타이토 ●PZL ●2006년 3월 23일 ●4,800엔
●플레이 명수 : 1인(2인) ●세이브 용량 : 256KB 이상

발사대에서 거품을 쏘아 올려, 같은 색의 거품끼리 붙여 터뜨리는 퍼즐 게임. 싱글 모드와 대전 모드 양쪽에 각 8종류씩의 세부 모드가 있어, 다채로운 플레이를 즐길 수 있다.

CERO A 크림스튜도 보면서 이것저것 주절주절 말은 합니다만… 개그 유망주 L사이즈(혼자서 얼마든지)

●허드슨 ●ETC ●2006년 3월 23일 ●2,800엔
●플레이 명수 : 1인 ●세이브 용량 : 256KB 이상

당시 일본의 유망주 개그맨 콤비 13개 팀이 선보인 오리지널 만담·콩트 동영상을 총계 90분 이상 수록한 타이틀. 인기 콤비 '크림스튜'가 각 개그를 직접 품평해주기도 한다.

CERO A 상하이

●석세스 ●PZL ●2006년 3월 23일 ●3,800엔
●플레이 명수 : 1인(2인) ●세이브 용량 : 288KB 이상

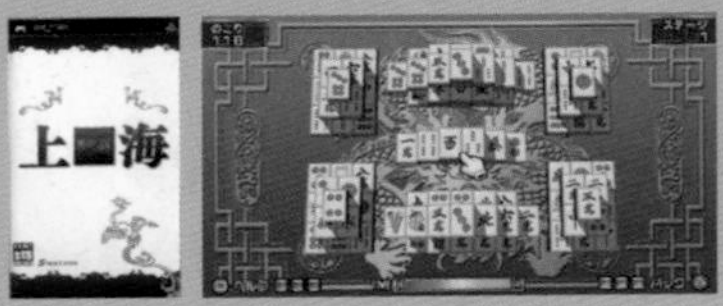

친숙한 모양의 마작패를 쌓아놓고 하나씩 빼내가는 '상하이'는 물론, '그레이트 월'·'두번 꺾어 빼기'·'베이징' 등 10종류의 다채로운 모드를 준비했다. 무선 통신으로 2인 대전도 가능하다.

진 삼국무쌍 2nd Evolution

CERO B

●코에이 ●ACT ●2006년 3월 23일 ●5,280엔
●플레이 명수 : 1~4인 ●세이브 용량 : 640KB 이상

PSP판 「진 삼국무쌍」의 속편. 총 300명 이상의 부장이 등장하며, 누구를 부장으로 삼느냐로 플레이어의 능력이 변화한다. 배틀로얄 형식의 전투 모드는 4가지 규칙이 준비돼 있다.

대항해시대 Ⅳ : ROTA NOVA

CERO A

●코에이 ●SLG ●2006년 3월 23일 ●4,800엔
●플레이 명수 : 1인 ●세이브 용량 : 320KB 이상

16세기의 유럽을 누비며, 해양탐험을 통해 보물 '패자의 증표'를 찾는 시뮬레이션 RPG. PSP판에서는 새로운 지도가 추가되었고, 레이스·무역 등 통신을 활용하는 시스템을 추가했다.

노부나가의 야망 : 열풍전 with 파워업 키트

CERO A

●코에이 ●SLG ●2006년 3월 23일 ●4,800엔
●플레이 명수 : 1인 ●세이브 용량 : 992KB 이상

인기 전국시대 게임 시리즈의 제8탄. 샌드박스식 내정 시스템은 유지했고, '진형'·'위신' 등의 신규 요소를 추가했다. 파워업 키트가 내장되어, 10종의 시나리오를 즐길 수 있다.

뷰티풀 죠 : 배틀 카니발

CERO A

●캡콤 ●ACT ●2006년 3월 23일 ●4,800엔
●플레이 명수 : 1인(애드혹 모드시 : 2~4인) ●세이브 용량 : 300KB 이상

게임큐브 등으로 발매되었고 애니메이션으로도 방영되었던 배틀 액션 게임 「뷰티풀 죠」를 개변 이식했다. 애드혹 모드로 최대 4인까지의 대전 플레이도 즐길 수 있다.

실전 파치슬로 필승법! : 알라딘 2 에볼루션 포터블

CERO A

●세가 ●SLG ●2006년 3월 30일 ●3,800엔
●플레이 명수 : 1인 ●세이브 용량 : 896KB 이상

1단 체리를 성립시키면 보너스 방출의 계기가 되었던 기종을 재현한 실기 시뮬레이터. 낙타 성립 시에도 찬스가 있다는데!? 초고확률 모드로 연속 찬스를 맛보는 재미도 있는 타이틀.

SIMPLE 2500 시리즈 포터블!! Vol.6 : THE 탱크

CERO A

●D3 퍼블리셔 ●SLG ●2006년 3월 30일 ●2,500엔
●플레이 명수 : 1인(애드혹 모드시 : 최대 4인) ●세이브 용량 : 128KB 이상

어떤 지형이든 용맹하게 돌파하는 탱크의 거동은 물론, 포탑 및 탄도 발사시의 느낌까지 훌륭하게 재현한 시뮬레이터 작품. 애드혹 모드를 사용하는 4인 동시 플레이가 치열하다.

전차로 GO! 포켓 : 오사카 순환선 편

CERO A

●타이토 ●SLG ●2006년 3월 30일 ●3,800엔
●플레이 명수 : 1인(2인) ●세이브 용량 : 672KB 이상

PSP용 제3탄의 소재는 오사카 순환선. 「전차로 GO! FINAL」에서 호평 받았던 모드·시스템을 답습했고, 통신 기능으로 야마노테선 편·츄오선 편 유저와도 '명함'을 교환 가능하다.

NARUTO -나루토- 나루티밋 포터블 : 무환성의 권

CERO A

●반다이 ●ACT ●2006년 3월 30일 ●4,800엔
●플레이 명수 : 1~2인 ●세이브 용량 : 352KB 이상

와이드스크린 덕에 박력이 넘치는 대전 액션 게임. 인기 만화의 게임판으로서, 복잡한 구조의 '무환성'을 무대로 삼아 휴대용 게임기의 상식을 뛰어넘는 치열한 배틀을 펼친다.

여신의 웃음보

CERO A

●어테인 ●SLG ●2006년 3월 30일 ●3,800엔
●플레이 명수 : 1인 ●세이브 용량 : 360KB 이상

무명 개그맨 콤비 '카라테 스파이더'의 만죽 담당이 되어 대중 앞에 개그를 펼치는 가운데, 미니게임 형식으로 타이밍에 맞춰 만죽을 걸어 폭소를 유도해내는 것이 목적인 게임이다.

실황 파워풀 프로야구 포터블

CERO A

●코나미디지털엔터테인먼트 ●SPT ●2006년 4월 1일 ●3,800엔
●플레이 명수 : 1인 ●세이브 용량 : 1300KB 이상

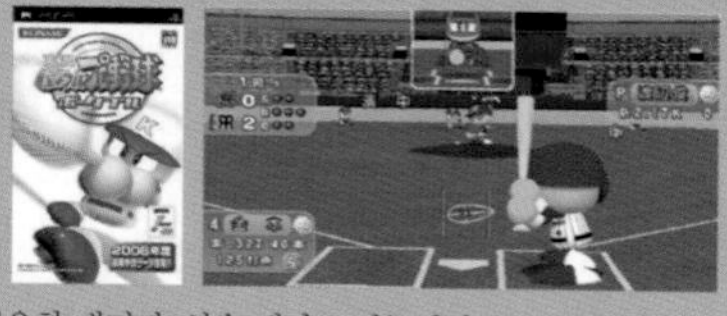

PSP 최초의 '파워프로' 작품. 2006년 개막시의 예상 데이터를 수록했으며, 페넌트·홈런 경쟁 등의 친숙한 모드도 있다. 애드혹 통신을 이용한 대전과, 선수 제작도 가능하다.

CERO A 교향시편 유레카 세븐

●반다이남코게임즈 ●AVG ●2006년 4월 6일 ●4,800엔
●플레이 명수 : 1인 ●세이브 용량 : 304KB 이상

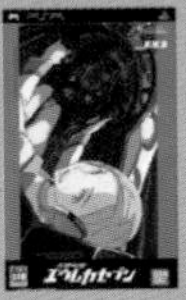

애니메이션 '교향시편 유레카 세븐'의 주인공 '렌턴'이 되어, 멤버들이 있는 월광호 내에서의 공동생활을 즐기거나 모험에 휘말리며, 니르바슈를 조작하여 로봇 배틀을 즐겨보자.

CERO A SIMPLE 2500 시리즈 포터블!! Vol.5 : THE 블록깨기 퀘스트 - Dragon Kingdom

●D3 퍼블리셔 ●ACT ●2006년 4월 6일 ●2,500엔
●플레이 명수 : 1인 ●세이브 용량 : 672KB 이상

블록깨기 게임과 RPG를 융합시킨 액션 게임. 스테이지를 공략하면서 체력과 공격력 등을 올려, 강력한 보스를 물리쳐야 한다. PSP 본체를 세로로 잡고 플레이하는 작품이다.

CERO B 스타워즈 배틀프론트 II

●일렉트로닉 아츠 ●STG ●2006년 4월 6일 ●4,800엔
●플레이 명수 : 1~2인 ●세이브 용량 : 100KB 이상

PS2로 발매된 액션 슈팅 게임 「스타워즈 배틀프론트」의 속편. 이 작품부터 플레이어 캐릭터로 제다이와 시스를 사용할 수 있게 되었다.

CERO A 본격 4인대국 프로마작 : 마작왕 포터블

●타이토 ●TBL ●2006년 4월 13일 ●4,800엔
●플레이 명수 : 1인 (2~4인) ●세이브 용량 : 416KB 이상

4개 단체에 소속된 프로 마작사 14명이 실명으로 등장하는 4인 대국 마작 게임. 프리 대국, 프로 마작사 프로필 열람, 오리지널 룰로 대국할 수 있는 '프로의 응접실' 모드가 있다.

CERO A 드래곤볼 Z 진무도회

●반다이남코게임즈 ●ACT ●2006년 4월 20일 ●4,800엔
●플레이 명수 : 1인 (1~2인) ●세이브 용량 : 256KB 이상

극장판 애니메이션 '드래곤볼 Z 부활의 퓨전!! 손오공과 베지터!'를 모티브로 삼은 대전 격투 게임. 원작 영화의 화풍처럼 캐릭터가 부드러운 모션으로 움직이는 상쾌한 타이틀이다.

CERO 教育·データベース 모두의 지도

●젠린 ●MAP ●2006년 4월 20일 ●3,800엔
●플레이 명수 : 1인 ●세이브 용량 : 1376KB 이상

젠린 사와 소니 스타일이 공동으로 기획·개발한 지도 소프트. 2005년 8월 시점의 일본 전국 지도정보를 8단계 축척으로 보여준다. 가이드 정보는 소니 스타일에서 별도로 판매했다.

CERO A 이노센트 라이프 : 신 목장이야기

●마벨러스 인터랙티브 ●RPG ●2006년 4월 27일 ●4,800엔
●플레이 명수 : 1인 ●세이브 용량 : 512KB 이상

「목장이야기」 시리즈의 파생작으로서, 창조 생명체 '이노센트 라이프'가 주인공인 새로운 목장 경영 RPG다. 섬의 멸망을 회피하기 위해, 유적에서 생명을 기른다는 스토리다.

CERO A 카즈오

●소니컴퓨터엔터테인먼트 ●PZL ●2006년 4월 27일 ●2,667엔
●플레이 명수 : 1인 (애드혹 모드시 : 최대 4인) ●세이브 용량 : 704KB 이상

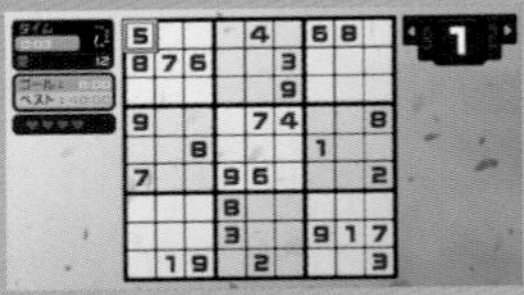

가로·세로 어느 라인으로든 같은 숫자가 2개 위치하지 않도록 모든 3×3칸 내를 1~9 숫자 하나씩으로 전부 채우는, 이른바 '스도쿠'계 퍼즐 게임. 4명까지의 통신 대전도 가능하다.

CERO A THE DOG HAPPY LIFE : 행복한 강아지 생활 제1탄

●유크스 ●SLG ●2006년 4월 27일 ●2,800엔
●플레이 명수 : 1~2인 ●세이브 용량 : 512KB 이상

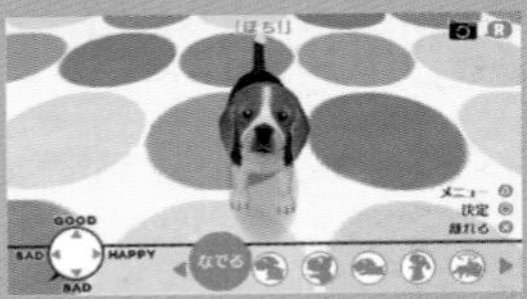

귀여운 강아지와 함께 생활하는 게임. 16종류의 견종 중에서 함께 지낼 개를 고른 뒤, 방의 인테리어를 바꾸거나 애완동물 용품을 구비하며 강아지를 벗 삼아 생활을 시작해보자.

CERO B 신세기 에반게리온 2 : 창조된 세계 another cases

●반다이남코게임즈 ●SLG ●2006년 4월 27일 ●4,800엔
●플레이 명수 : 1인 ●세이브 용량 : 1152KB 이상

'신세기 에반게리온'이 원작인 시뮬레이션 게임. 이식 기반은 PS2판이지만, 맵·시나리오 등을 추가하여 대폭 진화시켰다. 등장인물과 하나가 되어 '에바'의 세계를 만끽하자.

SIMPLE 2500 시리즈 포터블!! Vol.3 : THE 어디서나 추리 IT 탐정 - 68가지 사건수첩

CERO A

●D3 퍼블리셔 ●AVG ●2006년 4월 27일 ●2,500엔
●플레이 명수 : 1인 ●세이브 용량 : 64KB 이상

PS2로 발매되었던 어드벤처 게임 「~THE 추리」의 PSP판. 다양한 사건의 비밀을 추리로 밝혀내자. 이전 3개 작품의 모든 시나리오에 신작 10화까지 추가해, 총 68화를 수록했다.

마이히메 : 선렬! 진 후우카 고교 격투사!!

CERO B

●선라이즈 인터랙티브 ●ACT ●2006년 4월 27일 ●5,800엔
●플레이 명수 : 1~2인 ●세이브 용량 : 572KB 이상

애니메이션 '마이히메' 관련의 3D 대전격투 게임 제2탄. 전작과 연동시키면 모든 '히메'가 모이게 된다. 게임 시스템도 진화됐으며, '배틀로얄 모드'를 새로 추가시켰다.

거리 : 운명의 교차점 특별편

CERO D

●세가 ●AVG ●2006년 4월 27일 ●4,800엔
●플레이 명수 : 1인 ●세이브 용량 : 350KB 이상

시부야가 무대인 사운드 노벨. 시부야 거리 내에서 같은 날 벌어지는 주인공 8명의 이야기가 병렬로 펼쳐진다. 어느 주인공의 평범한 행동이 다른 주인공의 이야기에 영향을 미치게 된다.

연옥 이(弐) : The Stairway to H.E.A.V.E.N

CERO B

●허드슨 ●RPG ●2006년 4월 27일 ●4,800엔
●플레이 명수 : 1인 ●세이브 용량 : 416KB 이상

거대한 탑에 유폐된 인간형 병기 '아담' 중 하나가 되어, 자신의 정체를 알아내기 위해 적을 물리치며 최상층으로 향하는 액션 게임의 제2탄. 이번엔 장비에 '속성' 시스템이 추가됐다.

007 위기일발

CERO C

●일렉트로닉 아츠 ●ACT ●2006년 5월 11일 ●4,800엔
●플레이 명수 : 1인(2~6인) ●세이브 용량 : 192KB 이상

숀 코너리 주연의 스파이 영화를 게임화했다. 제임스 본드가 되어 임무를 수행하자. 총격과 격투는 물론이고, 스파이라면 으레 연상될 만한 스텔스 액션도 즐길 수 있다.

이디스 메모리즈 : 신천마계 GOC V

CERO A

●아이디어 팩토리 ●SRPG ●2006년 5월 25일 ●4,800엔
●플레이 명수 : 1인 ●세이브 용량 : 624KB 이상

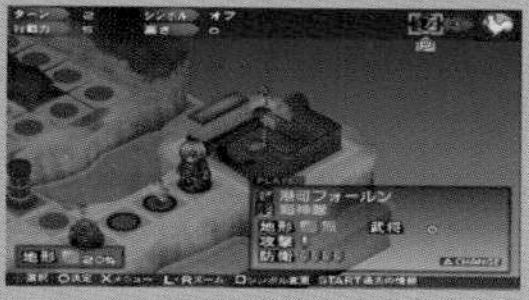

PS2용 게임의 이식판. 2005년 발매되었던 「신천마계」의 속편으로서, 신천지 이디스 섬을 무대로 지상·지하·천공 3종의 세계에서 각각 전개되는 완전히 다른 스토리를 즐긴다.

카마이타치의 밤 2 : 감옥섬의 동요 특별편

CERO D

●세가 ●AVG ●2006년 5월 25일 ●4,800엔
●플레이 명수 : 1인 ●세이브 용량 : 450KB 이상

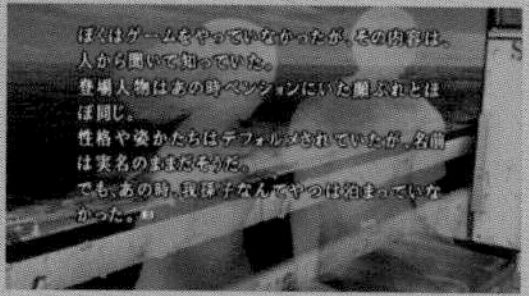

PS2로 발매되었던 사운드 노벨의 이식작. 서스펜스 감각보다 호러 감각을 더욱 중시한 시나리오의 비중이 높아졌지만, 묘사 자체는 PS2판에 비해 수위를 마일드하게 낮췄다.

토호쿠대학교 미래과학기술공동연구센터 카와시마 류타 교수 감수 : 뇌력 트레이너 포터블 2

CERO A

●세가 ●ETC ●2006년 5월 25일 ●2,800엔
●플레이 명수 : 1인 ●세이브 용량 : 224KB 이상

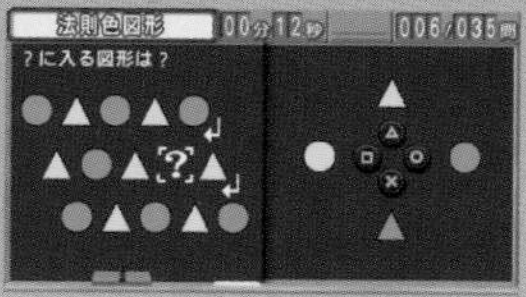

뇌력 단련 소프트 제2탄. 뇌연령 체크가 추가됐으며, 트레이닝 내용도 더욱 충실해졌다. '챌린지 모드'에선 세계 각국에서 문제에 도전해, 우수한 성적으로 '뇌벨상' 수상을 노린다.

토크맨 : 유럽 언어판

CERO A

●소니컴퓨터엔터테인먼트 ●ETC ●2006년 5월 25일 ●5,800엔
●플레이 명수 : 1~2인 ●세이브 용량 : 384KB 이상

「토크맨」(53p)의 유럽 언어 버전. 영국식 영어, 이탈리아어, 스페인어, 독일어, 프랑스어, 일본어까지 총 6개국어를 지원하며, 자신의 발음도 확인해볼 수 있다.

드래곤 퀘스트 & 파이널 판타지 in 포춘 스트리트 포터블

CERO A

●스퀘어 에닉스 ●TBL ●2006년 5월 25일 ●4,800엔
●플레이 명수 : 1~4인 ●세이브 용량 : 600KB 이상

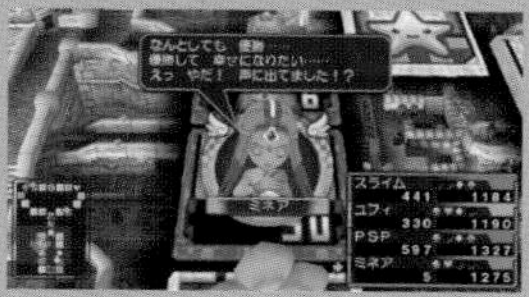

일본을 대표하는 2대 RPG가, 인기 보드 게임 시리즈의 신작으로 전격 크로스오버한다. 통신 대전은 물론, 기기를 넘겨주는 방식으로 본체 1대로도 4명까지 대전을 즐길 수 있다.

각종 아이콘 | Best Best판 출시 | VITA 호환 PS Vita와 호환됨 | UMD Passport UMD Passport 지원

CERO B 마그나카르타 포터블

●반프레스토 ●RPG ●2006년 5월 25일 ●4,800엔
●플레이 명수 : 1인 ●세이브 용량 : 320KB 이상

한국의 게임 개발사인 소프트맥스 사와 공동 개발한 판타지 RPG로서, PS2용 게임의 이식작. '인간'과 '아숀'이라는 두 종족이 사는 대륙을 무대로 전개되는, 사랑과 증오의 스토리다.

CERO A 2006 FIFA 월드컵 독일

●일렉트로닉 아츠 ●SPT ●2006년 6월 1일 ●4,800엔
●플레이 명수 : 1인(1~4인) ●세이브 용량 : 288KB 이상

2006년 개최되었던 독일 월드컵의 전모를 즐길 수 있는 소프트. 127개국의 선수 약 3,000명이 모두 실명으로 등장하며, 초보자라도 최고의 골인 장면을 연출할 수 있다.

CERO A 기타루 맨 Lives!

●코에이 ●ACT ●2006년 6월 8일 ●4,800엔
●플레이 명수 : 1~2인 ●세이브 용량 : 128KB 이상

평범하기 이를 데 없던 남자 초등학생이 '기타루'라는 악기형 무기로 싸우는 음악 액션 게임. PS2용 게임의 이식작이며, PSP판은 협력 플레이와 주크박스 기능이 추가되었다.

CERO A 다이토기켄 공식 파치슬로 시뮬레이터 : 요시무네 포터블

●다이토기켄 ●SLG ●2006년 6월 8일 ●4,200엔
●플레이 명수 : 1인 ●세이브 용량 : 368KB 이상

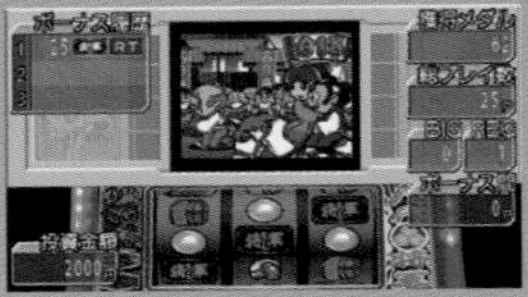

독자적인 특전을 탑재한 제조사 공식 파치슬로 실기 시뮬레이터. 데이터 분석과 슬럼프 그래프 등 실기 공략을 도와주는 기능은 물론, 오리지널 어드벤처 게임까지도 수록했다.

CERO A 어디서나 함께 : 렛츠 학교!

●소니컴퓨터엔터테인먼트 ●ETC ●2006년 6월 15일 ●4,800엔
●플레이 명수 : 1인 ●세이브 용량 : 704KB 이상

'토로' 등 다섯 학생의 담임이 되어, 졸업까지 1년간 다양한 단어를 가르치며 수업·동아리 활동·교내행사 등을 함께 즐겨보자. 코스튬을 갈아입혀 끝말잇기 배틀을 즐길 수도 있다.

CERO A 나는 항공관제사 : 에어포트 히어로 나리타

●일렉트로닉 아츠 ●PZL ●2006년 6월 15일 ●4,800엔
●플레이 명수 : 1인 ●세이브 용량 : 352KB 이상

공항의 관제사가 되어 비행기의 이착륙 허가와 기체 유도 등을 사고 없이 진행하는 것이 목적인 항공 퍼즐 게임. 나리타공항은 2개의 활주로와 지상 택시 이동의 활용이 중요하다.

CERO A MYST

●세가 ●AVG ●2006년 6월 15일 ●3,800엔
●플레이 명수 : 1인 ●세이브 용량 : 128KB 이상

'MYST'라고 적힌 책 안으로 빨려 들어가 버린 주인공이, CG로 묘사된 세계를 탐색하며 다양한 비밀을 풀어간다. PSP판은 새로 제작된 세계 하나가 추가되었다.

CERO A 돌려돌려!! 코롱

●사이버프론트 ●PZL ●2006년 6월 22일 ●3,800엔
●플레이 명수 : 1~2인 ●세이브 용량 : 128KB 이상

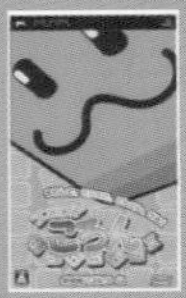

「코롱」(45p)의 업그레이드판. 필드 범위를 넓혀 화면을 보기가 쉬워졌으며, 통신대전 시스템을 추가했다. 적이 너무 강했던 CPU 배틀의 난이도도 조정해, 더욱 즐기기 쉬워졌다.

CERO A 소니컴퓨터사이언스연구소 모기 켄이치로 박사 감수 : 뇌에 쾌감을, '아하' 체험!

●세가 ●ETC ●2006년 6월 22일 ●2,800엔
●플레이 명수 : 1인 ●세이브 용량 : 192KB 이상

그림이 틀린 부분을 찾는 '아하 체인지', 서서히 그림이 변화하는 부분을 맞히는 '아하 무비' 등, 주로 그림을 보며 푸는 식으로 두뇌의 순발력을 단련하는 게임 모음집이다.

CERO A 리사와 함께 대륙횡단 : A열차로 가자

●아이디어 팩토리 ●SLG ●2006년 6월 22일 ●4,800엔
●플레이 명수 : 1인 ●세이브 용량 : 384KB 이상

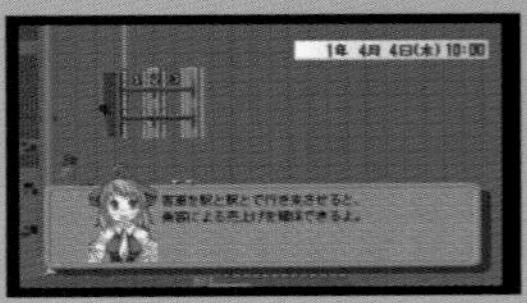

철도왕인 아버지의 유지를 이어받아 대륙횡단철도를 완성시켜야 하는 철도경영 시뮬레이션 게임. 비서 '리사'의 조언을 바탕으로, 주변 도시 발전 등의 목표를 달성해가게 된다.

구루민

CERO A

●니혼팔콤 ●ARPG ●2006년 6월 29일 ●4,800엔
●플레이 명수 : 1인 ●세이브 용량 : 400KB 이상

전설의 드릴을 무기로 삼아, 나쁜 도깨비에게 잡혀간 동료들을 구출하는 액션 RPG. 다양한 장치가 가득한 던전을, 드릴을 활용하는 호쾌한 액션으로 돌파한다.

파인더 러브 : 쿠도 리사 - 퍼스트 샷은 그대와.

CERO B

●캡콤 ●AVG ●2006년 6월 29일 ●4,800엔
●플레이 명수 : 1인 ●세이브 용량 : 672KB 이상

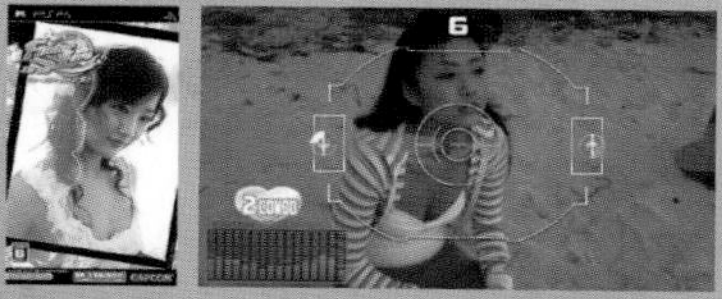

카메라맨이 되어, 실존 그라비아 아이돌과 대화로 친해지며 최적의 타이밍에 베스트 샷을 찍는 게 목적인 어드벤처 게임. 실사영상을 사용했으며, 사진은 동영상 재생 도중에 촬영한다.

파인더 러브 : 하라 후미나 - 둘이 둘이서….

CERO B

●캡콤 ●AVG ●2006년 6월 29일 ●4,800엔
●플레이 명수 : 1인 ●세이브 용량 : 800KB 이상

카메라맨이 되어, 실존 그라비아 아이돌과 대화하면서 최적의 타이밍에 베스트 샷을 촬영하는 것이 목적인 어드벤처 게임. 플레이 도중 미니게임이 시작되기도 한다.

파인더 러브 : 호시노 아키 - 남국 트러블 랑데부

CERO B

●캡콤 ●AVG ●2006년 6월 29일 ●4,800엔
●플레이 명수 : 1인 ●세이브 용량 : 832KB 이상

카메라맨이 되어, 실존 그라비아 아이돌과 대화하면서 최적의 타이밍에 베스트 샷을 촬영하는 것이 목적인 어드벤처 게임. 풀보이스 구성이며, 멀티 시나리오로 전개된다.

나의 여름방학 포터블 : 벌레벌레 박사와 꼭대기산의 비밀!!

CERO A

●소니컴퓨터엔터테인먼트 ●AVG ●2006년 6월 29일 ●4,800엔
●플레이 명수 : 1인 ●세이브 용량 : 352KB 이상

시골 친척집에 묵게 된 '나'가 되어, 여름방학 1개월간 곤충채집·동굴탐험 등을 체험하며 시간을 보내는 어드벤처 게임. PSP판은 벌레 종류가 늘어났으며, 신규 이벤트도 추가되었다.

카

CERO A

●THQ 재팬 ●RCG ●2006년 7월 6일 ●4,800엔
●플레이 명수 : 1~2인 ●세이브 용량 : 576KB 이상

같은 제목의 픽사 애니메이션이 원작인 레이싱 게임. 코스 상의 다양한 부스터와 지름길을 활용하여 승리를 노려보자. 스토리 모드에서는 각 캐릭터의 신규 에피소드를 즐길 수 있다.

철권 다크 리저렉션

CERO B

●반다이남코게임즈 ●ACT ●2006년 7월 6일 ●4,800엔
●플레이 명수 : 1인 (애드혹 모드시 : 2인) ●세이브 용량 : 244KB 이상

아케이드판 「철권 5 다크 리저렉션」을 기반으로 하여, '철권 도장'·'철권 볼링' 등의 오리지널 모드를 추가한 대전격투 게임. 파이트머니를 벌어 캐릭터를 커스터마이즈할 수 있다.

NANA : 모든 것은 대마왕의 의도!?

CERO A

●코나미디지털엔터테인먼트 ●TBL ●2006년 7월 6일 ●4,980엔
●플레이 명수 : 1~4인 ●세이브 용량 : 420KB 이상

인기 만화 'NANA'의 캐릭터들이 등장하는 보드 게임. 원작의 에피소드를 모티브로 삼은 스테이지에서, 다양한 이벤트를 거치며 멤버들과의 교류를 거듭해간다.

브레이브 스토리 : 새로운 여행자

CERO A

●소니컴퓨터엔터테인먼트 ●RPG ●2006년 7월 6일 ●4,800엔
●플레이 명수 : 1인 ●세이브 용량 : 256KB 이상

미야베 미유키의 소설이 원작인, 오리지널 스토리의 RPG. 필살기를 몇 번이고 사용할 수 있는 '브레이브 파워' 덕에 상쾌한 전투가 가능하다. 원작의 캐릭터도 조력자로 등장한다.

레인 원더 트립

CERO A

●반다이남코게임즈 ●ETC ●2006년 7월 6일 ●5,800엔
●플레이 명수 : 1인 ●세이브 용량 : 128KB 이상

한국의 인기 가수, 비(Rain)를 테마로 삼은 버라이어티 게임. 가상의 방송국을 무대로, 다양한 프로를 거쳐 비와 함께 시간을 보내자. 신규 영상도 다수 수록했다.

HARDWARE 2004 2005 2006 2007 2008 2009 2010 2011 2012 2013 2014 2015 2016 INDEX

CERO A 퀴즈 기동전사 건담 : 문(問)·전사 DX

●반다이남코게임즈 ●QIZ ●2006년 7월 13일 ●4,800엔
●플레이 명수 : 1~2인 ●세이브 용량 : 384KB 이상

'기동전사 건담' 시리즈에 관한 문제가 출제되는 퀴즈 게임. PSP판은 명장면·명대사 관련 퀴즈가 강화되었고, 수록된 퀴즈·데모·무비도 라이브러리 형태로 감상할 수 있다.

CERO A 쥬쿠곤

●세가 ●PZL ●2006년 7월 13일 ●1,886엔
●플레이 명수 : 1인 ●세이브 용량 : -

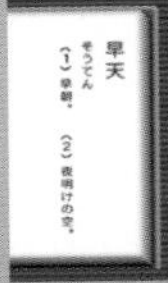
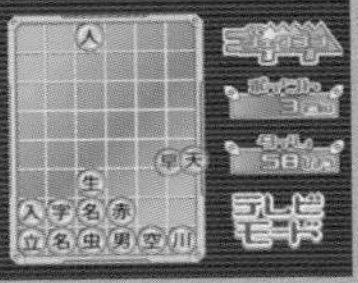

일본의 TV프로 '미야케식 일본어 집중학습'에 등장했던 한자 게임을 소프트화했다. 필드 상에 한자 블을 떨어뜨려 숙어를 만들면 사라진다. 만들어본 숙어는 사전 데이터에서 확인 가능하다.

CERO A 천외마경 : 제4의 묵시록

●허드슨 ●RPG ●2006년 7월 13일 ●4,800엔
●플레이 명수 : 1인 ●세이브 용량 : 704KB 이상

97년 발매되었던 세가새턴용 RPG 「천외마경 : 제4의 묵시록」에 뉴욕 편 시나리오를 새로 추가한 타이틀. 애니메이션 동영상과 장엄한 BGM도 원작대로 충실하게 잘 재현했다.

CERO A 로코로코

●소니컴퓨터엔터테인먼트 ●ACT ●2006년 7월 13일 ●4,800엔
●플레이 명수 : 1인 (애드혹 모드시 : 최대 2인) ●세이브 용량 : 160KB 이상

Best VITA 호환 UMD Passport

둥글둥글한 생물 '로코로코'를, 필드 역할인 행성 자체를 기울여 굴리면서 골까지 유도하는 액션 게임. 로코로코는 성장하거나 분열하는 등, 진행할수록 성질이 크게 바뀐다.

CERO A 울트라맨 : 파이팅 에볼루션 제로

●반프레스토 ●ACT ●2006년 7월 20일 ●4,800엔
●플레이 명수 : 1~2인 ●세이브 용량 : 544KB 이상

'울트라맨' 시리즈의 캐릭터들을 조작해 싸우는 배틀 액션 게임. TV 드라마 '울트라맨 메비우스'의 프리퀄에 해당하며, 같은 해 일본에서 개봉되었던 극장판 영화와 스토리가 연동된다.

CERO A 킹스 필드 어디셔널 Ⅰ

●프롬 소프트웨어 ●RPG ●2006년 7월 20일 ●3,800엔
●플레이 명수 : 1인 ●세이브 용량 : 672KB 이상

VITA 호환

PS1판 「킹스 필드」 1~3편, 즉 이른바 '버다이트 3부작'의 속편에 해당하는 스토리를 그린 던전 탐색형 RPG. 전투 시스템은 실시간 커맨드 선택식으로 변경되었다.

CERO A BLEACH 히트 더 소울 3

●소니컴퓨터엔터테인먼트 ●ACT ●2006년 7월 20일 ●4,800엔
●플레이 명수 : 1~2인 ●세이브 용량 : 832KB 이상

Best

같은 제목 대전격투 게임의 제3탄. 등장 캐릭터가 33명으로 늘어났고, 신규 시스템 'GROUP BATTLE'과 원작을 충실하게 재현한 'MISSION BATTLE'을 탑재했다.

CERO A 포터블 아일랜드 : 손바닥 위의 리조트

●반다이남코게임즈 ●SLG ●2006년 7월 20일 ●4,800엔
●플레이 명수 : 1인 ●세이브 용량 : 768KB 이상

3D로 그려진 남국의 섬을 자유롭게 돌아다니며 낚시를 즐기거나 사진을 찍는 등으로, 리조트를 유사 체험하는 휴식용 애플리케이션. 실제 시간과 연동되므로, 섬의 밤풍경도 묘사된다.

CERO A 봄버맨 포터블

●허드슨 ●ACT ●2006년 7월 20일 ●4,800엔
●플레이 명수 : 1인 ●세이브 용량 : 384KB 이상

VITA 호환

허드슨의 인기 액션 게임이 PSP로 등장했다. 총 100스테이지를 클리어하는 '노멀 게임', 패미컴판을 3D로 재현한 '클래식 게임', 대전 모드인 '배틀 게임'까지 3가지 모드가 있다.

CERO A 더비 스탤리언 P

●엔터브레인 ●SLG ●2006년 7월 27일 ●5,200엔
●플레이 명수 : 1인 ●세이브 용량 : 512KB 이상

정통 경마 시뮬레이션 게임의 신작으로서, PS2판 「더비 스탤리언 04」 기반의 작품이다. 경주마의 생산·조교·출주 사이클을 반복하면서 JRA의 모든 GI 레이스 제패를 노려보자.

CERO A 전차로 GO! 포켓 : 도카이도선 편

●타이토 ●SLG ●2006년 7월 27일 ●3,800엔
●플레이 명수 : 1인 ●세이브 용량 : 640KB 이상

'언제든 어디서든 전철 기관사!' 시리즈 제4탄은 교토-오사카-고베 구간을 '도카이도선 편'으로 수록했다. 호평 받은, 다른 시리즈 작품 유저와의 '명함 교환'도 물론 가능하다.

CERO A SD건담 G제네레이션 포터블

●반다이남코게임즈 ●SLG ●2006년 8월 3일 ●4,800엔
●플레이 명수 : 1인 ●세이브 용량 : 416KB 이상

'건담' 시리즈의 다양한 전장을 SD 캐릭터로 재현한 시뮬레이션 게임. 시리즈 역대 최다에 해당하는 1,100 유닛과 750명 이상의 캐릭터가 등장한다.

CERO A 에브리 엑스텐드 엑스트라

●반다이남코게임즈 ●STG ●2006년 8월 3일 ●4,800엔
●플레이 명수 : 1인(1~2인) ●세이브 용량 : 448KB 이상

자신의 기체를 적절한 위치에서 일부러 자폭시키고 적을 끌어들여 연쇄 폭발로 유도하는 액션 게임. '빛과 소리의 탄막 드라이브'라는 선전문구처럼 상쾌하고 화려한 화면 연출이 특징이다.

CERO A 카니지 하트 포터블

●겐키 ●SLG ●2006년 8월 3일 ●4,800엔
●플레이 명수 : 1인 ●세이브 용량 : 1184KB 이상

'오버킬 엔진'이라 불리는 로봇을 하드웨어·소프트웨어 양면으로 직접 설계해 대전시키는 배틀 시뮬레이션 게임. 데이터를 업로드하는 형식으로 진행하는 통신대전이 매력이다.

CERO A 극마계촌

●캡콤 ●ACT ●2006년 8월 3일 ●4,980엔
●플레이 명수 : 1인 ●세이브 용량 : 400KB 이상

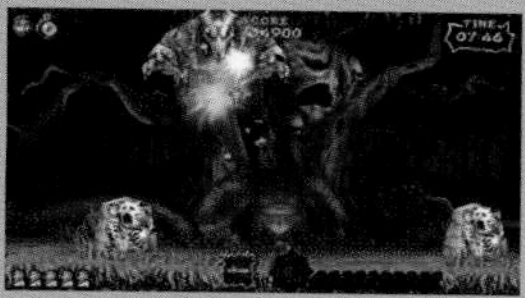

「마계촌」·「대마계촌」·「초마계촌」에서 이어지는 시리즈 제4탄. 특유의 극악한 난이도는 PSP에서도 여전하다. 마른오징어처럼 오래 씹을수록 깊은 맛이 우러나는 게임의 대표작.

CERO A FIFA 스트리트 2

●일렉트로닉 아츠 ●SPT ●2006년 8월 3일 ●4,800엔
●플레이 명수 : 1인(2~6인) ●세이브 용량 : 430KB 이상

프리스타일 시스템을 도입한 축구 게임. 호나우지뉴·지단 등 당시의 유명 축구선수들이 실명으로 등장하며, 누구라도 손쉽게 판타지스타가 된 듯한 기분을 맛볼 수 있다.

CERO A 실전 파치슬로 필승법! 포터블 : 북두의 권 SE

●세가 ●SLG ●2006년 8월 10일 ●4,200엔
●플레이 명수 : 1인 ●세이브 용량 : 832KB 이상

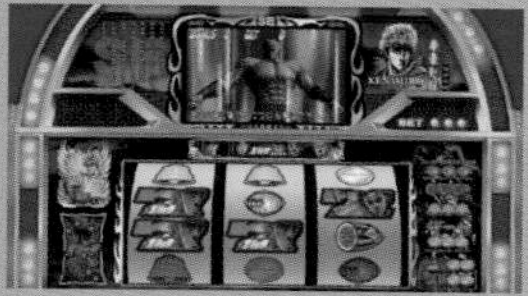

당시 일대 붐을 일으켰던 인기 파치슬로 기종 '북두의 권'의 속편을 재현한 실기 시뮬레이터. 중단 체리 성립을 투입 계기로 삼아 보너스로 연결시켜가는 과정이 치열하다!

CERO A 스도쿠 & 네모네모 로직

●석세스 ●PZL ●2006년 8월 10일 ●2,800엔
●플레이 명수 : 1인 ●세이브 용량 : 112KB 이상

5단계 난이도의 스도쿠 문제가 1,000종, 5가지 사이즈의 네모네모 로직 문제가 1,000종으로서, 총합 2,000문제를 수록한 작품. 하루에 하나씩 문제를 풀면 오늘의 운세도 알려준다.

CERO A 야마사 Digi 포터블 : 축제의 달인 - 윈짱의 여름 축제

●야마사 엔터테인먼트 ●SLG ●2006년 8월 10일 ●3,800엔
●플레이 명수 : 1인 ●세이브 용량 : 896KB 이상

야마사 사의 파치슬로 기기 '축제의 달인'의 실기 시뮬레이터. 시뮬레이션 모드와 실천 모드 외에, 액정화면 연출을 자유롭게 열람할 수 있는 뮤지엄 모드가 있다.

CERO A 위닝 포스트 6 2006

●코에이 ●SLG ●2006년 8월 24일 ●4,800엔
●플레이 명수 : 1인 ●세이브 용량 : 2432KB 이상

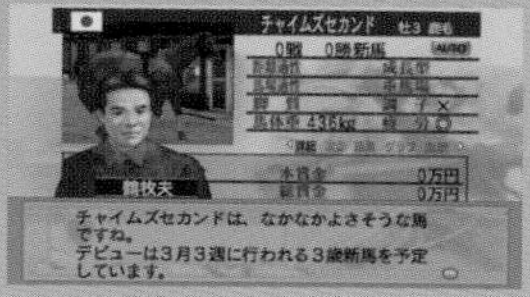

2006년도 데이터로 교체된 「위닝 포스트 6」. 씨수말·번식암말의 최신 데이터를 적용하여, 현실의 경마를 방불케 하는 전개를 즐길 수 있다. 명마 '딥 임팩트'도 등장한다.

길티기어 저지먼트

●아크시스템웍스 ●ACT ●2006년 8월 24일 ●4,800엔
●플레이 명수 : 1인(2인) ●세이브 용량 : 256KB 이상

「길티기어」의 캐릭터를 조작해, 계속 나타나는 적들을 연속으로 물리치는 횡스크롤 액션 게임. 대전격투 액션 게임 「길티기어 이그젝스 슬래시」도 통째로 수록되어 있다.

킹스 필드 어디셔널 II

●프롬 소프트웨어 ●RPG ●2006년 8월 24일 ●3,800엔
●플레이 명수 : 1인 ●세이브 용량 : 672KB 이상

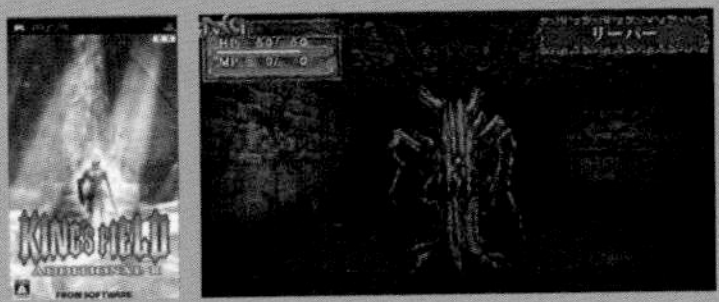

「킹스 필드 어디셔널 I」의 10년 후 세계를 그린 던전 탐색형 RPG. 전작의 클리어 데이터가 저장되어 있으면 등장인물 및 이벤트가 변화되는 '데이터 계승 시스템'을 탑재했다.

시치다식 트레이닝 : 우뇌단련 우노탄 포터블

●인터채널 ●ETC ●2006년 8월 24일 ●4,800엔
●플레이 명수 : 1인(2~4인) ●세이브 용량 : 128KB 이상

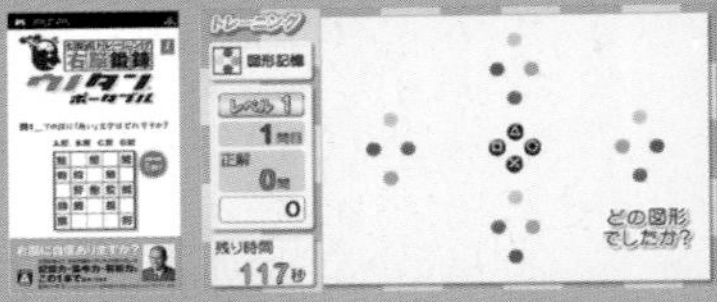

기억력·집중력·판단력 등을 관장하는 인간의 우뇌를 집중 활용하는 미니게임을 다수 수록한 타이틀. 시간 내에 많은 화면정보를 기억해 설문에 대답하는 등, 제법 깊이가 있다.

SIMPLE 2500 시리즈 포터블!! Vol.7 : THE 어디서나 한자 퀴즈 - 챌린지! 한자검정 2006

●D3 퍼블리셔 ●QIZ ●2006년 8월 24일 ●2,500엔
●플레이 명수 : 1인(1~2인) ●세이브 용량 : 128KB 이상

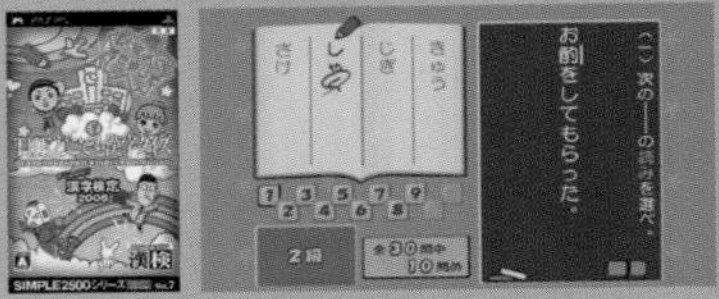

PSP를 휴대하며 언제 어디서든 한자 퀴즈를 즐기자! 일본의 한자 검정시험 10급~2급에 맞춘 내용으로서, 수록 문제 수가 2만 종에 이른다. 통신 기능을 이용한 대전 플레이도 치열한 타이틀.

타마런

●소니컴퓨터엔터테인먼트 ●PZL ●2006년 8월 24일 ●3,800엔
●플레이 명수 : 1인(애드혹 모드시 : 최대 2인) ●세이브 용량 : 672KB 이상

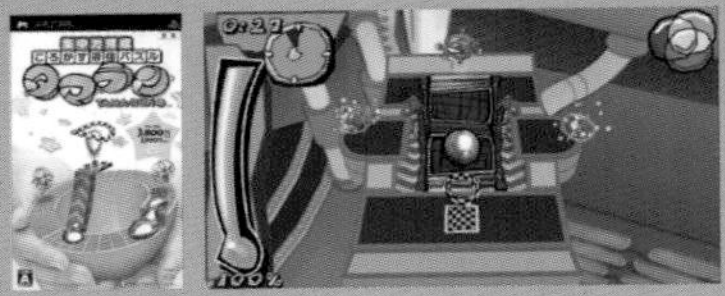

스테이지 전체를 기울여가며 수은 형태의 액체를 움직여 골 지점까지 유도하는 액션 퍼즐 게임. 분열시키거나 색을 입히는 등, 액체이기에 가능한 조작으로 다양한 장애물을 돌파한다.

캐리비안의 해적 : 망자의 함

●D3 퍼블리셔 ●AVG ●2006년 8월 24일 ●4,800엔
●플레이 명수 : 1~2인 ●세이브 용량 : 256KB 이상

같은 제목의 영화를 소재로 삼은 액션 어드벤처 게임. 플레이어는 '잭 스패로우'가 되어, 해적 특유의 액션으로 적과 싸우며 카리브 해를 누빈다. 대전 플레이도 즐길 수 있다.

MotoGP

●반다이남코게임즈 ●RCG ●2006년 8월 24일 ●4,800엔
●플레이 명수 : 1인 ●세이브 용량 : 320KB 이상

2005년도 시즌의 MotoGP 클래스를 재현한 바이크 레이싱 게임. 해당 클래스에 당시 참가했던 라이더 32명을 수록하였으며, 인기가 많은 8개 코스 중에서 선택할 수 있다.

발할라 나이츠

●마벨러스 인터랙티브 ●RPG ●2006년 8월 31일 ●4,800엔
●플레이 명수 : 1~2인 ●세이브 용량 : 352KB 이상

판타지 세계를 무대로 삼은 액션 RPG. 다양한 종족이 서식하는 세계에서 눈을 뜬 주인공이 잃어버린 기억을 찾아 모험하는 도중, 이 세계에 숨겨진 진실을 점차 알게 된다.

타이코 입지전 IV

●코에이 ●SRPG ●2006년 8월 31일 ●4,800엔
●플레이 명수 : 1인 ●세이브 용량 : 736KB 이상

도요토미 히데요시의 입신출세기를 그린 시리즈의 제4탄. 카드 개념을 도입해, 행동·이벤트도 모두 카드 형태로 표현되어 진행된다. 히데요시 이외의 무장으로도 플레이할 수 있다.

버블 보블 매지컬타워 대작전!!

●마벨러스 인터랙티브 ●PZL ●2006년 8월 31일 ●4,800엔
●플레이 명수 : 1인(1~4인) ●세이브 용량 : 288KB 이상

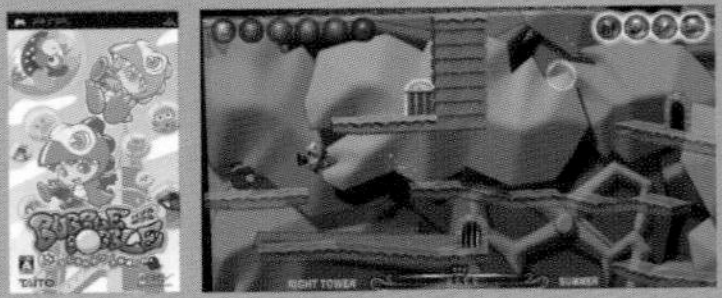

인기 액션 게임 시리즈의 신작. 거품을 발사하며 이동해, 다양한 함정이 가득한 탑에서 탈출해야 한다. 중력·기류 등의 요소에 영향을 받는 거품의 움직임을 읽는 것이 중요하다.

CERO D 마이애미 바이스 : 더 게임

● 비벤디 유니버설 게임즈 ● STG ● 2006년 8월 31일 ● 4,800엔
● 플레이 명수 : 1~2인 ● 세이브 용량 : 64KB 이상

미국의 형사물 드라마 '마이애미 바이스'를 액션 슈팅 게임화했다. 주인공은 잠입 수사관이 되어, 사우스 비치의 암흑가에서 암약하는 거대 범죄조직 박멸에 도전한다.

CERO A 캡콤 클래식스 컬렉션

● 캡콤 ● ETC ● 2006년 9월 7일 ● 4,800엔
● 플레이 명수 : 1인 ● 세이브 용량 : 384KB 이상

「스트리트 파이터 Ⅱ」 시리즈를 비롯하여 「마계촌」 시리즈, 「1942」 시리즈, 「전장의 이리」 시리즈 등, 캡콤을 대표하는 고전 타이틀 총 19종을 수록하였다.

CERO A 생각하는 EXIT

● 타이토 ● PZL ● 2006년 9월 7일 ● 4,800엔
● 플레이 명수 : 1인 ● 세이브 용량 : 288KB 이상

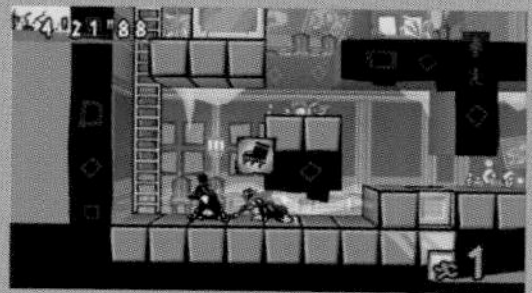

주인공 'Mr.ESC'를 조작해 건물 내에서 탈출하는 사고형 액션 게임 「EXIT」(54p)의 속편. 이번 작품에서는 동행 캐릭터의 종류 및 각종 장치가 추가되었으며, 조작성도 개선됐다.

CERO A 태고의 달인 포~터블 2

● 반다이남코게임즈 ● ACT ● 2006년 9월 7일 ● 4,800엔
● 플레이 명수 : 1인(1~4인) ● 세이브 용량 : 420KB 이상

버튼만으로 즐기는 리듬 액션 게임. '이야기 모드'가 추가되었으며, 면과 테두리를 구분하지 않아 손쉽게 칠 수 있는 '동코' 모드가 있는 등 초보자에게도 친절한 게임이 되었다.

CERO A 테일즈 오브 판타지아 : 풀보이스 에디션

● 반다이남코게임즈 ● RPG ● 2006년 9월 7일 ● 4,800엔
● 플레이 명수 : 1인 ● 세이브 용량 : 320KB 이상

PS1판을 기반으로 삼고 GBA판의 추가요소를 일부 첨가하였으며, 메인 시나리오를 풀보이스화한 이식판. 자잘한 변경점이 있지만, 기본적으로는 원작을 충실하게 재현했다.

CERO A 파일럿이 되자! 플라잉 올스타즈

● 마벨러스 인터랙티브 ● SLG ● 2006년 9월 7일 ● 4,800엔
● 플레이 명수 : 1인(2~8인) ● 세이브 용량 : 128KB 이상

민간기·군용기 각 기체별로 파일럿 훈련을 받고, 이후부터는 기체별로 제공되는 미션을 수행하는 플라이트 게임. 자유롭게 하늘을 누빌 수 있는 '프리 모드'도 있다.

CERO B BLOOD+ 파이널 피스

● 소니컴퓨터엔터테인먼트 ● AVG ● 2006년 9월 7일 ● 4,800엔
● 플레이 명수 : 1인 ● 세이브 용량 : 480KB 이상

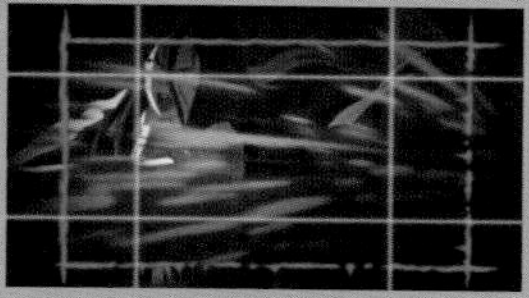

일본에서 TV 애니메이션으로 방영했던 'BLOOD+' 전편을 풀 애니메이션 어드벤처 게임화했다. 애니메이션화되지 않은 오리지널 스토리 4편과 신규 애니메이션이 수록돼 있다.

CERO B 모에가쿠@포터블

● 아이디어 팩토리 ● ETC ● 2006년 9월 14일 ● 4,800엔
● 플레이 명수 : 1인 ● 세이브 용량 : 352KB 이상

연애 어드벤처 게임 스타일의 영어 학습 소프트. '츠키시마 모에'가 마법소녀로 변신해 적과 영어 승부를 펼치기까지의 50일간을 그렸으며, 독특한 예문과 함께 영어를 배울 수 있다.

CERO A 유희왕 듀얼몬스터즈 GX 태그 포스

● 코나미디지털엔터테인먼트 ● TBL ● 2006년 9월 14일 ● 4,980엔
● 플레이 명수 : 1인 ● 세이브 용량 : 300KB 이상

인기 TV 애니메이션의 뜨거운 듀얼을 재현한 카드 배틀 게임. 애니메이션의 캐릭터를 파트너로 삼아, 듀얼리스트의 혼이 담긴 드로우와 주력 몬스터 소환 등을 3D 그래픽으로 펼친다.

CERO A 릿지 레이서즈 2

● 반다이남코게임즈 ● RCG ● 2006년 9월 14일 ● 4,800엔
● 플레이 명수 : 1인(1~8인) ● 세이브 용량 : 360KB 이상

이번 작품에선 시리즈 최다량인 42개 코스를 비롯하여 '아케이드'·'듀얼'·'서바이벌' 3종의 신규 모드, 62개 차종에 달하는 머신은 물론 스페셜 머신까지 추가했다.

각종 아이콘 : Best Best판 출시 · VITA 호환 PS Vita와 호환됨 · UMD Passport UMD Passport 지원

바운티 하운즈

CERO B

●반다이남코게임즈 ●ACT ●2006년 9월 21일 ●4,800엔
●플레이 명수 : 1~2인 ●세이브 용량 : 352KB 이상

우주에서 싸우는 용병이 되어, 다가오는 무수한 에일리언들을 다채로운 무기와 액션으로 섬멸해가는 액션 게임. 장비할 수 있는 무기는 방어구를 포함해 500종류 이상이나 된다.

블로커스 클럽 포터블 with 범피 트롯

CERO A

●아이렘 소프트웨어 엔지니어링 ●TBL ●2006년 9월 21일 ●2,800엔
●플레이 명수 : 1인(1~4인) ●세이브 용량 : 128KB 이상

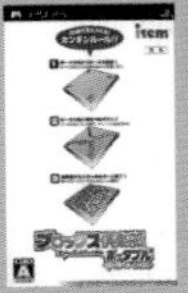
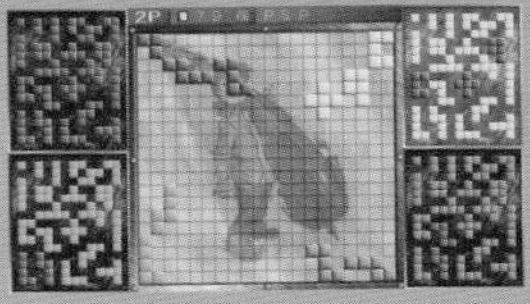

자사의 게임 「액션 로망 범피 트롯」의 캐릭터들로, 인기 보드 게임 '블로커스'를 플레이한다. 여러 모양의 조각들을 보드에 돌아가며 배치해 자기 땅을 넓혀가는 땅따먹기게 게임이다.

메탈기어 솔리드 방드 데시네

CERO B

●코나미디지털엔터테인먼트 ●ETC ●2006년 9월 21일 ●2,800엔
●플레이 명수 : 1인 ●세이브 용량 : 480KB 이상

미국에서 발매되었던 코믹스판 「메탈기어 솔리드」를 디지털 코믹풍으로 영상작품화했다. 읽는 만화를 넘어서 보고 듣고 플레이하는 요소까지 융합시킨, 새로운 표현의 미디어다.

어스토니시아 스토리

CERO A

●컴파일 하트 ●RPG ●2006년 9월 28일 ●4,800엔
●플레이 명수 : 1인 ●세이브 용량 : 512KB 이상

환상의 대지 '어스토니시아'를 무대로 삼은 판타지 RPG. 게임 화면은 2D 그래픽으로 그려져 있으며, 전투 시스템은 턴제 시뮬레이션 배틀 스타일로 구성했다.

영웅전설 하늘의 궤적 FC

CERO A

●니혼팔콤 ●RPG ●2006년 9월 28일 ●4,800엔
●플레이 명수 : 1인 ●세이브 용량 : 500KB 이상

「영웅전설」 시리즈의 6번째 작품이자, 「궤적」 시리즈의 첫 작품. 유격사 '에스텔'과 '요슈아'를 중심으로 장대한 스토리가 펼쳐지는 RPG다. PSP판은 마수도감을 추가했다.

크로니클 오브 던전 메이커

CERO A

●타이토 ●ARPG ●2006년 9월 28일 ●4,800엔
●플레이 명수 : 1인 ●세이브 용량 : 224KB 이상

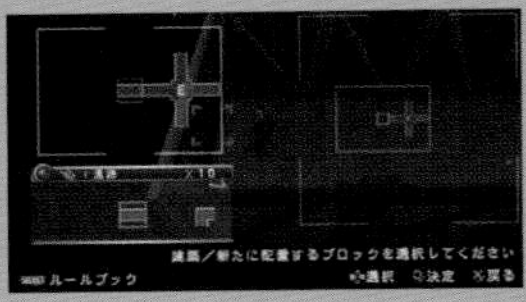

파츠를 조합하여 던전을 만든 후, 그곳에 정착해 사는 몬스터를 물리치는 액션 RPG. 마왕이 살려고 찾아올 때까지 미궁을 확장하여, 최종적으로 마왕을 물리치는 것이 목적이다.

작 삼국무쌍

CERO A

●코에이 ●TBL ●2006년 9월 28일 ●4,800엔
●플레이 명수 : 1인(애드혹 모드시 : 2인) ●세이브 용량 : 288KB 이상

「진 삼국무쌍」의 캐릭터들과 대국할 수 있는 4인 대국 마작 게임. 사기 기술이 없는 본격적인 AI 루틴을 채용했으며, 각국별 스토리와 '작제위전'이라는 토너먼트를 즐길 수 있다.

피시 아이즈 포터블

CERO A

●마벨러스 인터랙티브 ●SPT ●2006년 9월 28일 ●4,800엔
●플레이 명수 : 1인(애드혹 모드시 : 2인) ●세이브 용량 : 384KB 이상

아름다운 자연 속에서 물고기를 낚아올리는 손맛을 즐긴다는 컨셉으로서, 주로 계곡 등에서 민물고기 낚시를 즐기는 게임. 낚은 물고기는 수조에 넣어 사육할 수도 있다.

환상게임 현무개전 외전 : 거울의 무녀

CERO B

●아이디어 팩토리 ●AVG ●2006년 9월 28일 ●4,800엔
●플레이 명수 : 1인 ●세이브 용량 : 320KB 이상

'아이에프 오토메이트♪' 시리즈의 제1탄. 게임의 오리지널 주인공이 되어, 칠성사들과의 다양한 연애 드라마를 체험할 수 있다. PSP판은 주인공 이름의 변경도 가능하다.

복서즈 로드 2 : 더 리얼

CERO B

●어테인 ●SPT ●2006년 9월 28일 ●5,800엔
●플레이 명수 : 1인(2인) ●세이브 용량 : 3MB 이상

권투선수 한 명의 인생을 입문부터 은퇴까지 시뮬레이션하는 게임. 식사제한과 트레이닝을 반복하며 세계 챔피언을 노려보자. 실명 프로 권투선수도 등장한다.

CERO A 나는 항공관제사 : 에어포트 히어로 나하

●일렉트로닉 아츠 ●PZL ●2006년 9월 28일 ●4,800엔
●플레이 명수 : 1인 ●세이브 용량 : 352KB 이상

「관제사」 시리즈의 제 2탄. 테마는 오키나와의 나하 공항으로서, 활주로가 하나뿐이지만 민관겸용이라 민간 여객기 외에 육·해·공 자위대, 해상보안청, 미군의 항공기도 이착륙한다.

CERO A 건담 배틀 로얄

●반다이남코게임즈 ●ACT ●2006년 10월 5일 ●4,800엔
●플레이 명수 : 1인(2~4인) ●세이브 용량 : 864KB 이상

「건담 배틀 택틱스」의 속편에 해당하는 3D 액션 게임. 전작은 지상에서만 진행되었지만, 이번 작품의 미션은 우주도 무대가 된다. '기동전사 Z건담' 등에 등장했던 기체도 추가되었다.

CERO C 익사이팅 프로레슬링 7 : SMACKDOWN! VS. RAW 2006

●유크스 ●SPT ●2006년 10월 12일 ●4,800엔
●플레이 명수 : 1~4인 ●세이브 용량 : 896KB 이상

WWE가 공인한 프로레슬링 게임. 2006년 데이터 기준으로 'SMACKDOWN!'과 'RAW'에 참가한 실존 슈퍼스타들을 조작해, 다양한 룰로 프로레슬링을 즐기는 작품이다.

CERO C 프린세스 메이커 4 포터블

●사이버프론트 ●SLG ●2006년 10월 12일 ●4,800엔
●플레이 명수 : 1인 ●세이브 용량 : 416KB 이상

10살 때부터 8년간에 걸쳐 아르바이트·공부 등을 시키며 딸을 육성해가는 시뮬레이션 게임. 스토리 측면을 강화했으며, 원작인 PS2판에 없었던 이벤트와 엔딩이 추가되었다.

CERO B 천지의 문 2 : 무쌍전

●소니컴퓨터엔터테인먼트 ●ARPG ●2006년 10월 19일 ●4,800엔
●플레이 명수 : 1인(애드혹 모드시 : 2인) ●세이브 용량 : 576KB 이상

액션 RPG 「천지의 문」의 속편. 이번 작품은 '로우'와 '슌카' 두 명이 주인공으로서, 전투시에는 상황에 맞춰 조작 캐릭터를 체인지하면서 싸우게 된다.

CERO A 플라네타륨 크리에이터 오오히라 타카유키 감수 : 홈스타 포터블

●세가 ●ETC ●2006년 10월 19일 ●3,124엔
●플레이 명수 : 1인 ●세이브 용량 : -

실존하는 500만 개의 별 데이터를 사용하여, 일시와 장소를 지정하면 그 시점에 보이게 될 밤하늘의 별 배치를 재현해주는 소프트. 천체 해설과 플라네타륨 컨텐츠도 수록했다.

CERO B 언톨드 레전드 : 더 워리어스 코드

●UBISOFT ●ARPG ●2006년 10월 26일 ●4,980엔
●플레이 명수 : 1~4인 ●세이브 용량 : 384KB 이상

무기와 장비를 직접 제작할 수 있는 액션 RPG. 조합 가짓수는 40만 종 이상이나 된다. 또한 주인공은 '에센스 미터'가 차오르면 일정 시간 동안 강력한 수인으로 변신할 수도 있다.

CERO A 에이스 컴뱃 X : 스카이즈 오브 디셉션

●반다이남코게임즈 ●STG ●2006년 10월 26일 ●4,800엔
●플레이 명수 : 1인(2~4인) ●세이브 용량 : 256KB 이상

인기 플라이트 슈팅 게임 시리즈의 휴대용 게임기판. '스트라티직 AI 시스템'에 의해 적의 전략이 실시간으로 변화되어, 캠페인 미션의 순서 등에도 영향을 끼친다.

CERO C 시노비도 호무라

●스파이크 ●ACT ●2006년 10월 26일 ●4,800엔
●플레이 명수 : 1인 ●세이브 용량 : 128KB 이상

3D 닌자 액션 게임 「시노비도」 시리즈의 신작이자, PS2로 발매됐던 「시노비도 이마시메」에서 그려지지 않았던 또 하나의 스토리를 다뤘다. 애드혹 모드를 통한 멀티플레이도 가능하다.

CERO D SIMPLE 2500 시리즈 포터블!! Vol.8 : THE 어디서나 걸 마작

●D3 퍼블리셔 ●TBL ●2006년 10월 26일 ●2,500엔
●플레이 명수 : 1인 ●세이브 용량 : 450KB 이상

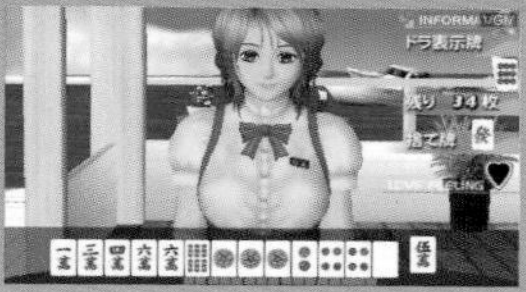

후타바 리호, 카와무라 유우, 키사라기 하루카 3명과 남국의 섬에서 마작을 즐기는 소프트. 승리하면 '비즈니스 타임'이라는 미니게임과 프로모션 비디오의 감상이 가능하다.

각종 아이콘 Best판 출시 / VITA 호환 PS Vita와 호환됨 / UMD Passport UMD Passport 지원

CERO A 스파이더맨 2

●코나미디지털엔터테인먼트 ●ACT ●2006년 10월 26일 ●4,980엔
●플레이 명수 : 1인 ●세이브 용량 : 288KB 이상

같은 제목의 영화가 원작인 액션 게임. 거미줄을 쏘아 이동이나 적 공격에 활용하는 등, '스파이더맨' 특유의 독특한 액션이 가득하다. 원작 코믹스의 캐릭터도 등장한다.

CERO B 스펙트럴 VS 제네레이션

●아이디어 팩토리 ●ACT ●2006년 10월 26일 ●4,800엔
●플레이 명수 : 1인 ●세이브 용량 : 338KB 이상

「스펙트럴 포스」 시리즈와 「제네레이션 오브 카오스」 시리즈의 캐릭터들이 한 무대에서 싸우는 대전격투 게임. 폭염각성 시스템이 추가되었으며, 필살기도 쓰기 쉬워졌다.

CERO A 헤븐즈 월

●타이토 ●ACT ●2006년 10월 26일 ●4,800엔
●플레이 명수 : 1인 ●세이브 용량 : 128KB 이상

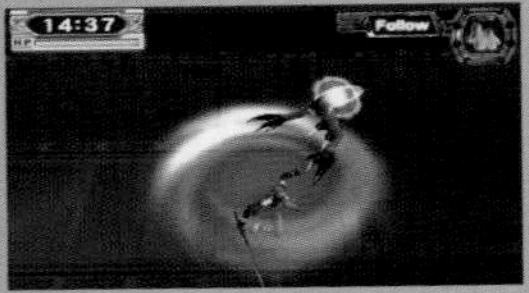

폐쇄된 공간에서 탈출해야 하는 액션 게임. 특수한 힘을 지닌 뮤턴트 'EO'를 구출하고, 그들에게서 정보를 모으거나 힘을 빌리면서 진실에 다가간다.

CERO B 불카누스 : SEEK & DESTROY

●컴파일 하트 ●STG ●2006년 11월 16일 ●4,800엔
●플레이 명수 : 1인 (애드혹 모드는 최대 4인) ●세이브 용량 : 384KB 이상

인간형 병기에 탑승하여 미션을 클리어하는 3D 액션 슈팅 게임. 플레이어가 조작하는 기체는 2대(대전 모드에서는 4대) 중에서 선택하게 된다. 기체 커스터마이즈도 가능하다.

CERO A 스도쿠 : SUDOKU

●허드슨 ●PZL ●2006년 11월 16일 ●2,800엔
●플레이 명수 : 1인 ●세이브 용량 : 416KB 이상

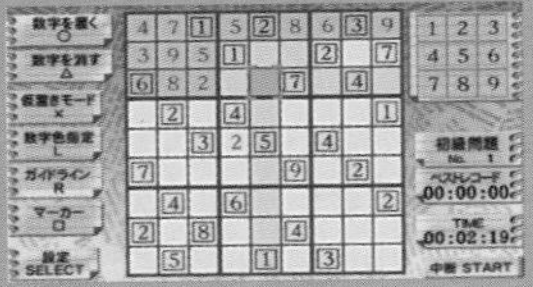

9×9, 16×16의 2가지 사이즈로 총 410문제의 스도쿠를 수록한 작품. 블록이나 숫자에 색을 입히는 가이드라인과 숫자 색깔 지정 등, 클리어를 도와주는 기능이 충실하다.

CERO A 플러스 플럼 2 again

●TAKUYO ●PZL ●2006년 11월 16일 ●5,800엔
●플레이 명수 : 1~2인 ●세이브 용량 : 128KB 이상

쌓여있는 돌의 무게로 필드의 높이가 계속 변하는 대전형 낙하계 퍼즐 게임. 같은 색 3개를 붙이면 없어지고 상대 쪽으로 돌이 옮겨가며, 상대의 천칭이 지면에 붙으면 승리하게 된다.

CERO A 잔 다르크

●소니컴퓨터엔터테인먼트 ●SRPG ●2006년 11월 22일 ●4,800엔
●플레이 명수 : 1인 ●세이브 용량 : 576KB 이상

영웅으로 칭송받았던 성녀 '잔 다르크'가 주인공인 시뮬레이션 RPG. 실제 역사가 모티브이지만, 게임화하면서 판타지 요소를 융합시켰다. 개발은 레벨 파이브 사가 담당했다.

CERO B Riviera : 약속의 땅 리비에라

●스팅 ●RPG ●2006년 11월 22일 ●4,800엔
●플레이 명수 : 1인 ●세이브 용량 : 128KB 이상

원더스완용 게임의 이식작. 그림책을 넘겨보는 듯한 감각으로 즐기는 판타지 RPG다. 음성을 풀보이스화했으며 시나리오의 볼륨도 늘렸고, 조작계를 PSP에 맞춰 재디자인하였다.

CERO A 탐관오리 만유기

●글로벌 A 엔터테인먼트 ●TBL ●2006년 11월 30일 ●4,800엔
●플레이 명수 : 1인 (2~4인) ●세이브 용량 : 320KB 이상

PS2용 게임 「탐관오리」의 스핀오프작으로서, '모노폴리' 식의 보드 게임이다. 관청에서 출발하여, 구역이나 관문을 확보하며 통행료와 악명을 벌어 1위를 따내야 한다.

CERO A 나의 던전 : Desire and adventurous Spirit.

●세가 ●RPG ●2006년 11월 30일 ●4,800엔
●플레이 명수 : 1인 ●세이브 용량 : 128KB 이상

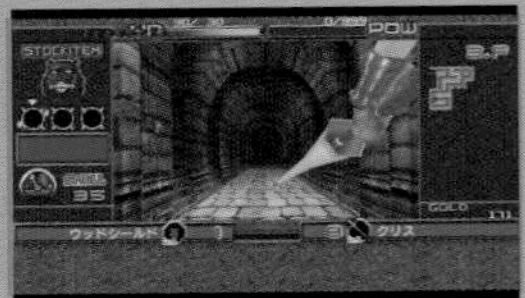

마을을 거점으로 삼아 3D 던전을 탐색하여, 여기서 수집한 소재로 자신만의 던전을 만들어가는 RPG. 만든 던전을 재차 공략하고 육성해가며, 최강의 던전을 만들어내야 한다.

소니컴퓨터사이언스연구소 모기 켄이치로 박사 감수 : 뇌에 쾌감을, 모두와 '아하' 체험!

CERO A

●세가 ●ETC ●2006년 11월 30일 ●2,800엔
●플레이 명수 : 1~2인 ●세이브 용량 : 192KB 이상

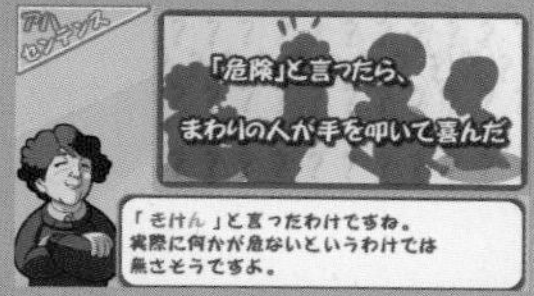

두뇌의 순발력을 단련하는 게임 모음집의 제2탄. 문제를 전부 리뉴얼했으며 볼륨도 대폭 증가시켰고, 새로이 '아하 서치'·'아하 센텐스' 등의 테스트도 추가했다.

파워 스톤 포터블

CERO A

●캡콤 ●ACT ●2006년 11월 30일 ●4,800엔
●플레이 명수 : 1~4인 ●세이브 용량 : 192KB 이상

필드 안을 자유롭게 돌아다니며 펀치·킥·아이템 등으로 적을 쓰러뜨리는 대전 액션 게임. 드림캐스트판 「파워 스톤」 1·2편을 합본 수록했으며, 파고들기용 오리지널 컨텐츠도 추가했다.

마계전기 디스가이아 포터블

CERO A

●니폰이치 소프트웨어 ●SRPG ●2006년 11월 30일 ●4,800엔
●플레이 명수 : 1인 ●세이브 용량 : 448KB 이상

레벨과 능력치 수치를 상상도 안 될 만큼까지도 올릴 수 있는 파고들기형 시뮬레이션 RPG의 이식작. PSP판은 신규 시나리오인 '에트나 편'이 추가되었다.

삐뽀사루 겟츄 : 삐뽀사루 레이서

CERO A

●소니컴퓨터엔터테인먼트 ●RCG ●2006년 12월 7일 ●4,743엔
●플레이 명수 : 1인 (애드혹 모드시 : 최대 6인) ●세이브 용량 : 352KB 이상

삐뽀사루에 엔진과 타이어를 탑재해, 온갖 장치로 가득한 코스 위를 달리는 레이싱 게임. 받은 상금으로 커스터마이즈 부품을 구입해 더욱 진화시킬 수도 있다.

툼 레이더 : 레전드

CERO B

●스파이크 ●ACT ●2006년 12월 7일 ●4,800엔
●플레이 명수 : 1인 ●세이브 용량 : 800KB 이상

트레져 헌터 '라라 크로프트'를 조작하여 다양한 도시와 유적에서의 탐험을 즐기는 3D 액션 게임. 기존 작품들의 설정·스토리를 리뉴얼해 새로 시작한 시리즈의 첫 작품이기도 하다.

파라파 더 래퍼

CERO A

●소니컴퓨터엔터테인먼트 ●ACT ●2006년 12월 7일 ●3,790엔
●플레이 명수 : 1인 (애드혹 모드시 : 최대 4인) ●세이브 용량 : 128KB 이상

PS1으로 발매되었던, 음악에 맞춰 적절한 타이밍에 버튼을 눌러가며 랩을 구사하는 리듬 액션 게임의 이식작. PSP판은 애드혹 기능을 활용한 4인 대전이 가능해졌다.

마작격투 클럽 : 전국대전판

CERO A

●코나미디지털엔터테인먼트 ●TBL ●2006년 12월 7일 ●4,980엔
●플레이 명수 : 1~4인 ●세이브 용량 : 256KB 이상

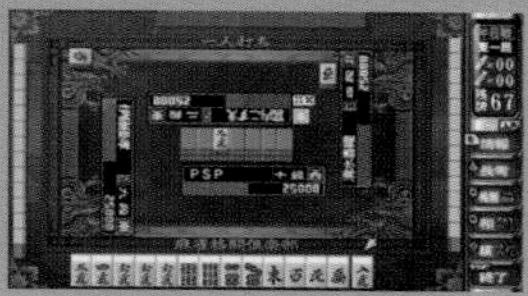

무선 LAN으로 인터넷에 접속함으로써 PS3·PSP 두 기종 간에 통신대전이 가능해진 버전. 일본프로마작연맹에 소속된 프로 마작사들도 CPU 캐릭터로 등장한다.

교토대학교 아츠지 테츠지 교수 감수, 재단법인 일본한자능력검정협회 협력 : 한자 트레이너 포터블

CERO A

●세가 ●ETC ●2006년 12월 14일 ●2,800엔
●플레이 명수 : 1~2인 ●세이브 용량 : 384KB 이상

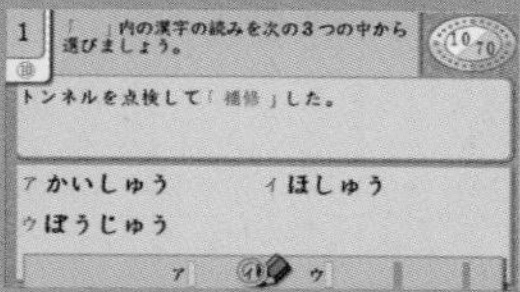

가나 문자의 형성과정, 한자의 형성과정, 고대 문자 등 한자에 관한 다양한 잡학지식을 트레이닝 형식으로 배워보는 소프트. 일본의 한자검정시험 대책 문제도 2만 종이나 수록했다.

대전략 포터블 2

CERO A

●겐키 ●SLG ●2006년 12월 14일 ●4,800엔
●플레이 명수 : 1인 (애드혹 모드 : 2인) ●세이브 용량 : 352KB 이상

중동을 무대로, 용병부대 '와일드 기스'를 지휘하여 시나리오를 클리어하는 전략 시뮬레이션 게임. 루트 분기 신설과 병기 증량 등으로, 전체적으로 전작보다 볼륨이 향상되었다.

TOCA 레이스 드라이버 2 : 얼티밋 레이싱 시뮬레이터

CERO A

●인터채널 ●RCG ●2006년 12월 14일 ●4,800엔
●플레이 명수 : 1인 (2~12인) ●세이브 용량 : 500KB 이상

세계 각지의 풍부한 차종을 실명으로 수록하고, 다양한 레이스 이벤트와 코스를 대거 재현한 드라이브 게임. 차량 거동 및 적 차량 AI의 향상 등, 리얼리티를 추구한 작품이다.

CERO A P-kara

●소니컴퓨터엔터테인먼트 ●ETC ●2006년 12월 14일 ●6,648엔
●플레이 명수 : 1~4인 ●세이브 용량 : 352KB 이상

패키지에 동봉된 헤드셋으로 자신의 목소리를 확인하면서 노래방 연습을 할 수 있는 소프트. 온라인으로 연결하면(현재는 서비스 종료) 약 3,000곡 중에서 선곡할 수 있었다.

CERO 교육·데이터베이스 MAPLUS : 포터블 내비게이터

●에디아 ●MAP ●2006년 12월 14일 ●6,800엔
●플레이 명수 : 1인 ●세이브 용량 : 102KB 이상

주변기기인 GPS 리시버를 지원하는 내비게이션 소프트. 일본 전국 지도와 편의점 등의 시설 정보를 수록했으며, 목적지 주변의 정보도 검색할 수 있다. GPS 리시버 동봉판도 발매했다.

CERO A 월드 사커 위닝 일레븐 10 유비쿼터스 에볼루션

●코나미디지털엔터테인먼트 ●SPT ●2006년 12월 14일 ●4,980엔
●플레이 명수 : 1~2인 ●세이브 용량 : 2176KB 이상

인기 모드 '마스터 리그'를 최초로 탑재한 「위닝 일레븐」 시리즈 신작. 오너 겸 감독이 되어, 유력선수를 영입해 최강의 팀을 만들자. 시합 스케줄 시스템은 PSP판만의 오리지널 사양이다.

CERO A 인텔리전트 라이선스 2

●나우프로덕션 ●PZL ●2006년 12월 21일 ●4,800엔
●플레이 명수 : 1인 ●세이브 용량 : 400KB 이상

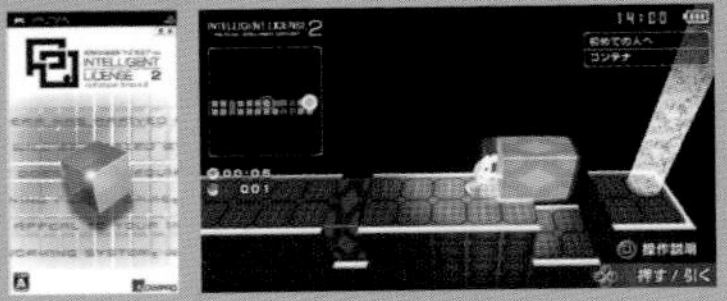

실용적 지능지수 'PQ'를 측정해주는 퍼즐 게임의 제2탄. 수록 문제는 250종+α로 증가됐으며, 조작성과 연출 등도 강화했다. 문제를 제작하는 모드도 추가되었다.

CERO A NBA 라이브 07

●일렉트로닉 아츠 ●SPT ●2006년 12월 21일 ●4,800엔
●플레이 명수 : 1~2인 ●세이브 용량 : 3744KB 이상

NBA 30개 팀의 현역 및 왕년의 선수들이 실명으로 등장하는 농구 게임. 팀을 운영·육성하는 모드에서는 선수끼리의 상성 개념을 도입하여, 팀을 깊이 있게 운영해볼 수 있다.

CERO A 테일즈 오브 더 월드 : 레디언트 마이솔로지

●반다이남코게임즈 ●RPG ●2006년 12월 21일 ●4,800엔
●플레이 명수 : 1인 ●세이브 용량 : 352KB 이상

VITA 호환

「테일즈 오브」 시리즈의 캐릭터들이 총집결하는 RPG. 주인공의 외모·직업을 자유롭게 커스터마이즈하여 자신의 취향대로 육성할 수 있다. 호평 받은 전투 시스템 'FR-LMBS'를 채용했다.

CERO B 니드 포 스피드 카본 : OWN THE CITY

●일렉트로닉 아츠 ●RCG ●2006년 12월 21일 ●4,800엔
●플레이 명수 : 1인(애드혹 모드시 : 2~4인) ●세이브 용량 : 160KB 이상

VITA 호환 UMD Passport

오리지널 스토리가 펼쳐지는 시리즈 외전작. 구역다툼을 반복하는 두 팀에 얽힌 이야기다. 등장하는 차종은 30종류 이상. 다양한 파츠를 조합하여 자신의 차량을 강화하자.

CERO A 마작패왕 포터블 : 마작장 배틀

●마이니치 커뮤니케이션즈 ●TBL ●2006년 12월 21일 ●3,800엔
●플레이 명수 : 1인 ●세이브 용량 : 1000KB 이상

VITA 호환 UMD Passport

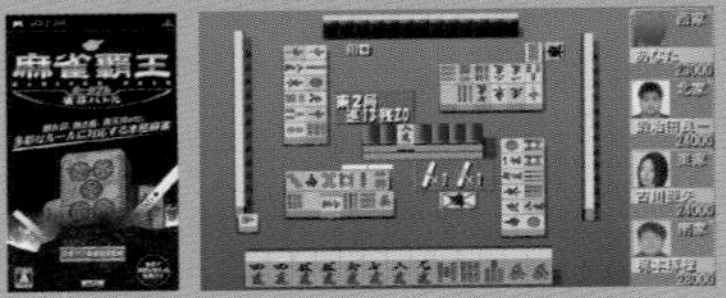

12곳의 마작장 멤버들과 대국해, 전원을 파산으로 몰아넣고 마작장을 제패하자. 프리 대국, 마작 퀴즈, 단위별 문제 등의 다채로운 게임 모드를 준비했다.

CERO C 메탈기어 솔리드 포터블 옵스

●코나미디지털엔터테인먼트 ●ACT ●2006년 12월 21일 ●4,980엔
●플레이 명수 : 1인 ●세이브 용량 : 192KB 이상

VITA 호환 UMD Passport

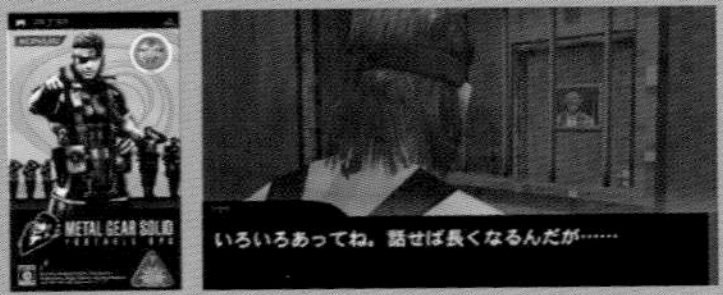

적에게 들키지 않도록 잠입하는 게임 시리즈 중 3편의 6년 후를 배경으로, 고립된 반도에서 병사들과 협력하여 탈출해야 한다. 무선 LAN으로 동료를 모아, 자신의 부대를 편성하라.

CERO A Formula 1 2006 포터블

●소니컴퓨터엔터테인먼트 ●RCG ●2006년 12월 28일 ●4,800엔
●플레이 명수 : 1인 ●세이브 용량 : 640KB 이상

2006년 데이터를 반영한, FOM 공인 레이싱 게임. 18개 시합을 치루는 '챔피언십'을 비롯해, 신인 F1 드라이버가 되어 5년간 커리어를 쌓아가는 모드도 있다.

2007

PlayStation Portable Game Software Catalogue

2007년 발매된 게임은 총 101종. 전년 대비 절반 가까이로 줄어들었다. 플레이스테이션 3(PS3)가 발매되자 대작은 PS3로, 중급 이하의 타이틀은 PS2로 타깃 플랫폼이 분산된 점과, PS1용 게임의 리메이크 수요가 열추 만족됨으로써 PSP의 포지션이 애매해진 점이 원인일 터이다. 이후 수년간은 이러한 경향이 지속되었다.

군페이 리버스

CERO A

●반다이남코게임즈 ●PZL ●2007년 1월 11일 ●4,800엔
●플레이 명수 : 1~2인 ●세이브 용량 : 192KB 이상

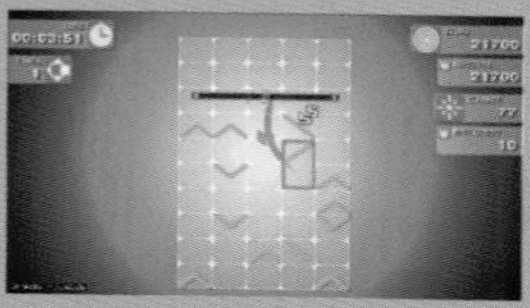

화면 아래에서 밀려올라오는 패널들을 상하로 교체하면서, 라인을 좌우 끝에서 끝까지 연결시켜 없애가는 퍼즐게임. 사운드와 그래픽이 대폭적으로 진화되었다.

위저드리 엠파이어 Ⅲ : 패왕의 계보

CERO A

●스타피시 SD ●RPG ●2007년 1월 18일 ●4,800엔
●플레이 명수 : 1인 ●세이브 용량 : 160KB 이상

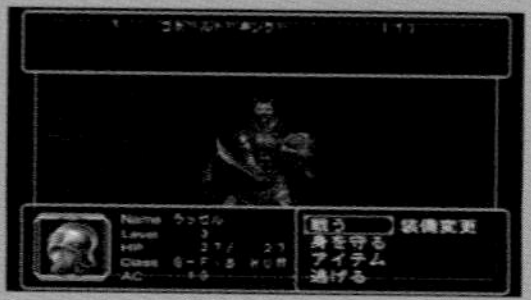

플레이스테이션 2로 발매되었던 일본제 오리지널 「위저드리」 시리즈의 이식작. 파티를 편성하여 던전에 도전해야 한다. PSP판은 엑스트라 던전이 새로 추가되었다.

심즈 2 : 펫츠

CERO B

●일렉트로닉 아츠 ●SLG ●2007년 1월 18일 ●4,800엔
●플레이 명수 : 1인 ●세이브 용량 : 640KB 이상

인간의 생활을 시뮬레이트하는 게임 시리즈의 신작으로서, 애완동물과 함께 생활하는 쪽에 초점을 맞춘 작품. 인간뿐만 아니라 애완동물 아바타까지도 디테일하게 디자인 가능하다.

토크맨 영어회화 수다쟁이 잉글리쉬

CERO A

●소니컴퓨터엔터테인먼트 ●ETC ●2007년 1월 18일 ●4,000엔
●플레이 명수 : 1인 ●세이브 용량 : 544KB 이상

「토크맨」(53p)의 시스템을 활용하여 영어회화 트레이닝을 시켜주는 소프트. 토킹·리스닝 두 가지 모드로, 일상 및 여행시의 영어회화 실력 향상을 노린다.

FIFA 07

CERO A

●일렉트로닉 아츠 ●SPT ●2007년 1월 18일 ●4,800엔
●플레이 명수 : 1인(1~4인) ●세이브 용량 : 2144KB 이상

FIFA가 공인한 축구 게임. 유럽의 클럽들을 중심으로 한 27개 리그에, 41개국의 대표팀까지 총합 529개 팀이 등장한다. 축구를 구성하는 요소들을 디테일하게 재현해낸 게임이다.

마하 : 모디파이드 에어 컴뱃 히어로즈

CERO A

●비벤디 유니버설 게임즈 ●SLG ●2007년 1월 18일 ●4,800엔
●플레이 명수 : 1인 ●세이브 용량 : 64KB 이상

음속항공기를 조종하여, '도그파이트'와 '에어 레이스' 두 종류의 게임을 즐길 수 있는 작품. 입수한 상금으로 머신을 커스터마이즈하여 더욱 성능을 향상시키자.

사라만다 포터블

CERO A

●코나미디지털엔터테인먼트 ●STG ●2007년 1월 25일 ●3,890엔
●플레이 명수 : 1인 ●세이브 용량 : 128KB 이상

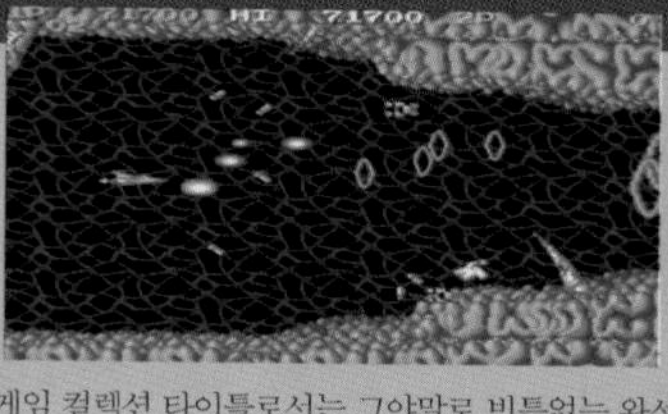

「사라만다」·「LIFE FORCE」·「사라만다 2」·「그라디우스 2」를 비롯해, 게임기로는 최초 이식작인 레어 타이틀 「XEXEX」까지도 수록한 합본 이식작. 기기의 LCD 사이즈에 맞춰 다양한 모드로 화면비율을 변경할 수 있다. 난이도와 잔기 수도 자유롭게 설정 가능한데다 무비&음악 갤러리도 탑재하는 등, 고전게임 컬렉션 타이틀로서는 그야말로 빈틈없는 완성도의 작품이다.

CERO A 트윈비 포터블

●코나미디지털엔터테인먼트 ●STG ●2007년 1월 25일 ●3,890엔
●플레이 명수 : 1인 ●세이브 용량 : 128KB 이상

「트윈비」·「나왔구나!! 트윈비」·「트윈비 얏호!」·「Pop'n 트윈비」·「트윈비다!」까지 5개 타이틀을 수록했다. 「불타라 트윈비 : 시나몬 박사를 구하라!」와 「트윈비 3 : 투닥투닥 대마왕」은 아쉽게도 미수록. 난이도와 잔기 설정은 변경 가능하다. 무비&음악 갤러리를 탑재했고, PSP를 세로잡기로 플레이하는 모드도 지원한다.

CERO A 파로디우스 포터블

●코나미디지털엔터테인먼트 ●STG ●2007년 1월 25일 ●3,890엔
●플레이 명수 : 1인 ●세이브 용량 : 128KB 이상

「파로디우스」·「파로디우스다!」·「극상 파로디우스」·「실황 수다쟁이 파로디우스 : forever with me」·「섹시 파로디우스」까지, 「파로디우스」 시리즈 총 5개 타이틀을 수록했다.

CERO A 보고 듣고 뇌로 느끼는 크로스워드 천국

●세가 ●PZL ●2007년 1월 25일 ●2,800엔
●플레이 명수 : 1인 ●세이브 용량 : 160KB 이상

일반적인 문장을 힌트 삼아 문제를 푸는 크로스워드를 비롯해, 그림·소리·제스처를 힌트로 삼아 문제를 푸는 '시청각 크로스워드' 모드도 있다. 힌트도 단계적으로 볼 수 있다.

CERO C 루츠 포터블

●아쿠아플러스 ●AVG ●2007년 1월 25일 ●4,800엔
●플레이 명수 : 1인 ●세이브 용량 : 608KB 이상

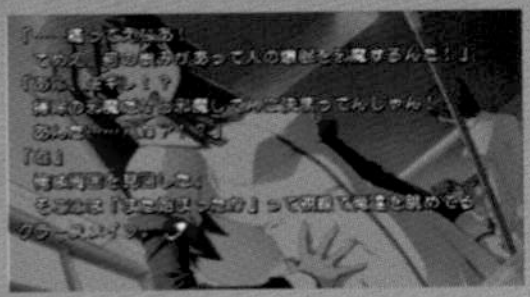

리프의 같은 제목 비주얼 노벨 이식판. 학생이면서도 비밀요원이라는 두 얼굴을 지닌 주인공의 활약을 그린다. 성인용 묘사를 전부 삭제한 대신, 새로운 시나리오를 추가했다.

CERO B 로스트 레그넘 : 폐허의 황제

●어테인 ●ARPG ●2007년 1월 25일 ●4,800엔
●플레이 명수 : 1~2인 ●세이브 용량 : 550KB 이상

로마시대의 세계를 무대로 삼아, 던전을 탐색하는 액션 RPG. 4종류의 개성적인 캐릭터는 저마다 플레이 감각이 크게 다르며, 무기 연성 등의 수집계 시스템도 있다.

CERO A 이스 : 나피쉬팀의 상자 특별판

●코나미디지털엔터테인먼트 ●ARPG ●2007년 2월 1일 ●4,980엔
●플레이 명수 : 1인 ●세이브 용량 : 1152KB 이상

「이스 : 나피쉬팀의 상자」(56p)에, 신규 맵 이벤트를 수록하고 데이터베이스·미디어 플레이어를 추가한 타이틀. 로딩시간 단축과 아날로그 패드 지원 추가 등의 개량도 이루어졌다.

CERO A 뉴 레인보우 아일랜드 : 허디거디 대모험!!

●마벨러스 인터랙티브 ●ACT ●2007년 2월 8일 ●4,800엔
●플레이 명수 : 1인(1~2인) ●세이브 용량 : 600KB 이상

아케이드 게임 「레인보우 아일랜드」의 리메이크작. 무지개를 걸쳐 스테이지를 오르며 정상에 도달하는 액션 게임이다. 시간 경과에 따라 스테이지의 날씨가 변화해 진행을 방해한다.

CERO C 메달 오브 아너 히어로즈

●일렉트로닉 아츠 ●STG ●2007년 2월 8일 ●4,800엔
●플레이 명수 : 1인(애드혹 모드시 : 2~8인) ●세이브 용량 : 128KB 이상

인기 FPS 시리즈 신작의 휴대용 게임기판. 과거 발매되었던 시리즈 전작들에서 활약한 영웅들이 제2차 세계대전 당시의 유럽에 집결해, 대원으로서 새로운 임무에 도전한다.

CERO B Kanon

●프로토타입 ●AVG ●2007년 2월 15일 ●4,800엔
●플레이 명수 : 1인 ●세이브 용량 : 320KB 이상

같은 제목 윈도우용 게임의 이식판. 연애 어드벤처 장르로 유명한 Key의 처녀작으로서, 캐릭터 대사에 TV 애니메이션과 동일한 성우진의 음성을 추가했다(다만 풀보이스는 아니다).

CERO A 타이거 우즈 PGA TOUR 07

●일렉트로닉 아츠 ●SPT ●2007년 2월 15일 ●4,800엔
●플레이 명수 : 1~2인 ●세이브 용량 : 352KB 이상

PGA가 공인한 골프 게임. 세계의 프로 선수 11명을 조작하여 세계 각지에 실존하는 골프장에서 플레이를 즐길 수 있으며, 오리지널 골퍼를 육성할 수도 있다.

CERO A 테일즈 오브 데스티니 2

●반다이남코게임즈 ●RPG ●2007년 2월 15일 ●4,800엔
●플레이 명수 : 1인 ●세이브 용량 : 384KB 이상

전작의 18년 후를 무대로 삼아, 전작의 주인공 스탄의 아들인 '카일'의 싸움을 그린 직접적인 속편. 'TT-LMBS'라는 새로운 전투 시스템을 도입했기에, 치밀한 전술을 세워야 한다.

CERO A 루미네스 II

●Q 엔터테인먼트 ●PZL ●2007년 2월 15일 ●4,743엔
●플레이 명수 : 1인(2인) ●세이브 용량 : 192KB 이상

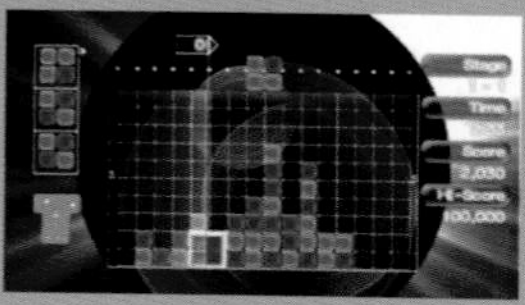

낙하하는 블록을 없애 나가는, 빛과 소리의 퍼즐 게임 시리즈 2번째 작품. 플레이 도중에 배경으로, 일본을 비롯한 세계의 아티스트들이 제작한 PV가 재생되는 연출이 추가됐다.

CERO A 탐관오리 만유기 : 정의의 칼날

●글로벌 A 엔터테인먼트 ●TBL ●2007년 2월 22일 ●4,800엔
●플레이 명수 : 1인 ●세이브 용량 : 320KB 이상

「탐관오리」 시리즈의 파생작인 보드 게임. 이번엔 전작의 보스 격이었던 정의의 편인 캐릭터로 플레이하게 된다. 캐릭터별로 성능이 다른데다, 규칙도 자잘한 변경점이 많다.

CERO A SIMPLE 2500 시리즈 포터블!! Vol.9 : THE 마이 택시

●D3 퍼블리셔 ●SLG ●2007년 2월 22일 ●2,500엔
●플레이 명수 : 1인(애드혹 모드시 : 최대 2인) ●세이브 용량 : 288KB 이상

서두르는 사람, 차멀미가 심한 사람 등 다양한 승객들의 요구를 들어주며 목적지까지 운송해주어 실적을 쌓아가는 게임. 택시는 부품을 교체하며 다채롭게 커스터마이즈할 수 있다.

CERO C WWE SMACKDOWN VS. RAW 2007

●THQ 재팬 ●SPT ●2007년 2월 22일 ●4,800엔
●플레이 명수 : 1인 ●세이브 용량 : 450KB 이상

「익사이팅 프로레슬링」 시리즈의 연장선상에 있는, WWE 공인 프로레슬링 게임. SMACKDOWN! 및 RAW 소속 슈퍼스타는 물론, 'Legend'라 불리는 왕년의 슈퍼스타도 등장한다.

CERO A 나는 항공관제사 : 에어포트 히어로 신치토세

●일렉트로닉 아츠 ●PZL ●2007년 2월 22일 ●4,800엔
●플레이 명수 : 1인 ●세이브 용량 : 544KB 이상

「관제사」 시리즈 제3탄. 홋카이도의 신치토세 공항 및 자위대 치토세 기지의 4개 활주로를 관제하는 항공 퍼즐 게임이다. 눈 내리는 겨울 시즌도 등장하며, 관제기록 리플레이도 지원한다.

CERO B 메탈 슬러그 컴플리트

●SNK 플레이모어 ●STG ●2007년 2월 22일 ●4,800엔
●플레이 명수 : 1인(1~2인) ●세이브 용량 : 240KB 이상

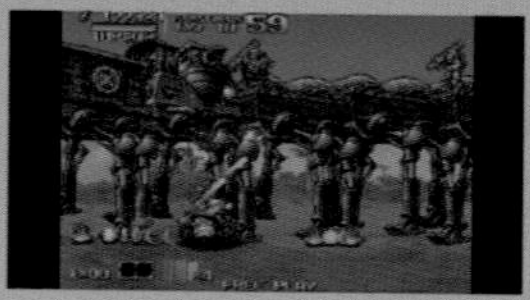

「메탈 슬러그」부터 「메탈 슬러그 6」까지 총 7개 타이틀을 수록한 작품. 아케이드판의 퀄리티를 완전 재현했으며, 중단 세이브 기능이 있어 언제든 멈췄다가 재시작할 수 있다.

CERO C 몬스터헌터 포터블 2nd

●캡콤 ●ACT ●2007년 2월 22일 ●4,980엔
●플레이 명수 : 1인(최대 4인) ●세이브 용량 : 182KB 이상

PS2판 「몬스터헌터 2」(도스) 기반의, 휴대기용 제2탄. 몬스터를 사냥하여 소재를 모아 장비를 강화한다는 기본 시스템은 동일하며, 4종류의 무기를 새로 추가했고, 기존 무기에도 새로운 액션을 가미했다. 또한 계절·밤낮 개념을 도입하여, 동일한 필드라도 계절과 밤낮에 따라 채집되는 아이템과 구조가 변화하는 등 다채로운 플레이를 제공한다.

CERO A 삼국지 Ⅷ

●코에이 ●SLG ●2007년 3월 21일 ●4,800엔
●플레이 명수 : 1인 ●세이브 용량 : 992KB 이상

인기 시리즈의 제8탄. 등장하는 600명 이상의 무장 중 하나를 골라 군웅할거의 난세를 헤쳐 나가자. 신기능으로서, 선호하는 이벤트를 저장하는 기능과 아이템 수집 시스템을 탑재했다.

CERO A 뿌요뿌요! : Puyopuyo 15th anniversary

●세가 ●PZL ●2007년 3월 21일 ●4,800엔
●플레이 명수 : 1인(2~4인) ●세이브 용량 : 128KB 이상

「뿌요뿌요」 시리즈 15주년 기념작품으로서, 「뿌요뿌요 피버」와 초대 「뿌요뿌요」의 캐릭터들 22명이 한 게임 내에 모여 총 12종류의 룰로 대전하는 드림 매치 스타일의 작품이다.

CERO A 봄버맨 랜드 포터블

●허드슨 ●ACT ●2007년 3월 21일 ●4,800엔
●플레이 명수 : 1~4인 ●세이브 용량 : 128KB 이상

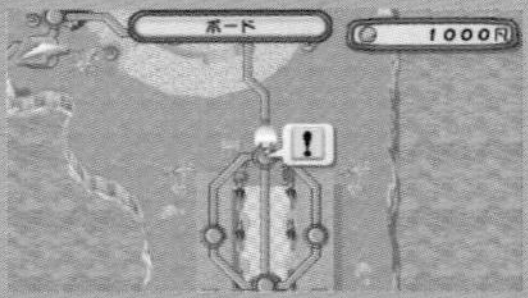

역대 「봄버맨」 시리즈의 미니게임 모음집. 1인용 '랜드 모드'에서는 50종 이상의 미니게임을 즐길 수 있다. 다양한 룰이 수록된 대전용 '배틀 모드'는 두고두고 즐겨볼 만하다.

CERO A 기동전사 건담 SEED : 연합 VS. Z.A.F.T. 포터블

●반다이남코게임즈 ●ACT ●2007년 4월 5일 ●4,800엔
●플레이 명수 : 1인(애드혹 모드 : 2~4인) ●세이브 용량 : 352KB 이상

인기 애니메이션 '기동전사 건담 SEED'에 등장하는 MS들이 2 : 2로 싸우는 배틀 액션 게임. 자신의 기체와 아군 기체를 조합해 다양한 전장을 누비자. 통신대전은 4인 대전까지 지원한다.

CERO A 실황 파워풀 프로야구 포터블 2

●코나미디지털엔터테인먼트 ●SPT ●2007년 4월 5일 ●4,980엔
●플레이 명수 : 1인 ●세이브 용량 : 1700KB 이상

2007년도 개막시의 데이터를 수록한, '파워프로'의 휴대기 신작. 플레이오프·클라이맥스 시리즈도 대응하며, '신 단위인정 모드'에 '포터카'·'링크 게터' 등까지, 신규 모드도 충실하다.

CERO A 평생 즐기는 도다이 쇼기 : 박보장기 도장

●마이니치 커뮤니케이션즈 ●TBL ●2007년 4월 19일 ●4,800엔
●플레이 명수 : 1인 ●세이브 용량 : 400KB 이상

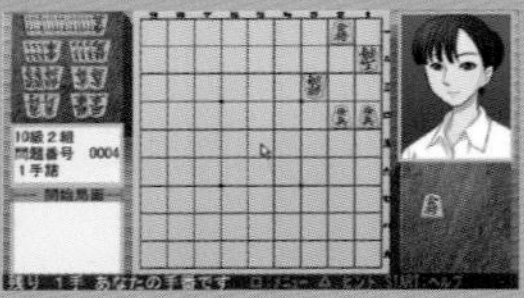

단위별로 난이도가 나뉜 1,180문제의 박보장기에, 역대 「도다이 쇼기」 시리즈의 3,820문제까지 총 5,000문제를 수록했다. 타임 트라이얼과 명작 박보장기 감상 모드도 탑재했다.

CERO A 파이널 판타지

●스퀘어 에닉스 ●RPG ●2007년 4월 19일 ●3,800엔
●플레이 명수 : 1인 ●세이브 용량 : 672KB 이상

「파이널 판타지」 시리즈 탄생 20주년 기념 작품으로서, 시리즈 첫 작품의 그래픽을 리뉴얼한 리메이크작. '몬스터 도감'과 '뮤직 플레이어', '아마노 요시타카 갤러리'를 추가했다.

CERO 教育·データベース 모두의 지도 2

●젠린 ●MAP ●2007년 4월 26일 ●4,800엔
●플레이 명수 : 1인 ●세이브 용량 : 1232KB 이상

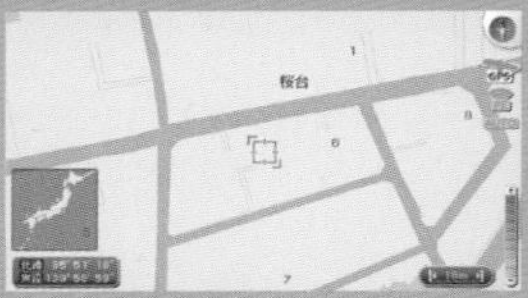

GPS 리시버를 지원하고, 역·편의점 등의 수록항목도 대폭 강화시킨 지도 소프트. 스팟 정보 공유 기능도 추가했으며, 무선 LAN 덕분에 지하에서도 현재 위치를 확인할 수 있다.

CERO B 파이널 판타지 택틱스 : 사자전쟁

●스퀘어 에닉스 ●SRPG ●2007년 5월 10일 ●4,800엔
●플레이 명수 : 1~2인 ●세이브 용량 : 512KB 이상

PS1판 「파이널 판타지 택틱스」를 대폭 리메이크한 작품. 새로운 잡과 이벤트가 추가되었으며, 곳곳에 동영상도 삽입했다. '통신대전'과 '공동전선' 등의 다인 플레이도 지원한다.

CERO B 리틀 에이드 포터블

●TAKUYO ●AVG ●2007년 5월 17일 ●5,800엔
●플레이 명수 : 1인 ●세이브 용량 : 576KB 이상

어머니의 유품인 비취 펜던트를 발견한 주인공이, 그 비취가 가진 신비한 힘으로 동급생과 선배들을 치유시켜 주면서 서로간의 관계가 돈독해져 가는 과정을 그린 여성용 어드벤처 게임.

CERO A 쥬스드 : 엘리미네이터

●THQ 재팬 ●RCG ●2007년 5월 24일 ●4,800엔
●플레이 명수 : 1인 (2~6인) ●세이브 용량 : 460KB 이상

화려한 튜닝카를 타고 공공도로를 폭주하는 레이싱 게임. 일본제 차를 포함해, 실존 차량 59개 차종을 수록했다. 애차의 커스터마이징·튠업을 거쳐, 공공도로의 제왕이 되어보자.

CERO A BLEACH 히트 더 소울 4

●소니컴퓨터엔터테인먼트 ●ACT ●2007년 5월 24일 ●4,743엔
●플레이 명수 : 1~2인 ●세이브 용량 : 928KB 이상

신장 '아란칼 편'에 돌입한, 시리즈의 제4탄. 서포트 캐릭터가 충실해졌으며, 신규 시스템 '소울 블레이즈'를 사용하면 초보자라도 간단히 콤보의 쾌감을 맛볼 수 있다.

CERO A 모두의 GOLF장 Vol.1

●소니컴퓨터엔터테인먼트 ●ETC ●2007년 5월 31일 ●5,695엔
●플레이 명수 : 1인 ●세이브 용량 : 13MB 이상

일본의 실존 골프장들의 코스 데이터를 수록하여, GPS 리시버를 장착해두면 실제 라운드 중일 때 각 홀별 그린까지의 거리 등을 측정해준다. Vol.1은 치바 현의 코스들을 수록하였다.

CERO A 드래곤볼 Z 진무도회 2

●반다이남코게임즈 ●ACT ●2007년 6월 7일 ●4,800엔
●플레이 명수 : 1인 (1~2인) ●세이브 용량 : 352KB 이상

전작의 속편으로서, 미래로 돌아온 '트랭크스'가 주인공인 스토리가 전개되는 타이틀. 3D 맵 위를 3인 1조 팀으로 자유 이동하며, 적과 조우하면 격투 액션 모드로 전환된다.

CERO A 파이널 판타지 II

●스퀘어 에닉스 ●RPG ●2007년 6월 7일 ●3,800엔
●플레이 명수 : 1인 ●세이브 용량 : 736KB 이상

시리즈의 마스코트 '초코보'가 처음으로 등장한 타이틀의 풀 리메이크작. PS1판의 오프닝 동영상과, 게임보이 어드밴스판의 추가 시나리오 '소울 오브 카오스'도 수록되어 있다.

CERO A 콜린 맥레이 랠리

●인터채널 ●RCG ●2007년 6월 14일 ●4,800엔
●플레이 명수 : 1인 (1~8인) ●세이브 용량 : 4160KB 이상

산악지대·시가지·설원 등, 세계 각지의 다양한 환경을 묘사한 코스를 달리는 랠리 게임. 내비게이터의 지시에 따라, 리얼한 거동의 머신을 조종하여 우승을 노려보자.

CERO A 스매시 코트 테니스 3

●반다이남코게임즈 ●SPT ●2007년 6월 21일 ●4,800엔
●플레이 명수 : 1인 (1~2인) ●세이브 용량 : 960KB 이상

실존하는 프로 선수들도 등장하는 테니스 게임. 오리지널 선수를 제작하여 육성하는 '프로 투어' 모드와, '갤러그 테니스' 등의 미니게임도 즐길 수 있다.

CERO B 에뷔드 프롤로그 : 흔들리는 마음의 형태 포터블

●TAKUYO ●AVG ●2007년 6월 28일 ●5,800엔
●플레이 명수 : 1인 ●세이브 용량 : 480KB 이상

남·여의 두 시점으로 즐길 수 있는 연애 게임의 제1탄. 고교 졸업 전의 남녀 2명을 골라, 각자의 장래를 정하는 체험을 겪어간다. 「리틀 에이드 포터블」(78p)의 캐릭터도 등장한다.

CERO B 시크릿 오브 에반게리온 포터블

●사이버프론트 ●AVG ●2007년 6월 28일 ●4,800엔
●플레이 명수 : 1인 ●세이브 용량 : 288KB 이상

TV 애니메이션 '신세기 에반게리온' 기반의 어드벤처 게임. 3가지 스토리의 총 37화로 구성했다. 플레이어는 게임 오리지널 캐릭터 '켄자키 쿄야'가 되어, 에바의 비밀에 접근한다.

CERO C 중화 작사 텐호파이냥 Remix

●사이버프론트 ●TBL ●2007년 6월 28일 ●5,800엔
●플레이 명수 : 1인 ●세이브 용량 : 320KB 이상

탈의마작 게임의 금자탑 「아이돌 작사 스치파이」의 자매 작품. PS2판을 이식했으며, 옷이 찢겨진 캐릭터를 건드려보는 '탐색 모드' 상의 애니메이션과 신규 오프닝 무비를 추가했다.

각종 아이콘 Best Best판 출시 VITA 호환 PS Vita와 호환됨 UMD Passport UMD Passport 지원

CERO A 토크맨 영어회화 수다쟁이 잉글리쉬 for Kids!

●소니컴퓨터엔터테인먼트 ●ETC ●2007년 6월 28일 ●4,000엔
●플레이 명수 : 1인 ●세이브 용량 : 768KB 이상

「토크맨 영어회화 수다쟁이 잉글리쉬」(75p)를, 초등학생 등의 아동용으로 리뉴얼한 타이틀. ABC 발음부터 간단한 자기소개가 가능한 단계까지를 게임식으로 배울 수 있다.

CERO A 눈으로 우뇌를 단련하는 속독술 포터블

●마일스톤 ●ETC ●2007년 6월 28일 ●2,800엔
●플레이 명수 : 1인 ●세이브 용량 : 320KB 이상

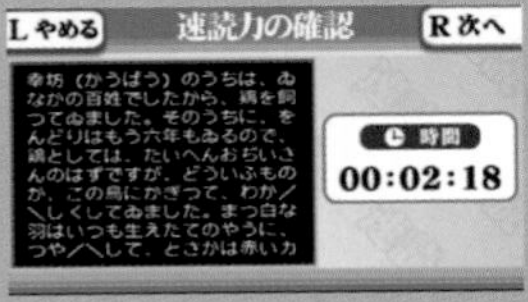

닌텐도 DS에서 호평 받았던 속독 훈련 게임의 PSP판. '보면서 트레이닝'과 '즐기면서 트레이닝'의 2타입 15종류의 게임은 물론, 눈의 피로를 풀어주는 '쿨다운' 모드도 수록했다.

CERO A 라쳇 & 클랭크 : 공구들고 바캉스

●소니컴퓨터엔터테인먼트 ●ACT ●2007년 6월 28일 ●4,743엔
●플레이 명수 : 1인 (애드혹 모드시 : 최대 4인) ●세이브 용량 : 448KB 이상

인기 3D 액션 게임 「라쳇 & 클랭크」 시리즈의 PSP판. 라쳇의 무기인 '공구'는 개조가 가능해졌고 클랭크는 다른 메카와 합체할 수 있게 되어, 액션의 다양성이 늘어났다.

CERO A SIMPLE 2500 시리즈 포터블!! Vol.10 : THE IQ CUBE - 답답한 머리를 퍼즐로 시원하게!

●D3 퍼블리셔 ●PZL ●2007년 7월 19일 ●2,500엔
●플레이 명수 : 1인 (1~2인) ●세이브 용량 : 480KB 이상

큐브를 자유롭게 회전시키며 골을 향해 이동하는 심플한 퍼즐 게임. 벽과 이동하는 폭탄 등의 장애물도 등장하므로, 난이도가 제법 만만찮고 나름의 개성이 있는 작품이다.

CERO A 마와스케스 : based on "Carton-kun"

●아이렘 소프트웨어 엔지니어링 ●PZL ●2007년 7월 19일 ●3,800엔
●플레이 명수 : 1인 (애드혹 모드 : 1~8인) ●세이브 용량 : 288KB 이상

화면 위에서 떨어지는 특정 모양이 그려진 조각을 회전시켜, '도형'을 완성하여 조각을 없애나가는 낙하계 퍼즐 게임. 2인 협력식 '페어 대전 모드'에서는 최대 4팀까지 플레이가 가능하다.

CERO C 아이돌 작사 스치파이 Ⅲ Remix

●잘레코 ●TBL ●2007년 7월 26일 ●5,800엔
●플레이 명수 : 1인 ●세이브 용량 : 352KB 이상

아케이드판 기반이지만 탈의 애니메이션은 가정용 기준으로 수록한 2인 대국 마작 게임. '미유리의 방'이라는 코너에서는 캐릭터 소개와 미유리의 옷 갈아입히기를 즐길 수 있다.

CERO Z 그랜드 셉트 오토 : 리버티 시티 스토리즈

●캡콤 ●ACT ●2007년 7월 26일 ●4,980엔
●플레이 명수 : 1인 (2~6인) ●세이브 용량 : 320KB 이상

'GTA' 시리즈의 외전 작품으로서, 「그랜드 셉트 오토 Ⅲ」보다 3년 전의 리버티 시티를 무대로, 주인공 토니의 활약을 그린다. 3편의 배경인 도시를 다른 시대 기준으로 재현했다.

CERO A 삐뽀사루 겟츄 : 사루사루 대작전

●소니컴퓨터엔터테인먼트 ●ACT ●2007년 7월 26일 ●4,743엔
●플레이 명수 : 1인 (애드혹 모드시 : 최대 4인) ●세이브 용량 : 192KB 이상

삐뽀사루를 캐치하고 직접 조작하여, 눈앞의 난관을 돌파하며 골인해야 하는 액션 게임. 삐뽀사루의 종류가 매우 다채로우며, 각 삐뽀사루가 저마다 고유 액션이 있다.

CERO B for Symphony : with all one's heart 포터블

●TAKUYO ●AVG ●2007년 7월 26일 ●5,800엔
●플레이 명수 : 1인 ●세이브 용량 : 480KB 이상

남·여 양쪽 시점으로 즐길 수 있는 연애 게임의 제2탄. 졸업까지의 1년간 상대 캐릭터와의 관계를 쌓아가며, 선택한 주인공에 따라 친구부터 연인까지 서로의 관계성이 크게 달라지게 된다.

CERO A 극마계촌 개(改)

●캡콤 ●ACT ●2007년 8월 2일 ●2,990엔
●플레이 명수 : 1인 ●세이브 용량 : 400KB 이상

초고난이도 액션 게임 「극마계촌」과, 이를 개변한 모드 '개(改)'를 수록했다. '개' 모드는 적 출현 위치 및 주인공 아더의 갑옷·방패 성능이 다르며, 마법이 「대마계촌」 기준으로 바뀐다.

모두의 GOLF장 Vol.2

CERO A

●소니컴퓨터엔터테인먼트 ●ETC ●2007년 8월 2일 ●5,695엔
●플레이 명수 : 1인 ●세이브 용량 : 13MB 이상

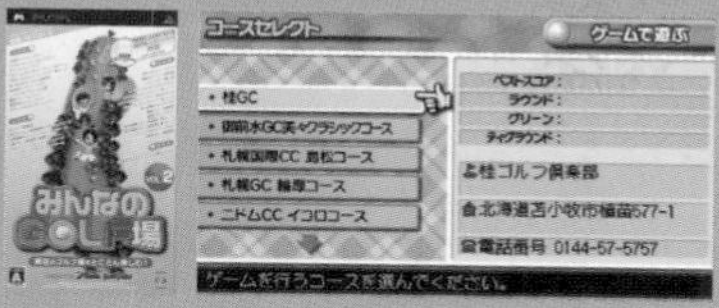

GPS 리시버를 사용하는 실용계 소프트. Vol.2는 이바라키·홋카이도 지역의 코스를 수록했다. 「모두의 GOLF」의 시스템으로 게임처럼 실제 코스를 플레이해볼 수도 있다.

쇼기가 강해지는 게키사시 정석도장

CERO A

●마이니치 커뮤니케이션즈 ●TBL ●2007년 8월 9일 ●4,800엔
●플레이 명수 : 1인 ●세이브 용량 : 200KB 이상

다양한 국면의 문제가 출제되며, 앉은비차·몰이비차 전술의 정석도 배울 수 있는 쇼기 소프트. 각 문제마다 해설이 있으며, 핸디캡 대국시의 정석 등도 제공한다. 일반 대국도 가능하다.

프로 아틀라스 트래블 가이드

CERO 教育・データベース

●에디아 ●MAP ●2007년 8월 9일 ●4,800엔
●플레이 명수 : 1인 ●세이브 용량 : 1024KB 이상

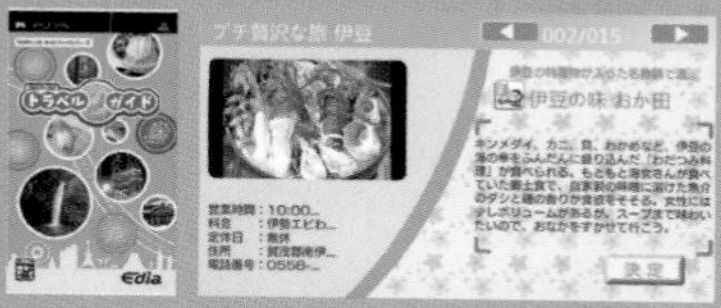

일본 국내 여행을 도와주는 트래블 가이드. 주요 도시의 지하도 맵과 인기 관광지의 가이드북 등을 수록했다. GPS 리시버로 현재 위치를 확인하거나, 여행 스케줄을 작성할 수도 있다.

모두의 지도 2 지역판 : 동일본 편

CERO 教育・データベース

●젠린 ●MAP ●2007년 8월 9일 ●4,800엔
●플레이 명수 : 1인 ●세이브 용량 : 1232KB 이상

GPS 리시버를 지원하는 내비게이션 소프트의 지역판. 동일본 564개 도시의 정보를 수록했다. 식도락 여행, 만나기 좋은 장소, 긴급대피소 등의 각종 정보를 상세히 검색할 수 있다.

모두의 지도 2 지역판 : 중일본 편

CERO 教育・データベース

●젠린 ●MAP ●2007년 8월 9일 ●4,800엔
●플레이 명수 : 1인 ●세이브 용량 : 1232KB 이상

내비게이션도 가능한 지도 소프트의 지역판. 상세지도는 기존판보다 지역을 확대하여, 중일본 412개 도시를 지원한다. 지역 특산물 메뉴 검색과 인터넷을 통한 관광지 정보 공유도 가능하다.

모두의 지도 2 지역판 : 서일본 편

CERO 教育・データベース

●젠린 ●MAP ●2007년 8월 9일 ●4,800엔
●플레이 명수 : 1인 ●세이브 용량 : 1232KB 이상

동일본·중일본 편과 동일한 지도 소프트. 기존판에선 다소 부족했던 상세지도의 디테일을 서일본 지역에 맞춰 대폭 강화해, 쥬고쿠·시코쿠·큐슈의 대피소나 관광지 검색이 쉬워졌다.

와일드 암즈 크로스파이어

CERO A

●소니컴퓨터엔터테인먼트 ●SRPG ●2007년 8월 9일 ●4,743엔
●플레이 명수 : 1인 ●세이브 용량 : 225KB 이상

인기 판타지 RPG 「와일드 암즈」 시리즈의 7번째 작품으로서, 이번엔 시뮬레이션 RPG가 되었다. 조국을 상대로 싸우는 소녀 '클라리사'에 얽힌 스토리를 드라마틱하게 그렸다.

SNOW 포터블

CERO C

●프로토타입 ●AVG ●2007년 8월 16일 ●4,800엔
●플레이 명수 : 1인 ●세이브 용량 : 1100KB 이상

PC용 연애 어드벤처 게임의 이식작. PSP판은 비주얼 신과 시나리오를 추가했다. 일년 내내 눈에 덮인 류진 마을을 방문한 주인공과, 그곳에서 만난 소녀들 간의 운명의 이야기가 시작된다.

드래고니어즈 아리아 : 용이 잠들 때까지

CERO A

●니폰이치 소프트웨어 ●RPG ●2007년 8월 23일 ●4,800엔
●플레이 명수 : 1인(2~4인) ●세이브 용량 : 160KB 이상

인간과 정령, 그리고 용이 공존하는 세계가 무대인 장대한 판타지 RPG. 갑자기 나타난 사악한 용이 무너뜨린 평화를 지켜내기 위해, 신출내기 용기사인 주인공 하루토가 여행길에 오른다.

리젤 크로스

CERO A

●소니컴퓨터엔터테인먼트 ●RPG ●2007년 9월 6일 ●4,743엔
●플레이 명수 : 1인 ●세이브 용량 : 224KB 이상

5명의 초능력자를 주인공으로 삼아 스토리를 전개하는 RPG. 세계정복을 꾀하는 제국이 수상한 움직임을 보이자, '리젤'이라는 능력에 각성한 다섯 남녀의 운명이 맞물리기 시작한다.

각종 아이콘: Best판 출시 / VITA 호환: PS Vita와 호환됨 / UMD Passport 지원

크라이시스 코어 파이널 판타지 Ⅶ

CERO B

●스퀘어 에닉스 ●RPG ●2007년 9월 13일 ●5,800엔
●플레이 명수 : 1인 ●세이브 용량 : 256KB 이상

「파이널 판타지 Ⅶ」(이하 FF7)의 스핀오프 작품 중 하나로서, 장르는 액션 RPG다. FF7에도 등장했던 바 있는 중요 캐릭터 '잭스'를 주인공으로 삼은 오리지널 스토리가 전개된다. 원작 FF7의 시점으로부터 7년 전, 신라 컴퍼니 소속 솔저인 잭스는 '솔저 대실종 사건'을 조사하는 임무를 맡게 된다.

페이트/타이가 콜로세움

CERO A

●캡콤 ●ACT ●2007년 9월 13일 ●4,990엔
●플레이 명수 : 1인 ●세이브 용량 : 352KB 이상

SD화된 「Fate/Stay night」의 인기 캐릭터들이 대난투를 벌이는 3D 대전 액션 게임. 원작자인 TYPE-MOON이 감수한 시나리오를 풀보이스로 수록했다.

번아웃 도미네이터

CERO B

●일렉트로닉 아츠 ●RCG ●2007년 9월 20일 ●4,800엔
●플레이 명수 : 1인 (2~6인) ●세이브 용량 : 160KB 이상

VITA 호환 UMD Passport

충돌, 파괴, 역주행 등이 난무하는 과격한 질주가 특징인 레이싱 게임. 부스트 기능으로 가속하여 라이벌을 날려버리자. 일본의 락 유닛 B'z의 오리지널 신곡이 BGM으로 나온다.

R-TYPE TACTICS

CERO A

●아이렘 소프트웨어 엔지니어링 ●SLG ●2007년 9월 20일 ●4,800엔
●플레이 명수 : 1인 (2인) ●세이브 용량 : 960KB 이상

슈팅 게임 「R-TYPE」의 세계관을 기반으로 삼아, 인류와 바이도 제국 간의 싸움을 그린 전술 시뮬레이션 게임. 색적·ZOC 개념이 있는 헥스 맵 상에서, '포스'와 '파동포' 등 원작의 특징적인 시스템을 도입한 전투가 펼쳐진다. 바이도 측으로도 플레이할 수 있으며, 아예 바이도 전용 시나리오까지 준비돼 있다. 통신대전도 가능하다.

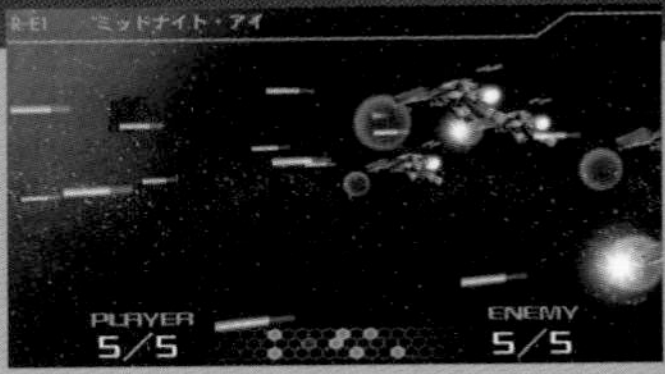

메탈기어 솔리드 포터블 옵스 플러스

CERO C

●코나미디지털엔터테인먼트 ●ACT ●2007년 9월 20일 ●2,286엔
●플레이 명수 : 1인 ●세이브 용량 : 352KB 이상

「메탈기어 솔리드 포터블 옵스」 이후, 잔당 섬멸을 겸해 부대를 강화하는 플레이에 특화시킨 타이틀. 스토리 모드를 삭제한 대신, 미션이 무한으로 계속되는 신규 모드를 채용했다.

영웅전설 하늘의 궤적 SC

CERO B

●니혼팔콤 ●RPG ●2007년 9월 27일 ●5,800엔
●플레이 명수 : 1인 ●세이브 용량 : 512KB 이상

VITA 호환 UMD Passport

「영웅전설 하늘의 궤적 FC」에서 바로 스토리가 이어지는 후편. 전투 시스템이 조정되어 더욱 플레이가 편해졌다. FC를 클리어한 세이브데이터가 있다면 퀘스트 추가 보수를 얻을 수 있다.

코디드 건 컨테이전

CERO B

●코나미디지털엔터테인먼트 ●STG ●2007년 9월 27일 ●4,980엔
●플레이 명수 : 1인 (8인) ●세이브 용량 : 352KB 이상

디지털 세계의 가상공간 내를 무대로 삼은 FPS 게임의 속편. 애드혹/인프라스트럭처 모드 어느 쪽이건 최대 8인 대전이 가능하여, 전 세계의 유저와 온라인 대전을 즐길 수도 있었다.

SIMPLE 2500 시리즈 포터블!! Vol.11 : THE 퍼즐 퀘스트 - 아가리아의 기사

CERO A

●D3 퍼블리셔 ●PZL ●2007년 9월 27일 ●2,500엔
●플레이 명수 : 1인 (애드혹 모드시 : 2인) ●세이브 용량 : 128KB 이상

퍼즐 게임에 판타지 RPG 요소를 결합시킨 작품. 적과의 전투를 매치-3 퍼즐 형태로 구성했다. 무대는 검과 마법의 세계 '이더리아'다. 퀘스트를 수락하여 모험에 나서보자.

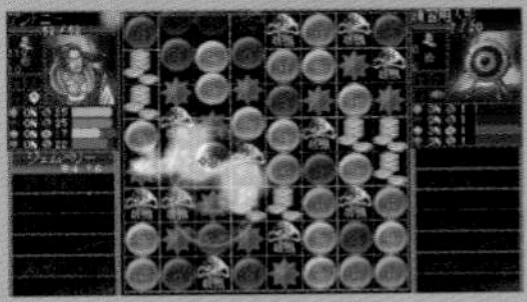

CERO 등급 아이콘 A B C D Z 審査予定

컨텐츠 명시 아이콘 연애 선정성 폭력성 공포 음주·흡연 사행성 범죄 약물 언어·기타

CERO A 유희왕 듀얼몬스터즈 GX 태그 포스 2

●코나미디지털엔터테인먼트 ●TBL ●2007년 9월 27일 ●4,980엔
●플레이 명수 : 1인 (애드혹 모드시 : 2~4인) ●세이브 용량 : 500KB 이상

인기 카드 게임의 속편. 2인 1조로 싸우는 태그 배틀이다. 캐릭터로 사이오·요한 등이 추가되었으며, 카드도 2,800장이나 수록했다. 통신 기능을 이용한 4인 대전도 즐길 수 있다.

CERO B 완간 미드나이트 포터블

●겐키 ●RCG ●2007년 9월 27일 ●4,800엔
●플레이 명수 : 1인 (2~4인) ●세이브 용량 : 320KB 이상

PS2판 「완간 미드나이트」를 기반으로 이식한 휴대용 게임기판. 튜너가 출제한 과제를 클리어하면서 자신의 차량 성능을 끌어올려, 원작 만화에 등장하는 캐릭터의 차량을 레이스로 격파하자.

CERO A 건담 배틀 크로니클

●반다이남코게임즈 ●ACT ●2007년 10월 4일 ●4,800엔
●플레이 명수 : 1인 (2~4인) ●세이브 용량 : 608KB 이상

「건담 배틀」 시리즈의 3번째 작품. 등장하는 모빌슈트가 140종 이상, 미션도 120종 이상으로서 볼륨이 대폭 늘어났다. 우주공간 및 수중 스테이지도 추가되었다.

CERO A 모두의 GOLF장 Vol.3

●소니컴퓨터엔터테인먼트 ●ETC ●2007년 10월 4일 ●5,695엔
●플레이 명수 : 1인 ●세이브 용량 : 13MB 이상

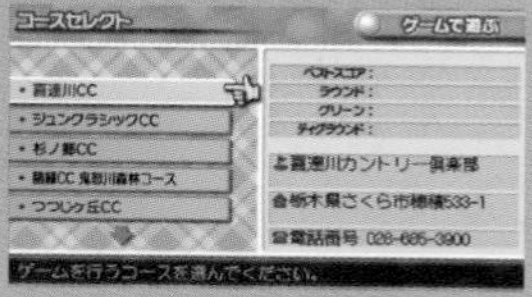

GPS 리시버를 활용하는 실용계 소프트. Vol.3에는 도치기·군마·사이타마·야마나시·시즈오카 지역의 골프장 데이터를 수록했다. 코스 전체를 3D로 확인할 수 있다.

CERO A Riviera : 약속의 땅 리비에라 스페셜 에디션

●스팅 ●RPG ●2007년 10월 18일 ●2,800엔
●플레이 명수 : 1인 ●세이브 용량 : 128KB 이상

「Riviera : 약속의 땅 리비에라」(72p)의 염가판. 로딩 시간을 단축했고, 이벤트 CG와 시나리오를 추가했으며, 퀵 세이브 기능도 탑재하는 등 여러 모로 개량이 들어간 버전이다.

CERO B 괴도 애프리컷 포터블

●TAKUYO ●AVG ●2007년 10월 25일 ●5,800엔
●플레이 명수 : 1인 ●세이브 용량 : 480KB 이상

낮에는 고교생, 밤에는 괴도로 활약하는 여주인공이 목표 남성의 마음을 훔친다는 시련에 도전하는 여성용 연애 어드벤처 게임. 타 기종판에서는 미공개였던 시나리오도 플레이 가능하다.

CERO B 악마성 드라큘라 X 크로니클

●코나미디지털엔터테인먼트 ●ACT ●2007년 11월 8일 ●4,980엔
●플레이 명수 : 1인 ●세이브 용량 : 544KB 이상

PC엔진판 「악마성 드라큘라 X : 피의 윤회」의 그래픽을 3D화한 리메이크판. 원작인 PC엔진 CD-ROM판 「피의 윤회」와, PS1판 「악마성 드라큘라 X : 월하의 야상곡」도 함께 수록했다.

CERO A NBA 라이브 08

●일렉트로닉 아츠 ●SPT ●2007년 11월 8일 ●4,800엔
●플레이 명수 : 1인 (무선 대전시 : 2인) ●세이브 용량 : 3584KB 이상

NBA와 FIBA가 공인한 타이틀. NBA 각 팀의 최신 데이터는 물론, FIBA 농구 월드컵에 출전했던 국가대표팀들도 등장한다. 슈퍼스타의 슈퍼 플레이도 잘 재현해냈다.

CERO A 모두의 GOLF장 Vol.4

●소니컴퓨터엔터테인먼트 ●ETC ●2007년 11월 8일 ●5,695엔
●플레이 명수 : 1인 ●세이브 용량 : 13MB 이상

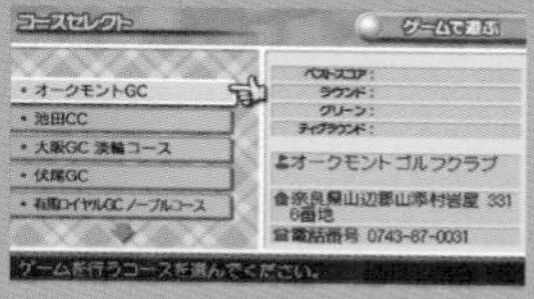

GPS 리시버를 활용하는 실용계 소프트. Vol.4는 그야말로 서일본 편으로서, 간사이·츄부 지방의 골프 코스를 수록했다. GPS 동봉판과 소프트 단품의 2가지 버전으로 발매되었다.

CERO C 당신을 용서할 수 없어

●AQ 인터랙티브 ●AVG ●2007년 11월 15일 ●4,800엔
●플레이 명수 : 1인 ●세이브 용량 : 832KB 이상

PSP 본체를 세로로 잡고 읽어 내려가는 사운드 노벨식 어드벤처 게임. 신출내기 탐정 '리리코'가, 다양한 의뢰를 해결하는 과정에서 커다란 사건의 소용돌이에 휘말려들게 된다.

던전 익스플로러 : 맹약의 문

CERO B

●허드슨 ●ARPG ●2007년 11월 15일 ●4,980엔
●플레이 명수 : 1인(통신 플레이시 : 2~3인) ●세이브 용량 : 352KB 이상

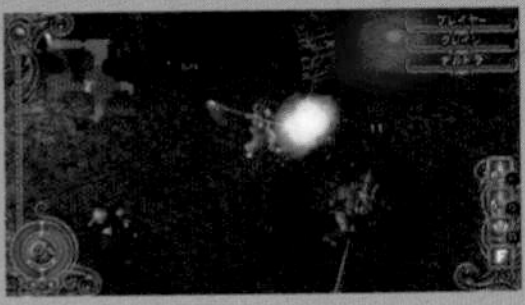

PC엔진 초기의 걸작 RPG가 완전 신작으로 리메이크됐다. 최대 3인 플레이가 가능하며, 사용 가능한 캐릭터는 총 36종류나 된다. 던전은 들어갈 때마다 구조가 바뀌는 반자동생성 맵이다.

AIR

CERO C

●프로토타입 ●AVG ●2007년 11월 22일 ●4,800엔
●플레이 명수 : 1인 ●세이브 용량 : 320KB 이상

Key의 명작 어드벤처 게임을 PSP로 이식했다. 현대의 시골 마을을 그린 'DREAM 편', 과거를 그린 'SUMMER 편', 두 스토리가 연결되는 'AIR 편'의 3부작 구성이라는 장대한 스토리다.

마계전기 디스가이아 포터블 : 통신대전 시작했습니다.

CERO A

●니폰이치 소프트웨어 ●SRPG ●2007년 11월 29일 ●2,800엔
●플레이 명수 : 1인(애드혹 모드시 : 2인) ●세이브 용량 : 405KB 이상

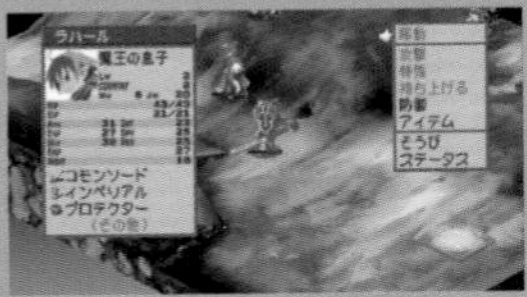

「마계전기 디스가이아 포터블」(73p)에, 무선 통신을 이용한 대전 기능을 새로 추가한 타이틀. 전작의 세이브 데이터를 이어서 플레이할 수 있으며, 전투 연출을 간략화했다.

그랜드 셉트 오토 : 바이스 시티 스토리즈

CERO Z

●캡콤 ●ACT ●2007년 12월 6일 ●4,980엔
●플레이 명수 : 1인(애드혹 모드로 통신대전시: 2~6인) ●세이브 용량 : 768KB 이상

'GTA' 시리즈의 외전작. 「그랜드 셉트 오토 : 바이스 시티」의 2년 전이 무대로서, 주인공 '랜스'와 그의 형제가 어떻게 마피아로서 성공했는지를 인간 드라마 형태로 그렸다.

크로니클 오브 던전 메이커 II

CERO A

●글로벌 A 엔터테인먼트 ●RPG ●2007년 12월 6일 ●4,800엔
●플레이 명수 : 1인 ●세이브 용량 : 224KB 이상

「크로니클 오브 던전 메이커」의 속편. 던전 제작 기능은 그대로 유지하면서도 본격적인 스토리를 추가했으며, '환수'와 '제작' 시스템을 새로이 덧붙였다.

사일런트 힐 : 오리진

CERO C

●코나미디지털엔터테인먼트 ●ACT ●2007년 12월 6일 ●4,980엔
●플레이 명수 : 1인 ●세이브 용량 : 544KB 이상

「사일런트 힐」 1편의 7년 전을 그린 프리퀄. '사일런트 힐'이란 마을에 흘러들어온 트래비스를 조작하여, 실제 세계와 이면 세계를 왕래하며 자신의 과거에 얽힌 비밀을 밝혀나간다.

마작패왕 포터블 : 단급 배틀

CERO A

●마이니치 커뮤니케이션즈 ●TBL ●2007년 12월 6일 ●3,800엔
●플레이 명수 : 1인 ●세이브 용량 : 500KB 이상

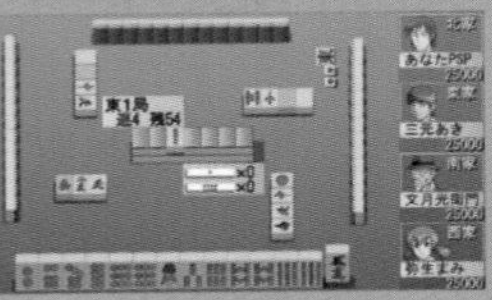

일본프로마작협회 공인 마작 게임. 협회 소속의 인기 프로 마작사 8명과 대전한다. '단위 배틀'과 '단위 문제' 초단을 클리어하면 협회가 공인하는 '초단 인정증'을 받을 수 있다.

모두의 GOLF 포터블 2

CERO A

●소니컴퓨터엔터테인먼트 ●SPT ●2007년 12월 6일 ●4,743엔
●플레이 명수 : 1인(애드혹 모드시 : 최대 8인, 인프라스트럭처 모드시 : 최대 16인) ●세이브 용량 : 1600KB 이상

「모두의 GOLF 포터블」의 모든 코스를 포함해, 총 12개 코스를 수록한 작품. 캐릭터 커스터마이즈 파츠가 늘어났으며, 무선 LAN을 이용해 최대 16명까지의 통신 대전도 가능하다.

용사 주제에 건방지다

CERO A

●소니컴퓨터엔터테인먼트 ●SLG ●2007년 12월 6일 ●3,790엔
●플레이 명수 : 1인 ●세이브 용량 : 128KB 이상

'용사'와 '마왕'의 왕도적인 대립을, 온갖 패러디와 픽셀 그래픽으로 코믹하게 묘사한 던전 건설 시뮬레이션 게임. 플레이어는 '파괴신'이 되어, 곡괭이로 던전을 넓히며 차례차례 찾아오는 용사들의 습격을 대비한다. 땅을 파면 양분·마분 농도에 따라 여러 마물이 탄생하며 먹이사슬을 형성해 번식한다는 시스템이다. 마왕을 지키고 용사를 물리치려면, 한정된 양분의 활용과 던전의 설계가 중요하다.

토크맨 트래블 : 한국/대만/중국(상하이) 편

●소니컴퓨터엔터테인먼트 ●ETC ●2007년 12월 13일 ●4,000엔
●플레이 명수 : 1인 ●세이브 용량 : 544KB 이상

여행·출장 용도에 초점을 맞춰, 다양한 상황에서 사용할 수 있는 동아시아권 언어를 번역해주는 「토크맨」 시리즈의 신작. 이성과의 교류를 도와주는 미니게임 등도 수록했다.

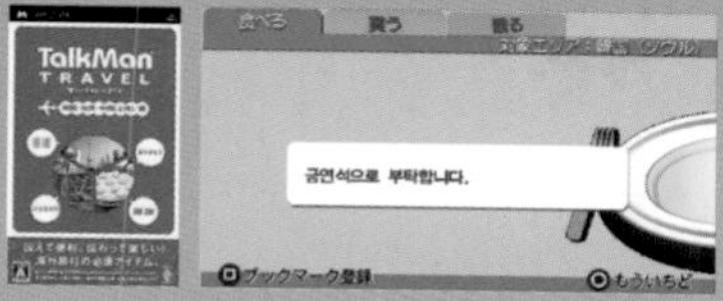

하늘의 궤적 : 마테리얼 컬렉션 포터블

●니혼팔콤 ●RPG ●2007년 12월 20일 ●3,800엔
●플레이 명수 : 1인 ●세이브 용량 : 각 소프트를 참조

「하늘의 궤적」 시리즈의 음악·일러스트·동영상을 한데 모아놓은 소재 모음집. PSP용 커스텀 테마와 배경화면은 물론이고, 다른 니혼팔콤 게임의 체험판까지도 수록했다.

어디서나 함께 : 렛츠 학교! 트레이닝 편

●소니컴퓨터엔터테인먼트 ●ETC ●2007년 12월 20일 ●800엔(소비세 포함)
●플레이 명수 : 1인 ●DL 데이터 용량 : 40MB

2006년 발매된 「어디서나 함께 : 렛츠 학교!」에서 동아리 활동만 뽑아낸 미니게임 모음집. '단어놀이'를 비롯해, 머리 회전을 도와주는 다양한 미니게임이 40종류 이상 담겨 있다.

다운로드 판매 전용 타이틀

THE FIGHTING! 포터블 : 빅토리어스 스피리츠

●ESP ●SPT ●2007년 12월 20일 ●4,800엔
●플레이 명수 : 1~2인 ●세이브 용량 : 600KB 이상

주인공 '마쿠노우치 잇포'의 스토리를 원작의 진행대로 체험한다. 다른 캐릭터의 서브 스토리까지 있다는 점은 원작 팬에게는 반가운 요소다. 통신기능을 이용한 대전도 가능하다.

파타퐁

●소니컴퓨터엔터테인먼트 ●ACT ●2007년 12월 20일 ●4,743엔
●플레이 명수 : 1인 ●세이브 용량 : 320KB 이상

플레이어가 '신'이 되어 북을 두들겨, 신비하지만 귀여운 눈알형 생물 '파타퐁'을 지휘하는 리듬 액션 게임. 앞길을 막는 적군과 거대 몬스터를 물리치며, 목적지인 '세상의 끝'까지 도달해보자. 검과 방패를 든 '방패퐁', 활을 든 '활퐁' 등 100종류의 무기·장비로 파타퐁 부대를 편성해, 30종 이상의 미션에 도전한다. 리듬과 타이밍이 중요한 미니게임도 다수 수록돼 있다.

MAPLUS : 포터블 내비게이터 2

●에디아 ●MAP ●2007년 12월 20일 ●7,900엔
●플레이 명수 : 1인 ●세이브 용량 : 102KB 이상

GPS 지원·음성안내 기능이 있는 내비게이션 소프트. 경로 안내시 유료도로 통과여부 설정도 가능하며, 선로·교차로 이름도 보기 쉽게 표시해준다. 유명 성우의 음성 데이터도 DL로 판매했다.

자이나이드

●어테인 ●STG ●2007년 12월 27일 ●4,800엔
●플레이 명수 : 1인 (애드혹 모드 통신시 2인) ●세이브 용량 : 800KB 이상

전방위에서 달려드는 적들을 발칸포와 호밍 레이저로 물리치는 3D 슈팅 게임. '자이나이드'는 이 게임 내에 등장하는 신비로운 힘의 이름으로서, 지불하면 기체 수리와 장비 구매도 가능하다.

스즈미야 하루히의 약속

●반다이남코게임즈 ●AVG ●2007년 12월 27일 ●4,800엔
●플레이 명수 : 1인 ●세이브 용량 : 704KB 이상

TV 애니메이션 '스즈미야 하루히의 우울'과 연동되는 오리지널 스토리의 어드벤처 게임. 원작과 같은 루프 전개, 감정이나 장르를 고를 수 있는 'SOS 대화' 등의 독특한 시스템이 있다.

스타 오션 First Departure

●스퀘어 에닉스 ●RPG ●2007년 12월 27일 ●4,800엔
●플레이 명수 : 1인 ●세이브 용량 : 384KB 이상

슈퍼 패미컴으로 발매된 RPG 「스타 오션」의 리메이크작. 캐릭터 디자인을 리뉴얼했고 배틀 시스템도 변경했으며, 시나리오도 여러 가지로 보완하는 등 전체적인 완성도를 높였다.

2008

PlayStation Portable Game Software Catalogue

2008년에 발매된 PSP 소프트는 전년과 엇비슷한 107종. PSP의 특성을 살린 개성적인 타이틀이 딱히 없던 가운데, 이즈음부터 PC용 게임 이식작들로 대표되는 미소녀 게임의 대두가 두드러지기 시작했다. PSP는 PS2와 마찬가지로 비교적 염가에 개발할 수 있고 소프트 판매량도 안정적이었다 보니, 이러한 경향은 계속 강해져 갔다.

CERO A 영식함상전투기 이(弐)

●글로벌 A 엔터테인먼트 ●STG ●2008년 1월 10일 ●4,800엔
●플레이 명수 : 1인 ●세이브 용량 : 288KB 이상

태평양전쟁 당시의 전투기를 조종하여 미션을 클리어하는 3D 슈팅 게임의 2번째 작품. 가상 전쟁기 느낌의 시나리오가 늘어났으며, 조종할 수 있는 항공기도 대폭 증가했다.

CERO A 월드 사커 위닝 일레븐 2008 유비쿼터스 에볼루션

●코나미디지털엔터테인먼트 ●SPT ●2008년 1월 24일 ●4,980엔
●플레이 명수 : 1인 (애드혹 대전시 : 2인) ●세이브 용량 : 1952KB 이상

PS2판과의 연동을 강화한 「위닝 일레븐」 신작. PS2판의 AI·시스템을 상당히 충실하게 재현했으며, PS2와의 데이터 링크 기능까지 탑재해 양 기종판에서 같은 데이터를 사용할 수 있다.

CERO A 유그드라 유니온

●스팅 ●SRPG ●2008년 1월 24일 ●4,743엔
●플레이 명수 : 1인 ●세이브 용량 : 384KB 이상

귀여운 캐릭터와 하드코어한 전개가 양립하는 시뮬레이션 RPG. 검과 마법의 세계를 무대로, 망국의 공주 '유그드라'와 도적 '밀라노'가 펼치는 조국 해방의 장대한 여정을 묘사했다. 턴 시작시 선택한 택틱스 카드에 의한 아군 이동력·공격력 등의 변화와, 아군 유닛으로 팀을 짜는 '유니온 시스템' 등 독특한 시스템이 많다. 2006년 발매된 「Riviera : 약속의 땅 리비에라」와 일부 세계관을 공유한다.

CERO A 세가 랠리 REVO

●세가 ●RCG ●2008년 1월 31일 ●4,800엔
●플레이 명수 : 1인 (통신시 1~4인) ●세이브 용량 : 128KB 이상

실존 차량으로 랠리 경기에 도전하는 레이싱 게임. 흙길·눈길 등의 험로를 주파하는 경기라, 노면비율을 고려해 타이어를 선택하는 것이 중요하다. 타 기종판과는 스테이지 구성이 다르다.

CERO A 태평양의 폭풍 : 전함 야마토, 새벽녘에 출격하다!

●시스템소프트 알파 ●SLG ●2008년 1월 31일 ●4,800엔
●플레이 명수 : 1인 ●세이브 용량 : 1750KB 이상

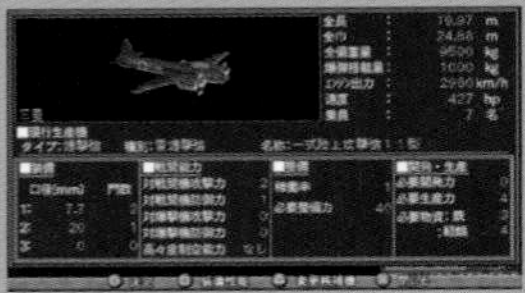

PC판 「태평양의 폭풍 5」의 이식작. 태평양전쟁을 무대로, 일본·미국 진영 중 한 쪽을 선택해 함대전과 항공전으로 적의 근거지를 점령해야 한다. 전투는 풀 3D로 전개된다.

CERO A 기동전사 건담 : 기렌의 야망 - 액시즈의 위협

●반다이남코게임즈 ●SLG ●2008년 2월 7일 ●5,800엔
●플레이 명수 : 1인 ●세이브 용량 : 128KB 이상

전략 시뮬레이션 게임 「기렌의 야망」 시리즈의 신작. 2번째 작품인 「~지온의 계보」를 기반으로 삼아, 원작 애니메이션의 '1년전쟁'부터 '역습의 샤아' 편까지를 망라한 내용이다.

CERO A 코디드 소울 : 계승되는 이데아

●소니컴퓨터엔터테인먼트 ●ARPG ●2008년 2월 7일 ●4,743엔
●플레이 명수 : 1인 ●세이브 용량 : 572KB 이상

몬스터를 동료로 삼아 함께 싸우거나, 소재로 변환시켜 무기로 만들 수 있는 던전 탐색형 액션 RPG. 던전은 자동생성형이므로, 들어갈 때마다 구조가 변화된다.

메달 오브 아너 히어로즈 2

CERO C

●일렉트로닉 아츠 ●STG ●2008년 2월 14일 ●4,800엔
●플레이 명수 : 1인 (무선 대전시 최대 8인) ●세이브 용량 : 128KB 이상

제2차 세계대전을 무대로 삼은 FPS 게임. 프랑스 셰르부르에서의 전투를 배경으로 삼았으며, 주인공 '존 버그' 중위는 스파이가 되어 8종의 스토리를 통해 임무에 도전한다.

스페이스 인베이더 익스트림

CERO A

●타이토 ●STG ●2008년 2월 21일 ●3,800엔
●플레이 명수 : 1~2인 ●세이브 용량 : 320KB 이상

「스페이스 인베이더」 탄생 30주년을 기념하여 제작된 신작 슈팅 게임. 플레이 과정과 연동하여 사운드의 재생 채널이 증감하는 '인터랙티브 사운드' 시스템을 채용했다.

무쌍 오로치

CERO B

●코에이 ●ACT ●2008년 2월 21일 ●5,280엔
●플레이 명수 : 1~2인 ●세이브 용량 : 864KB 이상

「진 삼국무쌍」과 「전국무쌍」을 크로스오버시킨 타이틀. 70명의 무장이 3인 1조로 전장에서 싸우는 통쾌한 액션 게임이다. 두 시대의 무장들을 조작해 마왕 '오로치'와 싸우자.

마이 스타일리스트

CERO A

●소니컴퓨터엔터테인먼트 ●ETC ●2008년 2월 28일 ●6,648엔
●플레이 명수 : 1인 ●세이브 용량 : 512KB 이상

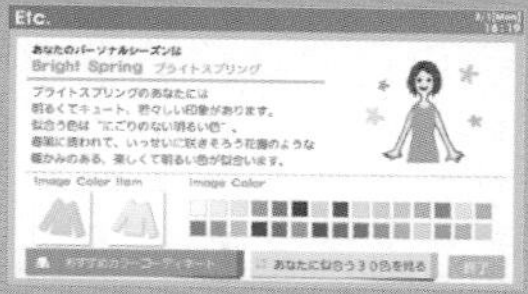

동봉된 PSP 카메라로 실제 패션 아이템을 촬영해 등록하여, 사진으로 데이터베이스를 만들어 관리하는 소프트. 화면상에서 아이템을 코디네이트해 보는 '시착 시뮬레이션'을 제공한다.

테일즈 오브 리버스

CERO A

●반다이남코게임즈 ●RPG ●2008년 3월 19일 ●4,800엔
●플레이 명수 : 1인 ●세이브 용량 : 352KB 이상

시리즈 6번째 작품의 PS2판을 이식한 타이틀. '인간'과 '수인'의 종족 간 대립을 테마로 삼은 시나리오와, '3라인 리니어 모션 배틀'이라는 독특한 전투 시스템이 특징이다.

니드 포 스피드 프로 스트리트

CERO A

●일렉트로닉 아츠 ●RCG ●2008년 3월 19일 ●4,800엔
●플레이 명수 : 1인 (무선 대전시 : 최대 4인) ●세이브 용량 : 144KB 이상

멀티플랫폼으로 발매된 레이싱 게임. 프로 스트리트 드라이버가 되어, 전 세계의 레이스에 참가해 보자. 극한까지 튜닝한 자신의 애차를 운전해, 챔피언의 영예를 노려보도록.

무한회랑

CERO A

●소니컴퓨터엔터테인먼트 ●PZL ●2008년 3월 19일 ●3,790엔
●플레이 명수 : 1인 ●세이브 용량 : 1408KB 이상

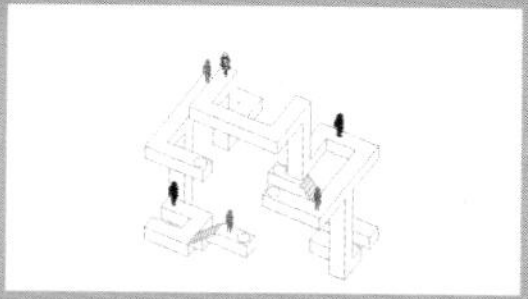

'인간의 착시'를 테마로 삼은 퍼즐 게임. 스테이지 전체를 회전시켜 시점을 바꿔가면서 연결되지 않은 길을 연결되도록 만들어, '캐스트'라는 인형을 골 지점까지 잘 유도하자.

우미하라 카와세 Portable

CERO A

●마벨러스 엔터테인먼트 ●ACT ●2008년 3월 27일 ●4,800엔
●플레이 명수 : 1인 ●세이브 용량 : 320KB 이상

PS1으로 발매된 러버링 액션 게임 「우미하라 카와세 : 슌」을 리메이크했다. 자유롭게 신축되는 로프를 잘 활용하여 골까지 이동해보자. 오리지널 추가 스테이지를 수록했다.

코드 기아스 반역의 를르슈 : 로스트 컬러즈

CERO B

●반다이남코게임즈 ●AVG ●2008년 3월 27일 ●4,800엔
●플레이 명수 : 1인 ●세이브 용량 : 512KB 이상

TV 애니메이션 '코드 기아스 반역의 를르슈'가 원작인 어드벤처 게임. 주인공은 기억을 잃은 소년으로서, 다양한 인물과 대화하는 과정에서 스토리가 분기되는 멀티 엔딩 시스템이다.

데드 헤드 프레드 : 머리 없는 탐정의 악몽

CERO D

●D3 퍼블리셔 ●ACT ●2008년 3월 27일 ●4,800엔
●플레이 명수 : 1인 ●세이브 용량 : 416KB 이상

머리를 잃어버린 주인공이, 물리친 적의 머리를 사용해가며 자신의 머리를 빼앗아간 범인을 쫓는 3D 액션 어드벤처 게임. 능력이 다른 9가지 머리를 활용해 총 12스테이지의 퍼즐을 풀자.

각종 아이콘: Best Best판 출시 / VITA 호환 PS Vita와 호환됨 / UMD Passport UMD Passport 지원

CERO B 툼 레이더 애니버서리

●스파이크 ●ACT ●2008년 3월 27일 ●4,800엔
●플레이 명수 : 1인 ●세이브 용량 : 295KB 이상

시리즈 10주년을 기념해, 시리즈 첫 작품을 최신 기술과 조작감으로 리메이크한 타이틀. 기본 스토리는 동일하나, 새로운 액션과 퍼즐을 추가하여 신선한 느낌으로 플레이할 수 있다.

CERO C 몬스터헌터 포터블 2nd G

●캡콤 ●ACT ●2008년 3월 27일 ●4,571엔
●플레이 명수 : 1인(애드혹 모드는 최대 4인까지) ●세이브 용량 : 182KB 이상

「몬스터헌터 포터블 2nd」(77p)의 업그레이드판. 다양한 추가 요소가 있는데, 특히 더욱 강력한 몬스터를 사냥할 수 있는 'G급 퀘스트'가 매력적이었기에 빅 히트작이 되었다.

CERO A 스타 오션 Second Evolution

●스퀘어 에닉스 ●RPG ●2008년 4월 2일 ●4,800엔
●플레이 명수 : 1인 ●세이브 용량 : 320KB 이상

PS1용 SF 롤플레잉 게임 「스타 오션 2」의 리메이크작. 캐릭터 일러스트와 성우가 완전 교체되었고, 풀보이스화부터 새로운 엔딩의 추가까지 다양한 개량을 가해 완성도가 올라갔다.

CERO A 넘플레 10000문제

●석세스 ●PZL ●2008년 4월 10일 ●2,800엔
●플레이 명수 : 1인 ●세이브 용량 : 192KB 이상

5단계의 난이도별로 각 2,000문제씩을 수록한 넘버 플레이스(스도쿠) 게임. 선택한 숫자가 칸에 들어갈 수 있는지를 판정해주는 힌트 표시 기능이 있고, 에디터로 문제도 제작할 수 있다.

CERO A 밴티지 마스터 포터블

●니혼팔콤 ●SRPG ●2008년 4월 24일 ●4,800엔
●플레이 명수 : 1~2인 ●세이브 용량 : 450KB 이상

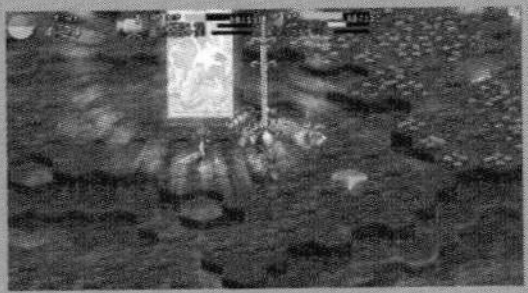

'마스터'라 불리는 정령술사가 되어, 맵상에 정령을 소환해 적 마스터를 격파하는 것이 목적인 전략 시뮬레이션 게임. 「영웅전설 하늘의 궤적」의 캐릭터도 숨겨진 마스터로 등장한다.

CERO A flOw

●소니컴퓨터엔터테인먼트 ●ACT ●2008년 4월 24일 ●800엔(소비세 포함)
●플레이 명수 : 1인(애드혹 모드시 : 최대 4인) ●DL 데이터 용량 : 92MB

다운로드 판매 전용 타이틀

미국의 심리학자가 제창한 '몰입 이론'을 바탕으로 제작한 신개념 게임. 수중을 떠다니는 크리처를 조작해, 부근의 생물들을 차례차례 포식하여 모습을 변화시켜가며 성장해야 한다.

CERO C 미스터리트 포터블 : 야소가미 카오루의 도전!

●뷰즈 ●AVG ●2008년 4월 24일 ●5,800엔
●플레이 명수 : 1인 ●세이브 용량 : 650KB 이상

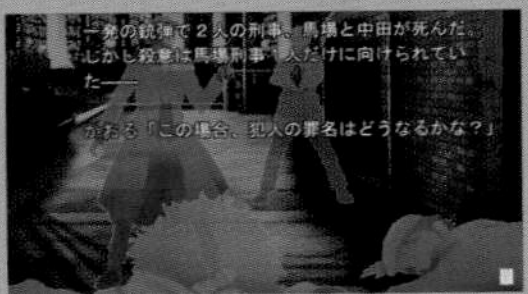

PC용 미스터리 어드벤처 게임의 이식작. 본편 외에, 총 62화의 외전격 단편 스토리 모음집과 추후 「미스터리트 2」로 이어질 것을 염두에 둔 에피소드도 함께 수록되어 있다.

CERO 教育・データベース 모두의 지도 3

●젠린 ●MAP ●2008년 4월 24일 ●5,800엔
●플레이 명수 : 1인 ●세이브 용량 : 1376KB 이상

PSP를 휴대하며 일본 각지를 탐색할 수 있는 지도 소프트. UMD 2장 구성이며, 그중 필요한 정보를 메모리 스틱에 따로 저장함으로써 유저의 사정에 맞춰 목적지를 검색할 수도 있다.

CERO A 일본의 그곳에서

●소니컴퓨터엔터테인먼트 ●MAP ●2008년 5월 1일 ●3,790엔
●플레이 명수 : 1인(애드혹 모드시 : 최대 4인) ●세이브 용량 : 416KB 이상

3D로 미니어처화된 일본 전토를 UFO로 돌아다니면서 각지를 조사하는 지도 엔터테인먼트 소프트. 발매된 해 당시에 존재했던 60만 건 이상의 시설 데이터를 수록하였다.

CERO A 가자! 겐 씨 : 해질녘의 목수 이야기

●아이렘 소프트웨어 엔지니어링 ●ACT ●2008년 5월 15일 ●4,800엔
●플레이 명수 : 1~2인 ※애드혹 모드로 통신 플레이 가능 ●세이브 용량 : 384KB 이상

아이렘 사의 인기 캐릭터 '목수 겐 씨'가 활약하는 새로운 횡스크롤 액션 게임. 필살 나무망치 공격으로 마을 사람들의 고민을 함께 날려주며, 쿠로모쿠 파의 야망을 저지하자.

CERO 등급 아이콘 A B C D Z 教育・データベース

컨텐츠 명시 아이콘 연애 선정성 폭력성 공포 음주·흡연 사행성 범죄 약물 언어·기타

경마통 포터블 : JRA 공식 데이터 22년분 수록

●마이니치 커뮤니케이션즈 ●ETC ●2008년 5월 15일 ●4,800엔
●플레이 명수 : 1인 ●세이브 용량 : 500KB 이상

과거 22년간의 중앙경마 레이스·순위·성적·혈통표·기수 등 각종 데이터를 디테일하게 수록한 데이터베이스.

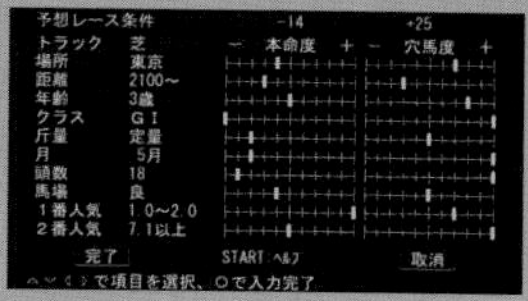

일본 경마 관련 퀴즈와 유력마 예상 등의 기능도 수록했다.

BLEACH 히트 더 소울 5

●소니컴퓨터엔터테인먼트 ●ACT ●2008년 5월 15일 ●4,743엔
●플레이 명수 : 1~2인 ●세이브 용량 : 896KB 이상

인기 만화 'BLEACH'를 원작으로 삼은 3D 대전격투 게임의 제5탄. 스토리는 '웨코문드 편'에 돌입했고, 태

그 배틀도 도중 교대제를 채용해 한층 더 몰입감을 늘렸다.

대전략 VII 익시드

●시스템소프트 알파 ●SLG ●2008년 5월 22일 ●4,800엔
●플레이 명수 : 1인 ●세이브 용량 : 900KB 이상

현대 전략게 시뮬레이션 게임의 7번째 작품. 맵에 고도 개념이 추가됐으며, 표시도 3D화되었다. 기본 모드인

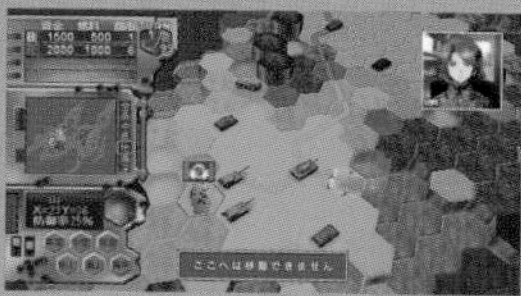

캠페인 모드 외에, 특정 조건을 달성해야 클리어되는 미션 모드가 있다.

발할라 나이츠 2

●마벨러스 엔터테인먼트 ●RPG ●2008년 5월 29일 ●4,800엔
●플레이 명수 : 오프라인 1인, 온라인 2인 ●세이브 용량 : 448KB 이상

인기 액션 RPG의 제2탄. 시나리오를 전작 이상으로 잘 다듬어, 드라마틱하고도 장엄한 스토리가 전개된다.

기본 시스템과 게임성은 전작을 계승했으나, 파고들기 요소가 늘어났다.

CLANNAD

●프로토타입 ●AVG ●2008년 5월 29일 ●5,800엔
●플레이 명수 : 1인 ●세이브 용량 : 320KB 이상

'사람과 사람 간의 인연'을 그려내 수많은 유저를 감동시킨 연애 어드벤처 게임. PS2판의 이식작이며, 주인공

'오카자키 토모야'와 '후루카와 나기사'의 만남에서 시작되는 감동 스토리다.

실황 파워풀 프로야구 포터블 3

●코나미디지털엔터테인먼트 ●SPT ●2008년 5월 29일 ●5,000엔
●플레이 명수 : 1인 (애드혹 모드 : 2인) ●세이브 용량 : 2100KB 이상

어디서나 가볍게 즐길 수 있는 휴대기판 '파워프로' 시리즈의 제3탄. 2008년 개막시 데이터 기준이며, 기존

기능에 더해 유저 요망이 많았던 '석세스' 및 '마이 라이프' 모드를 탑재했다.

메모리즈 오프

●사이버프론트 ●AVG ●2008년 5월 29일 ●4,800엔
●플레이 명수 : 1인 ●세이브 용량 : 160KB 이상

고등학생의 연애를 '추억'과 버무려 그려낸 연애 어드벤처 게임. 사고로 죽은 애인 히즈키 아야카와의 추억에

사로잡힌 주인공 미카미 토모야와, 그를 둘러싼 소녀들의 연심을 그렸다.

메모리즈 오프 2nd

●사이버프론트 ●AVG ●2008년 5월 29일 ●4,800엔
●플레이 명수 : 1인 ●세이브 용량 : 160KB 이상

사춘기에 경험하는 만남과 이별을 그린 연애 어드벤처 게임. 주인공 이나미 켄이 여름방학 한 달 동안 체험하는

애절한 이야기다. 등장하는 히로인들 각각에 개별 시나리오가 있다.

메디컬 91 for 포터블

●TAKUYO ●AVG ●2008년 6월 12일 ●5,800엔
●플레이 명수 : 1인 ●세이브 용량 : 480KB 이상

간호사 안드로이드 '유나'가, 로봇이 감정을 갖는 것이 금지된 사회에서 음모에 휘말려드는 과정을 그린 SF 어

드벤처 게임. 유나가 도망치는 데 성공해야 하는 액션 모드가 있다.

beats

●소니컴퓨터엔터테인먼트 ●ACT ●2008년 6월 19일 ●800엔(소비세 포함)
●플레이 명수 : 1인 (애드혹은 1~4인, 로비는 8인까지) ●DL 데이터 용량 :227MB

언제 어디서나 원하는 곡으로 즐길 수 있는 리듬 액션 게임. 메모리 스틱에 저장된 MP3를 이용해 연주하여 고

다운로드 판매 전용 타이틀

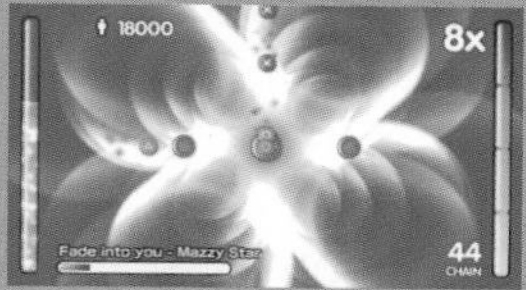

득점을 노려보자. 애드혹 기능을 이용하면 최대 4인 동시 플레이도 가능하다.

각종 아이콘 Best판 출시 / PS Vita와 호환됨 / UMD Passport 지원

HARDWARE 2004 2005 2006 2007 2008 2009 2010 2011 2012 2013 2014 2015 2016 INDEX

CERO A 슈퍼로봇대전 A 포터블

●반다이남코게임즈 ●SRPG ●2008년 6월 19일 ●6,300엔
●플레이 명수 : 1인 ●세이브 용량 : 832KB 이상

게임보이 어드밴스용 게임의 이식작. SD화된 인기 로봇들이 총집결해 싸우는 시뮬레이션 RPG다. 전투 장면의 모든 캐릭터에 음성을 추가하는 등, 호화롭게 제작했다.

CERO A 위닝 포스트 6 2008

●코에이 ●SLG ●2008년 6월 26일 ●4,800엔
●플레이 명수 : 1인 ●세이브 용량 : 2432KB 이상

전작의 시스템에 최신 레이스 프로그램과 경마계 사정을 반영시킨 타이틀. 마주 겸 생산자가 되어, 말을 육성해 일본 및 세계의 레이스에 출장시켜 세계 최고의 호스맨을 노려보자.

CERO A 검과 마법과 학원물.

●어콰이어 ●RPG ●2008년 6월 26일 ●4,800엔
●플레이 명수 : 1인 ●세이브 용량 : 576KB 이상

던전에 들어가 전투를 반복하는 핵 & 슬래시형 3D 던전 RPG. 캐릭터 디자인이 귀엽고 스토리도 라이트한 분위기지만, 게임 밸런스와 난이도는 정반대로 꽤나 하드코어하다.

CERO B 신곡주계 폴리포니카 : 0~4화 풀팩

●프로토타입 ●ETC ●2008년 6월 26일 ●4,300엔
●플레이 명수 : 1인 ●세이브 용량 : 320KB 이상

PS2로 발매된 '키네틱 노벨' 2개 작품을 한 패키지로 합본한 작품. 인간과 정령이 공존하는 이세계를 무대로 삼은 작품이며, 다방면으로 전개된 미디어믹스 시리즈의 원점에 해당한다.

CERO A 월드 네버랜드 2 in 1 포터블 : 오를루드 왕국 이야기 & 플루토 공화국 이야기

●폰펀 ●SLG ●2008년 6월 26일 ●3,800엔
●플레이 명수 : 1인 ●세이브 용량 : 1000KB 이상

가상 도시의 주민이 되어, 자유롭게 행동하며 새로운 인생을 체험하는 시뮬레이션 게임 두 작품을 한 세트로 이식한 타이틀. 1편에서 제작한 주민을 2편으로 이주시킬 수도 있다.

CERO 教育・データベース 다함께 독서 : 명작 & 추리 & 괴담 & 문학

●도라스 ●ETC ●2008년 7월 3일 ●3,800엔
●플레이 명수 : 1인 ●세이브 용량 : 130KB 이상

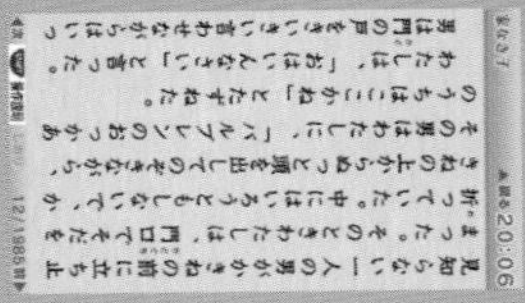

4개 장르에 걸쳐 총 131개 작품을 수록한 디지털 북 소프트. 일본 및 세계의 명작을, 4가지 서체 중 하나로 읽을 수 있다. 자동 책갈피 기능이 있어, 이어서 읽기도 편하다.

CERO D 갓 오브 워 : 체인 오브 올림푸스

●캡콤 ●ACT ●2008년 7월 10일 ●4,990엔
●플레이 명수 : 1인 ●세이브 용량 : 500KB 이상

시리즈 최초의 휴대용 게임기 작품으로서, 크레토스가 아직 신에게 복종하고 있던 1편 이전 초기 시점의 스토리를 그렸다. 상황에 따른 공격과 무기 강화 등의 시스템은 원작을 답습했다.

CERO A 신세기 GPX 사이버 포뮬러 VS

●선라이즈 인터랙티브 ●RCG ●2008년 7월 10일 ●4,800엔
●플레이 명수 : 1인 (애드혹 모드 지원 : 2인) ●세이브 용량 : 192KB 이상

같은 제목 인기 애니메이션의 세계를 재현한 근미래 레이싱 게임. 원작에도 등장했던 11명의 드라이버들과 다양한 레이스 모드로 대결하면서 머신을 튠업시켜야 한다.

CERO A 액션 로망 범피 트롯 : 비클 배틀 토너먼트

●아이렘 소프트웨어 엔지니어링 ●ACT ●2008년 7월 10일 ●4,800엔
●플레이 명수 : 1~4인 ※애드혹 모드·게임 셰어링으로 4인 대전 가능 ●세이브 용량 : 128KB 이상

PS2용 게임인 「액션 로망 범피 트롯」 시리즈의 미니게임이었던 '트롯 비클간의 배틀'에 중점을 둔 작품. 액션이 다채로워졌으며, 파츠 강화의 폭도 넓어졌다.

CERO A 건담 배틀 유니버스

●반다이남코게임즈 ●ACT ●2008년 7월 17일 ●4,800엔
●플레이 명수 : 1~4인 (애드혹 통신) ●세이브 용량 : 768KB 이상

「건담 배틀」 시리즈의 4번째 작품. 등장하는 기체·미션 모두 200종이 넘는다. 우주세기 0079부터 0093까지, 5가지 시대 중에서 자유롭게 선택하여 플레이할 수 있다.

CERO B 히메히비 : Princess Days 포터블

●TAKUYO ●AVG ●2008년 7월 17일 ●5,800엔
●플레이 명수 : 1인 ●세이브 용량 : 480KB 이상

미소년들로 가득한 남학교가 무대인 여성용 연애 어드벤처 게임. 갑자기 남학교로 전학 온 소녀의 파란만장한 이야기다. 비현실적인 설정의 스토리와 미니게임을 즐겨보자.

CERO B 인피니트 루프 : 고성이 보여준 꿈

●니폰이치 소프트웨어 ●AVG ●2008년 7월 24일 ●4,800엔
●플레이 명수 : 1인 ●세이브 용량 : 256KB 이상

유령이 된 주인공이 성 내부의 인간에 빙의하여, 그에게 꿈을 보여주어 행동을 바꿈으로써 비극을 회피시켜야 하는 어드벤처 게임. 몇 번이고 루프를 반복하여 결말을 바꿔나간다.

CERO B 영웅전설 하늘의 궤적 the 3rd

●니혼팔콤 ●RPG ●2008년 7월 24일 ●4,800엔
●플레이 명수 : 1인 ●세이브 용량 : 512KB 이상

「영웅전설 하늘의 궤적 SC」로부터 반년 후의 사건을 그린 외전격 후일담. 「하늘의 궤적」 시리즈의 캐릭터·세계관을 더욱 깊이 파고들면서, 이후 시리즈의 설정도 함께 그려냈다.

CERO B 길티기어 이그젝스 액센트 코어 플러스

●아크시스템웍스 ●ACT ●2008년 7월 24일 ●3,800엔
●플레이 명수 : 1인 (애드혹 모드시 : 2인) ●세이브 용량 : 128KB 이상

「길티기어 이그젝스」 시리즈 중 5번째 작품의 이식작. 신규 방어 시스템 '슬래시 백', 신규 공격 시스템 '포스 브레이크' 등을 탑재했고, 과거 시리즈의 플레이 모드도 선택 가능하다.

CERO B 패닉 팔레트 포터블

●TAKUYO ●AVG ●2008년 7월 31일 ●6,800엔
●플레이 명수 : 1인 ●세이브 용량 : 480KB 이상

이세계와의 계약을 저도 모르게 맺고 만 주인공이, 이를 풀기 위해 고생하는 여성용 어드벤처 게임. 「리틀 에이드 포터블」(78p)의 반년 뒤라는 설정으로서, 일부 캐릭터도 재등장한다.

CERO C PC Engine Best Collection : 은하아가씨전설 컬렉션

●허드슨 ●AVG+STG ●2008년 7월 31일 ●2,800엔
●플레이 명수 : 1인 ●세이브 용량 : 4960KB 이상

PC엔진으로 발매되었던 「은하아가씨전설 유나」 1편·2편에 「은하여경전설 사파이어」까지, 총 3개 작품을 한 패키지로 수록한 합본판. 디지털 일러스트 모음집도 수록되어 있다.

CERO B PC Engine Best Collection : 천외마경 컬렉션

●허드슨 ●RPG+ACT ●2008년 7월 31일 ●2,800엔
●플레이 명수 : 1인 ●세이브 용량 : 5888KB 이상

PC엔진 당시 엄청난 인기를 누렸던 대작 RPG 「천외마경 : ZIRIA」부터 「천외마경 Ⅱ : 만지마루」·「풍운 가부키전」 등을 합본했다. 당시 사용된 관련 일러스트도 수록돼 있다.

CERO B 판타지 스타 포터블

●세가 ●RPG ●2008년 7월 31일 ●4,800엔
●플레이 명수 : 1~4인 ●세이브 용량 : 384KB 이상

온라인 기반의 RPG 「판타지 스타 유니버스」를 휴대용 게임기용으로 개변 이식한 작품. 본편의 파생 에피소드에 해당하는 오리지널 스토리를 별도로 준비했다.

CERO C 하야리가미 2 포터블

●니폰이치 소프트웨어 ●AVG ●2008년 8월 7일 ●4,800엔
●플레이 명수 : 1인 ●세이브 용량 : 576KB 이상

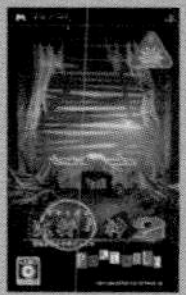
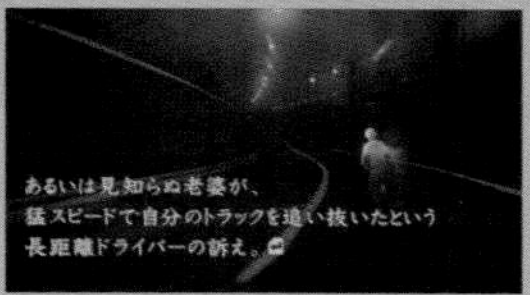

도시괴담을 소재로 삼은 기묘한 사건의 해결에 도전하는 시리즈의 제2탄. 시나리오 볼륨이 커졌으며, 분기 트리도 열람 가능해졌다. PSP판만의 신규 루트도 존재한다.

CERO B 추억으로 변하는 그대 : 메모리즈 오프

●사이버프론트 ●AVG ●2008년 8월 14일 ●4,800엔
●플레이 명수 : 1인 ●세이브 용량 : 160KB 이상

전작 「메모리즈 오프 2nd」의 1년 후를 그린 연애 어드벤처 게임. 주인공이 전 애인과의 재회를 계기로 다양한 소녀들과 만나게 되며, 연애물을 넘어선 다양한 인간 드라마가 묘사된다.

각종 아이콘 : Best판 출시 / VITA 호환: PS Vita와 호환됨 / UMD Passport 지원

CERO B 크레이지 택시 : 더블 펀치

●세가 ●ACT ●2008년 8월 14일 ●4,800엔
●플레이 명수 : 1~2인(애드혹 모드 : 2인) ●세이브 용량 : 256KB 이상

「크레이지 택시」 1·2편을 한 패키지로 압축한 이식작. 택시운전사가 되어 도시 곳곳을 호쾌한 운전으로 누비며, 최대한 많은 손님을 태워 점수를 벌자. 애드혹 대전도 가능하다.

CERO B 메모리즈 오프 : 그 이후

●사이버프론트 ●AVG ●2008년 8월 14일 ●4,800엔
●플레이 명수 : 1인 ●세이브 용량 : 160KB 이상

「메모리즈 오프 2nd」의 1년 후, 같은 학교가 무대인 시리즈 제4탄. 주인공의 전 애인, 의붓여동생, 반 친구 등 다양한 소녀들의 이야기가 각자의 시점에서 전개되는 독립된 스토리다.

CERO A 페이트/타이가 콜로세움 어퍼

●캡콤 ●ACT ●2008년 8월 28일 ●4,990엔
●플레이 명수 : 1인(통신 플레이시 2~4인) ●세이브 용량 : 504KB 이상

전작(82p)에 새로운 TYPE-MOON계 작품의 캐릭터가 추가로 참전하고, '호령주'라는 횟수제한식 강화 시스템을 덧붙였으며, 전체적인 게임 밸런스도 조정한 업그레이드 버전이다.

CERO A 가정교사 히트맨 REBORN! : 배틀 아레나

●마벨러스 엔터테인먼트 ●ACT ●2008년 9월 18일 ●4,980엔
●플레이 명수 : 1~2인 ※애드혹 모드시 2인 ●세이브 용량 : 256KB 이상

인기 애니메이션이 원작인 대전격투 게임. 당시의 최신 에피소드인 '미래편'을 기반으로 삼아 오리지널 스토리를 전개한다. 통신대전은 물론이고, 캐릭터 코스튬도 변경 가능하다.

CERO C 사무라이의 길 포터블

●스파이크 ●AVG ●2008년 9월 18일 ●3,800엔
●플레이 명수 : 1~2인 ●세이브 용량 : 192KB 이상

메이지 시대 초기가 무대인 액션 어드벤처 게임. 3대 세력 사이에서 어떻게 행동하느냐로 스토리가 다채롭게 변화한다. 무기를 지닌 자는 전부 살해 가능하며, 무기도 약탈할 수 있다.

CERO B 네오 안젤리크 Special

●코에이 ●AVG ●2008년 9월 20일 ●4,800엔
●플레이 명수 : 1인 ●세이브 용량 : 544KB 이상

PS2판의 이식작. 주인공 '안젤리크'가 오브 헌터가 되어, 매력적인 남성 4명과 함께 세계를 멸망시키려는 마물과 싸운다. 이식 과정에서 신 캐릭터와 이벤트를 추가했고 풀보이스화했다.

CERO B 대전략 대동아흥망사 : 토라·토라·토라 아군은 기습에 성공하였음

●시스템소프트 알파 ●SLG ●2008년 9월 25일 ●4,800엔
●플레이 명수 : 1인 ●세이브 용량 : 1700KB 이상

태평양전쟁을 테마로 삼아, 개전부터 종전까지의 여러 가상 전투를 일본군 및 미군의 캠페인 시나리오 형식으로 진행하는 「대전략」 시리즈 신작. 전황에 따라 전개가 분기된다.

CERO A PC Engine Best Collection : 솔저 컬렉션

●허드슨 ●STG ●2008년 9월 25일 ●2,800엔
●플레이 명수 : 1인 ●세이브 용량 : 4096KB 이상

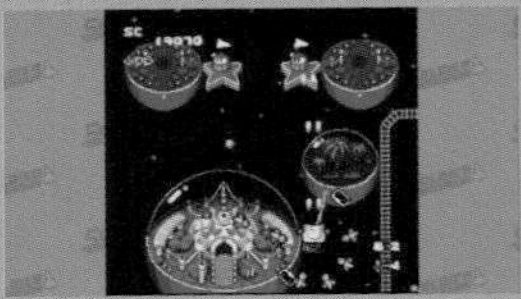

허드슨 사의 대표작인 「스타 솔저」 시리즈 중 PC엔진으로 나온 4개 타이틀을 수록했다. 타카하시 명인의 해설 동영상에선, 각 타이틀의 보스전 공략법을 타카하시 명인이 직접 해설해준다.

CERO C 프린세스 메이커 5 포터블

●사이버프론트 ●SLG ●2008년 9월 25일 ●4,800엔
●플레이 명수 : 1인 ●세이브 용량 : 896KB 이상

육성 게임 시리즈의 제5탄. 인간계를 포함한 5가지 세계가 조화를 이루는 현대를 무대로, 기억을 잃은 소녀를 8년간 키워내 다양한 가능성의 결말을 맞이하는 것이 목적이다.

CERO A 마나케미아 : 학교의 연금술사들 포터블+

●거스트 ●RPG ●2008년 9월 25일 ●4,800엔
●플레이 명수 : 1~2인 ●세이브 용량 : 352KB 이상

재료를 조합해 아이템을 생성하는 인기 시리즈의 PSP판. 주인공 '베인'이 되어 연애와 우정이 넘치는 학교생활을 보내자. 스토리는 자아찾기에서 시작하여 점차 스케일이 장대해진다.

일기당천 Eloquent Fist

CERO C

●마벨러스 엔터테인먼트 ●ACT ●2008년 10월 2일 ●4,980엔
●플레이 명수 : 1인 ●세이브 용량 : 256KB 이상

VITA 호환 / UMD Passport

만화 '일기당천'의 캐릭터들이 화려하게 날뛰는 벨트스크롤 액션 게임. 보스를 투기 필살기로 쓰러뜨리면, 원작 만화의 재미였던 코스튬 파괴가 CG로 재현되어 화면을 수놓는다.

To LOVE 트러블 : 두근두근! 바다 수련회 편

CERO B

●마벨러스 엔터테인먼트 ●AVG ●2008년 10월 2일 ●4,980엔
●플레이 명수 : 1인 ●세이브 용량 : 704KB 이상

VITA 호환 / UMD Passport

원작을 그린 만화가가 직접 감수한 오리지널 스토리의 어드벤처 게임. 여름 바다 수련회가 무대로서, 수영복을 입은 히로인들의 활약을 즐길 수 있다. 게임 오리지널 캐릭터도 등장한다.

우메자와 유카리의 참 쉬운 바둑

CERO A

●마이니치 커뮤니케이션즈 ●TBL ●2008년 10월 9일 ●4,800엔
●플레이 명수 : 1인 ●세이브 용량 : 200KB 이상

VITA 호환 / UMD Passport

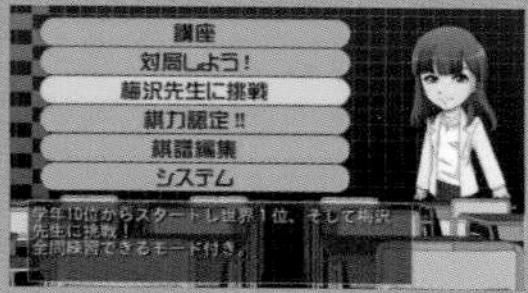

바둑의 룰과 정석 등을 배워보는 소프트. 묘수풀이·실력판정 등의 연습 모드는 물론, 일반 대국 도중 자신이 둔 수를 평가해주는 '하나부터 열까지' 모드가 있다.

마크로스 에이스 프론티어

CERO A

●반다이남코게임즈 ●ACT ●2008년 10월 9일 ●4,800엔
●플레이 명수 : 1인(애드혹 모드 지원 2~4인) ●세이브 용량 : 576KB 이상

Best

역대 '마크로스' 시리즈의 명장면을 체험할 수 있는 3D 액션 게임. 시리즈 5개 작품의 50기체 이상이 등장하며, 100종 이상의 미션이 제공된다. 발키리 특유의 3단 변신도 재현했다.

용사 주제에 건방지다 or2

CERO A

●소니컴퓨터엔터테인먼트 ●SLG ●2008년 10월 16일 ●3,790엔
●플레이 명수 : 1인 ●세이브 용량 : 320KB 이상

Best / VITA 호환 / UMD Passport

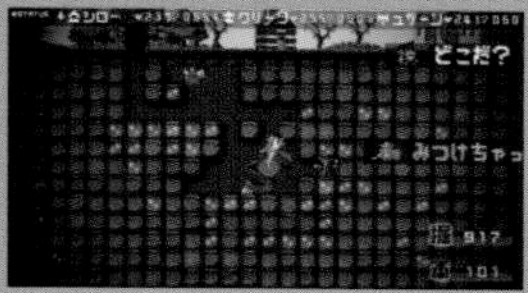

대히트한 타워 디펜스풍 게임의 속편. 시스템은 전작을 계승하였으나, 용사부터 마물에 던전까지 모든 요소가 대폭적으로 볼륨이 늘어나 게임성이 한층 더 심오해졌다.

NBA 라이브 09

CERO A

●일렉트로닉 아츠 ●SPT ●2008년 10월 23일 ●4,800엔
●플레이 명수 : 1인(무선 통신시 : 최대 2인) ●세이브 용량 : 4864KB 이상

일본 대표팀이 처음으로 등장하는 NBA 공인 농구 게임. NBA 소속 30개 팀은 물론이고, 24개 국가의 대표팀도 수록했다. 츠카모토 키요히코와 요시다 아키오가 실황·해설을 맡았다.

가넷 크로니클 : 붉은 빛의 마석

CERO B

●세가 ●RPG ●2008년 10월 23일 ●4,800엔
●플레이 명수 : 1인 ●세이브 용량 : 384KB 이상

검과 마법의 세계를 무대로 삼은 왕도 판타지 RPG. 디테일한 부분까지 심혈을 기울인 화려한 그래픽과 개성이 있는 육성 시스템, 액션성이 높은 배틀 시스템을 즐길 수 있다.

BLEACH 소울 카니발

CERO A

●소니컴퓨터엔터테인먼트 ●ACT ●2008년 10월 23일 ●4,743엔
●플레이 명수 : 1인 ●세이브 용량 : 256KB 이상

Best / VITA 호환

만화 'BLEACH'를 원작으로 삼은 횡스크롤식 배틀 액션 게임. 귀여운 SD형 캐릭터들이 80명 이상 등장한다. 커스터마이즈 기능을 탑재하여, 최강 캐릭터로 육성해볼 수도 있다.

다함께 독서 : 휴대폰 소설입니다

CERO 教育・データベース

●도라스 ●ETC ●2008년 10월 23일 ●3,800엔
●플레이 명수 : 1인 ●세이브 용량 : 130KB 이상

VITA 호환 / UMD Passport

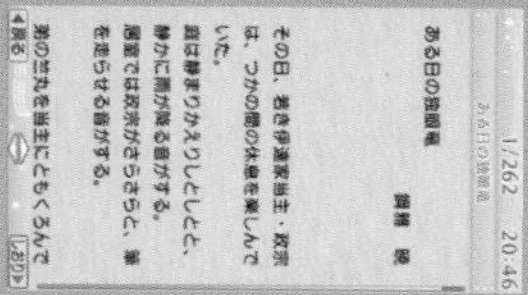

PSP로 독서를 즐기는 전자책 시리즈. 33명의 작가진이 휴대폰 소설 형태로 발표한 다채로운 장르의 86개 작품을 수록했다. 책갈피를 끼우는 형태의 오토 세이브 기능이 있다.

모에하는 마작 : 모에쟝!

CERO C

●허드슨 ●TBL ●2008년 10월 23일 ●4,800엔
●플레이 명수 : 1인 ●세이브 용량 : 288KB 이상

VITA 호환

미소녀 마작 만화 '모에쟝!'을 모티브로 삼은 4인대국 마작 게임. 캐릭터별로 특기와 선호하는 수가 있어, 개성 넘치는 플레이스타일을 보여준다. 당시 AKB48의 멤버가 성우로 참여했다.

각종 아이콘: Best Best판 출시 / VITA 호환 PS Vita와 호환됨 / UMD Passport UMD Passport 지원

카디널 아크 포터블

●아이디어 팩토리 ●TBL ●2008년 10월 30일 ●4,800엔
●플레이 명수 : 1~2인 (애드혹 통신대전 지원) ●세이브 용량 : 320KB 이상

PS2용 게임의 이식작. 주어진 카드를 이용해 적과 싸우는 전략 시뮬레이션 게임이다. 사신을 봉인해야 하는 '스토리 모드'와, 수집한 카드로 플레이하는 '대전 모드'를 탑재하였다.

스이게츠[水月] 포터블

●GN 소프트웨어 ●AVG ●2008년 10월 30일 ●4,800엔
●플레이 명수 : 1인 ●세이브 용량 : 108KB 이상

PC용 게임의 이식작. 민속학에 철학적인 내용을 섞은 연애 어드벤처 게임이다. 오리지널 요소로서 캐릭터 보이스와 신규 CG를 추가했고, 팬 디스크의 컨텐츠도 함께 수록했다.

ZERO PILOT : 제3차 세계대전 1946

●글로벌 A 엔터테인먼트 ●STG ●2008년 11월 13일 ●4,800엔
●플레이 명수 : 1인 ●세이브 용량 : 288KB 이상

제2차 세계대전을 소재로 삼은 가상 전쟁물. 직후 제3차 세계대전이 새로 발발했음을 상정한 미션을 파일럿 시점으로 묘사한다. 제로센 외에 타국의 항공기도 사용할 수 있다.

전국그림패유희 두견새 : HOTOTOGISU 란(乱)

●아이렘 소프트웨어 엔지니어링 ●TBL ●2008년 11월 13일 ●4,800엔
●플레이 명수 : 1~2인 (애드혹 모드로 2인까지 대전 가능) ●세이브 용량 : 608KB 이상

일본 전국시대가 무대인 트레이딩 카드 게임. 280종류의 카드로 덱을 구성하여 대전한다. 날씨 변화와 시간 개념 등, 디지털 카드 게임이기에 가능한 오리지널 시스템도 넣었다.

주문해보자! 우리들의 세계

●글로벌 A 엔터테인먼트 ●RPG ●2008년 11월 13일 ●4,800엔
●플레이 명수 : 1인 ●세이브 용량 : 320KB 이상

플레이어가 주문한 세계에서 모험하는 RPG. 모험 작성 시설 '어드벤처 서비스'에서는 필드의 넓이부터 몬스터 속성, 보물상자 개수에 이르기까지 자신의 취향에 맞춰 주문 가능하다.

FIFA 09

●일렉트로닉 아츠 ●SPT ●2008년 11월 13일 ●4,800엔
●플레이 명수 : 1인 (무선 통신시 : 최대 4인) ●세이브 용량 : 2272KB 이상

세계 최고 팀간의 대결을 즐길 수 있는 축구 게임. FIFA 공인 작품이며, 유럽을 중심으로 30개 리그와 44개국 대표팀에 소속된 약 600명의 선수 거의 대부분이 실명으로 등장한다.

기동전사 건담 : 건담 VS. 건담

●반다이남코게임즈 ●ACT ●2008년 11월 20일 ●4,800엔
●플레이 명수 : 1인 (통신 플레이시 2~4인) ●세이브 용량 : 384KB 이상

'건담' 시리즈 총 16개 작품의 기체들로 싸우는 2 : 2 팀 배틀 게임. 원호기체를 호출하는 '모빌 어시스트' 등의 신규 요소를 탑재했으며, 무장 변경·자폭 등의 액션도 재현했다.

시크릿 에이전트 클랭크

●소니컴퓨터엔터테인먼트 ●ACT ●2008년 11월 20일 ●4,743엔
●플레이 명수 : 1인 ●세이브 용량 : 416KB 이상

인기 시리즈 「라쳇 & 클랭크」의 '클랭크'가 단독 주인공으로 활약하는 액션 게임. '잠입 공작' 중심의 다채로운 플레이를 즐길 수 있다. 라쳇 등의 동료 캐릭터로도 플레이 가능하다.

프리니 : 제가 주인공해도 되겠습니까?

●니폰이치 소프트웨어 ●ACT ●2008년 11월 20일 ●4,980엔
●플레이 명수 : 1인 ●세이브 용량 : 128KB 이상

「마계전기 디스가이아」의 최약체 캐릭터 '프리니'가 주인공인 액션 게임. 목숨 1,000마리로 시작한다는 전대미문의 전개를 자랑한다. 마구 죽어가면서 적의 패턴을 외워야 한다.

영웅전설 하늘의 궤적 세트

●니혼팔콤 ●RPG ●2008년 11월 27일 ●9,800엔
●플레이 명수 : 1인 ●세이브 용량 : 소프트별로 다름

롱셀러 히트작 등극을 기념하여, 「영웅전설 하늘의 궤적」 시리즈 3개 작품을 한 패키지에 통합하여 저렴한 가격으로 발매한 한정상품. 각 소프트별로 디스크 매체가 독립되어 있다.

싸움대장 3 : 전국 제패

CERO C (15才以上対象)

●스파이크 ●ACT+AVG ●2008년 11월 27일 ●4,980엔
●플레이 명수 : 1인(애드혹 모드 2인) ●세이브 용량 : 300KB 이상

수학여행지로 인기가 많은 고도 '교토'를 무대로 삼은 격투 액션 게임. 7일간의 수학여행동안, 교토로 집결한 47도도부현의 대장들을 물리치고 전국을 제패하여 최강의 칭호를 따내자.

파타퐁 2 : 동챠카♪

CERO A (全年齢対象)

●소니컴퓨터엔터테인먼트 ●ACT ●2008년 11월 27일 ●4,743엔
●플레이 명수 : 1인(애드혹 모드시 : 1~4인) ●세이브 용량 : 384KB 이상

2007년 발매했던 「파타퐁」의 속편. 스테이지 및 아이템 수가 2배 이상으로 늘어났으며 유닛 추가, 미니게임, 성장 시스템, 최대 4인 플레이 가능 등의 신규 요소를 탑재하였다.

쓰르라미 데이브레이크 포터블

CERO B (12才以上対象)

●알케미스트 ●ACT ●2008년 11월 27일 ●5,800엔
●플레이 명수 : 1~4인 ●세이브 용량 : 384KB 이상

동인 게임의 이식판. 「쓰르라미 울 적에」의 캐릭터들이 태그 배틀로 싸우는 3D 대전 액션 게임이다. 이식하면서 그래픽을 리뉴얼했으며, 스토리를 비롯해 여러 시스템을 추가했다.

별빛 선물 포터블

CERO B (12才以上対象)

●TAKUYO ●AVG ●2008년 11월 27일 ●5,800엔
●플레이 명수 : 1인 ●세이브 용량 : 480KB 이상

전교생 3명의 폐교 직전 시골 학교에 주인공이 전학을 오며, 졸업 전까지 남학생들과 교류하는 과정을 그린 여성용 게임. 별점으로 궁합을 본 후부터 발생하는 일상의 변화가 게임의 핵심이다.

무쌍 오로치 마왕재림

CERO B (12才以上対象)

●코에이 ●ACT ●2008년 11월 27일 ●5,280엔
●플레이 명수 : 1~2인 ●세이브 용량 : 800KB 이상

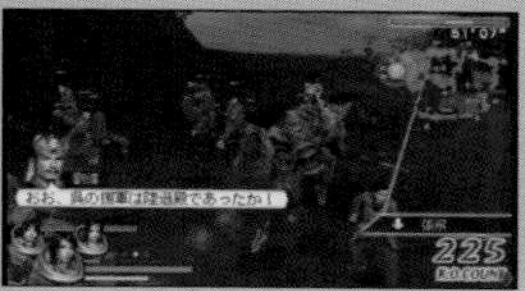

2008년 발매했던 「무쌍 오로치」의 속편. 삼국지와 전국시대의 영웅들은 물론이고, 손오공·히미코 등의 오리지널 캐릭터도 등장한다. 신규 모드와 신규 액션도 즐길 수 있다.

모에모에 2차대전(략)☆디럭스

CERO C (15才以上対象)

●시스템소프트 알파 ●SLG ●2008년 11월 27일 ●4,800엔
●플레이 명수 : 1인 ●세이브 용량 : 1730KB 이상

「대전략」의 시스템을 간략화하고, 유닛으로 등장하는 제2차 세계대전 당시의 병기를 소녀형으로 의인화한 시뮬레이션 게임. 대미지를 받으면 컷인 연출로 장갑 파손 CG가 나온다.

유희왕 듀얼몬스터즈 GX 태그 포스 3

CERO A (全年齢対象)

●코나미디지털엔터테인먼트 ●TBL ●2008년 11월 27일 ●5,000엔
●플레이 명수 : 1인(애드혹 모드 지원시 : 4인) ●세이브 용량 : 500KB 이상

인기 카드 배틀 게임의 제3탄. 카드 3,500장 이상을 수록해, 더욱 치열한 듀얼이 펼쳐진다. 스토리는 TV 애니메이션판 'GX'의 종반부까지를 재현했으며, 신 캐릭터도 등장한다.

로코로코 2

CERO A (全年齢対象)

●소니컴퓨터엔터테인먼트 ●ACT ●2008년 12월 4일 ●4,743엔
●플레이 명수 : 1인 ●세이브 용량 : 160KB 이상

행성 전체를 기울여 '로코로코'를 골인 지점까지 유도하는 바운스 액션 게임의 속편. 데모 동영상을 추가해 스토리를 강화했으며, 캐릭터·각종 장치·미니게임 등도 증가했다.

쯔바이!!

CERO A (全年齢対象)

●니혼팔콤 ●ARPG ●2008년 12월 11일 ●4,800엔
●플레이 명수 : 1인 ●세이브 용량 : 480KB 이상

타이틀명대로, '피피로'와 '포크루'라는 2명의 주인공을 실시간 전환하면서 마법을 구사해 적을 물리치는 액션 RPG. 코믹하고 밝은 세계관이 매력인 게임이다.

신내림 : 점술입니다.

CERO A (全年齢対象)

●도라스 ●ETC ●2008년 12월 18일 ●3,800엔
●플레이 명수 : 1인 ●세이브 용량 : 130KB 이상

'Pezzo'라는 카드를 이용하는 카드 점술, 생일로 보는 성격 진단, 이름을 입력해 점을 치는 성명 판단 등의 기능이 있는 점술 소프트다. 커플의 이름을 넣어 궁합 진단도 해볼 수 있다.

CERO A 크림즌 룸 : 리버스

●석세스 ●AVG ●2008년 12월 18일 ●2,980엔
●플레이 명수 : 1인 ●세이브 용량 : 640KB 이상

VITA 호환

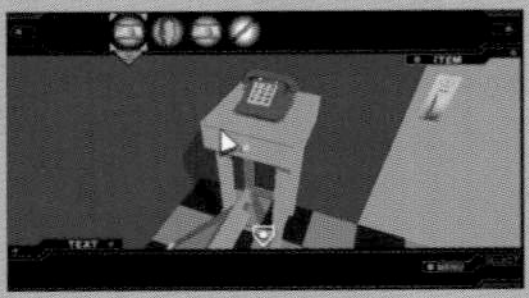

플래시로 제작됐던 인기 방탈출 웹 게임의 이식작. 화면상의 물체를 클릭하고 아이템을 활용하여 퍼즐을 풀어나간다. 총 4개의 룸이 있고, 이면세계인 '리버스 모드'도 존재한다.

CERO A 최강 쇼기 BONANZA

●석세스 ●TBL ●2008년 12월 18일 ●3,800엔
●플레이 명수 : 1~2인 ●세이브 용량 : 512KB 이상

VITA 호환

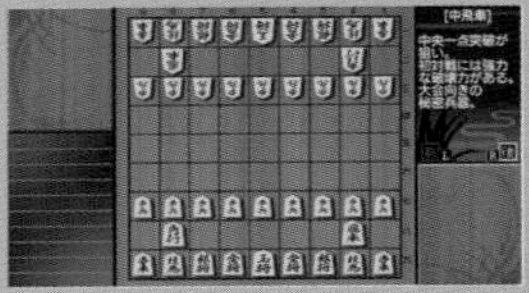

강력한 쇼기 AI 엔진 'BONANZA'를 탑재한 쇼기 소프트. 컴퓨터와의 대국 외에 100문제의 박보장기, 통신대국, 해설이 내장된 정석 관람 등의 모드가 있다.

CERO A 스타 스트라이크 포터블

●소니컴퓨터엔터테인먼트 ●STG ●2008년 12월 18일 ●800엔(소비세 포함)
●플레이 명수 : 1인 ●DL 데이터 용량 : 73MB

VITA 호환

다운로드 판매 전용 타이틀

PS3용 게임의 이식작. 화면을 가득 메우는 탄막을 피하면서 적을 격파하는 슈팅 게임이다. PS3판 당시 추가 DLC로 발매되었던 '싱글 플레이어 익스팬션'을 기본 내장했다.

CERO B 솔페지오 : Sweet Harmony

●경호 웍스 ●AVG ●2008년 12월 18일 ●5,800엔
●플레이 명수 : 1인 ●세이브 용량 : 640KB 이상

VITA 호환 UMD Passport

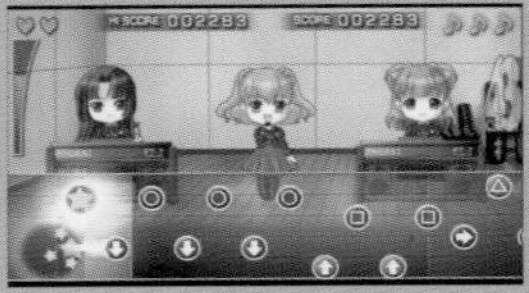

명문 여학교에 재학중인 주인공이, 음악을 통해 동경하는 사람에게 마음을 전한다는 스토리의 게임. 어드벤처 파트와 뮤직 액션 파트의 2가지 모드로 게임이 진행된다.

CERO C 디시디아 파이널 판타지

●스퀘어 에닉스 ●ACT ●2008년 12월 18일 ●5,800엔
●플레이 명수 : 1인 (애드혹 모드시 : 2인) ●세이브 용량 : 498KB 이상

VITA 호환 UMD Passport

역대 「파이널 판타지」 시리즈의 주인공 캐릭터들이 한 세계에 집결해 싸우는 대전 액션 게임. 각 캐릭터별 능력·특징을 살린 다채로운 액션이 특징이며, 신개념의 육성 시스템을 탑재하였다.

CERO B 니드 포 스피드 언더커버

●일렉트로닉 아츠 ●RCG ●2008년 12월 18일 ●5,000엔
●플레이 명수 : 1인 (무선 통신시 : 최대 4인) ●세이브 용량 : 448KB 이상

VITA 호환 UMD Passport

무대가 다시 공공도로로 바뀐 카 레이싱 게임. 시리즈의 원점인 경찰차와의 치열한 카체이스가 부활했다. 실존 인기 차종이 등장하며, 히로인으로 여배우 '매기 Q'를 기용했다.

CERO A 햄스터 채널

●에이치아이 ●ETC ●2008년 12월 18일 ●2,800엔(소비세 포함)
●플레이 명수 : 1인 ●DL 데이터 용량 : 26MB

VITA 호환

다운로드 판매 전용 타이틀

햄스터를 테마로 삼은 애완동물 관찰 게임. '자동 털 생성 시스템'을 탑재하여, 뉴스·스포츠 등 각 채널별로 등장하는 햄스터의 털 상태가 다양하게 바뀐다.

CERO B 비색의 조각 포터블

●아이디어 팩토리 ●AVG ●2008년 12월 18일 ●4,800엔
●플레이 명수 : 1인 ●세이브 용량 : 672KB 이상

VITA 호환

PS2용 게임의 이식판. 일본 신화 기반의 중세 일본풍 판타지 어드벤처 게임으로서, '오니키리마루'라는 칼을 봉인할 힘을 지닌 소녀와, 수호자로서 그녀를 지키는 소년들의 이야기다.

CERO B 우리들의 서바이벌 게임 포터블

●베스트미디어 ●STG ●2008년 12월 25일 ●4,800엔
●플레이 명수 : 1인 (대전시 2~4인) ●세이브 용량 : 160KB 이상

서바이벌 게임을 테마로 삼은 액션 슈팅 게임. 어태커·스나이퍼 등의 여러 타입 중 하나를 선택해, 섬멸전·플래그전 등의 4가지 룰로 서바이벌 게임에 참가하여 승리를 노린다.

CERO B 체리 블러섬 포터블

●TAKUYO ●AVG ●2008년 12월 25일 ●5,800엔
●플레이 명수 : 1인 ●세이브 용량 : 480KB 이상

VITA 호환 UMD Passport

전교생 기숙사제의 남학교를 무대로, 학교 행사와 이벤트를 통해 관계를 쌓아가는 육성형 보이즈 러브 게임. 주인공의 '적극도' 수치에 따라 커플링의 공수를 전환할 수 있다.

CERO 등급 아이콘 A B C D Z 교육·데이터베이스

컨텐츠 명시 아이콘 연애 선정성 폭력성 공포 음주·흡연 사행성 범죄 약물 언어·기타

2009

PlayStation Portable
Game Software
Catalogue

2009년의 PSP용 게임 발매종수는 전년 대비 대폭 늘어난 총 194타이틀이다. 가정용 게임기 시장이 PS2에서 PS3로 넘어가자 PS3와의 상호연동 기능이 있는 PSP가 재조명된 것과, PS2로 소프트를 개발하던 제작사들이 타깃 플랫폼을 PSP로 옮긴 것이 원인이라 하겠다. 또한, 다운로드 판매도 이해부터 본격 활성화되었다.

CERO B Zill O'll 인피니트 플러스

●코에이 ●RPG ●2009년 1월 22일 ●4,800엔
●플레이 명수 : 1인 ●세이브 용량 : 160KB 이상

플레이어의 행동에 따라 스토리가 변화하는 '프리 시나리오 시스템'이 특징인 RPG. PS2판을 기반으로 하여 시나리오·이벤트·캐릭터를 추가했으며, 컬렉션 시스템도 강화시켰다.

CERO A 북두의 권 라오우 외전 하늘의 패왕

●인터채널 ●ACT ●2009년 1월 22일 ●4,800엔
●플레이 명수 : 1인 (애드혹 모드 2인) ●세이브 용량 : 128KB 이상

대히트 만화 '북두의 권'의 외전격 작품이 소재인 대전격투 게임. 간단한 조작과 경쾌한 반응, 배치된 오브젝트의 파괴 연출 등, 초보자라도 재미있게 즐길 수 있도록 설계되어 있다.

CERO A 소울이터 : 배틀 레조넌스

●반다이남코게임즈 ●ACT ●2009년 1월 29일 ●4,800엔
●플레이 명수 : 1인 (통신시 2인) ●세이브 용량 : 288KB 이상

애니메이션으로도 호평 받았던 인기 만화의 게임판. 원작의 중요 요소 '혼의 공명'을 간편하게 발동 가능한 격투 액션 게임이다. 원작의 스토리와 'if' 스토리가 완전 풀보이스로 펼쳐진다.

CERO A 테일즈 오브 더 월드 : 레디언트 마이솔로지 2

●반다이남코게임즈 ●RPG ●2009년 1월 29일 ●4,952엔
●플레이 명수 : 1인 ●세이브 용량 : 672KB 이상

2006년 발매됐던 「테일즈 오브 더 월드」의 속편. 캐릭터가 31명 추가되어 총 51명이나 등장한다. 캐릭터 메이킹의 폭이 넓어졌고, 헤어스타일·표정·목소리의 패턴도 늘어났다.

CERO C 메모리즈 오프 #5 : 끊어진 필름

●5pb. ●AVG ●2009년 1월 29일 ●4,800엔
●플레이 명수 : 1인 ●세이브 용량 : 160KB 이상

전작 「~그 이후」의 2개월 뒤부터 시작되는 연애 어드벤처 게임. 영화제작의 꿈을 포기했던 주인공이, 친구의 죽음과 관련이 있다는 소녀와 만나 영화에의 열정을 되찾아간다는 이야기다.

CERO A 월드 사커 위닝 일레븐 2009

●코나미디지털엔터테인먼트 ●SPT ●2009년 1월 29일 ●4,743엔
●플레이 명수 : 1인 (네트워크 대전시 : 2인) ●세이브 용량 : 2176KB 이상

전작에서 한층 더 진화된 '위닝' 시리즈 신작. 당시의 최신 데이터 적용과 CG 퀄리티 업은 물론, 프로 축구선수의 인생을 게임으로 체험해보는 '비컴 어 레전드' 모드를 탑재하였다.

CERO B 원격수사 : 진실을 향한 23일간

●소니컴퓨터엔터테인먼트 ●AVG ●2009년 2월 5일 ●4,743엔
●플레이 명수 : 1인 ●세이브 용량 : 320KB 이상

구치소 안에서 사건의 진상을 밝혀내는 누명 탈출 어드벤처 게임. 실력파 형사의 심문을 받아가면서 사건의 단서를 모아보자. 구류기간인 23일 내에 자신의 무죄를 증명해야 한다.

CERO A 숀 화이트 스노보드

●UBISOFT ●SPT ●2009년 2월 5일 ●4,800엔
●플레이 명수 : 1인 (애드혹 모드시 : 2인) ●세이브 용량 : 128KB 이상

세계 각국의 슬로프를 재현하여, 다양한 트릭을 구사하며 활주하는 스노보드 게임. 전설의 스노보드 선수 숀 화이트로부터 기술을 배우거나, 함께 보드를 타는 체험을 할 수 있다.

각종 아이콘: Best판 출시 / VITA 호환: PS Vita와 호환됨 / UMD Passport 지원

CERO A 브레인 챌린지

●게임로프트 ●ETC ●2009년 2월 5일 ●500엔(소비세 포함)
●플레이 명수 : 1인(애드혹 모드시 : 2~4인) ●DL 데이터 용량 : 44MB

다운로드 판매 전용 타이틀

뇌력(두뇌의 능력)을 게임으로 증강시키는 퍼스널 트레이닝 프로그램. 기억·시각·수학·논리·집중 등 총 7개 분야의 미니게임을 탑재하여, 두뇌의 움직임을 활성화시킬 수 있다.

CERO B 미드나이트 클럽 : L.A. 리믹스

●스파이크 ●RCG ●2009년 2월 5일 ●4,800엔
●플레이 명수 : 1~4인 ●세이브 용량 : 480KB 이상

로스앤젤레스를 무대로 삼은 카 레이싱 게임. 다종다양한 머신의 커스터마이즈를 지원하여, 정규 라이선스 하에 풍부한 파츠를 머신과 조합할 수 있다. 인테리어의 개조도 가능하다.

CERO A 기동전사 건담 : 기렌의 야망 – 액시즈의 위협 V

●반다이남코게임즈 ●SLG ●2009년 2월 12일 ●5,238엔
●플레이 명수 : 1인 ●세이브 용량 : 128KB 이상

전략 시뮬레이션 게임 「~액시즈의 위협」의 업그레이드판. 신규 시나리오 '템 레이 군'과 50종류 이상의 병기, 5명의 캐릭터가 추가되었으며, 제공되는 난이도도 더욱 다양해졌다.

CERO C 천주 4

●프롬 소프트웨어 ●ACT ●2009년 2월 12일 ●4,800엔
●플레이 명수 : 1인 ●세이브 용량 : 128KB 이상

스릴과 통쾌함이 일품인 본격 닌자 액션 게임의 제4탄. Wii판의 이식작으로서, 스텔스 액션과 일격필살 액션을 즐길 수 있다. 통신 기능을 이용한 협력임무 모드도 신규 탑재했다.

CERO B 아이돌마스터 SP : 퍼펙트 선

●반다이남코게임즈 ●SLG ●2009년 2월 19일 ●4,800엔
●플레이 명수 : 1인(애드혹 모드 지원 : 2~3인) ●세이브 용량 : 672KB 이상

아케이드판의 시스템으로 아마미 하루카, 타카츠키 야요이, 키쿠치 마코토 3명의 신규 스토리를 진행하며 프로듀스하자. Xbox 360판과 동일한 프리 프로듀스 모드도 탑재하였다.

CERO B 아이돌마스터 SP : 원더링 스타

●반다이남코게임즈 ●SLG ●2009년 2월 19일 ●4,800엔
●플레이 명수 : 1인(애드혹 모드 지원 : 2~3인) ●세이브 용량 : 672KB 이상

하기와라 유키호, 미나세 이오리, 후타미 아미·마미 4명의 신규 스토리를 진행하며 프로듀스를 즐긴다. 약속 시스템이 추가되어, 성공 여부에 따라 보너스 혹은 페널티가 부가된다.

CERO B 아이돌마스터 SP : 미싱 문

●반다이남코게임즈 ●SLG ●2009년 2월 19일 ●4,800엔
●플레이 명수 : 1인(애드혹 모드 지원 : 2~3인) ●세이브 용량 : 672KB 이상

키사라기 치하야, 미우라 아즈사, 아키즈키 리츠코 3명의 신규 스토리를 진행하며 프로듀스를 즐길 수 있다. 애드혹 모드를 이용한 합동 세션이나 명함 교환도 가능하다.

CERO C 가면의 메이드가이 : 뽀요용 배틀로얄

●가젯 소프트 ●ACT ●2009년 2월 26일 ●4,800엔
●플레이 명수 : 1인 ●세이브 용량 : 352KB 이상

애니메이션으로도 호평 받았던 인기 만화의 게임판. 메이드가이가 만든 게임 내에서 등장인물들이 싸우는 대전 격투 게임이다. 원작의 분위기를 재현했고, 봉사 미니게임 등도 탑재했다.

CERO A 금색의 코르다 2 포르테

●코에이 ●SLG ●2009년 2월 26일 ●5,280엔
●플레이 명수 : 1인 ●세이브 용량 : 544KB 이상

인기 시리즈의 제2탄. 가을·겨울이 무대로서, 신규 캐릭터를 추가하였다. 이벤트에 문화제·체육제·정기시험 등이 추가되었으며, 계절에 맞춰 캐릭터의 복장이 달라지기도 한다.

CERO B 진 삼국무쌍 멀티 레이드

●코에이 ●ACT ●2009년 2월 26일 ●4,800엔
●플레이 명수 : 1~4인 ●세이브 용량 : 448KB 이상

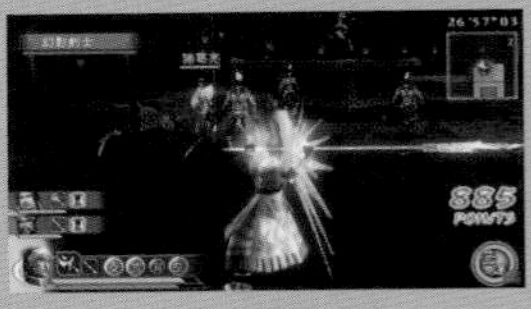

멀티플레이가 진화된 「진 삼국무쌍」 신작. 기존의 컨셉을 리뉴얼하여 '거점 제압'에 초점을 맞췄다. 거점을 제압하면 입수할 수 있는 무기 소재를 이용해 최강 무기를 획득해보자.

CERO A 드래곤 댄스

●석세스 ●PZL ●2009년 2월 26일 ●3,800엔
●플레이 명수 : 1인 ●세이브 용량 : 128KB 이상

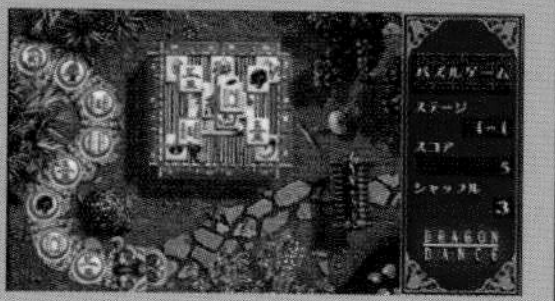

드래곤의 등에 그려진 그림과 같은 종류의 마작패를 빼나가며, 드래곤이 문까지 도달하기 전에 모든 패를 없애야 하는 액션 퍼즐 게임. '상하이'와 룰이 동일한 모드도 수록했다.

CERO B 미마나 이아르 크로니클

●경호 웍스 ●RPG ●2009년 2월 26일 ●5,800엔
●플레이 명수 : 1인 (네트워크 플레이 비지원) ●세이브 용량 : 288KB 이상

'삶의 의미'가 테마인 PSP용 오리지널 RPG. 고전적인 분위기의 타이틀로서, 정확한 타이밍에 버튼을 누르면 공격이 전부 크리티컬로 들어간다는 독특한 시스템이 있다.

CERO B 유어 메모리즈 오프 : 걸즈 스타일

●5pb. ●AVG ●2009년 2월 26일 ●4,800엔
●플레이 명수 : 1인 ●세이브 용량 : 192KB 이상

「메모리즈 오프」 시리즈 최초의 여성용 타이틀. 시리즈의 컨셉은 유지하면서도 새로운 스토리를 구축했다. 주인공 시나리오가 종료되면 다른 캐릭터 시점의 시나리오를 플레이할 수 있다.

CERO A 플라네타리안 : 작은 별의 꿈

●프로토타입 ●AVG ●2009년 2월 28일 ●2,857엔
●플레이 명수 : 1인 ●세이브 용량 : 320KB 이상

게임 도중의 선택지를 줄이고 연출 요소를 강화시킨 '키네틱 노벨' 장르의 제1탄. 황폐해진 근미래를 무대로, 플라네타륨에 홀로 남은 로봇 소녀와의 교류를 그려낸 작품이다.

CERO C Ever17 : the out of infinity PREMIUM EDITION

●사이버프론트 ●AVG ●2009년 3월 12일 ●4,800엔
●플레이 명수 : 1인 ●세이브 용량 : 608KB 이상

여러 기종으로 발매되어 호평 받은 어드벤처 게임의 이식판. 돌연 붕괴 위기에 처한 해양 테마파크에서 탈출하기까지의 스토리다. 두 주인공 중 하나가 되어, 숨겨진 비밀에 도전하자.

CERO C Never7 : the end of infinity

●사이버프론트 ●AVG ●2009년 3월 12일 ●4,800엔
●플레이 명수 : 1인 ●세이브 용량 : 608KB 이상

7명의 남녀가 스토리를 전개하는 연애 어드벤처 게임. 끝없는 죽음의 루프를 탈출하며 진행하는 명작이다. 디렉터 나카자와 타쿠미가 직접 완전 이식해냈으며, 용어해설 기능도 탑재했다.

CERO C 레지스탕스 : 레트리뷰션

●소니컴퓨터엔터테인먼트 ●STG ●2009년 3월 12일 ●4,743엔
●플레이 명수 : 1인 (애드혹·인프라스트럭처 : 최대 8인) ●세이브 용량 : 736KB 이상

인기 FPS 시리즈의 스핀오프작. PS3판 1편과 2편 사이를 그린 작품으로서, 오리지널 주인공으로 키메라와의 전투를 즐길 수 있다. 초보자용으로 '록온 어시스트' 기능도 탑재하였다.

CERO B 아야카시비토 : 환요이문록 포터블

●딤플 ●AVG ●2009년 3월 19일 ●4,800엔
●플레이 명수 : 1인 ●세이브 용량 : 608KB 이상

PS2판의 이식작. 인간을 괴물로 만드는 괴병이 만연해 있는, 세계대전 후의 일본이 무대인 미소녀 어드벤처 게임이다. 이식하면서 신규 CG·히로인을 추가했고, 2종류의 화면 모드를 탑재했다.

CERO A 삐뽀사루 겟츄 : 삐뽀사루 전기

●소니컴퓨터엔터테인먼트 ●RPG ●2009년 3월 19일 ●4,743엔
●플레이 명수 : 1인 ●세이브 용량 : 128KB 이상

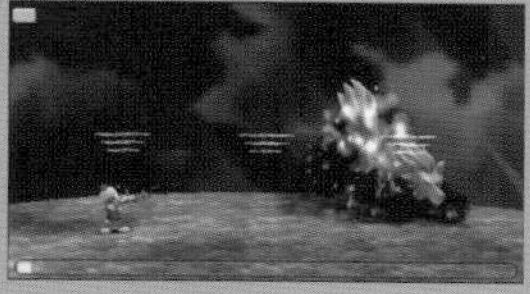

「삐뽀사루 겟츄」 시리즈 최초의 RPG. 삐뽀사루 왕자가, 실수로 풀어버린 마물의 봉인을 복구하기 위해 모험을 떠난다. 게임 전체에 가득한, 특유의 얼빠진 분위기가 일품이다.

CERO B 제로 초형귀

●경호 웍스 ●STG ●2009년 3월 19일 ●5,800엔
●플레이 명수 : 1인 (네트워크 플레이 비지원) ●세이브 용량 : 448KB 이상

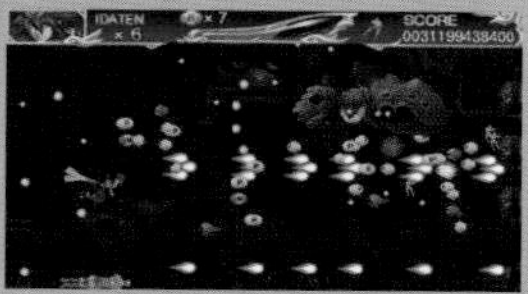

독특한 존재감으로 유명했던 PC엔진용 횡스크롤 슈팅 게임 「초형귀」를 원점회귀 형태로 되살린 부활작. 원작에서 호평 받았던 하야마 코지의 BGM은 물론, 신곡까지 수록했다.

각종 아이콘: Best판 출시 / VITA 호환: PS Vita와 호환됨 / UMD Passport 지원

토모요 애프터 : It's a Wonderful Life - CS Edition

CERO B

●프로토타입 ●AVG ●2009년 3월 19일 ●4,800엔
●플레이 명수 : 1인 ●세이브 용량 : 320KB 이상

VITA 호환

대히트작「CLANNAD」의 외전 작품. 히로인 중 하나인 '사카가미 토모요'와 주인공 '오카자키 토모야'가 맺어진 후를 그렸다. 진행 도중엔 미니게임인 시뮬레이션 RPG도 즐길 수 있다.

드래곤볼 에볼루션

CERO B

●반다이남코게임즈 ●ACT ●2009년 3월 19일 ●4,800엔
●플레이 명수 : 1인(통신시 2인) ●세이브 용량 : 224KB 이상

만화 '드래곤볼'을 실사영화화한 할리우드 영화의 대전격투 게임판. 속도감 넘치는 배틀이 펼쳐진다. 원작 영화에 없었던 오리지널 시나리오도 수록되어 있다.

머나먼 시공 속에서 3 with 십육야기 애장판

CERO B

●코에이 ●AVG ●2009년 3월 19일 ●5,800엔
●플레이 명수 : 1인 ●세이브 용량 : 608KB 이상

「머나먼 시공 속에서 3」의 본편과 팬 디스크를 합본했다. 이세계에서 펼쳐지는 겐페이 전쟁이 무대인, 헤이안 시대 말기풍 연애 어드벤처 게임. 20종 이상의 애프터 시나리오도 수록했다.

히츠지 군이라면 키스해줄게☆

CERO B

●사이버프론트 ●AVG ●2009년 3월 19일 ●4,800엔
●플레이 명수 : 1인 ●세이브 용량 : 512KB 이상

VITA 호환 / UMD Passport

미소녀 컨텐츠 잡지 'E☆2'(에츠)에서 호평 받았던 같은 제목의 기획을 게임화했다. 본체를 세로로 잡고 그래픽 노벨을 읽는 감각으로 즐긴다. 원작과는 분위기가 다른 시나리오 등도 수록했다.

브랜디시 : 다크 레버넌트

CERO B

●니혼팔콤 ●ARPG ●2009년 3월 19일 ●4,800엔
●플레이 명수 : 1인 ●세이브 용량 : 544KB 이상

VITA 호환 / UMD Passport

PC용 액션 RPG「브랜디시」의 리메이크작. 주인공 '아레스'를 조작하여 다양한 함정이 가득한 던전의 퍼즐을 풀고 탈출해야 한다. 클리어 후에는 도라 편을 플레이할 수 있게 된다.

목장이야기 : 슈가 마을과 모두의 소원

CERO A

●마벨러스 엔터테인먼트 ●SLG ●2009년 3월 19일 ●4,980엔
●플레이 명수 : 1인(통신시 2인) ●세이브 용량 : 128KB 이상

Best

PS2로 발매되었던「목장이야기 3」의 리메이크작. 레저랜드 건설계획으로부터 마을을 지키기 위해, 다양한 형태로 목장을 발전시키자. PSP판은 엔딩 후에도 계속 플레이할 수 있다.

몽상등롱

CERO C

●니폰이치 소프트웨어 ●AVG ●2009년 3월 19일 ●4,800엔
●플레이 명수 : 1인 ●세이브 용량 : 416KB 이상

VITA 호환 / UMD Passport

윤회전생을 테마로 삼아, 대대로 귀신 퇴치를 생업으로 삼아온 마을에서 태어난 젊은이들의 이야기를 그린 전기물 어드벤처 게임. 전투에 카드 배틀 시스템을 채용하였다.

윌 오 위스프 포터블

CERO B

●아이디어 팩토리 ●AVG ●2009년 3월 26일 ●4,800엔
●플레이 명수 : 1인 ●세이브 용량 : 640KB 이상

19세기 말의 런던을 무대로 삼은 여성용 연애 어드벤처 게임. 인형사와 5개의 인형이 펼쳐나가는 이야기다. 본편과 팬 디스크 '이스터의 기적'은 물론, 추가 시나리오까지 수록하였다.

기동전사 건담 전장의 유대 포터블

CERO A

●반다이남코게임즈 ●ACT ●2009년 3월 26일 ●5,800엔
●플레이 명수 : 1~8인 ●세이브 용량 : 256KB 이상

통신기능을 활용하면 최대 4 : 4 팀 대전이 가능한 작품. 각 모빌슈트는 전위 타입, 지원 타입 등으로 성능이 특화되어 있어, 승리하려면 아군 모빌슈트간의 협동과 연계가 필수적이다.

선데이 VS 매거진 : 집결! 정상대결전

CERO A

●코나미디지털엔터테인먼트 ●ACT ●2009년 3월 26일 ●5,000엔
●플레이 명수 : 1인(1~4인) ●세이브 용량 : 320KB 이상

'이누야샤'·'THE FIGHTING'·'요괴소년 호야'·'내일의 죠' 등, 일본의 만화잡지인 '선데이'계와 '매거진'계를 대표하는 인기 만화의 주연 캐릭터들이 한데 모여 대결하는 배틀 액션 게임.

전국 천하통일

CERO A

●시스템소프트 알파 ●SLG ●2009년 3월 26일 ●5,800엔
●플레이 명수 : 1인 ●세이브 용량 : 1700KB 이상

PC용 게임 「천하통일 V」의 이식작. 전국시대 후기의 군웅할거 시점에서, 1명을 선택해 일본의 재통일을 노리는 시뮬레이션 게임이다. PSP판은 시나리오가 하나 더 추가되었다.

하야테처럼!! : 나이트메어 파라다이스

CERO B

●코나미디지털엔터테인먼트 ●AVG ●2009년 3월 26일 ●5,000엔
●플레이 명수 : 1인 ●세이브 용량 : 600KB 이상

애니메이션으로도 대히트한 인기 만화의 게임판. 주인공 '아야사키 하야테'가 되어, 6명의 히로인이 꾸는 꿈과 현실 세계를 모험하자. 각 히로인의 꿈은 다양한 장르로 펼쳐진다.

마계전기 디스가이아 2 포터블

CERO A

●니폰이치 소프트웨어 ●SRPG ●2009년 3월 26일 ●4,980엔
●플레이 명수 : 1인 ●세이브 용량 : 608KB 이상

파고들기 시뮬레이션 RPG의 제2탄. 타 기종으로 발매되었던 「마계전기 디스가이아 3」의 '마체인지' 시스템을 도입했고, 옥타레이가 주인공인 신규 시나리오를 추가했다.

신세기 에반게리온 : 강철의 걸프렌드 특별판 포터블

CERO B

●사이버프론트 ●AVG ●2009년 4월 9일 ●3,800엔
●플레이 명수 : 1인 ●세이브 용량 : 640KB 이상

인기 TV 애니메이션이 원작인 어드벤처 게임. 애니메이션판을 제작했던 가이낙스 사가 직접 만든 오리지널 스토리로서, 원작의 스토리가 진지해지기 전 시점을 다룬 외전격인 작품이다.

전국 바사라 배틀 히어로즈

CERO B

●캡콤 ●ACT ●2009년 4월 9일 ●5,229엔
●플레이 명수 : 1인 (통신 플레이시 2~4인) ●세이브 용량 : 400KB 이상

황당무계한 오리지널 세계관의 일본 전국시대 유명 무장들이 적들을 풀 베듯 쓸어버리는 인기 시리즈의 신작. 이번엔 일기당천의 무장들이 팀 배틀로 싸우는 대전 액션 게임이 되었다.

경마통 포터블 2 : JRA 공식 데이터 23년분 수록

CERO A

●마이니치 커뮤니케이션즈 ●ETC ●2009년 4월 16일 ●4,800엔
●플레이 명수 : 1인 ●세이브 용량 : 500KB 이상

과거 23년간의 일본 중앙경마 레이스·순위·성적·혈통 리스트·기수 등의 데이터를 세세하게 수록한 데이터베이스 소프트. 마권 예상을 도와주는 경향 분석 리포트를 신규 수록하였다.

12Riven : the Ψcliminal of integral

CERO B

●사이버프론트 ●AVG ●2009년 4월 16일 ●4,800엔
●플레이 명수 : 1인 ●세이브 용량 : 160KB 이상

PS2용 게임의 이식작. 원안·시나리오 감수를 우치코시 코타로가 맡았으며, 메타픽션 성격이 강한 게임이다. 두 시나리오를 통해 수많은 복선을 깔아두고, 이를 모두 최종장에서 회수한다.

판타지 골프 팡야 포터블

CERO B

●타카라토미 ●SPT ●2009년 4월 16일 ●4,800엔
●플레이 명수 : 1~8인 (애드혹 모드 지원) ●세이브 용량 : 420KB 이상

온라인 게임의 이식작. 원작에 등장했던 9개 코스 162홀을 모두 재현했으며, 독자적인 요소로서 오리지널 스토리를 수록하였다. 캐릭터도 총 18명이 등장한다.

Remember11 : the age of infinity

CERO C

●사이버프론트 ●AVG ●2009년 4월 16일 ●4,800엔
●플레이 명수 : 1인 ●세이브 용량 : 608KB 이상

두 개의 시나리오가 서로 영향을 주고받는 서스펜스 어드벤처 게임. 「Never7」·「Ever17」과 공통 세계관이며, 3작품을 전부 구입하면 「infinity」 시리즈 연표를 열람할 수 있다.

듣고 외우는 영단어 : 알크의 키쿠단 【Entry】

CERO A

●석세스 ●ETC ●2009년 4월 23일 ●3,800엔
●플레이 명수 : 1인 ●세이브 용량 : 128KB 이상

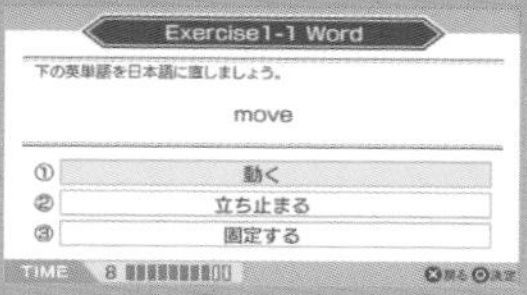

'챈트'라는 리듬에 맞춰 보이스로 출력되는 영어단어를 들으며 외워가는 학습 소프트. 세계를 여행한다는 설정에 따라서, 기초적인 영어단어를 조금씩 배워나갈 수 있다.

각종 아이콘 Best판 출시 PS Vita와 호환됨 UMD Passport 지원

듣고 외우는 영단어 : 알크의 키쿠단【Basic】

CERO A

●석세스 ●ETC ●2009년 4월 23일 ●3,800엔
●플레이 명수 : 1인 ●세이브 용량 : 128KB 이상

Best VITA 호환 UMD

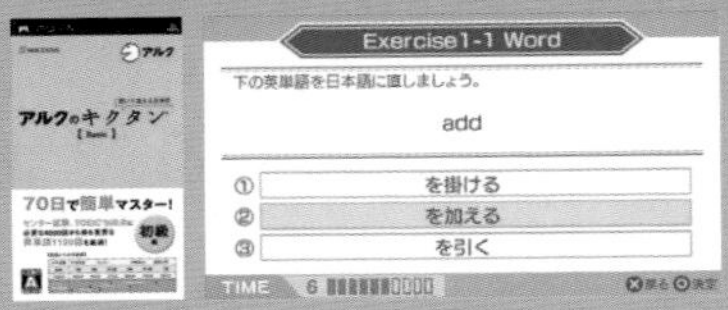

'챈트'라는 리듬에 맞춰 출력되는 영어단어를 들으며 외워가는 학습 소프트. 'Basic'에서는 일본의 센터 시험과 TOEIC 500점 기준의 1,120개 단어를 추출하여 마스터에 도전한다.

듣고 외우는 영단어 : 알크의 키쿠단【Advanced】

CERO A

●석세스 ●ETC ●2009년 4월 23일 ●3,800엔
●플레이 명수 : 1인 ●세이브 용량 : 128KB 이상

Best VITA 호환 UMD

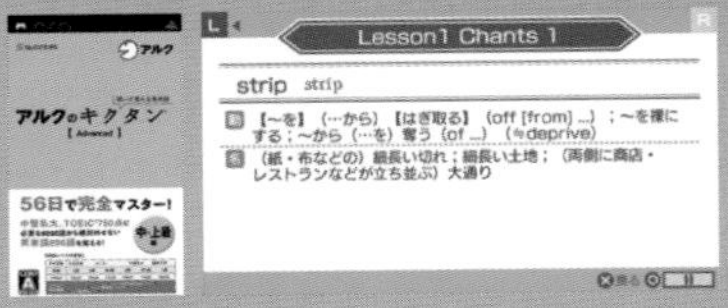

'챈트'라는 리듬에 맞춰 출력되는 영어단어를 들으며 외워가는 학습 소프트. 'Advanced'에서는 TOEIC 750점을 목표로, 896개 영어단어를 추출하여 마스터에 도전한다.

절체절명도시 3 : 무너져가는 도시와 그녀의 노래

CERO B

●아이렘 소프트웨어 엔지니어링 ●ACT ●2009년 4월 23일 ●4,800엔
●플레이 명수 : 1인 (애드혹 모드 2~4인) ●세이브 용량 : 640KB 이상

Best VITA 호환 UMD

재난을 테마로 삼은 서바이벌 액션 어드벤처 게임 시리즈의 3번째 작품. 다양한 재난 대처 테크닉을 구사하며, 대지진이 덮친 해양부유 대도시에서 무사히 탈출해야 한다.

나나타마 : 크로니클 오브 던전 메이커

CERO A

●글로벌 A 엔터테인먼트 ●RPG ●2009년 4월 23일 ●4,800엔
●플레이 명수 : 1인 (무선통신으로 데이터 교환 가능) ●세이브 용량 : 224KB 이상

Best VITA 호환 UMD Passport

「던전 메이커」 시리즈의 제3탄. 오브에 봉인된 캐릭터를 해방한다는 요소가 스토리 및 시스템과 강하게 얽혀 있으며, 성장 및 수집 시스템도 한층 더 강화시켰다.

욕심쟁이 엠푸사 포터블

CERO B

●TAKUYO ●SLG ●2009년 4월 23일 ●5,800엔
●플레이 명수 : 1인 ●세이브 용량 : 512KB 이상

Best VITA 호환 UMD

학교가 무대로서, 룰렛을 돌려 멈춘 칸에서 나온 이벤트를 진행해 명성을 올려 학생회장 자리를 노려야 한다. 주인공은 남녀 4명 중에서 선택하며, 다양한 커플링으로 연애할 수 있다.

티르 나 노그 : 유구의 인(仁)

CERO A

●시스템소프트 알파 ●RPG ●2009년 4월 29일 ●4,800엔
●플레이 명수 : 1인 ●세이브 용량 : 2208KB 이상

Best VITA 호환 UMD

같은 제목의 PC용 게임이 원점인, 켈트 신화를 모티프로 삼은 RPG. 100억 종 이상의 조합이 가능한 '시나리오 제네레이트' 기능 덕에, 플레이할 때마다 전혀 다른 체험을 제공한다.

여신전생 페르소나

CERO B

●아틀라스 ●RPG ●2009년 4월 29일 ●4,980엔
●플레이 명수 : 1인 ●세이브 용량 : 144KB 이상

Best VITA 호환 UMD Passport

PS1용 「여신이문록 페르소나」를 리메이크한 작품. 세이브포인트 증가, 전투 고속화 등으로 원작보다 즐기기가 편해졌으며, 동영상도 추가했다. BGM은 전부 새로 편곡하여 교체했다.

토라도라 포터블!

CERO C

●반다이남코게임즈 ●AVG ●2009년 4월 30일 ●4,980엔
●플레이 명수 : 1인 ●세이브 용량 : 2300KB 이상

Best VITA 호환 UMD

애니메이션판 '토라도라!'의 내용을 답습한 오리지널 스토리로 진행되는 어드벤처 게임. 기억상실에 걸린 류지가 기억을 되찾는 과정에서, 다양한 'if' 스토리가 펼쳐진다.

파이(φ)널 어프로치 2 : 1st priority 포터블

CERO B

●프린세스 소프트 ●AVG ●2009년 4월 30일 ●4,800엔
●플레이 명수 : 1인 ●세이브 용량 : 450KB 이상

Best VITA 호환 UMD

아이돌 소녀가 갑자기 주인공과 결혼을 약속하면서 대소동이 시작되는 연애 어드벤처 게임. 원작인 PS2판의 컨텐츠에 신규 시나리오와 이벤트를 추가했다.

그로우랜서

CERO B

●아틀라스 ●RPG ●2009년 5월 14일 ●5,800엔
●플레이 명수 : 1인 ●세이브 용량 : 1088KB 이상

Best VITA 호환 UMD Passport

필드 상이나 전투 중 등, 온갖 상황에서 이벤트가 발생하는 RPG. 한 소년이 자신의 운명을 찾아간다는 장대한 이야기다. '휴가 시스템', 'RMC 전투' 등 독자적인 시스템을 탑재하였다.

BLEACH 히트 더 소울 6

CERO A

●소니컴퓨터엔터테인먼트 ●ACT ●2009년 5월 14일 ●4,743엔
●플레이 명수 : 1~2인 ●세이브 용량 : 928KB 이상

대전 시스템을 진화시킨 시리즈 제6탄. 1 : 2 배틀이 가능해졌고, 이 전작에서는 태그 불가능했던 캐릭터와도 태그를 짤 수 있게 되었다. 커스터마이즈 기능과 파고들기 요소도 더 충실해졌다.

SNK 아케이드 클래식 Vol.1

CERO B

●SNK 플레이모어 ●ETC ●2009년 5월 21일 ●4,800엔
●플레이 명수 : 1인(애드혹 모드 지원시는 2인) ●세이브 용량 : 336KB 이상

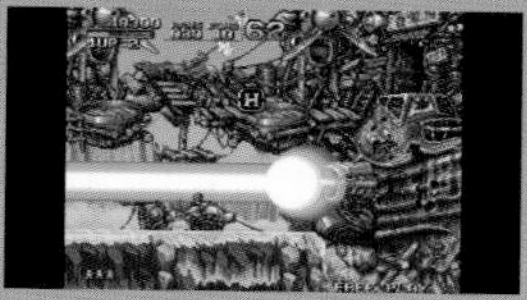

「아랑전설」·「용호의 권」·「사무라이 스피리츠」 등, 네오지오 초기의 대전격투 및 액션 게임 총 16개 타이틀을 합본 수록했다. 설정자료와 포스터 아트웍도 감상할 수 있다.

칭송받는 자 포터블

CERO C

●아쿠아플러스 ●AVG+SRPG ●2009년 5월 28일 ●4,800엔
●플레이 명수 : 1인 ●세이브 용량 : 384KB 이상

PC용 게임을 이식한 시뮬레이션 RPG. 독특한 세계관과 개성 넘치는 캐릭터들이 연출하는 장대한 드라마가 펼쳐진다. '고난이도'의 선택이 가능해졌고, 특전 CG도 추가했다.

소라유메 포터블

CERO B

●TAKUYO ●AVG ●2009년 5월 28일 ●5,800엔
●플레이 명수 : 1인 ●세이브 용량 : 512KB 이상

PS2용 게임의 이식작. 주인공인 소녀와 악마 간의 공생을 그린 여성용 연애 어드벤처 게임이다. 조금씩 어긋나는 세계 속에서, 공략할 캐릭터를 하나 선택해 함께 현실을 되찾아보자.

헬로키티의 해피 액세서리

CERO A

●도라스 ●ETC ●2009년 5월 28일 ●3,800엔
●플레이 명수 : 1인 ●세이브 용량 : 200KB 이상

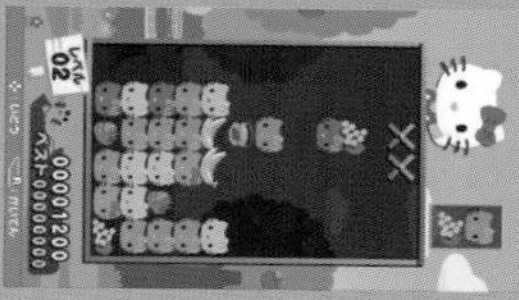

산리오 사의 인기 캐릭터 '헬로키티'가 소재인 버라이어티 소프트. 커스터마이징이 가능한 '캘린더'·'시계' 등이 있고, '직소 퍼즐' 등 3종류의 미니게임을 수록했다.

뱀부 블레이드 : "지금까지"의 도전

CERO A

●가젯 소프트 ●AVG ●2009년 5월 28일 ●6,800엔
●플레이 명수 : 1인 ●세이브 용량 : 450KB 이상

애니메이션화까지 된 검도 만화의 게임판. 카드 배틀로 5명의 소녀를 성장시켜 단체전에 출전하자. 스토리는 물론 CG까지, 애니메이션판 스탭들이 신규 제작하여 수록하였다.

메모리즈 오프 6 : T-wave

CERO B

●5pb. ●AVG ●2009년 5월 28일 ●4,800엔
●플레이 명수 : 1인 ●세이브 용량 : 116KB 이상

「메모리즈 오프 #5 : 끊어진 필름」의 후속작. '무엇과도 바꿀 수 없는 추억은… 바로 곁에 있다'라는 테마로, 주인공·소꿉친구·주인공에게 고백한 소녀 사이의 연애 드라마를 그렸다.

어서 오세요 어린양 마을에 포터블

CERO A

●석세스 ●SLG ●2009년 5월 28일 ●4,800엔
●플레이 명수 : 1인 ●세이브 용량 : 384KB 이상

평온한 목장 라이프를 즐기는 시뮬레이션 게임. 물물교환으로 씨앗과 도구를 입수해 가며, 목장에서 동물들을 사육하자. 농작물을 키워 재배하는 등의 슬로우 라이프를 즐길 수 있다.

용사 30

CERO A

●마벨러스 엔터테인먼트 ●RPG ●2009년 5월 28일 ●4,200엔
●플레이 명수 : 1인(애드혹 모드시 : 2~4인) ●세이브 용량 : 128KB 이상

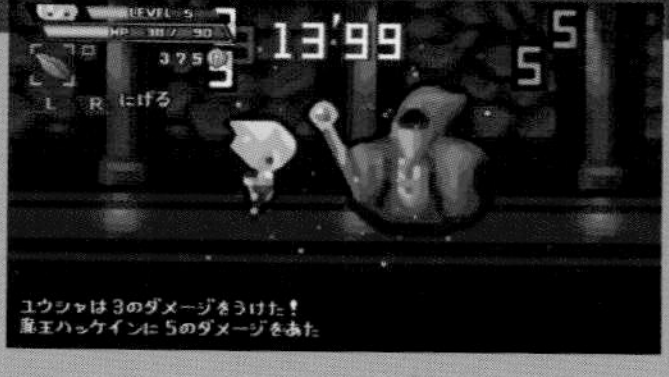

30초 내에 세계를 구하는 '초속 RPG'. 무료 게임 「삼십초 용사」가 원작으로서, 여행 시작부터 동료 모으기, 마왕 퇴치까지의 한 스테이지를 30초 내로 완료해야 한다. 500년에 걸친 장대한 스토리를 전형적인 RPG와 슈팅 등의 4가지 장르로 그려냈으며, 파고들기 요소도 풍부해 즐길거리가 많다. The Alfee의 타카미자와 토시히코 등, 호화 뮤지션들이 BGM 작곡에 참여하기도 했다.

각종 아이콘 Best Best판 출시 VITA 호환 PS Vita와 호환됨 UMD Passport UMD Passport 지원

CERO C 니시무라 교타로 트래블 미스터리 : 악역(悪逆)의 계절 - 도쿄~난키시라하마 연쇄살인사건

●마벨러스 엔터테인먼트 ●AVG ●2009년 6월 4일 ●4,800엔
●플레이 명수 : 1인 ●세이브 용량 : 256KB 이상

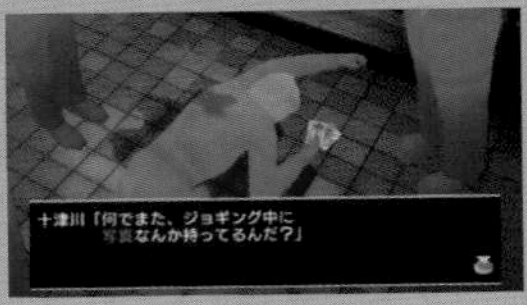

3DO로 발매했던 같은 제목 타이틀의 리메이크작. 도쓰가와 경부와 가메이 형사가 다양한 수사기법을 구사하여, 석궁 살인사건을 계기로 발생한 연쇄살인사건들의 해결에 도전한다.

CERO B 에반게리온 : 서

●반다이남코게임즈 ●AVG ●2009년 6월 4일 ●5,800엔
●플레이 명수 : 1인 ●세이브 용량 : 192KB 이상

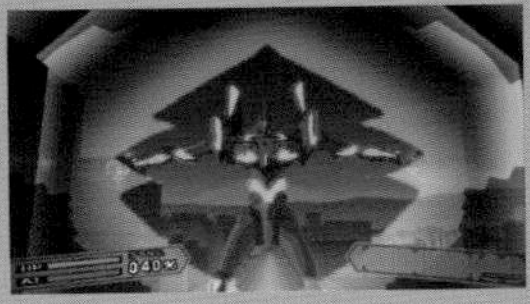

인기 애니메이션의 신 극장판이 원작인 타이틀. 이카리 신지가 되어 제3신도쿄시를 사도로부터 지켜내, 자금을 획득하여 무기·설비를 확충하자. 다른 등장인물과 교류하는 시스템도 있다.

CERO A 에브리데이 슈터

●소니컴퓨터엔터테인먼트 ●STG ●2009년 6월 11일 ●800엔(소비세 포함)
●플레이 명수 : 1인 ●DL 데이터 용량 : 48MB

VITA 호환

다운로드 판매 전용 타이틀

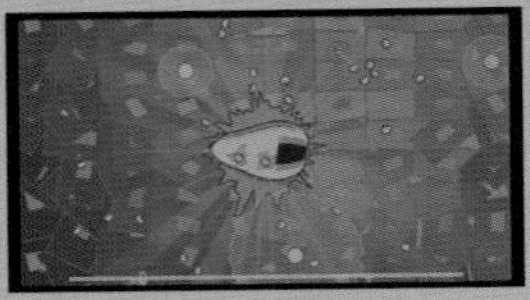

뮤직 앨범의 세계를 무대로 펼쳐지는 슈팅 게임. 기타 사운드와 레트로한 감각의 아트가 융합된 게임으로서, 적의 폭발음 등 게임 내의 모든 효과음이 기타 연주음으로 표현된다.

CERO A 그대가 믿는 길을 가라

●프롬 소프트웨어 ●ACT ●2009년 6월 11일 ●3,800엔
●플레이 명수 : 1~4인 ●세이브 용량 : 400KB 이상

VITA 호환

제한시간 내로 골까지 도달해야 하는 닌자 액션 게임. 버튼을 분신으로 눌러놓거나, 분신을 이용해 퍼즐을 푸는 등의 방식으로 진행하자. 도카이도 53차를 돌파해 공주를 구해내도록.

CERO C 신세기 에반게리온 : 강철의 걸프렌드 2nd 포터블

●사이버프론트 ●AVG ●2009년 6월 11일 ●3,800엔
●플레이 명수 : 1인 ●세이브 용량 : 576KB 이상

인기 TV 애니메이션의 'if' 스토리를 즐기는, 「강철의 걸프렌드」 시리즈의 제2탄. 본편 최종화에 나왔던 밝은 학교생활을 소재로 삼았다. 있었을지도 모를 또 하나의 '에바'를 만끽해보자.

CERO A 크루통

●소니컴퓨터엔터테인먼트 ●PZL ●2009년 6월 18일 ●1,000엔(소비세 포함)
●플레이 명수 : 1인 ●DL 데이터 용량 : 26MB

다운로드 판매 전용 타이틀

아케이드용 게임 「미스터 드릴러」를 개발했던 나가오카 야스히토·시노자키 카오리의 액션 퍼즐 게임. 1~4 숫자가 적힌 큐브를 돌려, 같은 숫자를 정방형으로 붙인다는 간단한 룰이다.

CERO B 총성과 다이아몬드

●소니컴퓨터엔터테인먼트 ●AVG ●2009년 6월 18일 ●4,743엔
●플레이 명수 : 1인 ●세이브 용량 : 240KB 이상

VITA 호환 UMD Passport

네고시에이터가 되어, 인질을 잡고 있는 범인과 교섭하면서 사건을 해결해가는 비주얼 노벨 게임. 교섭은 실시간 진행이라, 같은 대화문이라도 제시 타이밍에 따라 상대의 반응이 달라진다.

CERO B Fate/unlimited codes 포터블

●캡콤 ●ACT ●2009년 6월 18일 ●4,990엔
●플레이 명수 : 1인(통신 플레이시 : 2인) ●세이브 용량 : 450KB 이상

「Fate」 시리즈의 캐릭터들을 활용한 대전격투 게임. 원작인 PS2판에서 커맨드를 간략화하고 캐릭터 밸런스도 수정하는 등, 휴대용 게임기에 최적화시켜 조정했다.

CERO B 발할라 나이츠 2 : 배틀 스탠스

●마벨러스 엔터테인먼트 ●RPG ●2009년 6월 25일 ●3,800엔
●플레이 명수 : 1인 ※애드혹 모드로 최대 2인까지 ●세이브 용량 : 480KB 이상

2008년 발매했던 「발할라 나이츠 2」의 업그레이드판. 파티를 4인제로 변경했고, 퀘스트·몬스터·아이템 등의 컨텐츠도 대폭 늘렸다. '이름 없는 탑'도 50층까지 확장시켰다.

CERO A 검과 마법과 학원물. 2

●어콰이어 ●RPG ●2009년 6월 25일 ●4,980엔
●플레이 명수 : 1인 ●세이브 용량 : 480KB 이상

VITA 호환 UMD Passport

귀여운 캐릭터들이 던전에 도전하는 시리즈의 2번째 작품. 캐릭터 그래픽이 늘어났으며, 새로운 클래스도 도입했고, 게임 밸런스 역시 라이트 유저 기준으로 낮춰 조정했다.

CERO B 이 푸른 하늘에 약속을 : 손바닥 안의 낙원

●TGL ●AVG ●2009년 6월 25일 ●5,800엔
●플레이 명수 : 1인 ●세이브 용량 : 832KB 이상

VITA 호환 UMD Passport

혼슈에서 조금 떨어진 남쪽 섬이 무대인 학생 연애 어드벤처 게임. PC 게임의 이식작이며, 섬의 언덕에 있는 기숙사와 또 하나의 언덕에 있는 학교에 다니는 학생들의 1년간을 그렸다.

CERO A 도라슬롯 : 하나하나 축제다!!

●도라스 ●SLG ●2009년 6월 25일 ●3,800엔
●플레이 명수 : 1인 ●세이브 용량 : 197KB 이상

VITA 호환

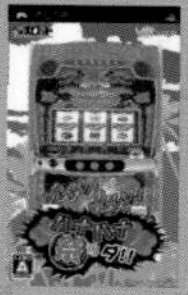

남국의 낙원이 모티브인 파치슬로 게임을 즐기는 타이틀. '하나하나'·'슈퍼 하나하나'·'뉴 하나하나'·'스페셜 하나하나'를 수록하였으며, 카탈로그 및 사운드 감상 모드도 있다.

CERO D Pia♥캐럿에 어서 오세요!! G.P. : 학교 프린세스 포터블

●GN 소프트웨어 ●AVG ●2009년 6월 25일 ●5,200엔
●플레이 명수 : 1인 ●세이브 용량 : 672KB 이상

애니메이션 스타일의 옴니버스 에피소드 형태로 진행되는 노벨 게임. 학생들만으로 운영되는 특별구역 내 지점이 무대로서, 패밀리 레스토랑과 학교의 양축으로 스토리가 전개된다.

CERO B 메모리즈 오프 : 애프터 레인

●5pb. ●AVG ●2009년 6월 25일 ●4,800엔
●플레이 명수 : 1인 ●세이브 용량 : 160KB 이상

VITA 호환 UMD Passport

대인기 연애 어드벤처 게임 「메모리즈 오프」와 속편 「~2nd」 사이를 보완하는 외전격 스토리의 작품. 두 작품 주인공들의 내면 성장을 그렸다. 작중 등장 용어의 해설 기능도 탑재했다.

CERO B 하츠네 미쿠 Project DIVA

●세가 ●ACT ●2009년 7월 2일 ●5,800엔
●플레이 명수 : 1인 ●세이브 용량 : 384KB 이상

VITA 호환

보컬로이드 '하츠네 미쿠'와 친구들이 노래하는 곡을 플레이하는 음악 게임. 3D 폴리곤화된 미쿠가 춤추며 노래하는 가운데 화면 곳곳에서 날아오는 아이콘을, 정확한 타이밍에 버튼을 눌러 처리하자. 연주 후의 평가에 따라 아이템이나 코스튬을 획득하며, 이를 이용해 미쿠의 방을 꾸며줄 수 있다. 수록곡은 '미쿠'에 맞춘 '39곡'이며, 유명 아티스트도 다수 참가했다.

CERO A 나의 여름방학 4 : 세토우치 소년탐정단 '나와 비밀지도'

●소니컴퓨터엔터테인먼트 ●AVG ●2009년 7월 2일 ●4,743엔
●플레이 명수 : 1인 ●세이브 용량 : 544KB 이상

Best VITA 호환

어린시절의 여름방학을 가상 체험하는 시리즈의 제4탄. 이번엔 세토 내해에서 한 달간 여름방학을 보내며 다양한 놀이와 곤충채집을 즐기고, 보물 위치가 기록된 옛날 비밀지도를 모은다.

CERO A 세계는 나로 인해 돌아간다 : 빛과 어둠의 프린세스

●GAE ●RPG ●2009년 7월 9일 ●4,800엔
●플레이 명수 : 1인 ●세이브 용량 : 320KB 이상

VITA 호환 UMD Passport

제멋대로인 공주가 주인공인 RPG. '제멋대로 힘'으로 지형을 바꾸거나 적의 움직임을 멈추거나 드롭 아이템을 불리는 등, 황당무계한 파워를 활용해 모험한다는 시스템이 특징이다.

CERO A 메이저리그 베이스볼 2K9

●스파이크 ●SPT ●2009년 7월 9일 ●3,800엔
●플레이 명수 : 1인 ●세이브 용량 : 1952KB 이상

2009년판 데이터를 수록한 MLB 공인 야구 게임. 당시 메이저리그에서 활약했던 일본인 선수인 이치로·마츠이 등도 다수 등록되어 있으며, 야구 본고장의 분위기를 맛볼 수 있다.

CERO B 이스 Ⅰ&Ⅱ 크로니클즈

●니혼팔콤 ●RPG ●2009년 7월 16일 ●4,800엔
●플레이 명수 : 1인 ●세이브 용량 : 1152KB 이상

VITA 호환 UMD Passport

일본산 액션 RPG의 원점 「이스」의 1·2편을 합본 수록한 타이틀. 그래픽을 PC용 「이스 Ⅰ·Ⅱ 완전판」기준과, PSP판의 완전 오리지널 그래픽 중에서 선택해 플레이할 수 있다.

HARDWARE | 2004 | 2005 | 2006 | 2007 | 2008 | 2009 | 2010 | 2011 | 2012 | 2013 | 2014 | 2015 | 2016 | INDEX

각종 아이콘 Best Best판 출시 VITA 호환 PS Vita와 호환됨 UMD Passport UMD Passport 지원

설익은 영웅담 : 태양과 달의 이야기

CERO A

●아이렘 소프트웨어 엔지니어링 ●RPG ●2009년 7월 23일 ●4,800엔
●플레이 명수 : 1인 ●세이브 용량 : 736KB 이상

화면 가득 지나가는 '마음의 소리'가 특징인 인간관계 중시형 RPG. 동료와의 관계가 양호하면 모험에 플러스가 되지만, 반대라면 배신하거나 아이템을 훔쳐 도주하는 등의 이벤트가 일어난다.

블레이징 소울즈 액셀레이트

CERO A

●아이디어 팩토리 ●RPG ●2009년 7월 23일 ●4,800엔
●플레이 명수 : 1인 ●세이브 용량 : 448KB 이상

PS2용 게임의 이식작. 판타지 세계 '네버랜드'를 무대로 삼은 시뮬레이션 RPG다. 시리즈의 인기 캐릭터들이 등장하며, 여러 기술을 연계해 발전시키는 전투 시스템을 즐길 수 있다.

(PW) 프로젝트 위치

CERO A

●경호 웍스 ●AVG ●2009년 7월 23일 ●4,800엔
●플레이 명수 : 1인 ●세이브 용량 : 600KB 이상

3명의 마법소녀 중 하나를 선택해, 여름방학을 함께 보내는 3D 어드벤처 게임. 평일에는 맵을 자유 이동하며 추억을 만들고, 주말에는 마법소녀들 각자의 고유 스토리를 진행한다.

레어 랜드 스토리 : 소녀의 약정

CERO B

●아크시스템웍스 ●SLG ●2009년 7월 23일 ●4,800엔
●플레이 명수 : 1인 ●세이브 용량 : 544KB 이상

전쟁을 헤쳐 나온 청년 귀족이 되어, 기억상실 소녀를 돌보는 육성 연애 시뮬레이션 게임. 소녀에게 공부·일·연구를 시켜 능력과 평판을 올리거나, 소녀를 포함한 마을 여성들과 연애한다.

아머드 코어 3 포터블

CERO A

●프롬 소프트웨어 ●ACT ●2009년 7월 30일 ●3,800엔
●플레이 명수 : 1인 (통신대전시 최대 4인) ●세이브 용량 : 400KB 이상

PS2용 게임의 이식작. 총 240종 이상의 파츠를 수록했으며, 이중엔 이전작에서 인기가 많았던 파츠도 있다. PSP의 와이드스크린에 맞춰 제작했으며, 무선 LAN으로 대전도 가능하다.

신세기 에반게리온 : 배틀 오케스트라 포터블

CERO A

●브로콜리 ●ACT ●2009년 7월 30일 ●4,800엔
●플레이 명수 : 1~4인 ●세이브 용량 : 288KB 이상

다양한 장치가 배치된 스테이지에서, 에반게리온 혹은 사도를 조작하여 상대를 격파하는 3D 격투 액션 게임. 최대 4인까지의 대전 플레이가 가능하다.

To Heart 2 포터블

CERO C

●아쿠아플러스 ●AVG ●2009년 7월 30일 ●4,800엔
●플레이 명수 : 1인 ●세이브 용량 : 384KB 이상

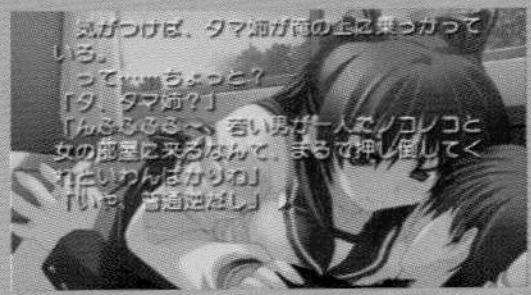

벚꽃이 날리는 계절을 무대로, 소꿉친구 및 같은 학교 내 미소녀들과의 교류를 그린 연애 어드벤처 게임. PS2에서 인기가 많았던 타이틀의 이식판이며, PC판의 추가 히로인도 등장한다.

스트라이커즈 1945 플러스 포터블

CERO A

●아크시스템웍스 ●STG ●2009년 8월 6일 ●3,800엔
●플레이 명수 : 1~2인 ●세이브 용량 : 288KB 이상

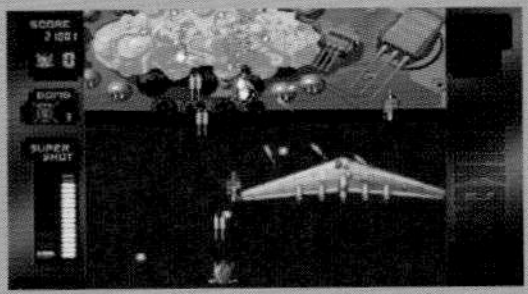

MVS 기판으로 가동되었던 가로화면 종스크롤 슈팅 게임의 이식작. 숨겨진 기체를 포함해 총 7종의 기체 중 하나를 선택하여, 샷·모아쏘기·폭탄을 구사하며 스테이지를 공략하자.

테일즈 오브 버서스

CERO A

●반다이남코게임즈 ●ACT ●2009년 8월 6일 ●4,952엔
●플레이 명수 : 1~4인 (애드혹 모드 지원시) ●세이브 용량 : 384KB 이상

역대 「테일즈 오브」 시리즈의 인기 캐릭터들이 집결하여 겨루는 대전형 액션 게임. 2 : 2 콤비 대전으로 시나리오를 클리어하다 보면 새로운 캐릭터가 차례차례 개방된다.

하야리가미 3 : 경시청 괴이 사건 파일

CERO C

●니폰이치 소프트웨어 ●AVG ●2009년 8월 6일 ●4,980엔
●플레이 명수 : 1인 (애드혹 모드 사용시 : 2~6인) ●세이브 용량 : 480KB 이상

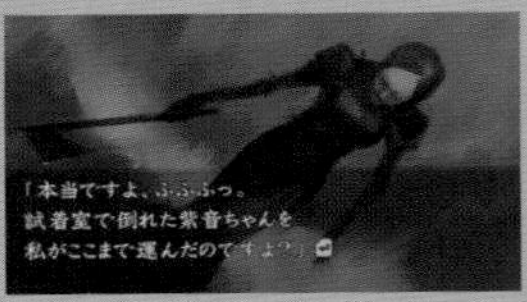

도시괴담을 소재로 삼은 기묘한 사건을 해결해가는 시리즈의 완결편. 본편은 인간의 내면에 숨어있는 공포를 그린 이야기가 중심이며, 번외편은 오컬트 성향이 강한 이야기가 펼쳐진다.

오오카미카쿠시

CERO C

●코나미디지털엔터테인먼트 ●AVG ●2009년 8월 20일 ●5,239엔
●플레이 명수 : 1인 ●세이브 용량 : 1312KB 이상

용기사07과 PEACH-PIT이 합작한 전기 미스터리 작품. 전설과 구습이 여전한 지방도시가 무대인 공포+수수께끼물이다. 반복되는 악몽과 인물들의 의혹이 엮이는 10가지 스토리를 즐긴다.

금색의 코르다 2 포르테 앙코르

CERO B

●코에이 ●SLG ●2009년 8월 20일 ●4,800엔
●플레이 명수 : 1인 ●세이브 용량 : 544KB 이상

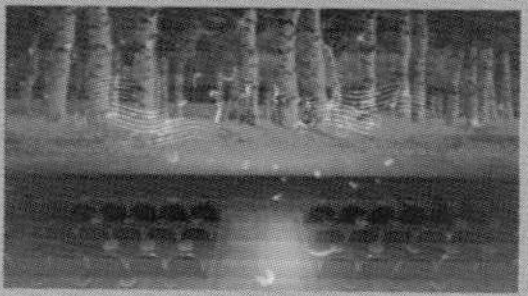

같은 해 2월 발매됐던 「금색의 코르다 2 포르테」의 속편. 공략대상 캐릭터에 신규 이벤트와 이벤트 CG를 추가했다. 오케스트라 결성에 찬성한 동료들과 달콤쌉싸름한 연애를 즐기자.

최강 도다이 쇼기 디럭스

CERO A

●마이니치 커뮤니케이션즈 ●TBL ●2009년 8월 20일 ●4,800엔
●플레이 명수 : 1인 ●세이브 용량 : 200KB 이상

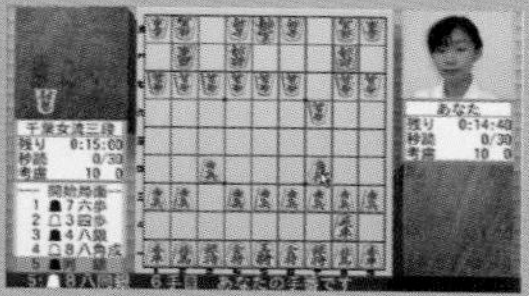

앞서 나온 「최강 도다이 쇼기 포터블」·「평생 즐기는 도다이 쇼기 : 박보장기 도장」에, PS2판 「최강 도다이 쇼기 정석도장」의 컨텐츠까지 하나로 합본시켜 버전업한 호화판.

하트 나라의 앨리스

CERO C

●프로토타입 ●AVG ●2009년 8월 20일 ●5,200엔
●플레이 명수 : 1인 ●세이브 용량 : 320KB 이상

PC용 게임의 이식판. 인생을 포기하기 직전인 주인공 앨리스부터 마피아 모자장수에 속이 시커먼 하얀 토끼까지, 꿈과 희망과는 거리가 먼 등장인물들이 예측불능 스토리를 펼친다.

현대대전략 : 일촉즉발 군사 밸런스 붕괴

CERO B

●시스템소프트 알파 ●SLG ●2009년 8월 27일 ●5,800엔
●플레이 명수 : 1인 ●세이브 용량 : 1376KB 이상

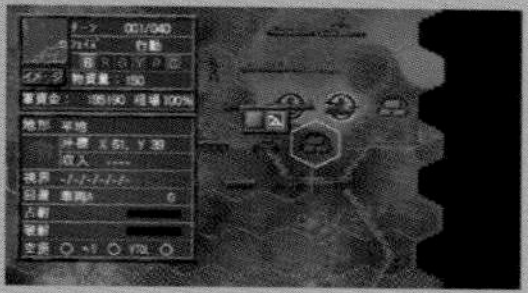

역대 시리즈의 컨텐츠 중 평판이 좋았던 시나리오 55개를 수록한 작품. 세계 각지에서 보내오는 의뢰를 받아 용병조직 입장에서 개입하는 신규 컨텐츠 '월드 배틀 모드'가 추가되었다.

십차원입방체 사이퍼 포터블

CERO B

●뷰즈 ●AVG ●2009년 8월 27일 ●5,800엔
●플레이 명수 : 1인 ●세이브 용량 : 672KB 이상

칸노 히로유키가 시나리오를 맡은, 예측불능 미스터리 어드벤처 게임. 낡은 저택 '월광관'에서 일어나는 공포의 참극을 그렸다. 게임이 실시간으로 진행되는 탓에 조사가 난해한 편이다.

소울칼리버 : 브로큰 데스티니

CERO C

●반다이남코게임즈 ●ACT ●2009년 8월 27일 ●5,980엔
●플레이 명수 : 1~2인 ●세이브 용량 : 448KB 이상

「소울칼리버 IV」를 기반으로 삼은 이식작. 스토리를 즐기면서 게임 실력을 키우는 '건틀릿 모드'를 중심으로 하며, 트라이얼 모드와 대전 모드도 플레이할 수 있다.

닌자활극 천주 3 포터블

CERO C

●프롬 소프트웨어 ●ACT ●2009년 8월 27일 ●3,800엔
●플레이 명수 : 1인 ●세이브 용량 : 400KB 이상

적에게 들키지 않도록 몰래 접근해 일격필살로 처리하는 스텔스 닌자 액션 게임. 시리즈 전통의 주인공인 '리키마루'와 '아야메'에 더해, 신 캐릭터로서 '후지오카 텟슈'가 등장한다.

박앵귀 포터블

CERO C

●아이디어 팩토리 ●AVG ●2009년 8월 27일 ●4,800엔
●플레이 명수 : 1인 ●세이브 용량 : 608KB 이상

신선조를 테마로 삼은 여성용 연애 어드벤처 게임. PSP판만의 추가 요소로서, 잡지 '전격 Girl's Style'에서 연재되었던 본 작품의 소설판을 음성까지 덧붙여 함께 수록했다.

사무라이의 길 2 포터블

CERO C

●스파이크 ●AVG ●2009년 9월 3일 ●3,800엔
●플레이 명수 : 1인(애드혹 모드시 : 1~2인) ●세이브 용량 : 128KB 이상

PS2용 「사무라이의 길 2 결정판」의 이식작. 막부 말기의 에도에서 멀리 떨어진 '아마하라'를 무대로, 한 사무라이의 일생을 그렸다. 이도류와, 전작에 없었던 도검·자세 등도 추가됐다.

각종 아이콘 Best판 출시 / PS Vita와 호환됨 / UMD Passport 지원

SIMPLE 2500 시리즈 포터블!! Vol.12 : THE 보병 2 - 전우여, 먼저 가게

CERO B

●D3 퍼블리셔 ●ACT ●2009년 9월 3일 ●2,500엔
●플레이 명수 : 1인 (애드혹 통신 4인 동시 플레이 지원) ●세이브 용량 : 256KB 이상

VITA 호환 / UMD Passport

다수의 무기를 활용하여 다양한 미션을 클리어하는 보병 액션 게임. 시작시 두 용병파견회사 중 하나에 소속되어 진행하는데, 어느 쪽 소속이 되든 상관의 대사가 끝내준다.

야마무라 미사 서스펜스 : 교토 쿠라마 산장 살인사건

CERO B

●마벨러스 엔터테인먼트 ●AVG ●2009년 9월 3일 ●4,800엔
●플레이 명수 : 1인 ●세이브 용량 : 352KB 이상

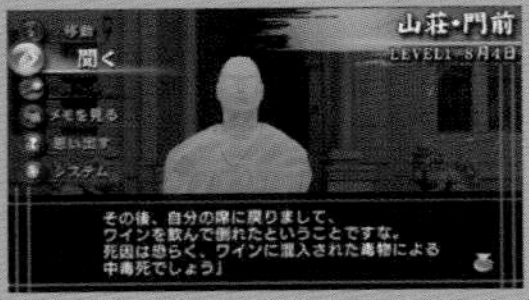

3DO로 발매되었던 같은 제목 작품의 리메이크작. 세습 문제와 후계자 문제가 테마로서, 교토의 쿠라마 산장에서 벌어진 청산가리 살인사건부터 시작되는 연쇄살인을 수사한다.

MAPLUS : 포터블 내비게이터 3

CERO 教育・データベース

●에디아 ●MAP ●2009년 9월 10일 ●7,800엔
●플레이 명수 : 1인 ●세이브 용량 : 1024KB 이상

차량용 내비게이터로 쓸 수 있는 내비게이터 소프트. 인기 성우가 녹음한 개성적인 음성 데이터부터, 애니메이션 작품 등의 테마와 캐릭터 음성, 아이콘 세트까지 DLC 형태로 별매했다.

우격자의 관 포터블 : 이치야나기 나고무, 최초의 수난

CERO B

●니폰이치 소프트웨어 ●AVG ●2009년 9월 17일 ●4,980엔
●플레이 명수 : 1인 ●세이브 용량 : 896KB 이상

VITA 호환 / UMD Passport

PS2용 게임의 이식작. '간파'를 중시한 추리 어드벤처 게임으로서, 산속의 대저택에서 벌어지는 연쇄살인사건을 막는다는 스토리다. 'Easy Mode'를 추가해 시나리오 진행이 쉬워졌다.

이스 Ⅶ

CERO C

●니혼팔콤 ●ARPG ●2009년 9월 17일 ●5,800엔
●플레이 명수 : 1인 ●세이브 용량 : 512KB 이상

VITA 호환 / UMD Passport

2003년 PC로 발매되었던 「이스 Ⅵ : 나피쉬팀의 상자」의 속편. 심플하면서도 경쾌한 「이스」식 액션은 유지하면서도 시리즈 최초로 파티 플레이를 도입해, 플레이어의 모험을 파트너 '도기'와 신 캐릭터 '아이샤' 등의 다양한 캐릭터들이 도와준다. 난이도는 EASY, NORMAL, HARD, NIGHTMARE 4종류 중에서 하나를 선택한다.

가정교사 히트맨 REBORN! : 배틀 아레나 2 - 스피리트 버스트

CERO A

●마벨러스 엔터테인먼트 ●ACT ●2009년 9월 17일 ●4,980엔
●플레이 명수 : 1~2인 ※애드혹 모드 사용시 최대 2인 ●세이브 용량 : 416KB 이상

VITA 호환 / UMD Passport

2008년 발매되었던 「~배틀 아레나」의 속편. 총 24명의 캐릭터가 등장하여 처절한 대결을 펼친다. 통신기능의 경우 대전 모드를 비롯해, 신 시스템 '스피리트 카드'를 탑재하였다.

실황 파워풀 프로야구 포터블 4

CERO A

●코나미디지털엔터테인먼트 ●SPT ●2009년 9월 17일 ●5,000엔
●플레이 명수 : 1~2인 ●세이브 용량 : 4300KB 이상

'파워프로 포터블' 시리즈로는 마지막 작품. 2009년 교류전 종료 시점의 데이터를 수록했고, 시스템도 더욱 진화했다. 고교야구 감독이 되어 부원을 육성하는 '정열 모드'를 신규 탑재했다.

타이코 입지전 V

CERO B

●코에이 ●SLG ●2009년 9월 17일 ●4,800엔
●플레이 명수 : 1인 ●세이브 용량 : 1120KB 이상

VITA 호환

'텐카비토' 도요토미 히데요시의 인생을 중심으로 입신출세를 체험하는 시뮬레이션 RPG. 시리즈 제5탄으로서, 무사는 물론 해적·상인 등의 다른 직업으로도 '텐카비토'가 될 수 있다.

탐정 진구지 사부로 : 재와 다이아몬드

CERO B

●아크시스템웍스 ●AVG ●2009년 9월 17일 ●4,800엔
●플레이 명수 : 1인 ●세이브 용량 : 704KB 이상

VITA 호환 / UMD Passport

여러 사건이 얽히고설키는 멀티 시나리오의 본격 하드보일드 추리 어드벤처 게임. 본편과는 달리 분위기가 코믹한 '수수께끼의 사건부 : 설산? 펜션 살인사건'도 함께 수록했다.

메모리즈 오프 #5 앙코르

CERO B (12才以上対象)

●5pb. ●AVG ●2009년 9월 17일 ●3,800엔
●플레이 명수 : 1인 ●세이브 용량 : 192KB 이상

「메모리즈 오프 #5 : 끊어진 필름」의 팬 디스크. 본편 반년 후의 주인공 및 주인공 이외 시점의 시나리오를 수록하여, 여러 시점으로 스토리를 펼친다. 신규 히로인과의 스토리도 즐길 수 있다.

메모리즈 오프 : 그 이후 again

CERO B (12才以上対象)

●5pb. ●AVG ●2009년 9월 17일 ●3,800엔
●플레이 명수 : 1인 ●세이브 용량 : 192KB 이상

2008년 발매되었던 「메모리즈 오프 : 그 이후」의 속편. 메인 히로인 3명과의 후일담을 수록하였다. 주인공과의 오붓한 시간을 테마로 삼아, 인물별로 독립된 스토리를 진행한다.

유희왕 5D's 태그 포스 4

CERO A (全年齢対象)

●코나미디지털엔터테인먼트 ●TBL ●2009년 9월 17일 ●5,000엔
●플레이 명수 : 1~4인 ●세이브 용량 : 500KB 이상

무대를 「유희왕 5D's」로 옮긴 카드 배틀 시리즈 제4탄. 최신작과 타국 선행발매판까지의 카드 4,000장 이상을 수록했다. '파트너 싱크로'와 '다크 싱크로 소환'이란 신 시스템이 있다.

428 : 봉쇄된 시부야에서

CERO C (15才以上対象)

●스파이크 ●AVG ●2009년 9월 17일 ●4,800엔
●플레이 명수 : 1인 ●세이브 용량 : 600KB 이상

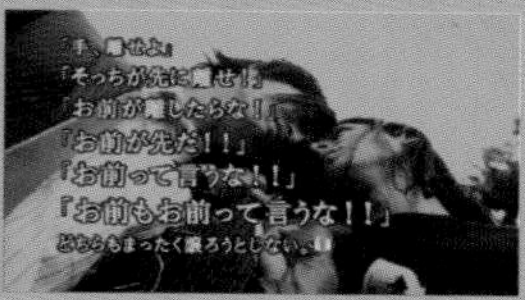

'사운드 노벨' 시리즈의 7번째 작품. 시부야를 무대로 5명의 주인공이 보내는 1일간을 재핑 시스템으로 체험하자. 각자의 행동이 서로에게 영향을 주면서 커다란 스토리를 이루어간다.

위닝 포스트 7 2009

CERO A (全年齢対象)

●코에이 ●SLG ●2009년 10월 1일 ●4,800엔
●플레이 명수 : 1인 ●세이브 용량 : 2972KB 이상

2009년도 데이터 기준의 「위닝 포스트 7」. 실존하는 말에 관련된 이벤트를 30종류 이상 추가했으며, 당시 일본 경마계를 열광시켰던 '부에나 비스타' 등은 동영상으로도 등장한다.

그란 투리스모

CERO A (全年齢対象)

●소니컴퓨터엔터테인먼트 ●RCG ●2009년 10월 1일 ●5,219엔
●플레이 명수 : 1인 (애드혹 대전시 : 최대 4인) ●세이브 용량 : 256KB 이상

플레이스테이션을 대표하는 간판 드라이빙 시뮬레이터의 PSP용 오리지널 신작. 800대 이상의 차종을 수록하였으며, 실존 코스를 포함해 총 35코스 70레이아웃의 스테이지를 주행할 수 있다.

섀도우 오브 메모리즈

CERO B (12才以上対象)

●코나미디지털엔터테인먼트 ●AVG ●2009년 10월 1일 ●3,292엔
●플레이 명수 : 1인 ●세이브 용량 : 160KB 이상

제한시간 내에 퍼즐을 푸는 '타임 리미트 어드벤처' 게임. 주인공은 시공을 이동하면서 사건을 해결하고 자신의 죽음이란 운명을 회피해야 한다. 모든 결말의 끝에 진정한 결말이 기다린다.

마크로스 얼티밋 프론티어

CERO A (全年齢対象)

●반다이남코게임즈 ●STG ●2009년 10월 1일 ●4,980엔
●플레이 명수 : 협력 플레이 1~2인, 대전 플레이 1~4인 ●세이브 용량 : 864KB 이상

2008년 발매되었던 「마크로스 에이스 프론티어」의 속편. 100종 이상의 기체와 120종 이상의 미션을 제공하며, '란 민메이'와 '셰릴 놈' 등 인기 캐릭터의 음성도 다수 수록했다.

마나케미아 2 : 폐쇄 직전의 학교와 연금술사들 포터블 플러스

CERO A (全年齢対象)

●거스트 ●RPG ●2009년 10월 1일 ●4,800엔
●플레이 명수 : 1인 ●세이브 용량 : 448KB 이상

2008년 발매되었던 「마나케미아」의 속편. 소년·소녀 중에서 주인공을 선택해 학교생활을 만끽하자. 신규 요소로 추가된 '전투원 양성소'에서는 본편 이상의 강력한 보스가 등장한다.

모두의 스트레스 팍!

CERO A (全年齢対象)

●소니컴퓨터엔터테인먼트 ●ETC ●2009년 10월 1일 ●2,838엔
●플레이 명수 : 1인 ●세이브 용량 : 128KB 이상

스트레스를 날려버리는 통쾌한 미니게임이 가득한 타이틀. 대량의 쓰레기나 곤충 등을 청소기로 모조리 빨아들이는 '청소', 몰려오는 채소를 마구 베어버리는 '야채 썰기' 등이 있다.

CERO C LikeLife every hour

●GN 소프트웨어 ●AVG ●2009년 10월 1일 ●5,400엔
●플레이 명수 : 1인 ●세이브 용량 : 640KB 이상

친숙한 기계가 인간화 되는 현상으로 인해 천천히 변화해가는 일상을 그린 어드벤처 게임. 휴대폰·냉장고·신호기 등이 차례차례 미소녀화된다. PS2판의 미수록 시나리오도 수록했다.

CERO A 아톰

●D3 퍼블리셔 ●ACT ●2009년 10월 8일 ●4,800엔
●플레이 명수 : 1인 ●세이브 용량 : 256KB 이상

풀 CG 영화 'ATOM'이 원작인 액션 슈팅 게임. 종횡무진 하늘을 나는 로봇소년 '아톰'을 조작하여 총 34스테이지에 도전한다. 아톰의 코스튬 등, 숨겨진 아이템을 찾는 시스템도 있다.

CERO B 강철의 라인배럴

●허드슨 ●SRPG ●2009년 10월 8일 ●5,800엔
●플레이 명수 : 1인 ●세이브 용량 : 256KB 이상

같은 제목의 인기 애니메이션이 원작인 시뮬레이션 RPG. 애니메이션판 기반의 시나리오와 오리지널 스토리를 즐길 수 있다. 전투 장면은 박력 만점의 풀 3D CG로 연출했다.

CERO C 언데드 나이츠

●테크모 ●ACT ●2009년 10월 15일 ●4,800엔
●플레이 명수 : 1인 ●세이브 용량 : 320KB 이상

달려드는 적들을 좀비로 바꿔 부하로 만드는 RPG. 자신의 혼을 바쳐 불사의 힘을 얻은 주인공이, 일족을 멸망시킨 왕에 복수한다는 스토리다. 좀비를 활용해 방약무인 플레이를 즐겨보자.

CERO A NBA 2K10 (영어판)

●스파이크 ●SPT ●2009년 10월 15일 ●3,800엔
●플레이 명수 : 1인 (애드혹 모드시 2인) ●세이브 용량 : 992KB 이상

리얼리티를 추구한 NBA 공인 농구 게임. 2010년 시즌 개막시의 최신 데이터를 적용했으며, 왕년의 명 선수도 수록했다. 게임 자체는 북미판이며, 일본어 설명서를 추가 동봉했다.

CERO A 강철의 연금술사 : FULLMETAL ALCHEMIST - 등 뒤를 맡길 자

●반다이남코게임즈 ●ACT ●2009년 10월 15일 ●4,980엔
●플레이 명수 : 1인, 협력·대전 플레이시 2~4인(애드혹 통신) ●세이브 용량 : 320KB 이상

애니메이션 원작의 다양한 캐릭터들로 태그를 짜고 '서포트 어택'과 '인연 게이지'를 활용하여 힘을 합쳐 효과적으로 싸우는, '인연'을 테마로 삼은 액션 게임이다.

CERO B 머나먼 시공 속에서 3 : 운명의 미궁 애장판

●코에이 ●AVG ●2009년 10월 15일 ●4,800엔
●플레이 명수 : 1인 ●세이브 용량 : 864KB 이상

「머나먼 시공 속에서 3」의 대단원 엔딩 후 스토리를 그린 애프터 시나리오. 무대를 현대의 가마쿠라로 옮겨, 새로운 사랑 이야기를 펼친다. 신규 시나리오 35개에, CG도 다수 추가했다.

CERO A 안티포나의 성가 공주 : 천사의 악보 Op.A

●니폰이치 소프트웨어 ●RPG ●2009년 10월 22일 ●5,800엔
●플레이 명수 : 1인 ●세이브 용량 : 384KB 이상

빛과 소리가 가득한 안티포나 왕국을 무대로 삼은 하트풀 RPG. 스토리 진행 도중 곳곳에서 캐릭터가 노래하고 춤추는 '뮤지컬 이벤트'가 발생하여, 이야기를 화려하게 연출한다.

CERO B 진 삼국무쌍 5 Special

●코에이 ●ACT ●2009년 10월 22일 ●5,280엔
●플레이 명수 : 1인 (통신 기능으로 2명까지 협력 플레이 가능) ●세이브 용량 : 704KB 이상

인기 시리즈의 제5탄. '삼국지'의 무장들이 뜨거운 배틀을 펼치는 액션 게임이다. 코스튬과 무기를 대폭 리뉴얼했고 무장의 공격도 새로 바꾸는 등, 전투 스타일을 크게 변화시켰다.

CERO A FIFA 10

●일렉트로닉 아츠 ●SPT ●2009년 10월 22일 ●5,000엔
●플레이 명수 : 1인 (애드혹 모드 : 2인) ●세이브 용량 : 3104KB 이상

더욱 실제와 가까워진 리얼리즘 지향의 축구 게임. 팀의 일원으로서 활약하는 것은 물론, 감독이 되어 팀을 지휘할 수도 있다. 호평 받은 초보자용 컨트롤 모드도 탑재하였다.

CERO B 엘미나쥬 II : 쌍생의 여신과 운명의 대지

●스타피시 SD ●RPG ●2009년 10월 29일 ●5,800엔
●플레이 명수 : 1인 ●세이브 용량 : 224KB 이상

걸작으로 유명한 왕도 던전 RPG의 이식판. '결혼상담소', 임의의 그림 파일을 캐릭터 아이콘으로 만들어주는 '페이스 로드', '데이터 인스톨' 등의 신규 시스템을 탑재했다.

CERO A 크리스털 디펜더즈

●스퀘어 에닉스 ●SLG ●2009년 10월 29일 ●900엔(소비세 포함)
●플레이 명수 : 1인 ●DL 데이터 용량 : 12MB

다운로드 판매 전용 타이틀

세계적으로 대히트한 타워 디펜스 게임의 PSP판. 캐릭터를 전략적으로 배치하여 적의 침공에 대비하는 시스템으로서, 3가지 난이도별로 각 120스테이지씩을 탑재하였다.

CERO B 싸움대장 포터블

●스파이크 ●AVG ●2009년 10월 29일 ●3,800엔
●플레이 명수 : 1인 ●세이브 용량 : 384KB 이상

일진들의 우정을 그린 인기 격투 액션 게임의 원점. 극동고교의 '짱'이 되어 흑진연합과 싸우자. 처절한 주먹질 액션뿐만 아니라 인기 여학생과의 연애, 타인 도와주기 등의 이벤트도 있다.

CERO D 다이쇼 야구소녀. : 소녀들의 청춘일기

●5pb. ●AVG ●2009년 10월 29일 ●5,800엔
●플레이 명수 : 1인 ●세이브 용량 : 192KB 이상

같은 제목의 라이트 노벨이 원작인 노벨 어드벤처 게임. 원작자가 감수한 캐릭터별 오리지널 스토리를, 애니메이션과 동일한 성우진의 풀보이스 음성으로 즐길 수 있다.

CERO B 프리사가! 포터블

●뷰즈 ●SLG+ADV ●2009년 10월 29일 ●5,800엔
●플레이 명수 : 1인 ●세이브 용량 : 672KB 이상

PC용 게임의 이식작. '누구를 아내로 삼아볼까?'가 컨셉인 연애 어드벤처 게임이다. 본편 클리어 후에는 '양성학교의 7대 불가사의'라는 신규 사이드 스토리 모음집도 즐길 수 있다.

CERO A 엘리멘탈 몬스터 TD 포터블

●허드슨 ●SLG ●2009년 10월 30일 ●800엔(소비세 포함)
●플레이 명수 : 1인 ●DL 데이터 용량 : 33MB

다운로드 판매 전용 타이틀

타워 디펜스형 게임의 중독성과 카드 게임의 전략성을 융합시킨 타이틀. 등장하는 모든 몬스터에는 속성이 부여돼 있으며, 일정 수를 격파하면 상점에서 구입할 수도 있다.

CERO A 에코 쉬프트

●소니컴퓨터엔터테인먼트 ●PZL ●2009년 11월 1일 ●3,790엔
●플레이 명수 : 1인 ●세이브 용량 : 192KB 이상

「무한회랑」의 스핀오프 작품. 일정 간격으로 시간이 되감겨지는 세계에서, 과거 자신의 행동과 협력하여 퍼즐을 풀어 최대한 적은 인수로 골인하는 것이 목표인 퍼즐 게임이다.

CERO C 디시디아 파이널 판타지 : 유니버설 튜닝

●스퀘어 에닉스 ●ACT ●2009년 11월 1일 ●4,800엔
●플레이 명수 : 1인 ●세이브 용량 : 384KB 이상

2008년 발매된 「디시디아 파이널 판타지」의 서양판을 기반으로 신규 요소를 추가한 타이틀. 100가지 이상의 밸런스를 조정했고, 타임 어택 시스템이 있는 '아케이드 모드'를 추가했다.

CERO A 디스가이아 인피니트

●니폰이치 소프트웨어 ●AVG ●2009년 11월 1일 ●2,500엔(소비세 포함)
●플레이 명수 : 1인 ●DL 데이터 용량 : 135MB

다운로드 판매 전용 타이틀

자사의 구작 「인피니트 루프」의 시스템을 기반으로 하여, 「마계전기 디스가이아」의 캐릭터를 믹스한 어드벤처 게임. 주인공 프리니를 조작해, 마왕 라하르 암살사건을 조사하자.

CERO A 테트리스

●일렉트로닉 아츠 ●PZL ●2009년 11월 1일 ●900엔(소비세 포함)
●플레이 명수 : 1인 ●DL 데이터 용량 : 30MB

다운로드 판매 전용 타이틀

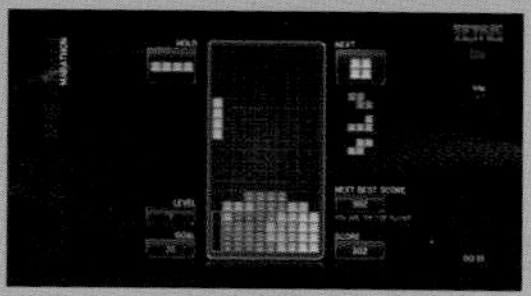

알렉세이 파지트노프가 창안한 걸작 낙하계 퍼즐 게임의 PSP판. 높은 중독성으로 유명한 마라톤 모드를 비롯해, 오리지널리티가 가득한 12종류의 신규 모드를 제공한다.

HARDWARE 2004 2005 2006 2007 2008 2009 2010 2011 2012 2013 2014 2015 2016 INDEX

각종 아이콘 | Best Best판 출시 | VITA 호환 PS Vita와 호환됨 | UMD Passport UMD Passport 지원

CERO A 픽셀정크 몬스터즈 디럭스

●소니컴퓨터엔터테인먼트 ●SLG ●2009년 11월 1일 ●2,000엔(소비세 포함)
●플레이 명수 : 1인 ●DL 데이터 용량 : 70MB

다운로드 판매 전용 타이틀

같은 제목 PS3용 타이틀의 개변 이식판. 원작에 새로운 섬과 10종 이상의 신규 스테이지·적 캐릭터·보스 캐릭터에 보너스 특전까지 추가한, 당시의 최신 「픽셀정크 몬스터즈」다.

CERO B 여신전생 페르소나 3 포터블

●아틀라스 ●RPG ●2009년 11월 1일 ●5,980엔
●플레이 명수 : 1인 ●세이브 용량 : 352KB 이상

PS2로 발매되었던 RPG의 이식작. 주인공의 성별 선택이 가능해졌으며, 각각 동료와의 관계 및 전개가 다르다. 전투 시스템을 앞서 발매된 PS2판 4편 기준에 맞춰, 진행 템포가 빨라졌다.

CERO B 모터스톰 : 아크틱 엣지

●소니컴퓨터엔터테인먼트 ●RCG ●2009년 11월 1일 ●4,743엔
●플레이 명수 : 1~6인 ●세이브 용량 : 192KB 이상

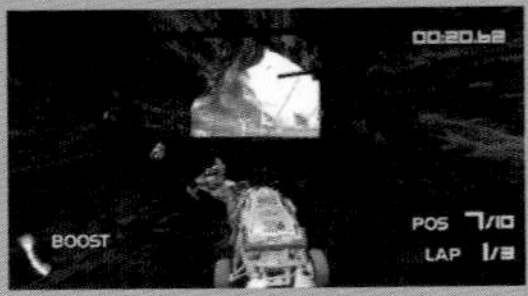

설산을 무대로 삼은 이 종격투 오프로드 레이싱 게임. 시리즈 최초로 설산 스테이지가 등장해, 레이스가 더욱 가혹해졌다. 부스트와 멀티 루트 주행도 여전하며, 통신 대전도 지원한다.

CERO A 로코로코 : 미드나이트 카니발

●소니컴퓨터엔터테인먼트 ●ACT ●2009년 11월 1일 ●2,800엔(소비세 포함)
●플레이 명수 : 1인(애드혹 모드시 : 2~4인) ●세이브 용량 : 224KB 이상 ●DL 데이터 용량 : 168MB

다운로드 판매 전용 타이틀

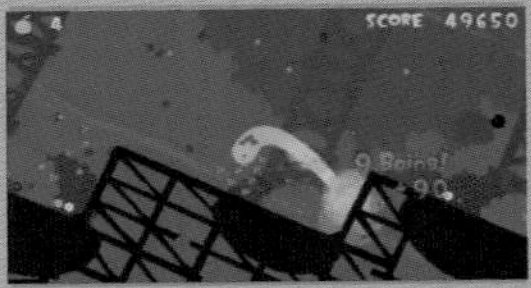

슬라임처럼 생긴 몬스터 '로코로코'를 조작하여 골인 지점까지 유도하는 액션 게임. L 버튼과 R 버튼을 잘 사용하여, 로코로코를 굴리거나 튕기며 초고난이도 스테이지를 공략해보자.

CERO A NBA 라이브 10

●일렉트로닉 아츠 ●SPT ●2009년 11월 5일 ●5,000엔
●플레이 명수 : 1인(온라인시 2인) ●세이브 용량 : 5824KB 이상

NBA 공인 2009~10년도 최신 데이터로 플레이할 수 있는 농구 게임. GM이 되어 장기 시즌을 치르는 모드와, 선수 한 명을 조작하는 'Be A Pro' 모드를 즐길 수 있다.

CERO A 콜린 맥레이 더트 2

●코드마스터즈 ●RCG ●2009년 11월 5일 ●4,800엔
●플레이 명수 : 1인(애드혹 통신시 : 최대 4인) ●세이브 용량 : 128KB 이상

가혹한 오프로드 질주를 즐기는 레이싱 게임. 다채로운 야외환경을 구현하였으며, 당시 화제가 되었던 드라이버들도 실명으로 등장한다. 세계 각지를 주파하며 랠리의 최고봉이 되자.

CERO 教育・データベース 다함께 독서 : 겐지 이야기+문학 약간 더

●도라스 ●ETC ●2009년 11월 5일 ●1,500엔(소비세 포함)
●플레이 명수 : 1인 ●DL 데이터 용량 : 28MB

다운로드 판매 전용 타이틀

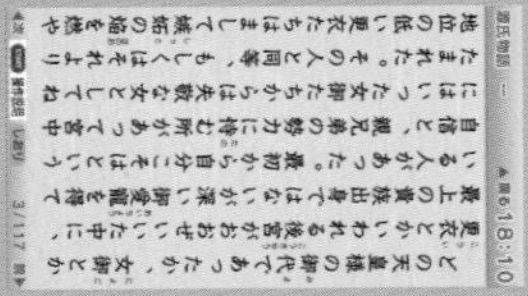

무라사키 시키부의 '겐지 이야기'부터 나츠메 소세키·아쿠타가와 류노스케까지 일본문학의 대표적 걸작·명작을 PSP로 읽는 독서 소프트. 화면을 90도 돌려 읽는 세로 모드로 문학을 음미한다.

CERO A 워십 거너 2 포터블

●코에이 ●ACT ●2009년 11월 12일 ●4,800엔
●플레이 명수 : 1인(애드혹 모드시 : 최대 4인) ●세이브 용량 : 352KB 이상

군함의 함장이 되어 수많은 미션에 도전하는 해전 액션 게임. 해상전부터 수송선단 호위까지 다채로운 미션을 수록했다. 장비교체 모드에서는 군함의 무장을 자유롭게 교체할 수 있다.

CERO B 엑시즈 포르스

●아틀라스 ●RPG ●2009년 11월 12일 ●4,980엔
●플레이 명수 : 1인 ●세이브 용량 : 448KB 이상

남·녀 두 주인공이 각자의 스토리를 진행해 가는 판타지 RPG. 신들의 힘을 이어받은 용사가 파괴신 부활을 저지한다는 스토리다. 시스템이 쉽고 간편하며, 파고들만한 요소도 가득하다.

CERO A J.LEAGUE 프로 사커 클럽을 만들자! 6

●세가 ●SLG ●2009년 11월 12일 ●5,800엔
●플레이 명수 : 1~2인(애드혹 모드 지원) ●세이브 용량 : 928KB 이상

J1 및 J2의 36개 팀과 오리지널 2개 팀 중에서 하나를 선택해 직접 클럽을 경영해보는 시뮬레이션 게임. J리그를 제패한 후, 아시아와 세계의 대회에서 우승을 노려보자.

CERO 등급 아이콘 A B C D Z 教育・データベース
컨텐츠 명시 아이콘 연애 선정성 폭력성 공포 음주·흡연 사행성 범죄 약물 언어·기타

센고쿠히메 : 전란에 춤추는 소녀들

CERO C (15세 이상 대상)

●시스템소프트 알파 ●SLG+AVG ●2009년 11월 12일 ●5,800엔
●플레이 명수 : 1인 ●세이브 용량 : 1024KB 이상

전국시대를 무대로, 유명한 무장들을 미소녀화시킨 전략 시뮬레이션 게임. 50명 이상의 무장들을 자유롭게 육성 가능하다. 독자적 사고 루틴이 있어, 머릿수만으로는 이길 수 없다.

니드 포 스피드 시프트

CERO A (전연령 대상)

●일렉트로닉 아츠 ●RCG ●2009년 11월 12일 ●5,000엔
●플레이 명수 : 1인(무선 대전시 : 최대 4인) ●세이브 용량 : 352KB 이상

인기 차량이 20차종 이상 등장하는 카 레이싱 게임. 실존 서킷과 운전석 시점을 추가하여, 리얼한 레이스를 즐길 수 있다. 오리지널 디자인의 코스 총 72종류를 수록하였다.

배틀 스피리츠 : 휘석의 패자

CERO A (전연령 대상)

●반다이남코게임즈 ●TBL ●2009년 11월 12일 ●4,980엔
●플레이 명수 : 1~2인 ●세이브 용량 : 450KB 이상

같은 제목의 트레이딩 카드 게임에 액션 게임의 시스템을 가미한 타이틀. 배틀필드를 누비며 실시간으로 전략을 짜, 카드의 힘을 이끌어내며 공방을 펼쳐야 한다.

쓰르라미 울 적에 작(雀)

CERO C (15세 이상 대상)

●AQ 인터랙티브 ●TBL ●2009년 11월 12일 ●5,800엔
●플레이 명수 : 1인 ●세이브 용량 : 256KB 이상

「쓰르라미 울 적에」의 캐릭터들과 사기 기술이 있는 2인대국 마작을 플레이하며 오리지널 스토리를 즐기는 게임. 프리 대국과, 개그성 스토리인 '하이쿠즈시' 편도 수록하였다.

루나 : 하모니 오브 실버 스타

CERO B (12세 이상 대상)

●겅호 웍스 ●RPG ●2009년 11월 12일 ●4,800엔
●플레이 명수 : 1인 ●세이브 용량 : 768KB 이상

명작 RPG「루나 더 실버 스타」의 리메이크작. 시대를 초월한 사랑과 우정의 이야기다. 오리지널 컨텐츠로 '4영웅'의 시나리오를 추가해, 과거작에서의 오랜 의문이 드디어 밝혀진다.

아머드 코어 사일런트 라인 포터블

CERO A (전연령 대상)

●프롬 소프트웨어 ●ACT ●2009년 11월 19일 ●3,800엔
●플레이 명수 : 1인(통신시 최대 4인) ●세이브 용량 : 400KB 이상

PS2용 게임의 이식판. 인류 미답사 지구 '사일런트 라인'을 둘러싼 가혹한 싸움이 펼쳐진다. 파츠 수를 450종류 이상으로 늘려, 자신의 기체를 조합하는 자유도와 전략성이 높아졌다.

잭 앤 덱스터 : 더 로스트 프론티어

CERO B (12세 이상 대상)

●소니컴퓨터엔터테인먼트 ●ACT ●2009년 11월 19일 ●4,743엔
●플레이 명수 : 1인 ●세이브 용량 : 352KB 이상

PS2용 게임의 이식작. 엘프 '잭'과 파트너인 족제비 '덱스터'가, 세계의 균형을 되돌리기 위해 '에코'를 찾아나서는 액션 게임이다. 8개 스테이지와 30종의 미션을 즐길 수 있다.

다함께 독서 : '체포록' 시리즈 - 한시치&우몬&안고&아고쥬로&하타모토 따분남

CERO 教育・データベース

●도라스 ●ETC ●2009년 11월 19일 ●1,500엔(소비세 포함)
●플레이 명수 : 1인 ●DL 데이터 용량 : 29MB

다운로드 판매 전용 타이틀

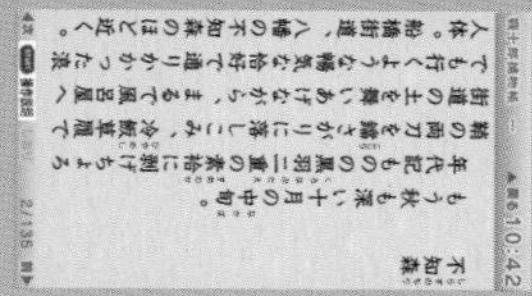

개성적인 주인공이 난해한 사건에 도전해 악을 처단하는 '체포록' 5개 작품 163화를 수록한 소프트. 오카모토 기도의 '한시치 체포록', 사사키 미츠조의 '우몬 체포록' 등을 수록하였다.

모두의 내비게이션

CERO 教育・データベース

●젠린 ●MAP ●2009년 11월 19일 ●7,800엔
●플레이 명수 : 1인 ●세이브 용량 : 745KB 이상

GPS 리시버를 장착한 상태로 구동하면, PSP가 카 내비게이터로 바뀌는 소프트. 주행경로 탐색·안내와 지도 정보 확인이 가능하며, 도보 이동 모드도 지원한다.

언젠가 이 손이 더럽혀질 때 : SPECTRAL FORCE LEGACY

CERO B (12세 이상 대상)

●아이디어 팩토리 ●SLG ●2009년 11월 26일 ●5,800엔
●플레이 명수 : 1인 ●세이브 용량 : 672KB 이상

환상의 세계 '네버랜드'를 무대로 진행되는 전략 시뮬레이션 게임. 일국의 군주가 되어 세계통일을 노려보자. 내정·전투의 두 가지 파트로 나뉘며, 전투는 실시간으로 진행된다.

L의 계절 : 더블 포켓

●5pb. ●AVG ●2009년 11월 26일 ●5,800엔
●플레이 명수 : 1인 ●세이브 용량 : 384KB 이상

PS1용 「L의 계절」과, 그 속편인 PS2용 「L의 계절 2」를 커플링 이식했다. 18명에 달하는 히로인들이 등장하며 총 플레이타임도 100시간이 넘는 어마어마한 볼륨의 게임이다.

퍼즐 : 우리들의 48시간 전쟁

●카도카와쇼텐 ●AVG ●2009년 11월 26일 ●5,800엔
●플레이 명수 : 1인 ●세이브 용량 : 256KB 이상

야마다 유스케의 소설이 원작인 어드벤처 게임. 무장집단이 점거한 학교 내에서, 퍼즐조각을 찾는 기묘한 게임에 참가하게 된 학생들 사이의 인간 드라마가 전개된다.

뿌요뿌요 7

●세가 ●PZL ●2009년 11월 26일 ●4,800엔
●플레이 명수 : 1~4인 (게임 셰어링/애드혹 통신은 4인까지) ●세이브 용량 : 192KB 이상

VITA 호환

대인기 낙하계 퍼즐 게임의 제7탄. 닌텐도 DS판에 이어 발매된 작품으로서, 새 주인공 '안도 링고'와 최대 47연쇄가 가능한 '대변신'이 추가되어 새로운 뿌요뿌요 승부를 즐길 수 있다.

기동전사 건담 : 건담 VS. 건담 넥스트 플러스

●반다이남코게임즈 ●ACT ●2009년 12월 3일 ●5,980엔
●플레이 명수 : 1인 (통신 플레이시 : 2~4인) ●세이브 용량 : 352KB 이상

거대 MA와의 전투 등, 신규 요소를 탑재한 「VS」 시리즈의 집대성. 신·구작 18개 작품의 기체 60종 이상이 등장한다. 원작의 명장면을 재현한 250종 이상의 미션을 플레이해보자.

판타지 스타 포터블 2

●세가 ●RPG ●2009년 12월 3일 ●4,800엔
●플레이 명수 : 1~4인 (애드혹 모드, 인프라스트럭처 모드 지원) ●세이브 용량 : 650KB 이상

전작의 게임 시스템을 대폭 개선하고 새로운 액션과 무기를 추가한 작품. 스토리도 리뉴얼하여 대폭 진화시켰으며, 인터넷과 연결하여 온라인 플레이도 즐길 수 있었다.

학원 헤븐 : BOY'S LOVE SCRAMBLE!

●프로토타입 ●AVG ●2009년 11월 26일 ●5,200엔
●플레이 명수 : 1인 ●세이브 용량 : 352KB 이상

다양한 기종으로 발매되었던 여성용 보이즈 러브 어드벤처 게임. 공략대상 캐릭터 10명이 호화 성우진에 의해 풀보이스화됐다. 애니메이션판의 오리지널 캐릭터도 등장한다.

쓰르라미 데이브레이크 포터블 : 메가 에디션

●카가 크리에이트 ●ACT ●2009년 11월 26일 ●5,800엔
●플레이 명수 : 1~4인 ●세이브 용량 : 313KB 이상

VITA 호환 UMD Passport

2007년 발매된 「쓰르라미 데이브레이크」의 강화판. 사토시·미요코·오코노기 등의 신 캐릭터 및 신기술·신규 스테이지 등이 추가되었다. 히나미자와에서 새로운 싸움이 발발한다.

라 퓌셀 † 라그나로크

●니폰이치 소프트웨어 ●SRPG ●2009년 11월 26일 ●4,980엔
●플레이 명수 : 1인 ●세이브 용량 : 480KB 이상

VITA 호환 UMD Passport

PS2판의 이식작. 빛의 성녀를 꿈꾸는 신참 퇴마사가 주인공으로서, 그녀가 펼치는 사랑과 웃음의 이야기다. 이식되면서 시나리오 볼륨이 대폭 늘어나는 등, 추가 요소가 매우 많다.

두근두근 메모리얼 4

●코나미디지털엔터테인먼트 ●SLG ●2009년 12월 3일 ●5,000엔
●플레이 명수 : 1인 ●세이브 용량 : 600KB 이상

VITA 호환 UMD Passport

고교 3년간에 걸쳐 주인공을 육성하는 연애 육성 시뮬레이션 게임. 시리즈의 셀프 오마쥬, 바이노럴 레코딩을 도입한 이벤트, 다회차 계승이 가능한 주인공의 '특기' 시스템 등이 특징이다.

리틀 빅 플래닛 포터블

●소니컴퓨터엔터테인먼트 ●ACT ●2009년 12월 3일 ●3,790엔
●플레이 명수 : 1인 (애드혹 모드, 인프라스트럭처 모드 지원) ●세이브 용량 : 8000KB 이상

VITA 호환 UMD Passport

지구를 닮은 행성을 탐험하는 액션 게임. 행성 내의 다양한 나라에서 부품들을 모아가며 문제를 해결하자. 자신만의 스테이지를 자유롭게 제작해 온라인 상에 공개할 수도 있다.

CERO A R-TYPE TACTICS II : 오퍼레이션 비터 초콜릿

●아이렘 ●SLG ●2009년 12월 10일 ●4,800엔
●플레이 명수 : 1인(애드혹 2인) ●세이브 용량 : 1600KB 이상

슈팅 게임 「R-TYPE」의 세계관을 활용한 시뮬레이션 게임의 2번째 작품. 기체의 특색이 다른 '지구연합군' 편과 '그란젤라 혁명군' 편, 2가지 시나리오를 메인으로 전개한다.

CERO A 대공군

●GAE ●STG ●2009년 12월 10일 ●4,800엔
●플레이 명수 : 1인(애드혹 모드시 : 2인) ●세이브 용량 : 416KB 이상

제2차 세계대전을 소재로 삼은 슈팅 게임. 제로센을 비롯해, 당시의 유명 전투기 100기 이상이 등장한다. 장르는 2D 슈팅이지만, 3D 그래픽 특유의 리얼리티를 가미한 신감각 게임이다.

CERO A NARUTO -나루토- 질풍전 : 나루티밋 액셀 3

●반다이남코게임즈 ●ACT ●2009년 12월 10일 ●4,980엔
●플레이 명수 : 1~4인(애드혹시 2~4인) ●세이브 용량 : 320KB 이상

게임 오리지널 시나리오로 진행되는 「나루티밋 배틀」 시리즈의 제3탄. 시리즈 최초로 4인 대전을 추가했으며, 특정 캐릭터끼리의 술법을 조합하면 강력한 연계 인술도 발동된다.

CERO C 풍운 신선조 막말전 포터블

●프롬 소프트웨어 ●ACT ●2009년 12월 10일 ●3,800엔
●플레이 명수 : 1인 ●세이브 용량 : 160KB 이상

막부 말기의 난세를 묘사한 역사 시뮬레이션 게임. '좌막파'와 '도막파' 두 가지 시점으로 200종 이상의 임무를 수행하며, 신선조·사카모토 료마 등 역사적 인물들의 행적도 체험할 수 있다.

CERO A BLEACH 소울 카니발 2

●소니컴퓨터엔터테인먼트 ●ACT ●2009년 12월 10일 ●4,743엔
●플레이 명수 : 1인 ●세이브 용량 : 320KB 이상

2008년 발매됐던 「~소울 카니발」의 속편. 120명 이상의 캐릭터가 등장해 원작의 스토리를 재현한다. 전작에서 호평 받았던 '알람 보이스' 기능엔 드디어 '타이머 모드'가 추가됐다.

CERO A 월드 사커 위닝 일레븐 2010

●코나미디지털엔터테인먼트 ●SPT ●2009년 12월 10일 ●4,743엔
●플레이 명수 : 1인 ●세이브 용량 : 10MB 이상

유럽 최고의 클럽 대항전 '챔피언스 리그'를 완전 재현한 「위닝 일레븐」 시리즈 신작. 300종 이상의 선수 모션이 새로 추가되었으며, 그래픽도 더욱 실제 선수에 가까워졌다.

CERO C 노을빛으로 물드는 언덕 포터블

●GN 소프트웨어 ●AVG ●2009년 12월 17일 ●5,200엔
●플레이 명수 : 1인 ●세이브 용량 : 352KB 이상

여동생과 함께 사는 주인공 앞에 약혼을 인정치 않는 약혼자가 나타나며 시작되는 연애 어드벤처 게임. PC판의 이식작이지만 성우진은 애니메이션 기준이며, 시나리오도 추가·변경되었다.

CERO D 퀸즈 블레이드 : 스파이럴 카오스

●반다이남코게임즈 ●SRPG ●2009년 12월 17일 ●5,800엔
●플레이 명수 : 1인 ●세이브 용량 : 704KB 이상

인기 대전형 비주얼 북의 게임판. 원작에서는 라이벌 관계인 미투사들이, 옷이 찢어질 때까지 서로 협동해 싸우는 시뮬레이션 RPG다. 갑옷 파괴 시스템 등으로 원작의 매력을 재현했다.

CERO A 다이스다이스◆판타지아

●브로콜리 ●TBL ●2009년 12월 17일 ●4,980엔
●플레이 명수 : 1~4인 ●세이브 용량 : 128KB 이상

신의 주사위를 굴리는 기상천외한 보드 게임. 필드를 돌면서 다양한 수단으로 신기(神器)를 입수하자. 규정된 턴수가 마무리된 후, 가장 많은 신탁 포인트를 얻은 캐릭터가 승리하게 된다.

CERO C 나락의 성 포터블 : 이치야나기 나고무, 2번째 수난

●니폰이치 소프트웨어 ●AVG ●2009년 12월 17일 ●4,980엔
●플레이 명수 : 1인 ●세이브 용량 : 960KB 이상

PS2용 게임의 이식작. 「우격자의 관」의 속편으로서, 선택한 루트에 따라 파트너와 시나리오가 변화한다. 주인공이 되어, 탐문을 거듭하며 고성이 무대인 사건의 진상을 밝혀내자.

각종 아이콘 Best판 출시 / VITA 호환 PS Vita와 호환됨 / UMD Passport 지원

CERO A F1 2009

●코드마스터즈 ●RCG ●2009년 12월 17일 ●4,800엔
●플레이 명수 : 1인(애드혹 통신시 최대 4인) ●세이브 용량 : 160KB 이상

VITA 호환 UMD Passport

당시 F1 경기의 매력을 재현한 레이싱 게임. 해당년도 경기에 실제 참전했던 모든 팀·드라이버 및 서킷을 수록하였다. 공력장치 제한과 KERS 시스템 등, 당시의 경기 기준도 준수했다.

CERO A 쿠루링 퓨전

●MTO ●PZL ●2009년 12월 22일 ●500엔(소비세 포함)
●플레이 명수 : 1인(애드혹 모드시 : 2인) ●DL 데이터 용량 : 21MB

VITA 호환

다운로드 판매 전용 타이틀

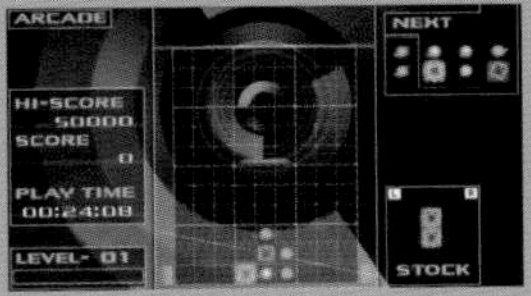

FF 시리즈의 우에마츠 노부오가 사운드를 감수한 퍼즐 게임. 빛과 소리가 기존에 없던 감각을 연출한다. 간단한 룰로 높은 몰입도를 끌어내는 게임에 우에마츠 특유의 사운드가 어우러진다.

CERO Z 어쌔신 크리드 블러드라인

●UBISOFT ●ACT ●2009년 12월 23일 ●4,980엔
●플레이 명수 : 1인 ●세이브 용량 : 600KB 이상

「어쌔신 크리드」의 1편과 2편을 연결하는 병렬세계의 스토리를 그린 휴대용 게임기 오리지널 작품. 프리 러닝 액션으로 키프로스 섬을 탐색하여, 암살자로서의 사명을 완수하자.

CERO B SIMPLE 2500시리즈 포터블!! Vol.13 : THE 악마 헌터즈 – 엑소시스터

●D3 퍼블리셔 ●ACT ●2009년 12월 23일 ●2,500엔
●플레이 명수 : 1~4인(애드혹 지원) ●세이브 용량 : 512KB 이상

VITA 호환 UMD Passport

악마 사냥 부대 '엑소시스터'의 일원이 되어 악마를 사냥하는 액션 게임. 섹시 코스튬을 입은 소녀들이 통쾌한 액션을 펼친다. 무선 LAN을 이용한 최대 4인 플레이도 지원한다.

CERO B 메탈 슬러그 XX

●SNK 플레이모어 ●STG ●2009년 12월 23일 ●4,800엔
●플레이 명수 : 1인(애드혹 모드 지원시 : 2인) ●세이브 용량 : 448KB 이상

VITA 호환 UMD Passport

메인 캐릭터인 마르코·타마·에리·피오에, 「이카리」 팀의 랄프·클락도 신규 참전했다(유료 DLC로 레오나도 추가 가능했다). '컴백 스쿨' 모드에는 최고 계급 '대마왕'이 존재한다.

CERO B 러키☆스타 : 인터넷 아이돌 마이스터

●카도카와쇼텐 ●SLG ●2009년 12월 23일 ●5,800엔
●플레이 명수 : 1인 ●세이브 용량 : 230KB 이상

TV 애니메이션으로도 일대 붐이었던 인기 만화를 게임화했다. 등장 캐릭터를 적절히 트레이닝시켜 인터넷 아이돌로 육성하자. 팬을 대거 획득한 후 최종 오디션에 합격해야 한다.

CERO A 다라이어스 버스트

●타이토 ●STG ●2009년 12월 24일 ●4,800엔
●플레이 명수 : 1인 ●세이브 용량 : 448KB 이상

VITA 호환 UMD Passport

97년 발매된 「G다라이어스」 이후 12년 만에 등장한 시리즈 신작. 실버호크의 후계기인 '실버호크 버스트'를 조작하여, 숙적 베르서 성인과 사투를 벌인다. 새로운 공격 시스템인 '버스트'는 게이지를 소비하여 발동하는 강력한 공격수단이다. 휴대용 게임기의 작은 화면 사이즈라는 한계 내에서도, 압권의 그래픽으로 「다라이어스」의 세계관을 완전히 재현해냈다.

CERO B 마기우스 테일 이터니티 : 세계수와, 사랑에 빠진 마법사

●GN 소프트웨어 ●AVG ●2009년 12월 24일 ●5,800엔
●플레이 명수 : 1인 ●세이브 용량 : 800KB 이상

VITA 호환

PC용 게임의 이식작. 바다 위에 홀로 남아있는 마법의 외딴섬에서 즐거운 학교생활의 나날을 보내자. 본편 외에도 팬 디스크 및 히로인들과의 후일담 등, 다양한 컨텐츠를 수록했다.

CERO B 물의 선율

●사이버프론트 ●AVG ●2009년 12월 24일 ●4,800엔
●플레이 명수 : 1인 ●세이브 용량 : 416KB 이상

VITA 호환 UMD Passport

'야오비쿠니' 전설 기반의 전기물 어드벤처 게임. 주인공인 여고생이 현대에 되살아난 인어 전설을 쫓는다는 스토리다. 핵심인 '키 시나리오'를 중심으로, 다채로운 시나리오를 수록했다.

2010

PlayStation Portable
Game Software
Catalogue

2010년에 발매된 PSP용 게임 소프트 수는 최다량인 279타이틀(이중 다운로드가 45타이틀)로서, 본체 발매 후 6년째 들어서야 시장이 최대치에 도달했다. 또한 게임 아카이브스도 이 해에만 185타이틀이 발매되어, 가정에서는 플레이스테이션 3, 외출해서는 PSP라는 형태로 자연스럽게 시장이 나뉘어 서로 간에 선순환을 형성했다.

킹덤 하츠 버스 바이 슬립

CERO A

●스퀘어 에닉스 ●RPG ●2010년 1월 9일 ●5,800엔
●플레이 명수 : 1인 ●세이브 용량 : 576KB 이상

디즈니 애니메이션의 세계를 모험하는 RPG. 3명의 주인공별로 각각 독립된 시나리오가 있으며, 모든 시나리오를 클리어하면 비로소 전체 스토리의 전모가 밝혀지는 구조다.

검투사 : 글라디에이터 비긴즈

CERO C

●어콰이어 ●ACT ●2010년 1월 14일 ●4,800엔
●플레이 명수 : 1인 (통신대전시 2인) ●세이브 용량 : 416KB 이상

VITA 호환 UMD Passport

고대 로마를 무대로 삼은 액션 게임. 검투사들의 생사를 건 싸움을 리얼하게 그려낸 스토리다. 자유로운 캐릭터 메이킹과 풍부한 장비 덕에, 캐릭터를 마음대로 커스터마이즈할 수 있다.

철권 6

CERO B

●반다이남코게임즈 ●ACT ●2010년 1월 14일 ●5,980엔
●플레이 명수 : 1인 (애드혹 모드시 : 2인) ●세이브 용량 : 128KB 이상

VITA 호환

약 40명의 캐릭터가 등장하는 인기 3D 격투 게임. 언제 어디서나 '상대를 날려버리는 쾌감'을 맛볼 수 있다. 아케이드용 업그레이드판인 「철권 6 BLOODLINE REBELLION」 기반이며, 통신대전·고스트 교환도 지원한다. '스토리 배틀'에선 캐릭터별 스토리를 즐길 수 있으며, '골드 러시' 등의 오리지널 모드도 가득하다. 등장 캐릭터의 비주얼도 자신의 취향에 맞춰 커스터마이즈할 수 있다.

히어로 오브 스파르타

CERO C

●게임로프트 ●AVG ●2010년 1월 14일 ●600엔(소비세 포함)
●플레이 명수 : 1인 ●DL 데이터 용량 : 47MB

VITA 호환

다운로드 판매 전용 타이틀

신화의 세계를 무대로 삼은 액션 어드벤처 게임. 필드에 배치된 퍼즐을 풀면서, 케르베로스·미노타우로스 등 다양한 마물들을 5종류의 무기로 화려하게 물리치자.

마작패왕 배틀 로열 II

CERO A

●마이니치 커뮤니케이션즈 ●TBL ●2010년 1월 14일 ●3,800엔
●플레이 명수 : 1인 ●세이브 용량 : 500KB 이상

VITA 호환 UMD Passport

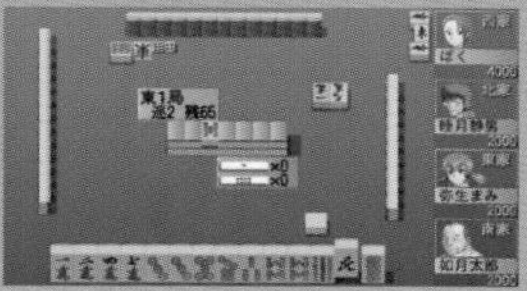

PS2로 발매되었던 「마작패왕 배틀 로열」의 강화판. 일본프로마작협회가 감수했고, 대국·문제·퀴즈·강좌에 프로의 실전 패보 감상까지 그야말로 충실한 기능들을 탑재했다.

진 삼국무쌍 5 Empires

CERO B

●코에이 ●ACT ●2010년 1월 21일 ●3,800엔
●플레이 명수 : 1~4인 ●세이브 용량 : 384KB 이상

VITA 호환

2009년 발매했던 「진 삼국무쌍 5 Special」의 외전격 작품. 기존의 무쌍 액션에 지역 쟁탈전이라는 전략성을 추가했다. '쟁패 모드'는 군주 외에 무장 입장으로도 플레이할 수 있다.

전장의 발큐리아 2 : 갈리아 왕립사관학교

CERO B

●세가 ●SRPG ●2010년 1월 21일 ●5,800엔
●플레이 명수 : 1인 (애드혹 통신 플레이시 : 2~4인) ●세이브 용량 : 672KB 이상

VITA 호환

PS3에서 인기가 많았던 「전장의 발큐리아」의 속편. 전작에서 2년 후, 갈리아 공국 사관 후보생들의 이야기다. 전우 선택과 탱크 커스터마이징 등의 파고들기성 시스템도 다수 넣었다.

각종 아이콘: Best판 출시 / VITA 호환 PS Vita와 호환됨 / UMD Passport UMD Passport 지원

CERO A 제대로 배워 LEC로 합격하는 택지건물거래주임자 포터블

●스퀘어 에닉스 ●ETC ●2010년 1월 21일 ●5,800엔
●플레이 명수 : 1인 ●세이브 용량 : 256KB 이상

Best VITA 호환 UMD Passport

일본의 자격증 학원인 LEC의 수험서 '기출문제 택지건물거래사 위크문' 전 3권의 문제를, ○×나 실제 시험풍 4지선다식으로 학습할 수 있다. 당시 최신 시험문제와 해설도 수록했다.

CERO A 제대로 배워 LEC로 합격하는 일상부기 3급 포터블

●스퀘어 에닉스 ●ETC ●2010년 1월 21일 ●4,571엔
●플레이 명수 : 1인 ●세이브 용량 : 224KB 이상

Best VITA 호환 UMD Passport

일본상공회의소의 부기 3급에 합격하기 위한 총 6장의 수업식 해설과, 관련지식을 체득시켜 주는 미니게임을 수록한 학습용 소프트. 연습문제는 250문제 이상을 수록하였다.

CERO B 마법소녀 리리컬 나노하 A's 포터블 : 더 배틀 오브 에이시스

●반다이남코게임즈 ●ACT ●2010년 1월 21일 ●4,980엔
●플레이 명수 : 1~2인 ●세이브 용량 : 128KB 이상

원작인 미소녀 게임 외엔 시리즈 최초의 게임판. 애니메이션 본편 종료 후의 오리지널 스토리가 펼쳐진다. 공격은 적과의 거리에 따라 변화한다. 박력 넘치는 공중 격투 배틀을 즐기자.

CERO 教育・データベース x-Radar Portable

●소니 마케팅 ●MAP ●2010년 1월 25일 ●무료
●플레이 명수 : 1인 ●DL 데이터 용량 : 140MB

다운로드 판매 전용 타이틀

PSP를 지도 대용으로 활용하는 정보성 소프트웨어. 당시 운영중이던 일본의 온라인 지도 서비스 'PetaMap'과 연계해, 등록된 식당·관광지, 무선LAN 스팟 등을 간편히 검색할 수 있었다.

CERO B 아르코발레노! 포터블

●아이디어 팩토리 ●AVG ●2010년 1월 28일 ●4,800엔
●플레이 명수 : 1인 ●세이브 용량 : 640KB 이상

PS2용 게임의 이식작. 요리사가 되려는 소녀가 주인공인 여성용 연애 어드벤처 게임이다. 추억의 파스타를 만드는 이탈리아 요리점에서 수행하며, 매력적인 남성들과의 인연을 쌓자.

CERO B 11eyes CrossOver

●5pb. ●AVG ●2010년 1월 28일 ●4,800엔
●플레이 명수 : 1인 ●세이브 용량 : 480KB 이상

PC용 게임의 이식작. 주인공은 현실세계를 침식하는 어둠의 세계에서 의문의 흑목기사와 싸운다. 이식하면서 신 캐릭터 3명을 추가했고, 서브 캐릭터 2명이 히로인으로 승격됐다.

CERO B 전격의 피로토 : 천공의 인연

●베스트미디어 ●AVG ●2010년 1월 28일 ●4,800엔
●플레이 명수 : 1인 ●세이브 용량 : 320KB 이상

텍스트·일러스트와 성우의 연기로 즐기는 '보이스 노벨'. 주인공 소년과 아버지의 유품인 로봇, 하늘에서 내려온 소녀가 펼치는 이야기다. 스토리 전개에 맞춰 미니게임도 즐길 수 있다.

CERO C 닌자활극 천주 홍 포터블

●프롬 소프트웨어 ●ACT ●2010년 1월 28일 ●3,800엔
●플레이 명수 : 1인 ●세이브 용량 : 300KB 이상

「천주」 시리즈의 외전격 타이틀. '린'과 '아야메' 두 쿠노이치와 최강의 암살자 집단이 벌이는 처절한 복수극이다. 오리지널 컨텐츠로서, 린과 아야메의 신규 디자인 코스튬을 추가했다.

CERO B 이상한 던전 풍래의 시렌 3 포터블

●스파이크 ●RPG ●2010년 1월 28일 ●4,800엔
●플레이 명수 : 1인(인프라스트럭처 모드 지원) ●세이브 용량 : 896KB 이상

VITA 호환

Wii용 게임의 이식판. 게임 밸런스를 재조정했고, 오리지널 던전도 추가했다. 인프라스트럭처 모드도 지원하여, 인터넷에 연결하면 모든 네트워크 모드를 플레이할 수도 있었다.

CERO A 도시ling 메이커 3 × 도주중

●D3 퍼블리셔 ●SLG+ACT ●2010년 1월 28일 ●4,800엔
●플레이 명수 : 1~4인(도주중 모드 한정) ●세이브 용량 : 864KB 이상

전입자를 늘려 도시를 발전시켜가는 도시 만들기 시뮬레이션 게임. 일본의 인기 예능 프로 '도주중'을 본뜬 보너스 모드에선, 미션을 클리어하며 계속 도망쳐 포인트를 버는 게임을 즐긴다.

CERO 등급 아이콘: A B C D Z 教育・データベース
컨텐츠 명시 아이콘: 연애 | 선정성 | 폭력성 | 공포 | 음주·흡연 | 사행성 | 범죄 | 약물 | 언어·기타

CERO A 미래일기 : 13번째 일기 소유자

●카도카와쇼텐 ●AVG ●2010년 1월 28일 ●5,800엔
●플레이 명수 : 1인 ●세이브 용량 : 352KB 이상

인기 만화의 첫 게임판. 원작자가 완전 감수한 오리지널 스토리와, 원작자가 디자인한 신 캐릭터 '13th'가 등장한다. 만화책풍 화면 연출과, YDO(얀데레 오퍼레이션 시스템)이 독특하다.

CERO A 루프프 큐브 루프★샐러드 포터블… 개다래

●딤플 ●PZL ●2010년 1월 28일 ●4,800엔
●플레이 명수 : 1인 ●세이브 용량 : 320KB 이상

같은 색 큐브를 3개 붙여 없애나가는 액션 퍼즐 게임. 타 기종판에는 없었던 신규 시스템 '개다래 풍선'이 추가되었다. 타케모토 이즈미 월드가 펼쳐지는 스토리 CG의 화질도 향상됐다.

CERO C 갓 이터

●반다이남코게임즈 ●ACT ●2010년 2월 4일 ●4,980엔
●플레이 명수 : 1인 (애드혹 지원 : 2~4인) ●세이브 용량 : 480KB 이상

황폐한 근미래를 무대로 삼은, 팀원간의 연계를 중시한 헌팅 액션 게임. 무리를 지어 몰려드는 적 몬스터 '아라가미'에, 적을 먹어치우며 진화하는 무기 '신기'로 맞서 싸워야 한다.

CERO A 팝픈 뮤직 포터블

●코나미디지털엔터테인먼트 ●ACT ●2010년 2월 4일 ●4,800엔
●플레이 명수 : 1인 (통신시 : 최대 4인) ●세이브 용량 : 800KB 이상

아케이드판 「팝픈 뮤직 15 ADVENTURE」를 기반으로 삼아 개변 이식한 작품. 일반적인 플레이 모드와, 스토리를 즐길 수 있는 '어드벤처 모드'를 탑재했다. 오리지널 곡도 수록하였다.

CERO C 밀실의 새크리파이스

●D3 퍼블리셔 ●AVG ●2010년 2월 4일 ●4,800엔
●플레이 명수 : 1인 ●세이브 용량 : 512KB 이상

이른바 '방 탈출 게임'을 기반으로 제작한 멀티 시나리오형 서스펜스 어드벤처 게임. 폐쇄된 지하도시에서, 다섯 소녀들이 다양한 수수께끼를 풀면서 탈출에 도전한다.

CERO D 모에모에 2차대전(략) 2[chu~♪]

●시스템소프트 알파 ●SLG+AVG ●2010년 2월 4일 ●5,800엔
●플레이 명수 : 1인 ●세이브 용량 : 384KB 이상

'모에대전략' 시리즈 제2탄. 시나리오는 역사적 사실에서 모티브를 땄지만 기본적으로 코미디풍이며, 실제 작전에서 활약했던 병기에 초점을 맞췄다. 신규 세력과 신병기도 등장한다.

CERO C SOCOM : U.S. NAVY SEALs FIRETEAM BRAVO 3

●소니컴퓨터엔터테인먼트 ●STG ●2010년 2월 11일 ●4,743엔
●플레이 명수 : 1인 (애드혹/인프라스트럭처 모드 : 협력 플레이 2~4인, 대전 플레이 2~16인) ●세이브 용량 : 700KB 이상

미 해군 소속 특수부대가 활약하는 인기 밀리터리 TPS 시리즈의 PSP용 오리지널 외전작 중 3번째 작품. 팀을 조직해 협력하거나, 최대 16인까지 대전하는 플레이를 즐길 수 있다.

CERO A 은성 쇼기 포터블

●실버 스타 재팬 ●TBL ●2010년 2월 18일 ●4,800엔
●플레이 명수 : 1인 ●세이브 용량 : 384KB 이상

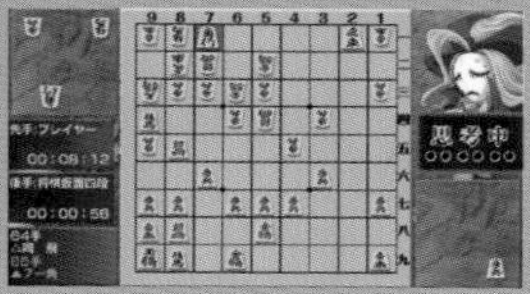

'KCC 쇼기'라는 엔진을 탑재한 쇼기 게임. 10급부터 4단까지의 기력 난이도로 대전이 가능하며, 초보자라도 쇼기를 쉽게 배울 수 있는 교실 모드와 용어집 모드도 수록하였다.

CERO A 클래식 던전 : 부익의 마장진

●니폰이치 소프트웨어 ●ARPG ●2010년 2월 18일 ●4,980엔
●플레이 명수 : 1인 (애드혹 통신시 2~4인) ●세이브 용량 : 800KB 이상

레트로풍 도트 그래픽으로 디자인된 던전을 공략하는 액션 RPG. 도트 그래픽으로 만드는 캐릭터 편집 기능, 능력치 설정이 가능한 '마장진' 등 자유도 높은 시스템이 특징이다.

CERO A 슬로터 매니아 P 테츠야 : '작성'이라 불렸던 남자 - 신주쿠 VS 우에노

●도라스 ●SLG ●2010년 2월 18일 ●4,800엔
●플레이 명수 : 1인 ●세이브 용량 : 544KB 이상

애니메이션화도 된 인기 만화 '테츠야'를 슬롯머신 시뮬레이터와 결합해, 원작의 '테츠야'와 '도사켄'의 대결을 완전 재현했다. 금단의 내부정보도 수록해, 실기를 남김없이 파악 가능하다.

각종 아이콘 : Best판 출시 / VITA 호환 PS Vita와 호환됨 / UMD Passport 지원

CERO A

전설의 용사의 전설 : 레전더리 사가

●카도카와쇼텐 ●RPG ●2010년 2월 18일 ●5,800엔
●플레이 명수 : 1인 ●세이브 용량 : 416KB 이상

애니메이션화도 되었던 인기 라이트 노벨의 게임판. 가볍게 던전 탐색을 즐길 수 있는 RPG다. 원작의 분위기를 완전 재현했으며, '칭호 시스템' 등의 오리지널 시스템을 채용하였다.

CERO C

천주 4 Plus

●프롬 소프트웨어 ●ACT ●2010년 2월 18일 ●2,800엔
●플레이 명수 : 1~2인 ●세이브 용량 : 128KB 이상

스릴과 통쾌함이 있는 본격 닌자 액션 게임. 아즈마 시노비 류 두목 '리키마루'와 천재 닌자 '아야메'가 되어 새로운 임무를 수행하자. 빈틈을 잘 노리면 강적도 일격에 죽일 수 있다.

CERO A

100만톤의 조각 조각

●소니컴퓨터엔터테인먼트 ●ACT ●2010년 2월 18일 ●4,743엔
●플레이 명수 : 1인 ●세이브 용량 : 128KB 이상

마을을 습격해온 거대 전함에 달라붙어, 제한 시간 내에 항행불능이 될 때까지 조각조각으로 절단해버리는 액션 게임. '챌린지'나 '타임 어택' 등의 파고들기 컨텐츠도 풍부하다.

CERO A

플래시 모터 카렌

●호프문 ●PZL ●2010년 2월 18일 ●1,890엔(소비세 포함)
●플레이 명수 : 1인 ●DL 데이터 용량 : 353MB

다운로드 판매 전용 타이틀

전자세계를 무대로 펼쳐지는 퍼즐 게임. 주인공 '카렌'을 조작하여, 제한시간 내에 골 지점까지 도달하자. 각 스테이지별로 다채로운 아이템과 액션이 마련되어 있다.

CERO D

라스트 에스코트 : 클럽 캇체

●D3 퍼블리셔 ●SLG ●2010년 2월 18일 ●5,752엔
●플레이 명수 : 1인 ●세이브 용량 : 256KB 이상

클럽 호스트들과 연애를 즐길 수 있는 여성용 게임. 무대와 캐릭터를 리뉴얼해, 새로운 멤버들과 대화를 나누며 관계를 쌓아간다. '동반'·'애프터' 등의 오리지널 시스템도 여전하다.

CERO A

대전 리버시

●베스트미디어 ●TBL ●2010년 2월 19일 ●480엔(소비세 포함)
●플레이 명수 : 1인(애드혹 모드시 : 2인) ●DL 데이터 용량 : 7MB

다운로드 판매 전용 타이틀

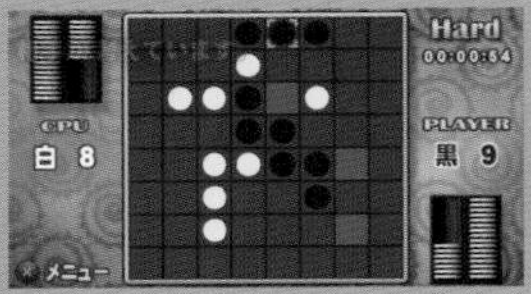

게임 셰어링 기능을 탑재한 리버시(오델로) 게임. 통신대전용으로 특별한 룰을 채용했으며, 보드는 6종류, 말은 4종류 중에서 선택할 수 있다. CPU 대전도 난이도를 5단계로 조절 가능하다.

CERO A

가정교사 히트맨 REBORN! : 인연의 태그 배틀

●마벨러스 엔터테인먼트 ●ACT ●2010년 2월 25일 ●4,980엔
●플레이 명수 : 1인(애드혹 모드시 : 2인) ●세이브 용량 : 128KB 이상

애니메이션도 호평 받았던 인기 만화의 게임화 작품. 동료와의 '인연'을 중시한 2 : 2 3D 태그 배틀 게임이다. 원작자가 직접 디자인한 오리지널 캐릭터 '렌지'와 '랜드'가 등장한다.

CERO B

금색의 코르다 3

●코에이 ●SLG ●2010년 2월 25일 ●5,800엔
●플레이 명수 : 1~2인 ●세이브 용량 : 608KB 이상

인기 시리즈의 제3탄. 등장 캐릭터를 리뉴얼했고, 등장 학교도 3곳으로 늘렸다. 세이소 학원의 보리수 기숙사에서, 타교 학생들과 교류하며 사랑과 음악이 어우러진 이야기를 즐기자.

CERO A

QIX++

●타이토 ●ACT ●2010년 2월 25일 ●3,790엔
●플레이 명수 : 1인(애드혹 모드시 : 2~4인) ●세이브 용량 : 300KB 이상

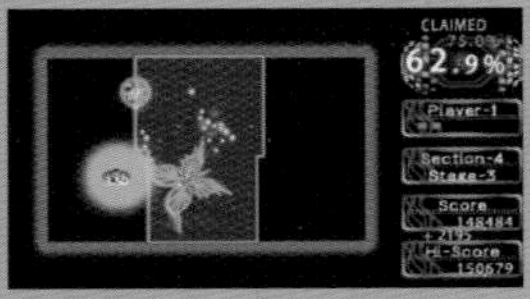

아케이드용 땅따먹기 게임의 효시를 현대풍으로 리메이크한 작품. 섬광과 파티클 표현으로 박력 넘치는 화면 효과를 보여준다. 애드혹 모드로 최대 4인까지 대전도 가능하다.

CERO D

크로스 채널 : To all people

●사이버프론트 ●AVG ●2010년 2월 25일 ●4,800엔
●플레이 명수 : 1인 ●세이브 용량 : 192KB 이상

PC용 게임의 이식작. 고교 방송부 부원들의 이야기를 다룬 청춘 어드벤처 게임이다. PS2판과 마찬가지로 원작에서 삭제된 루트를 추가했으며, 원화가 마츠류의 신규 CG들도 수록했다.

CERO B 싸움대장 4 : 일년전쟁

●스파이크 ●ACT ●2010년 2월 25일 ●4,980엔
●플레이 명수 : 1인 (애드혹 모드시 : 2인) ●세이브 용량 : 384KB 이상

불량배들의 나날을 그린 싸움질 액션 게임의 제4탄. 주인공이 되어 동네 최강의 주먹을 물리치자. '노려보기 빔'과 '시비 배틀' 등, 호평 받았던 전통의 시스템들도 대폭 강화시켰다.

CERO B 얼음의 묘표 : 이치야나기 나고무, 3번째 수난

●니폰이치 소프트웨어 ●AVG ●2010년 2월 25일 ●5,800엔
●플레이 명수 : 1인 ●세이브 용량 : 832KB 이상

'이치야나기 나고무의 수난' 시리즈 제3탄. 친구의 초대로 호반의 저택을 방문한 주인공이 다시 사건에 말려든다. 이전에 호평 받았던 추리 시스템을 엄선 수록하여, 추리하는 과정이 재미있다.

CERO B GTI Club : 월드 시티 레이스

●코나미디지털엔터테인먼트 ●RCG ●2010년 2월 25일 ●3,800엔(소비세 포함)
●플레이 명수 : 1인 ●DL 데이터 용량 : 186MB

다운로드 판매 전용 타이틀

실존하는 컴팩트 카가 16종류나 등장하는 레이싱 게임. 유럽 특유의 좁은 골목길을 달리거나, 차를 이용해 축구를 즐기기도 하는 등, 레이싱 게임치고는 꽤 특이한 스타일의 작품이다.

CERO B 노 페이트! : only the power of will

●알케미스트 ●AVG ●2010년 2월 25일 ●5,980엔
●플레이 명수 : 1인 ●세이브 용량 : 632KB 이상

PS2로 발매되어 호평 받았던 「붉은 실」·「푸른 성」의 개발진이 제작한 연애 어드벤처 게임. 갑자기 하늘에서 떨어진 소녀와 주인공의 평범치 않은 이야기다. 호화 성우들을 기용했다.

CERO A 파워프로 석세스 레전즈

●코나미디지털엔터테인먼트 ●SPT ●2010년 2월 25일 ●3,800엔
●플레이 명수 : 1인 ●세이브 용량 : 600KB 이상

타 기종판의 「파워프로」 시리즈 중 석세스 모드만을 뽑은 PSP 이식작. 시리즈 굴지의 명작으로 꼽히는 시나리오 9종을 탑재했다. JUBC(일본의 전국 대학야구 컵) 모드도 준비했다.

CERO B 히메히비 : New Princess Days!! 속! 2학기 포터블

●TAKUYO ●AVG ●2010년 2월 25일 ●5,800엔
●플레이 명수 : 1인 ●세이브 용량 : 480KB 이상

2008년 발매되었던 「히메히비」의 속편. 단기간 전학을 거듭해온 주인공이 되어, 학교 축제를 성공시킨다는 이야기다. 1개월이라는 짧은 학교생활 동안 다양한 캐릭터와 교류하자.

CERO B FairyLife MiracleDays

●GN 소프트웨어 ●AVG ●2010년 2월 25일 ●5,800엔
●플레이 명수 : 1인 ●세이브 용량 : 768KB 이상

2009년 발매된 「LikeLife every hour」의 속편. 주인공과 '인공위성'을 자칭하는 소녀가 중심인 의인화 캐릭터 스토리다. 신규 시나리오·CG에, 팬 디스크의 컨텐츠까지 수록하였다.

CERO B 블레이블루 포터블

●아크시스템웍스 ●ACT ●2010년 2월 25일 ●4,800엔
●플레이 명수 : 1~4인 ●세이브 용량 : 288KB 이상

인기 대전격투 게임의 이식판. 애드혹 모드로 통신대전이 가능하며, 맵에 배치된 적군을 격파하고 동료를 모으는 신규 오리지널 모드 '레기온'도 즐길 수 있다.

CERO B 물의 선율 2 : 비(緋)의 기억

●사이버프론트 ●AVG ●2010년 2월 25일 ●4,800엔
●플레이 명수 : 1인 ●세이브 용량 : 352KB 이상

2009년 발매된 「물의 선율」의 속편. 고교생인 주인공이 우연히 입수한 칼을 무기로 삼아, 이번의 진상을 추적한다는 스토리다. 선호하는 캐릭터와 전투에 참가하면 호감도가 오른다.

CERO A 모두의 테니스 포터블

●소니컴퓨터엔터테인먼트 ●SPT ●2010년 2월 25일 ●4,743엔
●플레이 명수 : 1인 (애드혹 모드시 : 2~4인) ●세이브 용량 : 740KB 이상

일본테니스협회가 추천한, 국민적 테니스 게임. 간단한 조작과 심오한 전략성을 양립시켰다. 오리지널 요소로서 시리즈 최초의 스토리 모드와, 강화된 코스튬 시스템을 탑재하였다.

CERO C 새벽녘보다도 짙푸른 포터블

●카도카와쇼텐 ●AVG ●2010년 2월 25일 ●5,800엔
●플레이 명수 : 1인 ●세이브 용량 : 736KB 이상

PC용 게임의 이식작. TV 애니메이션화까지 된 미소녀 어드벤처 게임이다. 달의 공주 '피나'와 신규 히로인인 '토오야마 미도리' 등, 미소녀 8명과의 연애 스토리를 즐겨보자.

CERO A 렛츠! 골프

●게임로프트 ●SPT ●2010년 2월 25일 ●600엔(소비세 포함)
●플레이 명수 : 1인 ●DL 데이터 용량 : 45MB

간단한 조작으로 즐기는 3D 골프 게임. 멋지게 묘사된 해변과 산악지대 등, 다양한 스테이지를 수록했다. 등장하는 4명의 캐릭터는 헤어스타일과 복장을 선택할 수 있다.

다운로드 판매 전용 타이틀

CERO A 아머드 코어 라스트 레이븐 포터블

●프롬 소프트웨어 ●ACT ●2010년 3월 4일 ●3,800엔
●플레이 명수 : 1인 (통신시 최대 4인) ●세이브 용량 : 400KB 이상

PS2용 게임의 이식작. 인간형 병기 '아머드 코어'를 조종하는 용병이 되어 싸우는 인기 메카닉 액션 게임이다. 장대한 스토리와 커스터마이징의 자유도는 물론, 멀티플레이도 지원한다.

CERO A 아이 오브 저지먼트 : 신탁의 위저드

●소니컴퓨터엔터테인먼트 ●TBL ●2010년 3월 4일 ●4,743엔
●플레이 명수 : 1인 (대전자 수 : 2인) ●세이브 용량 : 128KB 이상

PS3에서 호평 받았던 카드 게임의 이식작. 300종류 이상의 카드를 효율적으로 활용하는 고도의 전략성이 필요하다. 오리지널 컨텐츠로서 스토리 모드와 통신대전 기능을 탑재하였다.

CERO B 레터 비 : 마음을 잇는 자에게

●코나미디지털엔터테인먼트 ●RPG ●2010년 3월 4일 ●5,000엔
●플레이 명수 : 1인 ●세이브 용량 : 900KB 이상

TV 애니메이션화까지 된 인기 만화를 게임화했다. '편지'에 담긴 마음을 전달하는 훈훈한 어드벤처 RPG다. 60종 이상의 '편지'가 등장하며, 저마다 개별적인 스토리가 담겨 있다.

CERO B .hack//Link

●반다이남코게임즈 ●ARPG ●2010년 3월 4일 ●5,980엔
●플레이 명수 : 1~3인 (통신 링크 플레이 지원) ●세이브 용량 : 704KB 이상

다양한 기종으로 발매되었던 「.hack」 시리즈의 PSP판. 시리즈의 집대성격 작품으로서, 과거작들의 인기 캐릭터가 총출동하는 액션 RPG다. 신개념의 '유니존 배틀'을 탑재하였다.

CERO C 새벽의 아마네카와 푸른 거신 : 파시아테 문명연구회 흥망기

●사이버프론트 ●AVG ●2010년 3월 11일 ●4,800엔
●플레이 명수 : 1인 ●세이브 용량 : 128KB 이상

코가도 스튜디오의 '딥블루' 시리즈 제3탄. 세계정복의 야망을 품은 '아마네카'가, 지위와 명성을 얻기 위해 아카데미의 동료들과 함께 고대의 보물을 찾아 모험하는 던전 탐색 게임이다.

CERO Z 그랜드 셉트 오토 : 차이나타운 워즈

●사이버프론트 ●ACT ●2010년 3월 11일 ●5,800엔
●플레이 명수 : 1인 ●세이브 용량 : 448KB 이상

닌텐도 DS용 게임의 이식작. 주인공 '황 리'가 되어 살해당한 아버지의 원수를 갚자. 이식 과정에서 그래픽을 강화했고, 신 캐릭터 등장과 미션 추가 등의 신규 요소를 도입하였다.

CERO B 진 삼국무쌍 멀티 레이드 2

●코에이 ●ACT ●2010년 3월 11일 ●4,800엔
●플레이 명수 : 1~4인 ●세이브 용량 : 544KB 이상

2009년 발매된 「~멀티 레이드」의 속편. 신 캐릭터로 강유·대교에 심지어 시황제까지도 등장한다. 전투 액션을 강화시켜주는 '무환'과 '전옥'을 장비하여, 최강 무장을 만들어보자.

CERO A 절대 히어로 개조계획

●니폰이치 소프트웨어 ●RPG ●2010년 3월 11일 ●5,800엔
●플레이 명수 : 1인 ●세이브 용량 : 850KB 이상

평범한 소년이 히어로가 되어 싸우는 RPG. 주인공의 외모와 능력치는 물론이고, 필살기와 주제가까지도 커스터마이징 가능하다. 정의롭게 플레이하여 자신의 히어로를 활약시켜보자.

배틀 스피리츠 : 히어로즈 소울

CERO B

●반다이남코게임즈 ●ARPG ●2010년 3월 11일 ●4,980엔
●플레이 명수 : 1인 (멀티 플레이시 : 3인까지) ●세이브 용량 : 352KB 이상

인기 카드 게임의 제2탄. 「~휘석의 패자」와는 다른 세계관으로 장대한 스토리를 펼치며, 필드에서 적과 조우하면 소지중인 카드로 싸운다. 최대 3인 동시 플레이를 지원한다.

뚱뚱보 공주와 한 주먹의 케이크

CERO C

●소니컴퓨터엔터테인먼트 ●SLG ●2010년 3월 11일 ●1,500엔(소비세 포함)
●플레이 명수 : 1인 (애드혹/인프라스트럭처 모드시 : 1~8인) ●DL 데이터 용량 : 130MB

다운로드 판매 전용 타이틀

PS3용 게임이 원작인 PSP 오리지널 신작. 게임 모드와 맵, 스토리를 추가하여 볼륨을 키웠다. 뚱뚱보 공주를 중심으로, 귀여운 캐릭터들이 블루팀·레드팀으로 나뉘어 대난투를 펼친다.

용사 주제에 건방지다 : 3D

CERO A

●소니컴퓨터엔터테인먼트 ●SLG ●2010년 3월 11일 ●3,790엔
●플레이 명수 : 1~2인 ●세이브 용량 : 800KB 이상

도트 그래픽으로 승부하는 「용사 주제에 건방지다」 시리즈의 신작. 타이틀명의 '3D'는 '3종의 던전'을 뜻한다. 2인 동시 플레이로 동일한 던전을 진행하는 모드도 신규 탑재하였다.

위 러브 저글러

CERO A

●키타 덴시 ●SLG ●2010년 3월 18일 ●4,810엔
●플레이 명수 : 1인 ●세이브 용량 : 256KB 이상

6호기 시대인 현재도 신작이 출시되고 있는 인기 파치슬로 기기 '저글러' 시리즈의 실기 시뮬레이터. 실기의 개발사인 키타 덴시 사가 직접 제작·발매한 타이틀이다.

건담 어설트 서바이브

CERO A

●반다이남코게임즈 ●ACT ●2010년 3월 18일 ●5,980엔
●플레이 명수 : 1인 (애드혹 통신시 협력 플레이 : 2~3인, 대전 플레이 : 1~4인) ●세이브 용량 : 554KB 이상

역대 '기동전사 건담' 시리즈에 등장하는 100명의 캐릭터와 300종류의 모빌슈트를 수록한 3D 액션 게임. '아이[哀] NEED YOU'도 BGM으로 나와 시리즈 팬들을 만족시켰다.

단테스 인페르노 : 신곡 지옥편

CERO D

●일렉트로닉 아츠 ●ACT ●2010년 3월 18일 ●5,000엔
●플레이 명수 : 1인 ●세이브 용량 : 256KB 이상

이탈리아의 시인 단테 알리기에리의 대표작, '신곡'(La Divina Commedia)의 지옥편을 모티브로 삼은 스토리가 전개되는 타이틀. 오리지널 요소가 가득한 액션 게임이다.

다함께 지압 : 통증도 피로도 날아간다고?!

CERO A

●도라스 ●SLG ●2010년 3월 18일 ●3,800엔
●플레이 명수 : 1인 ●세이브 용량 : 160KB 이상

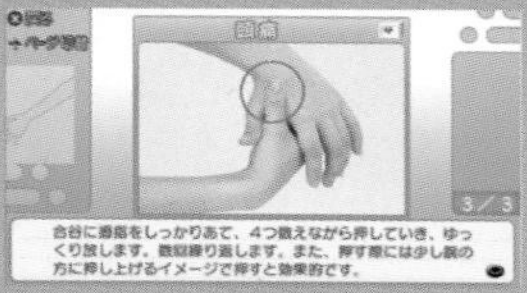

일본지압협회가 감수한 지압 및 경혈 효능 해설집 소프트. 동영상과 음성으로 효과적인 지압 포인트를 확인할 수 있다. 몸의 조건에 맞춰 혈을 검색하는 기능도 탑재하였다.

사일런트 힐 : 섀터드 메모리즈

CERO C

●코나미디지털엔터테인먼트 ●AVG ●2010년 3월 25일 ●5,000엔
●플레이 명수 : 1인 ●세이브 용량 : 1248KB 이상

과거 발매했던 「사일런트 힐」 1편을 재구축해, 사건·등장인물을 다른 시점으로 조명하여 리메이크한 호러 어드벤처 게임. 행방불명된 딸을 찾으며, 보이지 않는 적과 맞서 싸우자.

사키 -Saki- 포터블

CERO C

●알케미스트 ●TBL ●2010년 3월 25일 ●5,980엔
●플레이 명수 : 1인 (애드혹 모드 지원 : 2~4인) ●세이브 용량 : 256KB 이상

인기 만화의 게임판. 미소녀들의 대결을 마작 게임과 어드벤처 모드로 재현했다. 그래픽의 원화는 TV 애니메이션판 스탭이 제작했으며, 등장 캐릭터는 전부 풀보이스화되어 있다.

하늘의 유실물 : 두근두근 서머 베이케이션

CERO C

●카도카와쇼텐 ●AVG ●2010년 3월 25일 ●5,800엔
●플레이 명수 : 1인 ●세이브 용량 : 288KB 이상

어마어마한 물량의 팬티 묘사로 화제를 모았던 애니메이션 '하늘의 유실물'이 카드를 사용하는 육성 게임으로서 PSP로 등장했다. 이카로스를 육성하기 위해 카드를 많이 모아보자.

각종 아이콘: Best판 출시 / PS Vita와 호환됨 / UMD Passport 지원

CERO C 천신란만 : Happy Go Lucky!!

●러셀 ●AVG ●2010년 3월 25일 ●5,980엔
●플레이 명수 : 1인 ●세이브 용량 : 580KB 이상

PC에서 인기를 모았던 연애 어드벤처 게임이 새로운 히로인·이벤트 등의 신규 컨텐츠를 잔뜩 추가해 PSP로 등장했다. 불행 체질의 주인공과 미소녀 신들이 펼치는 시끌벅적 코미디물이다.

CERO C 버스트 에러 : 이브 더 퍼스트

●카도카와쇼텐 ●AVG ●2010년 3월 25일 ●5,800엔
●플레이 명수 : 1인 ●세이브 용량 : 160KB 이상

PC판 「이브 버스트 에러」의 리메이크작. 커맨드 선택식에서 비주얼 노벨 형태로 시스템을 바꿨으며, 캐릭터 디자인·성우·시나리오 역시 대폭적으로 변경했다.

CERO B 비타민 Z 레볼루션

●D3 퍼블리셔 ●AVG ●2010년 3월 25일 ●4,800엔
●플레이 명수 : 1인 ●세이브 용량 : 384KB 이상

PS2로 발매된 「비타민 X」의 속편. 문제아들만을 모아놓은 반의 담임이 되어, 그들을 졸업까지 이끄는 코믹 어드벤처 게임이다. 시작시에 운세를 점쳐주는 등, 추가 요소를 다수 수록했다.

CERO A 프리니 2 : 특공유희! 새벽의 팬티 대작전임다!!

●니폰이치 소프트웨어 ●ACT ●2010년 3월 25일 ●4,980엔
●플레이 명수 : 1인(애드혹 모드 시 2인) ●세이브 용량 : 128KB 이상

주인인 에트나가 팬티를 도둑맞으면서 시작되는, 1,000마리 프리니의 팬티 탈환 대작전. 날이 밝을 때까지 사태를 수습하지 않으면 프리니가 대신 팬티가 되어버리고 만다.

CERO C 마이 메리 메이 with be

●사이버프론트 ●AVG ●2010년 3월 25일 ●4,800엔
●플레이 명수 : 1인 ●세이브 용량 : 160KB 이상

키드 사가 발매했던 어드벤처 게임 「마이 메리 메이」와 「마이 메리 메이비」의 합본 이식작. 두 작품 사이를 연결하는 브리지 스토리를 새로 추가하였다.

CERO D 조디악

●호프문 ●AVG ●2010년 4월 1일 ●2,100엔(소비세 포함)
●플레이 명수 : 1인 ●DL 데이터 용량 : 337MB

다운로드 판매 전용 타이틀

PC용 비주얼 노벨의 이식판. 12개 별자리의 힘을 나눠 지닌 자들이 '세상의 모든 힘'을 얻기 위해 싸우는 이야기다. PSP판만의 보너스 컨텐츠도 다수 수록하였다.

CERO A 프로야구 스피리츠 2010

●코나미디지털엔터테인먼트 ●SPT ●2010년 4월 1일 ●5,696엔
●플레이 명수 : 1~2인(애드혹 대전) ●세이브 용량 : 224KB 이상

리얼리즘 계열 일본 프로야구 게임의 대표작. 애드혹 대전을 지원하며, '간단 프리셋' 기능과 '코치 조언' 시스템을 내장했다. 오리지널 선수 제작 모드도 탑재했다.

CERO D 데드 오어 얼라이브 파라다이스

●테크모 ●SPT ●2010년 4월 2일 ●4,980엔
●플레이 명수 : 1인 ●세이브 용량 : 416KB 이상

격투 게임 「데드 오어 얼라이브」의 여성 캐릭터들이 남국의 섬에서 휴가를 즐기는 비치발리볼 게임. 모은 돈으로 수영복을 사 캐릭터들에게 입혀 비주얼을 감상하는 팬 서비스 작품이다.

CERO B 모노크롬

●사이버프론트 ●AVG ●2010년 4월 8일 ●4,800엔
●플레이 명수 : 1인 ●세이브 용량 : 160KB 이상

부모를 사고로 잃고 만 '타이키'는 친구의 집에 양자로 들어가 살고 있었다. 어느 겨울날 날개 달린 천사 '융'이 나타나고, 둘은 한 지붕 아래에서 함께 지내게 되는데…….

CERO A 유디의 아틀리에 : 그람나트의 연금술사 - 사로잡힌 수호자

●거스트 ●RPG ●2010년 4월 8일 ●4,800엔
●플레이 명수 : 1인 ●세이브 용량 : 160KB 이상

「아틀리에」 시리즈의 테마인 '연금술'에 '모험' 요소를 가미한 타이틀. 새로운 무대인 '그람나트'로 전송되어 버린 연금술사 '유디트 폴토네'의 파란만장한 이야기가 시작된다.

CERO A 전진하라! 수비하라! 교전하라!

●리즈 ●STG ●2010년 4월 12일 ●500엔(소비세 포함)
●플레이 명수 : 1인 ●DL 데이터 용량 : 12MB

대부대 VS 대부대로 싸우는 전략 슈팅 게임. 모선을 지키는 탱크 부대를 생산·배치·지휘하여 적 부대와 맞서 싸우자. 고전 아케이드 게임을 의도적으로 흉내 낸 그래픽도 특징이다.

다운로드 판매 전용 타이틀

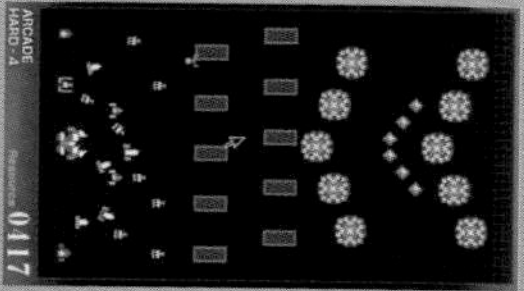

CERO A 어스 세이버 Plus : 운석 폭파 대작전

●툼 크리에이트 ●ACT ●2010년 4월 15일 ●500엔(소비세 포함)
●플레이 명수 : 1인 ●DL 데이터 용량 : 7MB

지구로 접근하는 운석을 폭탄으로 파괴하는 액션 게임. 난이도가 다른 4가지 모드가 있고, 노 미스 클리어를 노리는 '얼티밋 모드'와 '엔들리스 모드'도 탑재했다.

다운로드 판매 전용 타이틀

CERO B 창흑의 쐐기 : 비색의 조각 3 포터블

●아이디어 팩토리 ●AVG ●2010년 4월 15일 ●4,800엔
●플레이 명수 : 1인 ●세이브 용량 : 704KB 이상

인기 시리즈의 속편. 전작의 1년 후가 무대로서, 새로운 싸움이 주인공과 수호자들을 덮친다. 수호자들의 사이드 스토리를 보여주는 신 시스템 '우츠시카가미'를 탑재했다.

CERO A 쇼기 월드 챔피언 : 게키사시 포터블

●마이니치 커뮤니케이션즈 ●TBL ●2010년 4월 15일 ●4,800엔
●플레이 명수 : 1인 ●세이브 용량 : 200KB 이상

세계 컴퓨터 쇼기 대회에서 여러 번이나 우승한 바 있는 「게키사시」 시리즈가 한층 더 파워업하여 새로운 모습으로 등장했다. 모든 쇼기 팬에게 바치는 작품이다.

CERO B 이스 : 펠가나의 맹세

●니혼팔콤 ●ARPG ●2010년 4월 22일 ●4,800엔
●플레이 명수 : 1인 ●세이브 용량 : 512KB 이상

「이스」 시리즈 3번째 작품 「원더러즈 프롬 이스」를 「이스 VI」처럼 3D 시스템으로 리메이크한 작품. 스토리는 기본적으로 원작을 답습했으나, 여러 가지로 디테일하게 개선했다.

CERO C 캔버스 3 : 일곱 빛깔의 기적

●GN 소프트웨어 ●AVG ●2010년 4월 22일 ●5,800엔
●플레이 명수 : 1인 ●세이브 용량 : 608KB 이상

PC용 게임의 이식작. 진로를 고민중인 미술부 부장이 콩쿠르 출전을 위해 부원들과 노력한다. 이식하면서 신규 히로인을 추가했으며, 캐릭터 음성에 당시의 인기 여성 성우들을 기용했다.

CERO A 쇼기

●소니컴퓨터엔터테인먼트 ●TBL ●2010년 4월 22일 ●300엔(소비세 포함)
●플레이 명수 : 1~2인 ●세이브 용량 : 224KB 이상 ●DL 데이터 용량 : 9MB

PSP를 쇼기판으로 바꾸어주는 심플한 쇼기 게임. CPU전과 대인전을 즐길 수 있다. '무르기'와 '말 빼기' 등의 핸디캡게 기능 등, 대전에 기본적으로 필요한 시스템을 탑재했다.

다운로드 판매 전용 타이틀

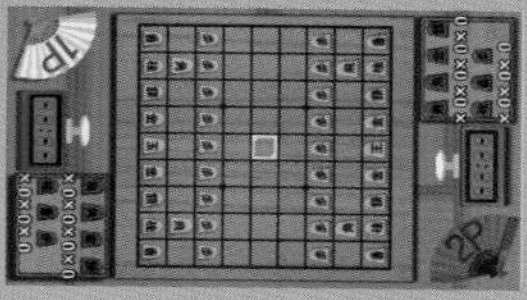

CERO A SAVE THE EARTH

●소니컴퓨터엔터테인먼트 ●STG ●2010년 4월 22일 ●300엔(소비세 포함)
●플레이 명수 : 1인 ●세이브 용량 : 128KB 이상 ●DL 데이터 용량 : 6MB

대량의 탄막을 피하면서 지구를 지키는 슈팅 게임. 전후좌우로 탄을 쏘아 화면에 나타나는 적을 전멸시키자. '배속 체인지'를 걸면 난이도가 상승하지만, 대신 점수도 많이 들어온다.

다운로드 판매 전용 타이틀

CERO A 디스가이아 인피니트

●니폰이치 소프트웨어 ●AVG ●2010년 4월 22일 ●3,800엔
●플레이 명수 : 1인 ●세이브 용량 : 256KB 이상

111p에서 소개했던 「디스가이아 인피니트」의 실물 패키지판. 다운로드판이 선행 발매되고 나중에 실물판 형태로 재발매된 케이스라 할 수 있다.

CERO B 도쿄 모노하라시 : 카라스노모리 학원기담

●아틀라스 ●AVG+RPG ●2010년 4월 22일 ●5,980엔
●플레이 명수 : 1인 ●세이브 용량 : 416KB 이상

「페르소나」 시리즈를 제작했던 스탭들의 학원 전기물 쥬브나일 신작. 재앙의 근원 '카미후다'를 회수하는 '봉찰사'들의 이야기를 그렸다. 감정이입 시스템을 잘 활용하며 진행하자.

각종 아이콘 Best판 출시 PS Vita와 호환됨 UMD Passport 지원

CERO A 돌격! 탱크 부대!

●소니컴퓨터엔터테인먼트 ●STG ●2010년 4월 22일 ●300엔(소비세 포함)
●플레이 명수 : 1~2인 ●세이브 용량 : 224KB 이상 ●DL 데이터 용량 : 7MB

다운로드 판매 전용 타이틀

탱크를 조작해 다양한 미션에 도전하는 슈팅 게임. 적이 떨어뜨리는 아이템을 얻으면 탄종도 달라진다. 주포의 반동으로 탱크가 뒤로 밀려나는 등의 묘사가 남자의 로망을 자극한다.

CERO A 해달아! 달아나!

●소니컴퓨터엔터테인먼트 ●ACT ●2010년 4월 22일 ●300엔(소비세 포함)
●플레이 명수 : 1~2인 ●세이브 용량 : 192KB 이상 ●DL 데이터 용량 : 5MB

다운로드 판매 전용 타이틀

귀여운 해달을 조작해, 범고래의 마수로부터 도망쳐 살아남아야 하는 액션 게임. 좌우로 이동하거나 잠수하여 장애물을 피하고, 곳곳에 떨어져 있는 조개를 입수하여 체력을 회복하자.

CERO A 나이츠 인 더 나이트메어

●아틀라스 ●RPG ●2010년 4월 22일 ●5,980엔
●플레이 명수 : 1인 ●세이브 용량 : 256KB 이상

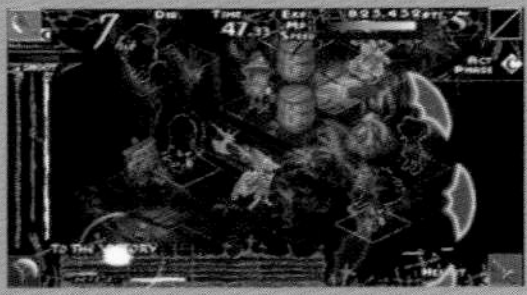

빼앗긴 고성을 탈환하는 것이 목적인 시뮬레이션 RPG. 닌텐도 DS로 발매되었던 원작을, PSP의 특징을 살려 이식했다. 이식 과정에서 호화로운 오프닝 동영상을 추가했다.

CERO A 알바지옥 '2' 팩

●소니컴퓨터엔터테인먼트 ●ACT ●2010년 4월 22일 ●300엔(소비세 포함)
●플레이 명수 : 1인 ●세이브 용량 : 960KB 이상 ●DL 데이터 용량 : 22MB

다운로드 판매 전용 타이틀

집중력을 시험하는 미니게임 모음집. '장작'만을 쪼개야 하는 '장작패기 2', 하염없이 볼펜 뚜껑을 끼우는 '볼펜공장 2', 지저분한(?) 기억력 게임 '트림몽 2'로 총 3작품을 수록했다.

CERO A 알바지옥 안심 팩

●소니컴퓨터엔터테인먼트 ●ACT ●2010년 4월 22일 ●300엔(소비세 포함)
●플레이 명수 : 1인 ●세이브 용량 : 640KB 이상 ●DL 데이터 용량 : 19MB

다운로드 판매 전용 타이틀

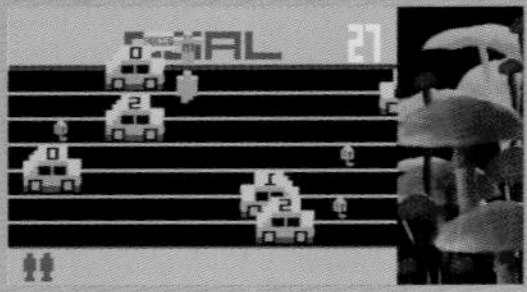

미니게임 2종을 즐길 수 있는 소프트. 슈베르트의 명곡을 게임화한 액션 게임 '마왕'과, 할아버지를 잘 유도해 국도 곳곳의 버섯을 채집하는 '버섯이냐 죽느냐'를 수록하였다.

CERO B 하라주쿠 탐정학교 스틸우드

●아이디어 팩토리 ●AVG ●2010년 4월 22일 ●5,800엔
●플레이 명수 : 1인 ●세이브 용량 : 256KB 이상

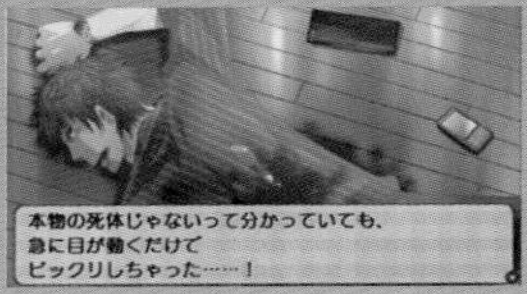

'하라주쿠 탐정학교'에 입학한 주인공 '호리키타 유키'가, 학교 행사의 일환으로 벌어진 사건을 남학생들과 함께 추리하며 해결하는 추리 어드벤처 게임. 소녀의 연심도 함께 그려낸다.

CERO C 히마와리 : Pebble in the Sky 포터블

●카도카와쇼텐 ●AVG ●2010년 4월 22일 ●5,800엔
●플레이 명수 : 1인 ●세이브 용량 : 544KB 이상

동인 게임 형태로 발표되어 많은 팬들의 사랑을 받았던 어드벤처 게임 「히마와리」가 업그레이드되어 PSP용으로 정규 상품화됐다! 치밀한 구성을 자랑하는 시나리오가 매력적이다.

CERO A 메이크 드라마 베이스볼

●소니컴퓨터엔터테인먼트 ●SPT ●2010년 4월 22일 ●300엔(소비세 포함)
●플레이 명수 : 1~2인 ●DL 데이터 용량 : 7MB

다운로드 판매 전용 타이틀

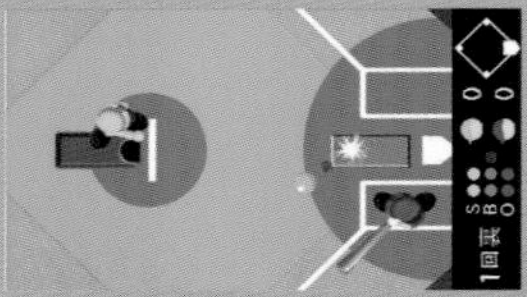

투수와 타자의 진검승부에 집중한 야구 게임. 야구판을 위에서 내려다보는 듯한 화면 구성이며, 직구·커브·슈트에 사라지는 마구까지도 날아온다. 타자는 날아오는 공만 잘 쳐내면 된다.

CERO B 리얼 로데 포터블

●카도카와쇼텐 ●SLG ●2010년 4월 22일 ●4,800엔
●플레이 명수 : 1인 ●세이브 용량 : 768KB 이상

게임을 좋아하는 주인공이 '로데'라는 RPG의 세계로 전송돼버린다는 스토리의 시뮬레이션 게임. PS2용 게임의 이식작이며, 리뉴얼된 전투 그래픽으로 멋진 캐릭터들과 모험을 즐긴다.

CERO C 일기당천 XROSS IMPACT

●마벨러스 엔터테인먼트 ●ACT ●2010년 4월 28일 ●4,980엔
●플레이 명수 : 1인(애드혹 모드시 2인) ●세이브 용량 : 320KB 이상

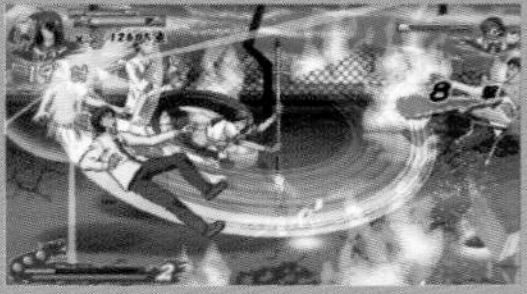

글래머러스한 여성 캐릭터들이 잔뜩 등장하는 벨트스크롤 액션 게임. '일기당천' 원작에 등장하는 캐릭터들의 전투는 물론이고, 팬들이 기뻐할 바스트 모핑 장면도 제대로 재현했다.

 CERO 등급 아이콘 A B C D Z CERO 심사예정
컨텐츠 명시 아이콘 연애 선정성 폭력성 공포 음주·흡연 사행성 범죄 약물 언어·기타

절대미궁 그림 : 7개의 열쇠와 낙원의 소녀

●카린 엔터테인먼트 ●AVG ●2010년 4월 28일 ●5,800엔
●플레이 명수 : 1인 ●세이브 용량 : 1600KB 이상

그림 동화를 모티브로 삼은 여성용 연애 어드벤처 게임. 플레이어는 동화를 좋아하는 주인공 '헨리에타'가 되어, 세계의 유명한 동화 작품에 등장하는 캐릭터들과 교류하게 된다.

매리지 로얄 : 프리즘 스토리

●아스키 미디어웍스 ●AVG ●2010년 4월 28일 ●5,800엔
●플레이 명수 : 1인 ●세이브 용량 : 512KB 이상

주인공의 신부를 선출하는 '매리지 로얄'에 12명의 미소녀가 참가해 경쟁하는 연애 어드벤처 게임. 플레이어는 주인공인 재벌가의 아들이 되어, 히로인들 중에서 반려자를 찾아야 한다.

소녀는 언니를 사랑한다 포터블

●알케미스트 ●AVG ●2010년 4월 29일 ●6,800엔
●플레이 명수 : 1인 ●세이브 용량 : 288KB 이상

할아버지의 유언에 따라 여장한 상태로 여학교에 전학을 오면서 스토리가 시작되는 연애 어드벤처 게임. 주인공인 미즈호는 남자이지만, 전교생이 동경하는 '언니'로 선출돼버리고 만다.

메탈기어 솔리드 피스 워커

●코나미디지털엔터테인먼트 ●ACT ●2010년 4월 29일 ●4,980엔
●플레이 명수 : 1~6인(애드혹 모드 : 2~6인) ●세이브 용량 : 30MB 이상

「메탈기어 솔리드」 시리즈의 신작. 적 병사와 병기를 포획·회수하여 '마더 베이스'를 발전시켜가는 과정이 꽤 재미있다. 「몬스터헌터」 시리즈의 캐릭터도 게스트로 등장한다.

퀴즈 애니마니아

●소니컴퓨터엔터테인먼트 ●QIZ ●2010년 5월 13일 ●300엔(소비세 포함)
●플레이 명수 : 1~2인 ●세이브 용량 : 192KB 이상 ●DL 데이터 용량 : 10MB

다운로드 판매 전용 타이틀

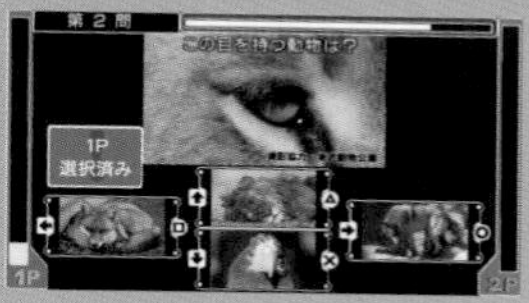

다양한 동물 관련 문제를 즐기는 4지선다 퀴즈 게임. 1인용인 검정 모드와 정답 수를 경쟁하는 2인용 모드가 있다. 동물의 일부나 일순간만을 찍은 사진을 토대로 어떤 동물인지를 맞춰보자.

2010 FIFA 월드컵 남아프리카 공화국

●일렉트로닉 아츠 ●SPT ●2010년 5월 13일 ●3,800엔
●플레이 명수 : 1인(온라인 지원 2인) ●세이브 용량 : 1540KB 이상

4년에 한 번 개최되는 지구촌 축제를 체험하는 축구 게임. 예선 출전국 199개국이 등장하며, 예선부터 본선에 결승까지 플레이할 수 있다. 선수는 물론 경기장도 실명으로 등장한다.

박앵귀 유희록

●아이디어 팩토리 ●ETC ●2010년 5월 13일 ●5,800엔
●플레이 명수 : 1인 ●세이브 용량 : 544KB 이상

「박앵귀 포터블」(107p)에 등장하는 대원들이 SD 캐릭터화되어 활약하는 어드벤처 게임. 미니게임을 클리어하면 마음에 드는 대원과 즐거운 한때를 보낼 수 있다.

마카롱 리버시

●소니컴퓨터엔터테인먼트 ●TBL ●2010년 5월 13일 ●300엔(소비세 포함)
●플레이 명수 : 1~2인 ●세이브 용량 : 288KB 이상 ●DL 데이터 용량 : 7MB

다운로드 판매 전용 타이틀

인기 테이블 게임 '리버시'(오델로)를 귀여운 그래픽으로 즐기는 타이틀. 비주얼의 모티브는 여성이 좋아하기로 유명한 과자 '마카롱'이며, 1인 플레이도 대전 플레이도 지원한다.

핑거스터

●소니컴퓨터엔터테인먼트 ●TBL ●2010년 5월 13일 ●300엔(소비세 포함)
●플레이 명수 : 1~2인 ●DL 데이터 용량 : 6MB

다운로드 판매 전용 타이틀

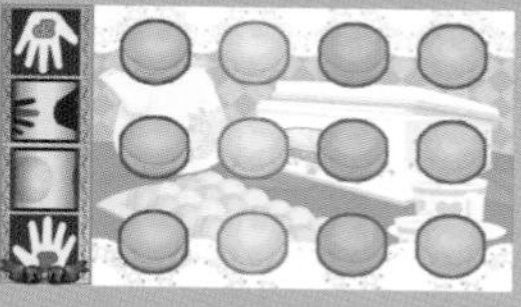

손가락으로 '트위스터'를 즐기는 참신한 타이틀. 진행은 게임 쪽에서 알아서 해주며, 플레이어는 PSP 화면 위에 손가락만 올리면 된다. 파티는 물론 학교나 미팅에서도 유용할 법한 타이틀.

소녀적 연애혁명★러브레보!! 포터블

●아이디어 팩토리 ●SLG ●2010년 5월 20일 ●4,800엔
●플레이 명수 : 1인 ●세이브 용량 : 480KB 이상

다이어트하면서 남자들과 사귀는 연애 어드벤처 게임. 과자를 너무 좋아하다 100kg의 거구가 되어버린 주인공이, 모두에게 사랑받는 미소녀의 모습을 되찾기까지의 과정을 그렸다.

각종 아이콘 Best판 출시 PS Vita와 호환됨 UMD Passport 지원

CERO A 은성 바둑 포터블

●실버 스타 재팬 ●TBL ●2010년 5월 20일 ●4,800엔
●플레이 명수 : 1~2인 ●세이브 용량 : 360KB 이상

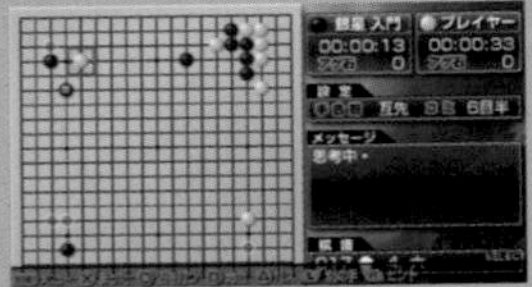

바둑을 즐기면서 배우는 「은성 바둑」 시리즈의 신작. 실전 모드는 물론이고, 귀여운 아가씨가 친절하게 지도해 준다. 출제되는 2,000개 이상의 문제를 클리어하며 실력을 쌓아보자.

CERO C 강철의 연금술사 : FULLMETAL ALCHEMIST - 약속의 날로

●반다이남코게임즈 ●RPG ●2010년 5월 20일 ●4,980엔
●플레이 명수 : 1인 ●세이브 용량 : 320KB 이상

애니메이션판의 스탭이 제작한 그래픽과 동영상으로 원작의 스토리를 충실히 재현한 RPG. 고른 선택지에 따라서는, 원작에 없었던 신선한 전개가 펼쳐지기도 한다.

CERO A B's-LOG 파티♪

●아이디어 팩토리 ●TBL ●2010년 5월 20일 ●5,800엔
●플레이 명수 : 1~4인 ●세이브 용량 : 256KB 이상

게임은 물론이고 제작사마저 다른 여러 여성용 연애 게임들에 등장하는 인기 캐릭터들이 콜라보로 등장하는 올스타 보드 게임. 말판놀이 형식이며, 최대 4인 동시 플레이가 가능하다.

CERO C 좀 더 NUGA-CEL!

●아이디어 팩토리 ●SRPG ●2010년 5월 20일 ●6,800엔
●플레이 명수 : 1인 ●세이브 용량 : 736KB 이상

시뮬레이션 RPG에 '탈의'와 '개그'를 한가득 담은, 의욕적이면서도 참신한 작품. 전투시 코스튬의 내구도가 바닥나면 벗겨지고 만다. 캐릭터의 코스튬 제작 및 교체도 가능하다.

CERO A 월드 사커 위닝 일레븐 2010 : 푸른 사무라이의 도전

●코나미디지털엔터테인먼트 ●SPT ●2010년 5월 20일 ●4,743엔
●플레이 명수 : 1인 (애드혹 지원 : 2인까지) ●세이브 용량 : 10MB 이상

일본 대표팀 모드를 추가한 「위닝 일레븐」 신작. 일본축구협회가 공인해 전 선수가 실명으로 등장한다. 기존 2010년판과는 온라인 대전이 불가능하나, 실황 음성을 최초로 추가했다.

CERO D 시크릿 게임 포터블

●에티 ●AVG ●2010년 5월 27일 ●5,800엔
●플레이 명수 : 1인 ●세이브 용량 : 192KB 이상

PS2용 게임의 개변 이식판. 동인 게임이었던 원작의 컨텐츠를 상품화해 업그레이드한 타이틀이다. 폐쇄공간에 갇혀버린 남녀 13명의 이야기로서, 취향을 타지만 장점은 확실한 작품.

CERO B 하늘의 소리 : 소녀들의 5중주

●컴파일 하트 ●AVG ●2010년 5월 27일 ●4,800엔
●플레이 명수 : 1인 ●세이브 용량 : 448KB 이상

TV 애니메이션 '하늘의 소리'가 게임화되어 등장했다. 여성으로만 구성된 방위부대 '제1121소대'가 우호를 다지면서, 다가오는 음악제를 대비하여 연습을 거듭한다는 스토리다.

CERO B 파이팅! 충전소녀 플러그 CC

●러셀 ●AVG ●2010년 5월 27일 ●5,980엔
●플레이 명수 : 1인 ●세이브 용량 : 580KB 이상

인기 만화 '파이팅! 충전소녀 플러그'가 PSP로 새로운 스토리를 전개하는 게임으로서 등장했다. 누구와 친해지느냐에 따라 결말이 달라지는 멀티 엔딩 시스템을 채용하였다.

CERO B 블레이즈 유니온

●아틀라스 ●RPG ●2010년 5월 27일 ●5,980엔
●플레이 명수 : 1인 ●세이브 용량 : 384KB 이상

2010년 발매되었던 「유그드라 유니온」의 프리퀄. '택틱스 카드'·'유니온 시스템' 등의 개성적인 시스템은 유지하면서도, 대군세가 격돌하는 전투를 다이내믹하게 표현하였다.

CERO B CLANNAD : 빛이 지켜보는 언덕길에서 상권

●프로토타입 ●AVG ●2010년 6월 3일 ●3,600엔
●플레이 명수 : 1인

초인기 연애 어드벤처 게임 「CLANNAD」의 시나리오 제작진이 신규 집필한 스핀오프 스토리 모음집. 총 16화에 달하는 전체 스토리 중 전반부를 수록했다.

필승 파친코★파치슬로 공략 시리즈 포터블!! Vol.1 : 신세기 에반게리온 - 혼의 궤적

CERO A

●D3 퍼블리셔 ●SLG ●2010년 6월 3일 ●5,800엔
●플레이 명수 : 1인 전용 ●세이브 용량 : 180KB 이상

같은 제목 애니메이션의 파치슬로 실기 시뮬레이터. 체리·수박 등의 보너스 동시 당첨 및 대박 찬스 발생시 재생되는 '혼의 르프랭' BGM을 듣다보면 그때의 흥분이 되살아난다.

페어리 테일 : 포터블 길드

CERO B

●코나미디지털엔터테인먼트 ●ACT ●2010년 6월 3일 ●5,000엔
●플레이 명수 : 1~4인 ●세이브 용량 : 600KB 이상

대인기 애니메이션의 3D 게임판. 최대 4인 멀티플레이가 가능한 액션 게임으로서, 다채로운 퀘스트를 클리어하며 스토리를 진행한다. 30명의 마도사와 120개 이상의 퀘스트를 수록했다.

쿠노이치 전설

CERO A

●소니컴퓨터엔터테인먼트 ●ACT ●2010년 6월 10일 ●300엔(소비세 포함)
●플레이 명수 : 1인 ●DL 데이터 용량 : 7MB

다운로드 판매 전용 타이틀

여닌자, 즉 쿠노이치가 되어 정체불명의 닌자 군단과 싸우는 액션 게임. 닌자 해머를 휘둘러, 장판 밑에서 출현하는 적을 격파하자. 무사히 쇼군을 탈출시키면 친히 찬사를 내려준다.

배틀 핀볼

CERO A

●소니컴퓨터엔터테인먼트 ●ACT ●2010년 6월 10일 ●300엔(소비세 포함)
●플레이 명수 : 1~2인 ●DL 데이터 용량 : 7MB

다운로드 판매 전용 타이틀

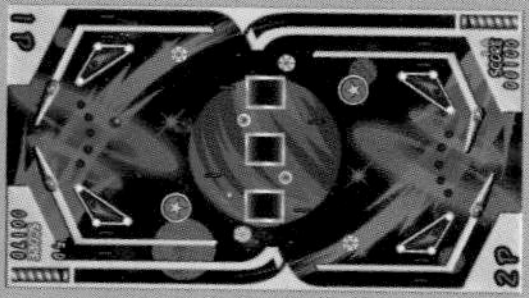

상대와 기기를 한쪽씩 맞잡고 볼을 쳐내며 대결하는 신감각 핀볼 게임. 자신의 볼이 빠지면 당연히 실점이고, 상대의 볼을 놓쳐 빠뜨려도 상대 득점이 되므로, 독특한 긴박감이 있다.

원투 보트 레이싱

CERO A

●소니컴퓨터엔터테인먼트 ●RCG ●2010년 6월 10일 ●300엔(소비세 포함)
●플레이 명수 : 1~2인 ●세이브 용량 : 224KB 이상 ●DL 데이터 용량 : 5MB

다운로드 판매 전용 타이틀

두 사람이 협력해 보트를 젓는 레이싱 게임. 노 젓는 타이밍이 일치하면 보트가 순식간에 가속된다. 호흡을 맞춰 노를 저으며 장애물을 잘 피해, 상대와의 경쟁에서 승리하자.

완드 오브 포춘 포터블

CERO B

●아이디어 팩토리 ●AVG ●2010년 6월 10일 ●4,800엔
●플레이 명수 : 1인 ●세이브 용량 : 448KB 이상

PS2용 게임의 이식작. 밀스 클레어 마법원에 다니는 소녀 '루루'를 육성해 남성 캐릭터와의 인연을 쌓는 연애 어드벤처 게임이다. 마법 관련 난관을 해결하면 관계가 연애로 발전한다.

삐요타마

CERO A

●소니컴퓨터엔터테인먼트 ●PZL ●2010년 6월 17일 ●800엔(소비세 포함)
●플레이 명수 : 1~2인 ●DL 데이터 용량 : 33MB

다운로드 판매 전용 타이틀

새처럼 보이지만 새가 아닌 '삐요'가 주인공인 퍼즐 게임. 알이 알틀에 넘치지 않도록 잘 부화시키자. 제한시간 내에 최대한 많이 부화시키고 연쇄 콤보도 노려, 삐요타마 마스터가 되어보도록.

아미 오브 투 : The 40th Day 포터블

CERO Z

●일렉트로닉 아츠 ●STG ●2010년 6월 24일 ●3,800엔
●플레이 명수 : 1인(애드혹 : 2인) ●세이브 용량 : 353KB 이상

서바이벌계 슈터 게임. 무대인 상하이에서 적을 쓸어버리고 살아남자. 애드혹 기능을 통한 협력 플레이에서는, 적을 일망타진하거나 높은 벽을 둘이서 협동해 넘어갈 수도 있다.

노래의☆왕자님♪

CERO C

●브로콜리 ●AVG ●2010년 6월 24일 ●4,800엔
●플레이 명수 : 1인 ●세이브 용량 : 352KB 이상

연예인 양성 전문학교에서 1년간 학창생활을 보내는 여성용 연애 어드벤처 게임. 플레이어는 작곡가 지망생 소녀가 되어, 파트너가 된 아이돌 후보생과 함께 졸업 오디션 우승을 노린다.

카오스 헤드 노아

CERO D

●5pb. ●AVG ●2010년 6월 24일 ●5,800엔
●플레이 명수 : 1인 ●세이브 용량 : 192KB 이상

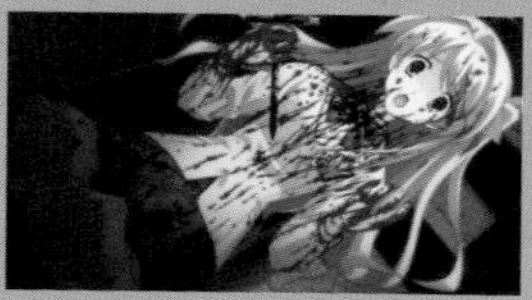

시부야를 무대로 도시 괴담 풍의 사건을 추적하는 어드벤처 게임. 특정한 타이밍에 발생하는 '망상 트리거'라는 주인공의 망상이, 스토리 전체의 변화에 영향을 미친다.

각종 아이콘 — Best판 출시 / PS Vita와 호환됨 / UMD Passport 지원

더 킹 오브 파이터즈 포터블 : '94~'98 챕터 오브 오로치

CERO B

●SNK 플레이모어 ●ACT ●2010년 6월 24일 ●4,800엔
●플레이 명수 : 1인(애드혹 모드 지원시 : 2인) ●세이브 용량 : 320KB 이상

VITA 호환 UMD Passport

KOF 시리즈 중에서도 특히 인기가 많은 '오로치 편' 5개 타이틀을 합본했다. 사실 북미에서 선행 발매된 버전이 이식도가 낮았기에, 일본판은 유한회사 M2가 다시 제대로 이식했다.

Starry☆Sky : in Spring 포터블

CERO B

●허니비 ●AVG ●2010년 6월 24일 ●2,980엔
●플레이 명수 : 1인 ●세이브 용량 : 608KB 이상

PC용 게임의 이식판. 이식하면서 시나리오와 CG를 대폭 리뉴얼했다. 주인공은 소꿉친구 2명과 세이게츠 학원에 다니던 중, 다른 소꿉친구 한 명이 전학을 오면서 관계가 변화한다.

D.C. : 다 카포 Girl's Symphony Pocket

CERO B

●아이디어 팩토리 / 생추어리 ●AVG ●2010년 6월 24일 ●5,800엔
●플레이 명수 : 1인 ●세이브 용량 : 672KB 이상

PC용 게임의 이식판. 남성용 연애 어드벤처 게임 「D.C. : 다 카포」와 동일한 하츠네 섬이 무대인 여성용 타이틀이다. 본편에서는 묘사되지 않았던 사이드 스토리도 충실하다.

대전략 퍼펙트 : 전장의 패자

CERO B

●시스템소프트 알파 ●SLG ●2010년 6월 24일 ●5,800엔
●플레이 명수 : 1인(애드혹 모드 : 2인) ●세이브 용량 : 1600KB 이상

VITA 호환

대형 맵 한 장 내에서 진행되는, 턴제 시뮬레이션 「대전략」 시리즈의 신작. 기본 플레이 외에, 에디터로 맵·병기 성능·생산타입 등을 자유롭게 커스터마이즈할 수 있는 것이 특징이다.

나르키소스 : 만약 내일이 있다면 포터블

CERO B

●카도카와쇼텐 ●AVG ●2010년 6월 24일 ●4,800엔
●플레이 명수 : 1인 ●세이브 용량 : 192KB 이상

누구에게나 언젠가는 찾아오는 '죽음'의 존재를 통해, '삶'이란 무엇인지를 다시 생각하게 만드는 옴니버스 노벨. 원작은 동인 게임 작품이며, 3부작을 하나로 합쳐 리메이크했다.

알바지옥 운동 팩

CERO A

●소니컴퓨터엔터테인먼트 ●ACT ●2010년 6월 24일 ●300엔(소비세 포함)
●플레이 명수 : 1인 ●DL 데이터 용량 : 16MB

VITA 호환

야구와 골프를 테마로 삼은 스포츠 액션 게임. 야구의 경우 평고 1,000회를 반복하거나, 끝없이 1루 송구를 되풀이한다. 골프는 드넓은 코스를 뛰어다니며 골프공을 계속 주워야 한다.

다운로드 판매 전용 타이틀

페르시아의 왕자 : 망각의 모래

CERO B

●UBISOFT ●ACT ●2010년 6월 24일 ●4,980엔
●플레이 명수 : 1인 ●세이브 용량 : 384KB 이상

VITA 호환 UMD Passport

이전 「페르시아의 왕자」 3부작의 설정이 기반인 횡스크롤 액션 게임. 플레이스테이션 3·Xbox 360까지 멀티플랫폼으로 발매됐지만, 가정용판과는 시스템과 스토리가 다르다.

나의 여름방학 포터블 2 : 수수께끼 자매와 침몰선의 비밀!

CERO A

●소니컴퓨터엔터테인먼트 ●AVG ●2010년 6월 24일 ●4,743엔
●플레이 명수 : 1인 ●세이브 용량 : 512KB 이상

VITA 호환

PS2판의 리메이크작. 이즈 반도의 시골 마을에서 한 달간의 여름방학을 체험한다. 새로운 등장인물과 이벤트가 추가되었으며, 타이틀명대로 '침몰선의 비밀'을 추적해볼 수 있다.

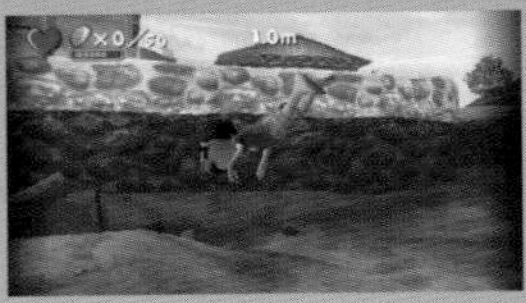

막말☆유신전

CERO B

●어콰이어 ●RPG ●2010년 6월 25일 ●무료
●플레이 명수 : 1인 ●DL 데이터 용량 : 24MB

VITA 호환

일본의 막부 말기가 무대인 RPG. 의뢰를 받아 던전을 탐색하며 스토리를 진행하자. 던전은 플레이할 때마다 변화한다. 이벤트 신에서는 오키타·사이고 등이 의외의 모습으로 등장한다.

다운로드 판매 전용 타이틀

다이토기켄 공식 파치슬로 시뮬레이터 : 으라차! 미사오·참치전설 포터블

CERO B

●파온 ●SLG ●2010년 7월 1일 ●5,800엔
●플레이 명수 : 1인 ●세이브 용량 : 448KB 이상

VITA 호환 UMD Passport

당시 업소를 석권했던 2개 기종을 수록한 파치슬로 실기 시뮬레이터. 실기를 충실하게 재현한 시뮬레이터 기능을 비롯해 감상 모드, 랭킹 모드, 보너스 모드를 제공한다.

CERO C 화려하도다, 우리 일족

●아이디어 팩토리 ●AVG ●2010년 7월 1일 ●5,800엔
●플레이 명수 : 1인 ●세이브 용량 : 928KB 이상

다이쇼 시대를 배경으로 삼은 여성용 연애 어드벤처 게임. 대재벌의 고용인이 된 주인공과 6명의 도련님 간의 연애극, 그리고 차기 당주 자리를 둘러싼 물밑에서의 음모극이 펼쳐진다.

CERO A 더블 스매시

●소니컴퓨터엔터테인먼트 ●ACT ●2010년 7월 7일 ●300엔(소비세 포함)
●플레이 명수 : 1~2인 ●DL 데이터 용량 : 5MB

다운로드 판매 전용 타이틀

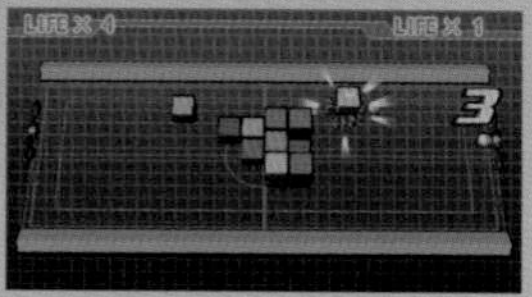

두 명이 함께 플레이할 수 있는 새로운 타입의 블록깨기 게임. PSP 좌우를 둘이 한쪽씩 잡고서 플레이한다. 대전 모드에서는 블록을 부수면서 스매시를 날려 상대의 라이프를 깎아내자.

CERO A 사랑의 큐피드

●소니컴퓨터엔터테인먼트 ●ACT ●2010년 7월 8일 ●300엔(소비세 포함)
●플레이 명수 : 1~2인 ●DL 데이터 용량 : 6MB

다운로드 판매 전용 타이틀

큐피드가 되어 남녀를 이어주는 액션 게임. 하트를 전달한 수만큼 남녀 사이가 가까워진다. 화살을 쏘는 쪽과 받는 쪽이 나뉘는 탓에, 2인 플레이일 경우 서로의 궁합도 시험대에 오른다.

CERO A 더 편의점 포터블

●햄스터 ●SLG ●2010년 7월 8일 ●4,980엔
●플레이 명수 : 1인 ●세이브 용량 : 1728KB 이상

편의점 경영 시뮬레이션 게임. 출점할 장소를 결정한 후, 취급상품 선택과 점원 채용, 판촉활동 등의 다양한 경영수단을 확정하여 미리 설정된 클리어 요건을 만족시키도록 하자.

CERO A 시간으로 판타지아

●아이디어 팩토리 ●RPG ●2010년 7월 8일 ●4,800엔
●플레이 명수 : 1인 (애드혹시 : 최대 4인) ●세이브 용량 : 128KB 이상

제한시간을 플레이어가 직접 설정하여 던전을 공략하는 스테이지 클리어형 액션 게임. '시간'이란 개념이 갑자기 나타나 혼란에 빠진 세계에서, 사람들을 구하기 위해 모험에 나서자.

CERO A 쌓아 올려라! 디저트 공방

●소니컴퓨터엔터테인먼트 ●PZL ●2010년 7월 8일 ●300엔(소비세 포함)
●플레이 명수 : 1~2인 ●DL 데이터 용량 : 6MB

다운로드 판매 전용 타이틀

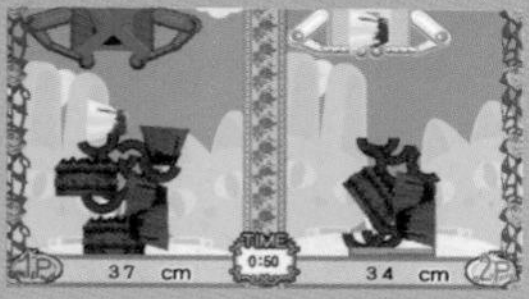

디저트를 쌓아 올리는 퍼즐 게임. 좌우로 움직이는 제조기로 디저트를 떨어뜨려 쌓아 올리자. 쌓인 디저트는 굴러 떨어지거나 기울기도 하므로, 계획적으로 잘 쌓아야 무너지지 않는다.

CERO A 양떼 방위군

●소니컴퓨터엔터테인먼트 ●ACT ●2010년 7월 8일 ●300엔(소비세 포함)
●플레이 명수 : 1~2인 ●DL 데이터 용량 : 5MB

다운로드 판매 전용 타이틀

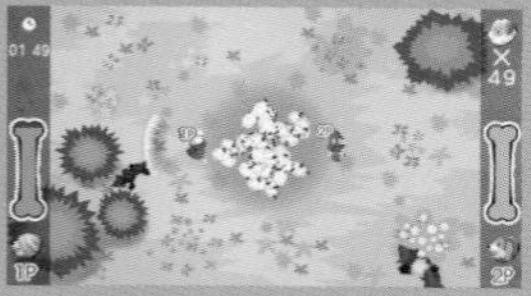

두 마리의 목양견을 조작해 양떼를 지키는 액션 게임. 개로 양들 주변을 돌다, 다가오는 적들을 적시에 짖어 쫓아내자. 쓸데없이 짖다가는 정작 중요할 때 지쳐버리니 주의해야 한다.

CERO A 라멘기름 천국

●소니컴퓨터엔터테인먼트 ●ACT ●2010년 7월 8일 ●300엔(소비세 포함)
●플레이 명수 : 1인 ●DL 데이터 용량 : 6MB

다운로드 판매 전용 타이틀

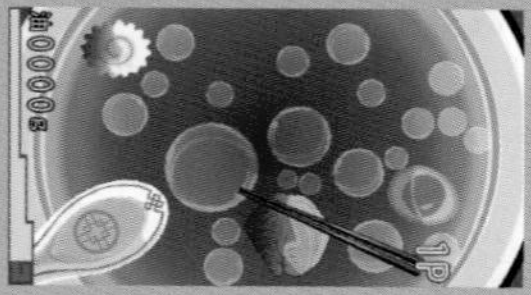

라멘 위에 뜬 기름방울을 맛있게 먹는 액션 게임. 국물에 둥둥 뜬 기름을 젓가락으로 잘 모아, 숟가락으로 한꺼번에 떠올리자. 혼자서 파고들 수도 있고 대전 플레이도 가능하다.

CERO B CLANNAD : 빛이 지켜보는 언덕길에서 하권

●프로토타입 ●AVG ●2010년 7월 15일 ●3,600엔
●플레이 명수 : 1인

「CLANNAD」의 시나리오 라이터들이 쓴 신규 에피소드와 이벤트 CG를 즐기는 사이드 스토리 모음집. 상·하권으로 나뉜 총 16화의 스토리들 중 하권에 해당하는 부분을 담았다.

CERO A 실황 파워풀 프로야구 2010

●코나미디지털엔터테인먼트 ●SPT ●2010년 7월 15일 ●5,000엔
●플레이 명수 : 1인 (1~2인) ●세이브 용량 : 4000KB 이상

2010년 개막시 데이터를 수록한 PSP판 '파워프로' 시리즈 신작. 타이틀명에서 '포터블'이 빠졌지만, '포터카' 등 전통의 모드는 유지했다. 애드혹 통신을 이용한 대전도 가능하다.

각종 아이콘: Best판 출시 / PS Vita와 호환됨 / UMD Passport 지원

CERO A NARUTO -나루토- 질풍전 : 키즈나 드라이브

●반다이남코게임즈 ●ACT ●2010년 7월 15일 ●4,980엔
●플레이 명수 : 1인(1~4인) ●세이브 용량 : 320KB 이상

4인 1조로 팀을 구성하여 다양한 미션을 공략하는 액션 게임. 최고의 팀을 조직해 '미수'를 쓰러뜨리자. 타이밍에 맞춰 버튼을 누르면 동료와 함께 콤보를 터뜨릴 수 있다.

CERO A 헬로키티와 함께! 블록 크래시 123!!

●도라스 ●ACT ●2010년 7월 15일 ●4,000엔
●플레이 명수 : 1인 ●세이브 용량 : 320KB 이상

VITA 호환

헬로키티를 사랑하는 '키티러'인 소녀의 일러스트를 사용한 블록 깨기 게임. 각 캐릭터별 스테이지를 클리어하면 일러스트를 얻게 된다. 오리지널 배경화면을 모아보자.

CERO B 무장신희 배틀 마스터즈

●코나미디지털엔터테인먼트 ●ACT ●2010년 7월 15일 ●5,524엔
●플레이 명수 : 1인(1~4인) ●세이브 용량 : 256KB 이상

VITA 호환

피규어·만화 등으로 대인기였던 미디어믹스 IP '무장신희'를 3D 액션 게임화했다. '신희라이드 시스템'과 통신 대전 기능을 탑재했고, 추가 DLC로 무장 커스터마이즈도 가능하다.

CERO A 모모타로 전철 태그매치 : 우정·노력·승리 편!

●허드슨 ●TBL ●2010년 7월 15일 ●5,200엔
●플레이 명수 : 1~4인 ●세이브 용량 : 256KB 이상

두 팀으로 나뉘어 즐기는 태그매치 기능을 탑재한 작품. CPU와 팀을 짤 수도 있지만, PSP의 애드혹 기능을 이용해 다른 플레이어와 소통하며 협력 플레이하는 것도 재미있다.

CERO C 트릭 로직 : 시즌 1

●소니컴퓨터엔터테인먼트 ●AVG ●2010년 7월 22일 ●2,838엔
●플레이 명수 : 1인 ●세이브 용량 : 480KB 이상

VITA 호환 UMD Passport

저명한 미스터리 작가 7명이 집필한 오리지널 시나리오에 도전하는 본격 추리 어드벤처 게임. 시즌 1은 아비코 타케마루 등 작가 4명이 참가했다. 저승을 방문한 천재 검사가 되어, 다양한 수수께끼를 추리·해결하자. 현실세계의 사건을 기록한 책 '아카샤'를 통해 사건을 해독하고, 신경 쓰이는 단어를 픽업해 의문점을 정리하며 힌트를 얻어내 진상에 다가가도록.

CERO B 라스트 랭커

●캡콤 ●RPG ●2010년 7월 15일 ●5,705엔
●플레이 명수 : 1인 ●세이브 용량 : 448KB 이상

VITA 호환 UMD Passport

'삶의 의미'와 '자신의 가치'를 추구하며 후회 없이 싸우는 주인공 '지그'가 살아가는 이야기를 그린 RPG. 항상 고독하게 싸움에 임해, 결국 정상에 서는 것이 목적인 타이틀이다.

CERO A 알바지옥 장인 팩

●소니컴퓨터엔터테인먼트 ●ACT ●2010년 7월 22일 ●300엔(소비세 포함)
●플레이 명수 : 1인 ●DL 데이터 용량 : 15MB

VITA 호환

다운로드 판매 전용 타이틀

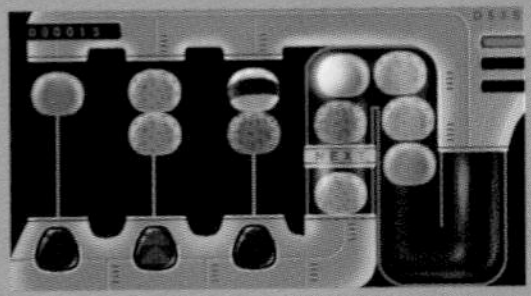

장인정신이 테마인 미니게임 2개를 합본한 소프트. 다양한 경단을 적절히 꼬치에 꽂아 완성하는 '경단 세자매'와, 암수 병아리를 신속하게 감별하는 '병아리 감정'을 즐길 수 있다.

CERO A 알바지옥 두근두근 팩

●소니컴퓨터엔터테인먼트 ●ACT ●2010년 7월 22일 ●300엔(소비세 포함)
●플레이 명수 : 1인 ●DL 데이터 용량 : 16MB

VITA 호환

다운로드 판매 전용 타이틀

여러 의미로 두근두근한 미니게임 2개를 수록한 타이틀. 섬세한 터치로 꽃가루를 착상시켜야 하는 '꽃가루'와, 손가락 사이를 송곳으로 찌르는 담력테스트 '수업시간'을 즐길 수 있다.

CERO B Fate/EXTRA

●마벨러스 엔터테인먼트 ●RPG ●2010년 7월 22일 ●5,980엔
●플레이 명수 : 1인 ●세이브 용량 : 384KB 이상

VITA 호환

PC용 게임 「Fate/stay night」의 세계관을 활용한 대전형 던전 RPG. 적의 특징을 간파하여 유리한 공격을 모색하며 전진해, 사이버 공간에서 벌어진 달의 성배전쟁에서 승리하자.

대전 쇼기

CERO A

●베스트미디어 ●TBL ●2010년 7월 28일 ●480엔(소비세 포함)
●플레이 명수 : 1인 (애드혹 모드시 : 2인) ●DL 데이터 용량 : 9MB

본격적인 대국을 즐기는 쇼기 소프트. 소프트를 설치한 플레이어끼리라면 최대 8조까지 대국이 가능하다. '튜토리얼'에서는 말을 움직이는 법부터 금지되는 수까지 해설해준다.

다운로드 판매 전용 타이틀

이스 vs. 하늘의 궤적 : 얼터너티브 사가

CERO B

●니혼팔콤 ●ACT ●2010년 7월 29일 ●5,800엔
●플레이 명수 : 1인 (애드혹 모드시 : 2~4인 대전) ●세이브 용량 : 450KB 이상

니혼팔콤 사의 양대 간판 시리즈가 콜라보레이션한 작품으로서, 「이스 Ⅶ」의 시스템을 활용한 대전 액션 게임이다. 스토리까지도 역대 팔콤 작품들을 믹스한 축제 같은 느낌인 작품이다.

S.Y.K : 신설 서유기 포터블

CERO B

●아이디어 팩토리 ●AVG ●2010년 7월 29일 ●4,800엔
●플레이 명수 : 1인 ●세이브 용량 : 640KB 이상

PS2용 게임의 이식작. '서유기'가 모티브인 여성용 연애 어드벤처 게임으로서, 삼장법사가 된 소녀가 세계를 구해낼 경전을 찾아 오공·팔계·오정과 함께 천축으로 향한다는 스토리다.

사랑하는 소녀와 수호의 방패 포터블

CERO C

●알케미스트 ●AVG ●2010년 7월 29일 ●5,980엔
●플레이 명수 : 1인 ●세이브 용량 : 416KB 이상

특수요인 경호과 소속인 주인공이 전원 기숙사제 여학교에 여장 잠입해 경호임무를 수행한다는 스토리의 연애어드벤처 게임. 경호원과 여학생이란 기묘한 이중생활이 파란을 일으킨다.

GA 예술과 아트 디자인 클래스 : 슬랩스틱 원더랜드

CERO A

●러셀 ●AVG ●2010년 7월 29일 ●5,980엔
●플레이 명수 : 1인 ●세이브 용량 : 580KB 이상

같은 제목 애니메이션의 무대인 고등학교의 미술 전공 클래스에 다니는 소녀들과의 학교생활을 그린 어드벤처 게임. 전학생인 주인공이 되어, 그림책을 완성시키는 것이 목적이다.

세컨드 노벨 : 그녀의 여름, 15분의 기억

CERO B

●니폰이치 소프트웨어 ●AVG ●2010년 7월 29일 ●4,980엔
●플레이 명수 : 1인 ●세이브 용량 : 640KB 이상

5년 전 일어난 사건의 진상을 파헤치는 어드벤처 게임. 15분 전까지만을 기억하는 아야노와 그녀를 사랑하는 주인공이, 과거를 바탕삼아 이야기를 만드는 식으로 사건의 기억을 쫓는다.

TAKUYO MIX BOX : 퍼스트 애니버서리

CERO B

●TAKUYO ●ETC ●2010년 7월 29일 ●5,800엔
●플레이 명수 : 1인 ●세이브 용량 : 160KB 이상

여성용 연애 게임을 제작해온 TAKUYO 사의 작품들 중에서 엄선한 10개 타이틀을 미니게임 모음집 형태로 정리한 타이틀. 난이도 설정도 가능해, 가볍게 즐길 수 있다.

네오지오 히어로즈 : 얼티메이트 슈팅

CERO B

●SNK 플레이모어 ●STG ●2010년 7월 29일 ●4,800엔
●플레이 명수 : 1인 (애드혹 모드 지원시 : 2인) ●세이브 용량 : 320KB 이상

SNK 사의 인기 캐릭터들이 플레이어 기체가 되어 활약하는 종스크롤 슈팅 게임. 아케이드용 게임 「KOF 스카이 스테이지」의 리메이크작이며, 원작 버전도 함께 수록했다.

하츠네 미쿠 Project DIVA 2nd

CERO B

●세가 ●ACT ●2010년 7월 29일 ●5,800엔
●플레이 명수 : 1인 ●세이브 용량 : 560KB 이상

초인기 보컬로이드 캐릭터 '하츠네 미쿠'를 피처링한 리듬 게임의 제2탄. 미쿠 이외의 다른 보컬로이드도 등장하며, 새로운 난이도와 신규 곡도 추가했고 듀엣 곡 등을 신설했다.

모드네이션 레이서

CERO A

●소니 컴퓨터 엔터테인먼트 ●RCG ●2010년 7월 29일 ●4,743엔
●플레이 명수 : 1인 (애드혹·인프라스트럭처 모드 : 최대 6인) ●세이브 용량 : 512KB 이상

PSP의 통신기능을 활용하여 최대 6인 애드혹 대전을 구현한 3D 레이싱 게임. 화려한 드리프트로 코너를 공략하고, 주행 중에 입수하는 아이템을 활용하여 라이벌을 제치자.

각종 아이콘: Best판 출시 / PS Vita와 호환됨 / UMD Passport 지원

우리들의 서바이벌 게임 VERSUS

CERO B

●베스트미디어 ●ACT ●2010년 8월 5일 ●4,800엔
●플레이 명수 : 1인 (대전시 2~8인) ●세이브 용량 : 160KB 이상

서바이벌 게임의 참맛을, 애드혹 통신으로 최대 8명까지 함께 만끽할 수 있는 FPS 게임. 실전에서는 여간해서 뛰어보기 힘든 전철역 구내 등을 주파하며 샷을 날리는 쾌감을 맛보자.

스톰 러버

CERO B

●D3 퍼블리셔 ●AVG ●2010년 8월 5일 ●5,800엔
●플레이 명수 : 1인 ●세이브 용량 : 1056KB 이상

도쿄의 명문고교가 무대인 여성용 연애 어드벤처 게임. 게임 기간인 1년간 자유롭게 사귀거나 헤어질 수 있고 권태기나 삼각관계도 발생하는 등, 말 그대로 폭풍 같은 연애를 체험할 수 있다.

테일즈 오브 판타지아 : 코스프레 던전 X

CERO B

●반다이남코게임즈 ●RPG ●2010년 8월 5일 ●5,219엔
●플레이 명수 : 1인 ●세이브 용량 : 나리키리 던전 X는 544KB 이상, 크로스 에디션은 384KB 이상

인기 작품의 후일담을 그린 RPG. 다양한 직업으로 전직하는 '코스프레 능력자'의 모험을 그린 본편과, 과거작의 진화판인 「테일즈 오브 판타지아 : 크로스 에디션」을 함께 수록했다.

미인시계 포터블

CERO 교육·데이터베이스

●휴넥스 ●ETC ●2010년 8월 10일 ●300엔(소비세 별도)
●플레이 명수 : 1명 ●DL 데이터 용량 : 254MB

다운로드 판매 전용 타이틀

당시 일본에서 인기였던 스마트폰 앱 '미인시계'의 PSP판. 시각이 적힌 보드를 든 여성의 사진이 1분마다 바뀌며 현재시각을 알려준다. 일반인 모델 360명의 사진 총 1,440장을 수록했다.

디저트 공장은 바빠요

CERO A

●소니컴퓨터엔터테인먼트 ●ACT ●2010년 8월 11일 ●300엔(소비세 포함)
●플레이 명수 : 1~2인 ●DL 데이터 용량 : 6MB

다운로드 판매 전용 타이틀

디저트를 장식하는 액션 게임. 벨트 컨베이어에서 고속으로 이동해 오는 디저트들을 신속하게 데코레이션하자. 압도적인 스피드로 플레이어의 반사 신경을 시험한다.

음색의 품격

CERO A

●소니컴퓨터엔터테인먼트 ●QIZ ●2010년 8월 11일 ●300엔(소비세 포함)
●플레이 명수 : 1~2인 ●DL 데이터 용량 : 33MB

다운로드 판매 전용 타이틀

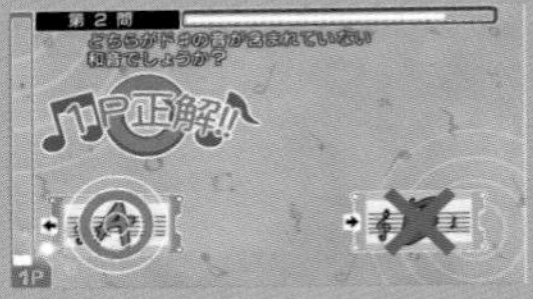

소리에 관한 문제를 즐기는 이지선다식 퀴즈 게임. '음색의 품격은 어른의 품격'이라는 선전문구처럼, 악기·음색·리듬 등의 다양한 음감을 체득하여 어른의 품격을 익혀보자.

아이돌 작사 스치파이 IV 포~터블

CERO C

●사이버프론트 ●TBL ●2010년 8월 12일 ●4,800엔
●플레이 명수 : 1인 ●세이브 용량 : 288KB 이상

PS2로 발매되었던 작품의 이식작. 스치파이가 메이드 카페를 개업한 후, 미소녀들과 마작으로 승부를 걸어 이기면 메이드로 계약을 맺어버린다. 프리 대국 모드가 추가되었다.

가족계획

CERO C

●사이버프론트 ●AVG ●2010년 8월 12일 ●4,800엔
●플레이 명수 : 1인 ●세이브 용량 : 160KB 이상

PC용 게임의 이식작. 완전히 타인인 남녀 7명이 가족을 연기하며 살아간다는 웃음과 감동의 이야기다. 이식 과정에서 신규 시나리오와 CG를 추가해, 전체적으로 볼륨이 늘어났다.

콥스 파티 블러드 커버드 : 리피티드 피어

CERO D

●5pb. ●AVG ●2010년 8월 12일 ●5,800엔
●플레이 명수 : 1인 ●세이브 용량 : 672KB 이상

PC용 게임의 이식작. 원작은 PC-9801로 발표된 아마추어 호러 어드벤처 게임이다. 오래 전 아동 4명이 살해당했던 초등학교를 무대로, 감금당한 주인공들이 탈출하는 과정을 그렸다.

진 비취 물방울 : 비색의 조각 2 포터블

CERO B

●아이디어 팩토리 ●AVG ●2010년 8월 19일 ●4,800엔
●플레이 명수 : 1인 ●세이브 용량 : 544KB 이상

여성용 연애 어드벤처 게임의 리메이크판. 스토리를 재구축하는 과정에서 시나리오를 전부 리뉴얼했으며, 이벤트 CG를 수정했고 캐릭터 보이스도 새롭게 재수록하였다.

CERO B 진 마스터 오브 몬스터즈 Final EX : 무구한 한탄, 천명의 재앙

●시스템소프트 알파 ●SLG ●2010년 8월 19일 ●5,800엔
●플레이 명수 : 1인 ●세이브 용량 : 224KB 이상

턴 배틀 시스템을 채용한 판타지 전략 시뮬레이션 게임. 넷으로 나뉘진 세계와 70종 이상의 맵, 100마리 이상에 달하는 육성 가능 몬스터가 등장한다.

CERO A 알바지옥 격투 팩

●소니컴퓨터엔터테인먼트 ●ACT ●2010년 8월 19일 ●300엔(소비세 포함)
●플레이 명수 : 1인 ●DL 데이터 용량 : 18MB

다운로드 판매 전용 타이틀

태권도와 프로레슬링을 즐기는, 독특한 미니게임 컬렉션. '태권생활'은 날아오는 아이템을 정권지르기로 쳐내야 하고, '역전의 프로레슬러'는 상대의 3카운트 직전에 빠져나와야 한다.

CERO A 에이스 컴뱃 X2 : 조인트 어설트

●반다이남코게임즈 ●ACT ●2010년 8월 26일 ●4,980엔
●플레이 명수 : 1인(애드혹·인프라스트럭처 모드 지원 : 2~8인) ●세이브 용량 : 384KB 이상

휴대용 게임기판「에이스 컴뱃」의 제2탄. 캠페인 모드는 최대 4인 협력 플레이를 지원하며, 두 맵으로 나뉘어 동시진행으로 행동하는 미션을 도입하는 등 통신 플레이를 강화했다.

CERO A 그래비티 크래시 포터블

●소니컴퓨터엔터테인먼트 ●STG ●2010년 8월 26일 ●800엔(소비세 포함)
●플레이 명수 : 1인 ●DL 데이터 용량 : 48MB

다운로드 판매 전용 타이틀

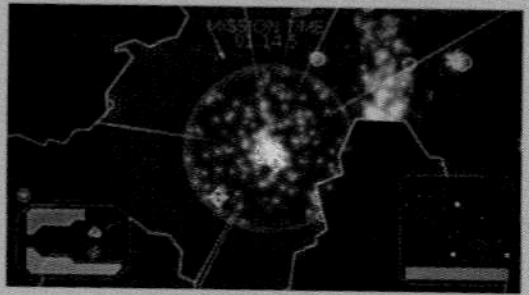

중력에 저항하며 다섯 은하를 제패해야 하는 액션 게임. 제한시간 내로 보석을 찾는 '서바이벌 모드'와 조작이 간단한 '안티 그래비티 크래프트'가 있으며, 미니게임도 즐길 수 있다.

CERO C 사쿠라 사쿠라 : HARU URARA

●GN 소프트웨어 ●AVG ●2010년 8월 26일 ●5,800엔
●플레이 명수 : 1인 ●세이브 용량 : 1088KB 이상

PC판을 이식한 연애 어드벤처 게임. 두 주인공이 펼치는 두 삼각관계를 그린 시끌벅적 코미디로서, 특히 톡톡 튀는 명대사들로 호평 받았다. PSP판은 신규 시나리오 등을 추가 수록했다.

CERO A SIMPLE 2000 시리즈 포터블!! Vol.1 : THE 마작

●D3 퍼블리셔 ●TBL ●2010년 8월 26일 ●2,000엔
●플레이 명수 : 1~4인 ●세이브 용량 : 768KB 이상

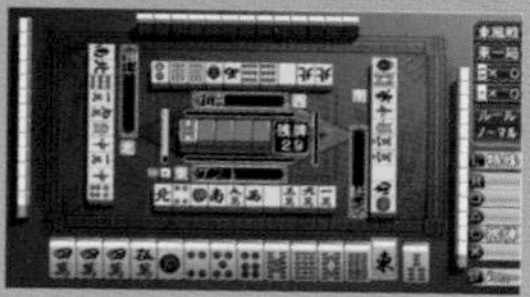

'SIMPLE 2000 시리즈 포터블!!' 제1탄인 마작 소프트. 실전 4인대국 모드는 물론, 마작 초보자도 즐길 수 있도록 전문용어나 규칙을 배워보는 퀴즈 문제도 다수 수록하였다.

CERO A SIMPLE 2000 시리즈 포터블!! Vol.2 : THE 쇼기

●D3 퍼블리셔 ●TBL ●2010년 8월 26일 ●2,000엔
●플레이 명수 : 1~2인 ●세이브 용량 : 480KB 이상

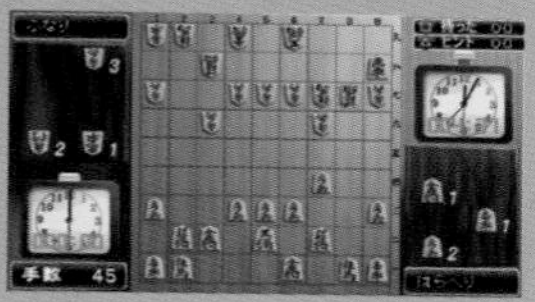

쇼기 초보자부터 즐길 수 있는 본격파 쇼기 게임. 조건 달성을 노리는 파고들기 요소인 '도전과제'와 쇼기 퀴즈 등, 단순한 쇼기 게임을 넘어 비디오 게임만이 가능한 잔재미도 가미했다.

CERO D SIMPLE 2000 시리즈 포터블!! Vol.3 : THE 말 그대로 머리를 쓰는 액션 - 데드 헤드 프레드

●D3 퍼블리셔 ●ACT ●2010년 8월 26일 ●2,000엔
●플레이 명수 : 1인 ●세이브 용량 : 416KB 이상

생각이 아니라 아예 물리적으로 '머리를 쓰는' 3D 액션 게임의 염가판. 머리를 빼앗긴 주인공이, 다양한 머리를 입수해 교체해가며 해당 머리가 가진 고유능력을 살려 적을 물리친다.

CERO B 내세의 약속

●아이디어 팩토리 ●AVG ●2010년 8월 26일 ●5,800엔
●플레이 명수 : 1인 ●세이브 용량 : 512KB 이상

일본 전국시대가 무대인 여성용 연애 어드벤처 게임. 타임 슬립한 여고생이 우에스기 마사토라(후일의 우에스기 겐신)와 만나, 당황하면서도 자신의 가치와 타인과의 인연을 깨닫게 된다.

CERO B 박앵귀 수상록 포터블

●아이디어 팩토리 ●AVG ●2010년 8월 26일 ●4,800엔
●플레이 명수 : 1인 ●세이브 용량 : 672KB 이상

「박앵귀」의 팬 디스크. 본편에 수록되지 않았던 다수의 에피소드를 수록했고, PSP판의 오리지널 컨텐츠로서 '오쿠리비'에 관한 신규 시나리오와 줄거리 낭독 기능을 추가했다.

각종 아이콘 Best판 출시 PS Vita와 호환됨 UMD Passport 지원

프로젝트 케르베루스

CERO B

- 마일스톤 ● ACT ● 2010년 8월 26일 ● 5,800엔
- 플레이 명수 : 1~2인 ● 세이브 용량 : 256KB 이상

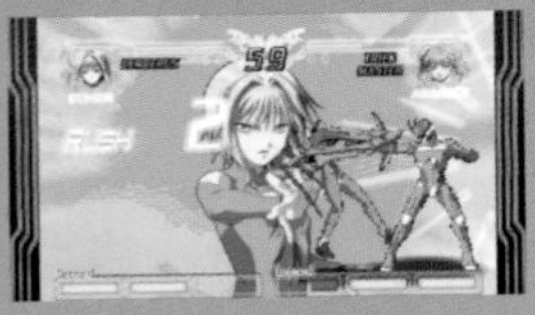

군더더기 없는 시스템을 채용한, 전형적인 스타일의 2D 대전격투 게임. 멋진 비주얼과 각 장면에 맞춰 연출되는 메탈풍 BGM이 당시 화제가 되기도 했던, 제법 팬이 많은 작품이다.

메이저리그 베이스볼 2K10

CERO A

- 테이크투 인터랙티브 재팬 ● SPT ● 2010년 8월 26일 ● 4,571엔
- 플레이 명수 : 1인 ● 세이브 용량 : 1725KB 이상

당시의 최신 데이터를 적용해 흥분되는 플레이를 제공하는 야구 게임. 선수 모션과 전략적인 플레이도 대폭 진화했으며, 마이너리그 때부터 선수의 행적을 따라가는 모드도 추가됐다.

몬헌일기 따끈따끈 아이루마을

CERO A

- 캡콤 ● ACT ● 2010년 8월 26일 ● 3,800엔
- 플레이 명수 : 1인 (애드혹 모드시 : 최대 4인) ● 세이브 용량 : 450KB 이상

「몬스터헌터」 시리즈의 마스코트인 '아이루'가 주인공으로 활약하는 타이틀. 아이루 한 마리가 되어 마을의 삶을 즐기는 생활 시뮬레이션 게임이다. 목적은 '마을을 발전시키는 것'으로서, 동료는 퀘스트를 클리어하다 보면 점차 늘어난다. 77마리를 모으면 마지막 시련이 등장한다. 캐릭터가 하나같이 귀엽고, 느긋훈훈한 분위기가 넘친다. 산리오 사와 처음 콜라보한 타이틀이기도 하다.

익숙한 쇼기

CERO A

- 카도카와 게임즈 ● TBL ● 2010년 9월 2일 ● 500엔(소비세 포함)
- 플레이 명수 : 1~2인 ● DL 데이터 용량 : 4MB

다운로드 판매 전용 타이틀

자신의 실력에 맞춰 상대를 선택하는 쇼기 소프트. 핸디캡도 10단계로 고를 수 있으며, 말 이동 도움말과 '물리기' 등의 초보자 배려도 충실하다. 느긋하고 조용하게 대국을 즐겨보자.

익숙한 대부호

CERO A

- 카도카와 게임즈 ● TBL ● 2010년 9월 2일 ● 500엔(소비세 포함)
- 플레이 명수 : 1~4인 ● DL 데이터 용량 : 5MB

다운로드 판매 전용 타이틀

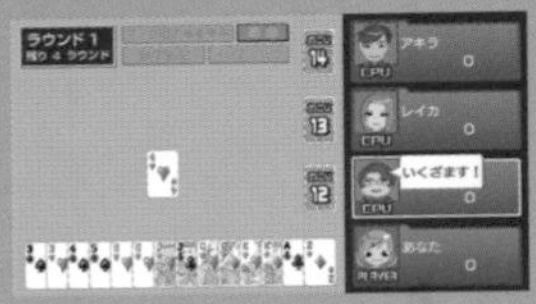

언제 어디서나 트럼프 게임 '대부호'를 즐길 수 있는 소프트. 몇몇 마이너 룰도 적용할 수 있으며, 1인 플레이 시에는 인간미 넘치는 개성적인 캐릭터가 다수 등장한다.

익숙한 화투

CERO A

- 카도카와 게임즈 ● TBL ● 2010년 9월 2일 ● 500엔(소비세 포함)
- 플레이 명수 : 1~2인 ● DL 데이터 용량 : 5MB

다운로드 판매 전용 타이틀

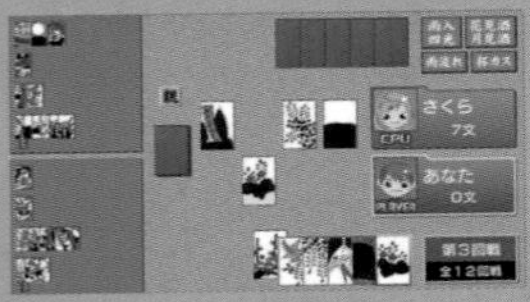

일본식 화투놀이 '코이코이'를 간편히 즐기는 소프트. 하나미자케·츠키미자케·아메나가레 등의 추가 룰도 넣을 수 있다. 대박을 노리거나 견실하게 가는 등, 변화무쌍한 대전을 즐기자.

익숙한 마작

CERO A

- 카도카와 게임즈 ● TBL ● 2010년 9월 2일 ● 500엔(소비세 포함)
- 플레이 명수 : 1~4인 ● DL 데이터 용량 : 6MB

다운로드 판매 전용 타이틀

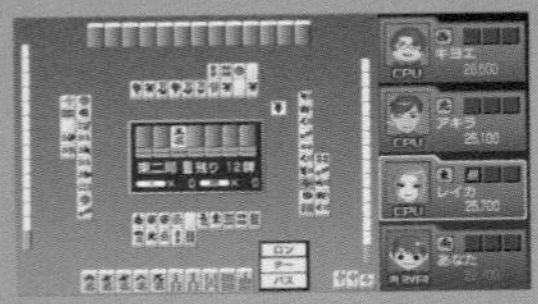

가볍게 즐기는 본격 4인대국 마작 게임. 야키토리·대차륜·백만석 등의 특수 룰도 적용 가능하며, 통신대전도 최대 4인까지 지원한다. 상대가 도중에 통신이 끊겨도 CPU가 대신 진행해준다.

익숙한 리버시

CERO A

- 카도카와 게임즈 ● TBL ● 2010년 9월 2일 ● 500엔(소비세 포함)
- 플레이 명수 : 1~2인 ● DL 데이터 용량 : 4MB

다운로드 판매 전용 타이틀

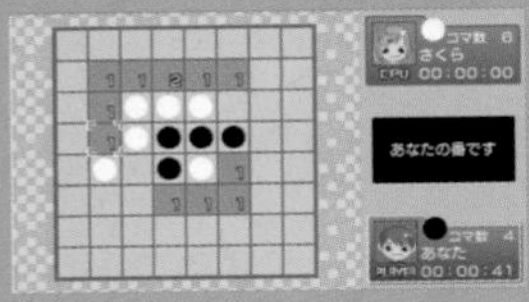

테이블 게임의 대표작 '리버시'를 언제 어디서나 즐길 수 있는 소프트. 강력한 사고루틴을 탑재해, CPU의 난이도를 8단계로 조절하여 진지하게 승부할 수 있다. 통신대전도 가능하다.

익숙한 테이블 5

CERO A

- 카도카와 게임즈 ● TBL ● 2010년 9월 2일 ● 2,000엔(소비세 포함)
- 플레이 명수 : 1~4인(게임에 따라 달라짐) ● DL 데이터 용량 : 23MB

다운로드 판매 전용 타이틀

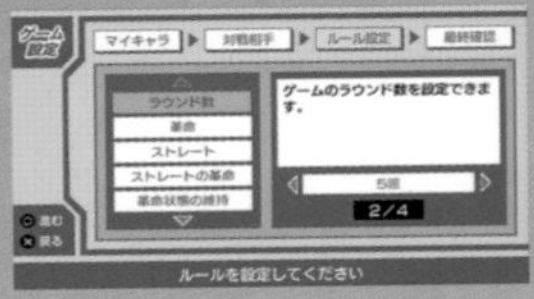

앞서 소개한 5종류의 게임을 모두 즐길 수 있는 합본판. 마작·대부호·리버시·쇼기·코이코이를 수록하였으며, 모두 통신대전을 지원한다. 일부 게임은 마이너한 룰로도 설정할 수 있다.

CERO A BLEACH 히트 더 소울 7

●소니컴퓨터엔터테인먼트 ●ACT ●2010년 9월 2일 ●4,743엔
●플레이 명수 : 1인 (애드혹 모드 대전시 : 2~4인) ●세이브 용량 : 544KB 이상 Best VITA 호환 UMD Passport

시리즈 최다인 캐릭터 80명 이상이 등장하는, 시리즈 제7탄. 가면의 군세와 에스파다, 거대 캐릭터와도 대전 가능하다. 스토리 모드는 아이젠과의 결전인 '공좌결전 편'을 수록했다.

CERO B 화이트 브레스 : 퍼펙트 에디션

●GN 소프트웨어 ●AVG ●2010년 9월 2일 ●5,800엔
●플레이 명수 : 1인 ●세이브 용량 : 1184KB 이상

PC용 게임의 이식작. 시한부 인생인 주인공이, 남은 시간을 짜내 애인을 구하려 운명에 저항한다는 스토리의 순애물이다. 이식하면서 기획서에만 존재했던 환상의 히로인을 부활시켰다.

CERO C 전국그림패유희 두견새 : 대란(大乱)

●아이렘 소프트웨어 엔지니어링 ●SLG ●2010년 9월 9일 ●4,800엔
●플레이 명수 : 1~2인 ●세이브 용량 : 416KB 이상

전작(94p)의 속편. 게임 시스템을 개편했으며, 카드 종류도 600종 이상으로 늘렸다. 캠페인 모드 외에, CPU와의 대전 및 통신대전도 가능해졌다.

CERO B 비타민 X 에볼루션 플러스

●D3 퍼블리셔 ●AVG ●2010년 9월 9일 ●4,800엔
●플레이 명수 : 1인 ●세이브 용량 : 736KB 이상

닌텐도 DS용 게임의 이식작. 음성을 신규 수록해 풀보이스화했으며, 이벤트·바스트업 등의 CG도 다수 추가했다. 교사가 되어 초 문제아 6명을 교육시켜, 전원의 진학을 성공시키자.

CERO C 트릭 로직 : 시즌 2

●소니컴퓨터엔터테인먼트 ●AVG ●2010년 9월 16일 ●2,838엔
●플레이 명수 : 1인 ●세이브 용량 : 480KB 이상 VITA 호환 UMD Passport

인기 추리작가가 시나리오를 집필한 본격 추리 어드벤처 게임. 아야츠지 유키토·아리스가와 아리스 등 신본격파 작가들이 제작에 참여하여, 추리하며 풀어나가는 게임성을 구현해냈다.

CERO A 파친커 마니아 P : CR 철권전 터프

●도라스 ●SLG ●2010년 9월 16일 ●4,500엔
●플레이 명수 : 1인 ●세이브 용량 : 320KB 이상

당시의 인기 기종을 재현한 파친코 실기 시뮬레이터. 격투만화 '고교철권전 터프'를 테마로 제작한 'CR 철권전 터프'를 수록하였으며, 실기 공략을 도와주는 기능을 탑재했다.

CERO A 블루 로지스 : 요정과 파란 눈동자의 전사들

●니폰이치 소프트웨어 ●SRPG ●2010년 9월 16일 ●5,800엔
●플레이 명수 : 1인 ●세이브 용량 : 320KB 이상 VITA 호환 UMD Passport

인간과 요정이 공존하는 세계가 무대인 시뮬레이션 RPG. 팀의 조합방식에 따라 전법이 변화하는 '팀 메이크', 대화를 이용한 요정과의 친밀도 상승 등의 참신한 시스템을 탑재했다.

CERO A 유희왕 5D's 태그 포스 5

●코나미디지털엔터테인먼트 ●TBL ●2010년 9월 16일 ●5,000엔
●플레이 명수 : 1인 (1~4인) ●세이브 용량 : 550KB 이상

인기 카드 배틀 게임의 제5탄. 스토리는 TV 애니메이션 중 'WRGPX 편'을 수록했다. 카드 4,700장 이상을 수록한 것은 물론, 오리지널 카드까지 등장해 대전이 더욱 치열해졌다.

CERO A 위닝 포스트 7 2010

●코에이테크모게임즈 ●SLG ●2010년 9월 22일 ●4,800엔
●플레이 명수 : 1인 ●세이브 용량 : 5888KB 이상

「~2009」의 시스템에 당시 최신 데이터를 적용한 타이틀. 야노 요시히코 아나운서가 음성 실황을 맡았다. 플레이어가 새로운 경마 역사를 창조하는 2010년 개시 시나리오도 등장한다.

CERO D 흑표 : 용과 같이 신장

●세가 ●ACT ●2010년 9월 22일 ●5,980엔
●플레이 명수 : 1인 (통신시 : 최대 4인) ●세이브 용량 : 352KB 이상 Best VITA 호환

대인기 시리즈 「용과 같이」의 신규 스토리 돌입편. 욕망이 꿈틀대는 환락가가 무대인 액션 어드벤처 게임이다. 격렬한 패싸움에 시리즈 특유의 에센스를 결합한 호쾌한 배틀이 전개된다.

HARDWARE 2004 2005 2006 2007 2008 2009 2010 2011 2012 2013 2014 2015 2016 INDEX

각종 아이콘: Best Best판 출시 / VITA 호환 PS Vita와 호환됨 / UMD Passport UMD Passport 지원

CERO C 진 연희몽상 : 소녀요란☆삼국지연의 – 오나라 편

● 예티 ● AVG ● 2010년 9월 22일 ● 6,500엔
● 플레이 명수 : 1인 ● 세이브 용량 : 2250KB 이상

PC용으로 발매된 같은 제목의 작품을 3종으로 분할하고, 오나라의 무장들에 초점을 맞춘 타이틀. 원작의 에로 연출은 삭제했지만, 신규 이벤트·CG에선 신체노출이 제법 나오는 편이다.

CERO B 듀라라라!! : 3way standoff

● 아스키 미디어웍스 ● AVG ● 2010년 9월 22일 ● 5,800엔
● 플레이 명수 : 1인 ● 세이브 용량 : 128KB 이상

애니메이션으로도 호평 받았던 인기 라이트 노벨의 게임판. '리얼 파트'와 '인터넷 파트'를 나눠, 게임으로만 가능한 연출에 도전했다. 완전 신규 스토리로, 새로운 사건을 추적해보자.

CERO A 도트 디펜스

● 시스템 프리즈마 ● SLG ● 2010년 9월 22일 ● 1,200엔(소비세 포함)
● 플레이 명수 : 1인 ● DL 데이터 용량 : 9MB

다운로드 판매 전용 타이틀

심플한 화면 디자인이 특징인 타워 디펜스형 전략 게임. 각기 성능이 차별화된 유닛들을 맵 위에 적절히 배치해, 몰려오는 몬스터들을 물리치자. 맵·BGM을 직접 제작할 수도 있다.

CERO B 화귀장

● 프로토타입 ● AVG ● 2010년 9월 22일 ● 4,600엔
● 플레이 명수 : 1인 ● 세이브 용량 : 352KB 이상

코믹마켓에서 인기였던 동인 게임의 이식판. 운명에 희롱당하는 사람들의 고뇌와 비극을 그린 보이즈 러브 어드벤처 게임이다. 이식하며 별매판 외전 2작품과 신규 시나리오를 수록했다.

CERO C R.U.R.U.R(루·루·루·루) : petit prince

● 뷰즈 ● AVG ● 2010년 9월 22일 ● 5,800엔
● 플레이 명수 : 1인 ● 세이브 용량 : 320KB 이상

PC용 게임의 이식작. 우주 최후의 인간이 된 주인공과 미소녀 로봇들이 스토리를 이끄는 연애 어드벤처 게임이다. 신규 시나리오와 CG를 추가했고, 신 캐릭터도 등장한다.

CERO B 영웅전설 제로의 궤적

● 니혼팔콤 ● RPG ● 2010년 9월 30일 ● 5,800엔
● 플레이 명수 : 1인 ● 세이브 용량 : 832KB 이상

「영웅전설 Ⅶ」로서 전개된 새로운 '궤적' 시리즈 작품. 크로스벨 자치주를 무대로 삼아, 신설된 경찰 특무지원과의 주인공을 중심으로 하여 새로운 스토리를 펼쳐나간다.

CERO A 케이온! 방과후 라이브!!

● 세가 ● ACT ● 2010년 9월 30일 ● 5,800엔
● 플레이 명수 : 1인 (애드혹 통신시 : 2~5인) ● 세이브 용량 : 320KB 이상

대히트 TV 애니메이션 '케이온!'이 원작인 리듬 액션 게임. 애니메이션 1기의 주제가·삽입곡·이미지 송 등 총 19곡을 수록했으며, 각각 2가지 난이도로 연주할 수 있다. 연주에 성공하면 받는 아이템을 활용하여 캐릭터 복장을 바꾸거나, 경음부실을 커스터마이즈하거나, 캐릭터와의 커뮤니케이션을 즐길 수 있다. 애드혹 통신으로 최대 5명의 협력 플레이도 가능하다.

CERO B 축복의 캄파넬라 포터블

● 카도카와쇼텐 ● AVG ● 2010년 9월 30일 ● 5,800엔
● 플레이 명수 : 1인 ● 세이브 용량 : 750KB 이상

PC용 게임의 이식작. 아이템 기사 '레스터'와 의문의 소녀 '미네트'를 중심으로 벌어지는 사랑과 모험의 이야기다. 전투 모드의 게임성을 강화했으며, 엑스트라 스토리를 수록했다.

CERO B Starry☆Sky : in Summer 포터블

● 허니비 ● AVG ● 2010년 9월 30일 ● 2,980엔
● 플레이 명수 : 1인 ● 세이브 용량 : 640KB 이상

인기 시리즈의 제2탄. 궁도부 소속인 주인공은 부장·부부장과 나날이 연습에 몰두한다. 하지만 대회 직전의 어느 날, 천재 신입생이 입부하면서 운명의 수레바퀴가 크게 움직인다.

트윙클☆크루세이더스 GoGo!

CERO D

●아스키 미디어웍스 ●AVG ●2010년 9월 30일 ●5,800엔
●플레이 명수 : 1인 ●세이브 용량 : 576KB 이상

PC용 게임의 이식작. 마족을 퇴치하는 학생 회장인데도 차기 마왕이라는 자신의 모순적인 입장에 고뇌하는 주인공의 사랑과 싸움 이야기다. 신규 히로인·시나리오와 CG 등을 추가했다.

드래곤볼 태그 버서스

CERO A

●반다이남코게임즈 ●ACT ●2010년 9월 30일 ●4,980엔
●플레이 명수 : 1인 (통신시 : 최대 4인) ●세이브 용량 : 160KB 이상

무려 70명에 달하는 캐릭터들을 조작해 2 : 2 팀으로 대전하는 액션 게임. 원작의 세계를 모험하는 '드래곤 워커 모드'도 즐길 수 있다. 통신 기능을 활용한 4인 대전도 가능하다.

비색의 조각 : 신 타마요리히메 전승 포터블

CERO B

●아이디어 팩토리 ●AVG ●2010년 9월 30일 ●4,800엔
●플레이 명수 : 1인 ●세이브 용량 : 608KB 이상

인기 시리즈 「비색의 조각」의 미래를 무대로 삼은 타이틀. 대화할 상대를 자유롭게 선택하는 '프리 토크 시스템'을 도입했다. 시리즈 첫 작품 등장인물의 자손도 등장한다.

매든 NFL 11 (영어판)

CERO A

●일렉트로닉 아츠 ●SPT ●2010년 9월 30일 ●3,800엔
●플레이 명수 : 1인 (무선 통신시 : 2인) ●세이브 용량 : 3872KB 이상

2010~2011년도 시즌의 데이터를 수록한 NFL 공인 게임. 팀 및 선수가 모두 실명으로 등장한다. 리얼한 스타디움 묘사와 선수들의 리얼한 모션으로, 본토의 흥분을 체험시켜 준다.

L@ve once (러브 앳 원스)

CERO C

●메이드 미츠 캣 ●AVG ●2010년 9월 30일 ●5,980엔
●플레이 명수 : 1인 ●세이브 용량 : 480KB 이상

호화 개발진들이 제작한 순애계 미소녀 어드벤처 게임. 앞으로 딱 한 번만 연애할 수 있다는 운명을 지닌 주인공의 이야기다. 최초로 클리어한 히로인은 타이틀 화면 등에서 우대를 받는다.

카나 : 여동생

CERO C

●사이버프론트 ●AVG ●2010년 10월 7일 ●4,800엔
●플레이 명수 : 1인 ●세이브 용량 : 192KB 이상

PC용 게임의 이식작이자, 전설의 각본가 야마다 하지메(다나카 로미오)의 작품. 시한부 인생인 여동생과 예전의 반 친구 사이에서 흔들리는 주인공의 심경을 설득력 있는 필치로 그렸다.

검과 마법과 학원물. 3

CERO A

●어콰이어 ●RPG ●2010년 10월 7일 ●4,980엔
●플레이 명수 : 1인 ●세이브 용량 : 700KB 이상

시리즈 제3탄. 게임 내에선 '학과'로 불리는 직업이 대폭 늘었으며, 외모 디자인 등의 캐릭터 메이킹 자유도가 높아졌다. 무대로 고를 수 있는 학교는 3곳이며, 각기 시나리오가 다르다.

나는 항공관제사 : 에어포트 히어로 하네다

CERO A

●소닉 파워드 ●PZL ●2010년 10월 7일 ●4,800엔
●플레이 명수 : 1인 ●세이브 용량 : 640KB 이상

'항공관제사' 시리즈의 제4탄. 활주로 3라인 시절의 하네다 공항과, 4번째 신규 활주로 및 신 터미널 운영이 시작된 후의 2가지 모드가 있고, 시리즈 최대급인 16스테이지를 수록했다.

NBA 2K11

CERO A

●테이크투 인터랙티브 재팬 ●SPT ●2010년 10월 14일 ●4,800엔
●플레이 명수 : 1인 (애드혹 모드시 : 2인) ●세이브 용량 : 992KB 이상

전설의 선수, 마이클 조던을 사용할 수 있는 농구 게임. 당시의 최신 NBA 데이터를 수록했으며, 조던이 현역이던 시절에 남긴 위대한 전설을 따라가 보는 모드도 탑재하였다.

메모리즈 오프 6 : 넥스트 릴레이션

CERO B

●5pb. ●AVG ●2010년 10월 14일 ●4,800엔
●플레이 명수 : 1인 ●세이브 용량 : 448KB 이상

2009년 발매된 「메모리즈 오프 6 : T-wave」의 속편. 전작의 반년 후를 무대로, 주인공과 다섯 히로인의 뒷이야기를 즐긴다. 「~#5 : 끊어진 필름」의 캐릭터도 게스트로 등장한다.

각종 아이콘 Best Best판 출시 VITA 호환 PS Vita와 호환됨 UMD Passport UMD Passport 지원

CERO C 로드 오브 아르카나

●스퀘어 에닉스 ●ACT ●2010년 10월 14일 ●5,695엔
●플레이 명수 : 1인(1~4인) ●세이브 용량 : 480KB 이상

최대 4명까지 동시 플레이가 가능한 멀티플레이 액션 게임. 화려한 그래픽으로 재현된 다크 판타지 세계에서, 무기와 '배틀 아츠'를 구사하여 다채로운 마물들과 맞서 싸우자.

CERO A 슬로터 매니아 P : 산산 하나하나 & 산산 오아시스

●도라스 ●SLG ●2010년 10월 21일 ●3,800엔
●플레이 명수 : 1인 ●세이브 용량 : 528KB 이상

인기 파치슬로 실기 시뮬레이터의 제2탄. 당시 업장에서 인기였던 '히비스커스' 시리즈 2개 기종을 수록했고, 실기 연구·공략 관련 기능도 구비하여 언제 어디서나 공략할 수 있다.

CERO A FIFA 11

●일렉트로닉 아츠 ●SPT ●2010년 10월 21일 ●4,743엔
●플레이 명수 : 1~2인(애드혹 모드 : 2인) ●세이브 용량 : 2464KB 이상

리얼한 축구를 체험할 수 있는 FIFA 공인 축구 게임. 세계 28개 리그에서 약 500팀, 약 15,000명의 선수가 등장한다. 일본판의 실황은 니시오카 아키히코, 해설은 오카다 타케시가 맡았다.

CERO C 밀실의 새크리파이스 - 이토카 : 어느 폐쇄시설에서의 탈출

●D3 퍼블리셔 ●AVG ●2010년 10월 21일 ●600엔(소비세 포함)
●플레이 명수 : 1인 ●DL 데이터 용량 : 50MB

다운로드 판매 전용 타이틀

「밀실의 새크리파이스」(119p)에 등장하는 미소녀 '이토카'가 주인공인, 다운로드 판매 전용 스핀오프 작품. 힌트 기능을 탑재해 더욱 플레이가 편해졌다. 풀보이스 사양이다.

CERO A 메탈 베이블레이드 포터블 : 초절전생! 발칸 호르세우스

●타카라토미 ●ACT ●2010년 10월 21일 ●5,500엔
●플레이 명수 : 1인(1~4인) ●세이브 용량 : 224KB 이상

인기 애니메이션의 게임판. 베이 약 40종과 파츠 약 170종이 등장하여, 필드 전체를 누비는 베이 배틀과 합체 기술을 즐길 수 있다. 통신기능을 사용하면 최대 4인 배틀도 가능하다.

CERO B 카니지 하트 EXA

●아트딩크 ●SLG ●2010년 10월 28일 ●5,600엔
●플레이 명수 : 1인(애드혹 모드시 2~6인) ●세이브 용량 : 2300KB 이상

로봇의 움직임을 직접 프로그래밍하여 구현하는 로봇 대전 시뮬레이션 게임 시리즈의 신작. 조종형 머신을 새로 추가하여, 프로그램의 수동조작 및 전투 중 직접조종도 가능해졌다.

CERO C 갓 이터 버스트

●반다이남코게임즈 ●ACT ●2010년 10월 28일 ●4,980엔
●플레이 명수 : 1인(애드혹 모드시 : 2~4인) ●세이브 용량 : 800KB 이상

같은 해 2월 발매되었던 「갓 이터」의 수정 개량판. 전작에서 호평 받았던 세계관은 유지하면서도 여러 컨텐츠를 추가했으며, 시스템을 전면 개편하여 더욱 즐기기 편하게 진화시켰다. 신 장비와 신 아라가미를 추가했고, 기존 무기와 적들의 밸런스는 조정하여 난이도를 크게 낮췄다. 또한 NPC의 능력이 향상되었고 직접지시도 가능해져, 연계나 각개격파를 노리기도 쉬워졌다.

CERO C 진 연희몽상 : 소녀요란☆삼국지연의 - 위나라 편

●예티 ●AVG ●2010년 10월 28일 ●6,500엔
●플레이 명수 : 1인 ●세이브 용량 : 2240KB 이상

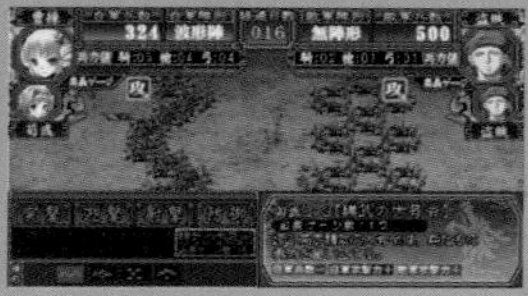

PC로 발매된 원작을 3개 작품으로 분할하고, 위나라 측 무장에 초점을 맞춘 타이틀. 시나리오는 절반 이상을 새로 제작하여, 진지한 내용과 개그성 내용 어느 쪽으로든 즐길 수 있다.

CERO C D.C. I & II P.S.P. : 플러스 시추에이션 포터블

●카도카와쇼텐 ●AVG ●2010년 10월 28일 ●7,800엔
●플레이 명수 : 1인 ●세이브 용량 : 640KB 이상

PS2용 게임의 이식판. 발군의 인기를 자랑했던 미소녀 연애 어드벤처 게임 2개 작품의 합본판이다. 신규 캐릭터 추가, 애니메이션판과의 캐릭터 성우 통일 등의 개선이 이루어졌다.

쵸요키스 2학기 포터블

CERO B

●레볼루션 ●AVG ●2010년 10월 28일 ●5,800엔
●플레이 명수 : 1인 ●세이브 용량 : 544KB 이상

최강의 쿨데레 소녀 '타치바나 세레부'가 히로인으로 추가된 「츠요키스」 속편의 PS2판을 기반으로 삼아 이식하고 추가·수정도 가한 타이틀. '오오에야마 이노리' 루트를 추가했다.

정상의 바둑

CERO A

●마이니치 커뮤니케이션즈 ●TBL ●2010년 10월 28일 ●4,800엔
●플레이 명수 : 1인 ●세이브 용량 : 200KB 이상

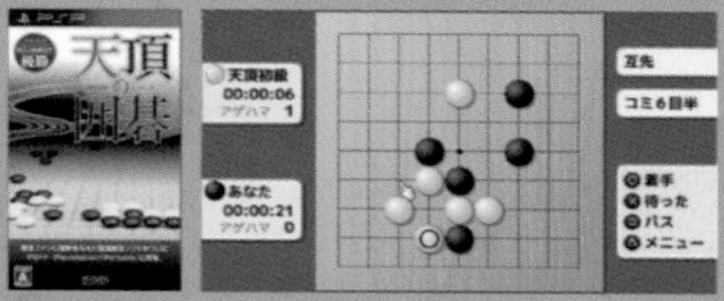

PC용으로 호평을 받았던 바둑 AI 엔진 'Zen'을 사용한 바둑 대국 소프트. 19줄·13줄·9줄의 3가지 바둑판 모드를 제공하며, 명국이라 불리는 기보 82국을 수록하였다.

도다이 쇼기 : 명인전 도장

CERO A

●마이니치 커뮤니케이션즈 ●TBL ●2010년 10월 28일 ●4,800엔
●플레이 명수 : 1인 ●세이브 용량 : 200KB 이상

일본 쇼기계의 명인 6명이 참여해, 과거 열렸던 명인전 당시의 기보를 게임 내에서 직접 해설해준다. 대국 수는 순위전까지 포함해 무려 1,200국. 일반적인 대국 모드도 탑재돼 있다.

드림 클럽 포터블

CERO C

●D3 퍼블리셔 ●SLG ●2010년 10월 28일 ●4,800엔
●플레이 명수 : 1인 ●세이브 용량 : 352KB 이상

퓨어한 마음을 가진 자만이 입장할 수 있다는 회원제 클럽이 무대인 연애 시뮬레이션 게임. 술을 마시며 개성적인 10명의 소녀들과 대화하는 가운데, 친밀한 관계를 구축해보자.

노기자카 하루카의 비밀 : 동인지 제작 시작했습니다♥

CERO B

●카도카와 게임즈 ●AVG ●2010년 10월 28일 ●4,800엔
●플레이 명수 : 1인 ●세이브 용량 : 224KB 이상

PS2로 발매되었던 「노기자카 하루카의 비밀 : 코스프레 시작했습니다♥」의 후일담을 수록한 어드벤처 게임. 히로인 5명분의 에피소드를 게임 하나로 통합한 타이틀이다.

팬텀 브레이브 포터블

CERO A

●니폰이치 소프트웨어 ●SRPG ●2010년 10월 28일 ●4,800엔
●플레이 명수 : 1인 ●세이브 용량 : 352KB 이상

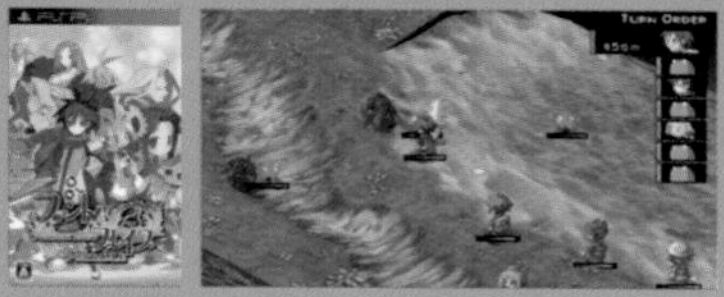

주인공 마로네의 능력 '컴파인'으로, 동료 팬텀을 아이템에 '빙의'시켜 전투하는 것이 특징인 시뮬레이션 RPG. Wii판을 기반으로 이식했으며, 추가 캐릭터 등도 수록했다.

루시안 비즈 : 이블 바이올렛

CERO B

●5pb. ●AVG ●2010년 10월 28일 ●4,800엔
●플레이 명수 : 1인 ●세이브 용량 : 352KB 이상

「루시안 비즈 : 레저렉션 슈퍼노바」의 팬 디스크. 본편에서는 적 조직의 간부였던 '허니 바저드 VI'가 공략대상이며, 각 캐릭터별 시나리오도 추가 이벤트와 함께 수록했다.

루시안 비즈 : 저스티스 옐로

CERO B

●5pb. ●AVG ●2010년 10월 28일 ●4,800엔
●플레이 명수 : 1인 ●세이브 용량 : 352KB 이상

「루시안 비즈 : 레저렉션 슈퍼노바」의 팬 디스크. 본편에서는 '개조'의 스페셜리스트였던 '메트로폴리스 V'가 공략대상이며, 각 캐릭터별 시나리오도 추가 이벤트와 함께 수록했다.

루시안 비즈 : 레저렉션 슈퍼노바

CERO B

●5pb. ●AVG ●2010년 10월 28일 ●4,800엔
●플레이 명수 : 1인 ●세이브 용량 : 448KB 이상

하나같이 어딘가에 치명적인 결점이 있는 남성 아이돌 멤버들을, 다양한 방해를 헤쳐 가며 멋진 남성으로 '개조'해가는 여성용 게임. 원작인 PS2판에서 시나리오와 CG를 추가했다.

개구리 밭에서 잡아줘 포터블

CERO B

●TAKUYO ●AVG ●2010년 11월 11일 ●5,800엔
●플레이 명수 : 1인 ●세이브 용량 : 400KB 이상

동네의 7대 불가사의를 조사하던 중 갑자기 개구리가 되어버린 동료들을, 토지 정화활동을 통해 인간으로 되돌리기까지를 그린 여성용 게임. 호감도·정화도의 조절이 공략의 키포인트다.

각종 아이콘: Best판 출시 / PS Vita와 호환됨 / UMD Passport 지원

CERO B 택틱스 오우거 : 운명의 수레바퀴

●스퀘어 에닉스 ●SRPG ●2010년 11월 11일 ●5,695엔
●플레이 명수 : 1인 ●세이브 용량 : 1350KB 이상

슈퍼 패미컴으로 발매되었던 「택틱스 오우거」의 리메이크판. 원작 개발진이 재집결해 시스템·그래픽을 개량했다. 원작은 유닛의 WT에 따라 턴이 돌아오는 시스템과 멀티 엔딩 등으로 이후의 SRPG 전체에 큰 영향을 끼쳤다. 리메이크판은 이를 기반으로 삼아 전투시 최대 50턴까지 되돌릴 수 있는 시스템과, 클리어 후 스토리를 특정 지점까지 거슬러올라갈 수 있는 오리지널 기능을 추가했다.

CERO D 갓 오브 워 : 고스트 오브 스파르타

●소니컴퓨터엔터테인먼트 ●ACT ●2010년 11월 11일 ●4,743엔
●플레이 명수 : 1인 ●세이브 용량 : 128KB 이상

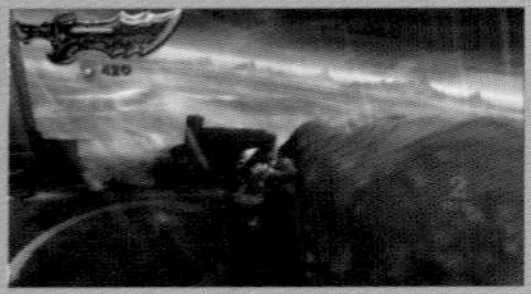

휴대용 게임기 외전작 제2탄. 이번엔 「갓 오브 워」 1편과 2편 사이의 스토리다. 주인공 크레토스는 죽은 줄 알았던 동생이 생존해 있음을 알고는, 그를 구하려 새로운 싸움에 뛰어든다.

CERO B 연애번장 : 인생은 짧으니, 사랑하라 소녀여! Love is Power

●아이디어 팩토리 ●AVG ●2010년 11월 11일 ●5,800엔
●플레이 명수 : 1인 ●세이브 용량 : 750KB 이상

연애의 달인 '연애번장'에게 연애란 무엇인지를 배우는 여성용 연애 어드벤처 게임. 연애하고픈 번장을 선택해 대화·데이트를 거듭하자. 게임 기간인 1년 내로 커플이 되는 것이 목적이다.

CERO D 크리미널 걸즈

●니폰이치 소프트웨어 ●RPG ●2010년 11월 18일 ●5,800엔
●플레이 명수 : 1인 ●세이브 용량 : 640KB 이상

교관이 되어, 지옥에 떨어진 소녀들을 현실세계로 되돌려보내기 위해 다양한 시련에 도전하는 RPG. 소녀들이 스스로 저지른 죄와 자신의 참모습을 직시하는 것이 핵심 스토리다. 개성이 강하고 안하무인인 소녀 7명을 이끌고 탑의 최상층까지 가자. '부드러운 채찍'·'찌릿찌릿 봉' 등 '체벌'에 필요한 도구를 입수하면 곧바로 미니게임이 가능해지며, 이를 클리어하면 탐색·전투에 유용한 스킬을 얻는다.

CERO A 필승 파친코★파치슬로 공략 시리즈 포터블!! Vol.2 : CR 에반게리온 - 시작의 복음

●D3 퍼블리셔 ●SLG ●2010년 11월 18일 ●5,800엔
●플레이 명수 : 1인 ●세이브 용량 : 352KB 이상

같은 명칭의 인기 기기를 공략하는 파친코 실기 시뮬레이터. 영화 '에반게리온 신극장판' 중 '서'·'파' 편의 하이퀄리티 영상을 게임 내에 삽입했으며, LCD와 기기의 특징도 재현했다.

CERO A 월드 네버랜드 : 나루루 왕국 이야기

●알티 ●SLG ●2010년 11월 18일 ●3,800엔(소비세 포함)
●플레이 명수 : 1인 ●DL 데이터 용량 : 218MB

다운로드 판매 전용 타이틀

가상세계에서 새로운 삶을 체험하는 리얼타임 시뮬레이션 게임. 기본 시스템 자체는 이전에 발매된 패키지판과 동일하며, 게임 세계의 주민이 되어 일·연애·육아 등의 생활을 즐길 수 있다.

CERO A 월드 사커 위닝 일레븐 2011

●코나미디지털엔터테인먼트 ●SPT ●2010년 11월 18일 ●4,743엔
●플레이 명수 : 1인(애드혹 모드 : 1~4인) ●세이브 용량 : 10MB 이상

더욱 진화한 「위닝 일레븐」 신작. 호평 받은 마스터 리그 등의 모드는 여전히 건재하며, 이번엔 남미 최고의 클럽 대항전인 '코파 리베르타도레스'를 플레이할 수 있게 되었다.

CERO A 암즈 하트

●햄스터 ●RPG ●2010년 11월 25일 ●4,980엔
●플레이 명수 : 1인 ●세이브 용량 : 352KB 이상

다크한 세계관이 특징인 사이버펑크 RPG. 조직의 보스에게서 인간이 만들어낸 신 '호문쿨루스'를 탈취한 주인공의 이야기다. 하울링 기어를 활용한 긴박감 넘치는 전투를 즐겨보자.

CERO C 유신연화 : 료마 외전

●D3 퍼블리셔 ●AVG ●2010년 11월 25일 ●4,800엔
●플레이 명수 : 1인 ●세이브 용량 : 928KB 이상

막부 말기가 무대인 여성용 연애 어드벤처 게임. 도사 지방의 한 소녀가 되어, 사카모토 료마 등 당시 일본 역사에 이름을 남긴 인물들과 만나 그들과 사랑을 키워나간다는 스토리다.

CERO B 킹덤 : 일기투천의 검

●코나미디지털엔터테인먼트 ●ACT ●2010년 11월 25일 ●5,000엔
●플레이 명수 : 1~3인 ●세이브 용량 : 224KB 이상

VITA 호환 UMD Passport

애니메이션은 물론 실사 영화로도 제작된 인기 만화의 게임판. 중국의 춘추전국시대가 무대인 박력 만점의 3D 배틀 게임이다. 원작 16권까지의 내용을 유저가 직접 체험하며 즐긴다.

CERO D 단간론파 : 희망의 학교와 절망의 고교생

●스파이크 ●AVG ●2010년 11월 25일 ●4,980엔
●플레이 명수 : 1인 ●세이브 용량 : 448KB 이상

Best VITA 호환

각기 다른 '초고교급' 재능을 갖춘 학생들이, 학교 내에 갇혀 서로 죽고 죽이는 생활을 강요받는다. 연쇄적으로 발생하는 살인사건을 학급재판 형식으로 해결하는 하이스피드 추리 액션 어드벤처 게임. 발생한 사건의 단서를 모으고, 재판시 나오는 증언을 다양한 액션을 섞어 논파해야 한다. 예측불허의 캐릭터들과 가차 없는 처형 장면이 매력이다.

CERO C 진 연희몽상 : 소녀요란☆삼국지연의 – 촉나라 편

●예티 ●AVG ●2010년 11월 25일 ●6,500엔
●플레이 명수 : 1인 ●세이브 용량 : 2240KB 이상

PC판인 같은 제목의 작품을 3종으로 분할하고, 촉나라의 무장들에 초점을 맞춘 타이틀. 각 편의 시나리오마다 타국의 무장들 역시 등장하여 다채로운 드라마를 펼친다.

CERO B 티어즈 투 티아라 : 화관의 대지 포터블

●아쿠아플러스 ●AVG+SRPG ●2010년 11월 25일 ●4,800엔
●플레이 명수 : 1인 ●세이브 용량 : 1152KB 이상

스토리 파트를 어드벤처 게임 스타일로 보여주는 판타지 시뮬레이션 RPG. PSP판은 PS3판의 외전에서 채용했던 적이 있는 전투 평가 시스템을 도입했다.

CERO A 니코리의 스도쿠+2 제1집 : 스도쿠·누리카베·헤야와케

●햄스터 ●PZL ●2010년 11월 25일 ●2,800엔
●플레이 명수 : 1인(통신대전 : 2~4인) ●세이브 용량 : 512KB 이상

VITA 호환 UMD Passport

니코리 사의 퍼즐잡지 '퍼즐통신 니코리'의 500문제를 수록한 문제집. 내용은 '스도쿠' 100문제, '누리카베' 200문제, '헤야와케' 200문제씩이다. 무작위 출제와 통신대전도 지원한다.

CERO B 미야코[雅恋] : MIYAKO

●아이디어 팩토리 ●AVG ●2010년 11월 25일 ●5,800엔
●플레이 명수 : 1인 ●세이브 용량 : 800KB 이상

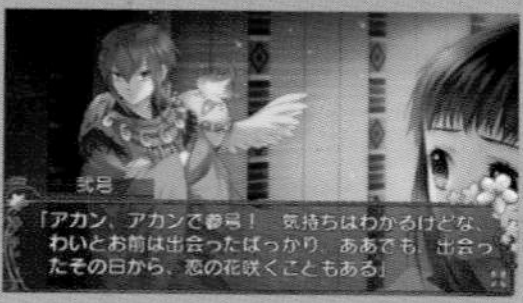

헤이안 시대가 배경인 여성용 연애 어드벤처 게임. 천재 음양사 '아베노 세이메이'의 식신이 되어, 숙사에서 임무에 매진하자. 어둠의 해결사가 되어 수도의 위기를 막아내야만 한다.

CERO A 영 토르

●Frima Studio Inc. ●ACT ●2010년 11월 25일 ●500엔(소비세 포함)
●플레이 명수 : 1인 ●DL 데이터 용량 : 51MB

VITA 호환

다운로드 판매 전용 타이틀

젊은 번개의 신 '토르'가 주인공인 횡스크롤 액션 게임. 북유럽 신화의 무대인 미드가르드와 아스가르드에서, 운명의 여신을 찾아내 세계의 균형을 되돌려야 한다.

CERO B 리틀 버스터즈! : 컨버티드 에디션

●프로토타입 ●AVG ●2010년 11월 25일 ●5,800엔
●플레이 명수 : 1인 ●세이브 용량 : 320KB 이상

청춘과 우정을 묘사해 PC에서 대인기를 얻었던 연애 어드벤처 게임의 이식작. 등장하는 히로인 9명과의 연애와 우정을 체험하고 청춘을 만끽해보자. 미니게임도 충실하다.

각종 아이콘: Best Best판 출시 / VITA 호환 PS Vita와 호환됨 / UMD Passport UMD Passport 지원

CERO C 몬스터헌터 포터블 3rd

●캡콤 ●ACT ●2010년 12월 1일 ●5,524엔
●플레이 명수 : 1인(애드혹시 최대 4인) ●세이브 용량 : 1600KB 이상

Best / VITA 호환 / UMD Passport

헌팅 액션 게임 시리즈의 PSP판 제3탄. 중세 일본풍이 물씬한 온천 관광지 '유쿠모 마을'을 거점으로 삼아, 무기와 방어구를 장비하고 '동반자 아이루' 2마리와 함께 몬스터 사냥에 나서자. 새로운 몬스터로 '진오우거'가, 신규 맵으로 '계류'가 등장하며, 무기로는 새로운 변형 무기 '슬래시 액스'를 포함해 총 12종류가 등장한다.

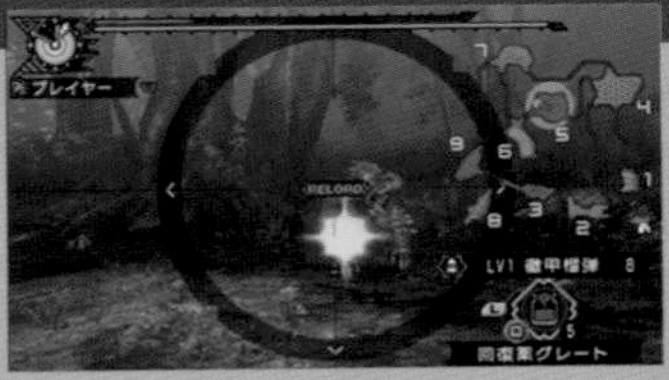

CERO A 가면라이더 클라이맥스 히어로즈 오즈

●반다이남코게임즈 ●ACT ●2010년 12월 2일 ●5,800엔
●플레이 명수 : 1인(애드혹 통신시 1~2인) ●세이브 용량 : 544KB 이상

'쿠우가'~'오즈'의 헤이세이 가면라이더들이 집결하는 격투 액션 게임. 등장하는 라이더들이 최강 폼으로 정상을 가리는 결전에 도전한다. 라그나로크 모드에선 일대다 전투도 가능하다.

CERO C 센고쿠히메 2 아라시 : 백화, 전란 진풍과도 같이

●시스템소프트 알파 ●SLG+AVG ●2010년 12월 2일 ●5,800엔
●플레이 명수 : 1인 ●세이브 용량 : 1184KB 이상

Best / VITA 호환

「센고쿠히메」의 속편. 오다·다케다·우에스기 중 한 명의 군사가 되어 일본 통일을 노리자. 이번에도 등장 무장 중 70명이 미소녀다. 새롭게 '류조지 가문'의 시나리오·CG가 추가됐다.

CERO B 완드 오브 포춘 : 미래를 향한 프롤로그 포터블

●아이디어 팩토리 ●AVG ●2010년 12월 2일 ●4,800엔
●플레이 명수 : 1인 ●세이브 용량 : 448KB 이상

같은 해 6월 발매되었던 「완드 오브 포춘 포터블」의 팬 디스크. 공략 캐릭터를 추가했고, 본편에선 그려지지 않았던 캐릭터의 일상 등의 학교생활을 묘사한 시나리오를 수록하였다.

CERO D 파스텔 차임 Continue

●5pb. ●RPG ●2010년 12월 9일 ●5,800엔
●플레이 명수 : 1인 ●세이브 용량 : 416KB 이상

Best / VITA 호환 / UMD Passport

PC용 게임의 이식작. 무대인 코료 학원에서 실력을 쌓아 시험 합격을 노리자. 등장하는 50명 이상의 캐릭터 각각에 고유 스토리가 존재하기에, 다양한 각도에서 즐길 수 있다.

CERO A 나는 항공관제사 : 에어포트 히어로 칸쿠

●소닉 파워드 ●PZL ●2010년 12월 9일 ●4,800엔
●플레이 명수 : 1인 ●세이브 용량 : 480KB 이상

VITA 호환 / UMD Passport

「나는 항공관제사」 시리즈의 제5탄. 칸사이 국제공항(약칭 '칸쿠')이 무대이며, 시리즈 최초로 야간관제가 가능해졌다. 2개의 활주로를 24시간 운용하는 총 12스테이지를 수록했다.

CERO B 카누치 : 두 날개

●아이디어 팩토리 ●AVG ●2010년 12월 16일 ●6,800엔
●플레이 명수 : 1인 ●세이브 용량 : 512KB 이상

PS2용 게임의 이식작. 오랜 세월에 걸쳐 계속 싸워온 타카마하라 국과 야스나 국을 둘러싼 두 편의 장대한 이야기다. '하얀 날개 편'과 '검은 날개 편'을 합본하고 추가 엔딩을 수록했다.

CERO B 샤이닝 하츠

●세가 ●RPG ●2010년 12월 16일 ●5,980엔
●플레이 명수 : 1인 ●세이브 용량 : 288KB 이상

Best / VITA 호환 / UMD Passport

'마음'이 스토리의 중요한 열쇠인 RPG. 엘프·수인 등의 다양한 종족이 사는 윈다리아 섬이 무대다. 기억과 감정을 잃어버린 소녀와, 그녀가 잃어버린 마음을 모아가는 주인공의 이야기다.

CERO B 탐정 오페라 밀키 홈즈

●부시로드 ●AVG ●2010년 12월 16일 ●4,980엔
●플레이 명수 : 1인 ●세이브 용량 : 128KB 이상

탐정의 도시, 요코하마가 무대인 미소녀 추리 어드벤처 게임. 주인공과 특수능력을 지닌 네 소녀들의 이야기다. 미래의 명탐정이 목표인 소녀들의 신뢰를 얻어내, 괴도들을 체포하자.

CERO 등급 아이콘 A B C D Z 審査予定

컨텐츠 명시 아이콘 연애 선정성 폭력성 공포 음주·흡연 사행성 범죄 약물 언어·기타

CERO C 티어즈 투 티아라 외전 : 아발론의 수수께끼 포터블

●아쿠아플러스 ●AVG+SRPG ●2010년 12월 16일 ●3,800엔
●플레이 명수 : 1인 ●세이브 용량 : 1152KB 이상

전작(143p)의 후일담을 묘사한 외전 작품. 캐릭터별로 행동 한계를 설정했고, 대기중인 캐릭터와 교체하는 '체인질링 시스템' 등의 새로운 시스템을 도입했다.

CERO D The 3rd Birthday

●스퀘어 에닉스 ●ARPG ●2010년 12월 22일 ●5,800엔
●플레이 명수 : 1인 ●세이브 용량 : 384KB 이상

「패러사이트 이브」의 설정과 스토리를 잇는, 시리즈의 주인공 '아야 브레어'가 활약하는 액션 RPG. 과거의 타인에 빙의하는 특수능력 '오버 다이브'를 구사하여 역사를 바꿔나간다.

CERO B Starry☆Sky : In Autumn 포터블

●허니비 ●AVG ●2010년 12월 22일 ●2,980엔
●플레이 명수 : 1인 ●세이브 용량 : 640KB 이상

'별자리'와 '계절'이 테마인 인기 시리즈의 제3탄. 교육실습생과의 만남을 계기로, 주인공은 교사들과 교류하는 시간이 늘어간다. 어른 취향의 연애를 묘사한 달콤쌉싸름한 스토리다.

CERO C 77(세븐즈) : beyond the Milky Way

●GN 소프트웨어 ●AVG ●2010년 12월 22일 ●5,800엔
●플레이 명수 : 1인 ●세이브 용량 : 768KB 이상

PC용 게임의 이식작. 도쿄만의 인공섬 학원도시에서, 1년에 한 번 개최되는 이벤트의 견우 역을 맡게 된 주인공이 직녀 역을 찾는다는 스토리다. 공략 히로인이 무려 10명에 달한다.

CERO C 장미나무에 장미꽃 피다

●컨로제 ●AVG ●2010년 12월 22일 ●5,429엔
●플레이 명수 : 1인 ●세이브 용량 : 160KB 이상

미스터리 감각의 보이즈 러브 어드벤처 게임. 특징이었던 캐릭터의 눈·입 깜박임 애니메이션은 유지하면서, 비주얼 신을 추가했고 장미꽃잎이 흩날리는 효과 등의 연출도 강화했다.

CERO B 머나먼 시공 속에서 4 : 애장판

●코에이테크모게임즈 ●AVG ●2010년 12월 22일 ●5,280엔
●플레이 명수 : 1인 ●세이브 용량 : 960KB 이상

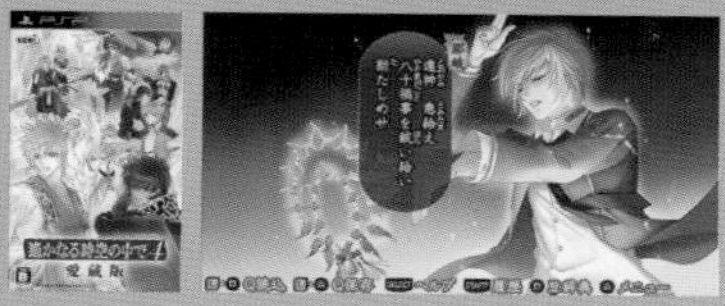

「머나먼 시공 속에서」 시리즈 첫편의 프리퀄에 해당하는 이야기. 이세계의 고대를 무대로, 망국의 공주가 되어 조국을 되찾자. 서로의 입장 상 이어질 수 없는 애절한 러브스토리다.

CERO C 노래의☆왕자님♪ : Amazing Aria

●브로콜리 ●AVG ●2010년 12월 23일 ●3,800엔
●플레이 명수 : 1인 ●세이브 용량 : 352KB 이상

전작의 후일담을 그린 팬 디스크. 파트너는 오토야·마사토·나츠키·세실 중 선택할 수 있으며, 교장인 샤이닝 사오토메도 공략대상이다. 음악 미니게임과 단편 스토리도 수록하였다.

CERO B AKB1/48 : 아이돌과 사랑을 한다면…

●반다이남코게임즈 ●AVG ●2010년 12월 23일 ●4,980엔
●플레이 명수 : 1인 ●세이브 용량 : 1300KB 이상

마에다 아츠코, 오오시마 유코, 와타나베 마유, 시노다 마리코, 이타노 토모미……. 당시 일본에서 인기절정이었던 그룹 AKB48의 멤버와 사귀는, 팬이라면 기뻐할 연애 시뮬레이션 게임.

CERO C 토가이누의 피 : True Blood 포터블

●카도카와쇼텐 ●AVG ●2010년 12월 23일 ●5,800엔
●플레이 명수 : 1인 ●세이브 용량 : 672KB 이상

PC용 보이즈 러브 게임의 이식작. 범죄조직이 지배하는 거리에서, 누명을 쓴 주인공의 이야기가 펼쳐진다. 이식 과정에서 오리지널 캐릭터와 추가 루트 등의 신규 요소를 다수 넣었다.

CERO B 러키☆스타 : 료오 고등학교 앵등제 포터블

●카도카와쇼텐 ●AVG ●2009년 12월 23일 ●5,800엔
●플레이 명수 : 1인 ●세이브 용량 : 710KB 이상

PS2용 게임을 이식한 어드벤처 게임. 신규 시나리오와 CG를 추가하여 원작 애니메이션의 분위기를 최대한 재현했다. 료오 고등학교의 전학생이 되어, 느긋하게 학교생활을 즐겨보자.

각종 아이콘 | Best판 출시 | PS Vita와 호환됨 | UMD Passport 지원

2011

PlayStation Portable
Game Software
Catalogue

2011년에 발매된 PSP용 게임 소프트 수는 총 213타이틀(이중 다운로드 게임이 22종)로서, 전년에 비해 30% 가량 줄어들었다.

이전까지의 PSP는 PC용 미소녀 게임 이식작이 많았으나, 이 시기부터는 오히려 여성용 게임의 발매 수가 훨씬 늘어난다. 이 경향은 PSP 말기까지 지속되어, 새로운 시장으로 확립되었다.

슬로터 매니아 P : 달려라 번개호 Ⅲ

CERO B

●도라스 ●SLG ●2011년 1월 6일 ●4,500엔
●플레이 명수 : 1인 ●세이브 용량 : 544KB 이상

고전 애니메이션 파치슬로 기기의 실기 시뮬레이터. 원작 스토리 기반의 연출과 보너스 방출시의 구슬 증가 등을 업장 느낌으로 즐길 수 있다. 설정 6으로 터졌을 때의 쾌감을 맛보자.

대전 은탄 슈팅

CERO A

●베스트미디어 ●STG ●2011년 1월 6일 ●480엔(소비세 포함)
●플레이 명수 : 1인 ●DL 데이터 용량 : 4MB

VITA 호환

다운로드 판매 전용 타이틀

도쿄 마루이 사의 같은 명칭 완구가 모티브인 슈팅 액션 게임. 표적 사격을 즐기는 '슈팅 모드'와, 곤돌라를 탄 상태에서 표적을 공격하는 '어트랙션 모드'를 탑재하였다.

Another Century's Episode Portable

CERO A

●반다이남코게임즈 ●ACT ●2011년 1월 13일 ●5,980엔
●플레이 명수 : 1인 (애드혹 모드 : 1~3인) ●세이브 용량 : 384KB 이상

인기 애니메이션 20개 작품의 로봇들이 총집결하는 액션 게임. 원작의 호쾌한 배틀은 여전하며, 시스템을 미션 클리어제로 변경했다. 멀티플레이는 플레이어간 협력 플레이도 가능하다.

니코리의 스도쿠+3 제2집 : 스도쿠·가쿠로·미술관·혼자 있고 싶어

CERO A

●햄스터 ●PZL ●2011년 1월 13일 ●2,800엔
●플레이 명수 : 1인 (통신대전 : 2~4인) ●세이브 용량 : 544KB 이상

VITA 호환 UMD Passport

잡지 '퍼즐통신 니코리'의 퍼즐 500문제를 수록한 게임. 각각 '스도쿠' 100문제, '가쿠로' 100문제, '미술관' 200문제, '혼자 있고 싶어' 100문제씩이다. 각 퍼즐의 규칙도 볼 수 있다.

디시디아 듀오데심 프롤로구스 파이널 판타지

CERO C

●스퀘어 에닉스 ●ACT ●2011년 1월 18일 ●300엔(소비세 포함)
●플레이 명수 : 1인 ●DL 데이터 용량 : 224MB

VITA 호환

다운로드 판매 전용 타이틀

같은 해 3월 발매했던 「디시디아 듀오데심 파이널 판타지」의 프롤로그. 본편으로 이어지는 스토리와 배틀을 즐긴다. 이 게임의 세이브데이터가 있으면 본편을 플레이할 때 특전이 제공된다.

비너스 & 브레이브스 : 마녀와 여신과 멸망의 예언

CERO A

●반다이남코게임즈 ●SRPG ●2011년 1월 20일 ●4,980엔
●플레이 명수 : 1인 ●세이브 용량 : 1504KB 이상

VITA 호환

100년에 걸친 처절한 싸움을 그린 시뮬레이션 RPG. 개성적인 17가지 타입으로 구성된 자신만의 기사단을 지휘하여 싸워나가자. 열을 교체하며 전투하는 로테이션 배틀 시스템이 특징이다.

킹덤 하츠 버스 바이 슬립 파이널 믹스

CERO A

●스퀘어 에닉스 ●RPG ●2011년 1월 20일 ●5,800엔
●플레이 명수 : 1~6인 ●세이브 용량 : 576KB 이상

북미판 「킹덤 하츠 버스 바이 슬립」에 다양한 신 요소를 추가한 강화판. 캐릭터 음성이 영어로 나오며, 새로운 에피소드와 보스를 추가했고, 파고들기성 시스템도 강화시켰다.

내 여동생이 이렇게 귀여울 리가 없어 포터블 : 계속 이대로♪팩

CERO B

●반다이남코게임즈 ●AVG ●2011년 1월 27일 ●6,480엔
●플레이 명수 : 1인 ●세이브 용량 : 3072KB 이상

VITA 호환

오타쿠 취미를 지닌 '숨덕' 여동생의 인생 상담에 휘둘리는 주인공의 수난과 분투를 그린 어드벤처 게임. 원작자가 전 시나리오를 감수했고, 아야세·카나코 루트는 직접 집필까지 했다.

CERO C 카오스 헤드 러브 Chu☆Chu!

●5pb. ●AVG ●2011년 1월 27일 ●4,800엔
●플레이 명수 : 1인 ●세이브 용량 : 288KB 이상

「카오스 헤드 노아」의 팬 디스크이자, 원작의 트루 엔딩에서 이어지는 후일담을 담은 게임. 기억을 잃은 주인공과 재회한 여섯 히로인과의, 망상전개 리얼충만 연애 라이프를 묘사했다.

CERO B 싸움대장 5 : 사나이의 법칙

●스파이크 ●ACT ●2011년 1월 27일 ●4,980엔
●플레이 명수 : 1인 (애드혹 통신시 : 2인) ●세이브 용량 : 512KB 이상

시리즈 사상 최대 볼륨으로 펼쳐지는, 불량배 액션 게임의 집대성. 주인공 '나루세 나오토'가 되어 다섯 고교와 두 패거리와 독립세력이 나눠 지배하는 아미하마 연선 주변지역을 제패하자.

CERO B 전장의 발큐리아 3

●세가 ●SRPG ●2011년 1월 27일 ●5,980엔
●플레이 명수 : 1인 ●세이브 용량 : 1184KB 이상

호평 받았던 시뮬레이션 RPG 시리즈의 제3탄. 소국 갈리아가 전쟁에 휘말리는 와중, 역사의 이면에서 활약한 '네임리스 부대'를 다뤘다. 파트너 선택으로 스토리의 결말이 바뀐다.

CERO B 츠쿠모노가타리

●후류 ●RPG ●2011년 1월 27일 ●5,800엔
●플레이 명수 : 1인 ●세이브 용량 : 480KB 이상

인간이 아닌 존재들과 싸우는 RPG. 무대인 학교 내를 탐색하여 '요리시로'와 '코토다마'를 모으는 어드벤처 파트와, 소환된 '츠쿠모가미'와 함께 싸우는 배틀 파트가 번갈아 진행된다.

CERO B 어떤 마술의 금서목록

●아스키 미디어웍스 ●ACT ●2011년 1월 27일 ●5,980엔
●플레이 명수 : 1인 (1~2인) ●세이브 용량 : 128KB 이상

애니메이션으로도 호평 받았던 인기 라이트 노벨의 게임판. 3D화 된 캐릭터들이 종횡무진 화면을 누비는 3D 액션 배틀 게임이다. 게임만의 오리지널 스토리와 통신대전을 즐길 수 있다.

CERO B 비오라트의 아틀리에 : 그람나트의 연금술사 2 - 군청색 추억

●거스트 ●RPG ●2011년 2월 3일 ●4,800엔
●플레이 명수 : 1인 ●세이브 용량 : 288KB 이상

'아틀리에' 시리즈에 새로운 시스템으로서 '경영'과 '마을의 발전'을 도입한 타이틀. 주인공 '비오라트'가 되어 새로운 아이템을 조합해 보자. 엔딩은 총 10종류를 준비했다.

CERO B 백기사 이야기 : 에피소드 포터블 - 도그마 워즈

●소니컴퓨터엔터테인먼트 ●RPG ●2011년 2월 3일 ●4,743엔
●플레이 명수 : 1~4인 ●세이브 용량 : 1376KB 이상

PS3로 발매되었던 「백기사 이야기」 시리즈의 프리퀄. 1만 년 전, '기사'와 적으로서 싸웠던 사람들의 이야기다. 아바타가 스토리의 주인공이며, 최대 4인 멀티플레이에 참가 가능하다.

CERO A 대전 친치로링

●베스트미디어 ●TBL ●2011년 2월 3일 ●480엔(소비세 포함)
●플레이 명수 : 1~4인 (애드혹시 : 2~4인) ●DL 데이터 용량 : 5MB

다운로드 판매 전용 타이틀

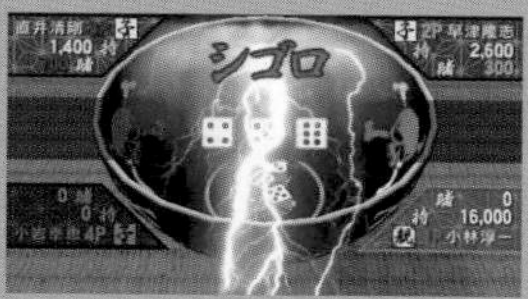

주사위를 굴려 승부를 겨루는 일본의 전통 갬블을 게임화했다. CPU와 대전하는 '혼자서 승부', PSP를 최대 4명이 돌려가며 플레이하는 '다함께 승부', '통신대전'의 3가지 모드가 있다.

CERO C 데스 커넥션 포터블

●아이디어 팩토리 ●AVG ●2011년 2월 3일 ●4,800엔
●플레이 명수 : 1인 ●세이브 용량 : 576KB 이상

1960년대의 이탈리아 마피아 세계를 무대로 삼은 여성용 연애 어드벤처 게임. 마피아간의 싸움에 휘말려든 주인공이, 자신을 지키기 위해 소환한 사신과 나누는 위험한 사랑의 이야기다.

CERO B 마크로스 트라이앵글 프론티어

●반다이남코게임즈 ●ACT ●2011년 2월 3일 ●4,980엔
●플레이 명수 : 1인 (애드혹 모드시 : 1~4인) ●세이브 용량 : 928KB 이상

2009년 발매했던 「마크로스 얼티밋 프론티어」의 속편. 기존의 '하이스피드 액션'과 '노래' 시스템은 여전하며, 새로 '학교 모드'를 추가하여 캐릭터간의 인간관계도 즐길 수 있게 되었다.

각종 아이콘: Best판 출시 / VITA 호환 PS Vita와 호환됨 / UMD Passport 지원

CERO C 노래의☆왕자님♪ : Sweet Serenade

●브로콜리 ●AVG ●2011년 2월 10일 ●3,800엔
●플레이 명수 : 1인 ●세이브 용량 : 352KB 이상

「~Amazing Aria」의 어나더 버전. 파트너로 선택할 수 있는 아이돌 후보생은 토키야·렌·쇼 3명이며, 교사들 중에선 츠키미야 링고와 휴가 류야가 신규 공략대상으로 추가되었다.

CERO C 학원 헤븐 : 한 그릇 더!

●프로토타입 ●AVG ●2011년 2월 10일 ●4,600엔
●플레이 명수 : 1인 ●세이브 용량 : 352KB 이상

2009년 발매되었던 「학원 헤븐」의 제2탄. 전작의 수개월 후, 주인공과 공략대상 캐릭터의 후일담을 그린 보이즈 러브 게임. 10종의 단편 스토리를 넣었고, 신규 CG도 추가했다.

CERO A 대전 잠수함 스위퍼

●베스트미디어 ●TBL ●2011년 2월 10일 ●480엔(소비세 포함)
●플레이 명수 : 1인(애드혹 모드시 : 2인) ●DL 데이터 용량 : 14MB

다운로드 판매 전용 타이틀

보이지 않는 상대의 위치를 짐작해가며 싸우는 테이블 게임. 소나·더미 등의 아이템을 사용하며 모든 적 잠수함을 찾아내자. 게임 셰어링 기능을 이용하면 대전 플레이도 가능하다.

CERO B 테일즈 오브 더 월드 : 레디언트 마이솔로지 3

●반다이남코게임즈 ●RPG ●2011년 2월 10일 ●5,980엔
●플레이 명수 : 1인 ●세이브 용량 : 672KB 이상

역대 캐릭터들이 집결하는 시리즈의 제3탄. 신규 시스템 '레디언트 드라이브'로 술기를 쉴 새 없이 연발할 수 있어 전략성이 더욱 올라갔다. 등장 캐릭터는 총 80명 이상이나 된다.

CERO A 마작패왕 포터블 : 단급 배틀 스페셜

●마이니치 커뮤니케이션즈 ●TBL ●2011년 2월 10일 ●3,800엔
●플레이 명수 : 1인 ●세이브 용량 : 500KB 이상

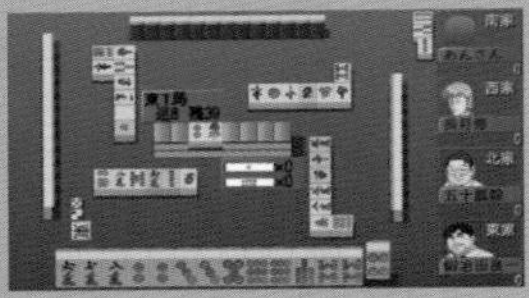

2007년 발매했던 「마작패왕 포터블 : 단급 배틀」의 강화판. 시리즈에 수록됐던 단급 문제 794종을 수록했다. '2단 문제'를 클리어하면 일본프로마작협회 공인 2단 인정증도 수여했다.

CERO C 신곡주계 폴리포니카 : 애프터 스쿨

●프로토타입 ●AVG ●2011년 2월 17일 ●2,800엔
●플레이 명수 : 1인 ●세이브 용량 : 288KB 이상

「신곡주계 폴리포니카」(90p)의 에피소드 종료 후로부터 수개월이 지난 다음의 스토리다. 평화로운 일상 중에 새로운 소동이 발생해, 주인공인 폴론이 다시 싸움에 몸을 던진다.

CERO B 디제이맥스 포터블 3

●사이버프론트 ●ACT ●2011년 2월 17일 ●4,800엔
●플레이 명수 : 1인 ●세이브 용량 : 256KB 이상

한국에서 제작되어 대히트했던 음악 게임 시리즈의 첫 일본 정규 발매작. 버튼과 아날로그 패드를 조작해, 떨어지는 노트를 정확한 타이밍에 처리하며 DJ가 된 기분으로 연주를 즐긴다.

CERO A SD건담 G제네레이션 월드

●반다이남코게임즈 ●SLG ●2011년 2월 24일 ●5,800엔
●플레이 명수 : 1인(애드혹 모드시 : 2인) ●세이브 용량 : 640KB 이상

역대 '건담' 시리즈의 스토리를 충실히 재현하는 전략 시뮬레이션 게임. 초대 '기동전사 건담'부터 '극장판 기동전사 건담 더블오'까지 50개 작품을 망라하며, SD건담도 포함돼 있다.

CERO A 다이토기켄 공식 파치슬로 시뮬레이터 : 비보전 - 봉인된 여신

●파온 ●SLG ●2011년 2월 24일 ●4,800엔
●플레이 명수 : 1인 ●세이브 용량 : 672KB 이상

실기의 공략을 도와주는 기능이 풍부한 파치슬로 실기 시뮬레이터. 메인 모드인 '시뮬레이션'을 비롯해, 실전 감각으로 즐기는 '실전 챌린지'·'경품교환소' 등을 탑재하였다.

CERO A 하이브 스위퍼

●Skyl-Com Ltd. ●PZL ●2011년 2월 24일 ●200엔(소비세 포함)
●플레이 명수 : 1인 ●DL 데이터 용량 : 9MB

다운로드 판매 전용 타이틀

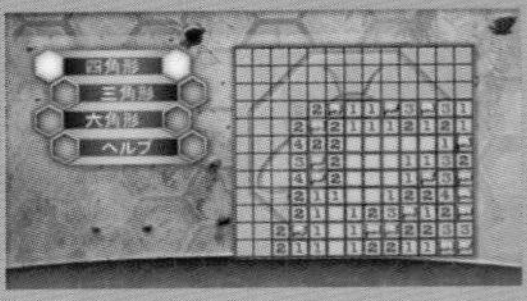

칸 디자인과 필드를 각각 3가지 중에서 선택해 즐길 수 있는 지뢰찾기 게임. 원작보다 단시간에 끝나도록 한 판의 템포를 빠르게 조정했다. 폭탄 수와 제한시간의 설정도 가능하다.

CERO 등급 아이콘 A B C D Z 教育·データベース
컨텐츠 명시 아이콘 연애 선정성 폭력성 공포 음주·흡연 사행성 범죄 약물 언어·기타

CERO B 머나먼 시공 속에서 5

●코에이테크모게임즈 ●AVG ●2011년 2월 24일 ●5,800엔
●플레이 명수 : 1인 ●세이브 용량 : 512KB 이상

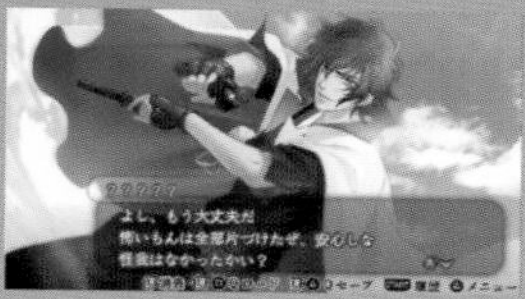

이세계의 막부 말기를 무대로 삼은 여성용 연애 어드벤처 게임. 이세계와 현대 세계 양쪽을 왕래하면서, 신들 및 인간이 아닌 존재의 힘을 빌려 싸우는 무사들과 함께 세계를 지키자.

CERO B 비타민 X to Z

●D3 퍼블리셔 ●AVG ●2011년 2월 24일 ●5,800엔
●플레이 명수 : 1인 ●세이브 용량 : 704KB 이상

「비타민 X」와 「비타민 Z」의 팬 디스크. 양 작품의 스토리가 독립적으로 진행되어, 총 12명의 학생과 에피소드를 즐길 수 있다. 호평 받았던 'MOTTO 익스프레션' 시스템도 탑재했다.

CERO B 판타지 스타 포터블 2 인피니티

●세가 ●RPG ●2011년 2월 24일 ●4,800엔
●플레이 명수 : 1인(통신시 : 1~4인) ●세이브 용량 : 672KB 이상

전작 「판타지 스타 포터블 2」의 세이브데이터를 연동 가능한 신작. 신 종족과 전생 시스템을 추가했고 신 캐릭터 등장에 따라 스토리도 확충하는 등, 모든 면에서 대폭 리뉴얼됐다.

CERO B 블랙 로비니아

●브로콜리 ●AVG ●2011년 2월 24일 ●5,800엔
●플레이 명수 : 1인 ●세이브 용량 : 576KB 이상

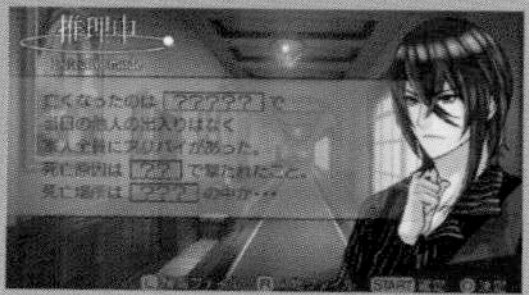

한 사건을 두 가지 시점으로 수사하는 미스터리 어드벤처 게임. 2장 구성으로서, 각각 탐정 시점과 경찰 시점으로 플레이한다. 각 장의 마지막은 캐릭터의 일상을 소설풍으로 보여준다.

CERO B 스타 드라이버 : 빛의 타쿠토 – 은하 미소년 전설

●반다이남코게임즈 ●AVG ●2011년 3월 3일 ●4,980엔
●플레이 명수 : 1인 ●세이브 용량 : 352KB 이상

같은 제목 인기 애니메이션의 게임판. 플레이어의 선택으로 원작과는 다른 스토리가 펼쳐진다. 선호하는 캐릭터와 일대일 대화하는 기능을 이용해, 남십자 학원에서 청춘을 만끽하자.

CERO C 디시디아 듀오데심 파이널 판타지

●스퀘어 에닉스 ●ACT ●2011년 3월 3일 ●5,800엔
●플레이 명수 : 1인(1~2인) ●세이브 용량 : 384KB 이상

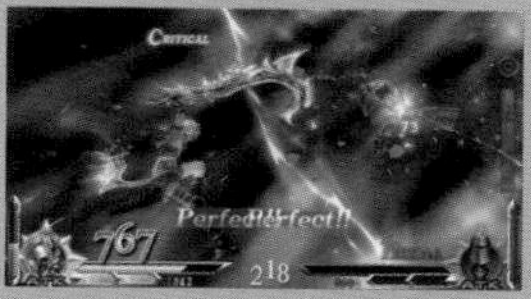

2008년 발매했던 「디시디아 파이널 판타지」의 속편. 신 캐릭터와 필드 맵을 대거 추가했고, 배틀 도중에 동료를 소환하는 '어시스트 시스템'을 탑재하여 연속 공격이 가능해졌다.

CERO A 삼국지 IX with 파워업 키트

●코에이 ●SLG ●2011년 3월 10일 ●5,800엔
●플레이 명수 : 1인(1~8인) ●세이브 용량 : 960KB 이상

정통 역사 시뮬레이션 게임 「삼국지 IX」에 무장 육성·에디트 기능을 추가한 강화판. 시리즈 최초로 중국 전토를 대형 맵 한 장으로 표현했으며, 내정과 전투가 동일 맵 상에서 진행된다.

CERO C 디어드롭스 디스토션

●사이버프론트 ●AVG ●2011년 3월 10일 ●5,800엔
●플레이 명수 : 1인 ●세이브 용량 : 544KB 이상

PC용 게임의 이식작. 장래가 가로막혀버린 주인공이 다양한 경력의 인물들과 밴드를 결성하여 시련을 극복해 간다는 스토리다. 이식 과정에서 신규 시나리오와 CG를 추가하였다.

CERO A 니코리의 스도쿠+3 제3집 : 스도쿠·슬리더 링크·진주·아지린

●햄스터 ●PZL ●2011년 3월 10일 ●2,800엔
●플레이 명수 : 1인(통신대전 : 2~4인) ●세이브 용량 : 512KB 이상

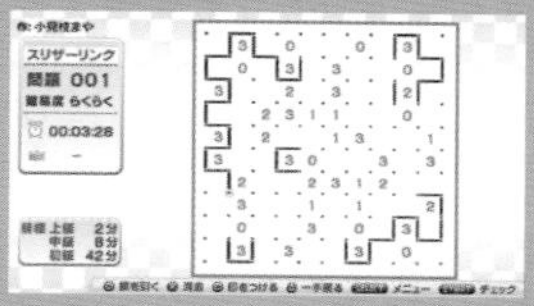

잡지 '퍼즐통신 니코리'의 퍼즐 500문제를 수록했다. '스도쿠' 80문제, '슬리더 링크' 200문제, '진주' 200문제, '아지린' 20문제로서, 기초부터 초고난이도까지 다양한 문제가 제공된다.

CERO B 페어리 테일 : 포터블 길드 2

●코나미디지털엔터테인먼트 ●ACT ●2011년 3월 10일 ●5,000엔
●플레이 명수 : 1인(애드혹 모드시 최대 4인) ●세이브 용량 : 736KB 이상

「페어리 테일 : 포터블 길드」(129p)의 속편. 자신의 분신인 아바타를 제작하여 퀘스트와 모험을 즐기자. 무기와 소재를 조합하여 새로운 무기(마장)를 만들어내야 한다.

HARDWARE 2004 2005 2006 2007 2008 2009 2010 2011 2012 2013 2014 2015 2016 INDEX

각종 아이콘: Best Best판 출시 / VITA 호환 PS Vita와 호환됨 / UMD Passport UMD Passport 지원

CERO B 별하늘☆플래닛 : one small step for…

●사이버프론트 ●AVG ●2011년 3월 10일 ●5,800엔
●플레이 명수 : 1인 ●세이브 용량 : 230KB 이상

PC 게임의 이식작. 「가족계획」·「카나」와 함께 '야마다 하지메(다나카 로미오) 3부작'으로 유명한 작품이다. 이식 과정에서 기존 시나리오를 가필하고 미수록 시나리오를 추가했다.

CERO B 바람의 검심 : 메이지 검객 낭만기 – 재섬

●반다이남코게임즈 ●ACT ●2011년 3월 10일 ●5,980엔
●플레이 명수 : 1인 (애드혹 모드시 : 2인) ●세이브 용량 : 128KB 이상

애니메이션·뮤지컬로도 호평 받았던 인기 만화를 게임화했다. 인벌편까지를 수록했으며, 무기·필살기는 물론 명장면의 대사와 스테이지 풍경 등, 원작의 세계관을 충실하게 재현했다.

CERO C 하나오니 : 사랑이 시작되는 시간, 영원한 각인

●아이디어 팩토리 ●AVG ●2011년 3월 17일 ●5,800엔
●플레이 명수 : 1인 ●세이브 용량 : 480KB 이상

대인기 판타지 소설을 게임화했다. 주인공 '칸나'가 되어, 오니들과 사랑을 키워가는 여성용 연애 어드벤처 게임. 원작에선 이어지지 못했던 삼익 및 적 캐릭터와의 엔딩도 준비했다.

CERO B 학원 헤타리아 포터블

●아이디어 팩토리 ●AVG ●2011년 3월 24일 ●5,800엔
●플레이 명수 : 1인 ●세이브 용량 : 600KB 이상

애니메이션으로도 인기였던 만화를 게임화했다. 세계 각국을 의인화한 캐릭터들이 얽히는 국제교류 코미디물. 공략 캐릭터 8명과 학교생활을 보내며 친목을 다지고 교류파티를 열자.

CERO A 클래식 던전 X2

●니폰이치 소프트웨어 ●RPG ●2011년 3월 24일 ●3,980엔
●플레이 명수 : 1인 ●세이브 용량 : 2272KB 이상

VITA 호환 UMD Passport

레트로 게임풍 도트 그래픽과 BGM이 어우러지는 액션 RPG의 제2탄. 5종류의 신규 직업이 추가되었으며, 캐릭터 디자인도 더욱 디테일하게 에디트할 수 있도록 했다.

CERO A 파이널 판타지 Ⅳ 컴플리트 컬렉션

●스퀘어 에닉스 ●RPG ●2011년 3월 24일 ●5,696엔
●플레이 명수 : 1인 ●세이브 용량 : 2560KB 이상

VITA 호환 UMD Passport

「파이널 판타지 Ⅳ」 본편과 일본에서 휴대폰 게임으로 제공했던 후일담 「~THE AFTER YEARS」, 두 작품을 잇는 신규 에피소드 'Interlude'를 합본한 타이틀. 그래픽은 풀 리뉴얼했다.

CERO C 에비코레+ : 아마가미

●카도카와 게임즈 ●SLG ●2011년 3월 31일 ●4,800엔
●플레이 명수 : 1인 ●세이브 용량 : 1024KB 이상

소녀와 크리스마스이브를 보내는 게 목적인 연애 시뮬레이션 게임의 이식판. 주인공의 신사적+변태적인 언동과 개성파 히로인들로 인기를 얻었다. 시나리오가 있는 마작 게임을 추가했다.

CERO D 오네찬바라 스페셜

●D3 퍼블리셔 ●ACT ●2011년 3월 31일 ●4,800엔
●플레이 명수 : 1인 (2인용 통신 협력 플레이 지원) ●세이브 용량 : 320KB 이상

일본도를 휘두르는 누님을 조작하여 좀비들을 베어 넘기는 액션 게임. 무수히 쏟아져 나오는 좀비 떼를 스타일리시하게 쓸어버리자. 일격에 여러 번 대미지를 주는 신기술도 준비했다.

CERO B 클로버 나라의 앨리스 : Wonderful Wonder World

●퀸로제 ●AVG ●2011년 3월 31일 ●5,700엔
●플레이 명수 : 1인 ●세이브 용량 : 134KB 이상

「하트 나라의 앨리스」 (107p)의 속편. 주인공이 전작에서 누구와도 사귀지 않고 이세계에 남았다는 설정이라, 전원과 친분이 있는 상태이다. 전작과는 다른 형태의 연애 스토리가 펼쳐진다.

CERO C 블레이블루 컨티뉴엄 시프트 Ⅱ

●아크시스템웍스 ●ACT ●2011년 3월 31일 ●4,980엔
●플레이 명수 : 1인 (통신대전·관전 플레이시 최대 2~4인) ●세이브 용량 : 288KB 이상

「블레이블루」 시리즈 2번째 작품의 업그레이드판을 이식했다. 전작의 '레기온 모드'는 물론, 서바이벌 형식의 '어비스 모드'와 콤보 성공에 도전하는 '챌린지 모드' 등을 추가했다.

CERO 등급 아이콘 A B C D Z 審査予定

컨텐츠 명시 아이콘 연애 선정성 폭력성 공포 음주·흡연 사행성 범죄 약물 언어·기타

Are you Alice?

CERO C (15세 이상 대상)

●아이디어 팩토리 ●AVG ●2011년 4월 7일 ●5,800엔
●플레이 명수 : 1인 ●세이브 용량 : 900KB 이상

이상한 나라가 무대인 여성용 연애 어드벤처 게임. '앨리스'를 자칭하는 소년이 되어, 이상한 나라의 비밀을 밝혀내자. 드라마 CD·만화판의 시나리오를 추가하는 등, 신규 요소가 가득하다.

가넷 크레이들 포터블 : 열쇠의 무녀공주

CERO C (15세 이상 대상)

●아이디어 팩토리 ●AVG ●2011년 4월 7일 ●5,800엔
●플레이 명수 : 1인 ●세이브 용량 : 256KB 이상

PC용 게임의 이식작. 각 캐릭터의 개별 엔딩에 새로운 CG를 추가하여 더욱 인상적으로 재구성하였다. 게임 도중에도 현 시점의 루트를 알려주는 '가넷 크로니클' 시스템도 탑재했다.

지구방위군 2 포터블

CERO B (12세 이상 대상)

●D3 퍼블리셔 ●ACT ●2011년 4월 7일 ●4,800엔
●플레이 명수 : 1인(1~4인) ●세이브 용량 : 400KB 이상

PS2용 소프트의 리메이크판. 지구방위군의 일원이 되어 거대 생물과 싸우자. 하늘을 날 수 있는 여성대원과 140종류의 무기가 등장하며, 애드혹 통신으로 최대 4인 협력 플레이도 가능하다.

프린세스 프론티어 포터블

CERO C (15세 이상 대상)

●알케미스트 ●AVG ●2011년 4월 7일 ●6,800엔
●플레이 명수 : 1인 ●세이브 용량 : 640KB 이상

VITA 호환 / UMD Passport

PC용 게임의 이식작. 왕국의 젊은 기사인 주인공이, 실패를 저질러 좌천당해 내려간 시골 마을에서 왁자지껄 소동에 말려든다는 스토리다. 이식되면서 신규 시나리오와 히로인을 추가했다.

속(續) 전진하라! 수비하라! 교전하라!

CERO A (전연령 대상)

●리즈 ●STG ●2011년 4월 12일 ●500엔(소비세 포함)
●플레이 명수 : 1인 ●DL 데이터 용량 : 12MB

VITA 호환

다운로드 판매 전용 타이틀

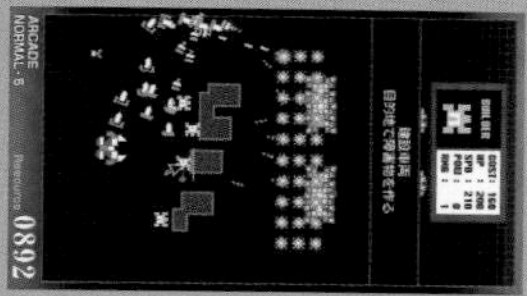

2010년 발매되었던 「전진하라! 수비하라! 교전하라!」의 속편. 전작처럼 PSP를 세로로 잡고 플레이한다. 모든 스테이지를 리뉴얼했으며, 장애물을 만들 수 있는 신형 기체를 추가했다.

제2차 슈퍼로봇대전 Z 파계편

CERO B (12세 이상 대상)

●반다이남코게임스 ●SRPG ●2011년 4월 14일 ●6,980엔
●플레이 명수 : 1인 ●세이브 용량 : 1056KB 이상

Best판 출시 / VITA 호환 / UMD Passport

PS2로 발매되었던 「슈퍼로봇대전 Z」의 속편. 2부작 중 전편에 해당하며, 총 참전작품 수는 당시 최다를 자랑했다. '장갑기병 보톰즈'와 '기동전사 건담 더블오' 등의 작품도 최초 참전했다.

프로야구 스피리츠 2011

CERO A (전연령 대상)

●코나미디지털엔터테인먼트 ●SPT ●2011년 4월 14일 ●5,696엔
●플레이 명수 : 1인 ●세이브 용량 : 192KB 이상

VITA 호환

일본 프로야구의 분위기를 철저히 추구한 시리즈의 신작. 프로야구 중계를 연구하여 실제 시합처럼 게임을 연출했다. '순서 자동편성 기능'을 탑재해, 초보자라도 플레이가 쾌적하다.

여신전생 페르소나 2 : 죄(罪)

CERO B (12세 이상 대상)

●아틀라스 ●RPG ●2011년 4월 14일 ●5,980엔
●플레이 명수 : 1인 ●세이브 용량 : 256KB 이상

VITA 호환 / UMD Passport

PS1판 원작의 리메이크판. 소문 시스템 등의 기본적인 요소는 그대로이지만 디자인을 리뉴얼했으며, 퀘스트와 에피소드를 따로 즐길 수 있는 '시어터 모드'를 추가했다.

S.Y.K : 연소전 포터블

CERO B (12세 이상 대상)

●아이디어 팩토리 ●AVG ●2011년 4월 21일 ●4,800엔
●플레이 명수 : 1인 ●세이브 용량 : 480KB 이상

2010년 발매했던 「S.Y.K : 신설 서유기」의 팬 디스크. 공략 캐릭터와의 달콤한 스토리와 본편에서는 묘사되지 않았던 과거 에피소드 등, 풍부한 추가 스토리를 수록하였다.

SNK 아케이드 클래식스 제로

CERO B (12세 이상 대상)

●SNK 플레이모어 ●ETC ●2011년 4월 21일 ●4,800엔
●플레이 명수 : 1인 ●세이브 용량 : 768KB 이상

VITA 호환 / UMD Passport

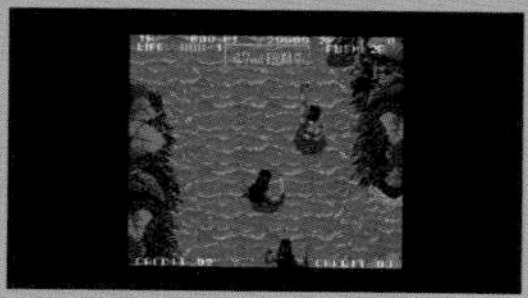

「이카리」 시리즈, 「아테나」 시리즈 등 80년대 SNK 사의 아케이드 게임 20종을 합본한 컬렉션. 「원시도」·「사스케 vs 커맨더」 등 '정말 이게 SNK의 게임?'스러운 작품도 있다.

가치토라! : 망나니 교사 in High School

CERO D

●스파이크 ●ACT ●2011년 4월 21일 ●4,980엔
●플레이 명수 : 1인 ●세이브 용량 : 576KB 이상

「싸움대장」 1편의 시스템을 활용한 오리지널 게임. 학교 교사가 된 오오가미 파 부두목이 활약하는 시끌벅적 학생 드라마다. 고민하는 학생의 마음을 뒤흔드는 영혼의 배틀이 펼쳐진다.

밀실의 새크리파이스 - 미키 : 하이텐션 나이트

CERO C

●D3 퍼블리셔 ●AVG ●2011년 4월 21일 ●600엔(소비세 포함)
●플레이 명수 : 1인 ●DL 데이터 용량 : 65MB

다운로드 판매 전용 타이틀

지하 깊은 곳에 건설된 거대 시설이 무대인 어드벤처 게임. 「밀실의 새크리파이스」의 스핀오프작 제2탄으로서, 코스튬 변경 기능과 샤워 신 연출 등이 준비되어 있다.

아사키, 유메미시

CERO C

●퀸로제 ●AVG ●2011년 4월 28일 ●5,700엔
●플레이 명수 : 1인 ●세이브 용량 : 320KB 이상

PC용 게임의 이식작. 일본풍이 물씬한 여성용 연애 어드벤처 게임이다. 주인공인 여고생 겸 퇴마사와 요괴들이 활약하는 스토리로서, 이식 과정에서 신규 시나리오·비주얼을 추가했다.

소녀는 언니를 사랑한다 포터블 : 두 사람의 엘더

CERO C

●알케미스트 ●AVG ●2011년 4월 28일 ●6,980엔
●플레이 명수 : 1인 ●세이브 용량 : 288KB 이상

PC용 게임의 이식작. '여장 소년' 붐의 선구자이 된 「소녀는 언니를 사랑한다」의 속편으로서, 전작의 3년 후 시점으로 새로운 이야기가 전개된다. 신규 히로인·시나리오도 추가됐다.

마지막 약속의 이야기

CERO B

●이미지에포크 ●RPG ●2011년 4월 28일 ●5,980엔
●플레이 명수 : 1인 ●세이브 용량 : 416KB 이상

하드코어하고 무거운 전개가 이어지는, 다크한 분위기의 판타지 RPG. 전투는 항상 위기의 연속이며, 적은 약점을 집요하게 노린다. 게다가, 일단 죽은 캐릭터는 절대 되살릴 수 없다.

Starry☆Sky : In Winter 포터블

CERO C

●허니비 ●AVG ●2011년 4월 28일 ●2,980엔
●플레이 명수 : 1인 ●세이브 용량 : 640KB 이상

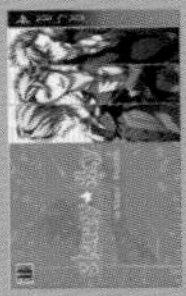

계절별로 다른 이야기가 전개되는 인기 시리즈의 제4탄. 학생회에서 서기로 활동하는 주인공이, 학생회 멤버가 일으킨 소동에 말려든다는 스토리다.

스플릿 세컨드

CERO A

●디즈니 인터랙티브 스튜디오 ●RCG ●2011년 4월 28일 ●5,219엔
●플레이 명수 : 1인(애드혹 모드시 최대 4인) ●세이브 용량 : 128KB 이상

가상의 TV 프로라는 설정으로 진행되는 카레이싱 게임. 플레이어를 포함한 모든 출연자가 레이서로 참가해 과격한 레이스를 펼친다. '파워 플레이'로 라이벌 차량을 공격할 수도 있다.

파타퐁 3

CERO A

●소니컴퓨터엔터테인먼트 ●RPG ●2011년 4월 28일 ●4,743엔
●플레이 명수 : 1인(애드혹/인프라스트럭처 모드시 : 2~8인) ●세이브 용량 : 416KB 이상

「파타퐁」에 RPG 요소를 추가한 신작. 클래스와 스킬은 물론이고, 무기와 방어구까지 자유롭게 커스터마이즈할 수 있다. 일본 각지의 유저들과 팀을 짜는 온라인 대전도 가능했다.

스즈미야 하루히의 추상

CERO B

●반다이남코게임즈 ●AVG ●2011년 5월 12일 ●5,980엔
●플레이 명수 : 1인 ●세이브 용량 : 480KB 이상

극장판 애니메이션 '스즈미야 하루히의 소실' 직후의 시간축을 묘사한 어드벤처 게임. 다시 한 번 이상현상에 말려든 '쿈'의 모험을, 애니메이션 제작위원회가 감수한 시나리오로 즐긴다.

두근두근 수호지

CERO D

●아이렘 ●SLG ●2011년 5월 12일 ●5,800엔
●플레이 명수 : 1인 ●세이브 용량 : 384KB 이상

2001년 만우절에 발표했던 기획을 실제로 제품화한 코스프레 시뮬레이션 게임. 입히면 강해지고 벗기면 약해지는 300종류의 코스튬으로, 히로인을 자신의 취향에 맞게 육성해보자.

CERO C AKIBA'S TRIP

●어콰이어 ●ACT ●2011년 5월 19일 ●5,400엔
●플레이 명수 : 1인 ●세이브 용량 : 416KB 이상

VITA 호환 UMD Passport

당시 기준으로 리얼하게 재현된 아키하바라 일대가 무대인 액션 어드벤처 게임. 아키하바라에서 사람을 습격해 흡혈하는 존재 '카게야시'에 맞설 힘을 얻은 주인공이 아키하바라를 지키려 싸운다. 적의 옷을 찢어 벗기는 '스트립 액션'이 특징으로서, 파고들면 한 번에 여러 적의 옷을 벗길 수도 있다. 인기 라이트 노벨 '도시락 전쟁'의 작가인 아사우라가 참여한 시나리오도 상당히 완성도가 높다.

CERO A 메이저리그 베이스볼 2K11

●테이크투 인터랙티브 재팬 ●SPT ●2011년 5월 12일 ●4,800엔
●플레이 명수 : 1인 ●세이브 용량 : 1920KB 이상

2011년판 메이저리그 데이터를 수록한 당시의 최신작 야구 게임. 야수의 움직임이 진화하여, 더욱 화려한 플레이를 즐길 수 있다. 감독이 되어 팀을 지휘하여 승리로 이끌 수도 있다.

CERO B 엘미나쥬 오리지널 : 어둠의 무녀와 신들의 반지

●스타피시 SD ●RPG ●2011년 5월 19일 ●4,800엔
●플레이 명수 : 1인 ●세이브 용량 : 224KB 이상

VITA 호환

검과 마법의 세계가 무대인 왕도 RPG. 9개 종족과 16개 직업으로 캐릭터를 제작해 미궁을 탐색하자. 빼앗긴 '신들의 힘이 깃든 반지 6개'를 탈환하여, 세계의 평화를 되찾아야 한다.

CERO B 궁니르 : 마창의 군신과 영웅전쟁

●아틀라스 ●SRPG ●2011년 5월 19일 ●5,980엔
●플레이 명수 : 1인 ●세이브 용량 : 320KB 이상

VITA 호환 UMD Passport

아틀라스 사와 스팅 사가 공동 제작한 시뮬레이션 RPG. 폭압적인 정치를 펼치는 제국에 반기를 드는 소년의 이야기다. 플레이의 폭을 넓혀주는 신 시스템 '택티컬 시퀀스'를 탑재했다.

CERO C 출진이다! 사랑전쟁

●퀸로제 ●AVG ●2011년 5월 26일 ●5,700엔
●플레이 명수 : 1인 ●세이브 용량 : 186KB 이상

당시 일본에서 휴대폰 게임으로 나온 작품의 이식작. 본편 볼륨을 2배로 늘렸고, 오프닝 무비를 추가했다. 휴대폰판과는 다른 전개와 엔딩도 수록하는 등, 게임의 깊이도 깊어졌다.

CERO B 메모리즈 오프 : 약속의 기억

●사이버프론트 ●AVG ●2011년 5월 26일 ●5,800엔
●플레이 명수 : 1인 ●세이브 용량 : 416KB 이상

VITA 호환 UMD Passport

인기 연애 어드벤처 게임 시리즈의 제7탄. '약속'이 키워드로서, 주인공·의문의 소녀·소꿉친구 소녀 간의 삼각관계를 그렸다. 러브 코미디부터 수라장까지 실로 다양한 전개가 펼쳐진다.

CERO A 격렬!! 파치게다마시 포터블 VOL.1 : 에반게리온 - 진실의 날개

●필즈 ●SLG ●2011년 6월 9일 ●5,800엔
●플레이 명수 : 1인 ●세이브 용량 : 384KB 이상

인기 파치슬로 기기의 실기 시뮬레이터. 기기의 설정 수치를 추측해 실기 공략을 도와주는 '간파 모드'와, 타이밍 연습용 미니게임을 탑재했다. 충실한 기능으로 실기를 잘 재현해냈다.

CERO A 니코리의 스도쿠+3 제4집 : 스도쿠·넘버 링크·네모 자르기·다리 놓기

●햄스터 ●PZL ●2011년 6월 9일 ●2,800엔
●플레이 명수 : 1인(통신대전 : 2~4인) ●세이브 용량 : 640KB 이상

VITA 호환 UMD Passport

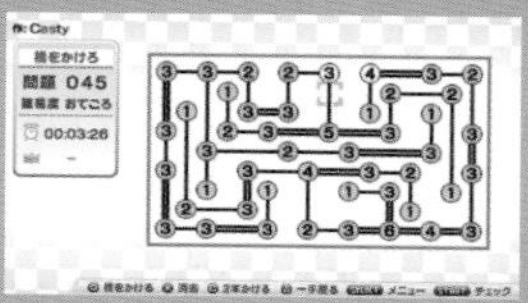

잡지 '퍼즐통신 니코리'의 퍼즐 500문제를 수록했다. 내용은 '스도쿠' 70문제, '넘버 링크' 60문제, '네모 자르기' 200문제, '다리 놓기' 170문제로 구성되어 있다.

CERO B 개구리 밭에서 잡아줘 : 여름, 치기라 참전! 포터블

●TAKUYO ●AVG ●2011년 6월 16일 ●5,800엔
●플레이 명수 : 1인 ●세이브 용량 : 400KB 이상

「개구리 밭에서 잡아줘」의 팬 디스크. 어나더 스토리, 애프터 스토리, 본편에서는 다뤄지지 않았던 진상 루트까지 총 3가지 시나리오를 즐길 수 있다.

CERO A 골판지 전기

●레벨 파이브 ●RPG ●2011년 6월 16일 ●5,695엔
●플레이 명수 : 1인(통신대전시 : 1~4인) ●세이브 용량 : 416KB 이상

강화 골판지로 제작된 소형 취미용 로봇 'LBX'로 대전하는 RPG. 모르는 여성에게서 의문의 LBX 'AX-00'를 선물받은 주인공이 거대한 음모에 말려든다는 스토리다. LBX는 자유롭게 커스터마이즈할 수 있고, 입수한 파츠를 장착하면 성능뿐만 아니라 겉모습도 크게 달라진다. 총 12장 구성이며, 맵을 탐색하는 'RPG 파트'와 LBX로 싸우는 '리얼타임 배틀'로 나뉜다.

CERO A 건담 메모리즈 : 전투의 기억

●반다이남코게임즈 ●ACT ●2011년 6월 23일 ●5,980엔
●플레이 명수 : 1인(통신대전 : 2~4인) ●세이브 용량 : 290KB 이상

역대 건담들이 등장하는 액션 게임. 3종의 MS를 적시에 전환할 수 있는 'MS 시프트 시스템'이 특징이다. 스토리는 '극장판 건담 더블오'·'건담 SEED DESTINY'·'건담 UC' 중심으로 진행된다.

CERO B 글로리아 유니온

●아틀라스 ●RPG ●2011년 6월 23일 ●5,980엔
●플레이 명수 : 1인 ●세이브 용량 : 384KB 이상

「유니온」 시리즈의 흐름을 계승한 시뮬레이션 RPG. 지휘관이 되어 적군과 배틀을 펼쳐나가자. 상황에 적합한 작전지시와 초필살기를 구사하여, 아군을 승리로 이끌어보도록.

CERO C 슈타인즈 게이트

●카도카와쇼텐 ●AVG ●2011년 6월 23일 ●5,800엔
●플레이 명수 : 1인 ●세이브 용량 : 352KB 이상

자칭 매드 사이언티스트인 '오카베 린타로'와 그의 동료들을 중심으로 러브 코미디풍 전개를 펼치며 시작하지만, 어느 발명품의 등장을 계기로 스토리 분위기가 완전히 뒤집힌다.

CERO B 마더 구스의 비밀저택

●퀸로제 ●AVG ●2011년 6월 23일 ●5,700엔
●플레이 명수 : 1인 ●세이브 용량 : 160KB 이상

영국의 고전 동요집 '마더 구스'를 모티브로 삼은 퀴즈 형식의 여성용 연애 어드벤처 게임. 퀴즈 중심으로 이벤트가 진행되며, 미남들과의 연애 스토리를 즐길 수 있다.

CERO B 출격!! 소녀들의 전장 2 : 하늘을 달리는 충격의 인연

●시스템소프트 알파 ●SLG+AVG ●2011년 6월 30일 ●5,800엔
●플레이 명수 : 1인 ●세이브 용량 : 3392KB 이상

가상의 현대사회가 무대인 본격 미소녀 시뮬레이션 게임. 제2차 세계대전이 실제 역사와는 다른 결말로 끝난 세계가 배경이며, 남녀 60명 이상의 캐릭터와 400종 이상의 병기가 등장한다.

CERO C 새하얀색 심포니 : *mutsu-no-hana

●컴포트 ●AVG ●2011년 6월 30일 ●5,800엔
●플레이 명수 : 1인 ●세이브 용량 : 608KB 이상

PC용 게임의 이식작. 명문 여학교와의 통합이 결정된 남녀공학 고교에서, 주인공이 학교 분위기를 안정시키기 위해 분투한다는 스토리다. 이식 과정에서 신규 히로인을 2명 추가했다.

CERO D To Heart 2 : 던전 트래블러즈

●아쿠아플러스 ●RPG ●2011년 6월 30일 ●4,800엔
●플레이 명수 : 1인 ●세이브 용량 : 600KB 이상

PC판 「To Heart 2」 내의 보너스 게임을 독립적인 신작 형태로 업그레이드한 작품으로서, 「To Heart 2」의 히로인들이 모험가가 되어 판타지 세계에서 3D 던전을 공략하는 RPG. 여성형 몬스터를 포획하면 보너스 CG가 나오는 등 얼핏 캐주얼한 미소녀 게임 같지만, 시스템·밸런스 면에선 하드코어한 핵&슬래시 던전 RPG이며, 상위 클래스로의 전직도 폭넓어 플레이의 자유도가 높은 편이다.

CERO 등급 아이콘 A B C D Z
컨텐츠 명시 아이콘 연애 선정성 폭력성 공포 음주·흡연 사행성 범죄 약물 언어·기타

CERO B 맹수 조련사와 왕자님 포터블

●아이디어 팩토리 ●AVG ●2011년 6월 30일 ●4,800엔
●플레이 명수 : 1인 ●세이브 용량 : 545KB 이상

주인공이 동물 모습으로 바뀐 왕자님을 구하려 노력하는 여성용 연애 어드벤처 게임. 이식하면서 주인공이 고양이로 변하는 신규 에피소드를 넣었고, '쓰다듬기' 기능을 본편에도 추가했다.

CERO A 어버닉스

●Nordcurrent ●ACT ●2011년 7월 6일 ●900엔(소비세 포함)
●플레이 명수 : 1인 ●DL 데이터 용량 : 16MB

다운로드 판매 전용 타이틀

작은 트랙터 '어버닉스'를 조작해, 텅 빈 공터에 건물을 세우고 도시를 만들어가는 게임. 부대마다 각각 차별화된 요소가 있으므로, 환경에 맞춘 작전을 세워 플레이할 필요가 있다.

CERO A 은성 박보장기 PORTABLE

●실버 스타 재팬 ●TBL ●2011년 7월 6일 ●500엔(소비세 포함)
●플레이 명수 : 1인 ●DL 데이터 용량 : 13MB

다운로드 판매 전용 타이틀

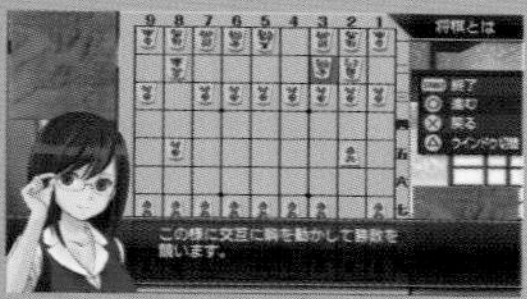

3수 박보부터 11수 박보까지, 총 100문제를 수록한 쇼기 박보장기 소프트. 본격적인 쇼기 연습에도 활용 가능하며, 박보장기 쇼기 미경험자라도 퍼즐 게임 느낌으로 즐길 수 있다.

CERO A 대전 유령 초이스

●베스트미디어 ●TBL ●2011년 7월 6일 ●480엔(소비세 포함)
●플레이 명수 : 1인(애드혹시 : 2인) ●DL 데이터 용량 : 14MB

다운로드 판매 전용 타이틀

유령을 말로 삼아 활용하는 대전형 보드 게임. 자신의 말을 조작해 상대의 말을 따내자. 3종의 승리조건 중 하나를 만족시키면 승리한다. 애드혹 기능을 사용하면 대전도 가능하다.

CERO A 페이딩 섀도우

●Nordcurrent ●PZL ●2011년 7월 6일 ●2,000엔(소비세 포함)
●플레이 명수 : 1인(애드혹시 : 2인) ●DL 데이터 용량 : 279MB

다운로드 판매 전용 타이틀

빛줄기 빔을 조작하여 오브를 운반하는 퍼즐 게임. 진행을 막는 함정을 피하면서 퍼즐과 암호를 풀어 위험과 파란으로 가득한 세계를 모험하자. 시련에 전력으로 맞서 싸워 인류를 구하도록.

CERO A 스즈미야 하루히짱의 마작

●카도카와쇼텐 ●AVG ●2011년 7월 7일 ●5,980엔
●플레이 명수 : 1인(통신대전시 2~4인) ●세이브 용량 : 448KB 이상

인기 애니메이션의 캐릭터들과 대전하는 마작 게임. 4인대국 마작이지만 곳곳에 개그와 만담을 잔뜩 집어넣어 원작의 분위기를 재현했다. 마작 초보자를 배려한 도움말 기능도 충실하다.

CERO B 머스킷티어

●아이디어 팩토리 ●AVG ●2011년 7월 7일 ●5,800엔
●플레이 명수 : 1인 ●세이브 용량 : 512KB 이상

중세 프랑스가 무대인 여성용 연애 어드벤처 게임. 아버지를 괴물에 잃은 소녀 '달타냥'이, 적을 물리치려 학교에서 전투 실력을 쌓는다는 스토리다. 호감도 상승을 이펙트로 보여준다.

CERO A 이상한 나라의 모험주점 포터블

●라이드온 재팬 ●RPG ●2011년 7월 12일 ●600엔(소비세 포함)
●플레이 명수 : 1인 ●DL 데이터 용량 : 22MB

다운로드 판매 전용 타이틀

판타지 세계에서 주점을 경영하는 RPG. 이 나라 최고의 주점이 되기 위해, 직접 모험을 나가 식재료를 입수하자. 식재료를 요리로 만들어 팔아 수입을 얻거나 캐릭터의 레벨을 올리도록.

CERO B 언체인 블레이즈 렉스

●후류 ●RPG ●2011년 7월 14일 ●5,800엔
●플레이 명수 : 1인 ●세이브 용량 : 448KB 이상

호화 제작진들이 참여한 던전 탐색형 RPG. 여신에 의해 인간으로 전생당한 용황(竜皇)이 되어, 신들의 미궁에 도전하자. '언체인 시스템'을 이용하면 몬스터를 동료로 만들 수 있다.

CERO A 실황 파워풀 프로야구 2011

●코나미디지털엔터테인먼트 ●SPT ●2011년 7월 14일 ●5,000엔
●플레이 명수 : 1인(애드혹 : 1~2인) ●세이브 용량 : 3000KB 이상

PS3판과 같은 환경으로 플레이할 수 있게 된 휴대용 '파워프로' 신작. 시스템을 변경해, 선수 데이터가 100단계 평가로 바뀌었다. 보드게임풍으로 플레이하는 '쾌적 석세스'를 탑재했다.

각종 아이콘 Best판 출시 · VITA 호환 PS Vita와 호환됨 · UMD Passport 지원

HARDWARE 2004 2005 2006 2007 2008 2009 2010 2011 2012 2013 2014 2015 2016 INDEX

CERO A 태고의 달인 포~터블 DX

●반다이남코게임즈 ●ACT ●2011년 7월 14일 ●4,980엔
●플레이 명수 : 1인 (통신 모드 : 1~4인) ●세이브 용량 : 480KB 이상

VITA 호환

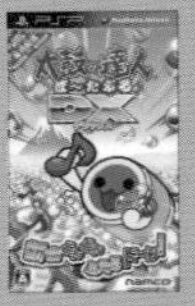

휴대기용 「태고의 달인」 시리즈의 3번째 작품. 스토리 모드 격인 '전국 가마 배틀'과, 연속 플레이가 가능한 '메들리 모드'가 특징이다. 플레이 가능한 곡수도 대폭 증가하였다.

CERO B 비색의 조각 : 신 타마요리히메 전승 – Piece of Future

●아이디어 팩토리 ●AVG ●2011년 7월 14일 ●5,800엔
●플레이 명수 : 1인 ●세이브 용량 : 608KB 이상

2010년작 「비색의 조각 : 신 타마요리히메 전승」의 속편. 어뮤즈먼트 시설을 무대로, 주인공과 수호자들이 펼치는 새로운 스토리다. 타인의 마음을 파고드는 '메모리 피스' 기능이 있다.

CERO B 전국 바사라 크로니클 히어로즈

●캡콤 ●ACT ●2011년 7월 21일 ●4,571엔
●플레이 명수 : 1인 (통신 플레이시 2~4인) ●세이브 용량 : 400KB 이상

VITA 호환

「전국 바사라」의 무장들이 활약하는 팀 배틀 액션 게임 「전국 바사라 배틀 히어로즈」의 속편. 역대 시리즈의 명장면을 재현한 스테이지와, 「전국 바사라 3」의 신규 무장이 추가되었다.

CERO C 내세의 약속 : 추억 너머로

●아이디어 팩토리 ●AVG ●2011년 7월 21일 ●7,800엔
●플레이 명수 : 1인 ●세이브 용량 : 512KB 이상

2010년 발매했던 「내세의 약속」의 팬 디스크. 본편 기반의 새로운 스토리와, 에필로그 전후의 이야기를 수록하였다. 전국시대에서 현대로 이어지는 장대한 스토리를 즐겨보자.

CERO D 퀸즈 게이트 : 스파이럴 카오스

●반프레스토 ●SRPG ●2011년 7월 28일 ●5,980엔
●플레이 명수 : 1인 ●세이브 용량 : 736KB 이상

인기 게임 북의 캐릭터들이 싸우는 RPG. '퀸즈 블레이드'에 등장했던 미투사들도 출현한다. '갑옷 파괴' 등의 다채로운 시스템도 탑재했다. 마지막 옷 한 장까지 걸고 싸워나가자.

CERO B 거꾸로 오르는 허리케인 포터블

●알케미스트 ●AVG ●2011년 7월 28일 ●6,800엔
●플레이 명수 : 1인 ●세이브 용량 : 512KB 이상

VITA 호환 UMD Passport

PC용 게임의 이식작. '태풍'이라 불리는 문제아인 주인공이, 따분한 학교생활에 변화를 가져온다는 스토리다. 신규 히로인 '키라 린'이 추가됐으며, 각 루트의 시나리오도 대폭 가필했다.

CERO B 사신과 소녀

●TAKUYO ●AVG ●2011년 7월 28일 ●6,800엔
●플레이 명수 : 1인 ●세이브 용량 : 688KB 이상

시간이 멈춘 시계탑이 있는 마을이 무대인 여성용 연애 어드벤처 게임. 아름다운 소녀와 기억을 잃은 사신이 얽히는 환상적인 이야기다. 스토리는 옴니버스식으로 구분된 장 단위로 진행된다.

CERO C 세상에서 가장 NG한 사랑 : 풀 하우스

●부스트 온 ●AVG ●2011년 7월 28일 ●5,800엔
●플레이 명수 : 1인 ●세이브 용량 : 576KB 이상

한심한 인생인 주인공을 실연 상대의 딸이 거두는 장면으로 시작되는 초 연상연하 연애 어드벤처 게임. PC판 원작은 치밀한 심리묘사로 인기였던 마루토 후미아키의 시나리오로 유명했다.

CERO A 일상 (우주인)

●카도카와쇼텐 ●AVG ●2011년 7월 28일 ●5,800엔
●플레이 명수 : 1인 ●세이브 용량 : 608KB 이상

VITA 호환

애니메이션화도 된 부조리 개그 만화를 게임화했다. 프로듀서가 되어 원작 '일상'의 다큐멘터리 프로를 제작해 보자. 원작자가 직접 감수한 에피소드를 700개 이상이나 수록하였다.

CERO C 하트 나라의 앨리스 애니버서리 Ver. : Wonderful Wonder World

●퀸로제 ●AVG ●2011년 7월 28일 ●5,700엔
●플레이 명수 : 1인 ●세이브 용량 : 320KB 이상

2009년 발매했던 같은 제목 타이틀의 업그레이드판. 모든 캐릭터에 기존의 연애 루트와 거의 동등한 분량의 이벤트 시나리오를 신규 제작해 넣었으며, CG와 음성도 대폭적으로 추가했다.

박앵귀 여명록 포터블

●아이디어 팩토리 ●AVG ●2011년 7월 28일 ●4,800엔
●플레이 명수 : 1인 ●세이브 용량 : 448KB 이상

「박앵귀」의 프리퀼. 신선조 탄생의 경위와, 중요인물이 관련된 에피소드를 즐긴다. 주인공 외의 시점으로 스토리를 보여주는 재핑 기능과, PSP판 추가 요소인 '막말강의록'을 수록했다.

엘미나쥬 III : 암흑의 사도와 태양의 궁전

●스타피시 SD ●RPG ●2011년 8월 4일 ●5,800엔
●플레이 명수 : 1인 ●세이브 용량 : 303KB 이상

인기 RPG의 제3탄. 임의의 그림파일을 이용해 캐릭터를 만드는 '스타일 로드', 던전을 자동 생성하는 '던전 로드', 임의의 음악파일을 BGM으로 사용하는 기능 등을 신규 탑재했다.

은성 쇼기 포터블 : 풍운 용호쾌전

●실버 스타 재팬 ●TBL ●2011년 8월 4일 ●4,800엔
●플레이 명수 : 1~2인 ※온라인 비지원(교대 플레이) ●세이브 용량 : 128KB 이상

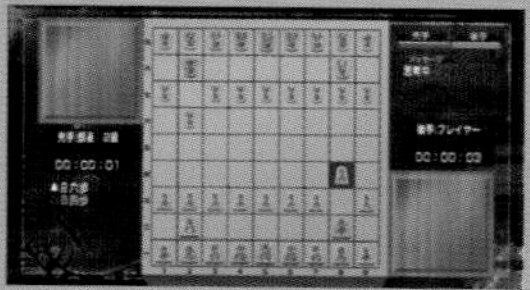

2010년 발매했던 「은성 쇼기 포터블」의 강화판. 당시의 최신 사고 엔진을 탑재했고, 난이도도 15단계로 제공했다. 300만 수에 달하는 정석을 탑재하는 등, 안정적인 실력을 구현했다.

J.LEAGUE 프로 사커 클럽을 만들자! 7 : EURO PLUS

●세가 ●SLG ●2011년 8월 4일 ●5,980엔
●플레이 명수 : 1인 (애드혹 통신 플레이시 2인) ●세이브 용량 : 1200KB 이상

J리그 38개 클럽과 오리지널 클럽은 기본이고, 유럽 6대 리그의 116개 팀까지 등장하는 작품. 전권을 위임받은 감독이 되어 팀을 지휘하는 축구 클럽 경영 시뮬레이션 게임이다.

스톰 러버 : 여름의 사랑!!

●D3 퍼블리셔 ●AVG ●2011년 8월 4일 ●4,800엔
●플레이 명수 : 1인 ●세이브 용량 : 672KB 이상

2010년 발매했던 「스톰 러버」의 팬 디스크. 여름 바다 수련회에 사랑의 폭풍이 휘몰아친다. 신규 탑재 컨텐츠인 '꿈자리 모드'는 주인공의 꿈속 행동에 따라 스토리 전개가 변화한다.

토리코 : 미식 서바이벌!

●반다이남코게임즈 ●ACT ●2011년 8월 4일 ●4,980엔
●플레이 명수 : 1인 (애드혹 통신시 2인) ●세이브 용량 : 128KB 이상

TV 애니메이션으로도 호평 받았던 인기 만화의 게임판. 흉악한 맹수가 득실대는 '왕곱배기 섬'에서, 식재료를 모아 환상의 풀코스를 완성하자. 게임 오리지널 스토리가 풀보이스로 펼쳐진다.

노부나가의 야망 : 창천록 with 파워업 키트

●코에이테크모게임즈 ●SLG ●2011년 8월 4일 ●5,800엔
●플레이 명수 : 1인 ●세이브 용량 : 1184KB 이상

인기 전국시대 시뮬레이션 게임 시리즈의 제10탄. 다시 지역쟁탈식으로 되돌아왔고, '하극상'이 테마라 다이묘 외에 휘하무장으로도 플레이 가능하며, 각 신분별로 외교·모략이 차별화된다.

용사 30 second

●마벨러스 엔터테인먼트 ●RPG ●2011년 8월 4일 ●4,743엔
●플레이 명수 : 1인 (애드혹 모드시 2~4인) ●세이브 용량 : 160KB 이상

2009년 발매됐던 「용사 30」의 속편. 전작은 4가지 모드로 나뉘었으나 이번엔 RPG에만 집중해, 5가지 시나리오와 90종의 퀘스트를 탑재했다. 멀티플레이 모드와 에디트 모드도 내장했다.

몬헌일기 따끈따끈 아이루마을 G

●캡콤 ●ACT ●2011년 8월 10일 ●3,800엔
●플레이 명수 : 1인 (통신 플레이시 : 최대 4인) ●세이브 용량 : 1160KB 이상

2010년 발매됐던 「~따끈따끈 아이루마을」이 G급으로 파워 업하여, 신규 동료·퀘스트·아이템이 추가되었다. 전작 이상으로 다양한 콜라보가 진행되어, 다채로운 코스튬이 배포되었다.

노래의☆왕자님♪ Repeat

●브로콜리 ●AVG ●2011년 8월 11일 ●4,800엔
●플레이 명수 : 1인 ●세이브 용량 : 352KB 이상

시리즈 1편의 개량판. 그래픽 품질을 향상시켰으며, 각 엔딩의 후일담과 시나리오 도중 나오는 단어에 관련된 단편 스토리를 즐기는 모드를 추가했다.

각종 아이콘: Best판 출시 / PS Vita와 호환됨 / UMD Passport 지원

CERO C 암네시아

●아이디어 팩토리 ●AVG ●2011년 8월 18일 ●5,800엔
●플레이 명수 : 1인 ●세이브 용량 : 576KB 이상

기억도 인격도 잃어버린 무색투명한 여대생이 주인공인 여성용 연애 어드벤처 게임. 기억을 잃기 전 연인인 공략 캐릭터들의 조언과 언동을 힌트 삼아 자신의 과거를 되찾아간다는 스토리다.

CERO B 그로우랜서 Ⅳ : 오버 리로디드

●아틀라스 ●RPG ●2011년 8월 18일 ●5,980엔
●플레이 명수 : 1인 ●세이브 용량 : 928KB 이상

숨쉴 틈 없는 전개가 매력인 RPG의 제4탄. '천사를 물리칠 열쇠'란 숙명을 지닌 청년의 이야기다. 우루시하라 사토시가 디자인한 캐릭터와 추가 수록된 애니메이션이 스토리를 장식한다.

CERO B 문명개화 아오이 극단 이문록

●후류 ●AVG ●2011년 8월 18일 ●5,800엔
●플레이 명수 : 1인 ●세이브 용량 : 704KB 이상

메이지 시대 배경의 여성용 연애 어드벤처 게임. 집에 있던 거울에 빨려 들어가 메이지 시대로 타임 슬립한 주인공이, 초개성파인 인기 떠돌이 극단과 함께하며 은밀히 괴 존재와 맞선다.

CERO A 전격 건퍼레이드 마치 : 복각판

●아스키 미디어웍스 ●ETC ●2011년 8월 23일 ●950엔(소비세 포함)
●플레이 명수 : 1인

다운로드 판매 전용 타이틀

2001년 일본에서 출간됐던 공략&설정자료집 서적의 디지털 복각판. PS1 게임 「고기동 환상 건퍼레이드 마치」의 캐릭터 소개와 오리지널 일러스트, 학교·전투 모드 철저공략 등을 수록했다.

CERO A 기동전사 건담 : 신 기렌의 야망

●반다이남코게임즈 ●SLG ●2011년 8월 25일 ●5,981엔
●플레이 명수 : 1인 ●세이브 용량 : 768KB 이상

기존 「기렌의 야망」 시리즈처럼 총수로서 군을 통솔하는 모드에 더해, 금번엔 파일럿이나 사령관으로 플레이할 수도 있게 되었다. 지위가 상승하면 계급에 맞는 지휘권이 부여된다.

CERO C 크림즌 엠파이어

●퀸로제 ●AVG ●2011년 8월 25일 ●5,700엔
●플레이 명수 : 1인 ●세이브 용량 : 256KB 이상

PC용 게임의 이식작. 화려한 왕성이 무대인 여성용 연애 어드벤처 게임이다. 메이드이면서 왕자의 호위도 겸하는 주인공, 유능하지만 연애에는 서툰 그녀의 좌충우돌 스토리다.

CERO B 진 삼국무쌍 6 Special

●코에이테크모게임즈 ●ACT ●2011년 8월 25일 ●5,800엔
●플레이 명수 : 1인(애드혹 통신시 2~4인) ●세이브 용량 : 450KB 이상

PS3용 게임의 이식작. 통신대전 기능과 무장별 스토리 모드를 강화했다. 신규 세력 '진'이 추가되어, 사마사·사마소를 비롯한 삼국지 후기의 무장들이 신규 캐릭터로 등장한다.

CERO B 탐정 오페라 밀키 홈즈 1.5 체험판 : 제1화 - '결성, 밀키 홈즈!'

●부시로드 ●AVG ●2011년 8월 25일 ●무료
●플레이 명수 : 1인 ●DL 데이터 용량 : 120MB

다운로드 판매 전용 타이틀

2010년 발매했던 같은 제목의 미소녀 어드벤처 게임을 기반으로, 음성을 재수록하고 인물 그래픽도 전부 리뉴얼한 타이틀. '체험판'이지만 원작의 제1화를 끝까지 플레이할 수 있다.

CERO C 탐정부 : THE DETECTIVE CLUB - 탐정과 유령과 괴도와

●부스트 온 ●AVG ●2011년 8월 25일 ●3,480엔
●플레이 명수 : 1인 ●세이브 용량 : 720KB 이상

사건을 해결하면서 히로인과도 달콤한 한때를 보내는 학창생활 미스터리 코미디물. 총 4부작 중 제1권으로서, 이후작의 세이브데이터를 연동시키면 새로운 시나리오가 출현하기도 한다.

CERO B 듀라라라!! : 3way standoff alley

●아스키 미디어웍스 ●AVG ●2011년 8월 25일 ●4,800엔
●플레이 명수 : 1인 ●세이브 용량 : 160KB 이상

2010년 발매됐던 「듀라라라! : 3way standoff」의 업그레이드판. 인기 캐릭터의 시나리오를 추가했으며 이벤트 CG도 늘렀고, 조작계 등등의 디테일한 부분도 원작보다 개선했다.

CERO B 블랙★록 슈터 THE GAME

●이미지에포크 ●RPG ●2011년 8월 25일 ●5,980엔
●플레이 명수 : 1인 ●세이브 용량 : 768KB 이상

일본에서 다방면으로 미디어믹스를 전개했던 인기 IP '블랙★록 슈터'를 RPG화했다. 게임판만의 오리지널 스토리로 진행되며, 심플한 액션성을 가미한 전투 신이 특징이다.

CERO A 그란 나이츠 히스토리

●마벨러스 엔터테인먼트 ●RPG ●2011년 9월 1일 ●4,980엔
●플레이 명수 : 1인(통신시 : ∞) ●세이브 용량 : 1150KB 이상

고품질 2D 그래픽으로 화면을 연출한 왕도 판타지 RPG. 3개국이 치열하게 다투는 대지 '리스티아'에서, 자신의 기사단을 결성해 전장에서 살아남자. 네트워크 플레이도 지원했다.

CERO D 콥스 파티 : Book of Shadows

●5pb. ●AVG ●2011년 9월 1일 ●5,800엔
●플레이 명수 : 1인 ●세이브 용량 : 512KB 이상

2012년 발매했던 「콥스 파티」의 보완작. 전작의 후일담을 비롯해, 관련 에피소드를 즐길 수 있다. 유령과 원령에 저항하는 힘을 수치화하는 등의 새로운 시스템을 탑재했다.

CERO C 나노다이버

●타카라토미 ●ACT ●2011년 9월 1일 ●4,800엔
●플레이 명수 : 1인(1~4인) ●세이브 용량 : 384KB 이상

인체 내부를 배경으로, 장대한 스토리를 펼치는 의료 드라마물. 환자의 체내로 주입된 나노 사이즈의 '치료자'(나노다이버)가 미지의 거대 바이러스를 물리치는 과정을 그렸다.

CERO 教育・データベース 합격도장 자격증 탈취! : IT 패스포트 시험 포터블

●미디어파이브 ●ETC ●2011년 9월 1일 ●3,619엔
●플레이 명수 : 1인 ●세이브 용량 : 256KB 이상

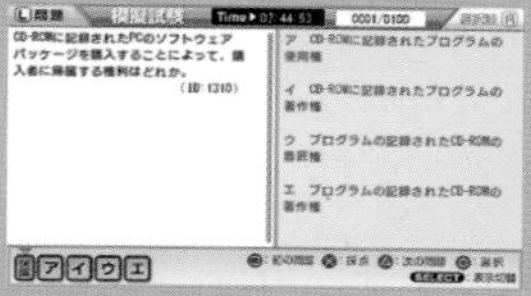

당시 연간수험자 13만 명이 넘었다는 자격증 시험의 학습용 소프트. 도서판 '합격도장 자격증 탈취!' 시리즈가 축적해온 노하우를 살려, 6가지 모드로 매일 지루함 없이 공부할 수 있다.

CERO D 모에모에 대전쟁☆현대판+(플러스)

●시스템소프트 알파 ●SLG+AVG ●2011년 9월 1일 ●5,800엔
●플레이 명수 : 1인 ●세이브 용량 : 384KB 이상

2008년 발매했던 「모에모에 2차대전(략)」의 속편. 그래픽을 2D에서 3D로 바꿔 연출을 대폭 강화했다. 스토리는 '중동전선'·'유럽전선'·'극동전선'·'베트남전선'의 총 4부로 구성했다.

CERO 教育・データベース 합격도장 자격증 탈취! : 응용정보기술자시험 포터블

●미디어파이브 ●ETC ●2011년 9월 8일 ●3,619엔
●플레이 명수 : 1인 ●세이브 용량 : 256KB 이상

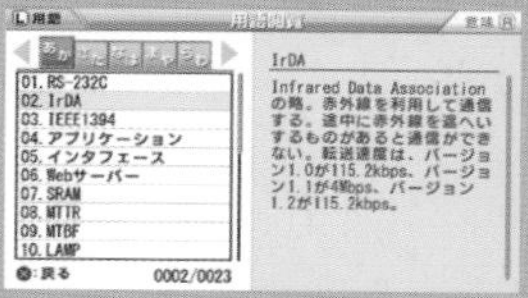

일본의 정보처리추진기구가 시행하는 자격 표준 3종의 취득을 위한 학습용 소프트. 연습문제부터 시작해 6개 모드를 거쳐, 특훈출제와 정답판정·해설확인을 반복하며 합격을 노린다.

CERO 教育・データベース 합격도장 자격증 탈취! : 기본정보기술자시험 포터블

●미디어파이브 ●ETC ●2011년 9월 8일 ●3,619엔
●플레이 명수 : 1인 ●세이브 용량 : 256KB 이상

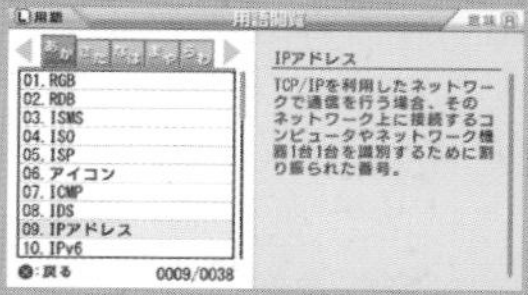

언제 어디서나 공부할 수 있는 학습용 소프트. 당시 연간수험자 19만 명이 넘었던 컴퓨터기술자격 기본편과 기본정보기술자시험에 대응한다. 탑재된 6가지 모드로 자격증 취득을 노린다.

CERO C 월화요란 ROMANCE

●아이디어 팩토리 ●AVG ●2011년 9월 15일 ●5,800엔
●플레이 명수 : 1인 ●세이브 용량 : 148KB 이상

'금단의 사랑'이 소재인 여성용 연애 어드벤처 게임. '금단 포인트'와 '순애 포인트'가 존재하며, 선택지에 따라 어느 한쪽이 오른다. 결말은 어느 쪽이 높은가에 따라서 결정된다.

CERO B 무장신희 배틀 마스터즈 Mk.2

●코나미디지털엔터테인먼트 ●ACT ●2011년 9월 22일 ●5,524엔
●플레이 명수 : 1인(1~4인) ●세이브 용량 : 650KB 이상

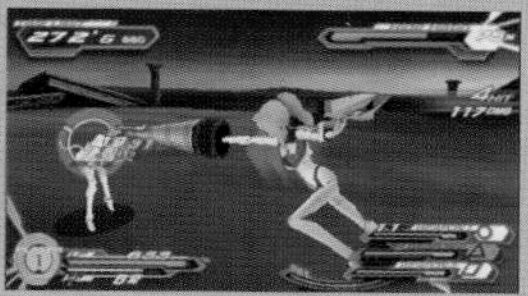

2010년 발매했던 「무장신희 배틀 마스터즈」의 속편. 신규 캐릭터·스테이지는 물론, 전작 세이브데이터의 연동과 통신대전 기능까지 넣었다. 스토리는 전작의 엔딩 직후에서 시작된다.

각종 아이콘 | Best판 출시 | PS Vita와 호환됨 | UMD Passport 지원

유희왕 5D's 태그 포스 6

CERO A

●코나미디지털엔터테인먼트 ●TBL ●2011년 9월 22일 ●5,000엔
●플레이 명수 : 1인 (애드혹시 : 1~4인) ●세이브 용량 : 650KB 이상

VITA 호환 / UMD Passport

TV 애니메이션 '유희왕 5D's'의 스토리를 클라이맥스까지 제대로 재현한 카드 배틀 게임. 42명의 캐릭터가 등장하며, 수록 카드 수도 당시 역대 최다량인 5,000종 이상에 달한다.

영웅전설 벽의 궤적

CERO B

●니혼팔콤 ●RPG ●2011년 9월 29일 ●5,800엔
●플레이 명수 : 1인 ●세이브 용량 : 832KB 이상

VITA 호환

「영웅전설 제로의 궤적」의 1개월 후로부터 스토리가 시작되는 후편 격의 RPG. '버스트', '마스터 쿼츠' 등의 신규 시스템이 추가되어, 전투가 한층 더 심오해졌다.

code_18

CERO C

●사이버프론트 ●AVG ●2011년 9월 29일 ●5,800엔
●플레이 명수 : 1인 ●세이브 용량 : 480KB 이상

인기 어드벤처 게임 「infinity」 시리즈의 당시 최신작. '시간'을 테마로 삼은 학원물 청춘 드라마를 즐길 수 있다. 시간을 왕래하면서 스토리를 진행하자.

탐정 오페라 밀키 홈즈 1.5 : 제2화 - '중화가의 황금거울'

CERO B

●부시로드 ●AVG ●2011년 9월 29일 ●1,000엔(소비세 포함)
●플레이 명수 : 1인 ●DL 데이터 용량 : 150MB

VITA 호환

다운로드 판매 전용 타이틀

같은 제목의 미소녀 어드벤처 게임에서 보이스·캐릭터 그래픽 등을 수정하고 신규 CG를 추가한 타이틀. 경찰이 신설한 대 괴도사건 수사팀에 초점을 맞춘 2주차 스토리도 넣었다.

탐정부 : THE DETECTIVE CLUB - 암호와 밀실과 괴인과

CERO C

●부스트 온 ●AVG ●2011년 9월 29일 ●3,480엔
●플레이 명수 : 1인 ●세이브 용량 : 704KB 이상

러브 코미디와 서스펜스를 결합시킨 학창생활 어드벤처 게임의 제2탄. 주인공 '코마키 에이타'가 되어, 개성적인 동료들과 함께 유령소동·괴도대결 등의 온갖 사건들을 해결하자.

데드 엔드 : Orchestral Manoeuvres in the Dead End

CERO C

●알케미스트 ●AVG ●2011년 9월 29일 ●6,800엔
●플레이 명수 : 1인 ●세이브 용량 : 576KB 이상

VITA 호환 / UMD Passport

80년대에 유행했던 '어드벤처 게임북'의 재미를 계승·재구축한 타이틀. 정직하게 플레이해도 좋고, '반칙'을 행해도 무방하다. 숨겨진 힌트와 아이템도 찾을 수 있으니 자유롭게 즐기자.

백의성 연애 증후군

CERO C

●사이버프론트 ●AVG ●2011년 9월 29일 ●5,800엔
●플레이 명수 : 1인 ●세이브 용량 : 756KB 이상

VITA 호환

신비한 치유능력을 지닌 신입 간호사의 성장 스토리를 축으로 삼아, 병원 내에서 벌어지는 연애와 업무를 묘사한 직장인 백합 어드벤처 게임. 현역 간호사가 시나리오를 직접 썼기에, 실제 의료현장의 리얼한 체험담도 작중에 잘 녹여 넣었다. 작품 내내 난무하는 전문적인 의료용어를 해설로 바로 확인 가능한 기능이 있어, 스토리를 즐기면서 의학지식도 덤으로 얻을 수 있다.

완드 오브 포춘 2 : 시공에 잠긴 묵시록

CERO B

●아이디어 팩토리 ●AVG ●2011년 9월 29일 ●5,800엔
●플레이 명수 : 1인 ●세이브 용량 : 320KB 이상

2010년 발매했던 「완드 오브 포춘」의 속편. 사고에 의해 350년 전의 세계로 날아가 버린 루루 일행이, 수많은 수수께끼를 풀어내고 원래 세계로 돌아오기까지의 이야기를 그렸다.

에반게리온 신극장판 : 3nd Impact(사운드 임팩트)

CERO C

●반다이남코게임즈 ●ACT ●2011년 9월 29일 ●5,981엔
●플레이 명수 : 1인 ●세이브 용량 : 128KB 이상

VITA 호환

'에반게리온 신극장판' 중 '서'·'파' 편의 세계를 리듬 액션 게임으로 즐기는 작품. 원작의 배경음악들을 재편성해 수록했으며, 스타일리시하고도 쿨한 디자인으로 세계관에 몰입할 수 있다.

CERO 등급 아이콘 A B C D Z 심사예정
컨텐츠 명시 아이콘: 연애 / 선정성 / 폭력성 / 공포 / 음주·흡연 / 사행성 / 범죄 / 약물 / 언어·기타

CERO B AKB1/48 : 아이돌과 괌에서 사랑을 한다면…

●반다이남코게임즈 ●AVG ●2011년 10월 6일 ●4,980엔
●플레이 명수 : 1인 ●세이브 용량 : 1410KB 이상

VITA 호환

전작에서 무대를 괌으로 옮긴 신작. 당시 AKB48에서 활동하던 멤버 전원이 등장한다. 게임 내의 스틸 컷은 전부 신규 촬영한 것들이며, 새로운 사복 의상과 수영복도 추가했다.

CERO C 과자 섬의 피터팬 : Sweet Never Land

●퀸로제 ●AVG ●2011년 10월 6일 ●5,700엔
●플레이 명수 : 1인 ●세이브 용량 : 512KB 이상

모두가 아는 고전 '피터팬'이 원작인 여성용 연애 어드벤처 게임. 네버랜드에 끌려온 심사위원이 되어, 최고의 과자를 결정해 보자. 미니게임도 5가지나 수록하였다.

CERO D 다음 희생자를 알려드립니다 : 너와 이 끝이 보이지 않는 어둠을

●부스트 온 ●AVG ●2011년 10월 6일 ●3,780엔
●플레이 명수 : 1인 ●세이브 용량 : 384KB 이상

매편 달라지는 주인공과 히로인의 시점으로 연쇄살인극을 체험하는 어드벤처 노벨. 3부작 중 제1탄으로서, 모리사키 노보루와 아오키 카나의 시점으로 데스 게임에서 살아남아야 한다.

CERO A 팬텀 킹덤 포터블

●니폰이치 소프트웨어 ●SRPG ●2011년 10월 6일 ●4,800엔
●플레이 명수 : 1인 ●세이브 용량 : 672KB 이상

VITA 호환 UMD Passport

PS2용 게임의 이식작. 자신의 세계를 소멸시킨 마왕이 되어, 마계 부활을 위해 싸워야 한다. 전투 맵에 병원을 소환하거나 탱크를 적에게 돌격시키는 등, 황당무계한 플레이가 재미있다.

CERO B CLOCK ZERO : 종언의 1초 포터블

●아이디어 팩토리 ●AVG ●2011년 10월 13일 ●4,800엔
●플레이 명수 : 1인 ●세이브 용량 : 384KB 이상

'시간'을 테마로 삼아, '현대'와 '꿈의 세계'가 교차하는 여성용 연애 어드벤처 게임. 원작의 음성을 풀보이스화했으며, 선택지에 따라 결말이 변화하는 멀티 엔딩을 채용하였다.

CERO A 검과 마법과 학원물. Final : 신입생은 공주님!

●어콰이어 ●RPG ●2011년 10월 13일 ●4,800엔
●플레이 명수 : 1인 ●세이브 용량 : 550KB 이상

VITA 호환 UMD Passport

전작인 「검과 마법과 학원물. 3」에서 1년 후의 모디알 학원을 무대로, 신입생이 된 플레이어가 3D 던전에 도전하는 RPG. 전작의 캐릭터들은 선배라는 포지션으로 등장한다.

CERO D 백은의 칼과 창공의 여왕

●사이버프론트 ●AVG ●2011년 10월 13일 ●5,800엔
●플레이 명수 : 1인 ●세이브 용량 : 128KB 이상

VITA 호환

코가도 스튜디오의 '딥 블루' 시리즈 4번째 작품. 제국의 수도를 위협하는 테러를 조사하기 위해, 주인공 '칼'이 아이템을 활용한 탐색과 카드배틀 전투를 통해 사건의 진상에 접근해 간다.

CERO B 용각(龍刻)

●사이버프론트 ●AVG ●2011년 10월 13일 ●4,800엔
●플레이 명수 : 1인 ●세이브 용량 : 224KB 이상

VITA 호환 UMD Passport

PS2용 게임의 이식작. 주인공과 '아야카시' 간의 싸움을 그린 일본풍 전기물 노벨 게임이다. 히로인과의 만남을 계기로 벌어지는 기묘한 사건을 해결하며 수많은 사람들과 교류하자.

CERO D 괭이갈매기 울 적에 Portable 1

●알케미스트 ●AVG ●2011년 10월 20일 ●3,800엔
●플레이 명수 : 1인 ●세이브 용량 : 320KB 이상

VITA 호환 UMD Passport

PS3용 게임의 이식판. 동인 게임인 원작에서 캐릭터 디자인을 리뉴얼했고, 왼손만으로도 조작이 가능하도록 간편한 조작계를 추가했다. PS3판 기준의 에피소드 1·2가 수록되어 있다.

CERO B 신이 된 그대와

●아이디어 팩토리 ●AVG ●2011년 10월 20일 ●5,800엔
●플레이 명수 : 1인 ●세이브 용량 : 480KB 이상

신이 된 주인공의 달콤하고도 애절한 사랑을 그린 여성용 연애 어드벤처 게임. '신'이라는 입장에서 자신의 힘이 미치지 않는 사태에 고민하며, 남성들과의 인연을 조금씩 다져가자.

각종 아이콘: Best판 출시 / VITA 호환: PS Vita와 호환됨 / UMD Passport 지원

CERO C 전율의 스트라터스 : 제1화 다운로드판

●코나미디지털엔터테인먼트 ●ACT ●2011년 10월 20일 ●200엔(소비세 포함)
●플레이 명수 : 1인 ●DL 데이터 용량 : 150MB

VITA 호환

다운로드 판매 전용 타이틀

1주일 뒤 발매된 본편 타이틀의 제1화를 분리해 선행 제공한 유료 다운로드 체험판. 방위 모드로 탐색한 후 출격 요청서를 제출해 전술각 '아라바키'에 탑승하여, 보스인 '특이점'과 싸우자.

CERO B NARUTO -나루토- 질풍전 : 나루티밋 임팩트

●반다이남코게임즈 ●ACT ●2011년 10월 20일 ●4,981엔
●플레이 명수 : 1인 (통신시 2인) ●세이브 용량 : 736KB 이상

VITA 호환

새로운 차원의 배틀이 펼쳐지는 「나루티밋 배틀」 시리즈 신작. 화면을 가득 메우며 쏟아지는 적을 인술과 체술로 쓸어버리자. 강적을 러시로 물리치는, 통쾌한 전방위 액션 게임이다.

CERO A FIFA 12

●일렉트로닉 아츠 ●SPT ●2011년 10월 20일 ●4,742엔
●플레이 명수 : 1인 (애드혹 모드 지원 : 2인) ●세이브 용량 : 2464KB 이상

VITA 호환 UMD Passport

세계가 주목하는 선수들이 대거 등장하는 축구 게임. 각국별 리그·클럽과 선수들을 방대한 데이터로 수록하였다. 애드혹 통신을 이용하면 대전 플레이와 협력 플레이도 즐길 수 있다.

CERO D R-15 포터블

●카도카와쇼텐 ●AVG ●2011년 10월 27일 ●5,800엔
●플레이 명수 : 1인 ●세이브 용량 : 512KB 이상

일본에선 애니메이션으로도 방영되었던 대인기 라이트 노벨의 게임판. 마감을 앞둔 '천재 에로소설가' 주인공이, 미소녀들과 꽁냥대면서 망상 에너지로 소설을 집필한다는 스토리다.

CERO B 아르카나 파밀리아 : La storia della Arcana Famiglia

●컴포트 ●AVG ●2011년 10월 27일 ●5,800엔
●플레이 명수 : 1인 ●세이브 용량 : 352KB 이상

칸·말풍선·집중선 등 만화 특유의 표현수법을 다수 도입한 연애 어드벤처 게임. 지중해의 어느 섬을 무대로, '아르카나'라는 특별한 힘을 지닌 등장인물들의 연애와 배틀을 묘사했다.

CERO A NBA 2K12

●테이크투 인터랙티브 재팬 ●SPT ●2011년 10월 27일 ●4,800엔
●플레이 명수 : 1인 (애드혹 : 2인) ●세이브 용량 : 10MB 이상

VITA 호환

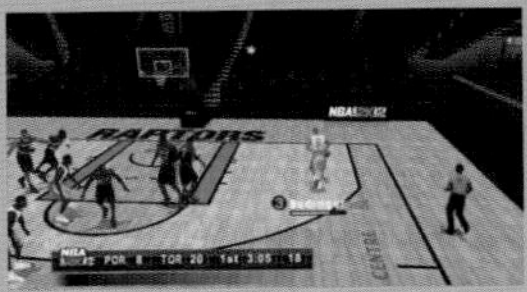

마이클 조던은 물론이고, 매직 존슨이나 래리 버드로도 플레이할 수 있는 농구 게임. 최신 NBA 데이터는 물론이고, 개별 선수들의 특징이 반영된 리얼한 플레이를 즐길 수 있다.

CERO B 조커 나라의 앨리스 : Wonderful Wonder World

●퀸로제 ●AVG ●2011년 10월 27일 ●5,700엔
●플레이 명수 : 1인 ●세이브 용량 : 160KB 이상

같은 해 3월 발매했던 「클로버 나라의 앨리스」의 속편. 클로버 나라가 변화해 탄생한 '조커 나라'가 무대로서, 앨리스가 조커의 존재와 흐리멍덩한 기억에 휘둘린다는 스토리다.

CERO C 전율의 스트라터스

●코나미디지털엔터테인먼트 ●ACT ●2011년 10월 27일 ●5,696엔
●플레이 명수 : 1인 ●세이브 용량 : 512KB 이상

VITA 호환

적의 약점을 찾아내 거대 인간형 병기로 승부하는 SF 액션 게임. 애니메이션 동영상을 풍부하게 삽입해, TV 애니메이션풍의 전개로 가혹한 운명에 맞서는 인간 드라마를 펼친다.

CERO B 탐정 오페라 밀키 홈즈 1.5 : 제3화 - '저주받은 마검'

●부시로드 ●AVG ●2011년 10월 27일 ●1,000엔(소비세 포함)
●플레이 명수 : 1인 ●DL 데이터 용량 : 160MB

VITA 호환

다운로드 판매 전용 타이틀

원소스 멀티유즈 방식으로 전개했던 미소녀 애니메이션의 PSP 게임판. 주인공 '코바야시 오페라'가 되어, 제자인 '밀키 홈즈' 소녀들을 가르치며 괴도가 일으킨 사건을 해결하자.

CERO C 탐정부 : THE DETECTIVE CLUB - 폐부와 그림과 폭탄과

●부스트 온 ●AVG ●2011년 10월 27일 ●3,480엔
●플레이 명수 : 1인 ●세이브 용량 : 720KB 이상

초 불운 주인공 '코마키 에이타'와 동료들이 활약하는 학생 미스터리 코미디물. 시리즈 제3탄으로서, 폐부 위기에 직면한 부원들은 괴도 '떨어질 운명의 혜성'의 다음 도전을 받아들인다.

CERO 등급 아이콘 A B C D Z 審査予定

컨텐츠 명시 아이콘 연애 선정성 폭력성 공포 음주·흡연 사행성 범죄 약물 언어·기타

CERO B 꽃과 소녀에 축복을 : 봄바람의 선물 portable

●부스트 온 ●AVG ●2011년 10월 27일 ●5,800엔
●플레이 명수 : 1인 ●세이브 용량 : 640KB 이상

PC용 게임의 이식작. 병약한 여동생 대신 여장하여 상류층 여학교에 통학하는 주인공의 이야기다. 학생회 루트와 원예부 루트로 나뉘며, 양쪽 모두 시나리오 및 히로인을 추가했다.

CERO C 파이널 판타지 TYPE-0

●스퀘어 에닉스 ●RPG ●2011년 10월 27일 ●7,334엔
●플레이 명수 : 1인 ●세이브 용량 : 832KB 이상

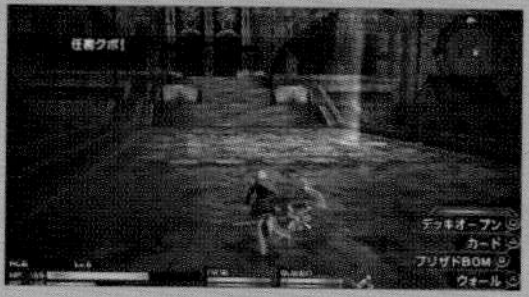

「파이널 판타지 XIII」과 세계관을 공유하는 스핀오프작. 크리스탈을 둘러싸고 4개국이 충돌하는 대륙에서, 일개 병사로 전장에 투입된 학생들이 싸워나가는 액션 RPG다.

CERO B 라그나로크 : 빛과 어둠의 황녀

●겅호 온라인 엔터테인먼트 ●SRPG ●2011년 10월 27일 ●5,700엔
●플레이 명수 : 1인 ●세이브 용량 : 352KB 이상

MMORPG 「라그나로크 온라인」의 파생작. 일개 용병이 되어 다양한 세력에 소속하면서 싸우는 택틱스 SRPG다. 원작의 시스템을 발전·계승시킨 호쾌한 배틀을 즐길 수 있다.

CERO B 로큐브!

●카도카와 게임즈 ●AVG ●2011년 10월 27일 ●5,800엔
●플레이 명수 : 1인 ●세이브 용량 : 800KB 이상

인기 라이트 노벨의 게임판. 주인공인 남자 고등학생이 초등학교 농구부 코치를 맡게 되는 '롤링 스포츠 코미디'물이다. 연습과 연습시합을 반복하면서 소녀들의 능력치를 올려보자.

CERO B To Heart 포터블 : AQUAPRICE 2800

●아쿠아플러스 ●AVG ●2011년 10월 27일 ●2,800엔
●플레이 명수 : 1인 ●세이브 용량 : 384KB 이상

절대적인 인기를 누렸던 미소녀 비주얼 노벨 「To Heart」 PSP판의 염가판. 평범한 고교생이 주인공인 하트풀 학원물 스토리다. 오리지널 요소로서 3종의 미니게임을 수록했다.

CERO D 메이드☆파라다이스 : 목표는 메이드 넘버 원!

●스파이크 ●AVG ●2011년 11월 2일 ●1,800엔(소비세 포함)
●플레이 명수 : 1인 ●DL 데이터 용량 : 62MB

다운로드 판매 전용 타이틀

메이드를 육성하는 미니게임 모음집. 고객이 뜸해진 메이드 카페를 되살리기 위해 메이드들을 단련시키자. 제공되는 게임은 4종류. 게임별로 상승하는 패러미터가 제각기 다르다.

CERO A 월드 사커 위닝 일레븐 2012

●코나미디지털엔터테인먼트 ●SPT ●2011년 11월 3일 ●4,743엔
●플레이 명수 : 1인 (애드혹 모드: 2~4인) ●세이브 용량 : 10MB 이상

당시의 최신 선수 데이터를 탑재한 「위닝 일레븐」 시리즈 신작. 챔피언스 리그, 유로파 리그, 코파 리베르타도레스는 이번 작품에서도 플레이 가능하며, 실명화된 클럽도 늘어났다.

CERO B 내 시체를 넘어서 가라

●소니컴퓨터엔터테인먼트 ●RPG ●2011년 11월 10일 ●4,743엔
●플레이 명수 : 1인 ●세이브 용량 : 416KB 이상

주인공 일족이 세대교체를 거듭하며 적과 맞서는 일본풍 RPG. 교토를 멸망시키려는 오니 두목 '슈텐동자'에게서 '단명'·'종절'의 저주를 받은 일족이 슈텐동자를 물리치는 '인연'의 이야기다.

CERO B 하츠네 미쿠 Project DIVA EXTEND

●세가 ●ACT ●2011년 11월 10일 ●4,980엔
●플레이 명수 : 1인 ●세이브 용량 : 544KB 이상

하츠네 미쿠를 테마로 삼은 리듬 액션 게임의 제3탄. 'DIVA 룸'의 모션을 대폭 추가했으며, 댄스가 한층 더 다채로워졌다. 신곡도 다수 추가되었다.

CERO B 안젤리크 : 마련(魔恋)의 6기사

●아이디어 팩토리 ●AVG ●2011년 11월 17일 ●5,800엔
●플레이 명수 : 1인 ●세이브 용량 : 480KB 이상

「안젤리크」 시리즈의 외전격 작품. 원작의 스핀오프 소설에 오리지널 에피소드를 추가한 내용으로서, 기사단에 초점을 맞춘 루트와 연애를 즐기는 루트, 2종류의 스토리를 제공했다.

각종 아이콘: Best판 출시 / VITA 호환: PS Vita와 호환됨 / UMD Passport 지원

CERO D 괭이갈매기 울 적에 Portable 2

●알케미스트 ●AVG ●2011년 11월 17일 ●3,800엔
●플레이 명수 : 1인 ●세이브 용량 : 672KB 이상

VITA 호환 UMD Passport

PS3용 게임의 이식작. 수수께끼에 도전하면 미스터리이고 굴복하면 판타지라는, '해결의 여지를 일체 주지 않는' 최악의 스토리를 휴대기로 즐긴다. PS3판의 에피소드 3·4를 수록했다.

CERO C 구원의 반 재림조 포터블

●GN 소프트웨어 ●AVG ●2011년 11월 17일 ●4,980엔
●플레이 명수 : 1인 ●세이브 용량 : 352KB 이상

PS2용 게임의 이식작. '윤회전생'이 테마인 미소녀 어드벤처 게임으로서, '투쟁'과 '인연'을 다이내믹한 스토리로 그려냈다. 오리지널 시스템으로서, 알람 모드가 탑재돼 있다.

CERO B 마더 구스의 비밀저택 : 블루 레이블

●컨트제 ●AVG ●2011년 11월 17일 ●5,700엔
●플레이 명수 : 1인 ●세이브 용량 : 160KB 이상

「마더 구스의 비밀저택」의 남성용 버전. 퀴즈를 맞히면 이벤트가 진행되는 형식이며, 캐릭터들을 미소녀로 변경했다. 마더 구스의 낭독을 들으면서 미소녀들과 연애를 즐기자.

CERO B 바이스 슈바르츠 포터블 : 부스트 바이스

●반다이남코게임즈 ●AVG ●2011년 11월 23일 ●6,476엔
●플레이 명수 : 1~2인 ●세이브 용량 : 400KB 이상

대전형 트레이딩 카드 게임 '바이스 슈바르츠'를 게임화한 작품. 「~부스트 슈바르츠」와는 등장 카드가 다른데, 이 작품은 카도카와 계열 애니메이션들의 캐릭터 중심으로 수록돼 있다.

CERO B 바이스 슈바르츠 포터블 : 부스트 슈바르츠

●반다이남코게임즈 ●AVG ●2011년 11월 23일 ●6,476엔
●플레이 명수 : 1~2인 ●세이브 용량 : 400KB 이상

트레이딩 카드 게임 '바이스 슈바르츠'를 소재로 활용한 어드벤처 게임. 앞서의 「~부스트 바이스」와는 기본적으로 동일한 게임이지만, 등장하는 카드 종류에 차이를 두었다.

CERO C 이터널 에튀드 : 캔버스 4

●GN 소프트웨어 ●AVG ●2011년 11월 23일 ●5,980엔
●플레이 명수 : 1인 ●세이브 용량 : 1184KB 이상

코믹스화도 되었던 인기 미소녀 어드벤처 게임의 이식판. 2010년 발매되었던 「캔버스 3」로부터 5년 후, 주인공 '코마츠바라 료'와 그를 둘러싼 히로인들 사이의 연애 스토리를 그렸다.

CERO B 스트☆마니 : Strobe☆Mania

●D3 퍼블리셔 ●AVG ●2011년 11월 23일 ●5,800엔
●플레이 명수 : 1인 ●세이브 용량 : 448KB 이상

학교에 나타난 괴도의 정체를 밝혀내기 위해 여주인공이 분주하게 뛰어다니는 여성용 연애 어드벤처 게임. 신문부에 가입하여 미소년들과 교류하자. 친숙해지면 여러 정보가 들어온다.

CERO B 전장의 발큐리아 3 : 엑스트라 에디션

●세가 ●SRPG ●2011년 11월 23일 ●3,800엔
●플레이 명수 : 1인 ●세이브 용량 : 1184KB 이상

VITA 호환

「전장의 발큐리아 3」의 업그레이드판. 게임 본편은 물론이고, 본편과는 독립된 스토리를 담은 신규 추가 시나리오 3종과 인기가 많았던 다운로드 콘텐츠 4종도 기본 수록했다.

CERO B 세븐스 드래곤 2020

●세가 ●RPG ●2011년 11월 23일 ●5,980엔
●플레이 명수 : 1인 ●세이브 용량 : 544KB 이상

VITA 호환

닌텐도 DS로 발매되었던 RPG 「세븐스 드래곤」의 속편이자 프리퀄. 드래곤에 의해 전파된 '플로와로'라는 꽃에 침식되어 크게 변모돼버린 도쿄에서, 무라쿠모 기관의 13반에 배속된 플레이어가 인류의 존망을 걸고 드래곤과 싸운다. 외모·직업·음성 등을 마음대로 교체 가능한 다채로운 캐릭터 메이킹 시스템을 활용해, 자유롭게 파티를 커스터마이즈할 수 있는 것이 매력 포인트다.

CERO D 단간론파 : 희망의 학교와 절망의 고교생 - PSP the Best

●스파이크 ●AVG ●2011년 11월 23일 ●2,800엔
●플레이 명수 : 1인 ●세이브 용량 : 448KB 이상

「단간론파」(143p)의 염가판. 일반판의 컨텐츠를 개선해 시인성과 조작성을 향상시켰으며 EXTRA 메뉴에 추가 일러스트를 수록하는 등, 더욱 즐기기 좋도록 다듬었다.

CERO A 골판지 전기 BOOST

●레벨 파이브 ●RPG ●2011년 11월 23일 ●4,743엔
●플레이 명수 : 1인 (애드혹 모드 지원 : 2~4인) ●세이브 용량 : 448KB 이상

2011년 발매했던 「골판지 전기」에 다양한 컨텐츠를 추가한 업그레이드판. 새로운 주인공 기체 'LBX 입실론'이 등장하며, 이도류·쌍권총 등의 신규 요소도 추가했다.

CERO A 팝픈 뮤직 포터블 2

●코나미디지털엔터테인먼트 ●ACT ●2011년 11월 23일 ●4,800엔
●플레이 명수 : 1인 (통신시 : 최대 4인) ●세이브 용량 : 1056KB 이상

아케이드판 「팝픈 뮤직 16 PARTY♪」를 기반으로 하여 스토리 모드 등을 추가한 개변 이식작. 아케이드판 「팝픈 뮤직 17」의 선행 수록곡까지 총 85곡이며, DLC로 추가 곡들도 제공했다.

CERO C 마법사와 주인님 New Ground : Wizard and The Master

●컨로제 ●AVG ●2011년 11월 23일 ●5,700엔
●플레이 명수 : 1인 ●세이브 용량 : 160KB 이상

PC용 게임의 이식작. 마법학교를 다니며 이상적인 '주인님'이 되어야 하는 여성용 연애 어드벤처 게임이다. 왕가의 공주인 주인공이 미남뿐인 후보들 중에서 종자를 고른다는 스토리다.

CERO 교육·데이터베이스 합격도장 자격증 탈취! : FP 파이낸셜 플래닝 기능검정시험 2급 포터블

●미디어파이브 ●ETC ●2011년 11월 23일 ●3,619엔
●플레이 명수 : 1인 ●세이브 용량 : 256KB 이상

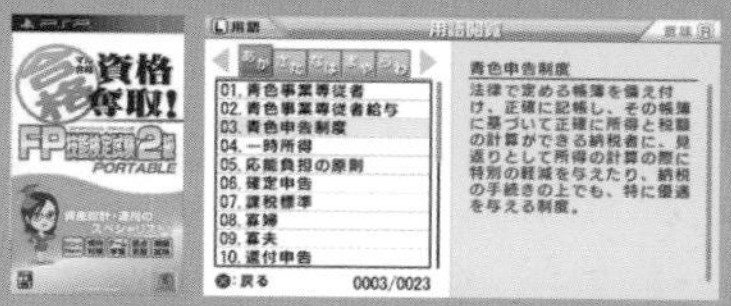

돈·생활과 관련된 실용 자격증 학습 소프트의 중급편. 주가동향, 자금운용, 보험 등의 구체적인 지식을 익힌다. 합격하면 친화성이 높은 사회보험노무사·증권외무원 등으로도 연계 가능하다.

CERO 교육·데이터베이스 합격도장 자격증 탈취! : FP 파이낸셜 플래닝 기능검정시험 3급 포터블

●미디어파이브 ●ETC ●2011년 11월 23일 ●3,619엔
●플레이 명수 : 1인 ●세이브 용량 : 256KB 이상

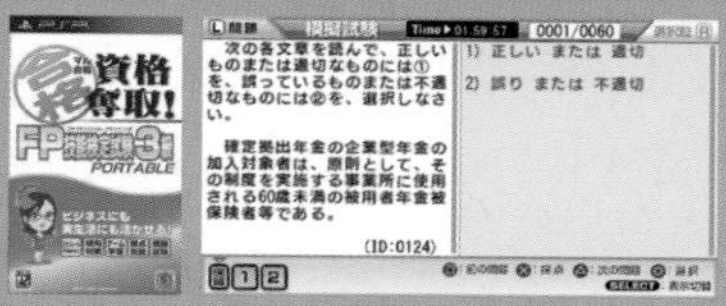

당시 연간수험신청자 20만 명이 넘었던 시험의 학습 소프트. 돈·생활과 관련된 자격의 입문용으로 인기가 많은 자격증이다. 과거에 출제되었던 문제들을 효과적으로 학습할 수 있다.

CERO B 노래의☆왕자님♪ Music

●브로콜리 ●ACT ●2011년 11월 24일 ●3,800엔
●플레이 명수 : 1인 ●세이브 용량 : 224KB 이상

역대 시리즈의 리듬 액션계 미니게임을 모은 타이틀. 기존의 18곡에, 애니메이션판 주제가 등의 13곡을 추가 수록했다. 캐릭터 코스튬·화면 커스터마이즈 기능과 미니 스토리도 넣었다.

CERO B 탐정 오페라 밀키 홈즈 1.5 : 제4화 - '아담의 눈물'

●부시로드 ●AVG ●2011년 11월 24일 ●1,000엔(소비세 포함)
●플레이 명수 : 1인 ●DL 데이터 용량 : 143MB

다운로드 판매 전용 타이틀

같은 제목의 미소녀 어드벤처 게임 시리즈 제4탄. 특수능력 '토이즈'를 지닌 탐정과 괴도에 경찰까지 뒤섞인 싸움 가운데, 탐정 지망 소녀들이 결성한 '밀키 홈즈'의 활약상을 그렸다.

CERO B 탐정부 : THE DETECTIVE CLUB - 실종과 반격과 대단원

●부스트 온 ●AVG ●2011년 11월 24일 ●3,480엔
●플레이 명수 : 1인 ●세이브 용량 : 720KB 이상

학원 미스터리 코미디물 시리즈의 최종작. 괴도로서 활약했던 주인공의 친구가 행방불명되었다. 수사를 시작한 주인공은, 드디어 새로 등장한 괴도 '헬즈 선'과 대결하게 된다.

CERO A 버니 닷지

●Skyl-com Ltd. ●ACT ●2011년 11월 24일 ●300엔(소비세 포함)
●플레이 명수 : 1인 ●DL 데이터 용량 : 20MB

다운로드 판매 전용 타이틀

캐주얼한 분위기가 특징인 미니게임 모음집. 토끼 '스모키'를 조작해, 악의 우주인이 출제하는 다양한 미션을 클리어해 보자. 스모키의 코스튬도 다양하게 준비돼 있다.

HARDWARE 2004 2005 2006 2007 2008 2009 2010 2011 2012 2013 2014 2015 2016 INDEX

각종 아이콘: Best판 출시 / PS Vita와 호환됨 / UMD Passport 지원

CERO A 가면라이더 클라이맥스 히어로즈 포제

●반다이남코게임즈 ●ACT ●2011년 12월 1일 ●5,981엔
●플레이 명수 : 1인(통신시 : 2인) ●세이브 용량 : 544KB 이상

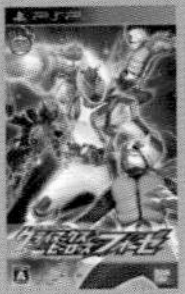

세대를 뛰어넘은 역대 가면라이더들 간의 대결을 즐기는 대전격투 액션 게임. 당시의 최신작 '가면라이더 포제'부터 초기 가면라이더까지 참전한다. 라이더 2명의 태그 배틀도 제공했다.

CERO B 콘네코 : Keep a memory green.

●사이버프론트 ●AVG ●2011년 12월 8일 ●4,800엔
●플레이 명수 : 1인 ●세이브 용량 : 224KB 이상

PC용 게임의 이식작. 다양한 형태로 품는 '마음'이 사랑으로 바뀌어가는 미소녀 연애 어드벤처 게임이다. 원작에서 인기가 많았던 서브 캐릭터 2명에는 추가 시나리오가 붙었다.

CERO D 다음 희생자를 알려드립니다 : 죽음과 절망을 넘어서

●부스트 온 ●AVG ●2011년 12월 8일 ●3,780엔
●플레이 명수 : 1인 ●세이브 용량 : 320KB 이상

연쇄살인 게임에서 살아남는 것이 목적인 어드벤처 게임의 제2탄. 느닷없이 데스 게임에 휘말려든 사사키 미키와 아사카와 카에데의 시점에서, 다른 12명과 함께 상황 타개를 노린다.

CERO C 어떤 과학의 초전자포

●아스키 미디어웍스 ●AVG ●2011년 12월 8일 ●5,980엔
●플레이 명수 : 1인 ●세이브 용량 : 160KB 이상

라이트 노벨의 외전격 만화가 원작인, 같은 제목의 대호평 TV 애니메이션을 게임화했다. 대화로 '화제'를 수집해, '걸즈 토크 시스템'과 '저지먼트 시스템'으로 스토리를 분기시키자.

CERO C 화려하도다, 우리 일족 : 키네마 모자이크

●아이디어 팩토리 ●AVG ●2011년 12월 8일 ●5,800엔
●플레이 명수 : 1인 ●세이브 용량 : 1440KB 이상

2010년 발매된 「화려하도다, 우리 일족」의 속편. 형제들 간 후계자 다툼의 1년 후를 다룬 스토리로서, '2년차 모드'·'후일담 모드'·'정보상 모드'의 3가지 모드를 선택할 수 있다.

CERO B BEYOND THE FUTURE : FIX THE TIME ARROWS

●5pb. ●AVG ●2011년 12월 8일 ●5,800엔
●플레이 명수 : 1인 ●세이브 용량 : 1400KB 이상

RPG풍의 판타지 세계관으로 진행되는 여성용 연애 어드벤처 게임. 주인공이 되어 월드 맵을 이동하며 적을 물리치고 동료와의 인연을 쌓아가자. 단 하나의 사랑만이 세계를 구한다.

CERO C 타마유라 : 혼을 떠나보내는 노래

●사이버프론트 ●AVG ●2011년 12월 15일 ●4,800엔
●플레이 명수 : 1인 ●세이브 용량 : 224KB 이상

PC용 미소녀 게임의 PS2판을 재이식한 작품. 현대 일본을 무대로, 원령을 구제하는 영능력자들을 다룬 이야기다. 이식하면서 시스템을 리뉴얼했고, 시나리오도 바닥부터 재집필했다.

CERO B 하츠네 미쿠 Project DIVA 2nd : 염가판

●세가 ●ACT ●2011년 12월 15일 ●3,143엔
●플레이 명수 : 1인 ●세이브 용량 : 1040KB 이상

하츠네 미쿠의 리듬 액션 게임 제2탄(133p)의 염가 재발매판. 원래 DLC였던 'extend' 모듈의 프로덕트 코드를 동봉했다. 100종류 이상의 코스튬을 갈아입혀가며 즐길 수 있다.

CERO A 뿌요뿌요!!

●세가 ●PZL ●2011년 12월 15일 ●4,800엔
●플레이 명수 : 1~2인(통신시 : 1~4인) ●세이브 용량 : 160KB 이상

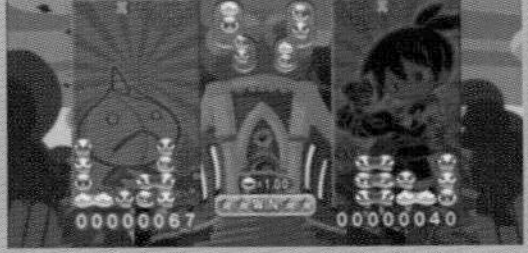

인기 낙하계 퍼즐 게임 「뿌요뿌요」 시리즈의 탄생 20주년 기념 작품. 두 사람이 PSP를 좌우로 각각 한쪽씩 나누어 잡는 식으로, 기기 한 대로도 대전 플레이를 즐길 수 있도록 했다.

CERO C 로드 오브 아포칼립스

●스퀘어 에닉스 ●ARPG ●2011년 12월 17일 ●5,696엔
●플레이 명수 : 1인(통신시 : 1~4인) ●세이브 용량 : 1024KB 이상

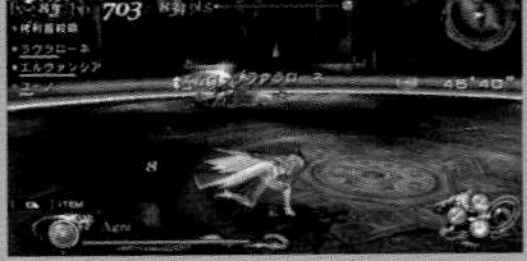

2010년 발매된 「로드 오브 아르카나」의 세계관을 계승한 액션 RPG. 대붕괴로 융합돼버린 '칠계'라는 세계에서, 기억상실 상태의 젊은이가 아르카나의 힘을 갈구한다는 스토리다.

CERO C 언젠가 천마의 검은 토끼 포터블

●카도카와 게임즈 ●AVG ●2011년 12월 22일 ●5,800엔
●플레이 명수 : 1인 ●세이브 용량 : 768KB 이상

애니메이션화까지 된 인기 라이트 노벨의 게임판. 현대의 학교가 무대인 배틀 판타지물로서, 원작처럼 제한시간을 걸고 싸우는 배틀이 손에 땀을 쥐는 유사 3D 액션 스타일로 펼쳐진다.

CERO B 추억의 조각 : 클로즈 투

●사이버프론트 ●AVG ●2011년 12월 22일 ●4,800엔
●플레이 명수 : 1인 ●세이브 용량 : 200KB 이상

PS2용 게임의 이식작. 애인의 사고를 막으려다 유체이탈이 돼버린 주인공이 이끌어가는 연애 어드벤처 게임이다. 주인공은 히로인의 방에 있는 물건에 사념을 넣어 주의를 끌 수 있다.

CERO C 장난감 상자 나라의 앨리스 : Wonderful Wonder World

●퀸로제 ●AVG ●2011년 12월 22일 ●5,700엔
●플레이 명수 : 1인 ●세이브 용량 : 512KB 이상

「앨리스」 시리즈 최초의 팬 디스크. 이상한 나라를 무대로 삼은 원작 버전의 시나리오와, 「마법사와 주인님」의 마법학교가 무대인 패러디풍 시나리오를 즐길 수 있다.

CERO D 산고쿠히메 : 삼국난세, 패천의 지휘

●시스템소프트 알파 ●SLG+AVG ●2011년 12월 22일 ●5,800엔
●플레이 명수 : 1인 ●세이브 용량 : 1300KB 이상

PC용 게임의 이식판. '삼국지연의'가 소재인 전략 시뮬레이션 게임으로서, 40명 이상의 삼국시대 무장들이 미소녀화되어 등장한다. 등장하는 모든 캐릭터에 개별 엔딩이 있다.

CERO A 실황 파워풀 프로야구 2011 결정판

●코나미디지털엔터테인먼트 ●SPT ●2011년 12월 22일 ●5,000엔
●플레이 명수 : 1인(애드혹 : 1~2인) ●세이브 용량 : 3000KB 이상

2011년 페넌트레이스 종료시의 데이터를 수록한 '파워프로' 신작. 해당년도의 교류전에서 사용된 유니폼도 추가했다. 석세스 모드는 새로 제작한 '천하통일 전국시대' 편을 넣었다.

CERO B 탐정 오페라 밀키 홈즈 1.5 : 제5화 - '여왕의 초대'

●부시로드 ●AVG ●2011년 12월 22일 ●1,000엔(소비세 포함)
●플레이 명수 : 1인 ●DL 데이터 용량 : 138MB

다운로드 판매 전용 타이틀

2010년 발매했던 같은 제목 미소녀 어드벤처 게임의 다운로드판. 탐정도시 요코하마에서 장래에 탐정이 되려는 4명의 소녀와, 소녀들의 담당 수사관인 주인공이 펼치는 이야기다.

CERO B 프론티어 게이트

●코나미디지털엔터테인먼트 ●RPG ●2011년 12월 22일 ●5,000엔
●플레이 명수 : 1인 (통신시 최대 3인) ●세이브 용량 : 420KB 이상

신출내기 개척자가 되어, 파트너와 함께 미지의 대륙을 개척하는 SF RPG. 15명의 후보 중에서 파트너를 선택해 모험을 떠나자. 파트너별로 각기 다른 시나리오 하에 진행된다.

CERO D 나는 너만을 바라본다

●호프문 ●AVG ●2011년 12월 22일 ●1,000엔(소비세 포함)
●플레이 명수 : 1인 ●DL 데이터 용량 : 125MB

다운로드 판매 전용 타이틀

'하트풀'과 '바이올런스'가 뒤섞여 있는, 라이트한 느낌의 사운드 노벨. 소년 갱의 리더가 되어 아이돌을 보호하자. 후일 성인용 게임으로서 PC로 리메이크되었다.

CERO C 마법소녀 리리컬 나노하 A's 포터블 : 더 기어즈 오브 데스티니

●반다이남코게임즈 ●ACT ●2011년 12월 22일 ●4,980엔
●플레이 명수 : 1~2인 ●세이브 용량 : 128KB 이상

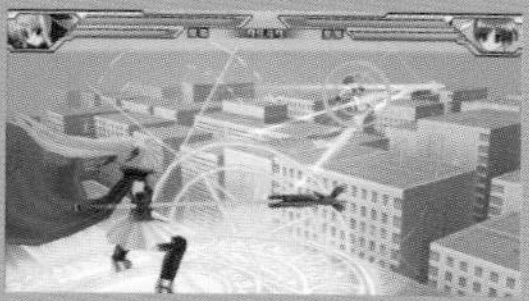

원작자가 쓴 오리지널 스토리로 전개되는 게임판 제2탄. 총 22명의 캐릭터가 참전하는 마법 대전 액션 게임이다. 간단한 조작으로 시간과 운명을 달리는 궁극의 마법 배틀을 즐기자.

CERO 교육·데이터베이스 합격도장 자격증 탈취! : 사회보험노무사시험 포터블

●미디어파이브 ●ETC ●2011년 12월 22일 ●3,619엔
●플레이 명수 : 1인 ●세이브 용량 : 256KB 이상

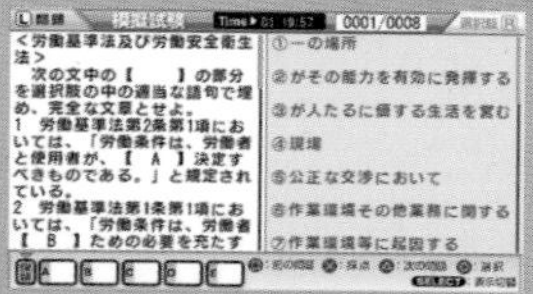

경영의 4대 요소 중 하나인 '사람'에 관한 자격증을 공부하며, 총무부·인사부 근무에 필요한 지식을 배우는 소프트. 자투리 시간을 활용하여 간단한 조작으로 매일의 학습을 도와준다.

각종 아이콘 Best판 출시 / VITA 호환 PS Vita와 호환됨 / UMD Passport 지원

2012

PlayStation Portable
Game Software
Catalogue

2012년에 발매된 PSP용 게임 소프트 총수는 196개 타이틀이다(이중 다운로드가 10타이틀). 전년 말 후계기인 PS Vita가 발매되면서, PSP 시장은 서서히 쇠퇴해가는 양상이 되었다. 미소녀 게임·여성용 게임의 수요가 매우 확고했던 가운데, 심야 애니메이션 원작을 게임화한 관권물이 나름의 입지를 차지한 것도 후기 PSP 시장의 특징이다.

CERO A 대전 요괴 다우트

●베스트미디어 ●TBL ●2012년 1월 10일 ●480엔(소비세 포함)
●플레이 명수 : 1인(애드혹 모드 시 2~6인) ●DL 데이터 용량 : 18MB

다운로드 판매 전용 타이틀

'요괴 카드'를 뒤집은 상태로 제시해, 거짓인지 참인지를 맞히는 심리형 카드 게임. 같은 종류의 요괴 카드 4장을 먼저 갖는 쪽이 패배한다. 손 안의 카드 상황과 상대의 성격을 주시하자.

CERO B 슈퍼로봇대전 OG 사가 마장기신 II : REVELATION OF EVIL GOD

●반다이남코게임즈 ●SRPG ●2012년 1월 12일 ●5,981엔
●플레이 명수 : 1인 ●세이브 용량 : 704KB 이상

타 기종으로 발매되었던 「마장기신 : THE LORD OF ELEMENTAL」의 속편. 지구 내의 이세계 '라 기아스'를 무대로 삼아, 주인공인 마사키와 사이바스터가 활약한다는 스토리다.

CERO C 관능 전래동화 포터블

●아이디어 팩토리 ●AVG ●2012년 1월 19일 ●5,800엔
●플레이 명수 : 1인 ●세이브 용량 : 1200KB 이상

인기 낭독극 CD 시리즈의 게임판. 히로인의 입장이 각각 천차만별인 7가지 이야기를 즐길 수 있다. 귓가에서 속삭이는 듯한 음향효과와 함께, 달콤하고 관능적인 이야기에 빠져보자.

CERO B 히어로즈 판타지아

●반다이남코게임즈 ●RPG ●2012년 1월 19일 ●5,981엔
●플레이 명수 : 1인 ●세이브 용량 : 800KB 이상

카도카와 사의 인기 애니메이션들을 콜라보한 크로스오버 RPG. 오펜·리우이·리나 등의 인기 캐릭터들이 다중 공격을 펼친다. 이벤트에서는 인기 캐릭터가 속속 등장해 활기를 연출한다.

CERO A 기동전사 건담 : 목마의 궤적

●반다이남코게임즈 ●SLG ●2012년 1월 26일 ●5,981엔
●플레이 명수 : 1인 ●세이브 용량 : 1080KB 이상

전함 화이트베이스의 함장이 되어 이동·공격 등을 지휘하는, 초보자라도 간편하게 즐길 수 있는 전술 시뮬레이션 게임. 디테일하게 지시하여 전황을 직접 컨트롤할 수도 있다.

CERO C 블릿 버틀러즈 : 총탄의 저편

●부스트 온 ●AVG ●2012년 1월 26일 ●5,800엔
●플레이 명수 : 1인 ●세이브 용량 : 608KB 이상

마법과 과학과 몬스터가 모두 존재하는 세계가 무대인 미소녀 어드벤처 게임. 하프엘프인 주인공과 드래고뉴트 종족인 히로인이, 주인을 살해한 오랜 숙적과 싸운다는 스토리다.

CERO C 페이즈 D : 창화의 장

●부스트 온 ●AVG ●2012년 1월 26일 ●3,780엔
●플레이 명수 : 1인 ●세이브 용량 : 800KB 이상

옛날부터 인간과 함께하며 영향을 미쳐온 존재 '페이즈 D'를 둘러싼 학원물 어드벤처 게임. 원손을 잃은 소년과, 원래는 사람이 볼 수 없는 '페이즈 D'가 보이는 소녀가 스토리를 이끈다.

CERO 교육·데이터베이스 합격도장 자격증 탈취! : 중소기업진단사시험 1 포터블

●미디어파이브 ●ETC ●2012년 1월 26일 ●3,619엔
●플레이 명수 : 1인 ●세이브 용량 : 256KB 이상

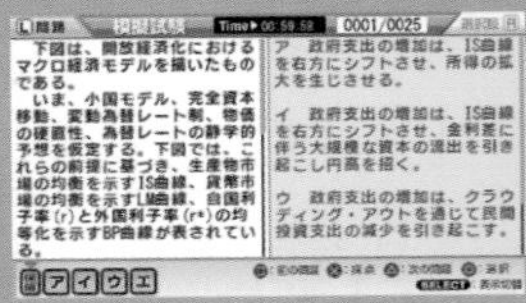

'중소기업진단사'는 기업경영 전문가로서 경영목표를 조언할 수 있는 일본의 국가자격이다. 전철 통근 중이나 취침 전 등의 자투리 시간을 활용해 자격시험을 공부하는 학습용 소프트다.

CERO 등급 아이콘 A B C D Z 교육·데이터베이스
컨텐츠 명시 아이콘 연애 선정성 폭력성 공포 음주·흡연 사행성 범죄 약물 언어·기타

CERO 교육·데이터베이스 합격도장 자격증 탈취! : 중소기업진단사시험 2 포터블

●미디어파이브 ●ETC ●2012년 1월 26일 ●3,619엔
●플레이 명수 : 1인 ●세이브 용량 : 256KB 이상

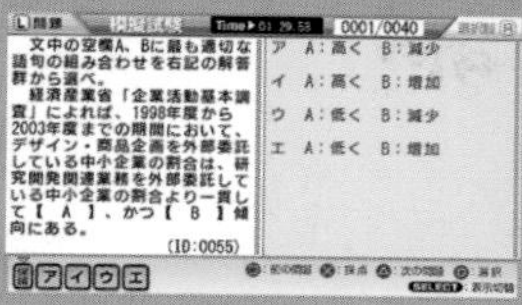

중소기업진단사 취득이 목표인 학습용 소프트의 제2탄. 당시 신규 제도가 채용된 2006년도부터의 1차시험일정 과목 6년분을 수록했다. 경영법무·경영정보시스템 등 3개 과목을 제공한다.

CERO C 연애번장 2 : 미드나이트 레슨!!!

●아이디어 팩토리 ●AVG ●2012년 1월 26일 ●5,800엔
●플레이 명수 : 1인 ●세이브 용량 : 640KB 이상

2010년 발매됐던 「연애번장」의 속편. 신 캐릭터로서 새로운 '번장' 2명을 추가했다. 캐릭터 그래픽에 눈과 입이 움직이는 모션을 추가해, '번장'과의 대화가 한층 더 매력적으로 바뀌었다.

CERO C 포토카노

●카도카와 게임즈 ●SLG ●2012년 2월 2일 ●6,800엔
●플레이 명수 : 1인 ●세이브 용량 : 1520KB 이상

'사진'이 테마인 연애 시뮬레이션 게임. 3D 그래픽으로 그려진 6명의 소녀들을 촬영하자. '바이오리듬 매칭 대화' 시스템 덕에, 대화 분위기가 좋아지면 언제 어디서나 촬영 모드로 들어갈 수 있다. '포토 세션' 기능도 있어, 소녀에게 다양한 상황에서 다양한 포즈를 부탁하는 것도 가능하다. 캐릭터 보이스로 이토 카나에·나카하라 마이 등 당시의 인기 성우를 다수 기용했다.

CERO C Gift : prism

●사이버프론트 ●AVG ●2012년 2월 2일 ●4,800엔
●플레이 명수 : 1인 ●세이브 용량 : 256KB 이상

PS2용 게임의 이식작. 항상 무지개가 보이는 마을 나라사키쵸에서 주인공과 여동생이 재회하면서 스토리가 진전되기 시작한다. 이식 과정에서 화면을 최적화했고 CG를 추가하였다.

CERO B 환상수호전 : 이어지는 백년의 시간

●코나미디지털엔터테인먼트 ●RPG ●2012년 2월 9일 ●5,696엔
●플레이 명수 : 1인 ●세이브 용량 : 192KB 이상

「환상수호전」의 외전 작품. 시리즈 공통의 설정인 '백년세계'가 무대로서, 아무리 물리쳐도 백년 뒤 재등장하는 괴물을 쓰러뜨리려, 주인공은 잊혀진 기술을 찾아 과거를 여행한다.

CERO D 다음 희생자를 알려드립니다 : 붕괴하는 세계에서 사신과

●부스트 온 ●AVG ●2012년 2월 9일 ●3,780엔
●플레이 명수 : 1인 ●세이브 용량 : 576KB 이상

데스 게임이 테마인 서스펜스 호러 작품의 최종작. 정의감 넘치는 '사카하시 케이스케'와 마음 착한 소녀 '미카미 카스미'의 시점으로, 죽이느냐 죽느냐의 긴박한 상황을 돌파해야 한다.

CERO B 비타민 X : Detective B6

●D3 퍼블리셔 ●AVG ●2012년 2월 9일 ●5,800엔
●플레이 명수 : 1인 ●세이브 용량 : 576KB 이상

「비타민 X」의 문제아 6명이 탐정으로서 활약하는 스핀오프 작품. 길고양이나 분실물 등의 소소한 수색 일거리 도중, 어느 사건을 계기로 대규모의 괴도 사건에 말려들게 된다.

CERO C 아름다운 하늘에! : 구름 저편에

●프로토타입 ●AVG ●2012년 2월 16일 ●5,800엔
●플레이 명수 : 1인 ●세이브 용량 : 352KB 이상

PC용 게임의 이식작. 자연이 남아있는 세토내해 지방의 섬을 무대 삼아, 주인공과 개성적인 히로인들이 하트풀 스토리를 펼친다. 오리지널 요소로서 공략 히로인을 2명 추가했다.

CERO B 전국무쌍 3 Z Special

●코에이테크모게임즈 ●ACT ●2012년 2월 16일 ●5,800엔
●플레이 명수 : 1인(애드혹 통신시 : 2~4인) ●세이브 용량 : 256KB 이상

인기 시리즈의 제3탄. 당시로는 최대였던 총 40명의 무장이 등장하며, 모든 무장에 개별 시나리오가 제공된다. '인연'을 테마로 삼은 시나리오는 시리즈 최대급 볼륨을 자랑했다.

각종 아이콘 | Best Best판 출시 | VITA 호환 PS Vita와 호환됨 | UMD Passport UMD Passport 지원

CERO A 월드 네버랜드 : 쿠크리아 왕국 이야기

●알티 ●SLG ●2012년 2월 16일 ●4,200엔(소비세 포함)
●플레이 명수 : 1인 ●세이브 용량 : 2048KB 이상 ●DL 데이터 용량 : 190MB
VITA 호환

다운로드 판매 전용 타이틀

시리즈 최초의 다운로드 전용 타이틀. 전작 「~나루루 왕국 이야기」와는 다른 문화를 지닌 '물과 초록과 인연의 나라'에서 사랑과 우정, 일과 가족과 육아. 여러 세대에 걸친 인생을 맛보자.

CERO A 아케이드 에센셜즈

●Nordcurrent ●STG ●2012년 2월 23일 ●900엔(소비세 포함)
●플레이 명수 : 1인 ●DL 데이터 용량 : 22MB
VITA 호환

다운로드 판매 전용 타이틀

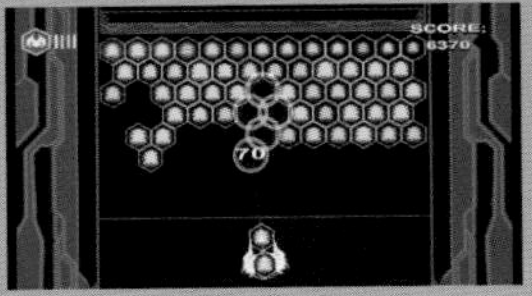

고전적인 오락실 분위기에 충실한 소규모 아케이드 게임 5개 작품의 합본판. 최신 기술을 접목하여, 어떤 게임이든 스타일리시한 그래픽과 박력만점의 효과음으로 즐길 수 있다.

CERO D 나는 소녀만화가

●Giza10 ●AVG ●2012년 2월 23일 ●5,800엔
●플레이 명수 : 1인 ●세이브 용량 : 544KB 이상
VITA 호환

평범한 남학생이 여장하여 소녀만화가로 데뷔하는 어드벤처 게임. 업계인을 비롯해, 여러 매력적인 히로인들이 등장한다. 필명과 작품명을 직접 붙여, 만화가가 된 기분을 느껴보자.

CERO A 킹 오브 풀

●Nordcurrent ●SPT ●2012년 2월 23일 ●1,500엔(소비세 포함)
●플레이 명수 : 1인 ●DL 데이터 용량 : 30MB
VITA 호환

다운로드 판매 전용 타이틀

허슬러가 되어 당구의 정상을 노리는, 스토리가 있는 당구 게임. 스트레이트 풀·에이트볼 등 11종류의 당구 게임을 플레이할 수 있다. 테이블도 여러 종류 중에서 선택 가능하다.

CERO C 차륜의 나라, 해바라기의 소녀

●5pb. ●AVG ●2012년 2월 23일 ●5,800엔
●플레이 명수 : 1인 ●세이브 용량 : 448KB 이상
VITA 호환 UMD Passport

PC용 게임의 이식작. 명작으로 유명한 휴먼 드라마풍의 원작을 바탕으로 하여, 신규 오프닝 동영상을 추가했다. 팬 디스크 '유구의 소년소녀'의 메인 시나리오인 '호즈키 편'도 수록하였다.

CERO C 12시의 종과 신데렐라 : Halloween Wedding

●퀸로제 ●AVG ●2012년 2월 23일 ●6,000엔
●플레이 명수 : 1인 ●세이브 용량 : 352KB 이상

동화 '신데렐라'를 새롭게 해석하여 펼쳐낸 여성용 연애 어드벤처 게임. 수인과 몬스터가 있는 세계에서, 몰락 귀족의 딸이 계모 및 두 언니와 협력해 가문을 부흥시킨다는 스토리다.

CERO B 테일즈 오브 더 히어로즈 : 난세의 전장

●반다이남코게임즈 ●ACT ●2012년 2월 23일 ●5,981엔
●플레이 명수 : 1인 ●세이브 용량 : 448KB 이상
VITA 호환

「테일즈 오브」 시리즈의 역대 캐릭터들이 대군세의 적을 격파하며 진행하는 액션 게임. 시리즈 총 15개 작품의 인기 캐릭터들이 한데 모여, 각자의 오리지널 스토리를 전개한다.

CERO A 넨도로이드 제네레~이션

●반다이남코게임즈 ●RPG ●2012년 2월 23일 ●5,981엔
●플레이 명수 : 1인 ●세이브 용량 : 736KB 이상

게임·애니메이션 등을 모티브로 삼은 인기 피규어 시리즈 '넨도로이드'를 게임화했다. SD화된 귀여운 캐릭터들 일색의 RPG로서, 각 원작들과는 별개의 오리지널 스토리로 진행된다.

CERO B 머나먼 시공 속에서 5 : 풍화기

●코에이테크모게임즈 ●AVG ●2012년 2월 23일 ●4,800엔
●플레이 명수 : 1인 ●세이브 용량 : 512KB 이상

2011년 발매됐던 「머나먼 시공 속에서 5」의 속편. 전작과 달리 이 세계의 에도 지방이 무대로서, 전작에서는 공략 불가능했던 '키류 소우'와 신 캐릭터 '린도'의 스토리를 즐긴다.

CERO B 페이즈 D : 백영의 장

●부스트 온 ●AVG ●2012년 2월 23일 ●3,780엔
●플레이 명수 : 1인 ●세이브 용량 : 800KB 이상

수수께끼의 존재 '페이즈 D'를 둘러싼 SF 학원물 어드벤처 게임의 제2탄. 왼팔을 잃은 소년 '미야기시 유키토'가, 그에게만 보이는 병실의 소녀 '타카미네 나츠키'의 비밀에 다가선다.

나는 친구가 적다 포터블

CERO C
●반다이남코게임즈 ●AVG ●2012년 2월 23일 ●6,477엔
●플레이 명수 : 1인 ●세이브 용량 : 2720KB 이상

애니메이션화까지 된 인기 라이트 노벨의 게임판. 초반에는 무인도에서 합숙하게 되며, 무인도에서 돌아오면 개별 루트가 진행된다. 'Live2D' 기술 덕에 캐릭터가 부드럽게 움직인다.

합격도장 자격증 탈취! : 택지건물거래사시험 포터블

CERO 教育・データベース
●미디어파이브 ●ETC ●2012년 2월 23일 ●3,619엔
●플레이 명수 : 1인 ●세이브 용량 : 256KB 이상

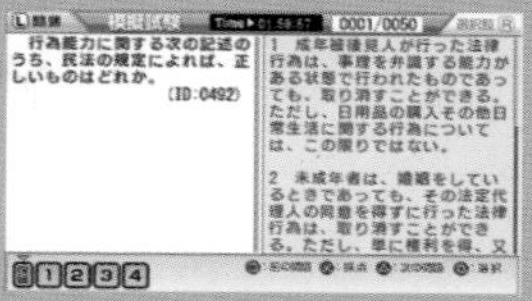

부동산 매매·중개업 전문가 국가자격증 취득을 위한 학습 소프트. 합격하면 건설·주택·금융계 기업 등에서 활약할 수 있는 것은 물론, 일반기업에서도 취직·승급·승진에 유리해진다.

맹수 조련사와 왕자님 : Snow Bride 포터블

CERO B
●아이디어 팩토리 ●AVG ●2012년 2월 23일 ●4,800엔
●플레이 명수 : 1인 ●세이브 용량 : 480KB 이상

2011년 발매했던 「맹수 조련사와 왕자님」의 팬 디스크. 각 캐릭터별 엔딩 이후의 애프터 스토리와, 동물이 되어버린 왕자님을 육성할 수 있는 미니게임을 수록하였다.

그레이트 배틀 풀블래스트

CERO A
●반다이남코게임즈 ●ACT ●2012년 3월 1일 ●5,980엔
●플레이 명수 : 1인 ●세이브 용량 : 400KB 이상

크로스오버 액션 게임인 「그레이트 배틀」 시리즈의 탄생 20주년 기념작. 울트라맨·가면라이더·건담 계열의 신작·구작 캐릭터 6명을 조작해, 다양한 기술과 통쾌한 액션을 즐겨보자.

영원의 아세리아 : 이 대지의 끝에서

CERO C
●사이버프론트 ●SRPG ●2012년 3월 8일 ●4,800엔
●플레이 명수 : 1인 ●세이브 용량 : 288KB 이상

PC용 게임의 이식작. 주인공이 의붓여동생을 구해낸 대가로서 이 세계에서 싸우는 시뮬레이션 게임이다. 병기로 육성된 요정, 의지를 지닌 검 등이 등장하는 치밀한 설정이 가득하다.

암네시아 LATER

CERO C
●아이디어 팩토리 ●AVG ●2012년 3월 15일 ●5,800엔
●플레이 명수 : 1인 ●세이브 용량 : 768KB 이상

2011년 발매되었던 「암네시아」의 팬 디스크. 본편의 후일담이 메인 컨텐츠이며, 다양한 사이드 스토리도 추가했다. 기억을 되찾은 주인공과의 이후 스토리를 즐길 수 있다.

위닝 포스트 7 2012

CERO A
●코에이테크모게임즈 ●SLG ●2012년 3월 15일 ●4,800엔
●플레이 명수 : 1인 ●세이브 용량 : 6112KB 이상

당시의 최신 데이터를 탑재한 「위닝 포스트」 신작. 그 해에 리뉴얼되었던 중앙경마장을 재현했으며, 클래식 삼관마 지위에 오른 오르페브르 등 당시에 활약했던 말도 등장한다.

샤이닝 블레이드

CERO B
●세가 ●RPG ●2012년 3월 15일 ●5,980엔
●플레이 명수 : 1인 ●세이브 용량 : 1376KB 이상

노래하는 무녀 '로렐라이'가 활약하는 RPG. 검과 마법의 세계에서, '소울 블레이더'라 불리는 전사들의 장대한 스토리를 그려냈다. 30명 이상의 등장인물이 중후한 드라마를 펼친다.

두근두근 메모리얼 Girl's Side Premium : 3rd Story

CERO B
●코나미디지털엔터테인먼트 ●SLG ●2012년 3월 15일 ●5,800엔
●플레이 명수 : 1인 ●세이브 용량 : 400KB 이상

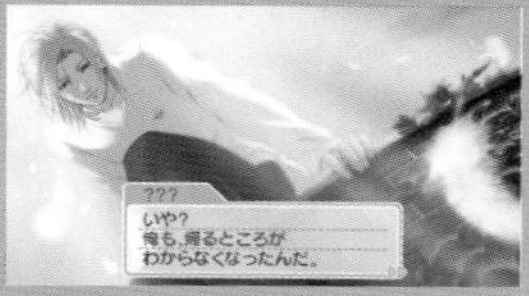

타 기종으로 발매된 버전을 기반으로 이식한 업그레이드판. 캐릭터가 생생하게 움직이는 'Live2D' 기술을 탑재하여, 몰입감이 넘치는 프리미엄한 연애를 즐길 수 있다.

마법소녀 마도카☆마기카 포터블

CERO B
●반다이남코게임즈 ●RPG ●2012년 3월 15일 ●6,171엔
●플레이 명수 : 1인 ●세이브 용량 : 450KB 이상

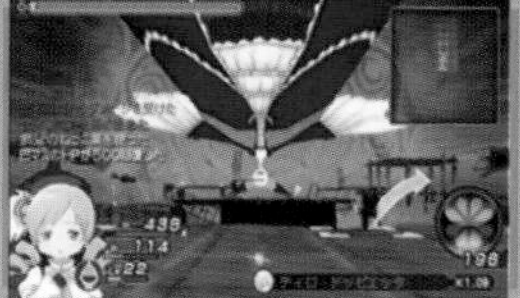

같은 제목의 인기 TV 애니메이션을 게임화했다. 큐베 시점에서 마도카·호무라 등과 대화하며 진행하는 어드벤처 파트와, 결계 안을 탐색하여 마녀를 물리치는 던전 파트로 구성했다.

각종 아이콘 Best판 출시 PS Vita와 호환됨 UMD Passport 지원

흑표 2 : 용과 같이 아수라 편

CERO D

●세가 ●ACT ●2012년 3월 22일 ●5,980엔
●플레이 명수 : 1인(애드혹 통신 플레이시 1~4인) ●세이브 용량 : 1500KB 이상

2010년 발매했던 「흑표 : 용과 같이 신장」의 속편. 전작의 무대인 도쿄 카무로쵸에 오사카 소텐보리가 추가되어, 동·서부의 환락가에서 청년들의 치열한 인간 드라마가 펼쳐진다.

디제이맥스 포터블 블랙 스퀘어

CERO B

●사이버프론트 ●ACT ●2012년 3월 22일 ●4,200엔
●플레이 명수 : 1~2인 ●세이브 용량 : 256KB 이상

한국에서 온 인기 음악 게임 시리즈 4번째 작품의 일본 발매판. 기본적인 '아케이드 모드'를 비롯해, 특정한 미션을 클리어하는 '클럽 투어' 모드와 '네트워크 대전' 모드 등이 있다.

박앵귀 막말무쌍록

CERO C

●아이디어 팩토리 ●ACT ●2012년 3월 22일 ●5,800엔
●플레이 명수 : 1인 ●세이브 용량 : 400KB 이상

「박앵귀」의 캐릭터들을 활용한 액션 게임. 신선조 대원이 되어, 전장에서 적들을 물리쳐 승리하자. 이전까지는 활약을 지켜보기만 했던 원작의 세계를 직접 피부로 느낄 수 있는 작품이다.

하나오니 : 이어지는 꿈

CERO C

●아이디어 팩토리 ●AVG ●2012년 3월 22일 ●5,800엔
●플레이 명수 : 1인 ●세이브 용량 : 608KB 이상

2011년 발매되었던 「하나오니」의 팬 디스크. 사랑하게 된 상대와 이어지는 엔딩 이후를 그린 스토리를 비롯해, 본편을 회고하는 단편 스토리 등의 보너스 컨텐츠도 수록하였다.

페어리 테일 : 제레프 각성

CERO B

●코나미디지털엔터테인먼트 ●ACT ●2012년 3월 22일 ●5,524엔
●플레이 명수 : 1인(애드혹 모드 : 2~4인) ●세이브 용량 : 576KB 이상

원작의 스토리를 충실히 재현하는 액션 게임. '니르바나 편'·'에도라스 편'·'천랑섬 편'을 완전 수록했으며, 원작자가 신규 디자인한 캐릭터가 등장하는 에피소드도 즐길 수 있다.

합격도장 자격증 탈취! : TOEIC TEST 포터블

CERO 教育・データベース

●미디어파이브 ●ETC ●2012년 3월 22일 ●3,619엔
●플레이 명수 : 1인 ●세이브 용량 : 256KB 이상

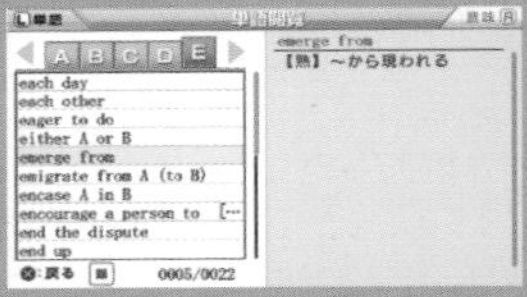

영어실력을 명확하게 보여주는 TOEIC 시험을 대비하는 학습 소프트. 기업들이 비즈니스 영어실력의 지표로 삼는 시험을, 출근·통학 등의 자투리 시간을 통해 효율적으로 공부하자.

소녀 마법사 파르페 : 검은고양이 마법상점 이야기

CERO C

●사이버프론트 ●SLG ●2012년 3월 22일 ●5,800엔
●플레이 명수 : 1인 ●세이브 용량 : 448KB 이상

PC용 게임의 이식작. '검은고양이 마법상점'을 경영하여, 연말까지 '100만 골다'라는 막대한 빚을 청산해야 한다. 계절에 맞춰 상품을 진열하고 인기상품을 확보해, 가게의 평판을 올리자.

봉마시 : 괴담 로맨스

CERO C

●퀸로제 ●AVG ●2012년 3월 29일 ●6,000엔
●플레이 명수 : 1인 ●세이브 용량 : 384KB 이상

인간계와 요괴 세계의 경계에 위치한 고교가 무대인 여성용 연애 어드벤처 게임. 요력이 넘치는 탓에 요괴들을 해코지하던 주인공이, 같은 학교에 다니는 상대와의 만남을 계기로 변화한다.

센고쿠히메 3 : 천하를 가르는 빛과 그림자

CERO D

●시스템소프트 알파 ●AVG+SLG ●2012년 3월 29일 ●5,800엔
●플레이 명수 : 1인 ●세이브 용량 : 680KB 이상

인기 시리즈의 제3탄. 미소녀 무장의 군사가 되어 천하 제패를 노리는 전국시대 시뮬레이션 게임이다. 시리즈 최다급인 117명의 캐릭터가 등장하며, 이벤트 CG도 135장에 달한다.

손에 손 트라이 온! TROPICAL

CERO D

●부스트 온 ●AVG ●2012년 3월 29일 ●5,800엔
●플레이 명수 : 1인 ●세이브 용량 : 610KB 이상

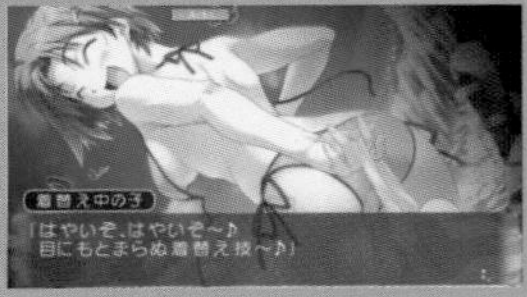

일본 최남단에 있는 학교가 무대인 연애 어드벤처 게임. PC용 게임의 이식작으로서, '맞잡은 손'을 테마로 삼아 전개되는 밝은 연애물이다. 눈부시기 그지없는 청춘을 만끽해보자.

페이즈 D : 흑성의 장

CERO B

●부스트 온 ●AVG ●2012년 3월 29일 ●3,780엔
●플레이 명수 : 1인 ●세이브 용량 : 800KB 이상

죽어 사라졌는데도 세상에 남아있는 의문의 존재 '페이즈 D'를 파헤치는 SF 어드벤처 게임의 제3탄. 페이즈 D와 인간 사이에서 조정자라는 역할을 짊어진 '쿠제 사치카'의 이야기다.

프로야구 스피리츠 2012

CERO A

●코나미디지털엔터테인먼트 ●SPT ●2012년 3월 29일 ●5,696엔
●플레이 명수 : 1인 (애드혹시 2인) ●세이브 용량 : 192KB 이상

이 해에 첫 출전한 팀 '요코하마 DeNA 베이스타즈'를 수록한 일본 프로야구 게임. 신 기능으로서, 선수 하나를 조작해 20년간 플레이하는 '스타 플레이어' 등 3가지 모드가 추가됐다.

러브@원작

CERO B

●해피넷 ●TBL ●2012년 4월 3일 ●600엔(소비세 포함)
●플레이 명수 : 1인 ●DL 데이터 용량 : 58MB

다운로드 판매 전용 타이틀

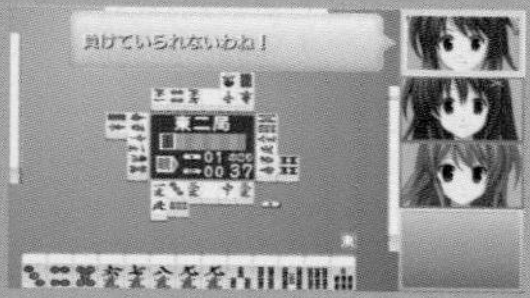

2010년 발매되었던 연애 어드벤처 게임 「L@ve once」의 주요 캐릭터들이 등장하는 마작 게임. 8명의 히로인과 대전하는 4인 대국 마작과, 퍼즐 게임을 즐길 수 있다.

제2차 슈퍼로봇대전 Z 재세편

CERO B

●반다이남코게임즈 ●SRPG ●2012년 4월 5일 ●6,981엔
●플레이 명수 : 1인 ●세이브 용량 : 1216KB 이상

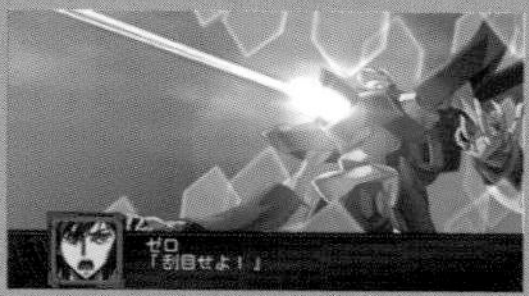

「슈퍼로봇대전」 시리즈 20주년 기념작품이자, 2011년 발매된 「~파계편」의 속편. 전작의 1개월 후에서 이어지는 스토리다. 전작의 클리어 데이터가 있을 경우 보너스를 제공한다.

아멘 느와르 포터블

CERO B

●아이디어 팩토리 ●AVG ●2012년 4월 12일 ●4,800엔
●플레이 명수 : 1인 ●세이브 용량 : 480KB 이상

PS2용 게임의 이식작. 현상수배범을 노리는 헌터가 주인공인 여성용 연애 어드벤처 게임이다. 희망이 보이는 어나더 엔딩과, 훈훈한 장면이 삽입된 일상 에피소드를 추가하였다.

엘크로네의 아틀리에 : Dear for Otomate

CERO B

●아이디어 팩토리 ●AVG ●2012년 4월 12일 ●5,800엔
●플레이 명수 : 1인 ●세이브 용량 : 736KB 이상

거스트의 「아틀리에」 시리즈와 콜라보한 여성용 연애 어드벤처 게임. 할머니의 공방을 이어받아 아틀리에를 연 주인공 '메리엘라'와, 그녀를 둘러싼 매력적인 남성들이 스토리를 이끈다.

프린세스 에반젤 포터블

CERO C

●사이버프론트 ●AVG ●2012년 4월 12일 ●5,800엔
●플레이 명수 : 1인 ●세이브 용량 : 320KB 이상

PC용 게임의 이식작. 상류층만이 다니는 여학교에 입학한 유일한 남자로서 1년간을 보낸다는 장대한 볼륨의 스토리가 펼쳐진다. 히로인에게 자신의 존재를 인정받기 위해 노력하자.

성스러운 카나 : 오리하르콘의 이름 아래

CERO C

●사이버프론트 ●SRPG ●2012년 4월 19일 ●5,800엔
●플레이 명수 : 1인 ●세이브 용량 : 3008KB 이상

「영원의 아세리아」의 속편. 원작인 PC판 당시 별도 제공되었던 추가 콘텐츠도 함께 수록했다. 치밀한 그래픽과 장대한 세계관, 뛰어난 만듦새의 전략 시뮬레이션 게임을 즐겨보자.

미야코[雅恋] : MIYAKO – 담설의 축제

CERO B

●사이버프론트 ●AVG ●2012년 4월 19일 ●5,800엔
●플레이 명수 : 1인 ●세이브 용량 : 480KB 이상

2010년 발매되었던 「미야코 : MIYAKO」의 팬 디스크. 본편에는 없었던 엔딩 이후의 애프터 스토리 등, 헤이안 시대의 수도를 무대로 펼쳐지는 연애 중심의 스토리들을 수록하였다.

명탐정 코난 : 과거로부터의 전주곡

CERO A

●반다이남코게임즈 ●AVG ●2012년 4월 19일 ●4,800엔
●플레이 명수 : 1인 ●세이브 용량 : 448KB 이상

과거에 '신이치'일 당시 조우했었던 사건과 현재의 '코난'이 직면한 사건, 이 두 시간축에서 일어난 사건들을 각각 해결하면 모든 수수께끼가 밝혀지는 구조로 이루어진 작품이다.

각종 아이콘 Best판 출시 PS Vita와 호환됨 UMD Passport 지원

CERO A 나보고 일하라고 하지만

●이스마일 ●RPG ●2012년 4월 24일 ●1,000엔(소비세 포함)
●플레이 명수 : 1인 ●DL 데이터 용량 : 48MB

방구석 페인인 주인공이 되어, 모험가들을 던전에 파견시켜 번 돈으로 월세를 내고 빚을 청산해야 하는 RPG. 모험가가 모은 식물·광물과 몬스터의 드롭 아이템을 팔아 돈으로 바꾸자.

다운로드 판매 전용 타이틀

CERO A 청의 엑소시스트 : 환각의 미궁

●반다이남코게임즈 ●AVG ●2012년 4월 26일 ●4,981엔
●플레이 명수 : 1인 ●세이브 용량 : 128KB 이상

애니메이션화까지 된 인기 만화의 게임판. 주인공인 오쿠무라 형제의 인연을 각자의 시점으로 그렸다. 타임차트로 시간을 이동하며, 그 시점의 행동이 상대 쪽 시나리오에 영향을 준다.

CERO C 게임에서도, 아빠 말 좀 들어라!

●반다이남코게임즈 ●AVG ●2012년 4월 26일 ●5,981엔
●플레이 명수 : 1인 ●세이브 용량 : 480KB 이상

애니메이션도 호평 받았던 라이트 노벨의 게임판. 단칸방에서 훈훈한 생활을 보내는 어드벤처 게임이다. 원작자가 직접 시나리오를 썼기에, 마음을 울리는 감동의 스토리가 펼쳐진다.

CERO C 컨셉션 : 내 아이를 낳아줘!

●스파이크 춘소프트 ●RPG ●2012년 4월 26일 ●5,980엔
●플레이 명수 : 1인 ●세이브 용량 : 640KB 이상

이세계로 소환된 주인공이, 선택받은 무녀들과 아이를 만드는 RPG. 아이가 이세계의 저주를 모두 정화시켜야만 원래 세계로 돌아갈 수 있다. 무녀들과 연애해 강한 아이를 만들자.

CERO B 슈타인즈 게이트 : 비익연리의 달링

●5pb. ●AVG ●2012년 4월 26일 ●5,800엔
●플레이 명수 : 1인 ●세이브 용량 : 672KB 이상

Xbox 360용 게임의 이식작. 2011년 발매되었던 「슈타인즈 게이트」의 팬 디스크로서, 호평 받았던 시스템은 여전하지만, 원작의 심각한 전개 대신 달콤한 스토리 위주로 진행된다.

CERO B 스카렛 라이더 젝스 I+FD 포터블

●레드 엔터테인먼트 ●AVG ●2012년 4월 26일 ●7,800엔
●플레이 명수 : 1인 ●세이브 용량 : 본편 420KB 이상, FD 420KB 이상

PS2용 게임의 이식작. PS2판에서는 각각 별매였던 본편과 팬 디스크를 한 패키지로 통합한 세트다. 이세계의 침략자에 맞서기 위해, 교관이 되어 6명의 소년을 단련시키자.

CERO B 페이즈 D : 주회의 장

●부스트 온 ●AVG ●2012년 4월 26일 ●3,780엔
●플레이 명수 : 1인 ●세이브 용량 : 800KB 이상

의문의 존재 '페이즈 D'를 다루는 SF 어드벤처 게임 시리즈의 최종장. 혼수상태로 입원중인 주인공 '미야기시 유키토'와, 페이즈 D와 깊이 관련된 여성의 양녀 '이치시 렌'이 이끄는 스토리다.

CERO B 미래일기 : 13번째 일기 소유자 RE:WRITE

●카도카와 게임즈 ●AVG ●2012년 4월 26일 ●4,800엔
●플레이 명수 : 1인 ●세이브 용량 : 288KB 이상

2010년 발매된 「~13번째 일기 소유자」의 리메이크판. 애니메이션판 기준으로 풀보이스화했으며, 시나리오도 전작 대비 130%로 증량됐다. 전자책 만화풍의 화면 연출도 추가했다.

CERO A 메이저리그 베이스볼 2K12

●테이크투 인터랙티브 재팬 ●SPT ●2012년 4월 26일 ●4,800엔
●플레이 명수 : 1인(애드혹 : 2인) ●세이브 용량 : 2928KB 이상

당시 메이저리그 시즌 개막에 맞춰 발매된 야구 게임. 2012년 구단명을 변경하고 새 구장을 오픈했던 마이애미 말린스 팀도 반영했다. 감독이 되어 계투진을 직접 짜볼 수도 있다.

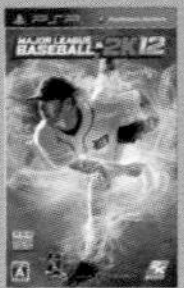

CERO C 내 여동생이 이렇게 귀여울 리가 없어 포터블이 계속 될 리가 없어

●반다이남코게임즈 ●AVG ●2012년 5월 17일 ●5,981엔
●플레이 명수 : 1인 ●세이브 용량 : 디스크 1 3072KB 이상, 디스크 2 3104KB 이상

2011년 발매되었던 전작에 이은 게임화 제2탄. 원작자가 직접 낸 아이디어가 가득 담긴 오리지널 스토리가 전개된다. Live2D 기술을 도입하여, 캐릭터의 모션이 부드럽게 움직인다.

브라더즈 컨플릭트 : 패션 핑크

CERO C
●아이디어 팩토리 ●SLG ●2012년 5월 17일 ●5,800엔
●플레이 명수 : 1인 ●세이브 용량 : 450KB 이상

당시 월간 '실프'에서 연재 중이었던 같은 제목 만화의 게임판. 어드벤처 모드와 시뮬레이션 모드로 구성했으며, 한 지붕 아래에서 일어나는 금단의 남매간 러브 스토리가 펼쳐진다.

문명개화 아오이 극단 이문록 재연

CERO B
●후류 ●AVG ●2012년 5월 17일 ●5,800엔
●플레이 명수 : 1인 ●세이브 용량 : 704KB 이상

2011년 발매된 「문명개화 아오이 극단 이문록」의 업그레이드판. 추가 요소로서, 전작에 없었던 '사루토비 히소카'·'후쿠자와 유키치'·'산유테이 호센'과의 뜨거운 스토리도 수록했다.

여신전생 페르소나 2 : 벌(罰)

CERO B
●아틀라스 ●RPG ●2012년 5월 17일 ●5,980엔
●플레이 명수 : 1인 ●세이브 용량 : 672KB 이상

「여신전생 페르소나 2 : 죄」의 패러렐 스토리이자 완결작. 전작 주인공의 막간 스토리를 그린 시나리오가 추가됐으며, 로딩 시간을 단축했고 밸런스도 대폭적으로 조정했다.

합격도장 자격증 탈취! : 증권외무원시험 포터블

CERO 教育・データベース
●미디어파이브 ●ETC ●2012년 5월 17일 ●3,619엔
●플레이 명수 : 1인 ●세이브 용량 : 256KB 이상

금융기관에서 금융상품을 추천·판매하려면 필요한 자격증을 취득하기 위한 학습용 소프트. 자격 1종·2종에 모두 대응하며, 합격하면 증권업계·은행업계 등에서 활약할 수 있다.

노래의☆왕자님♪ Debut

CERO C
●브로콜리 ●AVG ●2012년 5월 24일 ●5,800엔
●플레이 명수 : 1인 ●세이브 용량 : 352KB 이상

음악이 소재인 여성용 연애 어드벤처 게임 시리즈의 신작. 샤이닝 사무소 준소속 작곡가가 된 주인공이, 신인 아이돌이자 파트너인 프린스들의 정식 데뷔를 목표로 매진한다.

엘미나쥬 고딕 : 울름 자키르와 어둠의 의식

CERO B
●스타피시 SD ●RPG ●2012년 5월 24일 ●5,800엔
●플레이 명수 : 1인 ●세이브 용량 : 320KB 이상

중세 분위기를 중시한 고딕한 느낌과, 담백하면서도 만만찮은 게임성이 특징인 왕도형 던전 RPG. 호평 받았던 시스템은 유지하면서도, 절묘한 밸런스와 깊이로 중독성을 한층 늘렸다.

십삼지연의 : 언월삼국전

CERO C
●아이디어 팩토리 ●AVG ●2012년 5월 24일 ●5,800엔
●플레이 명수 : 1인 ●세이브 용량 : 768KB 이상

오토메이트와 RED가 콜라보레이션한 작품. 고양이귀가 돋아난 '묘족'과 인간이 공존하는 중국대륙에서, 주인공과 삼국지 영웅들 간의 연애담을 그렸다. 전장에서는 항상 선택을 해야 한다.

스이게츠 이(弐) 포터블

CERO C
●GN 소프트웨어 ●AVG ●2012년 5월 24일 ●5,980엔
●플레이 명수 : 1인 ●세이브 용량 : 1120KB 이상

PS3용 게임의 이식작. 2008년 발매되었던 「스이게츠」의 속편으로서, 일본 민속학과 전승에 기반한 새로운 스토리가 펼쳐진다. 매력적인 히로인 4명에, 서브 캐릭터도 8명 등장한다.

위험한 사랑의 수사실

CERO C
●컴로제 ●AVG ●2012년 5월 31일 ●6,000엔
●플레이 명수 : 1인 ●세이브 용량 : 416KB 이상

모바일 앱 게임의 이식작. 앱판의 1st·2nd 시즌을 합본한 타이틀이다. 호화 성우진이 참여한 풀보이스로 게임을 즐길 수 있으며, 사이드 스토리는 PSP판만의 오리지널 시나리오다.

신과 연심

CERO B
●TAKUYO ●AVG ●2012년 5월 31일 ●6,800엔
●플레이 명수 : 1인 ●세이브 용량 : 512KB 이상

성당이 무대인 여성용 연애 어드벤처 게임. 천진난만한 견습 수녀인 주인공, 3명의 견습 신부와 그 친구들, 소꿉친구와 신부들 사이에서 싹트는 사랑과 순애의 스토리다.

각종 아이콘: Best Best판 출시 / VITA 호환 PS Vita와 호환됨 / UMD Passport UMD Passport 지원

창흑의 쐐기 : 비색의 조각 3 포터블 – 내일로 이어지는 문

CERO B

●아이디어 팩토리 ●AVG ●2012년 5월 31일 ●5,800엔
●플레이 명수 : 1인 ●세이브 용량 : 640KB 이상

VITA 호환

2012년 발매됐던 「창흑의 쐐기 : 비색의 조각 3」의 팬 디스크. 전작의 후일담 에피소드가 메인 컨텐츠이며, 생일 축하나 데이트 신청 등의 상황별 스페셜 보이스도 수록했다.

단죄의 마리아 : 라 캄파넬라

CERO C

●가린 엔터테인먼트 ●AVG ●2012년 5월 31일 ●5,800엔
●플레이 명수 : 1인 ●세이브 용량 : 1600KB 이상

PC용 게임의 이식작. 악마가 빙의된 엑소시스트가 주인공인 여성용 연애 어드벤처 게임이다. 원작은 비련의 엔딩이 많았으나, 이식 과정에서 달콤한 이벤트와 전개를 늘렸다.

츠요키스 3학기 포터블

CERO C

●레볼루션 ●AVG ●2012년 5월 31일 ●6,500엔
●플레이 명수 : 1인 ●세이브 용량 : 256KB 이상

VITA 호환

2010년 발매되었던 「츠요키스 2학기」의 속편. 사립 류메이칸 고교에서, 졸업을 앞둔 쿠로가네 오토메 등의 히로인들에 둘러싸인 주인공이 펼치는 학교생활을 그린 작품이다.

파이 브레인 : 인연의 퍼즐

CERO A

●아크시스템웍스 ●PZL ●2012년 5월 31일 ●4,800엔
●플레이 명수 : 1인 ●세이브 용량 : 416KB 이상

VITA 호환

인기 애니메이션의 게임판. 원작의 세계관을 활용한 퍼즐 게임으로서, 원작에 등장했던 대형 3D 퍼즐도 재현했다. 퍼즐작가 고나이 쿠니요시가 감수한 본격 퍼즐 300문제를 수록했다.

블레이블루 컨티뉴엄 시프트 익스텐드

CERO C

●아크시스템웍스 ●ACT ●2012년 5월 31일 ●4,800엔
●플레이 명수 : 1인(애드혹 통신시 : 2~4인) ●세이브 용량 : 348KB 이상

VITA 호환

신규 스토리 4종을 추가하고 밸런스를 조정한, 게임기 전용 이식작. PSP판은 다양한 「블레이블루」 관련 퀴즈에 도전하는 'BBQ'라는 이름의 모드가 추가되어 있다.

합격도장 자격증 탈취! : 케어매니저시험 포터블

CERO 教育・データベース

●미디어파이브 ●ETC ●2012년 5월 31일 ●3,620엔
●플레이 명수 : 1인 ●세이브 용량 : 256KB 이상

VITA 호환

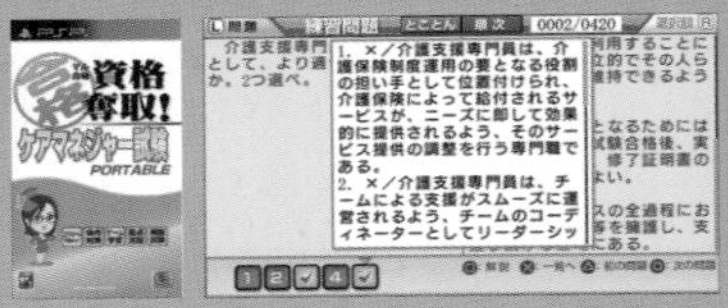

일본에서 2000년 제정된 '간호지원전문원' 자격증의 학습용 소프트. 간호보험제도의 핵심에 해당하는 인기 자격증을, 해설이 있는 시험문제와 게임처럼 배우는 중요 용어로 공부한다.

스톰 러버 카이!! [快]

CERO B

●D3 퍼블리셔 ●AVG ●2012년 6월 7일 ●4,800엔
●플레이 명수 : 1인 ●세이브 용량 : 1152KB 이상

2010년 발매되었던 「스톰 러버」의 리메이크판. 캐릭터 및 이벤트 CG를 리뉴얼했으며, 데이트 이벤트 및 공략 캐릭터와의 사이드 스토리 등, 다방면의 컨텐츠를 추가했다.

AKIBA'S TRIP PLUS

CERO C

●어콰이어 ●ACT ●2012년 6월 14일 ●3,800엔
●플레이 명수 : 1인 ●세이브 용량 : 416KB 이상

VITA 호환

2011년 발매되었던 「AKIBA'S TRIP」의 업데이트판. 캐릭터 모델을 리뉴얼했고, 대화도 풀보이스화시켰다. 적의 옷을 벗겨버리면 수치심에 몸부림을 치며 소리를 지르기도 한다.

폭탄★판단

CERO B

●아이디어 팩토리 ●AVG ●2012년 6월 14일 ●5,800엔
●플레이 명수 : 1인 ●세이브 용량 : 653KB 이상

게임을 모티브로 삼아 디자인된 테마파크가 무대인 여성용 연애 어드벤처 게임. 테마파크 폭파를 저지하기 위해, 남성 6명과 함께 범인이 세팅한 7일간의 게임에 참가해보자.

월드 네버랜드 : 나루루 왕국 이야기

CERO A

●알티 ●SLG ●2012년 6월 14일 ●3,800엔
●플레이 명수 : 1인 ●세이브 용량 : 480KB 이상

VITA 호환

2010년 발매된 「~나루루 왕국 이야기」의 패키지판. 가상의 나라 '나루루 왕국'에서 생활하는 이세계 체험 시뮬레이션 게임이다. 직업·연애·육아 등의 새로운 인생을 만끽해 보자.

CERO 등급 아이콘 A B C D Z 教育・データベース

컨텐츠 명시 아이콘: 연애 / 선정성 / 폭력성 / 공포 / 음주·흡연 / 사행성 / 범죄 / 약물 / 언어·기타

아르카나 파밀리아 : 유령선의 마술사

CERO B

●컴포트 ●AVG ●2012년 6월 21일 ●5,800엔
●플레이 명수 : 1인 ●세이브 용량 : 352KB 이상

2011년 발매되었던 「아르카나 파밀리아」의 팬 디스크. '소년만화×여성용 게임'이라는 기본 컨셉은 동일하며, 본편 종료 후의 달달한 추가 에피소드를 잔뜩 즐길 수 있다.

싸움대장 Bros. : 도쿄 배틀로얄

CERO B

●스파이크 춘소프트 ●ACT ●2012년 6월 21일 ●4,980엔
●플레이 명수 : 1~2인 ●세이브 용량 : 400KB 이상

이번엔 주인공이 2명인, 인기 주먹질 액션 게임의 번외편. '노려보기 빔'과 '시비 배틀' 등의 독특한 시스템은 여전하며, 더블 주인공이라 가능한 '태그 필살기' 등의 신규 시스템도 있다.

아라비안즈 로스트 : The engagement of desert

CERO C

●퀸로제 ●AVG ●2012년 6월 28일 ●8,500엔
●플레이 명수 : 1인 ●세이브 용량 : 256KB 이상

주인공부터 공략 캐릭터들까지 모두 악인인 여성용 연애 어드벤처 게임. 도적왕의 딸이 평범한 소녀가 되겠다는 목표 하에, 부모가 권한 혼담을 파기하려 단기간에 거금을 모은다는 스토리다.

unENDing Bloody Call

CERO C

●BlueMoon ●AVG ●2012년 6월 28일 ●5,800엔
●플레이 명수 : 1인 ●세이브 용량 : 950KB 이상

PC용 게임의 이식작. 인간과는 다른 존재인 '반기'(半綺)가 뒤섞여 사는 도시가 무대인 여성용 연애 어드벤처 게임. 일상의 뒤편에서 벌어지는 조용한 투쟁을 그려낸 스토리다.

제너레이션 오브 카오스 6

CERO C

●아이디어 팩토리 ●SRPG ●2012년 6월 28일 ●5,800엔
●플레이 명수 : 1인 ●세이브 용량 : 260KB 이상

인기 시뮬레이션 RPG의 제6탄. 중세 유럽을 닮은 이세계에서 2명의 오빠가 여동생에 걸려있는 저주를 풀 단서를 찾아 헤맨다는, 비애가 가득하고 무거운 스토리가 전개된다.

스트라이크 위치스 : 백은의 날개

CERO C

●카도카와 게임즈 ●STG ●2012년 6월 28일 ●5,980엔
●플레이 명수 : 1인 ●세이브 용량 : 704KB 이상

같은 제목의 인기 애니메이션이 원작인 3D 슈팅 게임. 화려한 '위치'들이 몰려오는 적 캐릭터들에 종횡무진으로 맞서 싸운다. 스토리는 애니메이션판 최종화의 후일담에 해당한다.

디에스 이레 : Amantes amentes

CERO D

●라이트 ●AVG ●2012년 6월 28일 ●6,800엔
●플레이 명수 : 1인 ●세이브 용량 : 256KB 이상

PC용 게임의 이식작. 현대 일본에서 주인공과 성창 13기사단이 벌이는 싸움을 그린 미소녀 전기물 어드벤처 게임이다. 이식 과정에서 완전 신규 엔딩과 신규 루트를 추가하였다.

백의성 연애 증후군 RE:Therapy

CERO C

●사이버프론트 ●AVG ●2012년 6월 28일 ●4,800엔
●플레이 명수 : 1인 ●세이브 용량 : 576KB 이상

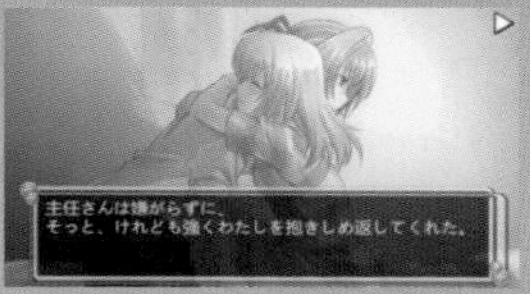

「백의성 연애 증후군」에 신규 요소를 추가한 어드벤처 게임. 의료·연애 관련 시나리오의 볼륨 확충, 공략대상 추가, 시스템 개량, 오프닝 무비 변경 등의 차이점이 있다.

앵화전국 포터블

CERO C

●알케미스트 ●AVG ●2012년 7월 5일 ●6,800엔
●플레이 명수 : 1인 ●세이브 용량 : 544KB 이상

PC용 게임의 이식작. 다케다 신겐·우에스기 겐신 등의 일본 전국시대 무장들이 미소녀로 전생해 활약하는 어드벤처 게임이다. '센고쿠 학원'에서, 주인공 수난의 나날들을 만끽해 보자.

토리코 : 미식 서바이벌! 2

CERO A

●반다이남코게임즈 ●ACT ●2012년 7월 5일 ●4,981엔
●플레이 명수 : 1인 (애드혹 모드 : 2인) ●세이브 용량 : 160KB 이상

2011년 발매된 「토리코 : 미식 서바이벌!」의 업그레이드판. 호쾌한 필살기까지도 구사할 수 있는 헌팅 액션 게임이다. 미식가 사천왕 전원이 등장하며, 서포트 캐릭터도 늘어났다.

각종 아이콘 Best Best판 출시 VITA 호환 PS Vita와 호환됨 UMD Passport UMD Passport 지원

CERO A 아이루로 퍼즈루

●캡콤 ●PZL ●2012년 7월 19일 ●2,848엔
●플레이 명수 : 1인(애드혹 모드시 : 2인) ●세이브 용량 : 416KB 이상 VITA 호환

「몬스터헌터」 시리즈의 마스코트 '아이루'가 주인공인 타이틀. 같은 색깔의 젬을 폭탄젬에 붙여 없애가는 낙하계 퍼즐 게임이다. 일발역전의 찬스와 필살기 등도 준비돼 있다.

CERO D 아가레스트 전기 마리아쥬

●컴파일 하트 ●RPG ●2012년 7월 19일 ●5,800엔
●플레이 명수 : 1인 ●세이브 용량 : 320KB 이상

PC와 PS3로 발매되었던 판타지 RPG 「아가레스트 전기」의 외전작. 주인공의 능력을 다음 세대가 이어받는다는 전작의 시스템은 그대로이며, 맺어진 히로인과의 신혼생활도 즐길 수 있다.

CERO C 키미카레 : 신학기

●아이디어 팩토리 ●AVG ●2012년 7월 19일 ●5,800엔
●플레이 명수 : 1인 ●세이브 용량 : 615KB 이상

일본에서 인기였던 휴대폰 게임의 이식작. 요츠바 학원의 학생이 되어, 남에게 말할 수 없는 '비밀'을 같은 학교의 선배 및 후배와 공유해 보자. 원작과는 다른 엔딩도 수록했다.

CERO A 실황 파워풀 프로야구 2012

●코나미디지털엔터테인먼트 ●SPT ●2012년 7월 19일 ●5,000엔
●플레이 명수 : 1인 ●세이브 용량 : 600KB 이상 VITA 호환

시스템을 개선하여 더욱 즐기기 편해진 '파워프로' 시리즈 신작. 볼이 배트에 맞기 쉽도록 바뀌어, 수비가 이전작들 이상으로 중요해졌다. 선수들의 능력치도 대폭적으로 변경되었다.

CERO A 신(新) 검과 마법과 학원물. : 시간의 학원

●어콰이어 ●RPG ●2012년 7월 19일 ●5,695엔
●플레이 명수 : 1인 ●세이브 용량 : 610KB 이상 VITA 호환

시리즈 전작에서 시스템을 완전 리뉴얼해 필드형 RPG화한 오리지널 신작. 풍부한 캐릭터 메이킹 시스템은 여전하나, 전학생에 의해 루트가 분기되는 등 스토리 전개를 차별화했다.

CERO C 타임 트래블러즈

●레벨 파이브 ●AVG ●2012년 7월 19일 ●5,695엔
●플레이 명수 : 1인 ●세이브 용량 : 1200KB 이상 VITA 호환

5명의 주인공을 '재핑'으로 전환해 가며, 시간여행과 도쿄 소멸 위기를 둘러싼 스토리를 진행하는 비주얼 노벨 게임. 모든 장면이 풀 모션 3D 애니메이션 형태로 표현된다.

CERO A 디지몬 월드 Re:Digitize

●반다이남코게임즈 ●RPG ●2012년 7월 19일 ●4,981엔
●플레이 명수 : 1인(통신시 2~4인) ●세이브 용량 : 352KB 이상 VITA 호환

3가지 스토리를 즐기는 인기 육성 RPG. 이차원 '디지털 월드'에 흘러들어온 주인공이, 원래 세계로 돌아가기 위해 디지몬들과 여행을 떠난다. 디지몬은 주인공과의 인연으로 진화한다.

CERO B 십귀의 인연 : 세키가하라 기담

●아이디어 팩토리 ●AVG ●2012년 7월 19일 ●5,800엔
●플레이 명수 : 1인 ●세이브 용량 : 700KB 이상

일본 전국시대가 무대인 여성용 연애 어드벤처 게임. '세키가하라 전투'를 앞두고 전운이 감도는 와중, '귀신'인 주인공은 '야세히메'를 잠에서 깨워 인간사회와의 관계를 끊어야만 한다.

CERO B 무쌍 오로치 2 Special

●코에이테크모게임즈 ●ACT ●2012년 7월 19일 ●5,800엔
●플레이 명수 : 1인(애드혹 모드 : 2~4인) ●세이브 용량 : 600KB 이상 VITA 호환

PS3용 게임의 이식작. 「무쌍 오로치 2」의 개량판으로서, 신 캐릭터인 아베노 세이메이 등까지 무려 120명의 캐릭터가 등장한다. 일본과 중국의 영웅들이 드라마틱한 전투를 펼친다.

CERO C 그림 더 바운티 헌터

●퀸로제 ●AVG ●2012년 7월 26일 ●6,000엔
●플레이 명수 : 1인 ●세이브 용량 : 416KB 이상 VITA 호환

'그림 동화'의 귀여움과 잔혹함을 겸비한 여성용 연애 어드벤처 게임. 현상금 사냥꾼이 범죄자를 처단하는 세계에서, 견습 현상금 사냥꾼인 소녀가 펼치는 파란만장한 사랑 이야기다.

크로노 벨트 : Schwarz Oath

CERO C (15才以上対象)

●부스트 온 ●AVG ●2012년 7월 26일 ●4,800엔
●플레이 명수 : 1인 ●세이브 용량 : 608KB 이상

히가시데 유이치로의 작품인 「아야카시비토」와 「블릿 버틀러즈」를 크로스오버시킨 어드벤처 게임. PC용 게임의 이식작이며, 신규 시나리오와 이벤트 CG를 추가했다.

가장 끝자락의 이마 포터블

CERO D (17才以上対象)

●사이버프론트 ●AVG ●2012년 7월 26일 ●5,800엔
●플레이 명수 : 1인 ●세이브 용량 : 1376KB 이상

다나카 로미오가 집필한 철학적인 시나리오로 유명한 쥬브나일 어드벤처 게임. PC용 게임의 이식작으로서, 시나리오를 일부 수정했고 이벤트 CG를 추가했으며, 연출도 강화했다.

삼국연전기 : 소녀의 병법!

CERO B (12才以上対象)

●프로토타입 ●AVG ●2012년 7월 26일 ●5,600엔
●플레이 명수 : 1인 ●세이브 용량 : 416KB 이상

PC용 게임의 이식작. 삼국지의 영웅들과 연애를 즐기는 여성용 어드벤처 게임이다. 이식 과정에서 공략대상에 '원양'을 추가했으며, 기존 캐릭터에는 애프터 에피소드를 덧붙였다.

시로쿠마 벨스타즈♪ : 해피 홀리데이즈!

CERO B (12才以上対象)

●부스트 온 ●AVG ●2012년 7월 26일 ●5,800엔
●플레이 명수 : 1인 ●세이브 용량 : 224KB 이상

PC용 게임의 이식작. 무대인 시로쿠마 마을에서, 직업으로 순록 역할을 맡고 있는 주인공이 신참 산타 소녀들과 함께 행복을 배달한다는 스토리다. 신규 CG와 에피소드를 다수 추가했다.

슈퍼 단간론파 2 : 안녕히, 절망학원

CERO C (15才以上対象)

●스파이크 춘소프트 ●AVG ●2012년 7월 26일 ●5,980엔
●플레이 명수 : 1인 ●세이브 용량 : 550KB 이상

2010년 발매되었던 「단간론파」의 속편. 남국의 정서가 넘치는 재버워크 섬이 무대로서, 이 섬에 갇힌 학생들이 '살인 게임'을 반복하며 섬에서 탈출을 꾀한다는 스토리다. 전작과는 달리 개방적인 공간임에도 살인사건이 벌어지며, 증거를 모아서 사건의 진상을 밝혀내는 '학급재판'에서는 슈팅·퍼즐·리듬 액션 등 다양한 게임 장르를 융합시킨 추리가 전개된다.

DUNAMIS15

CERO D (17才以上対象)

●5pb. ●AVG ●2012년 7월 26일 ●5,800엔
●플레이 명수 : 1인 ●세이브 용량 : 1216KB 이상

전체가 학교로 구성된 외딴섬 '듀나미스 베이스'를 무대로 삼아, '클론'과 '루프'를 테마로 스토리를 전개하는 어드벤처 게임. 총 5장에 걸쳐 루프되는 스토리를, 각각 다른 시점으로 체험한다.

나유타의 궤적

CERO B (12才以上対象)

●니혼팔콤 ●ARPG ●2012년 7월 26일 ●5,800엔
●플레이 명수 : 1인 ●세이브 용량 : 512KB 이상

「궤적」 시리즈의 파생작인 액션 RPG. 외딴섬이 무대로서, '나유타'와 '노이' 콤비가 다양한 액션을 구사하여 적들을 쓰러뜨리며 스테이지를 클리어해 간다.

올 가면라이더 : 라이더 제네레이션 2

CERO A (全年齢対象)

●반다이남코게임즈 ●ACT ●2012년 8월 2일 ●5,981엔
●플레이 명수 : 1인(통신시 : 2인) ●세이브 용량 : 128KB 이상

'가면라이더'계 게임 사상 최다인 1000명의 캐릭터가 등장하는 액션 게임. 사상 최대의 라이더 대전을 즐길 수 있다. 사용 가능한 라이더 50명에는 필살기 연출도 준비돼 있다.

콥스 파티 THE ANTHOLOGY : 사치코의 연애유희♥ Hysteric Birthday 2U

CERO D (17才以上対象)

●5pb. ●AVG ●2012년 8월 2일 ●4,800엔
●플레이 명수 : 1인 ●세이브 용량 : 416KB 이상

「콥스 파티」 시리즈의 번외편. 원작자 케도인을 포함해 시나리오 작가 9명이 참여한 앤솔로지 작품이다. 텐진 초등학교에 군림하는 최강의 원령 '사치코'의 이야기를 즐길 수 있다.

HARDWARE
2004
2005
2006
2007
2008
2009
2010
2011
2012
2013
2014
2015
2016
INDEX

각종 아이콘: Best판 출시 / PS Vita와 호환됨 / UMD Passport 지원

CERO C 이 부실은 귀가하지 않는 부가 점거했습니다 포터블 : 학교 서머 워즈 편

●부스트 온 ●AVG ●2012년 8월 2일 ●5,800엔
●플레이 명수 : 1인 ●세이브 용량 : 1000KB 이상

인기 라이트 노벨의 게임판. 여름방학중인 학교를 무대로, '귀가하지 않는 부'와 학생회 간의 대결을 그렸다. 원작자가 감수한 멀티 스토리와 멀티 엔딩을 즐길 수 있다.

CERO C 가라! 부르냥맨 포터블 : 되찾아라! 사랑과 정의의 희망의 참치캔

●알케미스트 ●STG ●2012년 8월 2일 ●4,800엔
●플레이 명수 : 1인 ●세이브 용량 : 576KB 이상

VITA 호환

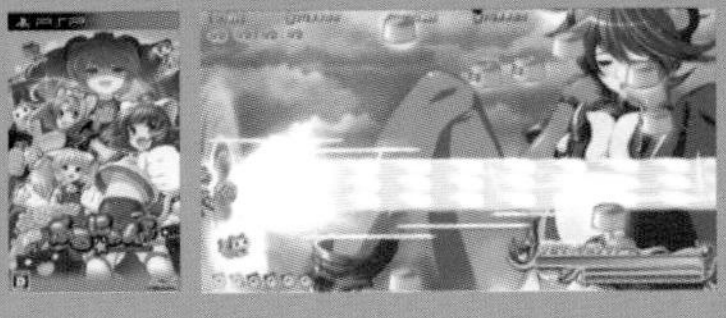

PC용 게임을 이식한, 부르마를 입은 고양이를 조작해 쥐 군단과 맞서 싸우는 횡스크롤 슈팅 게임. 신 캐릭터인 '메이냥맨'을 사용할 수 있다.

CERO A 니코리의 스도쿠 LITE 제1집

●햄스터 ●PZL ●2012년 8월 2일 ●1,429엔
●플레이 명수 : 1인 (애드혹시 : 2~4인) ●세이브 용량 : 512KB 이상

퍼즐잡지 '퍼즐통신 니코리'의 퍼즐 100문제를 즐길 수 있는 염가판. 스도쿠·누리카베·헤야와케로 총 3가지 퍼즐을 수록했으며, 추가 문제의 다운로드 서비스도 제공했다.

CERO A 니코리의 스도쿠 LITE 제2집

●햄스터 ●PZL ●2012년 8월 2일 ●1,429엔
●플레이 명수 : 1인 (애드혹시 : 2~4인) ●세이브 용량 : 512KB 이상

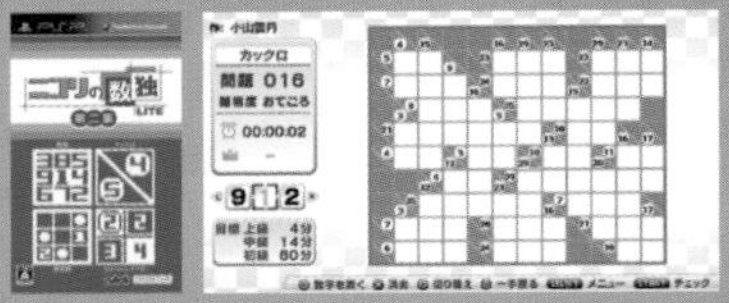

'퍼즐통신 니코리'의 퍼즐 100문제를 즐길 수 있는 염가판. 스도쿠·가쿠로·미술관·혼자 있고 싶어까지 총 4가지 퍼즐을 수록했으며, 추가 문제의 다운로드 서비스도 제공했다.

CERO A 니코리의 스도쿠 LITE 제3집

●햄스터 ●PZL ●2012년 8월 2일 ●1,429엔
●플레이 명수 : 1인 (애드혹시 : 2~4인) ●세이브 용량 : 512KB 이상

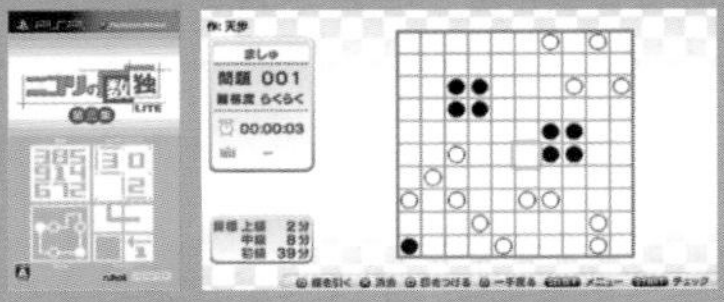

'퍼즐통신 니코리'의 퍼즐 100문제를 즐길 수 있는 염가판. 스도쿠·슬리더 링크·진주·야지린까지 총 4가지 퍼즐을 수록했으며, 추가 문제의 다운로드 서비스도 제공했다.

CERO A 니코리의 스도쿠 LITE 제4집

●햄스터 ●PZL ●2012년 8월 2일 ●1,429엔
●플레이 명수 : 1인 (애드혹시 : 2~4인) ●세이브 용량 : 512KB 이상

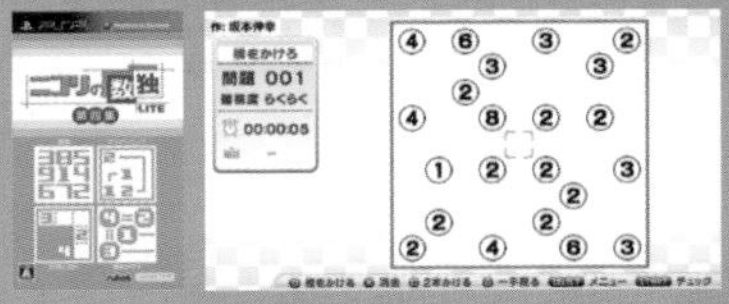

'퍼즐통신 니코리'의 퍼즐 100문제를 즐길 수 있는 염가판. 스도쿠·넘버 링크·네모 자르기·다리 놓기까지 총 4가지 퍼즐을 수록했으며, 추가 문제의 다운로드 서비스도 제공했다.

CERO B 탐정 오페라 밀키 홈즈 1.5 : 제6화 - '비하인드 더 마스크'

●부시로드 ●AVG ●2012년 8월 8일 ●1,000엔(소비세 포함)
●플레이 명수 : 1인 ●DL 데이터 용량 : 120MB

VITA 호환

다운로드 판매 전용 타이틀

같은 제목 미소녀 어드벤처 게임의 다운로드판 중 최종화. 탐정 지망생 소녀 4명이 활약하는 스토리로서, 추리 어드벤처와 애니메이션 배틀을 조합한 게임 시스템이다.

CERO D 푸른 바다의 트리스티아 : 10주년 메모리얼 팩

●사이버프론트 ●AVG ●2012년 8월 9일 ●14,800엔
●플레이 명수 : 1인 ●세이브 용량 : 각 소프트별로 다름

시리즈 발매 10주년을 기념해, 「푸른 바다의 트리스티아」·「푸른 하늘의 네오스피어」·「새벽의 아마네카와 푸른 거신」·「백은의 칼과 창공의 여왕」을 합본 수록한 패키지.

CERO C 푸른 바다의 트리스티아 포터블 : 나노카 프랑카 발명공방기

●사이버프론트 ●SLG ●2012년 8월 9일 ●4,800엔
●플레이 명수 : 1인 ●세이브 용량 : 384KB 이상

VITA 호환

10년 전 드래곤의 습격을 받았던 트리스티아 마을을 다양한 발명품으로 부흥시키는 시뮬레이션 게임. 아이템을 연구하고 제작하여 마을에서 판매하는 식으로 경제를 발전시켜 간다.

CERO C 푸른 하늘의 네오스피어 포터블 : 나노카 프랑카 발명공방기 2

●사이버프론트 ●SLG ●2012년 8월 9일 ●4,800엔
●플레이 명수 : 1인 ●세이브 용량 : 320KB 이상

VITA 호환

주인공 '나노카 프랑카'가 이번엔 공중도시 네오스피어를 방문해, 도시 부흥 계획을 진행한다. '컨디션' 수치가 추가되었기에, 컨디션 관리의 성패가 게임 진행에도 영향을 미친다.

CERO B L.G.S : 신설 봉신연의

●아이디어 팩토리 ●AVG ●2012년 8월 9일 ●5,800엔
●플레이 명수 : 1인 ●세이브 용량 : 1100KB 이상

중국의 고전 '봉신연의'가 원작인 여성용 연애 어드벤처 게임. 원작의 서브 캐릭터인 양전이 주인공으로서, 봉신계획의 일원으로 싸우면서 동료들과 인연·사랑을 키워간다는 스토리다.

CERO A 쿠로코의 농구 : 기적의 시합

●반다이남코게임즈 ●SLG ●2012년 8월 9일 ●4,981엔
●플레이 명수 : 1인 ●세이브 용량 : 448KB 이상

어드벤처 파트와 연습 파트를 통해 팀워을 쌓으면서 세이린 고교 농구부를 육성해, '기적의 세대'라 불리는 과거의 동료들을 타도하는 것이 목적이다.

CERO B 소원, 이뤄주소서 : Daydream Reconstruct

●호프문 ●AVG ●2012년 8월 21일 ●1,000엔(소비세 포함)
●플레이 명수 : 1인 ●DL 데이터 용량 : 125MB

다운로드 판매 전용 타이틀

PC용 동인 게임의 이식작. 신비한 '세계' 내에서 기억을 잃은 소년이, 여러 소녀들과 만나 함께 '세계'에서 탈출한다는 스토리다. 원작의 바스트업 그래픽을 전부 새로 재제작했다.

CERO B 탐정 오페라 밀키 홈즈 2

●부시로드 ●AVG ●2012년 8월 23일 ●4,980엔
●플레이 명수 : 1인 ●세이브 용량 : 1344KB 이상

2010년 발매되었던 「탐정 오페라 밀키 홈즈」의 속편. 호평 받았던 전작의 시스템은 유지하면서도, 시나리오를 증량했고 음성도 1.5배로 늘려 견습 탐정 4인방의 활약을 제대로 보여준다.

CERO B 바케모노가타리 포터블

●반다이남코게임즈 ●AVG ●2012년 8월 23일 ●5,981엔
●플레이 명수 : 1인(애드혹 모드 : 2인) ●세이브 용량 : 128KB 이상

니시오 이신 원작 TV 애니메이션의 게임판. 독특한 작품세계를 따라가며, 플레이어만의 '바케모노가타리'를 만들어내는 대화 배틀을 즐길 수 있다. 모든 캐릭터를 3D CG로 재현했다.

CERO B 산들바람의 멜트 : days in the sanctuary

●GN 소프트웨어 ●AVG ●2012년 8월 23일 ●5,980엔
●플레이 명수 : 1인 ●세이브 용량 : 768KB 이상

PC용 미소녀 게임의 이식작. 구전설화의 토착신 및 정령들과 주인공 간의 교류를 그린 이야기다. 보너스 요소로서, 선택한 캐릭터의 음성이 출력되는 시계 기능을 탑재했다.

CERO B 그날 본 꽃의 이름을 우리는 아직 모른다.

●5pb. ●AVG ●2012년 8월 30일 ●5,800엔
●플레이 명수 : 1인 ●세이브 용량 : 2720KB 이상

이른바 '치치부 3부작' 중 단연 대표작으로서, 약칭 '아노하나'로도 유명한 그 작품에 신규 에피소드를 추가한 어드벤처 게임. 주인공 '진땅'이 되어, 멘마와 했던 '약속'을 완수하자.

CERO B 커스텀 드라이브

●D3 퍼블리셔 ●AVG ●2012년 8월 30일 ●5,800엔
●플레이 명수 : 1인 ●세이브 용량 : 1088KB 이상

공략대상 남자의 외모·성격을 플레이어의 취향대로 변경 가능한 학원 러브 스토리물. 주인공은 훈남 알레르기를 극복하기 위해, 소꿉친구의 협력 하에 직접 '훈남'을 프로듀스하게 된다.

CERO A 기동전사 건담 AGE : 코즈믹 드라이브

●반다이남코게임즈 ●RPG ●2012년 8월 30일 ●5,696엔
●플레이 명수 : 1인(애드혹 통신 : 2~3인) ●세이브 용량 : 608KB 이상

TV 애니메이션 '기동전사 건담 AGE'의 스토리를 방송에 앞서 체험할 수 있었던 RPG. '건담 SEED'·'건담 00'의 MS도 참전한다. 이 MS들은 'AGE 시스템'으로 제조할 수도 있다.

CERO A 기동전사 건담 AGE : 유니버스 액셀

●반다이남코게임즈 ●RPG ●2012년 8월 30일 ●5,696엔
●플레이 명수 : 1인(애드혹 통신 : 2~3인) ●세이브 용량 : 608KB 이상

'기동전사 건담 AGE'의 스토리를 방송에 앞서 체험할 수 있었던 RPG. 이 작품 쪽엔 우주세기계 과거 작품들의 MS가 게스트로 참전한다. AGE의 세계에서 다양한 미션에 도전해보자.

각종 아이콘 Best판 출시 / PS Vita와 호환됨 / UMD Passport 지원

겐로[源狼] : GENROH

CERO B

●아이디어 팩토리 ●AVG ●2012년 8월 30일 ●5,800엔
●플레이 명수 : 1인 ●세이브 용량 : 900KB 이상

헤이안 시대 말기의 겐페이 전쟁이 무대인 여성용 연애 어드벤처 게임. 오슈 히라이즈미 지방에서, '천안'이라는 신비한 힘을 가진 소녀가 요시츠네 일행과 만나며 다양한 이야기가 펼쳐진다.

연애전대 LOVE&PEACE THE P.S.P. : 파워 전개! 스페셜 요소를 잔뜩 넣어 포터블화 대작전이다!

CERO C

●브로콜리 ●AVG ●2012년 8월 30일 ●5,800엔
●플레이 명수 : 1인 ●세이브 용량 : 1184KB 이상

일본 휴대폰 게임의 이식작. 여성용 게임에 전대물의 코드를 믹스한 타이틀로서, 유저는 일단 교육담당이 될 캐릭터를 선택하고, 그의 지도에 따라 '하트 핑크'로서 훈련에 매진한다.

어둠으로부터의 초대 : TENEBRAE I

CERO C

●부스트 온 ●AVG ●2012년 8월 30일 ●3,780엔
●플레이 명수 : 1인 ●세이브 용량 : 352KB 이상

30만 인구의 학원도시가 무대인 서스펜스 호러 어드벤처 게임. 대사건에 휘말려든 사람들의 이야기를 다양한 시점으로 그려낸다. 정체불명의 검은 안개에 휩싸인 섬에서 탈출하라.

바람의 검심 : 메이지 검객 낭만기 - 완성

CERO B

●반다이남코게임즈 ●ACT ●2012년 8월 30일 ●5,981엔
●플레이 명수 : 1인 (통신시 : 2인) ●세이브 용량 : 128KB 이상

2011년 발매했던 「~재섬」의 속편. 인기 캐릭터가 1 : 1로 싸우는 대전 검극 게임이다. TV 애니메이션과 OVA 양쪽의 스타일을 모두 반영했다. 신 캐릭터까지 총 30명 이상이 등장한다.

환상 크로니클

CERO A

●켐코 ●RPG ●2012년 9월 4일 ●600엔(소비세 포함)
●플레이 명수 : 1인 ●DL 데이터 용량 : 47MB

다운로드 판매 전용 타이틀

'인연'이 테마인 판타지 RPG. '수호수'라는 존재가 스토리·전투 양쪽의 핵심 포인트다. 많은 동료와 수호수를 아군으로 만들어 인연이 깊어지면, 강력한 연계기를 구사할 수 있다.

소라이로 포터블

CERO C

●사이버프론트 ●AVG ●2012년 9월 6일 ●5,800엔
●플레이 명수 : 1인 ●세이브 용량 : 384KB 이상

PC용 게임의 이식작. 소꿉친구들과의 잊을 수 없는 여름을 그려낸 순애물 어드벤처 게임이다. 이식 과정에서 히로인의 매력을 부각시킨 시나리오 4종과 CG 다수를 추가하였다.

로스트 히어로즈

CERO B

●반다이남코게임즈 ●RPG ●2012년 9월 6일 ●5,981엔
●플레이 명수 : 1인 ●세이브 용량 : 352KB 이상

'울트라맨'·'가면라이더'·'건담'이 하나의 세계에서 함께 모험하는 히어로 RPG. 히어로들을 자유롭게 육성하여 다양한 스킬과 필살기를 획득하며, 몰려오는 적들에 맞서 싸워야 한다.

액셀 월드 : 은익의 각성

CERO B

●반다이남코게임즈 ●SLG ●2012년 9월 13일 ●5,981엔
●플레이 명수 : 1인 ●세이브 용량 : 1056KB 이상

애니메이션으로도 호평 받았던 대인기 라이트 노벨을 2부작으로 게임화했다. 주인공이 되어 현실세계에서는 히로인들과 학교생활을 즐기고, 가속세계에서는 듀얼 아바타로서 대전한다.

엘미나쥬 이문 : 아메노미하시라

CERO B

●스타피시 SD ●RPG ●2012년 9월 13일 ●5,800엔
●플레이 명수 : 1인 ●세이브 용량 : 320KB 이상

인기 RPG 시리즈의 세계관을 고대 일본풍으로 개변한 타이틀. 고대 일본문화가 뒤섞인 이세계 '상세'에 출몰하는 요괴들을 사냥하며, 파괴된 아마테라스 거울의 파편을 회수하자.

슈크레 포터블

CERO D

●사이버프론트 ●AVG ●2012년 9월 13일 ●6,800엔
●플레이 명수 : 1인 ●세이브 용량 : 256KB 이상

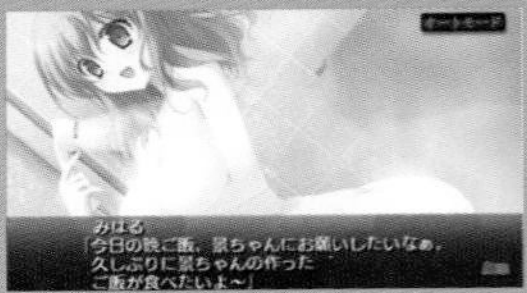

PC용 게임의 이식작. 카페를 운영하며 훈훈한 스토리를 즐기는 어드벤처 게임이다. 이식하면서 신규 시나리오와 개별 루트를 강화했으며, 꽁냥꽁냥 러브 이벤트도 다량 추가했다.

새벽의 호위 Trinity

CERO D

●5pb. ●AVG ●2012년 9월 20일 ●7,800엔
●플레이 명수 : 1인 ●세이브 용량 : 2304KB 이상

인기 미소녀 어드벤처 게임 「새벽의 호위」 시리즈 3부작을 하나로 합본한 타이틀. 추가 요소로서 이벤트 CG를 대량으로 추가했고, 주제가와 오프닝 동영상도 신규 수록했다.

백화의 함 : 비색의 조각 4

CERO B

●아이디어 팩토리 ●AVG ●2012년 9월 20일 ●5,800엔
●플레이 명수 : 1인 ●세이브 용량 : 800KB 이상

인기 시리즈의 제4탄. 이번엔 헤이안 시대를 무대로, 전승의 검을 봉인하는 무녀와 이를 둘러싼 남성들의 사랑을 그린 스토리다. '죄'를 짊어진 자들의 싸움과 그 결말을 지켜보자.

TIGER & BUNNY : 온에어 잭!

CERO B

●반다이남코게임즈 ●ACT ●2012년 9월 20일 ●5,981엔
●플레이 명수 : 1인 ●세이브 용량 : 128KB 이상

인기 애니메이션의 게임판. 주인공 '와일드 타이거'를 조작해, '버나비'와 호흡을 맞춰 다양한 사건을 해결하자. 원작의 세계관을 잘 재현한 TV프로 풍의 연출을 즐길 수 있다.

24시의 종과 신데렐라 : Halloween Wedding

CERO C

●퀸로제 ●AVG ●2012년 9월 20일 ●6,000엔
●플레이 명수 : 1인 ●세이브 용량 : 448KB 이상

동화 '신데렐라'가 모티브인 여성용 어드벤처 게임의 제2탄. 전작의 속편은 아니며, 주인공을 차녀로 바꾸어 「12시의 종과 신데렐라」의 동일 시간축 이면에서 스토리를 펼쳐나간다.

헌터×헌터 : 원더 어드벤처

CERO A

●반다이남코게임즈 ●AVG ●2012년 9월 20일 ●4,981엔
●플레이 명수 : 1인 (애드혹 통신시 : 1~2인) ●세이브 용량 : 128KB 이상

인기 만화 '헌터×헌터'의 세계를 직접 체험해볼 수 있는 액션 어드벤처 게임. 곤·키르아 등 주요 캐릭터 4명의 특성을 활용해, 광대한 필드 곳곳에 배치돼 있는 트랩을 풀어내자.

파이널 판타지 III

CERO A

●스퀘어 에닉스 ●RPG ●2012년 9월 20일 ●3,800엔
●플레이 명수 : 1인 ●세이브 용량 : 256KB 이상

FF 시리즈의 상징이 된 '잡 체인지 시스템'과 '소환마법'이 처음 도입된 「파이널 판타지 III」를 풀 3D로 리메이크한 작품. 16 : 9 화면비에 맞춰, 그래픽도 전반적으로 재조정되었다.

SD건담 G제네레이션 오버 월드

CERO A

●반다이남코게임즈 ●SLG ●2012년 9월 27일 ●5,981엔
●플레이 명수 : 1인 ●세이브 용량 : 1440KB 이상

2012년 발매되었던 「SD건담 G제네레이션 월드」의 확장판. '월드 투어'와 '월드 코어', 2가지 스토리 모드를 즐길 수 있다. 당시로선 역대 최다였던 61개 작품이 참전한다.

사랑과 선거와 초콜릿 포터블

CERO D

●아스키 미디어웍스 ●AVG ●2012년 9월 27일 ●5,980엔
●플레이 명수 : 1인 ●세이브 용량 : 1696KB 이상

PC용 게임의 이식작. 폐부 위기에 처한 식품 연구부를 지키려, 주인공이 학생회장 선거에 출마하여 당선을 노린다는 스토리다. 메인 히로인이 추가되었고, 신규 CG도 다수 증량되었다.

원탁의 생도 : The Eternal Legend

CERO B

●카도카와게임즈 ●RPG ●2012년 10월 4일 ●5,800엔
●플레이 명수 : 1인 ●세이브 용량 : 256KB 이상

PC용 게임의 이식작. 시나리오와 캐릭터성이 뛰어나 유저들의 호평을 받았던 던전 RPG다. 모험물 본연의 재미를 잘 살렸고, 학생들과의 면담과 식사 등의 이벤트도 다양하게 수록했다.

컨피덴셜 머니 : 300일 내에 3,000만 달러를 버는 법

CERO C

●아이디어 팩토리 ●AVG ●2012년 10월 4일 ●5,800엔
●플레이 명수 : 1인 ●세이브 용량 : 675KB 이상

현대의 뉴욕이 무대인 여성용 연애 어드벤처 게임. 주인공이 3,000만 달러에 달하는 기업 비자금을 노리는 범죄 그룹에 참가하여, 그 그룹의 멤버들과 연애한다는 스토리다.

각종 아이콘 | Best Best판 출시 | VITA 호환 PS Vita와 호환됨 | UMD Passport UMD Passport 지원

CERO B 서몬 나이트 3

●반다이남코게임즈 ●SRPG ●2012년 10월 4일 ●3,800엔
●플레이 명수 : 1인 ●세이브 용량 : 832KB 이상

PS2용 게임의 개변 이식판. 귀여운 캐릭터가 매력적인 시뮬레이션 RPG로서, 대량의 신규 일러스트와 '브레이브 배틀 시스템' 등 원작에 없었던 오리지널 요소를 다수 추가했다.

CERO C 솔 트리거

●이미지에포크 ●RPG ●2012년 10월 4일 ●5,980엔
●플레이 명수 : 1인 ●세이브 용량 : 640KB 이상

호화 스탭·성우가 집결한 'JRPG' 프로젝트의 신작. 혼의 힘으로 기적을 일으키는 전사들이, 빛의 민족을 탄압하는 '신기협회'와 맞선다는 스토리다. 전투가 원버튼으로 시원하게 진행된다.

CERO C 디아볼릭 러버즈

●아이디어 팩토리 ●AVG ●2012년 10월 11일 ●5,800엔
●플레이 명수 : 1인 ●세이브 용량 : 600KB 이상

새디스틱한 뱀파이어 6형제와 지극히 평범한 소녀가 엮이는 극한의 흡혈+연애 어드벤처 게임. 셀럽들이 다니는 야간학교에서, 엉망진창 성격의 꽃미남 형제들과 교류해가는 스토리다.

CERO A 골판지 전기 W(더블)

●레벨 파이브 ●RPG ●2012년 10월 18일 ●4,743엔
●플레이 명수 : 1~6인 ●세이브 용량 : 224KB 이상

인기 시리즈의 제3탄. 스토리상 「골판지 전기」의 속편이며, 주인공 기체 3기가 합체하여 신 기체 '시그마 오비스'가 된다. 주인공도 2명으로 늘었고, PS Vita판과의 통신 플레이도 가능하다.

CERO B 박앵귀 유희록 이(弐) : 축제음악과 대원들

●아이디어 팩토리 ●ETC ●2012년 10월 18일 ●5,800엔
●플레이 명수 : 1인 ●세이브 용량 : 653KB 이상

「박앵귀 유희록」(127p)의 제2탄. 경비와 구경을 겸해 축제 행사에 나온 신선조 대원들이 미니게임에 도전한다. SD 캐릭터화되어 등장하는 친숙한 대원들의 활약을 즐길 수 있다.

CERO A FIFA 13

●일렉트로닉 아츠 ●SPT ●2012년 10월 18일 ●4,743엔
●플레이 명수 : 1인(애드혹 모드시 : 2인) ●세이브 용량 : 1920KB 이상

끊임없이 진화하는 FIFA 공인 축구 게임. '어태킹 인텔리전스' 기능을 탑재해, 상대팀의 수비를 무너뜨리거나 다음 행동을 예측하는 등 고도의 전술적 플레이가 가능해졌다.

CERO B 이상한 던전 풍래의 시렌 4 plus : 신의 눈과 악마의 배꼽

●스파이크 춘소프트 ●RPG ●2012년 10월 18일 ●4,400엔
●플레이 명수 : 1인(애드혹 모드시 : 2인 / 인프라스트럭처 모드시 : 1인) ●세이브 용량 : 400KB 이상

닌텐도 DS용 게임의 이식작. 폭풍으로 인해 카히탄 섬에 갇히게 된 시렌 일행이 '재규어의 눈'을 찾아 모험한다는 스토리다. 원작인 DS판에 없었던 6곳의 던전이 새로 추가되었다.

CERO B 아이돌마스터 샤이니 페스타 : 그루비 튠

●반다이남코게임즈 ●ACT ●2012년 10월 25일 ●5,695엔
●플레이 명수 : 1인 ●세이브 용량 : 1400KB 이상

오리지널 애니메이션 'Music of love'를 동봉한, 「아이돌마스터」 브랜드의 리듬 액션 게임. 담당 아이돌은 호시이 미키, 키쿠치 마코토, 하기와라 유키호, 시죠 타카네다.

CERO B 아이돌마스터 샤이니 페스타 : 허니 사운드

●반다이남코게임즈 ●ACT ●2012년 10월 25일 ●5,695엔
●플레이 명수 : 1인 ●세이브 용량 : 1400KB 이상

오리지널 애니메이션 'Music in the world'를 동봉한, 「아이돌마스터」 브랜드의 리듬 액션 게임. 담당 아이돌은 아마미 하루카, 키사라기 치하야, 미우라 아즈사, 아키즈키 리츠코다.

CERO B 아이돌마스터 샤이니 페스타 : 펑키 노트

●반다이남코게임즈 ●ACT ●2012년 10월 25일 ●5,695엔
●플레이 명수 : 1인 ●세이브 용량 : 1400KB 이상

오리지널 애니메이션 'Music is a friend'를 동봉한, 「아이돌마스터」 브랜드의 리듬 액션 게임. 담당 아이돌은 타카츠키 야요이, 미나세 이오리, 가나하 히비키, 후타미 아미·마미다.

CERO 등급 아이콘 A B C D Z 교육·데이터베이스

컨텐츠 명시 아이콘 연애 선정성 폭력성 공포 음주·흡연 사행성 범죄 약물 언어·기타

CERO D 이 부실은 귀가하지 않는 부가 점거했습니다 포터블 : 학교 도그 이어 편

●부스트 온 ●AVG ●2012년 10월 25일 ●5,800엔
●플레이 명수 : 1인 ●세이브 용량 : 1000KB 이상

인기 라이트 노벨의 게임판 제2탄. 귀와 꼬리가 달린 '귀가하지 않는 부' 멤버들의 CG가 최신 기술 'Live2D'로 실감나게 움직인다. 원작자가 감수한 멀티 스토리를 즐겨보자.

CERO C Pia♥캐럿에 어서 오세요!! 4 : 여름의 기억

●GN 소프트웨어 ●SLG ●2012년 10월 25일 ●5,980엔
●플레이 명수 : 1인 ●세이브 용량 : 1504KB 이상

인기 성인용 미소녀 게임 시리즈의 이식작. 'Pia♥캐럿' 7호점에서 아르바이트하여, 히로인들과 친목을 다지면서 자기 자신을 육성해가자. PSP판만의 신규 이벤트도 추가되었다.

CERO D 백귀야행 : 괴담 로맨스

●퀸로제 ●AVG ●2012년 10월 25일 ●6,000엔
●플레이 명수 : 1인 ●세이브 용량 : 448KB 이상

「괴담 로맨스」 시리즈의 제2탄. 같은 해 3월 발매된 「봉마시」처럼, 인간과 요괴의 세계 경계에 있는 고교에서 요괴인 주인공과 상대가 달콤하고 떠들썩한 사랑 이야기를 펼친다.

CERO A NBA 2K13

●테이크투 인터랙티브 재팬 ●SPT ●2012년 11월 1일 ●4,800엔
●플레이 명수 : 1인 (애드혹 모드 : 2인 대전·코옵 지원) ●세이브 용량 : 1007KB 이상

선수의 모션까지 제대로 재현한 NBA 공인 농구 게임. 마이클 조던과 매직 존슨이 활약했던 바르셀로나 올림픽 당시의 미국 대표팀, 통칭 '드림팀'과도 대전할 수 있다.

CERO B 카노☆얀 : 그녀가 '얀데레'라면 어쩌지?

●시스템 프리즈마 ●AVG ●2012년 11월 1일 ●1,000엔(소비세 별도)
●플레이 명수 : 1인 ●DL 데이터 용량 : 147MB

다운로드 판매 전용 타이틀

주인공을 조작하여, '얀데레'화된 소녀를 제정신으로 되돌리자. 게임 도중 퍼즐 파트와 어드벤처 파트가 교대로 진행된다. 다양한 스타일이 뒤섞인 100문제 이상의 퍼즐을 준비했다.

CERO A 월드 사커 위닝 일레븐 2013

●코나미디지털엔터테인먼트 ●SPT ●2012년 11월 1일 ●3,791엔
●플레이 명수 : 1인 (온라인시 : 2~4인) ●세이브 용량 : 10MB 이상

볼을 차고 멈추는 등의 기본동작에 중점을 두어 제작한 「위닝 일레븐」 신작. 신규 AI를 탑재해 골키퍼의 움직임을 개선했으며, 스타 선수의 특징적인 모션도 재현하였다.

CERO A 서몬 나이트 4

●반다이남코게임즈 ●SRPG ●2012년 11월 15일 ●3,800엔
●플레이 명수 : 1인 ●세이브 용량 : 800KB 이상

PS2용 게임의 개변 이식작. 이벤트 CG와 야간 대화용 오리지널 일러스트를 새로 넣었으며, 전작의 캐릭터를 동료로 삼는 '꼭두각시 시스템' 등의 여러 신규 요소를 탑재하였다.

CERO B 하트 커넥트 : 예지 랜덤

●반다이남코게임즈 ●AVG ●2012년 11월 22일 ●5,981엔
●플레이 명수 : 1인 ●세이브 용량 : 1024KB 이상

애니메이션화도 된 인기 라이트 노벨의 게임판. 원작자가 제작에 협력한 멀티 스토리를 즐길 수 있다. 다채로운 표정의 캐릭터들이 호화 성우진의 연기와 함께 부드럽게 움직인다.

CERO C 완드 오브 포춘 2 FD : 그대에 바치는 에필로그

●아이디어 팩토리 ●AVG ●2012년 11월 22일 ●5,800엔
●플레이 명수 : 1인 ●세이브 용량 : 770KB 이상

2011년 발매되었던 「완드 오브 포춘 2」의 팬 디스크. 2편의 연애 엔딩 후일담과 보완편 '그대와의 이야기 2'를 비롯해, 「완드 오브 포춘」 1편의 번외편 등을 수록했다.

CERO B 언체인 블레이즈 엑시브

●후류 ●RPG ●2012년 11월 29일 ●5,980엔
●플레이 명수 : 1인 ●세이브 용량 : 448KB 이상

2011년 발매했던 「언체인 블레이즈 렉스」의 속편. 소원을 이뤄준다는 미궁 '티탄'이 무대인 RPG로서, 15명의 캐릭터 디자이너가 나누어 그려낸 매력적인 캐릭터들이 등장한다.

CERO A 가면라이더 슈퍼 클라이맥스 히어로즈

●반다이남코게임즈 ●ACT ●2012년 11월 29일 ●5,981엔
●플레이 명수 : 1인(애드혹 통신시 : 1~2인) ●세이브 용량 : 512KB 이상
VITA 호환

역대 가면라이더들이 1 : 1로 싸우는 대전격투 게임. 초대 '가면라이더'부터 '가면라이더 위저드'까지의 역대 라이더들이 등장한다. 호쾌하고 박력이 넘치는 액션을 즐겨보자.

CERO D 그대가 주인이고 집사가 나 : 봉사일기 포터블

●해피넷 ●AVG ●2012년 11월 29일 ●5,980엔
●플레이 명수 : 1인 ●세이브 용량 : 512KB 이상
VITA 호환

누나와 함께 쿠온지 가문에 채용된 주인공이 집사가 되어 가문의 영애들을 섬기는 연애 어드벤처 게임. 이식 과정에서 방 탈출 게임 '봉사일기'와 PS2판의 미사용 CG 등을 추가했다.

CERO B 사랑은 교칙에 얽매여선 안 돼!

●카도카와 게임즈 ●AVG ●2012년 11월 29일 ●5,800엔
●플레이 명수 : 1인 ●세이브 용량 : 1088KB 이상
VITA 호환

아스키 미디어웍스 사가 제작한 오리지널 여성용 연애 어드벤처 게임. 느닷없이 학교 이사장에 임명된 주인공이, 개성 넘치는 5명의 학생회 멤버들과 함께 학교를 운영한다는 스토리다.

CERO D 스쿨 워즈

●퀸로제 ●AVG ●2012년 11월 29일 ●6,000엔
●플레이 명수 : 1인 ●세이브 용량 : 416KB 이상
VITA 호환

겉으로는 전문학교지만 실은 스파이·용병을 양성하는 시설이 무대인 여성용 청춘 러브 코미디물. 선도부장으로서 교내에서 일어난 방화사건을 조사하며 학생들과 연애를 즐기자.

CERO A 세인트 세이야 Ω(오메가) : 얼티밋 코스모

●반다이남코게임즈 ●ACT ●2012년 11월 29일 ●4,981엔
●플레이 명수 : 1~2인 ●세이브 용량 : 448KB 이상
VITA 호환

인기 애니메이션 '세인트 세이야 오메가'의 대전격투 게임판. 신·구세대 '세인트'가 등장해 뜨거운 배틀을 펼친다. '코스모 버스트'·'성의 파괴' 등 여러 오리지널 시스템을 탑재하였다.

CERO C 미싱 파츠 : 더 탐정 스토리즈 컴플리트

●니폰이치 소프트웨어 ●AVG ●2012년 11월 29일 ●4,800엔
●플레이 명수 : 1인 ●세이브 용량 : 512KB 이상
VITA 호환 UMD Passport

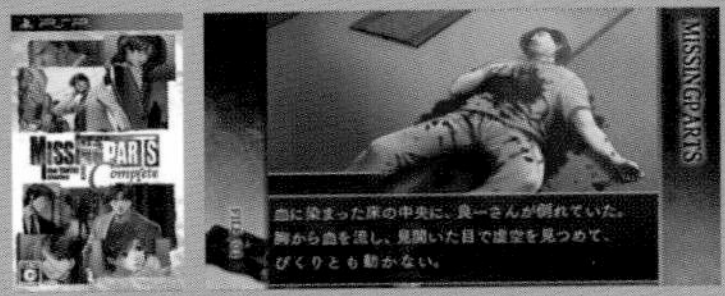

드림캐스트·PS2용 게임의 이식작. 과거 발매했던 본격 추리 어드벤처 게임 시리즈를 하나로 합본한 염가판이다. 원작에 없던 스토리와, 캐릭터의 의외성을 보여주는 시나리오도 수록했다.

CERO B 아르카나 파밀리아 : 페스타 레갈로!

●컴포트 ●AVG ●2012년 12월 13일 ●4,800엔
●플레이 명수 : 1인 ●세이브 용량 : 256KB 이상

인기 시리즈의 번외편. 전작 「~유령선의 마술사」와 동일한 시간축으로서, 가을의 레갈로 섬에서 SD화된 원작의 캐릭터들이 소동을 피운다. 미니게임 및 이벤트로 음식과 돈을 얻자.

CERO A 실황 파워풀 프로야구 2012 결정판

●코나미디지털엔터테인먼트 ●SPT ●2012년 12월 13일 ●5,000엔
●플레이 명수 : 1~2인 ●세이브 용량 : 600KB 이상
VITA 호환

2012년도 일본 프로야구를 제대로 즐길 수 있는 특별 버전. 유저들의 요청이 많았던 응원가 제작 기능을 부활시켰고, 시즌 중 각 구단이 착용했던 복각·한정 유니폼 등도 재현했다.

CERO D 슈걸리 위시 : Limited

●GN 소프트웨어 ●AVG ●2012년 12월 13일 ●5,980엔
●플레이 명수 : 1인 ●세이브 용량 : 992KB 이상
VITA 호환

PC용 게임의 이식작. 타이틀명이 담고 있는 'Sugar'(달콤하고)·'Girly'(소녀다운)·'Wish'(소망)를 그대로 재현해낸, 소녀들과의 달콤한 이야기를 즐길 수 있다.

CERO B 바보와 시험과 소환수 포터블

●카도카와 게임즈 ●AVG ●2012년 12월 13일 ●5,800엔
●플레이 명수 : 1인 ●세이브 용량 : 800KB 이상
VITA 호환

애니메이션으로도 호평 받았던 인기 라이트 노벨을 보드 게임화했다. 개성만점의 캐릭터들이 펼치는 시험소환 경쟁을 재현했다. 캐릭터 9명 각각의 시점으로 스토리를 즐길 수 있다.

CERO B AKB1/149 : 연애 총선거

●반다이남코게임즈 ●AVG ●2012년 12월 20일 ●6,980엔
●플레이 명수 : 1인 ●세이브 용량 : 1500KB 이상

이번엔 AKB48은 물론이고 SKE48, NMB48, HKT48의 멤버들까지도 한 게임에 등장한다. 총 149명에 달하는 아이돌 중에서 단 한 명만을 선택하는, 궁극의 연애망상 게임이다.

CERO B 글래스 하트 프린세스

●아이디어 팩토리 ●AVG ●2012년 12월 20일 ●5,800엔
●플레이 명수 : 1인 ●세이브 용량 : 544KB 이상

두근거리면 심장이 멈춰버리는 소녀가 주인공인 연애 어드벤처 게임. 주인공은 심장 단련을 위해 일부러 남성들과의 교류를 시도한다. 심장이 멈추지 않도록 주의하며 선택지를 고르자.

CERO C 수평선까지 몇 마일? : ORIGINAL FLIGHT

●알케미스트 ●AVG ●2012년 12월 20일 ●6,800엔
●플레이 명수 : 1인 ●세이브 용량 : 480KB 이상

PC용 게임을 이식한 학원물 청춘 어드벤처 게임. 이식 과정에서 원작의 스탭들이 재결집했으며, 신규 히로인을 추가했고 기존 히로인에는 신규 시나리오를 제작해 수록하였다.

CERO D 솔로몬즈 링 : 불의 장

●플랜 피스 ●AVG ●2012년 12월 20일 ●2,980엔
●플레이 명수 : 1인 ●세이브 용량 : 704KB 이상

'솔로몬의 72 악마'가 모티브인 여성용 연애 어드벤처 게임. 솔로몬 왕의 자손으로서 악마 봉인의 사명을 지닌 주인공과, 그녀의 반지를 노리는 악마들 간의 금단의 사랑을 그렸다.

CERO D 다이아 나라의 앨리스 : Wonderful Wonder World

●퀸로제 ●AVG ●2012년 12월 20일 ●6,000엔
●플레이 명수 : 1인 ●세이브 용량 : 480KB 이상

2011년 발매된 「조커 나라의 앨리스」의 속편. 다시 이사하게 되면서 다이아 나라로 가게 된 앨리스가, 시간이 과거로 흐르는 세상에서 새로운 연애를 펼치는 과정을 그렸다.

CERO C TOKYO 야마노테 BOYS 포터블 : HONEY MILK DISC

●5pb. ●AVG ●2012년 12월 20일 ●4,800엔
●플레이 명수 : 1인 ●세이브 용량 : 760KB 이상

PC용 게임의 이식작. 3부작 중 제1탄으로서, 주인공은 전국에서 선발된 여고생이 되어 고백 대회에 참가해, 7일 동안 소년들과의 친교를 거쳐 마지막 날에 고백을 받아내야 한다.

CERO D 블랙 울브스 사가 : Last Hope

●아이디어 팩토리 ●AVG ●2012년 12월 20일 ●5,800엔
●플레이 명수 : 1인 ●세이브 용량 : 640KB 이상

사방이 자연으로 가득한 웨블린 왕국이 무대인 여성용 연애 어드벤처 게임. 병약한 탓에 탑에 유폐된 백작 영애인 주인공이, 탑을 탈출하며 비밀투성이 남성들과 벌이는 애증극을 즐긴다.

CERO C 다락방의 그녀

●GN 소프트웨어 ●AVG ●2012년 12월 20일 ●5,980엔
●플레이 명수 : 1인 ●세이브 용량 : 928KB 이상

2003년 발매되었던 PC용 게임 「이쪽에서 저쪽까지」의 속편. 의도치 않게 뱀파이어가 되어버린 소년이 주인공으로서, 인간으로 돌아갈 방법을 찾으며 히로인들과 인연을 쌓아간다.

CERO B 원피스 로맨스 던 : 모험의 새벽

●반다이남코게임즈 ●AVG ●2012년 12월 20일 ●5,696엔
●플레이 명수 : 1인 ●세이브 용량 : 350KB 이상

일본의 국민적 인기만화 '원피스'를 RPG화했다. 스토리는 원작 초반의 에피소드를 그대로 따라간다. 전투는 액티브 턴 시스템으로서, 배틀 상황에 대응하여 콤보를 조합할 수 있다.

CERO C Starry☆Sky : After Spring 포터블

●허니비 ●AVG ●2012년 12월 27일 ●2,980엔
●플레이 명수 : 1인 ●세이브 용량 : 896KB 이상

2010년 발매되었던 「~in Spring」의 팬 디스크. 본편의 노멀 엔딩 후일담을 수록하였다. 소꿉친구 4명 앞에 나타난 소년 및 교육실습생과의 기묘한 관계를 그린 이야기다.

각종 아이콘 Best판 출시 PS Vita와 호환됨 UMD Passport 지원

2013

PlayStation Portable
Game Software
Catalogue

2013년에 발매된 PSP용 게임 소프트는 총 114개 타이틀(이중 다운로드는 4타이틀)로서, 전년 대비 절반쯤으로 대폭 감소했다. 시장의 주력은 PS3와 PS Vita였고 PS4까지 출시를 앞둔지라, 발매 9년차 게임기인 PSP의 위상은 희미해질 수밖에 없었다. 결국 PSP 시장은 미소녀 게임, 여성용 게임, 애니메이션 판권물 일변도가 된다.

소녀적 연애혁명★러브레보!! : 100kg에서 시작하는 사랑 이야기

CERO B

●아이디어 팩토리 ●AVG ●2013년 1월 17일 ●5,800엔
●플레이 명수 : 1인 ●세이브 용량 : 800KB 이상

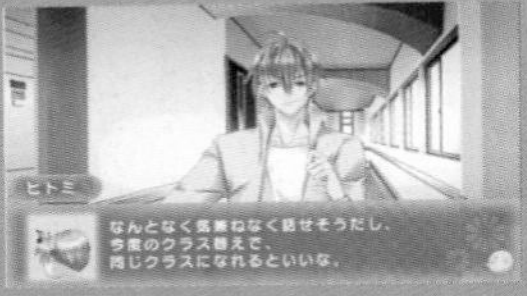

2010년 발매되었던 「소녀적 연애혁명★러브레보!!」의 보드 게임판. 룰렛을 돌려 봄·여름·가을·겨울 스테이지 순으로 진행하자. 체중이 줄면 몸도 가벼워져 큰 숫자가 잘 나오게 된다.

황혼의 신세미아 포터블

CERO C

●사이버프론트 ●AVG ●2013년 1월 17일 ●5,800엔
●플레이 명수 : 1인 ●세이브 용량 : 320KB 이상

'모에 게임 어워드 2010' 수상작이기도 한 미소녀 게임의 이식판. 여름방학에 어머니의 고향으로 아르바이트차 온 주인공이, 그리운 친구 및 히로인과 만나 마을의 비밀에 접근해간다.

디지몬 어드벤처

CERO A

●반다이남코게임즈 ●RPG ●2013년 1월 17일 ●5,981엔
●플레이 명수 : 1인 ●세이브 용량 : 480KB 이상

같은 제목 인기 애니메이션의 게임판. 디지몬 월드로 전이된 주인공 일행이 현실세계로 귀환하려 디지몬들과 모험한다. TV 애니메이션판 전체와 극장판의 스토리를 즐길 수 있다.

함께 식사를. 포터블

CERO C

●아이디어 팩토리 ●AVG ●2013년 1월 24일 ●5,800엔
●플레이 명수 : 1인 ●세이브 용량 : 544KB 이상

인기 드라마 CD를 게임화했다. 무대인 학생기숙사 '메시야장'을 중심으로, 쌀밥·카레·햄버그·닭튀김 등의 다양한 요리들이 남자로 의인화되어 왁자지껄한 스토리를 연출한다.

은혼 말판놀이

CERO A

●반다이남코게임즈 ●TBL ●2013년 1월 24일 ●5,981엔
●플레이 명수 : 1인(통신대전시 : 2~3인) ●세이브 용량 : 320KB 이상

같은 제목 인기 만화/애니메이션의 게임판. '은혼'의 캐릭터들이 Live2D 기술로 움직이며 호화 성우진의 연기로 신나게 떠든다. '은혼'답게 위험천만한 개그와 패러디도 듬뿍 들어갔다.

TOKYO 야마노테 BOYS 포터블 : SUPER MINT DISC

CERO C

●5pb. ●AVG ●2013년 1월 24일 ●4,800엔
●플레이 명수 : 1인 ●세이브 용량 : 640KB 이상

3부작의 제2탄. 주인공은 무사히 예선을 돌파하여, 최종결전에서 자신의 개성으로 대결하는 고백 배틀에 도전한다. 키리시마 이오리, 루시, 쿠죠 타쿠미가 신규 공략 캐릭터로 등장한다.

파치파라 SLOT+ 파치슬로 목수 겐 씨 : 가자! 불꽃의 겐 축제 편

CERO B

●아이렘 ●SLG ●2013년 1월 24일 ●5,200엔
●플레이 명수 : 1인 ●세이브 용량 : 576KB 이상

당시의 최신 파치슬로였던 '목수 겐 씨 : 가자! 불꽃의 겐 축제 편'을 수록한 실기 시뮬레이터. '파치슬로 교실' 모드를 탑재해, 플레이법을 모르는 초보자라도 친절하게 가르쳐준다.

액셀 월드 : 가속의 정점

CERO B

●반다이남코게임즈 ●SLG ●2013년 1월 31일 ●5,981엔
●플레이 명수 : 1인 ●세이브 용량 : 640KB 이상

2012년 발매되었던 「~은익의 각성」의 속편. 주인공 '하츠유키'가 되어, 타쿠무·치유리·흑설공주 등의 '네가 네뷸러스' 멤버들과 교류하면서 가속세계의 정상을 노려야 한다.

기장엽병 건하운드 EX

CERO B

●그레프 ●ACT ●2013년 1월 31일 ●2,980엔
●플레이 명수 : 1인 ●세이브 용량 : 160KB 이상

2008년 PC로 발매됐던 액션 슈팅 게임의 개변 이식작. 원작의 특징인 2D 그래픽을 철저히 재현했고, 다관절 메카닉의 모션과 변신장면 등 매니아의 혼을 자극하는 연출이 가득하다.

황혼시 : 괴담 로맨스

CERO C

●퀸로제 ●AVG ●2013년 1월 31일 ●6,000엔
●플레이 명수 : 1인 ●세이브 용량 : 416KB 이상

2012년 발매된 「봉마시 : 괴담 로맨스」의 속편. 전작의 캐릭터와는 연인이거나 그 직전인 상태에서 시작하는지라, 전작 이상으로 달콤한 스토리를 만끽할 수 있다.

비타민 Z : 그래쥬에이션

CERO B

●D3 퍼블리셔 ●AVG ●2013년 1월 31일 ●5,800엔
●플레이 명수 : 1인 ●세이브 용량 : 608KB 이상

「비타민 Z」의 단독 팬디스크. 문제아 6명 전원의 진로가 결정되어 졸업을 앞둔 상태인 3월 말 무렵에 해당하는 스토리다. 개성파 교사들도 등장해, 파란의 졸업식이 막을 올린다.

연애 0킬로미터 포터블

CERO C

●알케미스트 ●AVG ●2013년 1월 31일 ●6,800엔
●플레이 명수 : 1인 ●세이브 용량 : 512KB 이상

이웃집과 아이 하나씩을 교환한다는 부모의 발상에 휘말린 주인공이, 소꿉친구 자매들 사이에 섞여 생활하는 슬랩스틱 연애 코미디물. PC용 게임의 이식판이며, 공략대상이 추가됐다.

히어로즈 버서스

CERO A

●반다이남코게임즈 ●ACT ●2013년 2월 7일 ●5,981엔
●플레이 명수 : 1~2인 ●세이브 용량 : 160KB 이상

참전한 선·악 히어로들을 마음대로 커스터마이즈할 수 있는 대전격투 게임. '울트라맨'·'건담'·'가면라이더' 시리즈에서 총 18명의 캐릭터가 등장하여 자신의 간판 필살기를 어필한다.

사쿠라장의 애완 그녀

CERO C

●카도카와 게임즈 ●AVG ●2013년 2월 14일 ●6,279엔
●플레이 명수 : 1인 ●세이브 용량 : 41MB 이상

전격문고의 대인기 라이트 노벨을 게임화했다. 주인공 '칸다 소라타'가 되어, 개성파뿐인 '사쿠라장' 입주자들과 함께 각자의 재능을 살려 게임을 제작해, 콘테스트 우승을 노려야 한다.

배틀 ROBOT혼

CERO A

●반다이남코게임즈 ●ACT ●2013년 2월 14일 ●5,981엔
●플레이 명수 : 1인 ●세이브 용량 : 416KB 이상

반다이의 대인기 완구 시리즈 'ROBOT혼'을 게임화한 액션 게임. 'ROBOT혼' VS '초합금' 등, 브랜드의 경계를 초월한 시추에이션으로 스피디하고도 호쾌한 배틀을 즐길 수 있다.

머나먼 시공 속에서 : 팔엽초

CERO B

●코에이테크모게임즈 ●AVG ●2013년 2월 14일 ●4,800엔
●플레이 명수 : 1인 ●세이브 용량 : 352KB 이상

이세계의 헤이안 시대를 배경으로 삼은 일본풍 연애 어드벤처 게임. 다양한 기종으로 발매되었던 초대 「머나먼 시공 속으로」의 리메이크판으로서, 기존 캐릭터들의 엔딩은 새로이 제작했다.

그리자이아의 과실 : LE FRUIT DE LA GRISAIA

CERO D

●프로토타입 ●AVG ●2013년 2월 21일 ●5,800엔
●플레이 명수 : 1인 ●세이브 용량 : 832KB 이상

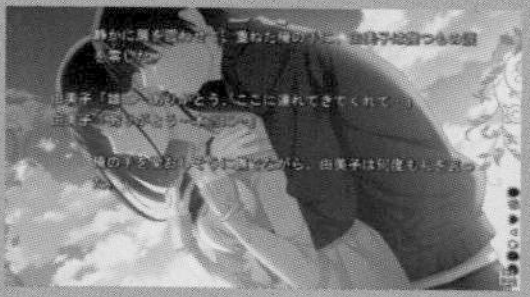

PC용 게임의 이식작. 전원 기숙사제 학교에 다니는 소녀 5명의 코믹한 일상과 처절한 과거를 즐길 수 있는 작품이다. 신규 비주얼을 다량 추가하여, 작품의 세계에 깊이를 더했다.

데저트 킹덤 포터블

CERO B

●아이디어 팩토리 ●AVG ●2013년 2월 21일 ●4,800엔
●플레이 명수 : 1인 ●세이브 용량 : 576KB 이상

아랍풍이 이색적인 여성용 어드벤처 게임. 마신 왕국의 공주가 되어, 잃어버린 마력을 되찾자. 그러려면 인간 남성과의 사이가 깊어져 숨겨진 욕망이 개방되어야만 한다.

각종 아이콘 Best Best판 출시 VITA 호환 PS Vita와 호환됨 UMD Passport UMD Passport 지원

CERO B 어떤 마술과 과학의 군주활극

●반다이남코게임즈 ●AVG ●2013년 2월 21일 ●5,981엔
●플레이 명수 : 1인 ●세이브 용량 : 400KB 이상

'어떤~' 시리즈 2개 작품을 크로스오버한 어드벤처 게임. 극장판 '어떤 마술의 금서목록'의 프리퀄로서, '금서목록'과 '초전자포'의 캐릭터들이 복잡하게 뒤얽히는 군상극이 펼쳐진다.

CERO C TOKYO 야마노테 BOYS 포터블 : DARK CHERRY DISC

●5pb. ●AVG ●2013년 2월 21일 ●4,800엔
●플레이 명수 : 1인 ●세이브 용량 : 780KB 이상

여성용 연애 어드벤처 게임 시리즈의 제3탄. 루도 예수, 모로보시 테츠, 하마다 신노스케가 신규 공략대상으로 등장한다. 달콤한 일주일을 보낸 주인공의 사랑이 드디어 완결을 맞게 된다.

CERO B 샤이닝 아크

●세가 ●RPG ●2013년 2월 28일 ●5,980엔
●플레이 명수 : 1인 ●세이브 용량 : 1920KB 이상

절해의 고도 '아르카디아'가 배경인 판타지 RPG. 주인공 소년 '프리드'와 섬에 흘러들어온 반쪽날개의 소녀 '파니스'를 중심으로, 장대한 스토리가 펼쳐진다. 전투는 4인 파티제 액티브&커맨드 배틀을 채용했으며, 난이도도 2종류 중에서 선택 가능하다. 섬을 습격하는 기괴한 거상과 해적 등이 적으로 등장하여, 다채로운 전투가 펼쳐진다. 섹시한 여성 캐릭터도 다수 등장한다.

CERO D 스텔라☆시어터 포터블

●사이버프론트 ●AVG ●2013년 2월 28일 ●5,800엔
●플레이 명수 : 1인 ●세이브 용량 : 256KB 이상

PC용 게임의 이식작. 팬 디스크의 컨텐츠도 추가되어, 원작에서는 공략할 수 없었던 히로인도 공략이 가능해졌다. 신규 CG 및 신규 오프닝 동영상도 수록했다.

CERO C 솔로몬즈 링 : 바람의 장

●플랜 피스 ●AVG ●2013년 2월 28일 ●2,980엔
●플레이 명수 : 1인 ●세이브 용량 : 704KB 이상

2012년 발매되었던 「~불의 장」의 속편. 전작과는 다른 세 악마가 주인공에게 자신과의 계약을 권한다. 한편 주인공은 루시퍼의 힘으로 타임리프에 빠져, 어떤 선택의 기로에 놓인다.

CERO C D.C. Ⅲ P.S.(플러스 스토리)

●카도카와 게임즈 ●AVG ●2013년 2월 28일 ●5,800엔
●플레이 명수 : 1인 ●세이브 용량 : 1152KB 이상

인기 시리즈의 제3탄. 「D.C. Ⅱ」의 속편으로서, 시리즈의 원점이 되는 스토리 및 세계관 전체를 관통하는 에피소드 등을 수록했다. 달콤하고도 낯간지러운 학교 연애 어드벤처를 만끽하자.

CERO C 노래의☆왕자님♪ All Star

●브로콜리 ●AVG ●2013년 3월 7일 ●5,800엔
●플레이 명수 : 1인 ●세이브 용량 : 352KB 이상

남성 아이돌들 13명과의 연애를 그린 어드벤처 게임. 선배들 중심의 루트, 과거의 은사와 애인 사이가 된 후를 그린 루트, 메인 히어로 7명과 함께 작곡에 매진하는 루트를 수록했다.

CERO A 울트라맨 올스타 크로니클

●반다이남코게임즈 ●SLG ●2013년 3월 7일 ●5,981엔
●플레이 명수 : 1인 ●세이브 용량 : 128KB 이상

울트라맨부터 괴수까지 무려 50종류 이상이 등장하는 전략 시뮬레이션 게임. 완전 오리지널 스토리 하에, 각 스테이지의 승리조건을 만족시키면서 계속 습격하는 침략자들을 격퇴하자.

CERO C 영국탐정 미스테리아

●카린 엔터테인먼트 ●AVG ●2013년 3월 7일 ●5,980엔
●플레이 명수 : 1인 ●세이브 용량 : 3080KB 이상

19세기의 런던을 무대로 삼은 여성용 연애 어드벤처 게임. 주인공 '에밀리'가 되어, 신참 명탐정들과 함께 사건을 해결하자. 선택지가 나타날 때 시간제한이 걸리는 것이 특징이다.

CERO D 하늘을 우러러 구름 높이 포터블

●사이버프론트 ●ARPG ●2013년 3월 7일 ●5,800엔
●플레이 명수 : 1인 ●세이브 용량 : 160KB 이상

PC용 게임의 이식판. 용족 소녀와 함께 세계를 여행하는 마스터가 되어 활약하자. 육성에 따라 성격이 변하는 히로인이 SD화된 캐릭터 형태로 배틀에서 활약하는 액션이 재미있다.

CERO A 위닝 포스트 7 2013

●코에이테크모게임즈 ●SLG ●2013년 3월 14일 ●4,800엔
●플레이 명수 : 1인 ●세이브 용량 : 6112KB 이상

2013년도 일본 경마일정을 반영한 「위닝 포스트」 신작. 라이벌인 동기 기수도 등장해, 경쟁하며 성장하는 뜨거운 드라마가 펼쳐진다. 실존마 관련 이벤트도 30종류 이상 추가했다.

CERO C 소드 아트 온라인 : 인피니티 모먼트

●반다이남코게임즈 ●RPG ●2013년 3월 14일 ●5,981엔
●플레이 명수 : 1인 ●세이브 용량 : 704KB 이상

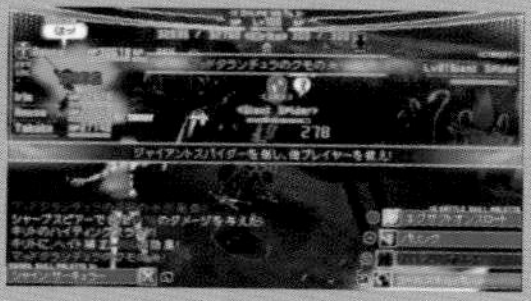

애니메이션으로도 호평 받았던 대인기 라이트 노벨의 RPG판. 원작자가 직접 감수한 오리지널 스토리를 즐길 수 있다. 부유성 '아인크라드'의 75층에서 시작해, 최상층까지 도달하자.

CERO B 프론티어 게이트 : 부스트 플러스

●코나미디지털엔터테인먼트 ●RPG ●2013년 3월 14일 ●3,800엔
●플레이 명수 : 1인 (애드혹 모드시 : 최대 3인) ●세이브 용량 : 480KB 이상

2011년 발매되었던 「프론티어 게이트」의 업그레이드판. 신규 시스템 '부스트 스킬'을 탑재했고 새로운 필드도 추가됨으로써, 더욱 다채로운 멀티플레이가 가능해졌다.

CERO B TIGER & BUNNY : HERO'S DAY

●D3 퍼블리셔 ●AVG ●2013년 3월 20일 ●5,800엔
●플레이 명수 : 1인 ●세이브 용량 : 512KB 이상

같은 제목의 인기 애니메이션을 어드벤처 게임화했다. 완전 오리지널의 신작 에피소드를 즐길 수 있다. 코테츠·버나비 등, 원작에 등장하는 히어로 8명이 각각 주인공으로 활약한다.

CERO B 여름하늘의 모놀로그 포터블

●아이디어 팩토리 ●AVG ●2013년 3월 20일 ●4,800엔
●플레이 명수 : 1인 ●세이브 용량 : 615KB 이상

반복되는 매일의 루프에서 탈출해야 하는 여성용 타임 루프 어드벤처 게임. 루프할 때마다 새로운 시나리오와 선택지가 추가된다. 등장 캐릭터와 인연을 쌓아 '7월 29일'에서 탈출하자.

CERO A 프로야구 스피리츠 2013

●코나미디지털엔터테인먼트 ●SPT ●2013년 3월 20일 ●3,791엔
●플레이 명수 : 1인 (애드혹 모드시 : 2인) ●세이브 용량 : 224KB 이상

당시의 기대주 신인을 수록한 리얼계 일본 프로야구 게임. 일본 야구계에 복귀한 거물 선수와 FA로 이적한 선수, 외국인 선수 등도 포함시킨 개막 예상 데이터를 한발 앞서 접할 수 있었다.

CERO A 월드 네버랜드 : 쿠크리아 왕국 이야기

●알티 ●SLG ●2013년 3월 20일 ●3,800엔
●플레이 명수 : 1인 ●세이브 용량 : 2048KB 이상

2012년 발매된 「~쿠크리아 왕국 이야기」의 패키지판. 이전작과의 연동 기능 덕에, PS1판의 캐릭터까지도 옮겨올 수 있다. 숲과 물의 왕국에서 인생이란 이름의 이야기를 즐기자.

CERO D 학☆왕 : THE ROYAL SEVEN STARS + METEOR

●알케미스트 ●AVG ●2013년 3월 28일 ●6,800엔
●플레이 명수 : 1인 ●세이브 용량 : 736KB 이상

PC 게임의 이식작. 학교에서 벌어지는 온갖 사건사고에 초점을 맞춘, 황당하고 시끌벅적한 전개가 재미있는 타이틀이다. 신규 히로인과 신규 오프닝 등, 다양한 컨텐츠가 추가되었다.

CERO B 하천의 꽃

●코에이테크모게임즈 ●AVG ●2013년 3월 28일 ●5,800엔
●플레이 명수 : 1인 ●세이브 용량 : 512KB 이상

오다 노부나가·아케치 미츠히데 등의 무장들과 일개 쿠노이치 간의 사랑을 그린 여성용 연애 어드벤처 게임. 유명 무장들과 교류하며, 서로를 의심하면서도 스릴 넘치는 연애를 즐긴다.

각종 아이콘: Best판 출시 / VITA 호환: PS Vita와 호환됨 / UMD Passport 지원

HARDWARE 2004 2005 2006 2007 2008 2009 2010 2011 2012 2013 2014 2015 2016 INDEX

CERO D 사신가업 : 괴담 로맨스

●퀸로제 ●AVG ●2013년 3월 28일 ●6,000엔
●플레이 명수 : 1인 ●세이브 용량 : 416KB 이상

VITA 호환

「괴담 로맨스」 시리즈의 제4탄. 인간과 요괴가 공존하는 이상한 도시에서, '사신'이 가업인 소녀의 이야기다. 죽였을 터인 인간이 살아있는 사건을 계기로, 소녀의 일상이 격변한다.

CERO C Starry☆Sky : After Summer 포터블

●허니비 ●AVG ●2013년 3월 28일 ●2,980엔
●플레이 명수 : 1인 ●세이브 용량 : 896KB 이상

인기 시리즈의 팬 디스크. 본편의 2번째 타이틀인 「~in Summer」의 후일담을 다뤘다. 다시 고교대회 출장을 확정한 궁도부의 여름 합숙에, 특별강사로서 전임 부장이 참가한다.

CERO D 던전 트래블러즈 2 : 왕립도서관과 몬스터의 봉인

●아쿠아플러스 ●RPG ●2013년 3월 28일 ●5,800엔
●플레이 명수 : 1인 ●세이브 용량 : 976KB 이상

VITA 호환

세계관·캐릭터를 「To Heart 2」에서 분리시켜 오리지널 작품이 된 핵&슬래시 3D RPG. 만만찮은 난이도는 여전하다. DLC로 추가 던전과 「To Heart 2」의 캐릭터를 제공했다.

CERO C 프린세스 아더

●아이디어 팩토리 ●AVG ●2013년 3월 28일 ●5,800엔
●플레이 명수 : 1인 ●세이브 용량 : 480KB 이상

성검과 원탁의 기사로 유명한 '아더 왕'이 모티브인 여성용 연애 어드벤처 게임. 성검의 선택으로 왕이 된 소녀와, 그녀에 충성을 맹세한 원탁의 기사들 간의 사랑과 전투 이야기다.

CERO D Fate/EXTRA CCC

●마벨러스 AQL ●RPG ●2013년 3월 28일 ●5,980엔
●플레이 명수 : 1인 ●세이브 용량 : 768KB 이상

VITA 호환

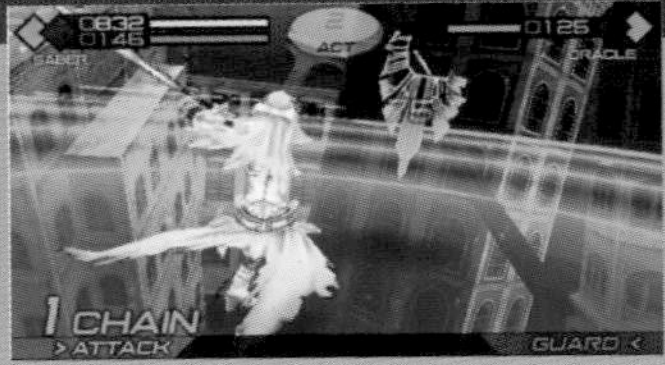

2010년 발매되었던 「Fate/EXTRA」의 외전 격 속편. 무대는 전작과 동일한 양자허구세계 'SE.RA.PH'(세라프)이지만, 개변된 세계에서 완전히 새로운 싸움이 시작된다. 전작에 등장했던 마스터·서번트·서브 캐릭터는 물론이고, '영웅왕' 길가메시도 신규 동료로 삼을 수 있게 되었다. 라이벌 캐릭터의 마음에 숨겨진 비밀은 '시크릿 가든'에서 밝혀내 보자.

CERO B megpoid the Music#

●패러프레이 ●ACT ●2013년 3월 28일 ●5,800엔
●플레이 명수 : 1인(통신 플레이 : 2인) ●세이브 용량 : 200KB 이상

인기 보컬로이드 'GUMI'가 주인공인 리듬 액션 게임. 수많은 보컬로이드P와 일러스트레이터가 참가한 덕에, 당시 '니코니코 동영상'에서 인기였던 곡들을 마음껏 즐겨볼 수 있다.

CERO D 리벨리온즈 : 시크릿 게임 2nd Stage

●예티 ●AVG ●2013년 3월 28일 ●5,800엔
●플레이 명수 : 1인 ●세이브 용량 : 224KB 이상

VITA 호환 UMD Passport

2010년 발매되었던 「시크릿 게임」의 속편. 새롭게 준비된 무대에서, 남녀 14명이 참가하는 '게임'이 시작된다. 숨 쉴 틈조차 없이 밀고 당기는 공방이 이어지는 충격의 전개가 펼쳐진다.

CERO B 첫 남친☆ : 연애 데뷔 선언!

●후류 ●SLG ●2013년 4월 4일 ●5,800엔
●플레이 명수 : 1인 ●세이브 용량 : 1058KB 이상

VITA 호환

고교 2학년 봄부터 시작하는 여성용 연애 시뮬레이션 게임. 아스미 가오카 언덕에서 불꽃놀이를 보며 키스하면 영원한 사랑이 이뤄지게 된다는 하루히노 학원의 징크스를 재현하자.

CERO D 산고쿠히메 2 : 천하패통, 사지의 계승자

●시스템소프트 알파 ●SLG+AVG ●2013년 4월 11일 ●5,800엔
●플레이 명수 : 1인 ●세이브 용량 : 1300KB 이상

VITA 호환

2011년 발매되었던 「산고쿠히메」의 어나더 버전. 시나리오를 리뉴얼했고, 전투 시스템이 3D 맵으로 진화되었다. 48명에 달하는 미소녀화 히로인 무장들이 스토리를 수놓는다.

CERO B 암네시아 CROWD

●아이디어 팩토리 ●AVG ●2013년 4월 18일 ●5,800엔
●플레이 명수 : 1인 ●세이브 용량 : 400KB 이상

「암네시아」 시리즈의 팬 디스크. 「암네시아 LATER」의 후일담을 중심으로, 3종의 스토리가 진행된다. 스토리의 선택지에 따라 주인공의 상태 및 캐릭터와의 관계가 변화한다.

CERO D 성작학원 크로노★매직

●부스트 온 ●TBL ●2013년 4월 18일 ●6,476엔
●플레이 명수 : 1인 ●세이브 용량 : 400KB 이상

쿠츄요사이가 캐릭터 디자인을 맡았고, 사기 기술을 일종의 '마법'처럼 묘사한 판타지 탈의마작 게임. 히로인 중 하나를 선택해, 공립 마법학교에서 벌어진 불가사의한 사건을 쫓는다.

CERO B 세븐스 드래곤 2020-II

●세가 ●RPG ●2013년 4월 18일 ●5,980엔
●플레이 명수 : 1인 ●세이브 용량 : 832KB 이상

전작의 1년 후 시점을 그린 RPG. 스토리가 전작에서 바로 이어져, 새롭게 출현한 드래곤과의 싸움을 그렸다. 새로운 직업이 늘어났고, 캐릭터 메이킹의 패턴도 훨씬 다채로워졌다.

CERO C 월영의 사슬 : 착란 파라노이아

●TAKUYO ●AVG ●2013년 4월 18일 ●6,800엔
●플레이 명수 : 1인 ●세이브 용량 : 416KB 이상

시나리오를 읽어가며, 선택지로 주인공의 행동을 결정하는 연애 어드벤처 게임. 타이쇼 시대를 연상시키는 고풍스런 도시에서, 남성 캐릭터들과 힘을 합쳐 도시의 위기를 극복하자.

CERO B 나보고 일하라고 하지만 ㅅㄱ(역주※)

●이스마일 ●RPG ●2013년 4월 24일 ●1,500엔(소비세 포함)
●플레이 명수 : 1인 ●DL 데이터 용량 : 195MB

다운로드 판매 전용 타이틀

2012년 발매되었던 「나보고 일하라고 하지만」의 리메이크판. 원작 특유의 시스템 및 독특한 게임성은 유지했으며, 이벤트를 늘렸고 집주인의 보이스 등 여러 컨텐츠를 추가했다.

CERO C 경계선상의 호라이즌 포터블

●카도카와 게임즈 ●RPG ●2013년 4월 25일 ●5,980엔
●플레이 명수 : 1인 ●세이브 용량 : 2000KB 이상

애니메이션판으로도 호평 받았던 인기 라이트 노벨의 게임판. 원작자가 직접 원안·감수로 참여한, TV 애니메이션판 제1기 및 제2기 기반의 오리지널 스토리를 즐길 수 있다.

CERO C 솔로몬즈 링 : 물의 장

●플랜 피스 ●AVG ●2013년 4월 27일 ●2,980엔
●플레이 명수 : 1인 ●세이브 용량 : 704KB 이상

「솔로몬즈 링」의 제3장. 주인공은 방의 거울에서 튀어나온 인물에 의해 거울 속으로 끌려들어갈 지경에 처한다. 이 작품에서도 마르코시아 등, 전작과는 다른 악마가 등장한다.

CERO C 쿠드 와후타 : 컨버티드 에디션

●프로토타입 ●AVG ●2013년 5월 9일 ●4,800엔
●플레이 명수 : 1인 ●세이브 용량 : 576KB 이상

2010년 발매되었던 「리틀 버스터즈!」의 스핀오프 작품. 인기 캐릭터 '노우미 쿠드랴프카'가 메인 히로인으로서, 한 방에서 주인공과 함께 동거하는 두근두근 여름방학을 묘사했다.

CERO B 서몬 나이트 5

●반다이남코게임즈 ●SRPG ●2013년 5월 16일 ●5,696엔
●플레이 명수 : 1인 ●세이브 용량 : 768KB 이상

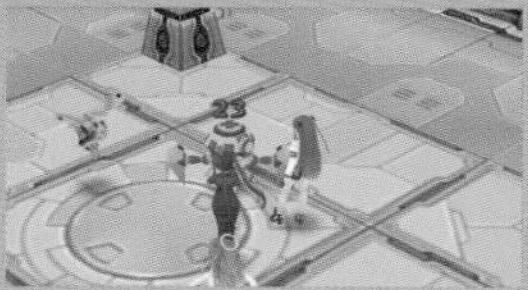

시리즈 최고 인기작 「서몬 나이트 3」의 세계에서 이어지는, 시리즈 제5탄. 어드벤처 파트와 배틀 파트가 교대 진행되며, 대화 장면에서는 캐릭터가 애니메이션처럼 부드럽게 움직인다.

CERO C 낙원남자

●TAKUYO ●AVG ●2013년 5월 23일 ●6,800엔
●플레이 명수 : 1인 ●세이브 용량 : 512KB 이상

대인기 만화의 게임판. 예전에 살았던 도시로 귀환한 소녀가, 도시에 사는 소년들과 친목을 쌓아간다는 스토리다. 문화제·여행·합숙 등의 다채로운 이벤트가 차례차례 펼쳐진다.

각종 아이콘: Best판 출시 / PS Vita와 호환됨 / UMD Passport 지원

(역주 ※) 원제의 이 부분은 '乙'(오츠)로서, '수고했다' 혹은 '잘해보셔'라는 의미의 당시 일본 인터넷 속어. 같은 시기의 한국으로 치면 'KIN'이나 'ㅅㄱ'와 비슷하다.

0시의 종과 신데렐라 : Halloween Wedding

CERO C

●퀸로제 ●AVG ●2013년 5월 23일 ●6,000엔
●플레이 명수 : 1인 ●세이브 용량 : 480KB 이상

퀸로제의 「신데렐라」 시리즈 3부작 중 완결편. 이번엔 장녀가 주인공으로서, 귀족 가문이 몰락한 진짜 이유 등, 그녀만이 아는 일련의 사건들의 뒷사정이 밝혀진다.

작성가희 크로노★스타

CERO D

●부스트 온 ●TBL ●2013년 5월 30일 ●6,476엔
●플레이 명수 : 1인 ●세이브 용량 : 400KB 이상

「성작학원 크로노★매직」의 기본 시스템을 계승한 탈의마작 게임. 텐파이시 일발 츠모가 되는 노래, 상대의 오름패를 막는 노래 등 개성적인 노래를 지닌 아이돌들이 마작 배틀을 펼친다.

NORN9 노른+노넷

CERO C

●아이디어 팩토리 ●AVG ●2013년 5월 30일 ●5,800엔
●플레이 명수 : 1인 ●세이브 용량 : 608KB 이상

'노른'이라 불리는 거대 비행선을 타고 여행하는 소녀들이 주인공인 여성용 연애 어드벤처 게임. 주인공 3명엔 각자 공략대상 남성 3명이 있어, 총 9종의 스토리 조합이 펼쳐진다.

합격도장+네크레보 : 기본정보기술자시험 포터블

CERO 教育・データベース

●미디어파이브 ●ETC ●2013년 5월 30일 ●3,800엔
●플레이 명수 : 1인

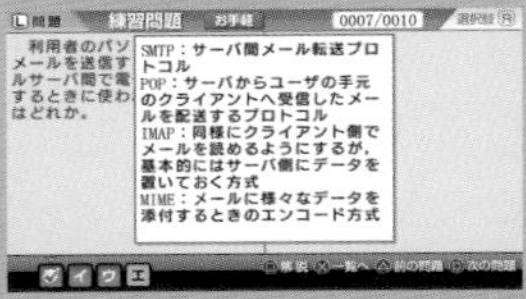

프로그래머·시스템 엔지니어·영업사원 등, IT 관련업 종사자와 연여있는 자격증을 취득하기 위한 학습용 소프트. 미디어파이브 사의 회원제 SNS '네크레보'와의 연동 기능을 추가했다.

합격도장+네크레보 : 사회보험노무사시험 포터블

CERO 教育・データベース

●미디어파이브 ●ETC ●2013년 5월 30일 ●3,800엔
●플레이 명수 : 1인

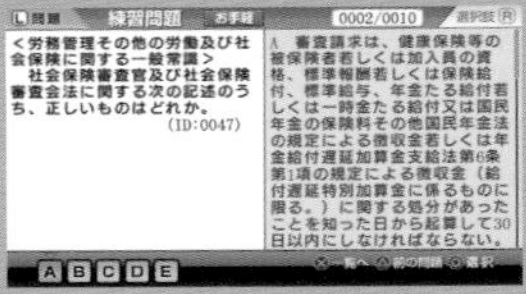

대표적인 노무사 자격증을 취득하기 위한 학습용 소프트. 미디어파이브 사의 회원제 SNS '네크레보'와의 연동 기능을 추가했기에, 정답수 랭킹이나 회원간 교류도 즐길 수 있었다.

합격도장+네크레보 : 택지건물거래사시험 포터블

CERO 教育・データベース

●미디어파이브 ●ETC ●2013년 5월 30일 ●3,800엔
●플레이 명수 : 1인

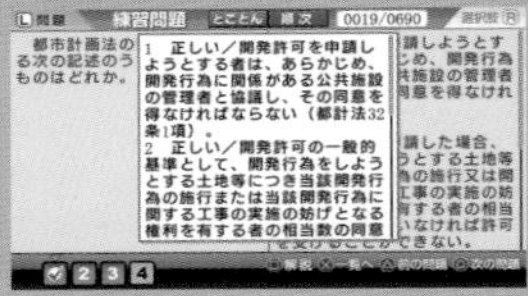

택지건물거래사시험 학습용 소프트에, 미디어파이브 사의 회원제 SNS '네크레보'와의 연동 기능을 추가한 소프트. 반복학습용 연습문제도 있고, 학습이력의 SNS 일괄 관리도 가능했다.

연화 데이즈

CERO B

●아이디어 팩토리 ●SLG ●2013년 6월 20일 ●5,800엔
●플레이 명수 : 1인 ●세이브 용량 : 576KB 이상

가드닝 전문학교를 무대로 삼은 타이틀. 정원 육성 시뮬레이션에 학원 연애 어드벤처를 조합한 게임으로서, 아름다운 꽃을 피우는 데 성공하면 남자의 호감도가 오른다.

스톰 러버 2nd

CERO B

●D3 퍼블리셔 ●AVG ●2013년 6월 20일 ●5,800엔
●플레이 명수 : 1인 ●세이브 용량 : 1248KB 이상

2012년 발매되었던 「스톰 러버 카이!!」의 속편. 전작의 4년 후 시점으로서, 성장한 캐릭터들과 만날 수 있다. 인기 성우가 연기한 개성적인 캐릭터들과의 연애를 즐겨보자.

로큐브! : 비밀의 분실물

CERO C

●카도카와 게임즈 ●AVG ●2013년 6월 20일 ●5,800엔
●플레이 명수 : 1인 ●세이브 용량 : 864KB 이상

2011년 발매되었던 「로큐브!」의 팬 디스크. 초등학교 여자농구부 코치가 되어 소녀들을 단련해 연습으로 지쳐 잠들도록 한 뒤, 소녀들이 잠든 밤을 틈타 '분실물'을 되돌려놓자.

우라카타[裏語] 박앵귀

CERO C

●아이디어 팩토리 ●AVG ●2013년 6월 27일 ●5,800엔
●플레이 명수 : 1인 ●세이브 용량 : 780KB 이상

「박앵귀 유희록」(127p)의 오리지널 if 스토리를 담은 작품. 수많은 의혹이 들끓는 막부 말기, 신선조의 나찰에게 오빠를 잃은 소녀와, 혼돈의 시대를 살아가는 남자들의 이야기다.

술래잡기! 포터블

CERO D

●알케미스트 ●AVG ●2013년 6월 27일 ●6,800엔
●플레이 명수 : 1인 ●세이브 용량 : 800KB 이상

VITA 호환

PC용 게임의 이식작. 일본의 설화 '모모타로'가 모티브로서, 스토리의 중요 장면에는 이벤트 CG가 나오는 구조다. 신규 히로인으로서, 기억상실 상태의 소녀 '나즈나'를 추가했다.

스쿨 워즈 : 졸업전선

CERO D

●컨로제 ●AVG ●2013년 6월 27일 ●6,000엔
●플레이 명수 : 1인 ●세이브 용량 : 416KB 이상

VITA 호환

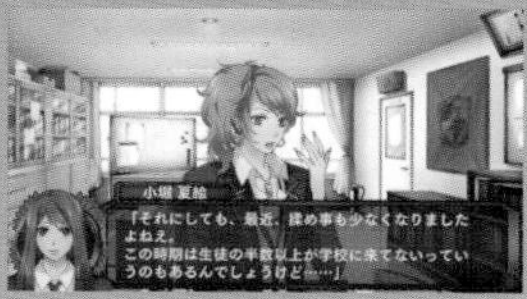

2012년 발매되었던 「스쿨 워즈」의 속편. 졸업식을 마친 후 주인공은 학생회장의 호출을 받아, 자신의 장래를 위하여 학교의 위험한 비밀을 사찰로부터 지키는 임무를 수행한다.

Starry☆Sky : After Autumn 포터블

CERO C

●허니비 ●AVG ●2013년 6월 27일 ●2,980엔
●플레이 명수 : 1인 ●세이브 용량 : 928KB 이상

2010년 발매되었던 「~in Autumn」의 팬디스크. 전작에서 노멀 엔딩을 맞이한 이후를 그린 스토리로서, 교생 실습생이 되어 학교로 돌아온 주인공이 맛보게 되는 씁쓸한 사랑 이야기다.

솔로몬즈 링 : 땅의 장

CERO C

●플랜 피스 ●AVG ●2013년 6월 27일 ●2,980엔
●플레이 명수 : 1인 ●세이브 용량 : 704KB 이상

「솔로몬즈 링」의 최종장. 축제로 도시가 시끌벅적하던 와중, 주인공에게 신비한 남성 3명이 찾아와 말을 건다. 이후 도시에서 사람들이 사라져버리고, 주인공에게는 비극이 찾아온다.

토귀전

CERO C

●코에이테크모게임즈 ●ACT ●2013년 6월 27일 ●4,800엔
●플레이 명수 : 1~4인 ●세이브 용량 : 512KB 이상

VITA 호환

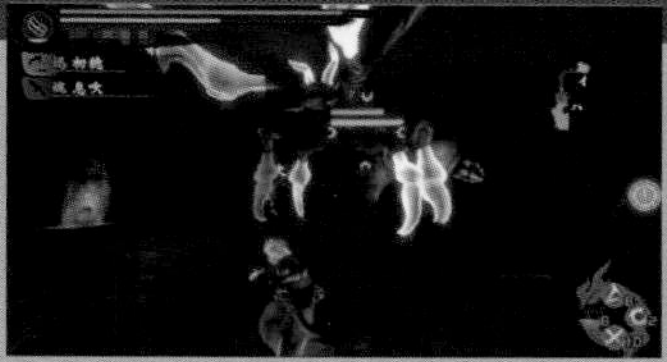

'오니'라 불리는 괴물들로부터 일반인들을 지켜내야 하는 일본풍 헌팅 액션 게임. '부위파괴' 등으로 거대 오니를 물리치는 호쾌한 액션이 특징이다. 주인공인 '모노노후'들은 장비한 무기의 고유능력과 함께, 오니 토벌을 위한 특수능력도 갖고 있다. 그중에서도 특히 일본 역사에 이름을 남긴 영웅들의 혼을 소환하는 '미타마'는, 각 특성별로 공격·방어에 절대적인 힘을 발휘한다.

화려하도다, 우리 일족 : 황혼 포올라스타

CERO B

●아이디어 팩토리 ●AVG ●2013년 7월 11일 ●5,800엔
●플레이 명수 : 1인 ●세이브 용량 : 1504KB 이상

「화려하도다, 우리 일족」의 팬 디스크. 새로운 별장을 무대삼아 스토리가 펼쳐지며, 미니게임 중심으로 '별장 모드'·'정보상 모드'·'추억 모드'의 3가지 모드를 탑재하였다.

O*G*A 술래잡기 로얄 : 헌터는 외딴섬에서 사랑을 한다

CERO C

●아이디어 팩토리 ●AVG ●2013년 7월 18일 ●5,800엔
●플레이 명수 : 1인 ●세이브 용량 : 650KB 이상

라디오 드라마의 게임판. 주인공은 스포츠화된 술래잡기 경기 'OGA' 강호인 고교의 매니저를 맡고 있다. 어느 날 다른 강호 고교로부터 강화합숙 동참 권유를 받아, 합숙에 참가하게 된다.

슈퍼로봇대전 Operation Extend : 제1장

CERO B

●반다이남코게임즈 ●SRPG ●2013년 7월 18일 ●500엔(소비세 포함)
●플레이 명수 : 1인 ●세이브 용량 : 542KB 이상

VITA 호환

다운로드 판매 전용 타이틀

총 8장 구성의 「슈퍼로봇대전」 신작. 제1장은 미션 20화 이상이며, 이후로도 순차 제공했다. 당시로는 시리즈 최대급 볼륨이었고, '개구리 중사 케로로' 등 4개 작품이 신규 참전했다.

원사이드 서머 플러스

CERO D

●알케미스트 ●AVG ●2013년 7월 18일 ●6,800엔
●플레이 명수 : 1인 ●세이브 용량 : 1472KB 이상

VITA 호환

PC용 게임의 이식작. 여관 일을 돕기 위해 시골로 내려온 주인공과 자유분방한 히로인들이 악전고투한다는 스토리다. 시나리오를 대폭 가필했고, 신규 CG와 신규 히로인도 추가됐다.

CERO D 다이아 나라의 앨리스 : Wonderful Mirror World

●퀸로제 ●AVG ●2013년 7월 25일 ●6,000엔
●플레이 명수 : 1인 ●세이브 용량 : 480KB 이상

VITA 호환

2012년 발매했던 「다이아 나라의 앨리스」의 속편. 「클로버 나라의 앨리스」의 캐릭터들과는 전원 친구이지만, 과거의 시간이 넘쳐흐르는 세계에서 새로운 관계를 구축해야 한다.

CERO B 슈퍼로봇대전 OG 사가 : 마장기신 – THE LORD OF ELEMENTAL

●반다이남코게임즈 ●SRPG ●2013년 7월 25일 ●4,980엔(소비세 포함)
●플레이 명수 : 1인 ●DL 데이터 용량 : 356MB

다운로드 판매 전용 타이틀

「슈퍼로봇대전 OG」 시리즈의 원점을 업그레이드 이식했다. 이전 작들에서 묘사되지 않았던 마사키의 스토리가 밝혀진다. 전투 장면에 보이스를 추가했고, 전투 시스템을 개량했다.

CERO C 십귀의 인연 : 꽃매듭 묶음

●아이디어 팩토리 ●AVG ●2013년 7월 25일 ●5,800엔
●플레이 명수 : 1인 ●세이브 용량 : 960KB 이상

2012년 발매되었던 「십귀의 인연」의 팬 디스크. 주인공이 공략대상 캐릭터와 연인이 된 이후의 스토리를 즐길 수 있다. 평온하고 조용한 나날이 이어지는 시나리오 2종을 수록했다.

CERO C 백로의 괴이

●아이디어 팩토리 ●AVG ●2013년 8월 1일 ●5,800엔
●플레이 명수 : 1인 ●세이브 용량 : 1100KB 이상

일본의 전래 괴담집 '햐쿠모노가타리'를 소재로 삼은 여성용 연애 어드벤처 게임. 몸에 제물의 낙인이 남아있는 주인공 소녀와, 저주의 피가 깃든 소년들의 슬픈 사랑 이야기가 펼쳐진다.

CERO B 비타민 R

●D3 퍼블리셔 ●AVG ●2013년 8월 8일 ●5,800엔
●플레이 명수 : 1인 ●세이브 용량 : 704KB 이상

「비타민」 시리즈의 개발진이 제작한 완전 신작. 1년 기한으로 초명문 음악학교에 부임한 주인공은 낙제생들을 지도하게 된다. 시리즈의 전통인 딴죽 & 무시 시스템도 탑재했다.

CERO D 로미오 VS 줄리엣

●퀸로제 ●AVG ●2013년 8월 22일 ●6,000엔
●플레이 명수 : 1인 ●세이브 용량 : 416KB 이상

VITA 호환

셰익스피어의 명작을 모티브로 삼은 연애 어드벤처 게임. 뱀파이어 헌터인 줄리엣과 뱀파이어 세력을 이끄는 로미오가 대결한다. 다채로운 형태의 여러 결말을 준비했다.

CERO C 사키 –Saki– 아치가 편 : episode of side-A Portable

●카가 크리에이트 ●TBL ●2013년 8월 29일 ●6,800엔
●플레이 명수 : 1인(통신대전 모드 : 최대 5인) ●세이브 용량 : 384KB 이상

VITA 호환

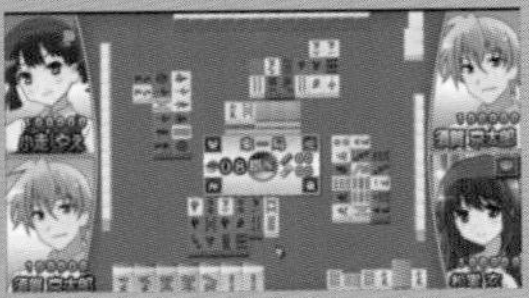

인기 애니메이션의 게임판. 2012년 발매했던 전작의 주요 모드 및 풀보이스 등을 그대로 가져와 더욱 즐기기 쉽도록 진화시켰다. 애드혹 모드는 최대 5인 대전 플레이도 가능하다.

CERO C 학생회의 일존 Lv.2 포터블

●카도카와 게임즈 ●AVG ●2013년 8월 29일 ●6,000엔
●플레이 명수 : 1인 ●세이브 용량 : 768KB 이상

VITA 호환 UMD Passport

인기 라이트 노벨의 게임판. 멀티 앵글과 멀티 엔딩으로 구성한 망상 어드벤처 게임이다. 헤키요 고교 학생회에서 끊임없이 펼쳐지는 농땡이를 원작의 느낌 그대로 재현하였다.

CERO D 솔로몬즈 링 : 엘리멘탈 팩

●플랜 피스 ●AVG ●2013년 8월 29일 ●9,980엔
●플레이 명수 : 1인 ●세이브 용량 : 소프트에 따라 다름

「솔로몬즈 링」 시리즈 4부작의 완결을 기념한 합본 패키지. 과거 발매했던 4부작 전체를 하나로 합본해, 오리지널 슬리브를 씌워 발매했다. 게임 자체는 과거작들과 동일한 내용이다.

CERO B 노래의☆왕자님♪ MUSIC2

●브로콜리 ●AVG ●2013년 9월 5일 ●3,800엔
●플레이 명수 : 1인 ●세이브 용량 : 352KB 이상

VITA 호환

「노래의☆왕자님♪ Debut」 이후의 시리즈물에 등장한 곡들을 즐길 수 있는 음악 게임. 애니메이션판의 삽입곡, 팬들의 응모로 결정된 유닛의 CD 수록곡도 플레이 가능하다.

키사라기 GOLD★STAR : NONSTOP GO GO!!

CERO C

●피아치 ●AVG ●2013년 9월 5일 ●5,980엔
●플레이 명수 : 1인 ●세이브 용량 : 960KB 이상

PC용 게임의 이식작. 신규 공략 캐릭터로 '쿠온 미카'가 추가되었으며, 신규 시나리오도 수록했다. 주인공과 소꿉친구 다섯 히로인들이 펼치는 꿈과 사랑 이야기를 즐겨보자.

백화의 함 : 비색의 조각 4 - 사계의 노래

CERO C

●아이디어 팩토리 ●AVG ●2013년 9월 5일 ●5,800엔
●플레이 명수 : 1인 ●세이브 용량 : 1000KB 이상

2012년 발매했던 「백화의 함 : 비색의 조각 4」의 팬 디스크. 플레이할 계절을 고르는 '계절 선택' 시스템이 있다. 혹시 있었을지도 모르는 춘하추동의 이야기로, if의 세계를 즐기자.

브라더즈 컨플릭트 : 브릴리언트 블루

CERO C

●아이디어 팩토리 ●SLG ●2013년 9월 12일 ●5,800엔
●플레이 명수 : 1인 ●세이브 용량 : 150KB 이상

인기 시리즈의 제2탄. 전작과 마찬가지로 '가족애'와 '금단의 연애'가 테마이지만, 공략대상 캐릭터가 다르다. '그의 방'이 추가됨으로써, 남매의 방에서 데이트를 즐길 수 있게 되었다.

금색의 코르다 3 : 풀보이스 Special

CERO B

●코에이테크모게임즈 ●SLG ●2013년 9월 19일 ●4,800엔
●플레이 명수 : 1~2인 ●세이브 용량 : 608KB 이상

2010년 발매했던 「금색의 코르다 3」의 풀보이스판. 신규 이벤트와 신규 CG도 추가했으며, 각 캐릭터별 엔딩 이후를 묘사한 애프터 스토리도 즐길 수 있도록 했다.

Starry☆Sky : After Winter 포터블

CERO C

●허니비 ●AVG ●2013년 9월 26일 ●2,980엔
●플레이 명수 : 1인 ●세이브 용량 : 832KB 이상

인기 시리즈의 팬 디스크. 「~in Winter」의 캐릭터와 사랑에 빠진 이후로서, 물병자리의 아마하 츠바사, 황소자리의 시라누이 카즈키, 처녀자리의 아오조라 하야토와의 스토리가 펼쳐진다.

하쿠모노가타리 : 괴담 로맨스

CERO D

●퀸로제 ●AVG ●2013년 9월 26일 ●6,000엔
●플레이 명수 : 1인 ●세이브 용량 : 512KB 이상

「괴담 로맨스」 시리즈의 제5탄. 2012년 발매했던 「백귀야행~」의 속편으로서, 전작의 캐릭터와 애인 상태로 시작할 수도 있고, 공략하지 못한 캐릭터와 달콤한 연애를 즐길 수도 있다.

메이지 도쿄 연가

CERO C

●브로콜리 ●AVG ●2013년 9월 26일 ●5,800엔
●플레이 명수 : 1인 ●세이브 용량 : 768KB 이상

일본 휴대폰 앱게임의 이식작. 메이지 시대로 타임 슬립한 주인공이 역사적 위인들과 사랑에 빠진다는 스토리다. 연애 장면은 더미헤드 마이크로 녹음해, 몰입감 있는 보이스가 흘러나온다.

J리그 프로 사커 클럽을 만들자! 8 EURO PLUS

CERO A

●세가 ●SLG ●2013년 10월 17일 ●4,980엔
●플레이 명수 : 1인 ●세이브 용량 : 1200KB 이상

축구 클럽을 운영하는 경영 시뮬레이션 게임의 PSP판. 데이터를 2013년도판으로 갱신했으며, 무대도 J리그 외에 이탈리아·잉글랜드 등의 유럽 6개국 중에서 선택할 수 있다.

FIFA 14

CERO A

●일렉트로닉 아츠 ●SPT ●2013년 10월 17일 ●3,800엔
●플레이 명수 : 1인 ●세이브 용량 : 2600KB 이상

FIFA 공인 데이터를 수록한 축구 게임. '프로 인스팅트' 시스템을 탑재하여 선수들이 실제에 가까운 반응속도로 상황에 대처하므로, 축구의 본고장에서 뛰는 기분을 맛볼 수 있다.

신들의 장난

CERO B

●브로콜리 ●AVG ●2013년 10월 24일 ●5,800엔
●플레이 명수 : 1인 ●세이브 용량 : 352KB 이상

신과 인간의 금지된 사랑이 테마인 여성용 연애 어드벤처 게임. 신들에게 선택받은 소녀가 되어, 신들 중에 있는 '인간을 싫어하는 문제아'에게 '인간'과 '사랑'이 무엇인지를 가르쳐야 한다.

각종 아이콘: Best판 출시 / PS Vita와 호환됨 / UMD Passport 지원

CERO A 실황 파워풀 프로야구 2013

●코나미디지털엔터테인먼트 ●SPT ●2013년 10월 24일 ●2,839엔
●플레이 명수 : 1인 ●세이브 용량 : 450KB 이상
VITA 호환

PSP용 '파워프로' 시리즈로는 최종작. 석세스 모드는 고교야구 편을 수록했고, '이벤트 덱 시스템'도 새로 채용하여 선수 육성 시에 여러 선택지 중 하나를 고를 수 있도록 했다.

CERO D 디아볼릭 러버즈 : 모어 블러드

●아이디어 팩토리 ●AVG ●2013년 10월 24일 ●5,800엔
●플레이 명수 : 1인 ●세이브 용량 : 768KB 이상

2012년 발매했던 「디아볼릭 러버즈」의 팬 디스크. 전작의 6형제는 물론이고, 상당한 새디스트인 뱀파이어 4형제가 새로 등장하여 주인공과의 자극적인 연애 스토리를 연출한다.

CERO B 엔드 오브 애스피레이션

●켐코 ●RPG ●2013년 10월 29일 ●800엔(소비세 포함)
●플레이 명수 : 1인 ●DL 데이터 용량 : 29MB
VITA 호환

다운로드 판매 전용 타이틀

위대한 힘이 숨겨진 보석 '아토미 젬'을 둘러싼 모험을 그린 RPG. 사역마를 사용하는 배틀 시스템, 스킬을 선택해 육성하는 시스템 등 그야말로 왕도 RPG풍의 플레이를 즐길 수 있다.

CERO D 신장판 하트 나라의 앨리스 : Wonderful Wonder World

●퀸로제 ●AVG ●2013년 10월 31일 ●6,000엔
●플레이 명수 : 1인 ●세이브 용량 : 608KB 이상
VITA 호환

2011년 발매했던 「~애니버서리 Ver.」의 보완판. 원작의 만화판을 연재했던 후지마루 마메노스케가 모든 일러스트를 새로 그렸고, 시스템도 전형적인 어드벤처 스타일로 바꿨다.

CERO B 청춘 시작했습니다!

●허니비 ●AVG ●2013년 10월 31일 ●6,800엔
●플레이 명수 : 1인 ●세이브 용량 : 900KB 이상

고교 3학년 쌍둥이 남매가 주인공인 청춘 어드벤처 게임. 전학한 학교의 '청춘부'에서 청춘스러운 일에 매진해보자. '더블 주인공 시스템' 덕에, 공략 캐릭터의 성별을 고를 수 있다.

CERO B 변태왕자와 웃지 않는 고양이

●C-Territory ●AVG ●2013년 10월 31일 ●5,800엔
●플레이 명수 : 1인 ●세이브 용량 : 2880KB 이상

같은 제목 인기 라이트 노벨의 게임판. TV 애니메이션판과 동일한 스탭이 비주얼을 제작했고, 성우진도 애니메이션과 같다. 원작자도 직접 감수하여, 원작의 분위기를 잘 재현하였다.

CERO B 글래스 하트 프린세스 : PLATINUM

●아이디어 팩토리 ●AVG ●2013년 11월 7일 ●5,800엔
●플레이 명수 : 1인 ●세이브 용량 : 652KB 이상

2012년 발매되었던 「글래스 하트 프린세스」의 팬 디스크. 전작의 애프터 스토리를 즐길 수 있다. 개성 만점의 캐릭터들과 함께, 남국의 리조트 섬에서 마음껏 놀아보자.

CERO B 아르카나 파밀리아 2

●컴포트 ●AVG ●2013년 11월 14일 ●5,800엔
●플레이 명수 : 1인 ●세이브 용량 : 480KB 이상

인기 시리즈의 제4탄. 「~유령선의 마술사」의 수개월 후 이야기로서, 성장한 주인공들이 활약한다. 신 캐릭터가 다수 등장하며, 아르카나 능력을 지닌 자들의 기묘한 운명을 그렸다.

CERO C 갓 이터 2

●반다이남코게임즈 ●ACT ●2013년 11월 14일 ●5,696엔
●플레이 명수 : 1~4인 ●세이브 용량 : 400KB 이상
VITA 호환

「갓 이터」(119p)의 속편. 전작의 3년 후가 배경으로서, 다양한 '아라가미'와 새로운 필드 등 여러 신규 컨텐츠를 추가했다. 무기로는 근접계인 차지 스피어와 부스트 해머, 총 형태인 샷건을 추가했다. 또한 스토리의 핵심적인 키워드인 '피'와 '인연'을 상징하는 요소로서, 무기별로 '블러드 아츠'와 '블러드 불릿'을 넣었다. 일부 캐릭터는 이에 관련된 고유 스킬도 쓸 수 있다.

CERO D 사신소업 : 괴담 로맨스

●퀸로제 ●AVG ●2013년 11월 14일 ●6,000엔
●플레이 명수 : 1인 ●세이브 용량 : 512KB 이상

「괴담 로맨스」 시리즈의 제6탄. 같은 해 3월 발매했던 「사신가업~」의 속편이다. 평소에는 적대하던 라이벌 회사와 협력해, 주인공을 방해하던 신흥조직에 공동으로 맞선다는 스토리다.

CERO A 월드 사커 위닝 일레븐 2014

●코나미디지털엔터테인먼트 ●SPT ●2013년 11월 14일 ●3,791엔
●플레이 명수 : 1인(애드혹 모드 : 2~4인) ●세이브 용량 : 10MB 이상

엔진을 개량한 덕에 더욱 리얼해진 그래픽이 펼쳐지는 「위닝 일레븐」 신작. 신규 시스템을 채용하여 스타디움 연출도 강화되었다. 유니폼도 3rd·4th까지 선택할 수 있게 되었다.

CERO B 스노우 바운드 랜드

●아이디어 팩토리 ●AVG ●2013년 11월 21일 ●5,800엔
●플레이 명수 : 1인 ●세이브 용량 : 950KB 이상

안데르센의 동화 '눈의 여왕'이 모티브인 연애 어드벤처 게임. 캐릭터별로 호감도와 위험도 수치가 설정되어 있으며, 일부 선택지에는 제한시간까지도 걸려 있다.

CERO C 꽃 피는 대로

●5pb. ●AVG ●2013년 11월 21일 ●5,800엔
●플레이 명수 : 1인 ●세이브 용량 : 1088KB 이상

에도의 유곽이 무대인 여성용 연애 어드벤처 게임. 텍스트를 읽는 어드벤처 장르이지만, 도중에 나오는 미니게임의 결과로 스토리가 바뀌는 시뮬레이션식 시스템도 도입한 것이 특징이다.

CERO D 해바라기의 교회와 긴 여름방학 : extra vacation

●케로마쿠라 ●AVG ●2013년 11월 28일 ●5,980엔
●플레이 명수 : 1인 ●세이브 용량 : 544KB 이상

PC용 게임의 이식작. 시골의 교회를 중심으로 주인공과 히로인들의 여름을 그린 연애 어드벤처다. 신규 히로인을 넣었고 시나리오도 대폭 가필했다. 밝고 쾌활한 스토리가 전개된다.

CERO C 유어 다이어리 플러스

●알케미스트 ●AVG ●2013년 11월 28일 ●6,800엔
●플레이 명수 : 1인 ●세이브 용량 : 576KB 이상

책에서 튀어나온 소녀를 중심으로 스토리가 전개되는 연애 어드벤처 게임. PC용 게임의 이식작이며, 서브 캐릭터 2명을 히로인으로 승격시켰다. 완전 신규 히로인 1명도 추가되었다.

CERO D 내 여자친구의 겉과 속 : Pure Sweet Heart

●알케미스트 ●AVG ●2013년 12월 19일 ●6,800엔
●플레이 명수 : 1인 ●세이브 용량 : 640KB 이상

PC용 게임의 이식작. 평소엔 숨기고 있는 이면을 지닌 히로인들이 등장하는 학교생활 연애 어드벤처 게임이다. 신규 히로인을 추가했고, 대폭 가필된 시나리오와 신규 CG도 수록했다.

CERO D 다이쇼 귀담

●퀸로제 ●AVG ●2013년 12월 19일 ●6,000엔
●플레이 명수 : 1인 ●세이브 용량 : 416KB 이상

일본의 다이쇼 시대가 배경인 여성용 연애 어드벤처 게임. '하구레오니'의 속격을 계기로, 주인공은 현실과 귀신의 세계를 잇는 사건의 진상을 좇으며 한 남자를 파트너 삼아 싸우게 된다.

CERO C 월영의 사슬 : 광란 모라토리엄

●TAKUYO ●AVG ●2013년 12월 19일 ●5,800엔
●플레이 명수 : 1인 ●세이브 용량 : 416KB 이상

같은 해 4월 발매된 「월영의 사슬 : 착란 파라노이아」의 속편. 주인공과 연애대상 캐릭터와의 관계에 집중해 스토리를 전개하며, 어나더 루트에서는 새로 제작된 if 설정의 스토리를 즐긴다.

CERO B 주얼릭 나이트메어

●아이디어 팩토리 ●AVG ●2013년 12월 26일 ●5,800엔
●플레이 명수 : 1인 ●세이브 용량 : 307KB 이상

꿈과 현실, 두 세계가 무대인 여성용 연애 어드벤처 게임. 두 세계에 걸쳐있는 남성 캐릭터들은 외모가 동일하나 성격은 정반대다. 두 성격의 갭이 미스테리어스한 전개로 연결된다.

각종 아이콘 Best Best판 출시 VITA 호환 PS Vita와 호환됨 UMD Passport UMD Passport 지원

2014

PlayStation Portable
Game Software
Catalogue

2014년의 발매된 PSP용 게임 소프트 수는 47개 타이틀(이중 다운로드는 1 타이틀)이다. 다시 전년 대비 절반으로 줄어, PSP 시장의 쇠퇴가 여실히 느껴진 해였다. 라인업의 중심은 단연 여성용 게임으로서 전년 이상으로 약진했는데, PC용 게임은 물론 동인 게임까지도 이식되었을 정도라 '여성용 게임이라면 PSP'라는 인상이 확고해졌다.

CERO B 방과후 colorful*step 운동부!

●허니비 ●AVG ●2014년 1월 9일 ●4,800엔
●플레이 명수 : 1인 ●세이브 용량 : 896KB 이상

'부활동 남자친구' 시리즈의 제1탄. 고교 2학년에 전학 온 쌍둥이 주인공이 '육상부'·'농구부' 중 어느 한 쪽에 들어가 고교대회 출전을 노린다는 스토리다. 공략대상은 6명이 등장한다.

CERO D 나비의 독, 꽃의 사슬 : 다이쇼 염연이문

●프로토타입 ●AVG ●2014년 1월 16일 ●5,600엔
●플레이 명수 : 1인 ●세이브 용량 : 288KB 이상

PC용 게임의 이식작. 원작의 컨텐츠에 추가 스토리와 신규 비주얼을 덧붙인 타이틀이다. 다이쇼 시대를 무대로 삼아, 주인공과 그녀를 사랑한 다섯 청년들의 이야기를 그려냈다.

CERO B −8 (마이너스 에이트)

●아이디어 팩토리 ●AVG ●2014년 1월 23일 ●5,800엔
●플레이 명수 : 1인 ●세이브 용량 : 800KB 이상

엉망진창 학생들이 모여 있는 학교가 무대인 여성용 연애 어드벤처 게임. 주인공은 수많은 남학생들 중 하나를 골라, 그의 콤플렉스를 해소시켜 주고 사랑까지 이루어야 한다.

CERO B 금색의 코르다 3 : AnotherSky feat. 진난

●코에이테크모게임즈 ●SLG ●2014년 1월 23일 ●5,800엔
●플레이 명수 : 1인 ●세이브 용량 : 608KB 이상

VITA 호환

「금색의 코르다 3」의 어나더 스토리. 고교 2학년이 된 어느 날, 주인공은 고베의 진난 고교로 전학가게 된다. 관현악단에 입부하여, 동료들과 함께 전국 음악 콩쿠르에 출전하자.

CERO D 센고쿠히메 4 : 쟁패백계, 꽃을 지키는 맹세

●시스템소프트 알파 ●SLG ●2014년 1월 23일 ●5,800엔
●플레이 명수 : 1인 ●세이브 용량 : 1024KB 이상

VITA 호환

인기 시리즈의 제4탄. 미소녀 무장의 참모가 된다는 설정은 그대로이며, 오다 노부나가의 최후부터 세키가하라까지로 내용을 바꿨다. 시리즈 최초로 모든 무장에 탈의 장면을 넣었다.

CERO D 아라비안즈 다우트 : The engagement on desert

●컨로제 ●AVG ●2014년 1월 30일 ●6,000엔
●플레이 명수 : 1인 ●세이브 용량 : 480KB 이상

VITA 호환

2012년 발매했던 「아라비안즈 로스트」의 속편. 전작에서 결혼을 면한 주인공이, 이번엔 범죄대국의 국왕 대행을 맡게 된다. 신 캐릭터도 등장해, 사막 나라의 사랑 이야기가 더욱 화려해진다.

CERO C 시노비, 사랑에 빠지다

●아이디어 팩토리 ●AVG ●2014년 1월 30일 ●5,800엔
●플레이 명수 : 1인 ●세이브 용량 : 736KB 이상

닌자학교가 무대인 여성용 어드벤처 게임. 매료의 술법을 쓰는 주인공과 여섯 닌자들 간의 사랑을 그렸다. 인술을 수행하는 한편, 사랑에 빠지지 않도록 조심하며 남성과의 대화를 즐기자.

CERO B 스즈노네 세븐! 포터블

●알케미스트 ●AVG ●2014년 1월 30일 ●5,800엔
●플레이 명수 : 1인 ●세이브 용량 : 416KB 이상

VITA 호환

마법이 정착한 현대의 어느 학교를 무대로 삼은 연애 어드벤처 게임의 이식작. 강제합숙에 억지로 참여하게 된 '워스트 7' 학생들이, 다양한 과제에 도전하는 동안 성장해간다는 청춘 스토리다.

CERO C 붉거나 밝거나 기묘한

●noctiluca ●AVG ●2014년 2월 13일 ●6,400엔
●플레이 명수 : 1인 ●세이브 용량 : 480KB 이상

인기 동인 게임을 PSP로 이식했다. 이식 과정에서 시나리오를 대폭 재집필했으며, 엔딩 추가 등의 신규 컨텐츠는 물론이고 호화 성우진의 연기를 풀보이스로 즐길 수 있게 하였다.

CERO B 하천의 꽃 : 꿈등불

●코에이테크모게임즈 ●AVG ●2014년 2월 27일 ●5,800엔
●플레이 명수 : 1인 ●세이브 용량 : 512KB 이상

2013년 발매되었던 「하천의 꽃」의 속편. 전작의 오다 노부나가·아케치 미츠히데는 물론, 다케나카 한베에 등도 추가됐다. '혼노지의 변'을 넘어선 후의 한층 달콤한 사랑을 즐기자.

CERO C 출진이다! 사랑전쟁 : 제2막 에치고 편

●아스가르드 ●AVG ●2014년 2월 27일 ●4,800엔
●플레이 명수 : 1인 ●세이브 용량 : 2464KB 이상

2011년 발매되었던 「출진이다! 사랑전쟁」의 속편. 아버지로부터 나라의 명운을 맡은 공주가 되어, 유명한 전국시대 무장과 사랑을 나누자. 「~카이 편」과는 등장 캐릭터가 다르다.

CERO C 출진이다! 사랑전쟁 : 제2막 카이 편

●아스가르드 ●AVG ●2014년 2월 27일 ●4,800엔
●플레이 명수 : 1인 ●세이브 용량 : 2464KB 이상

휴대폰 앱게임의 이식작. 전국시대가 무대인 여성용 연애 어드벤처 게임으로서, 원작에서 호평 받았던 비련 루트를 풀보이스로 즐긴다. 「~에치고 편」과는 공략 캐릭터가 다르다.

CERO D 사토미 팔견전 : 하치타마 기

●퀸로제 ●AVG ●2014년 2월 27일 ●6,000엔
●플레이 명수 : 1인 ●세이브 용량 : 608KB 이상

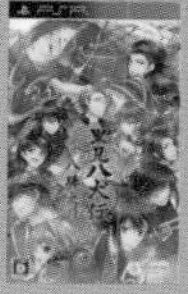

'난소 사토미 팔견전'이 원작인 연애 어드벤처 게임. 요도 무라사메마루를 관동공방에 반납하기 위해, 주인공은 여성임을 숨기고 여행길에 나선다. '인연'을 되살려내 미래를 선택하자.

CERO C 자영의 소나닐 Refrain : What a beautiful memories

●라이어 소프트 ●AVG ●2014년 2월 27일 ●6,400엔
●플레이 명수 : 1인 ●세이브 용량 : 1000KB 이상

PC용 게임의 이식작. 뉴욕이 무대인 스팀펑크 어드벤처 게임이다. 주인공 '알리시아'가 '대소실'이라 불리는 재난으로 인해 폐허로 바뀌어버린 구 맨해튼으로 향한다는 스토리다.

CERO D 다이쇼 뫼비우스라인 포터블

●휴넥스 ●AVG ●2014년 2월 27일 ●6,500엔
●플레이 명수 : 1인 ●세이브 용량 : 864KB 이상

가상의 다이쇼 시대가 무대인 여성용 어드벤처 게임. 이능력을 지닌 등장인물들이 자신의 신념에 따라 일본을 구하기 위해 인연을 다져간다. 신규 시나리오·이벤트를 다수 추가했다.

CERO B 막말 Rock

●마벨러스 AQL ●AVG ●2014년 2월 27일 ●5,800엔
●플레이 명수 : 1인 ●세이브 용량 : 320KB 이상

막부 말기가 무대인 어드벤처 게임. 톱 아이돌 '신선조'의 노래로 나라를 지배하는 막부와, 락커인 사카모토 료마 일당 간의 싸움을 그렸다. 가창 장면은 리듬 액션 식으로 진행된다.

CERO D 넘을 수 없는 붉은 꽃 : 대하는 미래를 잇는다

●휴넥스 ●AVG ●2014년 3월 20일 ●6,500엔
●플레이 명수 : 1인 ●세이브 용량 : 640KB 이상

가상의 나라가 무대인 어드벤처 게임. 주인공과 남성 캐릭터가 나라까지 휘말려드는 사랑에 빠진다. 이식 과정에서 후일담 에피소드와 신규 시나리오 등 여러 컨텐츠를 추가하였다.

CERO A 프로야구 스피리츠 2014

●코나미디지털엔터테인먼트 ●SPT ●2014년 3월 20일 ●3,790엔
●플레이 명수 : 1인(애드혹 : 2인) ●세이브 용량 : 224KB 이상

시리즈 통산 10주년 기념 타이틀. 진화된 모션과 현장감 넘치는 사운드 등, 다양한 신규 요소가 가득하다. 투구를 예측하여 타격력을 향상시키는 '신 타격 시스템'을 탑재했다.

각종 아이콘 Best판 출시 / PS Vita와 호환됨 / UMD Passport 지원

CERO B 금색의 코르다 3 : AnotherSky feat. 시세이칸

●코에이테크모게임즈 ●SLG ●2014년 3월 27일 ●5,800엔
●플레이 명수 : 1인 ●세이브 용량 : 608KB 이상
VITA 호환

「금색의 코르다 3」의 if 스토리. '만약 주인공이 라이벌 고교인 시세이칸의 학생이었다면?' 이란 전제로 진행된다. 원작의 시스템에 '주옥 루트'와 '역주목 루트'를 새로 추가했다.

CERO D 로미오 & 줄리엣

●컨로제 ●AVG ●2014년 3월 27일 ●6,000엔
●플레이 명수 : 1인 ●세이브 용량 : 608KB 이상
VITA 호환

「로미오 VS 줄리엣」(196p)의 속편. 인간과 뱀파이어 간에 협정이 맺어져 서로간에 교류가 시작된 상황에서, 새로운 위기가 찾아온다. 주인공의 선택으로, 원작의 비극을 막을 수 있다.

CERO B 방과후 colorful*step 문화부!

●허니비 ●AVG ●2014년 4월 10일 ●4,800엔
●플레이 명수 : 1인 ●세이브 용량 : 896KB 이상

'부활동 남자친구' 시리즈의 제2탄. 같은 해 1월 발매된 「~운동부!」의 속편으로, 주인공은 '취주악부'나 '연극부'에서 부활동을 한다. 개성적인 캐릭터들과 부활동을 통해 연애해보자.

CERO C 십삼지연의 : 언월삼국전 2

●아이디어 팩토리 ●AVG ●2014년 4월 17일 ●5,800엔
●플레이 명수 : 1인 ●세이브 용량 : 700KB 이상

2012년 발매되었던 「십삼지연의」의 속편. '관도대전'의 반년 후가 배경인 여성용 연애 어드벤처 게임이다. 허도의 산속에 사는 묘족과 인간들의 변화하는 운명을 그린 스토리다.

CERO C 리라이트

●프로토타입 ●AVG ●2014년 4월 17일 ●5,800엔
●플레이 명수 : 1인 ●세이브 용량 : 608KB 이상

PC용 게임의 이식작. 「Kanon」을 비롯하여 여러 연애 어드벤처 게임을 제작해 히트시킨 Key의 당시 최신작으로서, 500명이 넘는 캐릭터에 모두 성우가 붙은 풀보이스 작품이다.

CERO C 크로노스타시아

●아이디어 팩토리 ●AVG ●2014년 4월 24일 ●5,800엔
●플레이 명수 : 1인 ●세이브 용량 : 1184KB 이상

'시간'을 화폐로 쓰는 도시 '알비온'이 무대인 여성용 연애 어드벤처 게임. 세계에 남은 시간이 불과 99일임을 발견한 주인공이, 시간을 되돌리는 힘으로 세계를 구한다는 스토리다.

CERO D 흑설공주 : 스노우 블랙

●컨로제 ●AVG ●2014년 4월 24일 ●6,000엔
●플레이 명수 : 1인 ●세이브 용량 : 608KB 이상
VITA 호환

동화 '백설공주'를 소재로 삼아, 나라에게 버려진 공주의 사랑과 복수를 그린 연애 어드벤처 게임. 재상의 반란으로 행복을 빼앗긴 주인공과, 재상에 원한을 품은 일곱 동료들의 이야기다.

CERO A 월드 사커 위닝 일레븐 2014 : 푸른 사무라이의 도전

●코나미디지털엔터테인먼트 ●SPT ●2014년 5월 22일 ●2,840엔
●플레이 명수 : 1인(애드혹 : 2~4인) ●세이브 용량 : 10MB 이상
VITA 호환

'재팬 챌린지' 모드를 수록한, 일본 대표팀 중심의 「위닝 일레븐」 신작. 지금은 없는 구 국립경기장을 사상 최초로 수록했다. 아시아 예선을 돌파하여 세계 정상을 노려보자.

CERO D 하트 나라의 앨리스 : Wonderful Twin World

●컨로제 ●AVG ●2014년 5월 29일 ●6,000엔
●플레이 명수 : 1인 ●세이브 용량 : 608KB 이상
VITA 호환

2009년 발매되었던 「하트 나라의 앨리스」의 팬 디스크. 원작의 특징적인 시스템은 유지했으며, 새로운 스토리와 CG를 추가하였다. 원작과는 다른 매력적인 스토리를 즐겨보자.

CERO C 누나, 좀더 제대로 하자! +PLUS

●넷레보 ●AVG ●2014년 5월 29일 ●5,500엔(소비세 포함)
●플레이 명수 : 1인 ●DL 데이터 용량 : 928MB 이상
VITA 호환

다운로드 판매 전용 타이틀

같은 제목 성인용 어드벤처 게임의 이식판. 다양한 속성의 '누나'를 중심으로 스토리를 전개한다. 이식 과정에서 신규 히로인·CG를 추가했고, 문장을 조정했으며 새 주제가도 수록했다.

CERO D 블랙 코드
●퀸로제 ●AVG ●2014년 6월 26일 ●6,000엔
●플레이 명수 : 1인 ●세이브 용량 : 608KB 이상

적대하는 두 조직이 전개하는 투쟁과 사랑을 그린 연애 어드벤처 게임. 불행을 가져오는 존재로서 배척을 받던 주인공이, 특수경비대 혹은 마피아의 길을 선택하게 되는 스토리다.

CERO B 엔켈트빌렛
●아이디어 팩토리 ●AVG ●2014년 7월 31일 ●5,800엔
●플레이 명수 : 1인 ●세이브 용량 : 800KB 이상

태어나서 처음으로 해외여행을 온 주인공의 사랑과 트러블을 그린 연애 청춘 어드벤처 게임. 관광지 순회와 아르바이트를 통해, 주인공 스스로를 더 좋은 방향으로 이끌어가 보자.

CERO B 대전략 대동아흥망사 : 제2차 세계대전 발발! 추축군 대 연합군 전세계전
●시스템소프트 알파 ●SLG ●2014년 7월 31일 ●6,500엔
●플레이 명수 : 1인 ●세이브 용량 : 4230KB 이상

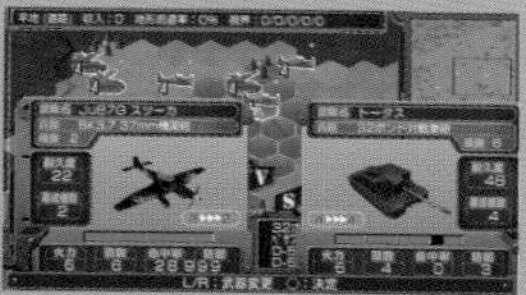

태평양전쟁의 전모를 다양한 맵으로 재현한 초대형 시뮬레이션 게임. 일본·미국·독일 진영으로 나뉘어 전선에서 전투를 진행한다. 각 전선을 포함해, 맵이 총 130개 이상에 달한다.

CERO D 마녀왕
●퀸로제 ●AVG ●2014년 7월 31일 ●6,000엔
●플레이 명수 : 1인 ●세이브 용량 : 608KB 이상

마족의 정상에 군림하는 여왕이 되어 용사들과 싸우는 연애 어드벤처 게임. 성을 비운 부친 '마왕'을 대신해 마족들을 통솔하자. 마족 중에는 인간을 무의미하게 죽이는 자들도 많다.

CERO C 우라카타 박앵귀 : 새벽의 선율
●아이디어 팩토리 ●AVG ●2014년 8월 7일 ●5,800엔
●플레이 명수 : 1인 ●세이브 용량 : 660KB 이상

「박앵귀」의 'if'를 다룬 「우라카타 박앵귀」의 속편. 전작과 같은 시간축에서 스토리가 진행되며, 전작의 공략불능 캐릭터도 공략 가능해졌다. 전작 주요 캐릭터의 후일담도 수록돼 있다.

CERO B 금색의 코르다 3 : AnotherSky feat. 아마네 학원
●코에이테크모게임즈 ●SLG ●2014년 9월 25일 ●5,800엔
●플레이 명수 : 1인 ●세이브 용량 : 608KB 이상

「금색의 코르다 3」의 어나더 스토리. 주인공이 소꿉친구인 키사라기 쿄야와 함께 아마네 학원으로 전학한다는 if 스토리가 전개된다. 완전 오리지널 스토리를 풀보이스로 즐겨보자.

CERO C 토귀전 극(極)
●코에이테크모게임즈 ●ACT ●2014년 8월 28일 ●4,800엔
●플레이 명수 : 1~4인 ●세이브 용량 : 512KB 이상

2013년 발매되었던 「토귀전」에 다양한 요소를 추가한 강화판. '궁극의 오니 토벌'에 도전한다는 컨셉이다. 전작의 3개월 후를 그린 스토리가 새로 추가됐으며, 신 캐릭터도 등장한다. 신무기로 금쇄봉·나기나타·총이 추가됐고, 기존 무기들의 밸런스도 조정되었다. 신규 탑재된 '오니치기리 극'은 동료와 협력해 여러 부위를 파괴하는 기술이다. 최대 4인 멀티플레이도 지원한다.

CERO C 사토미 팔견전 : 하마지히메 기
●퀸로제 ●AVG ●2014년 9월 25일 ●6,000엔
●플레이 명수 : 1인 ●세이브 용량 : 608KB 이상

같은 해 2월 발매된 「~하치타마 기」의 속편. 무사가 된 주인공 앞에 소꿉친구가 공주의 약혼자로 나타나고, 무라사메마루와 '효'의 구슬은 도난당한다. 팔견사와 함께 사건을 해결하자.

CERO B 막말 Rock : 울트라 소울
●마벨러스 AQL ●AVG ●2014년 9월 25일 ●5,300엔
●플레이 명수 : 1인 ●세이브 용량 : 1152KB 이상

같은 해 2월 발매된 「막말 Rock」의 속편. 흑선을 타고 와서 개국을 요구한 세계 최고의 락스타 '페리'와, 전작에서 막부를 타도한 사카모토 료마 등 지사(락커)들간의 싸움을 그렸다.

각종 아이콘 Best Best판 출시 VITA 호환 PS Vita와 호환됨 UMD Passport UMD Passport 지원

CERO B FLOWERS

●프로토타입 ●AVG ●2014년 10월 9일 ●4,800엔
●플레이 명수 : 1인 ●세이브 용량 : 320KB 이상

PC용 원작을 이식한 미스터리 어드벤처 게임. 전원 기숙사제의 미션스쿨 여학교를 무대로, 소녀들간의 사랑과 우정을 그렸다. 섬세하고 부드러운 그래픽도 특징 중 하나다.

CERO D 프리Pia : 프린스 Pia♥캐럿

●휴넥스 ●AVG ●2014년 10월 23일 ●6,500엔
●플레이 명수 : 1인 ●세이브 용량 : 1056KB 이상

VITA 호환

「Pia♥캐럿」 시리즈 누계 100만 장 돌파 기념 타이틀. 원작은 미소녀 게임이었으나, 성별을 역전시켜 여성용 게임으로 개변했다. 꽃미남들과의 친교를 거쳐, 최고의 연인을 얻자.

CERO B 학원 K : Wonderful School Days

●아이디어 팩토리 ●AVG ●2014년 10월 30일 ●5,800엔
●플레이 명수 : 1인 ●세이브 용량 : 550KB 이상

2012년 방영되었던 TV 애니메이션 'K'를 소재로 삼은 여성용 연애 어드벤처 게임. 애니메이션판의 'if' 스토리를 즐길 수 있다. 각 캐릭터별로 3종류의 엔딩이 제공된다.

CERO D 그리자이아의 미궁 : LE LABYRINTHE DE LA GRISAIA

●프로토타입 ●AVG ●2014년 10월 30일 ●4,800엔
●플레이 명수 : 1인 ●세이브 용량 : 352KB 이상

2013년 발매되었던 「그리자이아의 과실」의 속편. 전작의 각 엔딩 이후를 그린 시나리오를 비롯해, 주인공의 과거를 다룬 시나리오나 코믹하고도 느긋한 시나리오 등을 수록하였다.

CERO D 다이쇼 귀담 : 코토노하자쿠라

●퀸로제 ●AVG ●2014년 10월 30일 ●6,000엔
●플레이 명수 : 1인 ●세이브 용량 : 608KB 이상

VITA 호환

2013년 발매되었던 「다이쇼 귀담」의 속편. 사람과 오니의 인연을 그린 여성용 일본풍 어드벤처 게임으로서, 전작의 1년 후이며 파트너 캐릭터와는 연인 사이라는 설정으로 시작한다.

CERO D 오메르타 : 침묵의 규율 – THE LEGACY

●카린 샤누아르 오메가 ●AVG ●2014년 11월 20일 ●5,800엔
●플레이 명수 : 1인 ●세이브 용량 : 3000KB 이상

VITA 호환

PC용 게임의 이식판. 근미래의 도쿄가 무대인 여성용 연애 어드벤처 게임으로서, 이민자들과 이들을 지배하는 여러 마피아 간의 유대와 배신, 그리고 정념의 드라마가 펼쳐진다.

CERO D 머메이드 고딕

●퀸로제 ●AVG ●2014년 11월 20일 ●6,000엔
●플레이 명수 : 1인 ●세이브 용량 : 608KB 이상

VITA 호환

동화 '인어공주'가 모티브인 연애 어드벤처 게임. 큰 죄를 지어 감금된 인어가, 자유의 몸이 되기 위해 왕자의 목숨을 노린다. 전반부의 선택지에 따라 공략 루트가 3가지로 분기된다.

CERO D 흑설공주 : 스노우 매직

●퀸로제 ●AVG ●2014년 12월 4일 ●6,000엔
●플레이 명수 : 1인 ●세이브 용량 : 608KB 이상

VITA 호환

같은 해 4월 발매되었던 「흑설공주 : 스노우 블랙」의 속편. 이전에 물리쳤던 적국이 강대한 백마법사를 앞세워 다시 쳐들어왔다. 주인공은 자국을 지키려 동료들과 함께 맞선다.

CERO D 그리자이아의 낙원 : LE EDEN DE LA GRISAIA

●프로토타입 ●AVG ●2014년 12월 11일 ●4,800엔
●플레이 명수 : 1인 ●세이브 용량 : 500KB 이상

인기 시리즈의 완결편. PC용 원작을 이식한 연애 어드벤처 게임으로서, 「그리자이아의 과실」의 프리퀄 시나리오와 전작의 애프터 스토리 등 4가지 스토리를 수록하였다.

CERO C 신장판 클로버 나라의 앨리스 : Wonderful Wonder World

●퀸로제 ●AVG ●2014년 12월 18일 ●6,000엔
●플레이 명수 : 1인 ●세이브 용량 : 608KB 이상

「클로버 나라의 앨리스」(150p)에 새로운 시나리오와 이벤트를 추가한 타이틀. 모자장수가 속해 있는 마피아에 초점을 맞춘 작품이라, 총격전 등 소란스러운 분위기로 스토리가 전개된다.

CERO 등급 아이콘 A B C D Z 審査予定

컨텐츠 명시 아이콘 연애 선정성 폭력성 공포 음주·흡연 사행성 범죄 약물 언어·기타

2015

PlayStation Portable Game Software Catalogue

2015년에 발매된 PSP용 게임 소프트는 11개 타이틀(이중 다운로드는 1타이틀)이다. 시장으로서는 거의 수명이 다한 시점으로서, PSP 후기 라인업의 대표격이었던 미소녀 게임과 여성용 게임 계열도 PS Vita로 넘어갔다. 그런 와중에도, 몇몇 여성용 게임 제작사들은 적으나마 PSP로도 소프트를 발매하여 PSP 말기를 장식했다.

칼레이도 이브

●에스트시엘 ●AVG ●2015년 1월 22일 ●5,800엔
●플레이 명수 : 1인 ●세이브 용량 : 740KB 이상

여성용 커맨드 선택식 어드벤처 게임. 특수방위군 엘리트 부대에 배속된 주인공 '하야마 츠바사'가 동료 남성들과 교류하면서, 도시에서 일어난 무차별 테러 사건을 해결한다는 스토리다.

사토미 팔견전 : 무라사메마루 기

●퀸로제 ●AVG ●2015년 1월 22일 ●6,000엔
●플레이 명수 : 1인 ●세이브 용량 : 608KB 이상

인기 시리즈의 제3탄. '난소 사토미 팔견전'이 테마인 여성용 연애 게임의 완결편으로서, 주인공인 남장미녀 '이누즈카 시노'와 팔견사가 숙적 '타마즈사'와의 결판을 낸다는 스토리다.

유희왕 아크파이브 : 태그포스 스페셜

●코나미디지털엔터테인먼트 ●TBL ●2015년 1월 22일 ●2,916엔(소비세 포함)
●플레이 명수 : 1인(애드혹 모드 대전시 : 4인) ●DL 데이터 용량 : 536MB

다운로드 판매 전용 타이틀

'유희왕' 애니메이션판 총 5개 작품의 스토리를 플레이할 수 있는 대전형 카드 게임. CPU가 사용하는 덱이 무려 600종류 이상이나 준비돼 있으며, 7,000장 이상의 카드를 수록하였다.

노래의☆왕자님♪ All Star : After Secret

●브로콜리 ●AVG ●2015년 3월 12일 ●5,800엔
●플레이 명수 : 1인 ●세이브 용량 : 352KB 이상

2013년 발매되었던 「노래의☆왕자님♪ All Star」의 속편. 전작에서 공략 캐릭터였던 4명의 선배가 메인으로서, 주인공이 그들 중 하나와 애인이 된 상태로 게임이 시작된다.

머나먼 시공 속에서 6

●코에이테크모게임즈 ●AVG ●2015년 3월 12일 ●6,800엔
●플레이 명수 : 1인 ●세이브 용량 : 512KB 이상

이세계의 다이쇼 시대, 제도 도쿄가 무대인 인기 시리즈의 제6탄. '용신의 무녀'로서 소환된 여고생 '타카츠카 아즈사'는, 원령과 싸우는 제국군과 오니 일족 간의 싸움에 휘말려들고 만다.

한밤의 숲의 공주

●에테르아르 ●AVG ●2015년 3월 26일 ●5,800엔
●플레이 명수 : 1인 ●세이브 용량 : 256KB 이상

'7가지 죄악'이 테마인 여성용 연애 어드벤처 게임. 고향을 잃은 소녀가 일곱 남자와 동거한다는 스토리다. 남자들은 감정이 고양되면 악마처럼 변모하며, 행동도 크게 달라진다.

학원 헤븐 2 : DOUBLE SCRAMBLE!

●프로토타입 ●AVG ●2015년 4월 23일 ●6,400엔
●플레이 명수 : 1인 ●세이브 용량 : 352KB 이상

시리즈 제2탄. 전작의 7년 후라는 설정 하에 캐릭터 전원을 교체해, 완전히 새로운 보이즈 러브 스토리를 즐길 수 있다. 공략대상 캐릭터 각각을 모티브로 삼은 8종의 미니게임도 탑재했다.

메이지 도쿄 연가 : 트와일라이트 키스

●브로콜리 ●AVG ●2015년 4월 23일 ●5,800엔
●플레이 명수 : 1인 ●세이브 용량 : 864KB 이상

2013년 발매되었던 「메이지 도쿄 연가」의 속편. 완전 신작 스토리로서, 전작에서는 묘사되지 않았던 캐릭터의 의외의 일면을 보여준다. 초반의 선택에 따라 6개 루트로 분기된다.

각종 아이콘 | Best Best판 출시 | VITA 호환 PS Vita와 호환됨 | UMD Passport UMD Passport 지원

CERO B FLOWERS : 여름 편

●프로토타입 ●AVG ●2015년 10월 22일 ●4,800엔
●플레이 명수 : 1인 ●세이브 용량 : 288KB 이상

소녀들의 마음의 향방을 그린 미스터리 어드벤처 게임. 전작과 마찬가지로 PC용 게임의 이식작으로서, 주인공은 전작의 서브 캐릭터였던 휠체어 소녀 '야에가키 에리카'로 바뀌었고, 신 캐릭터 '타카사키 치도리'가 등장한다. '낭독극'·'발레 발표회' 등의 이벤트를 통해 소녀들의 마음과 인연이 자라나는 과정을 잘 묘사했다. 초회특전으로 오리지널 드라마 CD를 동봉했다.

CERO B 안젤리크 르투르

●코에이테크모게임즈 ●AVG ●2015년 12월 17일 ●6,800엔
●플레이 명수 : 1인 ●세이브 용량 : 992KB 이상

발매 20주년을 맞은 초대 「안젤리크」를 리메이크한 작품. 여왕후보로 선정된 주인공이 되어 여왕시험에 임하자. '비공도시'에서, 사랑의 행방과 여왕 자리가 걸린 나날이 시작된다.

CERO C 발푸르가의 노래

●프로토타입 ●AVG ●2015년 12월 23일 ●5,500엔
●플레이 명수 : 1인 ●세이브 용량 : 608KB 이상

중부·북부 유럽의 유명한 축제인 '발푸르기스의 밤'이 모티브인 전기물 판타지 게임. 고딕풍의 로맨틱한 세계관으로, 흡혈귀·늑대인간 등 인간이 아닌 자들과의 연애를 묘사했다.

2016

PlayStation Portable
Game Software
Catalogue

2016년에 발매된 타이틀은 「삼국연전기 : 돌이켜보는 추억 CS Edition」과 「신들의 장난 Infinite」 2종으로서, 같은 해에 PSP 관련 온라인 서비스도 종료됐다. 이로써 12년간에 걸쳐 지속돼온 PSP 시장은 막을 내렸다.

CERO B 삼국연전기 : 돌이켜보는 추억 CS Edition

●프로토타입 ●AVG ●2016년 2월 4일 ●5,300엔
●플레이 명수 : 1인 ●세이브 용량 : 320KB 이상

PC용 게임의 이식작. 2012년 발매되었던 「삼국연전기 : 소녀의 병법!」의 팬 디스크로서, 전작에서 해피 엔딩을 맞이한 다음의 후일담, 본편을 보완하는 단편 에피소드 모음집 등을 수록하였다. 이외에도 PSP의 홈 화면용으로 디자인한 바탕화면 컬렉션, SD화된 캐릭터가 활약하는 시끌벅적 삼국통일 땅따먹기 게임 '삼국만유기' 등 다양한 컨텐츠를 제공했다.

CERO D 신들의 장난 Infinite

●브로콜리 ●AVG ●2016년 4월 21일 ●5,800엔
●플레이 명수 : 1인 ●세이브 용량 : 352KB 이상

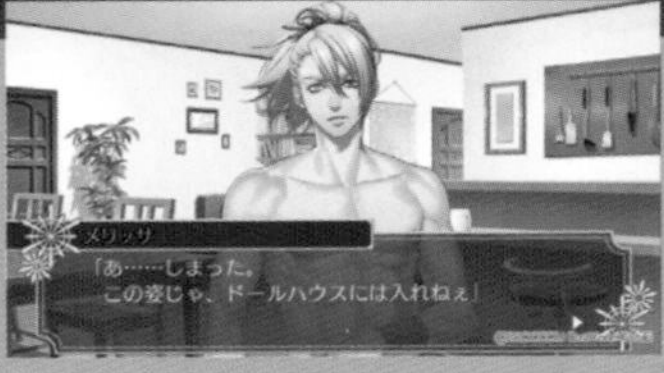

UMD로 발매된 마지막 소프트. 2013년 발매되었던 「신들의 장난」의 어나더 스토리로서, 설정과 등장 캐릭터는 전작과 동일하지만 "'만약' 그때 다른 선택을 했다면?"에 해당하는 세계를 즐길 수 있다. 또한 캐릭터 4명이 신규 공략대상으로 추가되었으며, 엔딩 후의 스토리를 즐길 수 있는 '에필로그'도 추가하는 등, 전반적으로 컨텐츠의 볼륨이 대폭 늘어났다.

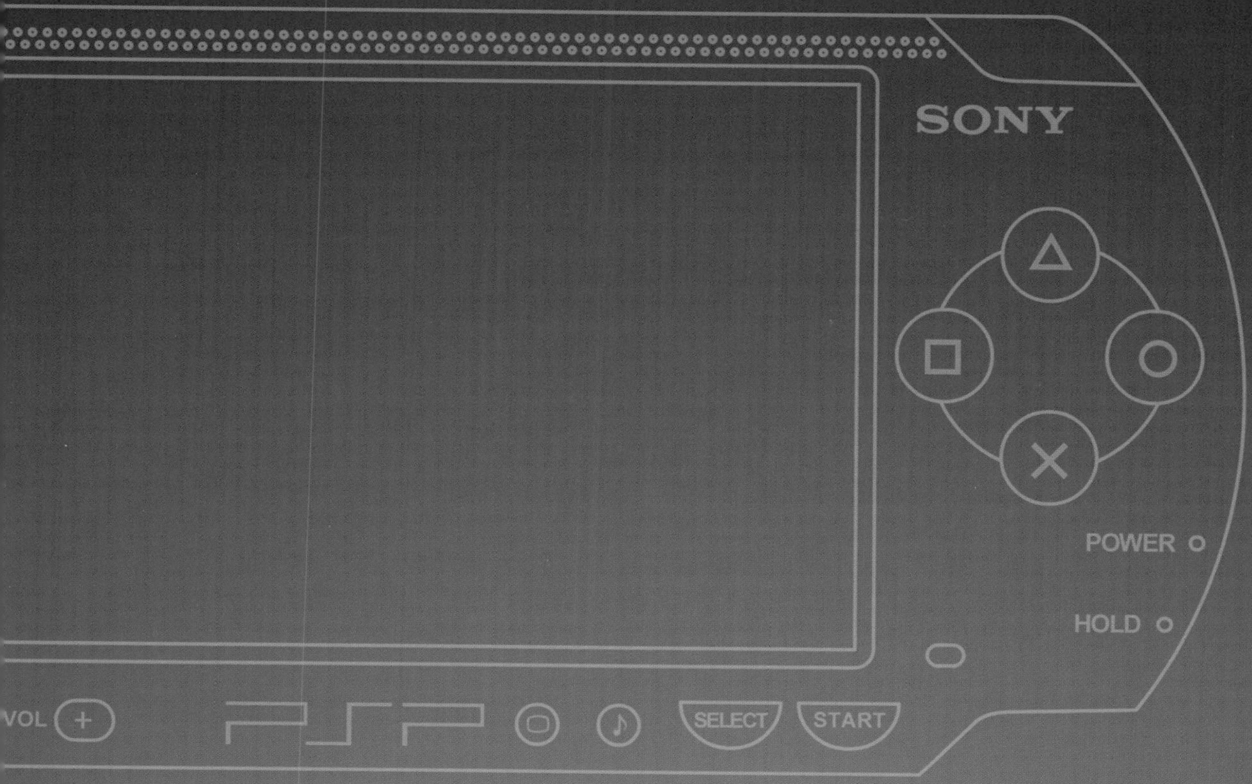

CHAPTER 3

플레이스테이션 포터블 일본 소프트 색인

INDEX OF PLAYSTATION PORTABLE GAME SOFTWARE

플레이스테이션 포터블로 즐길 수 있는 구 기종용 게임 소프트 일람

게임 아카이브스 제공 타이틀 리스트 (역주 ※)

본 지면에서는 36p에서 소개한 바 있는 일본 PlayStation Store의 게임 아카이브스·네오지오 스테이션·PC엔진 아카이브 제공 타이틀 중, PSP용으로 출시된 바 있는 총 865개 타이틀을 출시일순으로 정리해 리스트화하였다. 현재는 이미 판매가 종료된 타이틀들도 많고 PlayStation Store 역시 언제 닫힐지 모르는 상황이므로, 어디까지나 참고용으로 활용하기 바란다.

또한 각 타이틀별 소개는 생략하였으나, 과거 발간된 퍼펙트 카탈로그 시리즈에서도 소개한 작품들이므로 상세한 사항은 그쪽을 참조해주었으면 한다.

게임 아카이브스 (플레이스테이션 801개 타이틀)

출시일	타이틀명	발매사
2006.11.22	바이오하자드 : 디렉터즈 컷	캡콤
2006.11.22	코나미 앤틱스 MSX 컬렉션 Vol.1	코나미디지털엔터테인먼트
2006.11.22	코나미 앤틱스 MSX 컬렉션 Vol.2	코나미디지털엔터테인먼트
2006.11.22	비시바시 스페셜	코나미디지털엔터테인먼트
2006.11.22	아크 더 래드	소니컴퓨터엔터테인먼트
2006.11.22	점핑 플래시! : 알로하 남작 펑키 대작전 편	소니컴퓨터엔터테인먼트
2006.11.22	모두의 GOLF 2	소니컴퓨터엔터테인먼트
2006.11.22	사일런트 바머	반다이남코게임즈
2006.11.22	철권 2	반다이남코게임즈
2006.12.21	R-TYPES	아이렘 소프트웨어 엔지니어링
2006.12.21	우좌(U-SA)	아트딩크
2006.12.21	태양의 꼬리	아트딩크
2006.12.21	디노 크라이시스	캡콤
2006.12.21	글로벌 포스 : 신 전투국가	소니컴퓨터엔터테인먼트
2006.12.21	격주 토마라너	소니컴퓨터엔터테인먼트
2006.12.21	마알 왕국의 인형공주	니폰이치 소프트웨어
2006.12.21	THE 편의점 : 저 동네를 점령하라	햄스터
2006.12.21	미스터 드릴러	반다이남코게임즈
2007.1.25	스펙트럴 포스	아이디어 팩토리
2007.1.25	A열차로 가자 4 : 글로벌	아트딩크
2007.1.25	방피르 : 흡혈귀 전설	아트딩크
2007.1.25	크래시 밴디쿳	소니컴퓨터엔터테인먼트
2007.1.25	랠리 크로스	소니컴퓨터엔터테인먼트
2007.1.25	로직 마작 : 창룡 4인 대국·3인 대국	니폰이치 소프트웨어
2007.2.22	액 : 우정담의	아이디어 팩토리
2007.2.22	R-TYPE ⊿	아이렘 소프트웨어 엔지니어링
2007.2.22	상하이 DYNASTY	석세스
2007.2.22	내 시체를 넘어서 가라	소니컴퓨터엔터테인먼트
2007.2.22	힘내라, 모리카와 군 2호	소니컴퓨터엔터테인먼트
2007.2.22	THE 드러그스토어	햄스터
2007.2.22	퍼즐 매니아	햄스터
2007.3.29	갤럭시 파이트	선 전자
2007.3.29	하드 엣지	선 전자
2007.3.29	거너즈 헤븐	소니컴퓨터엔터테인먼트
2007.3.29	ARCADE HITS : 라이덴	햄스터
2007.3.29	톨 ∞(언리미티드)	햄스터
2007.4.26	사기 마작	아이디어 팩토리
2007.4.26	CG 옛날이야기 : 할아버지, 두 번 놀라다	아이디어 팩토리
2007.4.26	액통 : 저주의 게임	아이디어 팩토리
2007.4.26	루나틱 돈 III	아트딩크
2007.4.26	A5 : A열차로 가자 5	아트딩크
2007.4.26	메탈 슬러그 X	SNK 플레이모어
2007.4.26	리얼 바웃 아랑전설	SNK 플레이모어
2007.4.26	막말낭만 월화의 검사	SNK 플레이모어
2007.4.26	아랑전설 WILD AMBITION	SNK 플레이모어
2007.4.26	검객이문록 : 되살아나는 창홍의 칼날 - 사무라이 스피리츠 신장	SNK 플레이모어
2007.4.26	기상천외 형사	캡콤
2007.4.26	필로소마	소니컴퓨터엔터테인먼트
2007.4.26	직소 월드	니폰이치 소프트웨어
2007.4.26	와글와글 테니스 플러스	햄스터
2007.5.31	길티기어 복각판	아크시스템웍스
2007.5.31	스펙트럴 타워	아이디어 팩토리
2007.5.31	스펙트럴 포스 2	아이디어 팩토리
2007.5.31	모래의 엠브레이스	아이디어 팩토리
2007.5.31	더 킹 오브 파이터즈 '95	SNK 플레이모어
2007.5.31	더 킹 오브 파이터즈 '96	SNK 플레이모어
2007.5.31	더 킹 오브 파이터즈 '97	SNK 플레이모어
2007.5.31	사무라이 스피리츠 : 검객지침서 팩	SNK 플레이모어
2007.5.31	리얼 바웃 아랑전설 스페셜 : DOMINATED MIND	SNK 플레이모어
2007.5.31	리틀 프린세스 : 마알 왕국의 인형공주 2	니폰이치 소프트웨어
2007.5.31	셉텐트리온	햄스터
2007.6.28	오아시스 로드	아이디어 팩토리
2007.6.28	스펙트럴 타워 II	아이디어 팩토리
2007.6.28	굿슨 파라다이스	아이렘 소프트웨어 엔지니어링
2007.6.28	더 킹 오브 파이터즈 : 쿄	SNK 플레이모어
2007.6.28	더 킹 오브 파이터즈 '98	SNK 플레이모어
2007.6.28	더 킹 오브 파이터즈 '99	SNK 플레이모어
2007.6.28	사무라이 스피리츠 : 잔쿠로 무쌍검	SNK 플레이모어
2007.6.28	사무라이 스피리츠 : 아마쿠사 강림 스페셜	SNK 플레이모어
2007.6.28	메탈 슬러그	SNK 플레이모어
2007.6.28	SuperLite 1500 시리즈 : 코튼 오리지널	석세스
2007.6.28	SuperLite 1500 시리즈 : 잔파인	석세스
2007.6.28	DEPTH	소니컴퓨터엔터테인먼트
2007.6.28	점핑 플래시! 2 : 알로하 남작 대난감 편	소니컴퓨터엔터테인먼트

(역주 ※) 본 리스트는 일본 PlayStation Store 기준이며, 한국 PlayStation Store와는 다르니 주의하자. 한국 스토어의 타이틀 리스트는 제4장 말미를 참조하도록. 또한 소프트 명칭은 '플레이스테이션 퍼펙트 카탈로그 상·하권' 기준으로 정리했다.

출시일	타이틀명	발매사
2007.6.28	XI [sai]	소니컴퓨터엔터테인먼트
2007.6.28	Jet Moto	소니컴퓨터엔터테인먼트
2007.6.28	파네킷	소니컴퓨터엔터테인먼트
2007.6.28	AI 마작 SELECTION	햄스터
2007.6.28	지팡구 섬 : 운명은 주사위가 결정한다!?	햄스터
2007.6.28	퍼즐 매니아 2	햄스터
2007.7.26	꼬마 랄프의 대모험	어테인
2007.7.26	복서즈 로드	어테인
2007.7.26	SuperLite 1500 시리즈 : 치키치키 치킨	석세스
2007.7.26	메모리얼☆시리즈 : 선 소프트 Vol.1	선 전자
2007.7.26	타이니 블릿	소니컴퓨터엔터테인먼트
2007.7.26	Twisted Metal EX	소니컴퓨터엔터테인먼트
2007.7.26	디스트럭션 더비	소니컴퓨터엔터테인먼트
2007.7.26	베알파레스	소니컴퓨터엔터테인먼트
2007.7.26	로빗 몽 듀	소니컴퓨터엔터테인먼트
2007.7.26	와일드 암즈	소니컴퓨터엔터테인먼트
2007.7.26	AI 쇼기 SELECTION	햄스터
2007.7.26	THE 패밀리 레스토랑 : 사상 최강의 메뉴	햄스터
2007.7.26	킹스 필드	프롬 소프트웨어
2007.8.30	ARCADE HITS : 소닉 윙스 스페셜	햄스터
2007.8.30	아테나 : Awaking from the ordinary life	SNK 플레이모어
2007.8.30	에코 나이트	프롬 소프트웨어
2007.8.30	학교에서 있었던 무서운 이야기 S	반프레스토
2007.8.30	킹스 필드 II	프롬 소프트웨어
2007.8.30	크래시 밴디쿳 2 : 코텍스의 역습!	소니컴퓨터엔터테인먼트
2007.8.30	THE 편의점 2 : 전국 체인을 전개한다!	햄스터
2007.8.30	산요 파친코 파라다이스 5 : 신바람 대어기	아이렘 소프트웨어 엔지니어링
2007.8.30	신장개업!! 멍멍 바다이야기 : 산요 파친코 파라다이스 DX	아이렘 소프트웨어 엔지니어링
2007.8.30	프리즈머티컬리제이션	아크시스템웍스
2007.8.30	메모리얼☆시리즈 : 선 소프트 Vol.2	선 전자
2007.8.30	와이프아웃	소니컴퓨터엔터테인먼트
2007.9.27	아지토	햄스터
2007.9.27	힘내라 고에몽 : 우주해적 아코깅	코나미디지털엔터테인먼트
2007.9.27	크래시 밴디쿳 3 : 워프로 세계일주!	소니컴퓨터엔터테인먼트
2007.9.27	섀도우 타워	프롬 소프트웨어
2007.9.27	블루 브레이커 : 웃는 얼굴의 약속	햄스터
2007.9.27	포포로크로이스 이야기	소니컴퓨터엔터테인먼트
2007.9.27	미치노쿠 비탕 사랑 이야기 Kai	포그
2007.9.27	메모리얼☆시리즈 : 선 소프트 Vol.3	선 전자
2007.9.27	아머드 코어 : 프로젝트 판타즈마	프롬 소프트웨어 (PS3 전용)
2007.10.10	산요 파친코 파라다이스	아이렘 소프트웨어 엔지니어링
2007.10.10	산요 파친코 파라다이스 2	아이렘 소프트웨어 엔지니어링
2007.10.10	포포로그	소니컴퓨터엔터테인먼트
2007.10.10	알런드라	소니컴퓨터엔터테인먼트
2007.10.10	XI [sai] JUMBO	소니컴퓨터엔터테인먼트
2007.10.10	화투 그래피티 : 코이코이 이야기	햄스터
2007.10.10	킹스 필드 III	프롬 소프트웨어
2007.10.10	에코 나이트 #2 : 잠의 지배자	프롬 소프트웨어
2007.10.24	네오 아틀라스	아트딩크
2007.10.24	크라임 크래커즈	소니컴퓨터엔터테인먼트
2007.10.24	서카디아	소니컴퓨터엔터테인먼트
2007.10.24	꽃과 용 : 화투·마작	햄스터
2007.10.24	탐정 진구지 사부로 : 꿈의 끝에서	워크잼
2007.11.14	산요 파칭코 파라다이스 3 : 멍멍 대행진	아이렘 소프트웨어 엔지니어링
2007.11.14	산요 파칭코 파라다이스 4 : 초밥집이다! 겐 씨	아이렘 소프트웨어 엔지니어링
2007.11.14	아크 더 래드 II	소니컴퓨터엔터테인먼트
2007.11.14	벨데셀바 전기 : 날개의 훈장	소니컴퓨터엔터테인먼트
2007.11.14	ARCADE HITS : 문 크레스타	햄스터
2007.11.14	블루 브레이커 버스트 : 미소를 그대와	햄스터
2007.11.28	성령기 라이블레이드	윙키 소프트
2007.11.28	냅다즈 포인트	코나미디지털엔터테인먼트

출시일	타이틀명	발매사
2007.11.28	메디이블 : 되살아난 갤로미어의 용사	소니컴퓨터엔터테인먼트
2007.11.28	와일드 암즈 2nd IGNITION	소니컴퓨터엔터테인먼트
2007.11.28	ARCADE HITS : 프리스키 톰	햄스터
2007.11.28	아머드 코어 : 마스터 오브 아레나	프롬 소프트웨어 (PS3 전용)
2007.12.12	팔카타 : 아스트란 파드마의 문장	거스트
2007.12.12	아크 더 래드 : 몬스터 게임 with 카지노 게임	소니컴퓨터엔터테인먼트
2007.12.12	블루 브레이커 버스트 : 미소 짓는 내일로	햄스터
2007.12.26	바이오하자드 2	캡콤
2007.12.26	마리의 아틀리에 Plus : 잘부르그의 연금술사	거스트
2007.12.26	로빈 로이드의 모험	거스트
2007.12.26	바로크 : 일그러진 망상	스팅
2007.12.26	I.Q : 인텔리전트 큐브	소니컴퓨터엔터테인먼트
2007.12.26	크라임 크래커즈 2	소니컴퓨터엔터테인먼트
2007.12.26	포포로크로이스 이야기 II	소니컴퓨터엔터테인먼트
2007.12.26	ARCADE HITS : 매지컬 드롭	햄스터
2007.12.26	탐정 진구지 사부로 Early Collection	워크잼
2008.1.16	아크 더 래드 III	소니컴퓨터엔터테인먼트
2008.1.16	I.Q FINAL	소니컴퓨터엔터테인먼트
2008.1.30	데자에몽 플러스	트리니티
2008.1.30	검은 눈동자의 노아	거스트
2008.1.30	프로 마작 키와메 PLUS	트리니티
2008.1.30	블록깨기	햄스터
2008.1.30	시끌벅적 사회인야구	햄스터
2008.2.13	모터 툰 그랑프리 : USA EDITION	소니컴퓨터엔터테인먼트
2008.2.13	매지컬 다이스 키즈	소니컴퓨터엔터테인먼트
2008.2.13	노부나가 비록 : 하천의 꿈	트리니티
2008.2.13	머니 아이돌 익스체인저	트리니티
2008.2.13	메루 푸라나	거스트
2008.2.13	시끌벅적 카트	햄스터
2008.2.27	음 재머 라미	소니컴퓨터엔터테인먼트
2008.2.27	바로크▲신드롬	스팅
2008.2.27	이데 요스케의 마작교실	트리니티
2008.2.27	시끌벅적 볼링	햄스터
2008.3.12	애디의 선물	소니컴퓨터엔터테인먼트
2008.3.12	스파이로 더 드래곤	소니컴퓨터엔터테인먼트
2008.3.12	학교를 만들자!!	마벨러스 엔터테인먼트
2008.3.12	강의 누시 낚시 : 비경을 찾아서	마벨러스 엔터테인먼트
2008.3.21	데자에몽 Kids!	트리니티
2008.3.21	프로 마작 키와메 PLUS II	트리니티
2008.3.21	에리의 아틀리에 : 잘부르그의 연금술사 2	거스트
2008.3.21	메탈기어 솔리드	코나미디지털엔터테인먼트
2008.3.21	크래시 밴디쿳 카~니발	소니컴퓨터엔터테인먼트
2008.3.21	마스터 오브 몬스터즈 : 새벽녘의 현자들	햄스터
2008.4.17	아테나의 가정반 : 패밀리 게임즈	트리니티
2008.4.17	스파이로×스팍스 : 날아서 투어즈	소니컴퓨터엔터테인먼트
2008.4.17	매지컬 드롭 F	햄스터
2008.4.30	ARCADE HITS : 자염룡	햄스터
2008.4.30	위저즈 하모니	아크시스템웍스
2008.4.30	여고생의 방과후… 푸쿤파	트리니티
2008.4.30	블러디 로어	허드슨
2008.4.30	프로 마작 키와메 : 천원전 편	트리니티
2008.5.14	너나뒤박! : 너도나도 뒤죽박죽	소니컴퓨터엔터테인먼트
2008.5.14	넥타리스	허드슨
2008.5.14	폴리스노츠	코나미디지털엔터테인먼트
2008.5.28	봄버맨	허드슨
2008.5.28	위저즈 하모니 2	아크시스템웍스
2008.5.28	여기를 파줘! 푸카	소니컴퓨터엔터테인먼트
2008.5.28	로드 모나크 : 신 가이아 왕국기	햄스터
2008.6.11	타마마유 이야기	겐키
2008.6.11	크래시 밴디쿳 레이싱	소니컴퓨터엔터테인먼트
2008.6.11	애시드	햄스터

출시일	타이틀명	발매사
2008.6.11	야마사 Digi 가이드 : M771	야마사 엔터테인먼트
2008.6.11	야마사 Digi 가이드 : 뉴 펄서 R	야마사 엔터테인먼트
2008.6.11	야마사 Digi 가이드 : 하이퍼 러시	야마사 엔터테인먼트
2008.6.25	아인헨더	스퀘어 에닉스
2008.6.25	아스트로노카	스퀘어 에닉스
2008.6.25	제노기어스	스퀘어 에닉스
2008.6.25	파이터즈 임팩트	스퀘어 에닉스
2008.6.25	낙서 쇼타임	스퀘어 에닉스
2008.6.25	레이스톰	스퀘어 에닉스
2008.7.9	아쿠아노트의 휴일 : MEMORIES OF SUMMER 1996	아트딩크
2008.7.9	위저즈 하모니 R	아크시스템웍스
2008.7.9	에어가이츠	스퀘어 에닉스
2008.7.9	블루 : 레전드 오브 워터	허드슨
2008.7.9	브레이브 펜서 : 무사시 전	스퀘어 에닉스
2008.7.9	레이크라이시스	스퀘어 에닉스
2008.7.23	알카노이드 리턴즈	스퀘어 에닉스
2008.7.23	그릴 로직	SE 모바일&온라인
2008.7.23	주사위로 초코보	스퀘어 에닉스
2008.7.23	초코보 스탤리언	스퀘어 에닉스
2008.7.23	야마사 Digi 셀렉션	야마사 엔터테인먼트
2008.8.13	아쿠아노트의 휴일 2	아트딩크
2008.8.13	프로젝트 가이아레이	SE 모바일&온라인
2008.8.13	벨트로거 9	겐키
2008.8.13	쌍계의	스퀘어 에닉스
2008.8.13	매지컬 데~이트 : 두근두근 고백대작전	스퀘어 에닉스
2008.8.27	캐롬 샷 2	아젠다
2008.8.27	G다라이어스	스퀘어 에닉스
2008.8.27	정령 소환 : 프린세스 오브 다크니스	SE 모바일&온라인
2008.8.27	블로키즈	트리니티
2008.8.27	봄버맨 판타지 레이스	허드슨
2008.8.27	야마사 Digi 셀렉션 2	야마사 엔터테인먼트
2008.9.10	경영해보자! 게임센터	SE 모바일&온라인
2008.9.10	린다큐브 어게인	소니컴퓨터엔터테인먼트
2008.9.10	사이킥 포스 2	스퀘어 에닉스
2008.9.10	퍼즐 보블 2	스퀘어 에닉스
2008.9.24	후야제	SE 모바일&온라인
2008.9.24	푸치 캐럿	스퀘어 에닉스
2008.9.24	봄버맨 랜드	허드슨
2008.9.24	피시 아이즈	마벨러스 엔터테인먼트
2008.10.15	통쾌! 슬롯 슈팅	SE 모바일&온라인
2008.10.15	스페이스 인베이더	스퀘어 에닉스
2008.10.29	환상의 아르테미스	SE 모바일&온라인
2008.10.29	레이 트레이서	스퀘어 에닉스
2008.10.29	프론트 미션 얼터너티브	스퀘어 에닉스
2008.10.29	야마사 Digi 가이드 : 파우스트	야마사 엔터테인먼트
2008.11.12	빌딩 크러시!	SE 모바일&온라인
2008.11.12	프론트 미션 더 퍼스트	스퀘어 에닉스
2008.11.12	랜드 메이커	스퀘어 에닉스
2008.11.12	투희전승 : ANGEL EYES	테크모
2008.11.26	웰토브 이스틀리아	허드슨
2008.11.26	컬드셉트 익스팬션 플러스	미디어 팩토리
2008.11.26	사가 프론티어	스퀘어 에닉스
2008.11.26	부시도 블레이드	스퀘어 에닉스
2008.11.26	각명관	테크모
2008.12.10	실버 사건	그래스호퍼 매뉴팩처
2008.12.10	사가 프론티어 2	스퀘어 에닉스
2008.12.10	부시도 블레이드 이	스퀘어 에닉스
2008.12.10	퍼즐 보블 3 DX	스퀘어 에닉스
2008.12.10	데드 오어 얼라이브	테크모
2008.12.24	바이오하자드 3 : LAST ESCAPE	캡콤
2008.12.24	프론트 미션 2	스퀘어 에닉스

출시일	타이틀명	발매사
2008.12.24	브리건다인 : 그랜드 에디션	해피넷
2008.12.24	카게로 : 각명관 진장	테크모
2008.12.24	목장이야기 : 하베스트 문	마벨러스 엔터테인먼트
2008.12.24	목장이야기 : 하베스트 문 for 걸	마벨러스 엔터테인먼트
2009.1.14	G-POLICE	소니컴퓨터엔터테인먼트
2009.1.14	팝픈 팝	스퀘어 에닉스
2009.1.14	몬스터 팜 점프	테크모
2009.1.14	탐정 진구지 사부로 : 미완의 르포	워크잼
2009.1.28	카오스 브레이크	스퀘어 에닉스
2009.1.28	파랜드 스토리 : 4개의 봉인	TGL 기획
2009.1.28	창마등	테크모
2009.1.28	탐정 진구지 사부로 : 등불이 꺼지기 전에	워크잼
2009.2.10	루나 윙 : 시대를 초월한 성전	SE 모바일&온라인
2009.2.10	초코보 레이싱 : 환계로 가는 로드	스퀘어 에닉스
2009.2.10	쿨라퀘스트	소니컴퓨터엔터테인먼트
2009.2.25	비기 마작 : 이게 바로 천화로구나	스파이크
2009.2.25	천사동맹	TGL 기획
2009.2.25	학교를 만들자!! 2	마벨러스 엔터테인먼트
2009.2.25	파이어 프로레슬링 G	스파이크
2009.2.25	나이트 & 베이비	탐소프트
2009.3.11	초형귀 : 궁극무적은하최강남	익스트림
2009.3.11	네오 아틀라스 2	아트딩크
2009.3.11	야마사 Digi 가이드 : 우메 카게츠 R	야마사 엔터테인먼트
2009.3.25	어드밴스드 배리어블 지오	TGL 기획
2009.3.25	카니지 하트 EZ	아트딩크
2009.3.25	프론트 미션 3	스퀘어 에닉스
2009.3.25	중장기병 발켄 2	익스트림
2009.4.10	파이널 판타지 Ⅶ 인터내셔널	스퀘어 에닉스
2009.4.22	그란디아	게임 아츠
2009.4.22	루나틱 돈 오디세이	아트딩크
2009.4.22	틸크 : 푸른 바다에서 온 소녀	TGL 기획
2009.4.22	학교를 만들자!! : 교장선생님 이야기	마벨러스 엔터테인먼트
2009.4.22	랑그릿사 Ⅰ & Ⅱ	익스트림
2009.5.13	제우스 : 카니지 하트 세컨드	아트딩크
2009.5.13	알바레아의 처녀 : 아름다운 성기사들	익스트림
2009.5.13	파이널 판타지 택틱스	스퀘어 에닉스
2009.5.27	비밀전대 메타모르V 디럭스	마이니치 커뮤니케이션즈
2009.5.27	드림 제네레이션 : 사랑이냐? 일이냐!?…	익스트림
2009.5.27	마법사가 되는 방법	TGL 기획
2009.6.10	제우스 Ⅱ : 카니지 하트	아트딩크
2009.6.24	파랜드 사가 : 시간의 길잡이	TGL 기획
2009.6.26	파이널 판타지	스퀘어 에닉스
2009.7.8	가이아 시드	햄스터
2009.7.8	데롱 데로데로	테크모
2009.7.8	파이널 판타지 Ⅱ	스퀘어 에닉스
2009.7.22	톨 : 트윈즈 타워	햄스터
2009.8.12	ARCADE HITS : 수호연무	햄스터
2009.8.12	최강 토다이 쇼기	마이니치 커뮤니케이션즈
2009.8.12	베이그란트 스토리	스퀘어 에닉스
2009.8.12	래피드 레이서	소니컴퓨터엔터테인먼트
2009.8.12	록맨	캡콤
2009.8.26	쾌속천사	햄스터
2009.8.26	PMS VOL.1 : 드래곤 나이츠 글로리어스	샤논
2009.8.26	PMS VOL.2 : 죽은 자들이 모이는 저택	샤논
2009.8.26	본격마작 테츠만 SPECIAL	카가 크리에이트
2009.9.9	록맨 2 : Dr.와일리의 수수께끼	캡콤
2009.9.9	사이드 포켓 3	햄스터
2009.9.24	테마 파크	일렉트로닉 아츠
2009.9.24	일본프로마작연맹 공인 : 도장 깨기	카가 크리에이트
2009.9.24	PMS VOL.3 : 러비시 블레이존	샤논
2009.9.24	에피카 스텔라	햄스터

출시일	타이틀명	발매사
2009.9.24	1 on 1	죠르단
2009.9.24	테마 아쿠아리움	일렉트로닉 아츠
2009.9.24	파이널 판타지 Ⅷ	스퀘어 에닉스
2009.10.14	PMS VOL.4 : Catch! 기분 좋은 센세이션	샤논
2009.10.14	포퓰러스 더 비기닝	일렉트로닉 아츠
2009.10.14	미카구라 소녀탐정단	햄스터
2009.10.28	본격 프로마작 : 진 테츠만	카가 크리에이트
2009.10.28	루시퍼 링	햄스터
2009.10.28	테마 병원	일렉트로닉 아츠
2009.10.28	PMS VOL.5 : 꼬맹이 치루	샤논
2009.11.11	소비에트 스트라이크	일렉트로닉 아츠
2009.11.11	두근두근 메모리얼 : forever with you (PSone Books)	코나미디지털엔터테인먼트
2009.11.11	고양이 사무라이	햄스터
2009.11.11	PMS VOL.6 : ONI 제로 - 부활	샤논
2009.11.25	속 미카구라 소녀탐정단 완결편	햄스터
2009.11.25	길라잡이 마작 입문편	카가 크리에이트
2009.11.25	랑그릿사 Ⅳ&Ⅴ : 파이널 에디션	익스트림
2009.11.25	하이옥탄	일렉트로닉 아츠
2009.11.25	두근두근 메모리얼 2 (코나미 더 베스트)	코나미디지털엔터테인먼트
2009.11.25	두근두근 메모리얼 2 (EVS 어펜드 디스크)	코나미디지털엔터테인먼트
2009.12.9	매지컬 드롭 3 : 욕심쟁이 특대호!	햄스터
2009.12.9	매직 카펫	일렉트로닉 아츠
2009.12.9	미식 액션 게임 : 대식가!! 냄비 가족	햄스터
2009.12.24	NOëL : NOT DiGITAL	햄스터
2009.12.24	가져가라 새알 with 힘내라! 오리너구리	카가 크리에이트
2009.12.24	테마 파크 월드	일렉트로닉 아츠
2009.12.24	블랙 매트릭스 크로스	경호 온라인 엔터테인먼트
2009.12.24	불고기집 점원	햄스터
2010.1.13	하이퍼 크레이지 클라이머	햄스터
2010.1.13	챔피언십 배스	일렉트로닉 아츠
2010.1.13	큐잉	햄스터
2010.1.13	두근두근 메모리얼 대전 퍼즐구슬	코나미디지털엔터테인먼트
2010.1.27	일본 프로마작연맹 공인 : 도장 깨기 2	카가 크리에이트
2010.1.27	격투게임 죽돌이 : Fighting Game Creator	햄스터
2010.1.27	닭꼬치 아가씨 : 닭꼬치 달인 번성기	햄스터
2010.1.27	두근두근 메모리얼 2 대전 퍼즐구슬	코나미디지털엔터테인먼트
2010.2.10	블랙 매트릭스 OO	경호 온라인 엔터테인먼트
2010.2.10	패밀리 체스	햄스터
2010.2.10	센티멘털 그래피티	경호 온라인 엔터테인먼트
2010.2.24	THE 프로 마작 : 면허개전	카가 크리에이트
2010.2.24	패밀리 다이아몬드	햄스터
2010.2.24	데드히트 로드	햄스터
2010.2.24	두근두근 방과후 : 저기☆퀴즈하자♥	코나미디지털엔터테인먼트
2010.2.24	썬더 포스 Ⅴ : 퍼펙트 시스템	트웬티원
2010.3.10	패밀리 군인장기	햄스터
2010.3.10	퍼핏 주 필로미	햄스터
2010.3.10	SIMPLE 1500 시리즈 Vol.14 : THE 블록깨기	D3 퍼블리셔
2010.3.10	SIMPLE 1500 시리즈 Vol.15 : THE 파친코	D3 퍼블리셔
2010.3.10	SIMPLE 1500 시리즈 Vol.18 : THE 볼링	D3 퍼블리셔
2010.3.10	SIMPLE 1500 시리즈 Vol.31 : THE 사운드 노벨	D3 퍼블리셔
2010.3.10	네오류드	햄스터
2010.3.24	우주호상전 : 폭렬상인	햄스터
2010.3.24	원조 패밀리 마작	햄스터
2010.3.24	마이 가든	트웬티원
2010.3.24	SIMPLE 1500 시리즈 Vol.32 : THE 권투	D3 퍼블리셔
2010.3.24	SIMPLE 1500 시리즈 Vol.35 : THE 슈팅	D3 퍼블리셔
2010.3.24	SIMPLE 1500 시리즈 Vol.37 : THE 일러스트 퍼즐 & 슬라이드 퍼즐	D3 퍼블리셔
2010.3.24	SIMPLE 1500 시리즈 Vol.43 : THE 화투 2	D3 퍼블리셔
2010.4.14	별의 비경	죠르단
2010.4.14	구전계	트웬티원
2010.4.14	햄스터 클럽-i	죠르단

출시일	타이틀명	발매사
2010.4.14	ARCADE HITS : 울프 팽	햄스터
2010.4.14	제로 디바이드	줌
2010.4.14	SIMPLE 1500 시리즈 Vol.28 : THE 던전 RPG	D3 퍼블리셔
2010.4.14	SIMPLE 1500 시리즈 Vol.33 : THE 탁구	D3 퍼블리셔
2010.4.14	SIMPLE 1500 시리즈 Vol.39 : THE 마작 2	D3 퍼블리셔
2010.4.14	SIMPLE 1500 시리즈 Vol.40 : THE 쇼기 2	D3 퍼블리셔
2010.4.14	HASHIRIYA : 이리들의 전설	햄스터
2010.4.14	카우룬즈 게이트 : 구룡풍수전 (ARTDINK BEST CHOICE)	아트딩크
2010.4.28	시노비노로쿠	햄스터
2010.4.28	록맨 3 : Dr.와일리의 최후!?	캡콤
2010.4.28	그랜드 스트로크	햄스터
2010.4.28	SIMPLE 1500 시리즈 Vol.36 : THE 연애 시뮬레이션 - 여름빛 Celebration	D3 퍼블리셔
2010.4.28	SIMPLE 1500 시리즈 Vol.41 : THE 리버시 2	D3 퍼블리셔
2010.4.28	SIMPLE 1500 시리즈 Vol.44 : THE 카드 2	D3 퍼블리셔
2010.4.28	SIMPLE 1500 시리즈 Vol.45 : THE 블록깨기 2	D3 퍼블리셔
2010.4.28	네오류드 2	트웬티원
2010.5.12	돈파치	햄스터
2010.5.12	강철령역 (스틸덤)	트웬티원
2010.5.12	제로 디바이드 2 : 더 시크릿 위시	줌
2010.5.12	SIMPLE 1500 시리즈 Vol.48 : THE 퍼즐 2	D3 퍼블리셔
2010.5.12	SIMPLE 1500 시리즈 Vol.49 : THE 카지노	D3 퍼블리셔
2010.5.12	SIMPLE 1500 시리즈 Vol.53 : THE 헬리콥터	D3 퍼블리셔
2010.5.12	SIMPLE 1500 시리즈 Vol.55 : THE 다트	D3 퍼블리셔
2010.5.20	파이널 판타지 Ⅸ	스퀘어 에닉스
2010.5.26	제트 콥터 엑스	햄스터
2010.5.26	도돈파치	햄스터
2010.5.26	카제노오카 공원에서	트웬티원
2010.5.26	SIMPLE 1500 시리즈 Vol.56 : THE 스나이퍼	D3 퍼블리셔
2010.5.26	SIMPLE 1500 시리즈 Vol.57 : THE 미로	D3 퍼블리셔
2010.5.26	SIMPLE 1500 시리즈 Vol.59 : THE 추리 - IT탐정 : 18권의 사건수첩	D3 퍼블리셔
2010.5.26	SIMPLE 1500 시리즈 Vol.60 : THE 테이블 하키	D3 퍼블리셔
2010.6.9	네오류드 : 각인된 문장	트웬티원
2010.6.9	더 파이어멘 2 : 피트 & 대니	햄스터
2010.6.9	비·보·왕 : 이제 너랑은 말싸움 안 해!!	햄스터
2010.6.9	SIMPLE 1500 시리즈 Vol.63 : THE 건 슈팅 2	D3 퍼블리셔
2010.6.9	SIMPLE 1500 시리즈 Vol.64 : THE 킥복싱	D3 퍼블리셔
2010.6.9	SIMPLE 1500 시리즈 Vol.65 : THE 골프	D3 퍼블리셔
2010.6.9	SIMPLE 1500 시리즈 Vol.70 : THE 워 시뮬레이션 - 인간이 창조한 자들	D3 퍼블리셔
2010.6.23	듀프리즘	스퀘어 에닉스
2010.6.23	리버시온	트웬티원
2010.6.23	NOëL : La neige	햄스터
2010.6.23	지그재그볼	햄스터
2010.6.23	SIMPLE 1500 시리즈 Vol.69 : THE 퍼터 골프	D3 퍼블리셔
2010.6.23	SIMPLE 1500 시리즈 Vol.71 : THE 연애 시뮬레이션 2 - 맞닿은 마음	D3 퍼블리셔
2010.6.23	SIMPLE 1500 시리즈 Vol.72 : THE 비치발리볼	D3 퍼블리셔
2010.6.23	SIMPLE 1500 시리즈 Vol.74 : THE 호러 미스터리 - 참극관 : 케빈 백작의 부활	D3 퍼블리셔
2010.7.14	진 여신전생	아틀라스
2010.7.14	0부터 배우는 마작 : 마작유치원 달걀반	경호 온라인 엔터테인먼트
2010.7.14	지지 마라! 마검도 2	경호 온라인 엔터테인먼트
2010.7.14	환상의 달밤 : 월야 야기담	심스
2010.7.14	SIMPLE 1500 시리즈 Vol.78 : THE 제로욘	D3 퍼블리셔
2010.7.14	SIMPLE 1500 시리즈 Vol.82 : THE 잠수함	D3 퍼블리셔
2010.7.14	SIMPLE 1500 시리즈 Vol.85 : THE 전국무장 - 천하통일의 야망	D3 퍼블리셔
2010.7.14	SIMPLE 1500 시리즈 Vol.86 : THE 숨래잡기	D3 퍼블리셔
2010.7.14	조립식 배틀 끼워맞추미	트웬티원
2010.7.14	NOëL : La neige SPECIAL	햄스터
2010.7.14	모두 모여라! 바둑교실	햄스터
2010.7.28	ZANAC×ZANAC	경호 온라인 엔터테인먼트
2010.7.28	주악도시 OSAKA	경호 온라인 엔터테인먼트
2010.7.28	성검전설 LEGEND OF MANA	스퀘어 에닉스
2010.7.28	SIMPLE 1500 시리즈 Vol.87 : THE 경정	D3 퍼블리셔

출시일	타이틀명	발매사
2010.7.28	SIMPLE 1500 시리즈 Vol.88 : THE 소녀 마작	D3 퍼블리셔
2010.7.28	SIMPLE 1500 시리즈 Vol.90 : THE 탱크	D3 퍼블리셔
2010.7.28	SIMPLE 1500 시리즈 Vol.91 : THE 갬블러	D3 퍼블리셔
2010.7.28	가게에서 점주	트웬티원
2010.7.28	지하던전 걷기	햄스터
2010.7.28	엘란	햄스터
2010.7.28	SuperLite 1500 시리즈 : 네모네모 로직	햄스터
2010.7.28	SuperLite 1500 시리즈 : 카드 II	햄스터
2010.7.28	SuperLite 1500 시리즈 : 배틀 말판놀이 '헌터'	햄스터
2010.8.11	진 여신전생 II	아틀라스
2010.8.11	LSD	아스믹 에이스 엔터테인먼트
2010.8.11	도카폰! 분노의 철검	아스믹 에이스 엔터테인먼트
2010.8.11	마리오넷 컴퍼니	경호 온라인 엔터테인먼트
2010.8.11	0부터 배우는 쇼기 : 쇼기유치원 걸음마반	경호 온라인 엔터테인먼트
2010.8.11	SIMPLE 1500 시리즈 Vol.95 : THE 비행기	D3 퍼블리셔
2010.8.11	SIMPLE 1500 시리즈 Vol.97 : THE 스쿼시	D3 퍼블리셔
2010.8.11	SIMPLE 1500 시리즈 Vol.98 : THE 풋살	D3 퍼블리셔
2010.8.11	SIMPLE 1500 시리즈 Vol.99 : THE 검도 - 검의 꽃길	D3 퍼블리셔
2010.8.11	그 사람은 어디에	햄스터
2010.8.11	SuperLite 1500 시리즈 : HOOOCKEY!!	햄스터
2010.8.11	SuperLite 1500 시리즈 : 봄보트	햄스터
2010.8.11	SuperLite 1500 시리즈 : 네모네모 로직 2	햄스터
2010.8.11	Love Game's : 와글와글 테니스	햄스터
2010.8.25	에버그린 애비뉴	경호 온라인 엔터테인먼트
2010.8.25	오즈의 마법사 Another World : 룽룽	경호 온라인 엔터테인먼트
2010.8.25	초코보의 이상한 던전	스퀘어 에닉스
2010.8.25	SIMPLE 1500 시리즈 Vol.100 : THE 우주비행사	D3 퍼블리셔
2010.8.25	SIMPLE 1500 시리즈 Vol.101 : THE 대중목욕탕	D3 퍼블리셔
2010.8.25	NOëL 3 : MISSION ON THE LINE	햄스터
2010.8.25	SuperLite 1500 시리즈 : 퀴즈 마스터 레드	햄스터
2010.8.25	SuperLite 1500 시리즈 : 판게아	햄스터
2010.8.25	SuperLite 1500 시리즈 : 더 컬링	햄스터
2010.8.25	실루엣 미라쥬 : 리프로그램드 호프	햄스터
2010.8.25	아카가와 지로 : 야상곡	마벨러스 엔터테인먼트
2010.9.8	진 여신전생 if…	아틀라스
2010.9.8	야상곡 2	마벨러스 엔터테인먼트
2010.9.8	0부터 배우는 마작 : 마작유치원 달걀반 2 - 대회에 출전!	경호 온라인 엔터테인먼트
2010.9.8	SuperLite 1500 시리즈 : 퀴즈 마스터 블루	햄스터
2010.9.8	SuperLite 1500 시리즈 : 앙골모아 99	햄스터
2010.9.8	SuperLite 1500 시리즈 : 그 사람은 어디에 - 엔들리스 시즌	햄스터
2010.9.22	루프★샐러드 : 루프프 큐브	경호 온라인 엔터테인먼트
2010.9.22	파이팅! 대운동회 얼터너티브	경호 온라인 엔터테인먼트
2010.9.22	SuperLite1500 시리즈 : 네모네모 로직 3	햄스터
2010.9.22	SuperLite1500 시리즈 : 핀볼 - 골든 로그레스	햄스터
2010.9.22	고기동환상 건퍼레이드 마치	소니컴퓨터엔터테인먼트
2010.10.13	진 여신전생 데빌 칠드런 : 검은 책·붉은 책	아틀라스
2010.10.13	드래곤 머니	경호 온라인 엔터테인먼트
2010.10.13	NOON	경호 온라인 엔터테인먼트
2010.10.13	메모리얼☆시리즈 : 선 소프트 Vol.4	선 전자
2010.10.13	SuperLite 1500 시리즈 : 퀴즈 마스터 옐로	햄스터
2010.10.13	샐러리맨 챔프 : 싸우는 샐러리맨	햄스터
2010.10.13	최강 은성마작	햄스터
2010.10.27	아이렘 아케이드 클래식스	아이렘 소프트웨어 엔지니어링
2010.10.27	두근두근 배구	트리니티
2010.10.27	마리오넷 컴퍼니 2	경호 온라인 엔터테인먼트
2010.10.27	페이버릿 디어 : 원환의 이야기	경호 온라인 엔터테인먼트
2010.10.27	초코보의 이상한 던전 2	스퀘어 에닉스
2010.10.27	SuperLite 1500 시리즈 : 네모네모 로직 4	햄스터
2010.10.27	최강 은성체스	햄스터
2010.10.27	바다의 누시 낚시 : 보물섬을 향하며	마벨러스 엔터테인먼트
2010.11.4	패러사이트 이브	스퀘어 에닉스

출시일	타이틀명	발매사
2010.11.10	고갯길 MAX : 최고속 드리프트 마스터	아틀라스
2010.11.10	파이팅! 대운동회 GTO	경호 온라인 엔터테인먼트
2010.11.10	노부나가의 야망 : 전국판	코에이테크모게임즈
2010.11.10	최강 은성쇼기 2	햄스터
2010.11.10	SuperLite 1500 시리즈 : 네모네모 로직 5	햄스터
2010.11.10	SuperLite 1500 시리즈 : 코튼 100%	햄스터
2010.11.18	패러사이트 이브 2	스퀘어 에닉스
2010.11.24	페이버릿 디어 : 순백의 예언자	경호 온라인 엔터테인먼트
2010.11.24	핑거 플래싱	경호 온라인 엔터테인먼트
2010.11.24	엘란 플러스	햄스터
2010.11.24	SuperLite 1500 시리즈 : 화투 II	햄스터
2010.11.24	바다의 OH! YAH!	마벨러스 엔터테인먼트
2010.11.24	메모리얼☆시리즈 : 선 소프트 Vol.5	선 전자
2010.11.24	고갯길 MAX 2	아틀라스
2010.12.6	레 콘체르트 : 포르티시모	경호 온라인 엔터테인먼트
2010.12.6	레 콘체르트 : 피아니시모	경호 온라인 엔터테인먼트
2010.12.6	고2 → 쇼군	햄스터
2010.12.6	고전 묘수풀이집 : 4신의 두루마리	햄스터
2010.12.6	마이 홈 드림	마벨러스 엔터테인먼트
2010.12.6	아스카 120% 스페셜 : BURNING Fest.	cap
2010.12.16	악마성 드라큘라 X : 월하의 야상곡	코나미디지털엔터테인먼트
2010.12.22	레전드 오브 드라군	소니컴퓨터엔터테인먼트
2010.12.22	야마사 Digi 월드 : 테트라 마스터	야마사 엔터테인먼트
2010.12.22	아카가와 지로 마녀들의 잠 : 부활제	마벨러스 엔터테인먼트
2010.12.22	디지털 글라이더 에어맨	햄스터
2010.12.22	오룡진 일렉트로	햄스터
2010.12.22	메타모르 패닉 : DOKIDOKI 요마 버스터즈	cap
2010.12.22	메모리얼☆시리즈 : 선 소프트 Vol.5	선 전자
2010.12.22	마작점술 포르투나 : 달의 여신들	경호 온라인 엔터테인먼트
2010.12.22	아트 카미온 : 말판놀이전	경호 온라인 엔터테인먼트
2011.1.12	불꽃놀이	경호 온라인 엔터테인먼트
2011.1.12	미스터 프로스펙터 : 발굴 군	햄스터
2011.1.12	신나는 낚시천국 : 인어 전설의 수수께끼	햄스터
2011.1.12	스페이스 그리폰 VF-9	인터렉스
2011.1.12	매드 스토커 : 풀메탈 포스	cap
2011.1.26	PET PET PET	경호 온라인 엔터테인먼트
2011.1.26	제2차 슈퍼로봇대전	반다이남코게임즈
2011.1.26	제3차 슈퍼로봇대전	반다이남코게임즈
2011.1.26	슈퍼로봇대전 EX	반다이남코게임즈
2011.1.26	당구 re-mix : 빌리어드 멀티플	햄스터
2011.1.26	수족관 프로젝트 : 피시 헌터로 가는 길	햄스터
2011.1.26	첫사랑 밸런타인	cap
2011.2.9	퍼스트 퀸 IV : 바르시아 전기	경호 온라인 엔터테인먼트
2011.2.9	신나는 낚시천국 : 강 이야기	햄스터
2011.2.9	아스카 120% 엑설런트 : BURNING Fest. EXCELLENT	cap
2011.2.9	록맨 4 : 새로운 야망!!	캡콤
2011.2.9	사이버보츠 : FULLMETAL MADNESS	캡콤
2011.2.9	뱀파이어 세이비어 : EX 에디션	캡콤
2011.2.9	스타 글래디에이터	캡콤
2011.2.23	킬러 배스	경호 온라인 엔터테인먼트
2011.2.23	오오에도 풍수 인과율 : 불꽃놀이 2	경호 온라인 엔터테인먼트
2011.2.23	신나는 낚시천국 : 어신 전설을 쫓아서	햄스터
2011.2.23	SuperLite 3 in 1 시리즈 : 퀴즈 모음집	햄스터
2011.2.23	키친 패닉	인터렉스
2011.2.23	첫사랑 밸런타인 스페셜	cap
2011.2.23	오버블러드	알티
2011.3.9	프로레슬링 전국전 : 하이퍼 태그 매치	경호 온라인 엔터테인먼트
2011.3.9	레스큐 24 아워즈	경호 온라인 엔터테인먼트
2011.3.9	U.P.P.	인터렉스
2011.3.9	커뮤니티 폼 : 추억을 안고서	cap
2011.3.25	데저티드 아일랜드	경호 온라인 엔터테인먼트

출시일	타이틀명	발매사
2011.3.25	코시엔 V	경호 온라인 엔터테인먼트
2011.3.25	풍우래기	포그
2011.3.25	SuperLite 3 in 1 시리즈 : 그림 퍼즐 모음집	햄스터
2011.3.25	행성공기대 리틀 캣츠	cap
2011.3.25	파카파카 패션	켐코
2011.4.6	파이널 판타지 V	스퀘어 에닉스
2011.4.13	비클 카발리어	경호 온라인 엔터테인먼트
2011.4.13	맥스 서핑 2000	경호 온라인 엔터테인먼트
2011.4.13	바운티 소드 퍼스트	햄스터
2011.4.13	아스카 120% 파이널 : BURNING Fest. FINAL	cap
2011.4.13	포켓 파이터	캡콤
2011.4.13	디노 크라이시스 2	캡콤
2011.4.13	파카파카 패션 2	켐코
2011.4.13	호혈사 일족 2 : 아주 잠깐 최강전설	아틀라스
2011.4.20	파이널 판타지 VI	스퀘어 에닉스
2011.7.6	브레스 오브 파이어 IV : 변치 않는 것	캡콤
2011.7.6	크로노 크로스	스퀘어 에닉스
2011.7.6	제4차 슈퍼로봇대전 S	반다이남코게임즈
2011.7.6	신 슈퍼로봇대전	반다이남코게임즈
2011.7.6	토기왕기	반다이남코게임즈
2011.7.6	판처 밴디트	반다이남코게임즈
2011.7.6	전국몽환	반다이남코게임즈
2011.7.6	야옹과 멍더풀	반다이남코게임즈
2011.7.6	에어로다이브	반다이남코게임즈
2011.7.6	속 굿슨 오요요	반다이남코게임즈
2011.7.6	철권	반다이남코게임즈
2011.7.6	바람의 크로노아 : door to phantomile	반다이남코게임즈
2011.7.6	R4 : 릿지 레이서 타입 4	반다이남코게임즈
2011.7.6	포켓 튜너	알티
2011.7.6	트윈즈 스토리 : 네게 전하고 싶어서…	인터렉스
2011.7.6	나! 톰바	경호 온라인 엔터테인먼트
2011.7.6	사나이 일직선 II	경호 온라인 엔터테인먼트
2011.7.6	표류기	경호 온라인 엔터테인먼트
2011.7.6	용기전승 : DRAGOON	경호 온라인 엔터테인먼트
2011.7.6	키드 클라운의 크레이지 체이스 2	켐코
2011.7.6	파카파카 패션 스페셜	켐코
2011.7.6	봄빙 아일랜드	켐코
2011.7.6	마알작!!	니폰이치 소프트웨어
2011.7.6	The 도깨비 퇴치 : 노려라! 2대 모모타로	니폰이치 소프트웨어
2011.7.6	파콘 시리즈 : 거실 배틀	햄스터
2011.7.6	디오라모스	햄스터
2011.7.6	바운티 소드 : 더블 엣지	햄스터
2011.7.6	시끌벅적 3인 대국 마작	햄스터
2011.7.6	슬랩 해피 리듬 버스터즈	폴리곤 매직
2011.7.13	두근두근 더비	경호 온라인 엔터테인먼트
2011.7.13	토이즈 드림	경호 온라인 엔터테인먼트
2011.7.13	파이팅 로드 시리즈 : 위닝 루어	햄스터
2011.7.13	직소 아일랜드	니폰이치 소프트웨어
2011.7.27	QUIZ 일곱 빛깔 DREAMS : 무지갯빛 마을의 기적	캡콤
2011.7.27	DANGAN : 탄환	경호 온라인 엔터테인먼트
2011.7.27	프로레슬링 전국전 2 : 격투도록	경호 온라인 엔터테인먼트
2011.7.27	마비 베이비 스토리	햄스터
2011.8.10	작은 왕국 엘토리아	경호 온라인 엔터테인먼트
2011.8.10	스트라이커즈 1945 II	경호 온라인 엔터테인먼트
2011.8.10	더블 드래곤	햄스터
2011.8.10	두근두근 셔터 찬스☆ : 사랑의 퍼즐을 짜맞춰봐♥	니폰이치 소프트웨어
2011.8.10	록맨 5 : 블루스의 함정!?	캡콤
2011.8.24	사운드 노벨 에볼루션 2 : 카마이타치의 밤 특별편	춘소프트
2011.8.24	지오 큐브	햄스터
2011.8.24	'99 코시엔	경호 온라인 엔터테인먼트
2011.8.24	으라차차 전설	경호 온라인 엔터테인먼트
2011.9.14	사운드 노벨 에볼루션 1 : 제절초 소생편	춘소프트
2011.9.14	초인학원 고우카이저	햄스터
2011.9.14	맥스 서핑 2nd	경호 온라인 엔터테인먼트
2011.9.28	크로노 트리거	스퀘어 에닉스
2011.9.28	슈퍼 팡 컬렉션	캡콤
2011.9.28	톰바! 더 와일드 어드벤처	경호 온라인 엔터테인먼트
2011.9.28	파이어 패닉 : 맥의 레스큐 대작전	소니컴퓨터엔터테인먼트
2011.10.12	스트리트 보더즈 2	경호 온라인 엔터테인먼트
2011.10.12	흑의 검	인터렉스
2011.10.12	레부스	아틀라스
2011.10.26	던전 상가번영회 : 전설의 검, 판매 시작합니다	경호 온라인 엔터테인먼트
2011.10.26	천지를 먹다 II	캡콤
2011.10.26	쿨 보더즈	스튜디오 잔
2011.11.9	클락 타워 : 더 퍼스트 피어	선 전자
2011.11.9	슈퍼로봇대전 F	반다이남코게임즈
2011.11.9	슈퍼로봇대전 F 완결편	반다이남코게임즈
2011.11.23	쿨 보더즈 2 : 킬링 세션	스튜디오 잔
2011.11.23	블래스터 마스터	선 전자
2011.12.7	파이널 라운드	아틀라스
2011.12.7	value 1500 : The 상하이	선 전자
2011.12.21	라이징 잔 : 더 사무라이 건맨	스튜디오 잔
2011.12.21	슈퍼로봇대전 α	반다이남코게임즈
2011.12.21	슈퍼로봇대전 α 외전	반다이남코게임즈
2012.1.18	가이아마스터 : 신들의 보드 게임	캡콤
2012.1.18	슬램 드래곤	햄스터
2012.1.18	드래곤시즈 : 최종진화형태	햄스터
2012.2.8	MYST	선 전자
2012.2.8	쿠루링PA!	SKYSEA
2012.2.22	액션 배스	경호 온라인 엔터테인먼트
2012.2.22	클락 타워 2	선 전자
2012.2.22	사립 저스티스 학원 : 리전 오브 히어로즈	캡콤
2012.2.22	함풀 파크	SKYSEA
2012.3.14	코토부키 그랑프리 : 노려라! 오토바이 킹	경호 온라인 엔터테인먼트
2012.3.14	트럼프하자! 복각판	경호 온라인 엔터테인먼트
2012.3.14	신형 쿠루링PA!	SKYSEA
2012.3.28	파이프 드림 3D	경호 온라인 엔터테인먼트
2012.3.28	나는 항공관제사	경호 온라인 엔터테인먼트
2012.3.28	T에서 시작되는 이야기	햄스터
2012.3.28	도쿄마인학원 검풍첩	아스믹 에이스 엔터테인먼트
2012.3.28	도쿄마인학원 룡기담	아스믹 에이스 엔터테인먼트
2012.3.28	도쿄마인학원 외법첩	아스믹 에이스 엔터테인먼트
2012.4.11	비질란테 8	경호 온라인 엔터테인먼트
2012.4.11	더 비스트로 : 요리 & 와인의 달인들	경호 온라인 엔터테인먼트
2012.4.11	레이맨	UBISOFT
2012.4.25	스피드볼 2100	경호 온라인 엔터테인먼트
2012.4.25	시프	경호 온라인 엔터테인먼트
2012.5.9	클락 타워 : 고스트 헤드	선 전자
2012.5.9	타이코 R/C	경호 온라인 엔터테인먼트
2012.5.9	더 트럼프하자!	경호 온라인 엔터테인먼트
2012.6.13	파치슬로 완전공략 : 타카사고 슈퍼 프로젝트	경호 온라인 엔터테인먼트
2012.6.13	파치슬롯 완전공략 : 타카사고 슈퍼 프로젝트 2	경호 온라인 엔터테인먼트
2012.6.27	파이널 판타지 IV	스퀘어 에닉스
2012.7.20	서몬 나이트	반다이남코게임즈
2012.8.29	서몬 나이트 2	반다이남코게임즈
2012.8.29	파치슬로 완전공략 : 유니버설 공식 가이드 Volume 1	경호 온라인 엔터테인먼트
2012.8.29	파치슬로 완전공략 : 유니버설 공식 가이드 Volume 2	경호 온라인 엔터테인먼트
2012.8.29	파치슬로 완전공략 : 아루제 공식 가이드 Volume 4	경호 온라인 엔터테인먼트
2012.9.26	슈퍼 블랙배스 X	스타피시 SD
2012.9.26	우미하라 카와세 순 : 세컨드 에디션	스튜디오 최전선
2012.11.26	에어 어설트	소니컴퓨터엔터테인먼트
2013.2.27	록맨 6 : 사상 최대의 싸움!!	캡콤

출시일	타이틀명	발매사
2013.4.24	더 매치 골프	스타피시 SD
2013.6.26	스매시 코트	반다이남코게임즈
2013.6.26	팩맨 월드 : 20th 애니버서리	반다이남코게임즈
2013.6.26	사이버 슬레드	반다이남코게임즈
2013.6.26	미스터 드릴러 그레이트	반다이남코게임즈
2013.6.26	제비우스 3D/G+	반다이남코게임즈
2013.7.11	메탈기어 솔리드 인테그럴	코나미디지털엔터테인먼트
2013.9.11	언제나 함께야	햄스터
2013.9.25	창공의 날개 : GOTHA WORLD	경호 온라인 엔터테인먼트
2013.9.25	EOS : 엣지 오브 스카이하이	경호 온라인 엔터테인먼트
2013.11.13	드래곤 비트 : 레전드 오브 핀볼	경호 온라인 엔터테인먼트
2013.11.13	네오 플래닛	경호 온라인 엔터테인먼트
2013.11.13	ABE '99	Oddworld Inhabitants
2013.11.13	에이브 어 고고	Oddworld Inhabitants
2013.11.27	히로인 드림	경호 온라인 엔터테인먼트
2013.11.27	도쿄 23구 교복 WARS	경호 온라인 엔터테인먼트
2013.12.3	어디서나 함께 + 고양이도 함께 팩	소니컴퓨터엔터테인먼트
2013.12.11	남코 뮤지엄 : VOL.1	반다이남코게임즈
2013.12.11	남코 뮤지엄 : VOL.2	반다이남코게임즈
2013.12.11	남코 뮤지엄 : VOL.3	반다이남코게임즈
2013.12.11	남코 뮤지엄 : VOL.4	반다이남코게임즈
2013.12.18	히로인 드림 2	경호 온라인 엔터테인먼트
2013.12.18	남코 뮤지엄 : VOL.5	반다이남코게임즈
2013.12.18	남코 뮤지엄 앙코르	반다이남코게임즈
2013.12.18	남코 앤솔로지 1	반다이남코게임즈
2013.12.18	남코 앤솔로지 2	반다이남코게임즈
2014.1.15	스매시 코트 2	반다이남코게임즈
2014.1.22	스타블레이드 α	반다이남코게임즈
2014.2.5	I.Q : 인텔리전트 큐브	소니컴퓨터엔터테인먼트
2014.2.12	갤럭시안3	반다이남코게임즈
2014.2.12	악마성 연대기 : 악마성 드라큘라	코나미디지털엔터테인먼트
2014.2.26	미즈 팩맨 : 메이즈 매드니스	반다이남코게임즈
2014.3.12	뿌요뿌요 SUN 결정반	세가
2014.3.12	스매시 코트 3	반다이남코게임즈
2014.3.26	드래곤 밸러	반다이남코게임즈
2014.4.23	그랜드 셉트 오토	경호 온라인 엔터테인먼트
2014.4.23	레인보우 식스	경호 온라인 엔터테인먼트
2014.5.28	익스퍼트	햄스터
2014.6.11	가자! 해적	아트딩크
2014.6.25	브라이티스	소니컴퓨터엔터테인먼트
2014.8.6	포켓 무무	소니컴퓨터엔터테인먼트
2014.8.27	스트라이더 비룡 1&2	캡콤
2014.10.8	비브리본	소니컴퓨터엔터테인먼트
2014.11.5	실루엣☆스토리즈	경호 온라인 엔터테인먼트
2014.12.3	포켓 자랑	소니컴퓨터엔터테인먼트
2014.12.3	몬스터 팜 2	코에이테크모게임즈
2014.12.3	아이맥스 쇼기 II	경호 온라인 엔터테인먼트
2014.12.3	대해 노부나가 전 : 하천 II	경호 온라인 엔터테인먼트
2014.12.3	스트리트 파이터 ZERO	캡콤
2014.12.3	스트리트 파이터 ZERO 2	캡콤
2014.12.3	스트리트 파이터 ZERO 3	캡콤
2014.12.17	트론과 코붕 : 록맨 DASH 시리즈	캡콤
2014.12.17	록맨 X4	캡콤
2014.12.17	록맨 X5	캡콤
2014.12.17	록맨 : 배틀 & 체이스	캡콤
2014.12.17	록맨 8 : 메탈 히어로즈	캡콤
2015.4.30	불꽃의 요리인 : 쿠킹 파이터 하오	니폰이치 소프트웨어
2015.7.8	록맨 X6	캡콤
2015.7.8	사립 저스티스 학원 : 열혈청춘일기 2	캡콤

출시일	타이틀명	발매사
2015.7.22	슈퍼 퍼즐 파이터 II X	캡콤
2015.9.16	카우룬즈 게이트 : 구룡풍수전 ※	시티 커넥션
2015.9.16	킬릭 더 블러드	시티 커넥션
2015.9.16	킬릭 더 블러드 2 : Reason in Madnes	시티 커넥션
2015.9.16	루나 2 : 이터널 블루	게임 아츠
2015.10.1	슬램 드래곤 ※	시티 커넥션
2015.10.1	드래곤시즈 : 최종진화형태 ※	시티 커넥션
2015.10.1	T에서 시작되는 이야기 ※	시티 커넥션
2015.10.21	구원의 반	포그
2016.1.27	담담 스톰프랜드	시티 커넥션
2016.1.27	가변주공 건바이크	시티 커넥션
2016.2.3	캡콤 제네레이션 제5집 : 격투가들	캡콤
2016.3.9	갬블러 자기중심파 : 단판 승부!	게임 아츠
2016.4.20	두근두근 포얏치오	스튜디오 최전선
2016.11.22	투신전	탐소프트
2016.11.22	투신전 2 plus	탐소프트
2016.11.22	투신전 3	탐소프트
2016.11.22	네오류드 ※	세가 게임즈
2016.11.22	네오류드 2 ※	세가 게임즈
2016.11.22	네오류드 : 각인된 문장 ※	세가 게임즈
2016.11.22	리버시온 ※	세가 게임즈
2016.11.22	썬더 포스 V : 퍼펙트 시스템 ※	세가 게임즈
2016.11.22	가게에서 점주 ※	세가 게임즈
2016.11.22	조립식 배틀 끼워맞추미 ※	세가 게임즈
2016.11.22	마이 가든 ※	세가 게임즈
2016.11.22	구전계 ※	세가 게임즈
2016.11.22	강철령역 (스틸덤) ※	세가 게임즈
2016.11.22	카제노오카 공원에서 ※	세가 게임즈
2017.5.2	이그젝터	아크시스템웍스
2017.5.2	어드밴스드 V.G. 2	엔터그램
2017.9.27	열혈 가족	세가 게임즈
2017.9.27	뿌요뿌요 투 결정반	세가 게임즈
2017.10.25	뿌요뿌욘 : 카 군과 함께	세가 게임즈
2017.11.22	뿌요뿌요 BOX	세가 게임즈
2017.11.22	아이돌 작사 스치파이 Limited	시티 커넥션
2017.11.22	GUN투다! 게임 천국	시티 커넥션
2017.11.22	애선시아 : 마법지팡이의 주박	뫼비우스
2017.11.22	더 블루 말린	뫼비우스
2017.11.22	슈퍼 블랙배스 X2	뫼비우스
2017.11.22	머메노이드	뫼비우스
2017.11.22	미스틱 드라군	뫼비우스
2017.11.22	A열차로 가자 Z : 노려라! 대륙 횡단	아트딩크
2017.11.22	바람의 노텀	아트딩크
2017.11.22	ToPoLo	아트딩크
2018.3.7	사일런트 뫼비우스 CASE : TITANIC	경호 온라인 엔터테인먼트
2018.5.23	유치원 외전 : 화려한 카지노 클럽 DOUBLE DRAW	경호 온라인 엔터테인먼트
2018.5.23	파카파카 패션 ※	경호 온라인 엔터테인먼트
2018.5.23	파카파카 패션 2 ※	경호 온라인 엔터테인먼트
2018.5.23	파카파카 패션 스페셜 ※	경호 온라인 엔터테인먼트
2018.5.23	빛의 섬	경호 온라인 엔터테인먼트
2018.5.23	제라짱 퍼즐 : 짝 맞추기	경호 온라인 엔터테인먼트
2018.5.23	자석으로 날아볼까!? 픽스의 대모험	경호 온라인 엔터테인먼트
2018.10.24	월드 네버랜드 : 오를루드 왕국 이야기	알티
2018.10.24	월드 네버랜드 2 : 플루토 공화국 이야기	알티
2019.1.22	센티멘털 그래피티 : 약속	경호 온라인 엔터테인먼트
2019.8.28	블레이즈 & 블레이드 : 이터널 퀘스트	경호 온라인 엔터테인먼트
2019.8.28	블레이즈 & 블레이드 버스터즈	경호 온라인 엔터테인먼트
2019.12.13	하이드라이드 스페셜 ★	경호 온라인 엔터테인먼트

※ 발매사가 변경되어 재발매한 타이틀. 내용은 이전 발매판과 동일하다.
★ 1999년 3월 발매작 「Sonata」에 포함돼 있는 보너스 게임만을 분리 발매했다.

네오지오 스테이션 (16개 타이틀)

출시일	타이틀명	발매사
2010.12.22	매지션 로드	SNK 플레이모어
2010.12.22	베이스볼 스타즈 프로페셔널	SNK 플레이모어
2010.12.22	리그 볼링	SNK 플레이모어
2010.12.22	ASO II : 라스트 가디언	SNK 플레이모어
2010.12.22	용호의 권	SNK 플레이모어
2010.12.22	득점왕	SNK 플레이모어
2010.12.22	사무라이 스피리츠	SNK 플레이모어
2010.12.22	더 킹 오브 파이터즈 '94	SNK 플레이모어

출시일	타이틀명	발매사
2010.12.22	메탈 슬러그	SNK 플레이모어
2010.12.22	아랑전설 : 숙명의 싸움	SNK 플레이모어
2011.7.14	더 킹 오브 파이터즈 '95	SNK 플레이모어
2011.7.14	베이스볼 스타즈 2	SNK 플레이모어
2011.8.25	월드 히어로즈	SNK 플레이모어
2011.8.25	쇼크 트루퍼즈	SNK 플레이모어
2011.9.29	더 킹 오브 파이터즈 '96	SNK 플레이모어
2011.9.29	메탈 슬러그 2	SNK 플레이모어

PC엔진 아카이브스 (48개 타이틀)

출시일	타이틀명	발매사
2009.7.15	봄버맨 '94	허드슨
2009.7.15	타카하시 명인의 신 모험도	허드슨
2009.7.15	전국 마작	허드슨
2009.7.15	데빌 크래시	허드슨
2009.8.19	슈퍼 스타 솔저	허드슨
2009.9.16	파워 리그 4	허드슨
2009.10.21	던전 익스플로러	허드슨
2009.11.18	PC원인	허드슨
2009.11.18	PC원인 2	허드슨
2009.12.16	사성검 네크로맨서	허드슨
2009.12.16	파워 스포츠	허드슨
2010.1.20	THE 쿵푸	허드슨
2010.1.20	PC원인 3	허드슨
2010.2.17	솔저 블레이드	허드슨
2010.2.17	에일리언 크래시	허드슨
2010.3.17	게이트 오브 선더	허드슨
2010.4.21	빅토리 런 : 영광의 13,000km	허드슨
2010.4.21	배틀 에이스	허드슨
2010.6.16	뉴토피아	허드슨
2010.6.16	나왔구나!! 트윈비	코나미디지털엔터테인먼트
2010.6.16	그라디우스	코나미디지털엔터테인먼트
2010.7.21	사라만다	코나미디지털엔터테인먼트
2010.7.21	뉴토피아 II	허드슨
2010.7.21	블레이징 레이저즈※	허드슨

※「건헤드」의 북미판 타이틀명.

출시일	타이틀명	발매사
2010.8.18	대마계촌	허드슨
2010.8.18	윈즈 오브 선더	허드슨
2010.9.15	던전 익스플로러 II	허드슨
2010.10.20	그라디우스 II : GOFER의 야망	코나미디지털엔터테인먼트
2010.10.20	천외마경 ZIRIA	허드슨
2010.11.17	더블 던전	허드슨
2010.11.17	이스 I·II	허드슨
2010.12.15	초형귀	허드슨
2010.12.15	벤케이 외전	허드슨
2010.12.15	몽환전사 바리스	허드슨
2011.1.19	개조정인 슈비빔맨	익스트림
2011.1.19	모토 로더 II	익스트림
2011.2.16	랑그리사 광휘의 후예	익스트림
2011.2.16	개조정인 슈비빔맨 2 : 새로운 적	익스트림
2011.2.16	올디네스	허드슨
2011.2.16	이스 III : 원더러즈 프롬 이스	허드슨
2011.3.17	바리스 II	허드슨
2011.3.17	갤러그 '88	반다이남코게임즈
2011.3.17	천외마경 II : 만지마루	허드슨
2011.4.20	개조정인 슈비빔맨 3 : 이계의 프린세스	익스트림
2011.4.20	R-TYPE	허드슨
2011.4.20	치키치키 보이즈	허드슨
2011.7.6	이스 IV : The Dawn of Ys	허드슨
2011.7.6	스플래터하우스	반다이남코게임즈

HARDWARE 2004 2005 2006 2007 2008 2009 2010 2011 2012 2013 2014 2015 2016 INDEX

원하는 타이틀을 바로 찾아낼 수 있는 소프트웨어 색인

플레이스테이션 포터블 일본 게임 소프트 가나다순 색인

이 페이지는 일본에서 발매된 플레이스테이션 포터블용 게임 소프트 총 1,564개 타이틀을 가나다순으로 정렬한 색인이다.

이 책에 수록한 해당 게재 페이지도 함께 소개하였으므로, 추억의 게임을 찾는 데 참고자료로 활용해준다면 감사하겠다.

또한, 이 색인은 지면 관계상 일부 시리즈명이나 부제를 생략한 경우가 있으므로 이 점도 양해를 바란다.

검은색 타이틀명 …… UMD / 다운로드
빨간색 타이틀명 …… 다운로드 판매 전용

HARDWARE 2004 2005 2006 2007 2008 2009 2010 2011 2012 2013 2014 2015 2016 INDEX

HARDWARE
2004
2005
2006
2007
2008
2009
2010
2011
2012
2013
2014
2015
2016
INDEX

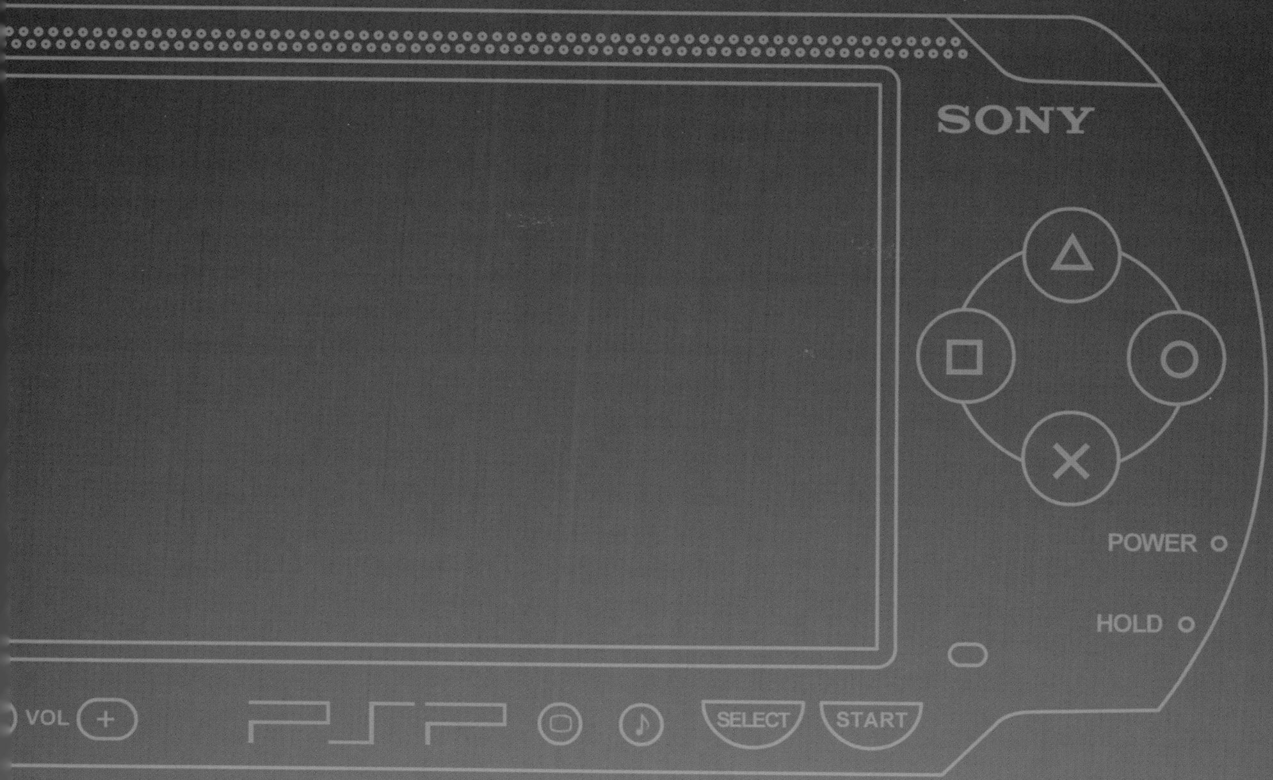

CHAPTER 4

한국의 플레이스테이션 포터블 이야기

PLAYSTATION PORTABLE KOREAN CATALOGUE

해설 한국의 플레이스테이션 포터블 이야기

COMMENTARY OF PLAYSTATION PORTABLE #3

소니컴퓨터엔터테인먼트코리아에 의해, 2005년 5월 한국에 정식 발매

제4장은 원서인 일본판에는 없는 한국어판의 독자적인 추가 지면으로서, 원서 감수자인 마에다 히로유키 씨의 허락 하에 한국어판 감수자가 추가 집필하였음을 먼저 밝혀둔다.

한국에서의 PSP는, 소니컴퓨터엔터테인먼트(현 소니인터랙티브엔터테인먼트)의 한국지사인 소니컴퓨터엔터테인먼트코리아(이하 SCEK, 현 소니인터랙티브엔터테인먼트코리아)에 의해 일본 발매 약 6개월 뒤인 2005년 5월 2일 328,000원(VALUE PACK 기준)으로 정식 발매되었다. SCEK는 2002년 2월 22일 플레이스테이션 2(이하 PS2)를 한국에 정식 발매하여 성공적으로 한국 시장에 정착시킨 실적이 있었으므로, PSP 역시 정식 발매 이전부터 게이머는 물론 일반 대중에까지 폭넓은 관심을 받을 수 있었다.

▲ 한국의 경우, 런칭 초기에는 리모컨·이어폰·파우치 등을 함께 동봉한 VALUE PACK만을 판매했다. 여기에는 영화 '스파이더맨 2'의 UMD MOVIE 디스크와, 네스팟을 이용할 때 필요한 전용 네트워크 유틸리티 디스크도 동봉돼 있었다.

▲ 월간 GAMER'Z 2005년 5월호에서 발췌한, PSP 한국 첫 정식발매 시점의 SCEK 하드웨어 광고. 당시는 무선 LAN이 아직 대중화되지 않았던 시점이었기에, KT의 유료 핫스팟 제공 서비스 '네스팟'과 공동 프로모션을 펼쳤고 전용 유틸리티 디스크도 동봉했다.

PSP는 한국지사의 주도로 한국 시장에 정규 발매된 최초의 휴대용 게임기이자, 국산 개발 게임과 한국어화 게임 문화가 본격적으로 꽃핀 최초의 휴대용 게임기이며, 메인 UI 차원에서 제대로 한국어를 지원하는 최초의 게임기(※)인 등 여러 면에서 당대의 한국 게이머들에게 신선한 충격을 남겼다. 당시 한국은 아직 이른바 '피처폰'이라 불리던 휴대폰 문화가 일반적이던 시기였던지라, 무려 4.3인치에 달하는 큼직하고 선명한 고해상도 와이드스크린 LCD와 편리한 조작버튼이 있기에 게임과 동영상과 음악을 기기 하나로 즐기는 본격적인 '휴대용 멀티미디어 플레이어'로 활용할 수 있었던 PSP는 발매되자마자 청소년층과 젊은이들 사이에서 상당한 인기를 구가했다.

덕분에 PSP는 일개 게임기를 넘어 IT업계와 언론 등까지 주목하는 하나의 문화적 아이콘이 되었고, 출시 초기부터 KT가 당시 운영하던 와이파이 핫스팟 서비스 '네스팟'과 프로모션 제휴를 전개하는 등 한국에 무선 LAN 환경이 보급되는 데 크게 공헌했으며, 당대 한국에서 유행했던 이른바 PMP(포터블 미디어 플레이어)류 기기 시장의 선도자로도 활약했다. 하드웨어뿐만 아니라 소프트 시장도 활성화시켜, PSP 전문 정보지의 범람과 UMD 형태의 영화·음반 컨텐츠 발매, 국산 게임의 활발한 개발·발매 등으로, 아직 성장 단

▲ 같은 잡지에서 발췌한, PSP의 한국 런칭 타이틀 소개 광고. 당시는 PS2가 한창 한국에서 활성화되던 황금기였기에, PS2에서 활약중이던 국내 퍼블리셔들이 서드파티로 적극 참여했다.

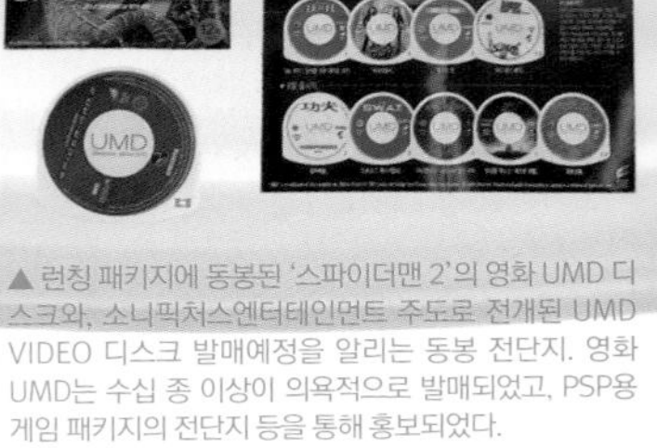

▲ 런칭 패키지에 동봉된 '스파이더맨 2'의 영화 UMD 디스크와, 소니픽처스엔터테인먼트 주도로 전개된 UMD VIDEO 디스크 발매예정을 알리는 동봉 전단지. 영화 UMD는 수십 종 이상이 의욕적으로 발매되었고, PSP용 게임 패키지의 전단지 등을 통해 홍보되었다.

(※) 게임기의 시스템 UI에 한국어를 추가한 최초의 사례는 2003년 5월 첫 출시된 PS2 중기 모델(SCPH-50005계)이지만 이쪽은 어디까지나 기본 메뉴의 UI를 한국어 표기로 바꾼 정도로서, PSP처럼 한국어 글꼴·입력기와 코드체계 등도 완전히 지원하는 단계까지는 미치지 못했었다.

계였던 당시 한국 비디오 게임 시장을 성공적으로 개척해내는 업적을 남기기도 하였다. PS2를 발판으로 콘솔 게임 시장에 진출한 국내 게임사와 유통사들은 PSP에도 적극적으로 참여하여, 해외의 인기 게임들을 한국어화해 공급하거나 자체 개발력으로 오리지널 신작을 제작·발매하는 등, 한국에서의 PSP 황금기에 일익을 담당했다.

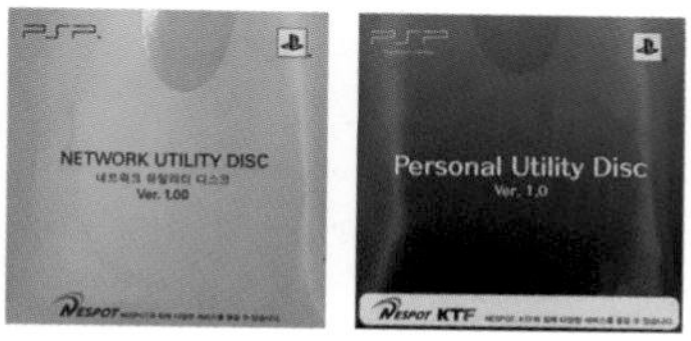

▲ 런칭 패키지에 동봉되었던 네스팟 서비스 프로모션용 컨텐츠인 '네트워크 유틸리티 디스크'와, 2006년 제공되었던 '퍼스널 유틸리티 디스크'. 플레이스테이션 온라인 계정과 네스팟 서비스 계정이 있어야만 컨텐츠를 이용할 수 있었다.

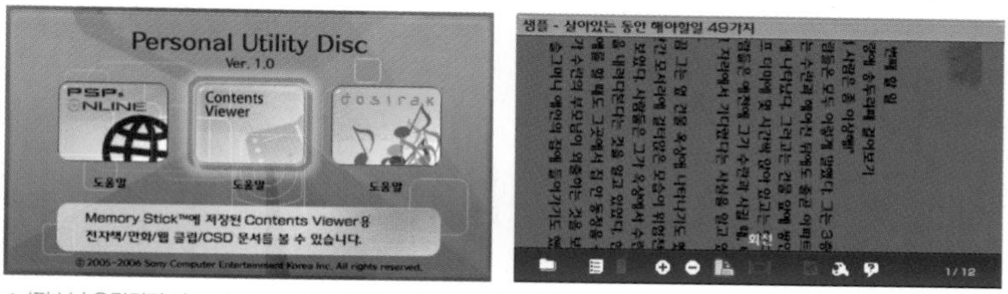

▲ '퍼스널 유틸리티 디스크'의 구동 화면. 전자책 등을 볼 수 있는 컨텐츠 뷰어와, 당시 KT가 운영하던 온라인 음악 서비스 '도시락' 등을 제공했다. 컨텐츠 뷰어는 텍스트를 세로로 돌려 읽는 등의 기능도 제공했다.

닌텐도 DS Lite와 치열하게 경쟁하며, 한국 휴대용 게임기 문화를 개척

일본과 마찬가지로 영화 UMD VIDEO와 K-POP계 UMD MUSIC 디스크 판매가 다각도로 시도되기도 하였지만 아쉽게도 큰 활성화 없이 '시도' 정도에 그쳤다는 한계는 있으나, 본업이라 할 수 있는 게임 쪽은 2005년부터 2012년까지 패키지로만 총 367타이틀(이중 국산·한국어화 게임이 총 112타이틀), PlayStation Store를 통한 다운로드 타이틀이 540종 이상(2024년 1월 시점에서 판매중인 PSP 게임, minis, 클래식 게임 등의 총합. 판매된 기록이 있으나 현재는 내려간 타이틀도 다수 있음)이나 제공될 만큼 일가를 이루었다. 이중엔 「몬스터헌터 포터블」 시리즈처럼 한국에서도 기록적인 히트를 거둔 초인기작은 물론, 「디제이맥스 포터블」 시리즈처럼 한국 회사가 개발하여 해외에서까지 주목을 받은 국산 게임도 다수 있으니, 한국 게임산업 전반에 걸쳐 큰 업적과 족적을 남겼다고 평가할 만하다.

▲ 후기의 PSP는 'Ultra POP' 등의 염가판 재발매 개념을 도입하여 캐주얼 게임과 구작 인기 게임들을 저렴하게 보급했고, PlayStation Store의 소프트 가격을 이에 맞춰 인하하기도 하였다.

2006년 한국닌텐도의 정식 설립 이후, 한국어화를 거친 닌텐도 DS Lite가 2007년 1월 18일 한국에 정규 발매되면서부터는 한국에도 PSP와 닌텐도 DS의 라이벌 경쟁 구도가 확립되어, 한국에서도 드디어 일본·미국과 동일한 감각과 시차로 휴대용 게임기만의 즐거움을 느낄 수 있게 되었다. 이후 PSP는 하드웨어 말기까지 모든 주요 컬러 바리에이션 모델과 상당수의 오리지널 한정 모델까지 정규 출시되었고, 한국만의 오리지널 주변기기인 'DMB 튜너'도 개발되어 2008년 10월 16일 발매되는 등 오랫동안 한국 유저들의 사랑을 받았으며, 스마트폰 문화가 한국에 본격 상륙하는 2010년 전후를 기점으로 하여 시장에서 서서히 퇴장한다.

▲ 2005년 가을 UMD MUSIC 컨텐츠 형태로 발매되었던, BoA의 'History of BoA'와 서태지의 '2004 SEOTAIJI Record of the 7th'. 양쪽 모두 같은 제목의 DVD 소프트를 UMD화한 것이다.

▲ 일본에서 발매되었던 원세그 튜너를 기반으로 한국 실정에 맞게 제작한, 한국 PSP 유일의 오리지널 순정 주변기기인 DMB 튜너(2008년 10월 16일 발매). PSP-2000/3000계 전용이며, 메모리 스틱 Duo에 녹화 저장하는 기능도 지원한다. 공중파 DMB 방송은 아직 서비스되고 있으므로, 튜너를 장착하고 전용 앱을 설치 구동하면 2024년 3월 현 시점에서도 실사용이 가능하다.

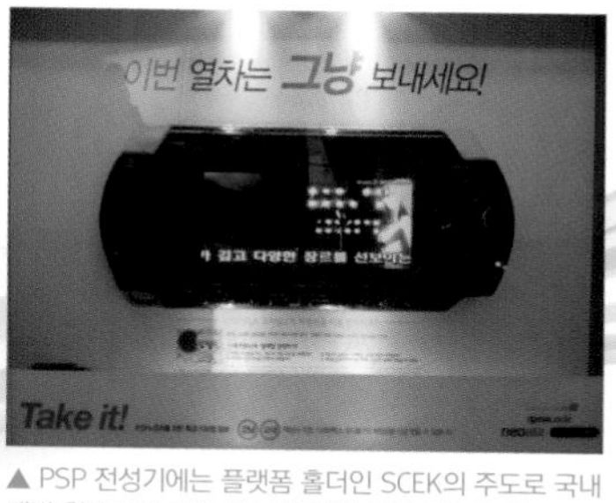

▲ PSP 전성기에는 플랫폼 홀더인 SCEK의 주도로 국내 개발·한국어화 게임 출시 장려와 함께 다양한 형태로의 프로모션이 펼쳐져 한국 게임업계에 신선한 자극을 주기도 했다. 사진은 「디제이맥스 포터블 2」 발매 직전에 서울 지하철 2호선 강남·교대역 플랫폼에서 선보였던 광고 설치물로, 대형 PSP 모형을 통해 게임의 홍보 비디오를 어필하면서, 광고물 근처에서 PSP를 켜면 '게임 공유' 기능을 이용해 게임 체험판을 무선으로 설치하여 플레이할 수 있도록 배려했다.

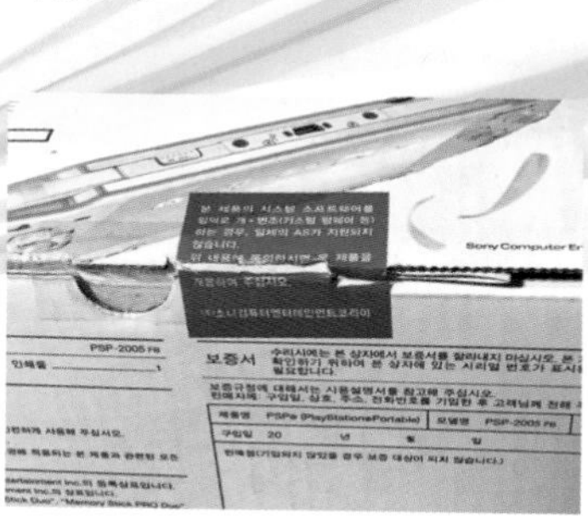

▲ 당시의 게임기들이 대부분 겪어야 했던 홍역이었지만, 후기의 PSP도 이른바 '커스텀 펌웨어'로 대표되는 무단개조와 불법복제에 힘겹게 맞서야 했다. 사진은 PSP-2005 발매 당시 한국판 패키지에 부착되었던, 본체 임의 개·변조시 AS를 제공하지 않는다는 안내 스티커.

PSP 국산·한국어화 게임 소프트 카탈로그

이 페이지에서는 PSP용으로 한국에 정규 발매된 소프트 중, 한국에서 개발된 국산 게임 및 퍼블리셔에 의해 음성·자막 한국어화로 발매된 게임 총 120종(다운로드 게임 6종, minis 게임 2종 포함)을 소프트 카탈로그 형식으로 소개한다.

PSP는 앞서 나온 PS2를 발판으로 시장을 개척하며 개발·발매 노하우를 쌓은 유통사 및 개발사들을 밑바탕에 깔고 출범했기에, 한창 활성화중이던 PS2와 시너지를 이루며 런칭 초기부터 다량의 한국어화 게임을 배출해낼 수 있었다. SCEK의 전폭적인 기술지원도 한몫하여, 많은 개발사들이 PSP 게임 개발에 도전했으며 유의미한 결과도 다수 일구어냈다는 점만큼은 앞으로도 기억되어야 할 것이다.

전체 이용가 글로레이스 : 판타스틱 카니발

●소니컴퓨터엔터테인먼트코리아 ●RCG ●2005년 5월 2일 ●비매품 ●플레이 명수 : 1인 (애드혹·인프라스트럭처 모드 : 2~4인)
●세이브 용량 : 512KB 이상

SCEK가 내부 개발한 최초·유일의 게임 소프트이자, 세계 최초로 인프라스트럭처 모드를 통한 온라인 대전을 정규 지원했던 PSP 게임이다. 동화적인 파스텔톤 세계에서 서킷을 달리는 3D 레이싱 게임으로서, 차량이 아니라 생물인 '크리처'를 타고 달리는 것도 특징이다. PSP Value Pack의 사전 예약구매자 및 PSP용 네스팟 서비스 가입자 전원에게 무료 증정되었으며, 일반 판매는 하지 않았다.

전체 이용가 남코 뮤지엄

●소니컴퓨터엔터테인먼트코리아 ●ACT ●2005년 5월 2일 ●38,000원
●플레이 명수 : 1~2인 (애드혹 모드 : 2~4인) ●세이브 용량 : 512KB 이상

「디그더그」·「팩맨」 등 남코 80년대 고전 명작들의 오리지널·어레인지판 총 10종을 합본한 컬렉션 소프트. 재미있게도 「랠리-X」의 타이틀명을 「방구차」(BANGGOO)로 아예 바꿔 넣었다.

전체 이용가 니드 포 스피드 언더그라운드 라이벌

●일렉트로닉아츠코리아 ●RCG ●2005년 5월 2일 ●38,000원
●플레이 명수 : 1~4인 (애드혹 모드 지원) ●세이브 용량 : 1MB 이상

미국 도심 언더그라운드 레이서들의 세계를 다루던 당시 「니드 포 스피드」 시리즈의 신작. PS2 등으로 나왔던 「니드 포 스피드 언더그라운드」의 이식작이다. 차량은 총 24종이다.

전체 이용가 아머드 코어 포뮬러 프론트

●위자드소프트 ●SLG ●2005년 6월 16일 ●40,000원
●플레이 명수 : 1~2인 (애드혹 모드 지원) ●세이브 용량 : 512KB 이상

현재도 신작이 이어지는 「아머드 코어」 시리즈의 이색 외전작. 이번에는 기체를 직접 조종하지 않고, AI를 조합해 자동 전투시키는 경기형 게임이 되었다. PS2판도 7월 14일 발매됐다.

12세 이용가 진 삼국무쌍

●코에이코리아 ●ACT ●2005년 6월 23일 ●44,000원
●플레이 명수 : 1인 ●세이브 용량 : 640KB 이상

당시 코에이의 간판 인기작이었던 「진 삼국무쌍」 시리즈 최초의 휴대기 이식작. 화면비를 4 : 3으로 줄이고 미니맵을 키웠으며 스테이지를 지역 블록 단위로 나눴다. 무장은 총 42명이다.

전체 이용가 스페이스 인베이더 포켓

●사이버프론트제넥스코리아 ●STG ●2005년 7월 21일 ●22,000원
●플레이 명수 : 1인 ●세이브 용량 : 256KB 이상

타이토의 원점인 「스페이스 인베이더」 시리즈 중 총 8작품을 완전 이식해 합본한 컬렉션. 고전게임 모음집이란 원작의 특성상, 초기 메뉴의 게임 해설 텍스트 정도만 한국어화됐다.

전체 이용가 삐뽀사루 아카데미~아 : 사고뭉치능력평가 완전정복

●소니컴퓨터엔터테인먼트코리아 ●ACT ●2005년 7월 28일 ●38,000원
●플레이 명수 : 1~2인 (애드혹 모드 : 2~4인) ●세이브 용량 : 544KB 이상

엘리트 삐뽀사루를 육성하는 교육기관에서 다양한 '사루게임'을 즐기는 파티 미니게임 모음집. PSP 한 대를 2명이 잡고 대전 가능하며, PSP 2대를 연결해 4명까지 대전할 수도 있다.

등급 아이콘 (영등위) 전체 이용가 12세 이용가 15세 이용가 18세 이용가 등급 아이콘 (게임위) 컨텐츠 명시 아이콘 (게임위) 폭력성 선정성 약물 공포 범죄 사행성 언어의 부적절성

전체 이용가 【Hg】하이드리움

●소니컴퓨터엔터테인먼트코리아 ●PZL ●2005년 8월 11일 ●38,000원
●플레이 명수 : 1인 (애드혹 모드 : 2인) ●세이브 용량 : 144KB 이상

아날로그 패드로 스테이지를 잘 기울여, 화면 중앙의 수은을 골지점까지 유도해가는 물리계 액션 퍼즐 게임. PSP의 NURBS 그래픽을 잘 활용했다. 72종 이상의 스테이지가 있다.

전체 이용가 Win-TOEIC 초급 LC

●스튜디오나인 ●ETC ●2005년 9월 30일 ●48,000원
●플레이 명수 : 1인 ●세이브 용량 : 544KB 이상

최초의 비 게임계 학습용 국산 PSP 소프트. 당시 국내 최대급의 온라인 외국어 교육 사이트인 원글리쉬닷컴과 제휴하여 제작한 TOEIC 교습 소프트로서, 듣기능력 배양에 특화한 작품이다.

전체 이용가 어스토니시아 스토리

●손노리 ●RPG ●2005년 8월 12일 ●38,000원
●플레이 명수 : 1인 ●세이브 용량 : 512KB 이상

1994년 PC용 게임으로 발매되어 크게 히트했던 같은 제목 RPG의 PSP 풀 리메이크작. 기본적으로는 2002년의 GP32·PC판 「어스토니시아 스토리 R」 기반으로서, 밸런스를 개선했고 연필로 명상하기 스튜디오가 제작한 애니메이션 오프닝 무비를 추가했다. 서드파티가 제작한 첫 PSP 국산게임이기도 하며, 일본(컴파일 하츠 발매)·미국 및 유럽(Ubisoft 발매)에도 수출되어 각각 현지어판으로 발매되었다.

전체 이용가 삐뽀사루 겟츄P!

●소니컴퓨터엔터테인먼트코리아 ●ACT ●2005년 10월 15일 ●38,000원
●플레이 명수 : 1인 (애드혹 모드 : 2인) ●세이브 용량 : 380KB 이상

SCE가 PS1으로 1999년 발매했던 「삐뽀사루 겟츄!」 1편을 PSP로 이식한 리메이크작. 시리즈 정규 작품 중에선 첫 한국어화이기도 하다. 애드혹 모드로 즐기는 미니게임을 추가했다.

12세 이용가 천지의 문

●소니컴퓨터엔터테인먼트코리아 ●ARPG ●2005년 10월 20일 ●38,000원
●플레이 명수 : 1인 (애드혹 모드 : 2인) ●세이브 용량 : 448KB 이상

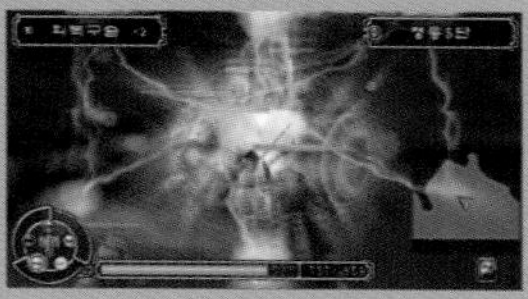

SCE가 제작한 오리지널 무협 액션 RPG의 한국어판. 캐릭터를 한국의 만화가인 고진호가 디자인했고, 음성까지 완전 한국어화했다. '검보'를 조합해 오리지널 콤보 '무예록'을 만들자.

12세 이용가 번아웃 레전드

●일렉트로닉아츠코리아 ●ACT ●2005년 10월 21일 ●38,000원
●플레이 명수 : 1인 (애드혹 모드 : 1~4인) ●세이브 용량 : 160KB 이상

적 차량을 충돌로 파괴하는 '테이크다운'이 특징인 「번아웃」 시리즈의 첫 휴대기 이식판. 「번아웃 3 : 테이크다운」의 마이너 이식작으로서, PSP로는 유일한 한국어화 작품이기도 하다.

전체 이용가 토크맨

●소니컴퓨터엔터테인먼트코리아 ●ETC ●2005년 11월 17일 ●48,000원
●플레이 명수 : 1~2인 ●세이브 용량 : 384KB 이상 ●마이크 동봉

한국어·영어·일본어·중국어를 구사하는 새 '맥스'를 통해, 음성을 입력하여 외국인과 문장·제스처로 소통하는 '언어 엔터테인먼트 툴'을 표방한 신개념 소프트. PSP용 마이크를 동봉했다.

전체 이용가 불카누스

●소니컴퓨터엔터테인먼트코리아 ●ACT ●2005년 11월 24일 ●37,000원
●플레이 명수 : 1인 (애드혹 모드 : 4인) ●세이브 용량 : 500KB 이상

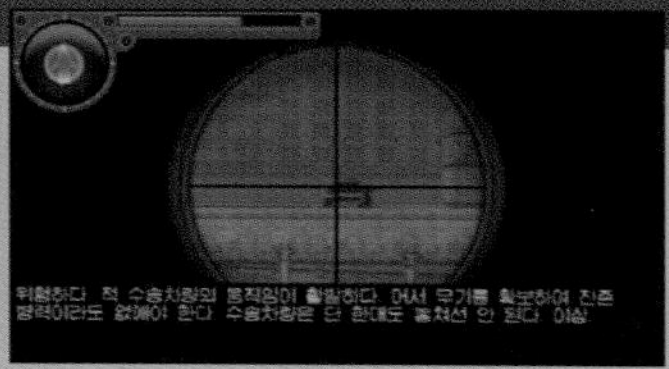

제페토 사가 자체 개발한, 2차대전 유럽 모티브의 오리지널 밀리터리 메카닉 액션 게임. 인간형 병기를 조작하여 도심 등에서 전투하며, PSP의 버튼에 맞춰 조작계를 간략화해 캐주얼함을 추구했다. 무기와 부스터를 업그레이드하여 강력한 스페셜 어택을 발동하자. 2005년 대한민국게임대상 최우수상 수상작이기도 하며, 컴파일 하트 사를 통해 일본에서도 출시되었다.

전체 이용가 HANDDIC : hand dictionary

●소니컴퓨터엔터테인먼트코리아 ●ETC ●2005년 12월 1일 ●26,500원
●플레이 명수 : 1인 ●세이브 용량 : 224KB 이상

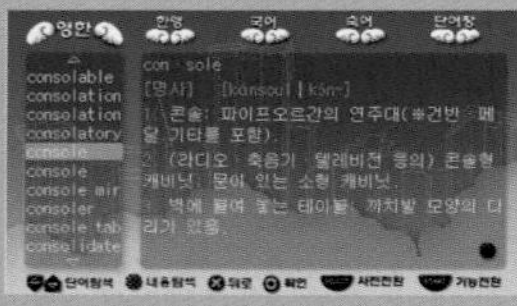

당시 청소년층에서 각광받던 휴대용 전자사전을 PSP용으로 구현한 학습용 소프트. 개발은 엔사이드 사가 맡았으며, 금성 뉴에이스 사전의 DB를 내장했고 HTF 파일 뷰어도 넣었다.

전체 이용가 SSX 온 투어

●일렉트로닉아츠코리아 ●SPT ●2005년 12월 8일 ●35,000원
●플레이 명수 : 1~4인 (애드혹 모드 지원) ●세이브 용량 : 224KB 이상

VITA 호환

스노보드와 스키로 활주하는 익스트림 스포츠 게임 「SSX」 시리즈의 신작. 배칠수를 DJ로 기용해 한국어 음성까지 수록한 PS2판도 발매됐다. PS Vita의 DL판은 영문판이니 유의할 것.

전체 이용가 해리포터와 불의 잔

●일렉트로닉아츠코리아 ●ACT ●2005년 12월 12일 ●38,000원
●플레이 명수 : 1~3인 (애드혹 모드 지원) ●세이브 용량 : 80KB 이상

같은 제목 영화의 공식 게임판. 원작의 전개대로, 주인공인 해리·론·헤르미온느 3인 중 하나를 조작하여 트리위저드 시합을 돌파한다. 애드혹 멀티플레이와 게임 공유 기능도 지원한다.

전체 이용가 Win-TOEIC 초급 RC

●스튜디오나인 ●ETC ●2005년 12월 14일 ●48,000원
●플레이 명수 : 1인 ●세이브 용량 : 620KB 이상

9월 발매했던 「Win-TOEIC 초급 LC」에 이은 후속편으로서, 윈글리시닷컴의 김정훈 강사가 어휘·독해·문법 중심의 Reading Section을 강의한다. 개발은 쿵 엔터테인먼트가 맡았다.

15세 이용가 체이스 캅 : Pursuit Force

●소니컴퓨터엔터테인먼트코리아 ●RCG ●2005년 12월 15일 ●38,000원
●플레이 명수 : 1인 ●세이브 용량 : 320KB 이상

SCE WWS 산하의 영국 BigBig Studios가 개발한 작품을 한국어화했다. 경찰이 되어, 도주하는 범죄자들을 수단·방법을 가리지 말고 경찰차·모터보트 등으로 갈아타며 추격해 체포하자.

전체 이용가 니드 포 스피드 모스트 원티드 5-1-0

●일렉트로닉아츠코리아 ●RCG ●2005년 12월 21일 ●38,000원
●플레이 명수 : 1~4인 (애드혹·인프라스트럭처 모드 지원) ●세이브 용량 : 192KB 이상

PC·PS2로도 한국어화 발매되었던 「니드 포 스피드 모스트 원티드」의 PSP 마이너 이식판. 경찰을 따돌려 최고의 스트리트 레이서가 되자. 경찰차를 운전하는 모드를 새로 추가했다.

전체 이용가 FIFA 06

●일렉트로닉아츠코리아 ●SPT ●2005년 12월 19일 ●38,000원
●플레이 명수 : 1인 (애드혹 모드 지원) ●세이브 용량 : 1MB 이상

PSP용 축구 게임으론 첫 공식 한국어화 작품. PC·PS2·Xbox로도 발매된 게임의 PSP판이다. 한국판 오리지널 커버 모델로서 FC서울 박주영 선수의 사진과 사인이 수록됐으며, 당시 경인방송 스포츠 아나운서 김동연과 당시 MBC ESPN 유럽축구 해설위원 박문성이 실황 해설을 맡았고, 상암경기장과 대구경기장이 추가됐다. PSP를 세로로 잡고 즐기는 '저글링' 모드도 이색적이다.

전체 이용가 Win-JPT 일본어 초급

●스튜디오나인 ●ETC ●2005년 12월 29일 ●48,000원
●플레이 명수 : 1인 ●세이브 용량 : 620KB 이상

VITA 호환

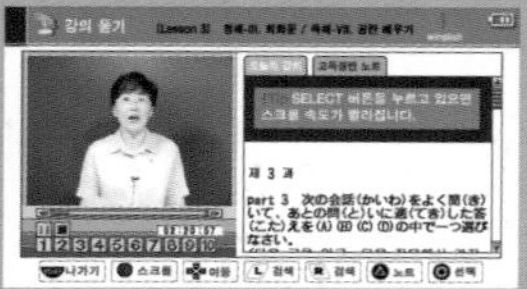

스튜디오나인과 윈글리시닷컴의 PSP 학습 소프트 3번째 작품으로서, 이번엔 일본어능력시험 JPT의 초급과정을 다뤘다. 청해·독해를 포함해, 총 40강의 레슨으로 구성되어 있다.

18세 이용가 용쟁화투

●블루 인터랙티브 ●TBL ●2005년 12월 29일 ●33,000원
●플레이 명수 : 1인 (애드혹·인프라스트럭처 모드 : 2~3인) ●세이브 용량 : 256KB 이상

한국 정식발매 PSP 게임으로는 최초의 18세 이용가 타이틀로서, 캐주얼한 디자인의 고스톱 대전 게임. 개발은 네오게임즈 사가 맡았다. 특정 조건을 만족시키면 히든 캐릭터도 출현한다.

등급 아이콘 (영등위) 전체 이용가 12세 이용가 15세 이용가 18세 이용가 등급 아이콘 (게임위) 컨텐츠 명시 아이콘 (게임위) 폭력성 선정성 약물 공포 범죄 사행성 언어의 부적절성

12세 이용가 디제이맥스 포터블

●펜타비전 ●MUS ●2006년 1월 14일 ●42,000원
●플레이 명수 : 1인 ●세이브 용량 : 256KB 이상

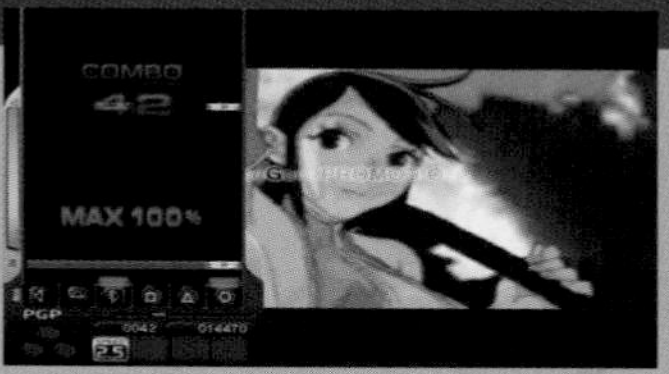

과거 「EZ2DJ」 시리즈의 핵심 제작진들이 독립하여 설립한 펜타비전 사가, 당시 운영하던 온라인 리듬액션 게임 「디제이맥스」의 컨텐츠를 기반으로 삼아 PSP로 내놓은 오리지널 신작. 5종의 게임 모드와 55곡을 제공하며, 뛰어난 퀄리티의 게임 디자인 및 곡들, 화려한 애니메이션 뮤직비디오로 국내에서만 5만 장 이상의 대히트를 거두었다. 같은 해 12월엔 해외 수요를 노린 인터내셔널판도 발매됐다.

전체 이용가 신천마계 : GOCⅣ 어나더 사이드

●사이버프론트제넥스코리아 ●SRPG ●2006년 1월 11일 ●42,000원
●플레이 명수 : 1인 ●세이브 용량 : 272KB 이상

같은 제목 작품(47p)의 한국어판. 당시 아이디어 팩토리 사의 SRPG 연작 '네버랜드 시리즈'의 첫 한국어화 소개이기도 하다. 한국 가수 마야의 '잃어버린 너'를 한국판 오프닝곡으로 넣었다.

15세 이용가 WWE 스맥다운 대 로우 2006

●THQ코리아 ●SPT ●2006년 1월 19일 ●42,000원
●플레이 명수 : 1~4인 (애드혹 모드 지원) ●세이브 용량 : 896KB 이상

THQ의 인기작 「WWE 스맥다운 대 로우」 시리즈의 첫 PSP판. 앞서 발매된 PS2판과 마찬가지로, 시즌 모드에 한해 시리즈 최초로 자막이 한국어화되었다. 번역은 성민수 해설자가 감수했다.

15세 이용가 THE CON : Gamble Fight

●소니컴퓨터엔터테인먼트코리아 ●FACT ●2006년 1월 19일 ●38,000원
●플레이 명수 : 1~2인 (애드혹 모드 : 2인) ●세이브 용량 : 768KB 이상

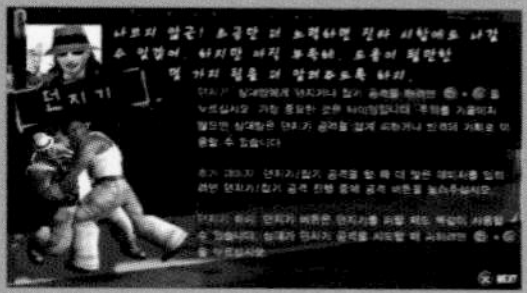

지하 격투시합이 소재인 3D 격투 액션 게임. 1천만 불 획득이 목적이다. 태권도 등 5가지 격투 스타일과 20명 이상의 캐릭터, 12종의 스테이지가 있다. 캐릭터 커스터마이징도 가능하다.

15세 이용가 심즈 2

●일렉트로닉아츠코리아 ●SLG ●2006년 1월 25일 ●38,000원
●플레이 명수 : 1~2인 (애드혹 모드 지원) ●세이브 용량 : 672KB 이상

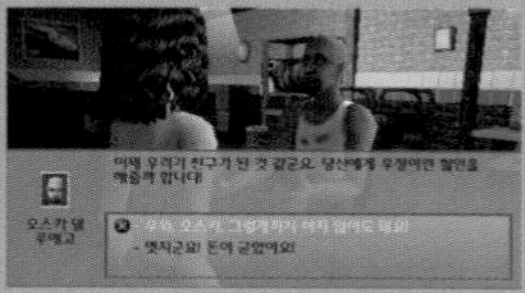

당시 한국에서도 PC로 누적 30만 장 이상의 판매량을 기록했던 「심즈」 시리즈 최신작의 PSP판. 애드혹 모드로 심과 아이템을 교환 가능하고, 스토리 모드가 있다. PSP로는 유일한 한국어판.

15세 이용가 은하자양강장 무타쥬스

●스튜디오나인 ●AVG ●2006년 2월 28일 ●38,000원
●플레이 명수 : 1인 ●세이브 용량 : 128KB 이상

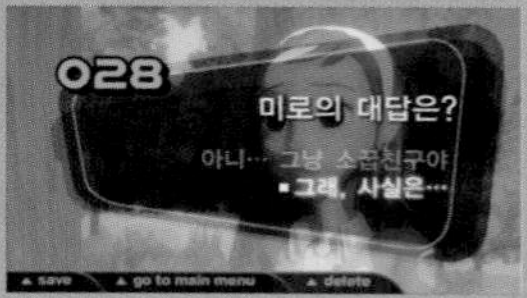

'큐빅스'·'아쿠아키즈' 등을 내놓았던 한국의 3D CG 애니메이션 전문 제작사 시네픽스가 기획·제작한 PSP 오리지널 풀모션 애니메이션 게임. 51가지 분기로 총 18종의 엔딩을 준비했다.

전체 이용가 Fired Up

●소니컴퓨터엔터테인먼트코리아 ●ACT ●2006년 3월 2일 ●38,000원
●플레이 명수 : 1인 (애드혹 모드 : 최대 8명) ●세이브 용량 : 192KB 이상

PS2로 「겟어웨이」·「강철기갑사단」 등을 내놓았던 SCE WWS 런던 스튜디오의 무장차량 배틀로얄 게임. 게임 공유 기능을 지원해, UMD 1매로 최대 8명까지 배틀을 즐길 수 있다.

전체 이용가 아바마마 오셨다! 어서 굴려라!

●소니컴퓨터엔터테인먼트코리아 ●ACT ●2006년 1월 14일 ●38,000원
●플레이 명수 : 1인 (애드혹 모드 : 2~4인) ●세이브 용량 : 256KB 이상

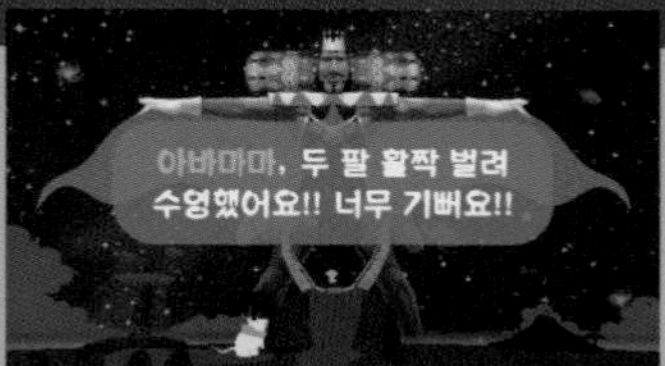

뛰어난 센스의 한국어화로 한국에서도 큰 인기를 끌었던 PS2의 「괴혼 : 굴려라! 왕자님!」 이후, 「괴혼」 시리즈의 3번째 작품. 단순한 마이너 이식이 아니라 실질적인 시리즈 신작으로서, PSP 하드웨어의 제약 내에서도 원작의 재미를 최대한 담아냈다. 아날로그 스틱을 쓰지 않는지라 조작감은 다소 달라진 편. 센스가 넘치는 자유분방한 한국어판 자막도 건재하다. 당시로선 드물게 포토 모드도 제공했다.

18세 이용가 알바지옥 2000

●소니컴퓨터엔터테인먼트코리아 ●ACT ●2006년 3월 16일 ●38,000원
●플레이 명수 : 1인 (애드혹 모드 : 2~8인) ●세이브 용량 : 576KB 이상

일본의 연예인 피에르 타키가 디자인한, '알바'를 테마로 삼은 엽기발랄 미니게임 40종의 모음집. 비틀린 센스와 블랙유머가 일품이다. 가챠 모으기나 '라면 타이머' 등의 실용 툴도 있다.

전체 이용가 메탈기어 애시드 2

●코나미마케팅아시아 한국지점 ●SLG ●2006년 4월 1일 ●42,000원
●플레이 명수 : 1인 (애드혹 모드 : 1~2인) ●세이브 용량 : 352KB 이상

「메탈기어 솔리드」의 세계를 카드 배틀+전술 시뮬레이션으로 즐기는 독특한 감각의 수작. 카드는 총 500종 이상이다. PSP로 입체영상을 즐기는 'SOLID EYE TOBIDAC!D'를 동봉했다.

전체 이용가 오석태의 말하는 영어

●스튜디오나인 ●ETC ●2006년 4월 13일 ●48,000원
●플레이 명수 : 1인 ●세이브 용량 : 720KB 이상

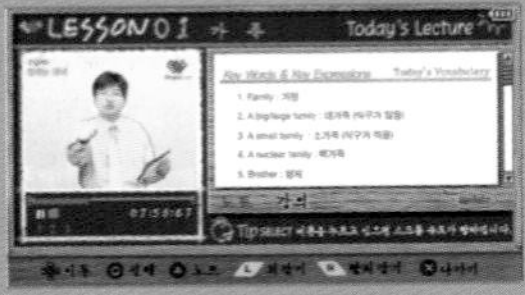

스튜디오나인과 윈글리시닷컴의 학습 소프트. 영어 '말하기' 훈련을 위해, PSP 마이크를 통하여 자신의 발음을 녹음 비교할 수 있다. 국산 PSP 소프트로는 최초의 2DISC 타이틀이기도 하다.

전체 이용가 삐뽀사루 아카데미~아 2 : 카드로 배틀해 보실라우끼끼?

●소니컴퓨터엔터테인먼트코리아 ●ACT ●2006년 4월 13일 ●38,000원
●플레이 명수 : 1~2인 (애드혹 모드 : 2인) ●세이브 용량 : 320KB 이상

'사루게임' 모음집 「삐뽀사루 아카데미~아」의 속편. 더욱 만만찮은 사루게임 100종이 기다린다. PSP 한 대로 2명이 즐기는 모드도 여전하다. 현재는 PS4·PS5용 클래식 게임으로도 제공중.

전체 이용가 덱스터

●소니컴퓨터엔터테인먼트코리아 ●ACT ●2006년 5월 24일 ●38,000원
●플레이 명수 : 1인 (애드혹 모드 : 2인) ●세이브 용량 : 160KB 이상

당시 너티 독의 간판작 「잭」 시리즈에 등장하던 족제비 파트너 '덱스터'가 주인공으로서 해충 박멸을 위해 활약하는 외전작. 레디앳돈 스튜디오가 제작했다. 미니게임도 6종 수록돼 있다.

전체 이용가 2006 FIFA 월드컵

●일렉트로닉아츠코리아 ●SPT ●2006년 6월 1일 ●38,000원
●플레이 명수 : 1~4인 (애드혹·인프라스트럭처 모드 지원) ●세이브 용량 : 288KB 이상

FIFA가 공인한, 2006년 독일 월드컵 공식 게임. PC·PS2·Xbox 360으로도 발매됐다. 축구 게임 사상 최초로 북한 팀이 추가됐으며, 김동연 캐스터와 박문성 해설위원의 실황도 수록했다.

전체 이용가 JUST ENGLISH : 영어로 배우는 영어

●스튜디오나인 ●ETC ●2006년 6월 16일 ●48,000원
●플레이 명수 : 1인 ●세이브 용량 : 560KB 이상

스튜디오나인과 윈글리시닷컴의 학습 타이틀 시리즈. 외국인·한국인 강사 2명이 총 60강을 영어로만 진행하며, 내용을 텍스트로 설명한다. 마찬가지로 마이크의 녹음 기능도 지원한다.

전체 이용가 기타루 맨 Lives!

●코에이코리아 ●MUS ●2006년 6월 29일 ●39,600원
●플레이 명수 : 1인 (애드혹 모드 : 2인) ●세이브 용량 : 128KB 이상

PS2 초기에 발매되었던 청춘 음악 게임 「기타루 맨」의 PSP 이식판. 다소 어려웠던 원작의 밸런스를 조정했고, 애드혹 모드로 협력 플레이하는 '듀엣 플레이' 모드를 새로 추가했다.

15세 이용가 SOCOM : U.S. NAVY SEALs FIRETEAM BRAVO

●소니컴퓨터엔터테인먼트코리아 ●TPS ●2006년 7월 6일 ●38,000원
●플레이 명수 : 1~16인 (애드혹 최대 10인, 인프라스트럭처 최대 16인) ●세이브 용량 : 800KB 이상

당시 SCE가 제작하던 밀리터리 슈터 「SOCOM」 시리즈의 PSP 외전작. 미군 네이비 씰의 대테러 조직에서 임무를 수행하자. PS2판 「SOCOM 3」와 연동시켜 보너스를 얻을 수 있다.

전체 이용가 로코로코

●소니컴퓨터엔터테인먼트코리아 ●ACT ●2006년 7월 13일 ●38,000원
●플레이 명수 : 1인 (애드혹 모드·게임 공유 지원) ●세이브 용량 : 160KB 이상

L·R 버튼만으로 지면을 기울이고 튕기며 로코로코를 이동시켜 진행하는, 귀엽고 캐주얼하지만 절대 만만치 않은 액션 게임. 한 번 들으면 잊히지 않는 독특한 테마송도 당시 화제였다.

12세 이용가 진 삼국무쌍 2nd Evolution

●코에이코리아 ●ACT ●2006년 7월 13일 ●44,000원
●플레이 명수 : 1인 (애드혹 모드 : 4인) ●세이브 용량 : 640KB 이상

PSP용 「진 삼국무쌍」 시리즈의 제2탄. 드디어 PSP 스크린 전체를 사용하여 더욱 가정용판에 근접한 볼륨이 되었으며, 시나리오도 전작의 2배가 되었고 약 300명의 부장이 등장한다. 최초로 애드혹 모드로의 통신대전도 지원하여, 최대 4명까지 배틀로얄을 즐길 수도 있다. 플레이어와 부장의 조합으로 각종 능력치가 상승하며, 전황과 행동에 따라 진행 스테이지가 변화한다.

15세 이용가 철권 DARK RESURRECTION

●소니컴퓨터엔터테인먼트코리아 ●FACT ●2006년 7월 20일 ●39,800원
●플레이 명수 : 1인 (애드혹 모드 : 2인) ●세이브 용량 : 224KB 이상

모두가 기다렸던, 초인기 대전격투 게임 「철권」 시리즈의 첫 PSP 이식작. 아케이드판 「철권 5 DARK RESURRECTION」의 캐릭터·컨텐츠를 훌륭히 PSP로 재현해내 크게 히트했다. 게임 공유 기능 덕에 UMD 1매로 2인 대전이 되고, 캐릭터 커스터마이징과 인터넷 고스트 다운로드도 제공했다. '화랑'에 한해 한국어 음성을 수록했다. PSP 방향키의 조작감을 향상시키는 컨트롤러 어댑터를 동봉했다.

전체 이용가 카

●소니컴퓨터엔터테인먼트코리아 ●RCG ●2006년 7월 20일 ●38,000원
●플레이 명수 : 1인 (애드혹 모드 : 최대 4인) ●세이브 용량 : 576KB 이상

2006년 여름 시즌에 전 세계 개봉했던 디즈니·픽사 제작의 같은 제목 극장판 애니메이션을 게임화한 작품. PS2판도 동시 발매했다. 메뉴와 텍스트는 한국어화됐으나, 대사 자막은 따로 없다.

전체 이용가 신기환상 : SS II 언리미티드 사이드

●사이버프론트제넥스코리아 ●SRPG ●2006년 9월 12일 ●42,000원
●플레이 명수 : 1인 ●세이브 용량 : 832KB 이상

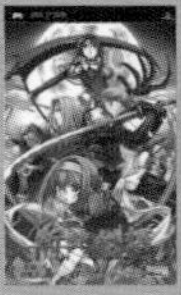

아이디어 팩토리의 '네버랜드 시리즈' PSP판의 두 번째 한국어화 작품. PS2의 「신기환상 : 스펙트럴 소울즈 Ⅱ」를 PSP로 이식하면서, 원작에 없던 최대 레벨 한계돌파 시스템을 추가했다.

12세 이용가 언톨드 레전드 : 더 워리어스 코드

●인트라링스 ●ARPG ●2006년 9월 13일 ●42,000원
●플레이 명수 : 1~4인 (애드혹 모드 지원) ●세이브 용량 : 352KB 이상

미국 소니온라인엔터테인먼트의 PSP용 판타지 핵앤슬래시 액션 RPG 「언톨드 레전드」 시리즈 중에서는 유일한 공식 한국어화 작품. 게임 전반에 걸쳐 한국어 음성·자막을 지원한다.

전체 이용가 RAIN WONDER TRIP

●반다이코리아 ●ETC ●2006년 10월 19일 ●49,500원
●플레이 명수 : 1인 ●세이브 용량 : 352KB 이상

한국의 가수 비(RAIN)의 영상과 인기곡을 테마로 제작한 아이돌 엔터테인먼트 소프트. 본편인 PSP용 소프트와, 각종 특전영상을 수록한 UMD VIDEO의 2DISC 형태로 구성했다.

전체 이용가 에이스 컴뱃 X : 스카이즈 오브 디셉션

●소니컴퓨터엔터테인먼트코리아 ●STG ●2006년 11월 2일 ●38,000원
●플레이 명수 : 1인 (애드혹 모드 : 2~4인) ●세이브 용량 : 256KB 이상

'플라이트 슈팅' 장르를 개척한 「에이스 컴뱃」 시리즈 최초의 PSP 신작이자, 시리즈 첫 정규 한국어화 작품. PSP의 한계 내에서도 만듦새가 뛰어나다. 작전 선택으로 전황이 변화한다.

전체 이용가 FIFA 07

●일렉트로닉아츠코리아 ●SPT ●2006년 11월 9일 ●38,000원
●플레이 명수 : 1~2인 ●세이브 용량 : 2144KB 이상

전작에 이어 한국판 오리지널 표지모델로 당시 대표팀 주장 김남일이, EA TRAX에는 최초로 한국 가수 에픽하이의 곡 'Fly'가 수록됐다. 한국 대표팀과 K리그 14개 팀도 전부 활약한다.

12세 이용가 니드 포 스피드 카본 : OWN THE CITY

●일렉트로닉아츠코리아 ●RCG ●2006년 11월 16일 ●40,000원
●플레이 명수 : 1~4인(애드혹·인프라스트럭처 모드 지원) ●세이브 용량 : 128KB 이상 VITA 호환

PS3·PS2·Xbox 360·PC로 발매된 시리즈 신작 「니드 포 스피드 카본」의 PSP판. PSP판 전용 차량 등을 포함해 29종의 차량을 제공한다. PS Vita의 DL판은 영문판이니 유의할 것.

전체 이용가 주앤류 TOEIC LC

●스튜디오나인 ●ETC ●2006년 11월 17일 ●48,000원
●플레이 명수 : 1인 ●세이브 용량 : 128KB 이상 VITA 호환

「Win-TOEIC」 시리즈에 이은 2번째 TOEIC 학습용 타이틀. 주민선 강사의 총 60강 1,533분에 달하는 동영상 강의 컨텐츠를 수록했다. 당시 새로 바뀐 TOEIC의 흐름을 반영했다.

전체 이용가 펌프잇업 익시드 포터블

●스튜디오나인 ●MUS ●2006년 11월 30일 ●38,000원
●플레이 명수 : 1인 ●세이브 용량 : 250KB 이상

안다미로 사의 인기 아케이드 댄스 게임 「펌프잇업」 시리즈의 당시 최신작을 PSP로 이식한 타이틀. 아케이드판 원작의 컨텐츠를 충실히 이식했으며, 이식작업은 엔사이드 사가 맡았다.

전체 이용가 천지의 문 2 : 무쌍전

●소니컴퓨터엔터테인먼트코리아 ●ARPG ●2006년 12월 7일 ●48,000원
●플레이 명수 : 1인(애드혹·인프라스트럭처 모드 : 2인) ●세이브 용량 : 576KB 이상 VITA 호환

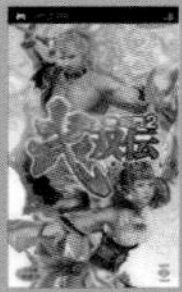

시리즈 속편이지만, 전작과는 그래픽과 캐릭터부터 세계까지 완전히 다른 오리지널 신작. 남녀 주인공 2명을 실시간 전환하는 액션 배틀이 최대 특징이다. DLC로 추가 기술·퀘스트도 제공했다.

전체 이용가 스도쿠 & 네모네모 로직

●사이버프론트제넥스코리아 ●PZL ●2006년 12월 19일 ●35,000원
●플레이 명수 : 1인(애드혹 모드 지원) ●세이브 용량 : 112KB 이상

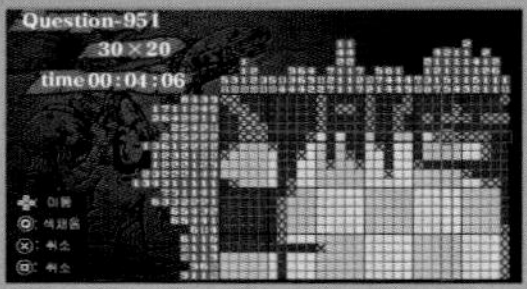

스도쿠 1,000문제, 네모네모 로직 1,000문제를 제공하는 퍼즐 게임. 룰을 충실히 설명해주며, 퍼즐 에디터 모드도 제공한다. 게임 공유 기능으로, 타인에게 체험판을 전송해줄 수도 있다.

18세 이용가 시노비도 호무라

●인트라림스 ●ACT ●2006년 12월 22일 ●39,000원
●플레이 명수 : 1인(애드혹 모드 : 2~4인) ●세이브 용량 : 128KB 이상

초대 「천주」의 개발사였던 어콰이어의 오리지널 닌자 잠입 액션 시리즈 「시노비도」의 PSP판. PS2용 「시노비도 이마시메」의 미션 에디터로 만든 미션을 불러오는 연동 기능이 있다.

15세 이용가 WWE 스맥다운 대 로우 2007

●THQ코리아 ●SPT ●2007년 1월 11일 ●39,000원
●플레이 명수 : 1인(애드혹 모드 : 2~4인) ●세이브 용량 : 480KB 이상

인기 프로레슬링 게임 「WWE 스맥다운 대 로우」 시리즈의 2007년도판. PS2·Xbox 360으로도 동시 발매되었다. 이번엔 시즌 모드에 더해 제너럴 매니저 모드도 한국어 자막을 지원한다.

전체 이용가 토크맨 영어회화 : 수다쟁이 잉글리쉬

●소니컴퓨터엔터테인먼트코리아 ●ETC ●2007년 1월 25일 ●29,000원
●플레이 명수 : 1인 ●세이브 용량 : 544KB 이상

「토크맨」 시리즈의 신작. 이번엔 영어회화에 특화시켜, 듣고 말하기를 배운다. PSP 마이크 필수이며, 일본에선 이후에도 시리즈가 이어지지만 한국은 아쉽게도 이 작품으로 전개가 끝났다.

12세 이용가 이디스 메모리즈 : 신천마계 GOC V

●사이버프론트코리아 ●SRPG ●2007년 2월 15일 ●42,000원
●플레이 명수 : 1인 ●세이브 용량 : 624KB 이상 VITA 호환

네버랜드 시리즈의 PSP 최신작으로서, PS2판 「신천마계 : 제네레이션 오브 카오스 V」의 보강 이식작. 신세계 '이디스 섬'을 무대로, 3가지 세계에 걸친 방대한 시나리오가 펼쳐진다.

12세이용가 킬존 : 리버레이션

●소니컴퓨터엔터테인먼트코리아 ●SLG ●2007년 3월 30일 ●38,000원
●플레이 명수 : 1인(애드혹 모드 : 2~6인) ●세이브 용량 : 64KB 이상

2005년 PS2로 발매되었던 FPS 게임 「킬존」의 PSP 외전작. 원작과는 달리 3인칭 탑뷰 전술 슈터 스타일로 바뀌었으며, 현재는 PS4·PS5용 다운로드 클래식 게임으로도 서비스중이다.

등급 아이콘(영등위) 전체 이용가 12세 이용가 15세 이용가 18세 이용가 등급 아이콘(게임위) 전체이용가 12세이용가 15세이용가 청소년이용불가 컨텐츠 명시 아이콘(게임위) 폭력성 선정성 약물 공포 범죄 사행성 언어의 부적절성

디제이맥스 포터블 2

●네오위즈게임즈 ●MUS ●2007년 3월 30일 ●42,000원
●플레이 명수 : 1인 (애드혹 모드 : 2인) ●세이브 용량 : 256KB 이상

PSP용 국산게임 사상 최다 판매량인 9만여 장을 기록한 것으로 알려진 대히트작. 온라인판 원작의 이식작품에 가까웠던 1편과는 달리 PSP 오리지널 작품이 되어, 신 시스템 FEVER·롱 노트의 도입과 5버튼 모드 추가, 거의 대부분이 신곡인 총 61곡의 방대한 볼륨, 전작의 컨텐츠를 신작의 시스템으로 즐기는 '링크 디스크' 모드 도입 등으로 팬들을 열광시켰다. 영어·일본어를 정규 지원하기도 했다.

로스트 레그넘 : 폐허의 황제

●인트라림스 ●ARPG ●2007년 5월 3일 ●39,000원
●플레이 명수 : 1인 (애드혹 모드 : 2인) ●세이브 용량 : 550KB 이상

자동생성형 던전 내를 탐색하면서, 다양한 스킬과 아이템으로 적과 싸우며 전진하는 액션 RPG. 던전에서 입수한 아이템으로 오리지널 무기나 방어구를 제작해 캐릭터를 강화해 간다.

댄스배틀 오디션 포터블

●T3 엔터테인먼트 ●MUS ●2007년 5월 29일 ●42,000원
●플레이 명수 : 1~4인 (애드혹 모드 지원) ●세이브 용량 : 128KB 이상

현재도 서비스되고 있는 인기 온라인 캐주얼 댄스 게임 「오디션」을 싱글플레이 게임화하여 PSP로 이식한 작품. 100여 곡에 가까운 수록곡과 150종 이상의 패션 아이템을 제공한다.

라따뚜이

●소니컴퓨터엔터테인먼트코리아 ●ACT ●2007년 7월 27일 ●38,000원
●플레이 명수 : 1~2인 (애드혹 모드 : 1~2인) ●세이브 용량 : 128KB 이상

디즈니/픽사의 2007년 여름 개봉 극장판 애니메이션의 게임판. 「카」처럼, THQ 사의 작품을 SCEK가 퍼블리싱하는 형태로 국내 발매된 작품이다. PS2와 PS3로도 동시 발매되었다.

라쳇 & 클랭크 : 공구들고 바캉스

●소니컴퓨터엔터테인먼트코리아 ●ACT ●2007년 8월 31일 ●38,000원
●플레이 명수 : 1~4인 (애드혹·인프라스트럭처 모드 지원) ●세이브 용량 : 600KB 이상

당시 PS2·PS3로 발매되던 SCE의 간판 인기작 「라쳇 & 클랭크」 시리즈의 첫 PSP 외전작 (이후 PS2로도 출시됐다). 바캉스를 떠난 라쳇과 클랭크는, 휴양지에서도 새로운 사건에 휘말린다.

펌프잇업 제로 포터블

●스튜디오나인 ●MUS ●2007년 10월 5일 ●38,000원
●플레이 명수 : 1인 (애드혹 모드 지원) ●세이브 용량 : 1024KB 이상

「펌프잇업 익시드 포터블」에 이은, PSP판 「펌프잇업」 이식작 제2탄. 당시 아케이드 최신작이었던 「펌프잇업 제로」 기준의 컨텐츠로서, 애드혹 모드를 이용한 대전 기능을 추가했다.

마와스케스

●소니컴퓨터엔터테인먼트코리아 ●PZL ●2007년 10월 12일 ●38,000원
●플레이 명수 : 1~8인 (애드혹·인프라스트럭처 모드 지원) ●세이브 용량 : 288KB 이상

'마와스'(일본어로 '돌리다'를 의미)+'케스'('지우다'를 의미)라는 독특한 타이틀명의 오리지널 퍼즐 게임. 떨어지는 피스를 돌려 도형을 완성시키면 사라진다는 심플한 룰이 특징이다.

SOCOM : U.S. NAVY SEALs TACTICAL STRIKE

●소니컴퓨터엔터테인먼트코리아 ●TPS ●2007년 11월 23일 ●38,000원
●플레이 명수 : 1인 (애드혹·인프라스트럭처 모드 : 2~4인) ●세이브 용량 : 650KB 이상

「SOCOM」 시리즈의 PSP 신작으로서, 4인 팀제로 임무를 수행하며 실시간 전술 플레이 성격이 강한 작품. 한국어 음성으로 안내가 나오며, 한국을 포함한 세계 9개국의 특수부대가 등장한다.

신천마계 컬렉션

●사이버프론트코리아 ●SRPG ●2007년 12월 21일 ●33,000원
●플레이 명수 : 1인 ●세이브 용량 : 소프트 별로 다름

앞서 발매된 바 있는 「신천마계 : GOCⅣ 어나더 사이드」와 「이디스 메모리즈 : 신천마계 GOCⅤ」 두 작품을 합본한 자체 염가판. 초회생산판은 화보집과 아웃케이스를 동봉했다.

각종 아이콘: Big Hit판 출시 / Ultra POP판 출시 (패키지) / PS Vita와 호환됨

R-TYPE TACTICS

●소니컴퓨터엔터테인먼트코리아 ●SLG ●2008년 1월 29일 ●38,000원
●플레이 명수 : 1인 (애드혹 모드 : 2인) ●세이브 용량 : 960KB 이상

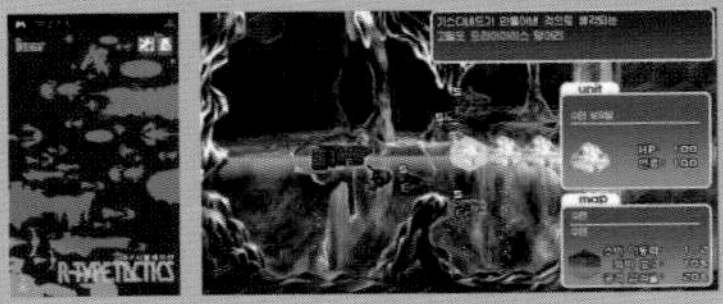

아이렘 사의 대표적인 슈팅 게임 「R-TYPE」 시리즈의 20주년 기념 작품으로서, 이번엔 턴제 전술 시뮬레이션 게임. PS2의 「R-TYPE FINAL」에 이은 2번째 공식 한국어화 발매다.

Beats

●소니컴퓨터엔터테인먼트코리아 ●MUS ●2008년 2월 29일 ●5,500원
●플레이 명수 : 1~2인 (애드혹 모드 지원) ●DL 데이터 용량 : 236.1MB

다운로드 판매 전용 타이틀

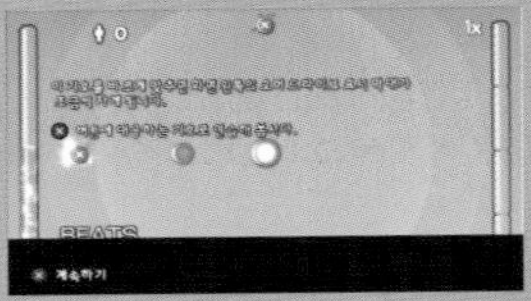

당시 막 오픈된 PSP용 PlayStation Store의 런칭 타이틀. PSP 내의 MP3 파일로 채보를 자동 생성해 즐기는 음악 게임이다. 튜터리얼 모드와 메뉴 정도만 한국어화됐다.

파타퐁

●소니컴퓨터엔터테인먼트코리아 ●ACT ●2008년 2월 22일 ●38,000원
●플레이 명수 : 1인 ●세이브 용량 : 320KB 이상

수수께끼의 구슬형 생물 '파타퐁'들의 신이 되어, 버튼으로 파타퐁 부대를 간접 지휘하여 전투에서 승리하면 스테이지가 클리어되는, 독특한 스타일과 디자인의 전술형 리듬 액션 게임. 4박자에 맞춰 '파타·파타·파타·퐁'처럼 북을 울리면 부대가 전진·공격·수비 등의 행동을 취한다. 룰은 간단하지만 클리어가 절대 만만치 않은 수작. 후일 리마스터링되어 PS4로도 발매됐다.

워니치

●나노그램 ●PZL ●2008년 3월 10일 ●10,000원
●플레이 명수 : 1인 ●DL 데이터 용량 : -

다운로드 판매 전용 타이틀

나노그램 사가 개발한 PlayStation Store 전용 오리지널 DL 게임. 스토리가 있는 match 계 퍼즐 게임으로 추측되며, 현재는 판매되었다는 기록만 남아있고 구입이 불가능해 즐겨볼 수 없다.

echochrome : 무한회랑

●소니컴퓨터엔터테인먼트코리아 ●PZL ●2008년 3월 21일 ●29,000원
●플레이 명수 : 1인 (애드혹 모드 지원) ●세이브 용량 : 1408KB 이상

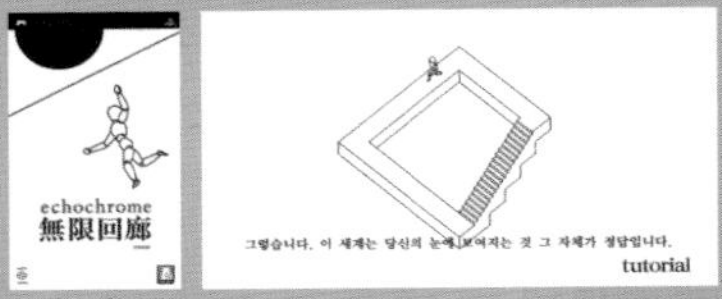

M.C.에셔의 유명한 착시형 판화와 '불가능입체'를 모티브로 삼은, 독특하고 이색적인 퍼즐 게임. 이어지지 않는 길이라도 '이어지도록 보이게' 하면 이어진다! PS3용 DL 게임으로도 출시됐다.

갓 오브 워 : CHAINS OF OLYMPUS

●소니컴퓨터엔터테인먼트코리아 ●ACT ●2008년 5월 2일 ●38,000원
●플레이 명수 : 1인 ●세이브 용량 : 544KB 이상

PS2로 발매되었던 인기작 「갓 오브 워」 시리즈의 1편보다 이전일 당시의 주인공 '크레토스'를 그린 프리퀄 스토리의 외전작. PSP용 게임임에도 PS2용 원작의 그래픽과 연출을 잘 재현해냈다.

코디드 소울 : 계승되는 이데아

●소니컴퓨터엔터테인먼트코리아 ●ARPG ●2008년 5월 23일 ●38,000원
●플레이 명수 : 1인 (애드혹 모드 : 1~2명) ●세이브 용량 : 576KB 이상

PS3의 「Folks Soul : 잃어버린 전승」에 이어, 「진 여신전생」 시리즈의 디렉터였던 오카다 코지와 SCE가 합작한 오리지널 액션 RPG. 두 작품 간에는 데이터 연동 기능도 지원된다.

시크릿 에이전트 클랭크

●소니컴퓨터엔터테인먼트코리아 ●ACT ●2008년 9월 12일 ●42,000원
●플레이 명수 : 1인 ●세이브 용량 : 160KB 이상

「라쳇 & 클랭크」 시리즈에서 주인공의 파트너로 활약했던 '클랭크'가 단독 주인공으로 활약하는 PSP 외전작. '007' 시리즈의 패러디성이 강하며, DL로도 동시 발매되었다(현재는 판매중단).

어스토니시아 스토리 2

●엔트리브소프트 ●RPG ●2008년 10월 23일 ●39,000원
●플레이 명수 : 1인 ●세이브 용량 : 220KB 이상

손노리의 모바일게임 부문인 아이언노스 사가 개발한, 원작 발매 14년 만의 정규 속편. GXG 게임폰용 작품의 강화 이식판이며, 1편의 5년 뒤를 다룬 스토리다. 세가에 의해 일본에도 발매됐다(93p).

디제이맥스 포터블 클래지콰이 에디션

12세이용가

●네오위즈게임즈 ●MUS ●2008년 10월 24일 ●48,000원
●플레이 명수 : 1인 (애드혹 모드 : 2인) ●세이브 용량 : 256KB 이상

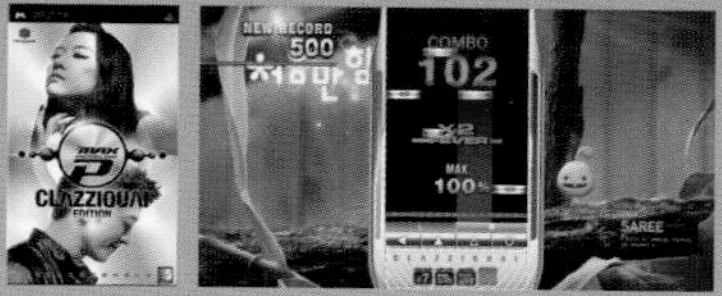

인기 일렉트로니카 뮤지션 '클래지콰이 프로젝트'를 비롯해 015B·허밍 어반 스테레오·슈가 도넛 등, 시리즈 최초로 현역 가수들의 최신곡 음원들을 전면에 내세워 대중을 겨냥한 신작이다.

로코로코 2

전체이용가

●소니컴퓨터엔터테인먼트코리아 ●ACT ●2008년 12월 5일 ●46,000원
●플레이 명수 : 1인 (애드혹 모드 : 2~4인) ●세이브 용량 : 180KB 이상

큰 호평을 받았던 '러블리 바운스 액션' 게임 「로코로코」의 속편. 전작에서 확립된 로코로코의 액션을 더욱 다채롭게 강화했다. 미니게임도 8종류로 늘렸으며, 일부는 4인 대전도 가능하다.

판타지 골프 팡야 포터블

전체이용가

●엔트리브소프트 ●SPT ●2008년 12월 24일 ●39,000원
●플레이 명수 : 1인 (애드혹 모드 : 2~8인) ●세이브 용량 : 420KB 이상

자사의 간판 온라인 캐주얼 골프 게임 「팡야」를 PSP용으로 이식 발매한 작품(게임기 이식은 2007년 일본에 발매된 Wii판이 최초). 당시 시점에서 원작의 컨텐츠 대부분을 충실히 옮겨놓았으며, 캐릭터 커스터마이징도 충실하고, PSP판만의 오리지널 코스튬과 BGM도 추가했다. OST·피규어 등을 합본한 한정판도 출시되었고, 현지화를 거쳐 일본·미국에서도 정규 발매되었다(101p).

디제이맥스 포터블 블랙 스퀘어

12세이용가

●네오위즈게임즈 ●MUS ●2008년 12월 24일 ●42,000원
●플레이 명수 : 1인 (애드혹 모드 : 2인) ●세이브 용량 : 256KB 이상

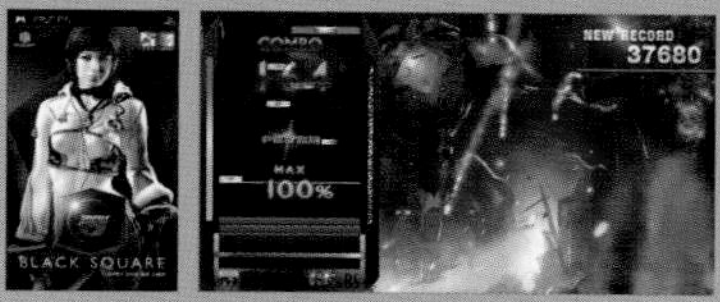

「~클래지콰이 에디션」의 자매작 컨셉이자, 시리즈의 친숙한 작곡자들이 집결한 중·상급자 타깃의 신작. 곡과 미션의 난이도도 하드코어한 편이다. 이전작과의 링크 디스크 모드도 건재하다.

STAR STRIKE PORTABLE

전체이용가

●소니컴퓨터엔터테인먼트코리아 ●STG ●2008년 12월 25일 ●7,000원
●플레이 명수 : 1인 ●DL 데이터 용량 : 75.6MB

다운로드 판매 전용 타이틀

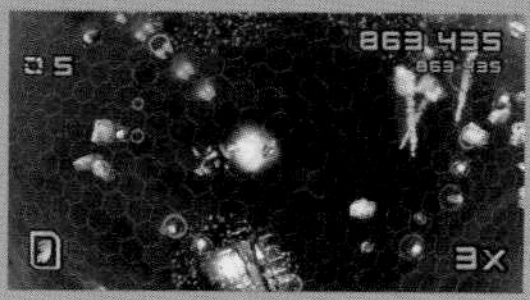

핀란드의 Housemarque 사가 개발하여 PS3로 다운로드 발매했던 「STAR STRIKE HD」의 PSP 이식판. 탑뷰 시점의 전방위 슈팅 게임으로서, 화려한 그래픽·사운드와 탄막이 일품이다.

용사주제에 건방지다 or2

전체이용가

●소니컴퓨터엔터테인먼트코리아 ●SLG ●2009년 1월 23일 ●38,000원
●플레이 명수 : 1인 ●세이브 용량 : 320KB 이상

일반적인 판타지계 게임과 달리, 플레이어가 용사가 아니라 '파괴신' 입장이 되어 용사를 무찌르고 마왕을 지켜줘야 한다는 독특한 개념의 '던전 매니지먼트 게임'. 땅을 파 던전을 만들고 마물들을 적절히 배치해 용사를 막아내면서도, 마물들 사이의 먹이사슬과 생태를 파악해 돌연변이를 유도하는 등의 전략적 요소도 있다. 풍부한 패러디도 잔재미 중 하나. 한국에선 PSP로는 이 작품만 발매됐다.

파타퐁 2 : 동챠카♪

전체이용가

●소니컴퓨터엔터테인먼트코리아 ●ACT ●2009년 1월 23일 ●46,000원
●플레이 명수 : 1인 (애드혹 모드 : 2~4인) ●세이브 용량 : 384KB 이상

개성적인 디자인과 플레이로 히트한 「파타퐁」의 속편. 전작과 세이브데이터가 연동되며, '영웅 파타퐁'이 신규 등장하고, 멀티플레이 모드인 '동챠카'에선 최대 4명이 협력 플레이 가능하다.

프린세스 메이커 5 포터블

15세이용가

●사이버프론트코리아 ●SLG ●2009년 3월 12일 ●42,000원
●플레이 명수 : 1인 ●세이브 용량 : 896KB 이상

PC용 게임 「프린세스 메이커 5」의 PSP 이식작. 딸의 상태를 SD 애니메이션으로 보여주는 'MOE' 시스템을 도입했다. 초판에 버그가 있어, 리콜 후 수정판이 발매됐다(커버 사진은 수정판 기준).

각종 아이콘 Big Hit판 출시 Ultra POP판 출시(패키지) PS Vita와 호환됨

12세이용가 진 삼국무쌍 멀티 레이드

●코에이코리아 ●ACT ●2009년 5월 14일 ●44,000원
●플레이 명수 : 1인 (애드혹 모드 : 2~4인) ●세이브 용량 : 448KB 이상

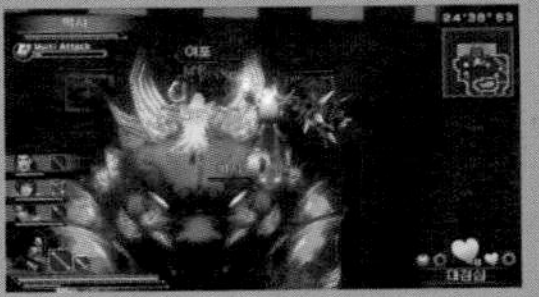

인기 시리즈 「진 삼국무쌍」의 인기 무장들을 조작하여, 최대 4명의 협력 멀티플레이로 난공불락의 무장거점을 제압하는 신작. 캐릭터가 대폭 파워 업되는 '진 무쌍각성' 시스템도 있다.

전체이용가 NUMBLAST

●소니컴퓨터엔터테인먼트코리아 ●PZL ●2009년 6월 26일 ●16,000원
●플레이 명수 : 1인 ●DL 데이터 용량 : 35MB

다운로드 판매 전용 타이틀

남코에서 「미스터 드릴러」를 개발했던 디렉터와 캐릭터 디자이너가 독립해 제작한 오리지널 퍼즐 게임. 일본에선 「크루통」으로 발매됐다(104p). 숫자가 적힌 큐브를 붙여 없애가야 한다.

12세이용가 총성과 다이아몬드

●소니컴퓨터엔터테인먼트코리아 ●AVG ●2009년 7월 17일 ●46,000원
●플레이 명수 : 1인 ●세이브 용량 : 240KB 이상

인질·유괴사건 등의 교섭인, '네고시에이터'가 주인공인 어드벤처 게임. 교섭 국면이 되면, 범인과 실시간 대화로 밀고 당기는 '교섭 모드'가 펼쳐진다. 반도네온 위주의 BGM도 훌륭하다.

12세이용가 무쌍 오로치 마왕재림 Plus

●코에이코리아 ●ACT ●2009년 9월 10일 ●44,000원
●플레이 명수 : 1인 (애드혹 모드 : 2인) ●세이브 용량 : 800KB 이상

PS2·Xbox 360으로 발매되었던 「무쌍 오로치 마왕재림」의 PSP판 하위 이식작. 「진 삼국무쌍」계 PSP 게임 중에선 가장 가정용에 근접한 완성도와 볼륨을 구현해낸 작품 중 하나다.

전체이용가 그란 투리스모

●소니컴퓨터엔터테인먼트코리아 ●RCG ●2009년 10월 1일 ●50,000원
●플레이 명수 : 1인 (애드혹 모드 : 2~4인) ●세이브 용량 : 256KB 이상

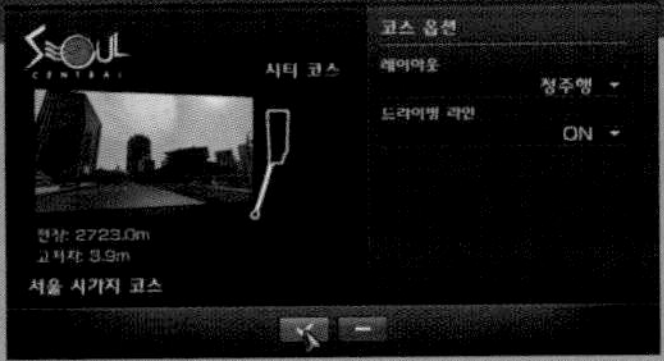

플레이스테이션의 역사와 함께 해온 드라이브 게임, 「그란 투리스모」 시리즈의 유일한 휴대용 게임기판. 800차종 이상의 실존 차량, 총 35코스 70레이아웃에 달하는 방대한 수록 코스, PSP의 기본 조작계에 최적화시킨 드라이빙 감각, 애드혹 모드를 이용한 대전 레이스와 차량 공유·트레이딩 기능 등, PS2판 「그란 투리스모 4」 기준의 컨텐츠를 PSP의 한정된 스펙 내에서 최대한 구현해냈다.

12세이용가 모터스톰 : 아크틱 엣지

●소니컴퓨터엔터테인먼트코리아 ●RCG ●2009년 10월 9일 ●38,000원
●플레이 명수 : 1인 (애드혹·인프라스트럭처 모드 : 2~6인) ●세이브 용량 : 192KB 이상

PS3의 런칭 타이틀인 「모터스톰」의 PSP 외전작. 혹한의 북극에서 24종의 익스트림 카들이 거친 레이싱을 펼친다. 6인 온라인 배틀과, 유저의 음악파일을 BGM으로 쓰는 기능이 특징이다.

전체이용가 FIFA 10

●일렉트로닉아츠코리아 ●SPT ●2009년 10월 14일 ●38,000원
●플레이 명수 : 1인 (애드혹·인프라스트럭처 모드 : 2인) ●세이브 용량 : 3104KB 이상

PC·PS3·Xbox 360 등의 멀티플랫폼으로 발매된 「FIFA 10」의 PSP판. 당시 기준의 한국 대표팀은 물론 당시의 K리그 팀들도 전부 수록했으며, 전술 시스템과 골키퍼의 AI를 강화했다.

15세이용가 철권 6

●소니컴퓨터엔터테인먼트코리아 ●FACT ●2009년 11월 27일 ●38,000원
●플레이 명수 : 1인 (애드혹 모드 : 2인) ●세이브 용량 : 128KB 이상

PS3·Xbox 360으로도 발매되었던 「철권 6」의 PSP 이식판. 실질적으로는 아케이드판 「철권 6 BLOODLINE REBELLION」 기준이며, 싱글플레이보다는 대전 중심으로 구성했다.

전체이용가 로코로코 : Midnight Carnival

●소니컴퓨터엔터테인먼트코리아 ●ACT ●2009년 10월 30일 ●10,000원
●플레이 명수 : 1인 (애드혹 모드 : 2~4인) ●DL 데이터 용량 : 175MB

다운로드 판매 전용 타이틀

PS3로도 DL로 동시 발매된, 「로코로코」 시리즈의 고난이도 신작. 기능제한이 걸린 무료 체험판을 즐길 수 있으며, 해제 키를 유료 구매하면 전체 스테이지가 해제되는 특이한 구성이다.

등급 아이콘(영등위) 전체이용가 12세이용가 15세이용가 18세이용가 등급 아이콘(게임위) 전체이용가 12세이용가 15세이용가 청소년이용불가 컨텐츠 명시 아이콘(게임위) 폭력성 선정성 약물 공포 범죄 사행성 언어의 부적절성

용사 30

●사이버프론트코리아 ●RPG ●2009년 12월 30일 ●43,000원
●플레이 명수 : 1인 (애드혹 모드 : 2~4인) ●세이브 용량 : 128KB 이상

VITA 호환

'마왕이 세계를 정복하기까지 30초 전'이라는 캐치카피가 인상적인, 이색적이고도 독특한 RPG. 한 회차에 주어지는 시간은 불과 30초! 그 안에 레벨 올리고 돈 모으고 장비 갖추고 마왕까지 물리쳐야 한다. 계속 회차를 거듭하며 진행하다 보면 새로운 전개가……. 메인 모드인 '용사 30' 외에 슈팅 게임 '공주 30', 실시간 전술 시뮬레이션 게임 '마왕 30', 액션 게임 '기사 30' 등도 즐길 수 있다.

리틀 빅 플래닛

●소니컴퓨터엔터테인먼트코리아 ●ACT ●2009년 11월 20일 ●44,000원
●플레이 명수 : 1인 (애드혹·인프라스트럭처 모드 : 2인) ●세이브 용량 : 2240KB 이상

VITA 호환

PS3로 처음 발매되어 독특한 컨셉으로 히트했던 같은 제목의 작품을 PSP로 훌륭하게 이식해냈다. 원작의 특징인 풍부한 캐릭터·스테이지 제작과 온라인 공유를 PSP에서도 가능케 했다.

인비지몬

●소니컴퓨터엔터테인먼트코리아 ●ACT ●2010년 1월 22일 ●64,000원
●플레이 명수 : 1인 (애드혹·인프라스트럭처 모드 : 2인) ●세이브 용량 : 128KB 이상

SCE 유럽이 제작한 증강현실(AR)계 게임 「Invizimals」를 한국어화한 작품. 특성상 PSP 카메라를 반드시 장착하고 플레이해야 하는 게임이므로, PSP 카메라(PSP-450)를 동봉해 판매했다.

목장이야기 : 슈가 마을과 모두의 소원

●사이버프론트코리아 ●RPG ●2010년 2월 11일 ●43,000원
●플레이 명수 : 1인 ●세이브 용량 : 128KB 이상

VITA 호환

PS계 하드웨어로 발매된 「목장이야기」 시리즈 중에선 현재까지도 유일한 정식 한국어화 작품. 2001년작 PS2용 3편의 리메이크작이기도 하다. 시리즈의 기본적인 흐름에 충실한 게임이다.

진 삼국무쌍 5 Special

●코에이테크모코리아 ●ACT ●2010년 2월 11일 ●45,500원
●플레이 명수 : 1인 (애드혹 모드 : 2인) ●세이브 용량 : 704KB 이상

PS2로 발매되었던 같은 제목 작품의 PSP 이식판. PSP판 「진 삼국무쌍」 시리즈 중 최초의 풀보이스 작품이며, PSP의 하드웨어에 맞춰 원작의 컨텐츠를 상당한 수준으로 최적화해냈다.

여신전생 페르소나 3 포터블

●소니컴퓨터엔터테인먼트코리아 ●RPG ●2010년 2월 12일 ●48,000원
●플레이 명수 : 1인 ●세이브 용량 : 352KB 이상

VITA 호환

2006년 12월 한국어화되어 발매된 PS2의 「여신전생 페르소나 3」를 PSP에 최적화시켜 하위 이식한 작품. 기존 주인공과는 크게 차별화된 전개가 펼쳐지는 '여주인공'을 추가로 골라 플레이할 수 있게 하여, 볼륨을 2배 이상으로 늘렸다. 본편 스토리는 PS2판 「여신전생 페르소나 3 FES」 기반이다. 후일인 2023년 1월, PS4·Xbox·닌텐도 스위치로 풀 리마스터링하여 DL 게임으로 재발매했다.

SOCOM : U.S. NAVY SEALs FIRETEAM BRAVO 3

●소니컴퓨터엔터테인먼트코리아 ●TPS ●2010년 2월 26일 ●44,000원
●플레이 명수 : 1~16인 (애드혹·인프라스트럭처 모드 : 2~16인) ●세이브 용량 : 640KB 이상

VITA 호환

「SOCOM」 IP를 PSP로 전개한 「FIRETEAM BRAVO」 시리즈의 3편이자 최종작. 2편은 아쉽게도 한국어화되지 않았다. 최대 4명까지의 협동 플레이, 16명까지의 대전 플레이를 지원한다.

뚱뚱보 공주와 한 주먹의 케이크

●소니컴퓨터엔터테인먼트코리아 ●RTS ●2010년 3월 12일 ●30,000원
●플레이 명수 : 1인 (애드혹·인프라스트럭처 모드 : 2~8인) ●세이브 용량 : 176KB 이상

VITA 호환

PS3용 DL 게임 「뚱뚱보 공주 구출 대작전」의 PSP 이식작. 공주를 구출하는 팀이 승리하므로, 상대편 공주의 탈출을 막기 위해 케이크를 먹여 뚱보로 만든다는 독특한 룰이 재미있다.

각종 아이콘: Big Hit판 출시 / Ultra POP판 출시 (패키지) / PS Vita와 호환됨

블레이 블루 포터블

12세이용가

●소니컴퓨터엔터테인먼트코리아 ●FACT ●2010년 3월 26일 ●32,000원
●플레이 명수 : 1인 (애드혹 모드 : 2~4인) ●세이브 용량 : 288KB 이상

VITA 호환

아크시스템웍스의 아케이드·PS3·Xbox 360용 대전격투 게임 「블레이 블루」에 신규 컨텐츠를 추가해 PSP로 하위이식한 작품. PSP판만의 오리지널 모드인 '레기온 모드' 등이 존재한다.

2010 FIFA WORLD CUP SOUTH AFRICA

전체이용가

●일렉트로닉아츠코리아 ●SPT ●2010년 4월 27일 ●38,000원
●플레이 명수 : 1인 (애드혹·인프라스트럭처 모드 : 2인) ●세이브 용량 : 1536KB 이상

「FIFA」 시리즈와는 별개인, 2010 남아공 월드컵의 공식 게임화 작품. 199개국의 대표팀과 10곳의 공식 경기장, 2006년 월드컵 등에서 벌어졌던 45가지 결정적 장면 등을 재현했다.

디제이맥스 포터블 핫튠즈

12세이용가

●펜타비전 ●MUS ●2010년 6월 12일 ●59,000원
●플레이 명수 : 1인 (애드혹 모드 : 2인) ●세이브 용량 : 300KB 이상

「디제이맥스 포터블」 1·2편의 인기곡들 총 64곡을 2편의 엔진 기반으로 재구성해 제작한 베스트판. 수록곡 중 '바람에게 부탁해'는 일본어 버전으로 바꾸었고, 곡명은 모두 영어로 통일했다.

모드네이션 레이서

전체이용가

●소니컴퓨터엔터테인먼트코리아 ●RCG ●2010년 6월 25일 ●42,000원
●플레이 명수 : 1인 (애드혹·인프라스트럭처 모드 : 2~6인) ●세이브 용량 : 2200KB 이상

VITA 호환

「리틀 빅 플래닛」에 이은, SCE의 'Play·Create·Share' 시리즈 제2탄. 아이템 공방이 가능한 카트 레이싱 게임으로서, 레이서·카트의 커스터마이징이 자유롭다. PS3판과 동시 발매됐다.

디스가이아 포터블

전체이용가

●소니컴퓨터엔터테인먼트코리아 ●SRPG ●2010년 8월 20일 ●14,000원
●플레이 명수 : 1인 (애드혹 모드 : 2인) ●세이브 용량 : 405KB 이상

PSP Ultra POP · VITA 호환

이미 일본어판으로 2008년 1월 발매된 바 있던 「마계전기 디스가이아 포터블 : 통신대전 시작했습니다.」를 정규 한국어화한 타이틀. 원작에 해당하는 PS2의 「마계전기 디스가이아」 한국어판이 뛰어난 번역 센스와 게임 자체의 재미로 크게 히트한 바 있었기에, 이를 다시금 PSP로 즐길 수 있어 주목을 모았다. 앞서 이미 일본어판이 수차례 발매된 탓인지, 가격은 처음부터 저렴하게 책정했다.

모두의 테니스 포터블

전체이용가

●소니컴퓨터엔터테인먼트코리아 ●SPT ●2010년 6월 29일 ●46,000원
●플레이 명수 : 1인 (애드혹 모드 : 2~4인) ●세이브 용량 : 704KB 이상

PSP Ultra POP · VITA 호환

SCE의 간판 캐주얼 게임 「모두의~」 시리즈 중, PSP로는 최초의 한국어판. 영어판 기반으로 한국어화되었다. PlayStation Store의 DL판으로도 동시 발매됐으며, 무료 체험판도 제공했다.

디제이맥스 포터블 3

12세이용가

●펜타비전 ●MUS ●2010년 10월 14일 ●44,000원
●플레이 명수 : 1인 ●세이브 용량 : 300KB 이상

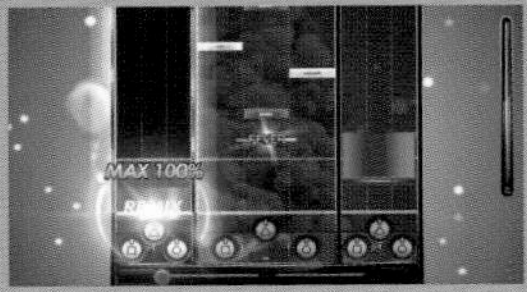

히트작 「디제이맥스 포터블」 시리즈의 제3탄. '리믹스'와 '디제잉'을 테마로 삼아 기본 시스템의 근간을 대담하게 바꿨으나, 찬반양론을 낳았다. 시리즈 최초로 일본에 정식 발매된 작품이기도.

갓 오브 워 : GHOST OF SPARTA

청소년이용불가

●소니컴퓨터엔터테인먼트코리아 ●ACT ●2010년 11월 2일 ●41,000원
●플레이 명수 : 1인 ●세이브 용량 : 256KB 이상

VITA 호환

인기작 「갓 오브 워」 시리즈의 PSP 외전작 2번째이자 마지막 작품. 시계열적으로는 PS2판 1편과 2편 사이의 사이드 스토리에 해당한다. 원작 시리즈의 빅 스케일과 전통적인 시스템을 PSP에서도 최대한 구현해냈다. 다음해인 2011년 9월, 전작 「갓 오브 워 : CHAINS OF OLYMPUS」와 이 작품을 합본해 HD 리마스터링한 「갓 오브 워 ORIGINS COLLECTION」이 PS3로 발매된다.

등급 아이콘 (영등위) 전체 이용가 12세 이용가 15세 이용가 18세 이용가 등급 아이콘 (게임위) 컨텐츠 명시 아이콘 (게임위) 폭력성 선정성 약물 공포 범죄 사행성 언어의 부적절성

월드 사커 위닝 일레븐 2011

전체이용가

●코나미디지털엔터테인먼트 ●SPT ●2010년 11월 2일 ●41,000원
●플레이 명수 : 1인 (애드혹 모드 : 2~4인) ●세이브 용량 : 10MB 이상

코나미의 인기 축구 게임 「위닝 일레븐」 시리즈의 PSP판으로는 최초의 한국어화 작품. 유럽 리그의 선수로 활약하는 '월드 플레이어' 모드와 새롭게 개선된 '마스터 리그', 한국 대표팀의 최신 데이터 갱신 및 25개 스타디움 수록, 축구 게임 사상 최초의 남미 클럽 선수권 탑재, 동시 4인 플레이를 구현한 신규 모드 '레전즈 토너먼트' 등 다양하고 방대한 컨텐츠로 무장했다.

ZENONIA

전체이용가

●게임빌 ●RPG ●2010년 11월 16일 ●8,800원
●플레이 명수 : 1인 ●DL 데이터 용량 : 22MB

다운로드 판매 전용 타이틀

PS3·PSP로 다운로드해 플레이하는 minis 게임 형태로 발매된 타이틀. 원작은 모바일 게임 「제노니아 : 기억의 실타래」로서, 유일한 콘솔 이식판. 다만 영어판이라 한국어 비지원이다.

모두의 스트레스 팍!

전체이용가

●소니컴퓨터엔터테인먼트코리아 ●ACT ●2010년 12월 17일 ●12,800원
●플레이 명수 : 1인 ●세이브 용량 : 128KB 이상

SCE의 「모두의~」 시리즈 신작으로서, 간단하고 상쾌한 5분짜리 미니게임들로 일상의 스트레스를 날린다는 컨셉의 미니게임 모음집이다. '청소'·'야채 썰기'·'책 정리' 등 12종의 게임이 있다.

DISSIDIA 012[duodecim] Prologus FINAL FANTASY

15세이용가

●스퀘어 에닉스 ●FACT ●2011년 4월 20일 ●3,900원
●플레이 명수 : 1인 ●DL 데이터 용량 : 247MB

다운로드 판매 전용 타이틀

3주 뒤 발매되는 본편에 앞서, 게임의 기본 시스템을 체험하는 유료 프롤로그판. 이 버전만의 오리지널 스토리를 담았으며, 세이브데이터 및 어시스트 캐릭터 '에어리스'는 본편과 연동된다.

파타퐁 3

전체이용가

●소니컴퓨터엔터테인먼트코리아 ●RPG ●2011년 4월 29일 ●19,800원
●플레이 명수 : 1인 (애드혹·인프라스트럭처 모드 : 2~8인) ●세이브 용량 : 416KB 이상

시리즈 제3탄. 히어로퐁을 중심으로 파티를 꾸려 성장시키는 RPG풍으로 진행방식이 바뀌었다. 온라인 멀티플레이도 강화됐으나, 이 시기는 PSN에 풍파가 많았기에 기회를 살리진 못했다.

DISSIDIA 012[duodecim] FINAL FANTASY

15세이용가

●소니컴퓨터엔터테인먼트코리아 ●FACT ●2011년 5월 12일 ●34,800원
●플레이 명수 : 1인 (애드혹·인프라스트럭처 모드 : 최대 10인) ●세이브 용량 : 352KB 이상

「디시디아 파이널 판타지」(96p)의 속편으로서, 전작과 달리 한국어화로 발매되었다. '라이트닝' 등 역대 FF 시리즈의 주인공들이 집결하며, RPG 스타일 배틀과 어시스트 시스템이 추가됐다.

블레이 블루 컨티뉴엄 시프트 II

12세이용가

●소니컴퓨터엔터테인먼트코리아 ●FACT ●2011년 6월 1일 ●29,800원
●플레이 명수 : 1인 (애드혹 모드 : 2~4인) ●세이브 용량 : 288KB 이상

PS3로 발매되었던 「블레이 블루 컨티뉴엄 시프트」의 컨텐츠를 확장한 PSP 단독 이식판. 신 캐릭터 4명이 추가됐고, PSP판만의 '레기온 모드'에 더해 '어비스 모드'도 신규 수록되었다.

Snowy : The Bear's Adventure

전체이용가

●ALAWAR ●ACT ●2011년 10월 11일 ●3,600원
●플레이 명수 : 1인 ●DL 데이터 용량 : 16MB

다운로드 판매 전용 타이틀

앞서의 「ZENONIA」처럼 minis 게임으로서, 해외 게임이지만 특이하게 한국어를 지원한다. 「스노우 브라더스」와 유사한 면클리어 액션 게임이며, minis 게임으로는 유일한 한국어화 작품이다.

월드 사커 위닝 일레븐 2012

전체이용가

●코나미디지털엔터테인먼트 ●SPT ●2011년 10월 3일 ●42,000원
●플레이 명수 : 1인 (애드혹 모드 : 2~4인) ●세이브 용량 : 10MB 이상

PS2·PS3로도 한국어화 동시 발매된 「위닝 일레븐」 신작. '무회전 프리킥' 등의 신규 조작과 '비컴 어 레전드' 모드 등을 제공한다. 정식발매 PSP 소프트로는 최후의 정규 한국어화 작품이다.

HARDWARE 2004 2005 2006 2007 2008 2009 2010 2011 2012 2013 2014 2015 2016 INDEX

한국 정규발매 PSP 소프트를 발매일순으로 게재

PSP 한국 정식발매 패키지 게임 소프트 리스트

이 페이지에서는 SCEK(현 SIEK) 등 각사가 PSP용으로 정규 발매한 실물 패키지 소프트 총 367타이틀을 당시 발매일순으로 정렬해 리스트화하였다. 본서 2장에서 소개된 타이틀(일본판)의 경우, 해당 게재 페이지와 일본판 타이틀명도 함께 기재해 두었다.

본 리스트는 집계시점인 2022년 12월 말 당시 남아있었던(현재는 홈페이지 개편으로 소실) SIEK의 공식 온라인 데이터베이스(www.playstation.co.kr/game/psp) 및 역자가 보유한 당시 게임잡지 등을 기초로 하여, 실물이 남아있는 소프트의 데이터를 최대한 취합하여 다듬었다. 다만 시간과 자료의 한계로 누락이나 오류가 있을 수 있으며 리스트의 정확성을 완전히 담보하지는 못하므로, 이 점은 너른 양해를 구한다. 또한 SCEK 및 서드파티가 정규 생산·발매한 게임 소프트 기준이므로, 병행수입 소프트와 UMD VIDEO 및 MUSIC계 타이틀은 제외했다. DL판이 동시 발매된 기록이 남아있는 소프트도 별도로 밝혀두었다.

※ 본 리스트의 소프트명 표기는 실제 패키지 표기 기준이다.
※ '본서 소개 정보' 란의 푸른색 문자는 본서에 소개되지 않은 타이틀의 영문 원제이다. 또한, 지면 관계상 부득이하게 원제 타이틀명은 생략하고 기재 페이지 번호만을 수록했다.
※ 대상은 실물 패키지로 발매된 게임 소프트로 한정했으며, UMD VIDEO·MUSIC 소프트는 현재 정확한 발매정보가 남아있지 않은 경우가 많아 부득이하게 제외하였다.
※ 'DL' 항목에서 붉은색 표기가 있을 경우, DL판이 발매되었다는 기록은 있으나 2024년 3월 말 시점에서 한국 PlayStation Store에 판매되고 있지 않은 소프트임을 의미한다.
※ '한국어화' 항목의 경우 별도 표기가 없다면 외국어판(영어 혹은 일본어)이며, 영어판·일본어판의 구분이 필요한 소프트는 비고에 기재해 두었다. '염가판'의 BH는 빅히트, UP는 울트라팝(패키지판), DLUP는 울트라팝(PS Store 다운로드)으로 발매된 적이 있는 소프트임을 의미한다.
※ 발매일 등의 기본정보는 대부분, 조사 당시 열람 가능했던 SIEK 공식 온라인 데이터베이스를 기준으로 삼았다.

타이틀명	발매일	발매사	장르	가격	명수	등급	한국어화	염가판	본서 소개 정보	DL	비고
글로레이스 : 판타스틱 카니발	2005.5.2	소니컴퓨터엔터테인먼트코리아	RAC	–	1~4	전체	국산		234p		비매품
남코 뮤지엄	2005.5.2	소니컴퓨터엔터테인먼트코리아	ACT	38,000	1~4	전체	자막		46p, 234p		
코롱	2005.5.2	사이버프론트제넥스코리아	PUZ	26,400	1~2	전체	–		45p		
니드 포 스피드 언더그라운드 라이벌	2005.5.2	일렉트로닉아츠코리아	RAC	38,000	1~4	전체	자막		47p, 234p	●	
퍼즐버블 포켓	2005.5.2	사이버프론트제넥스코리아	PUZ	38,000	1	전체	–		45p		
릿지 레이서	2005.5.2	소니컴퓨터엔터테인먼트코리아	RAC	38,000	1~8	전체	–	BH, UP	44p	●	
모두의 GOLF 포터블	2005.5.2	소니컴퓨터엔터테인먼트코리아	SPT	38,000	1~8	전체	–	BH, UP	44p		
루미네스	2005.6.11	반다이코리아	PUZ	33,000	1~2	전체	–		44p		
아머드 코어 포뮬러 프론트	2005.6.16	위자드소프트	ACT	40,000	1~2	전체	자막		44p, 234p		
FIFA Soccer	2005.6.22	일렉트로닉아츠코리아	SPT	38,000	1~2	전체	–		FIFA Soccer		
진 삼국무쌍	2005.6.23	코에이코리아	ACT	44,000	1	12세	음성·자막	BH	45p, 234p		
NBA STREET SHOWDOWN	2005.7.1	일렉트로닉아츠코리아	SPT	38,000	1~2	전체	–		51p		
MVP Baseball	2005.7.15	일렉트로닉아츠코리아	SPT	38,000	1~2	전체	–		MVP Baseball		
스페이스 인베이더 포켓	2005.7.21	사이버프론트제넥스코리아	SHT	22,000	1	전체	자막		48p, 234p		
삐뽀사루 아카데미~아 : 사고뭉치 능력평가 완전정복	2005.7.28	소니컴퓨터엔터테인먼트코리아	ACT	38,000	1~4	전체	음성·자막		45p, 234p	●	
언톨드 레전드	2005.8.3	CSR 엔터테인먼트	ARPG	42,000	1~4	12세	–		60p		
[HG] Hydrium	2005.8.11	소니컴퓨터엔터테인먼트코리아	PUZ	38,000	1~2	전체	자막		50p, 235p		
어스토니시아 스토리	2005.8.12	손노리	RPG	38,000	1	전체	국산		70p, 235p		
CODED GUN	2005.8.18	코나미마케팅아시아 한국지점	FPS	38,000	1~4	12세	–		48p		

타이틀명	발매일	발매사	장르	가격	명수	등급	한국어화	염가판	본서 소개 정보	DL	비고
MLB	2005.8.25	소니컴퓨터엔터테인먼트코리아	SPT	38,000	1~2	전체	-		MLB		
TOCA Race Driver 2	2005.9.1	아타리코리아	RAC	38,000	1~12	전체	-		73p		
와이프아웃 퓨어	2005.9.1	소니컴퓨터엔터테인먼트코리아	RAC	38,000	1~8	전체	-		47p		번들판 존재
Mobile Train Simulator + 전차로 GO! : 동경급행편	2005.9.8	AK커뮤니케이션	SLG	38,000	1	전체	-		46p		
전국 캐논 : SENGOKU ACE EPISODE Ⅲ	2005.9.23	윈디소프트	SHT	36,000	1	전체	-		49p		
Win-TOEIC 초급 LC	2005.9.30	스튜디오나인	ETC	48,000	1	전체	국산		235p		학습용
월드 사커 위닝 일레븐 9 유비쿼터스 에볼루션	2005.10.6	코나미마케팅아시아 한국지점	SPT	42,000	1~2	전체	-		51p		
Colin McRae Rally 2005 plus	2005.10.13	아타리코리아	RAC	38,000	1~8	전체	-		Colin McRae Rally 2005 plus		
삐뽀사루 겟츄P!	2005.10.15	소니컴퓨터엔터테인먼트코리아	ACT	38,000	1~2	전체	자막	UP, DLUP	47p, 235p	●	
천지의 문	2005.10.20	소니컴퓨터엔터테인먼트코리아	ARPG	38,000	1~2	12세	음성·자막	BH, DLUP	49p, 235p	●	
번아웃 레전드	2005.10.21	일렉트로닉아츠코리아	ACT	38,000	1~4	12세	자막	DLUP	52p, 235p	●	DL은 영어판
길티기어 이그젝스 샤프 리로드	2005.10.21	세가퍼블리싱코리아	FACT	38,000	1~2	15세	-		51p		
토크맨	2005.11.17	소니컴퓨터엔터테인먼트코리아	ETC	48,000	1~2	전체	음성·자막		53p, 235p		마이크 동봉
버추어 테니스 : 월드 투어	2005.11.18	세가퍼블리싱코리아	SPT	38,000	1~4	전체	-		56p		
불카누스	2005.11.24	소니컴퓨터엔터테인먼트코리아	ACT	37,000	1~4	전체	국산		235p		
HANDDIC : hand dictionary	2005.12.1	소니컴퓨터엔터테인먼트코리아	ETC	26,500	1	전체	국산		236p		학습용
MARVEL NEMESIS : RISE OF THE IMPERFECTS	2005.12.5	일렉트로닉아츠코리아	FACT	35,000	1~2	15세	-		MARVEL NEMESIS : RISE OF THE IMPERFECTS		
그립시프트	2005.12.8	인트라링스	RAC	39,000	1~4	전체	-		58p		
SSX 온 투어	2005.12.8	일렉트로닉아츠코리아	SPT	35,000	1~4	전체	자막		53p, 236p	●	DL은 영어판
TIGER WOODS PGA TOUR 06	2005.12.8	일렉트로닉아츠코리아	SPT	38,000	1~4	전체	-		57p		
해리포터와 불의 잔	2005.12.12	일렉트로닉아츠코리아	AADV	38,000	1~3	전체	자막		236p		
Win-TOEIC 초급 RC	2005.12.13	스튜디오나인	ETC	48,000	1	전체	국산		236p		학습용
건담 배틀 택틱스	2005.12.15	반다이코리아	ACT	42,000	1~4	12세	-		51p		
체이스 캅 : Pursuit Force	2005.12.15	소니컴퓨터엔터테인먼트코리아	RAC	38,000	1	15세	자막		59p, 236p		
FIFA 06	2005.12.19	일렉트로닉아츠코리아	SPT	38,000	1~2	전체	음성·자막		55p, 236p		
니드 포 스피드 모스트 원티드 5-1-0	2005.12.21	일렉트로닉아츠코리아	RAC	38,000	1~4	전체	자막		55p, 236p		
NBA LIVE 06	2005.12.21	일렉트로닉아츠코리아	SPT	34,500	1~4	전체	-		53p		
반지의 제왕 : 택틱스	2005.12.21	일렉트로닉아츠코리아	SLG	38,000	1~4	12세	-		The Lord of The Rings : Tactics		
프란틱스	2005.12.22	인트라링스	ACT	39,000	1	전체	-		58p		
스페이스 인베이더 갤럭시 비트	2005.12.22	사이버프론트제넥스코리아	SHT	33,000	1~4	전체	-		51p		
Win-JPT 일본어 초급	2005.12.29	스튜디오나인	ETC	48,000	1	전체	국산		236p	●	
용쟁화투	2005.12.30	블루인터랙티브	TBL	33,000	1~3	18세	국산		236p		
신천마계 : GOCⅣ 어나더 사이드	2006.1.11	사이버프론트제넥스코리아	SRPG	42,000	1	전체	자막	자체 염가판	47p, 237p	●	한국가수 주제가
디제이맥스 포터블	2006.1.14	펜타비전	MUS	42,000	1	12세	국산		237p		한정판 존재
WWE 스맥다운 대 로우 2006	2006.1.19	THQ 코리아	SPT	42,000	1~4	15세	자막		71p, 237p		시즌모드 자막 한정
THE CON : Gamble Fight	2006.1.19	소니컴퓨터엔터테인먼트코리아	FACT	38,000	1~2	15세	자막		57p, 237p		
EXIT	2006.1.19	사이버프론트제넥스코리아	PUZ	38,000	1	전체	-		54p		
심즈 2	2006.1.25	일렉트로닉아츠코리아	SLG	38,000	1~2	15세	자막		57p, 237p		
프린세스 크라운	2006.1.26	윈디소프트	ARPG	40,000	1	전체	-		51p		
피터 잭슨의 킹콩	2006.1.26	인트라링스	ACT	39,000	1	12세	-		Peter Jackson's King Kong		
그라디우스 포터블	2006.2.9	코나미마케팅아시아 한국지점	SHT	38,000	1	전체	-		57p		
타이토 메모리즈 포켓	2006.2.10	사이버프론트제넥스코리아	ACT	38,000	1~2	전체	-		56p		
은하자양강장 무타쥬스	2006.2.24	스튜디오나인	ADV	38,000	1	15세	국산		237p	●	
이니셜D STREET STAGE	2006.2.28	세가퍼블리싱코리아	RAC	35,000	1~2	전체	-		57p		
Fired Up	2006.3.2	소니컴퓨터엔터테인먼트코리아	ACT	39,000	1~8	전체	자막		237p		
아바마마 오셨다! 어서 굴려라!	2006.3.15	소니컴퓨터엔터테인먼트코리아	ACT	38,000	1~4	전체	음성·자막	BH	55p, 237p	●	
알바지옥 2000	2006.3.16	소니컴퓨터엔터테인먼트코리아	ACT	38,000	1~8	18세	자막		55p, 238p		
웜즈 : 오픈 워페어	2006.3.27	THQ 코리아	ACT	36,000	1~4	전체	-		Worms : Open Warfare		
FIGHT NIGHT ROUND 3	2006.3.29	일렉트로닉아츠코리아	SPT	38,000	1~2	15세	-		FIGHT NIGHT ROUND 3		
메탈기어 애시드 2	2006.4.1	코나미마케팅아시아 한국지점	SLG	42,000	1~2	전체	자막		53p, 238p		입체안경 동봉
오석태의 말하는 영어	2006.4.13	스튜디오나인	ETC	48,000	1	전체	국산		238p	●	학습용, UMD 2장

HARDWARE 2004 2005 2006 2007 2008 2009 2010 2011 2012 2013 2014 2015 2016 INDEX

타이틀명	발매일	발매사	장르	가격	명수	등급	한국어화	염가판	본서 소개 정보	DL	비고
MLB 06 THE SHOW	2006.4.13	소니컴퓨터엔터테인먼트코리아	SPT	38,000	1~2	전체	-		MLB 06 THE SHOW		
삐뽀사루 아카데미~아 2 : 카드로 배틀해 보실라우끼끼?	2006.4.13	소니컴퓨터엔터테인먼트코리아	ACT	38,000	1~2	전체	자막		54p, 238p		
드래곤볼 Z 진무도회	2006.4.20	반다이코리아	FACT	38,000	1~2	12세	-		62p		
울트라 퍼즐버블 포켓	2006.4.28	사이버프론트제넥스코리아	PUZ	38,000	1~2	전체	-		60p		
근육맨 머슬제네레이션즈	2006.5.2	반다이코리아	SPT	38,000	1~2	12세	-		57p		
FIFA Street 2	2006.5.4	일렉트로닉아츠코리아	SPT	38,000	1~2	전체	-		67p		
덱스터	2006.5.24	소니컴퓨터엔터테인먼트코리아	AADV	38,000	1~2	전체	자막		238p		
엠엑스와 에이티브이 : 온더엣지	2006.5.25	THQ 코리아	RAC	38,000	1~4	전체	-		MX vs. ATV on the Edge		
2006 FIFA 월드컵	2006.6.1	일렉트로닉아츠코리아	SPT	38,000	1~4	전체	음성·자막		64p, 238p		
나루토 나루티밋 포터블 : 무환성의 권	2006.6.8	반다이코리아	FACT	38,000	1~2	12세	-		61p		
JUST ENGLISH : 영어로 배우는 영어	2006.6.16	스튜디오나인	ETC	48,000	1	전체	국산		238p	●	학습용
기타루 맨 Lives!	2006.6.29	코에이코리아	MUS	39,600	1~2	전체	자막	BH	64p, 238p		
SOCOM U.S. NAVY SEALS FIRETEAM BRAVO	2006.7.6	소니컴퓨터엔터테인먼트코리아	TPS	38,000	1~16	15세	음성·자막	BH	238p		
로코로코	2006.7.13	소니컴퓨터엔터테인먼트코리아	ACT	38,000	1~2	전체	자막	BH, UP, DLUP	66p, 238p	●	
진 삼국무쌍 2nd Evolution	2006.7.13	코에이코리아	ACT	44,000	1~4	12세	음성·자막	BH	61p, 239p		
철권 DARK RESURRECTION	2006.7.20	소니컴퓨터엔터테인먼트코리아	FACT	39,800	1~2	15세	음성·자막	BH	65p, 239p	●	
OutRun 2006 Coast 2 Coast	2006.7.20	세가퍼블리싱코리아	RAC	38,000	1~6	전체	-		OutRun 2006 Coast 2 Coast		
카	2006.7.20	소니컴퓨터엔터테인먼트코리아	RAC	38,000	1~4	전체	자막		65p, 239p		
Def Jam FIGHT FOR NY : THE TAKEOVER	2006.8.29	일렉트로닉아츠코리아	FACT	38,000	1~2	18세	-		Def Jam FIGHT FOR NY : THE TAKEOVER		
신기환상 : SS II 언리미티드 사이드	2006.9.12	사이버프론트제넥스코리아	SRPG	42,000	1	전체	자막		52p, 239p	●	
언틀드 레전드 : 더 워리어스 코드	2006.9.13	인트라링스	ARPG	42,000	1~4	12세	음성·자막	BH	71p, 239p		
릿지 레이서 2	2006.9.14	소니컴퓨터엔터테인먼트코리아	RAC	38,000	1~8	전체	-	BH, UP	69p		
SD건담 G제네레이션 포터블	2006.9.14	반다이코리아	SLG	38,000	1	전체	-		67p		
극마계촌	2006.9.21	소니컴퓨터엔터테인먼트코리아	ACT	38,000	1	전체	-	UP	67p	●	
몬스터헌터 포터블	2006.9.21	소니컴퓨터엔터테인먼트코리아	ACT	35,000	1~4	15세	-		53p		
버블보블 : 매지컬타워 대작전!!	2006.9.21	사이버프론트제넥스코리아	ACT	38,000	1~4	전체	-		68p		
생각하는 EXIT	2006.9.22	사이버프론트제넥스코리아	PUZ	38,000	1	전체	-		69p		
길티기어 저지먼트	2006.9.28	세가퍼블리싱코리아	FACT	42,000	1~2	15세	-		68p	●	
바운티 하운즈	2006.10.13	반다이코리아	ACT	38,000	1~2	12세	-		70p		
RAIN WONDER TRIP	2006.10.19	반다이코리아	ETC	49,500	1	전체	자막		65p, 239p		음악 소프트, UMD 2장
FIELD COMMANDER	2006.10.24	블루 인터랙티브	SLG	38,000	1~2	12세	-		FIELD COMMANDER		
건담 배틀 로얄	2006.10.26	반다이코리아	ACT	38,000	1~4	12세	-		71p		
토코봇	2006.10.26	사이버프론트제넥스코리아	AADV	38,000	1	전체	-		54p(카라쿠리)	●	일어/영어
돌려돌려!! 코롱	2006.11.2	사이버프론트제넥스코리아	PUZ	29,800	1~2	전체	-		64p		
에이스 컴뱃 X : 스카이즈 오브 디셉션	2006.11.2	소니컴퓨터엔터테인먼트코리아	SHT	38,000	1~4	전체	자막	BH, UP	71p, 239p		
NBA LIVE 07	2006.11.8	일렉트로닉아츠코리아	SPT	38,000	1~2	전체	-		74p		
FIFA 07	2006.11.9	일렉트로닉아츠코리아	SPT	38,000	1~2	전체	음성·자막		75p, 239p		
니드 포 스피드 카본 : OWN THE CITY	2006.11.16	일렉트로닉아츠코리아	RAC	40,000	1~4	12세	자막		74p, 240p	●	DL은 영어판
주앤류 TOEIC LC	2006.11.17	스튜디오나인	ETC	48,000	1	전체	국산		240p	●	학습용, UMD 2장
잔 다르크	2006.11.30	소니컴퓨터엔터테인먼트코리아	SRPG	38,000	1	전체	-		72p		
펌프잇업 익시드 포터블	2006.11.30	스튜디오나인	MUS	38,000	1	전체	국산		240p		
천지의 문 2 : 무쌍전	2006.12.7	소니컴퓨터엔터테인먼트코리아	ARPG	48,000	1~2	12세	자막	DLUP	71p, 240p	●	
파랏파 더 래퍼	2006.12.7	소니컴퓨터엔터테인먼트코리아	MUS	38,000	1~4	전체	-		73p		
MEDAL OF HONOR : HEROES	2006.12.7	일렉트로닉아츠코리아	FPS	38,000	1~32	12세	-		76p	●	
월드 사커 위닝 일레븐 10 유비쿼터스 에볼루션	2006.12.14	코나미디지털엔터테인먼트 한국지점	SPT	42,000	1~4	전체	-		74p		한국 표지
스도쿠 & 네모네모 로직	2006.12.19	사이버프론트제넥스코리아	PUZ	35,000	1	전체	자막		67p, 240p		
에브리 엑스텐드 엑스트라	2006.12.20	반다이코리아	MUS	38,000	1~2	전체	-		67p		
테일즈 오브 더 월드 : 레이디언트 미솔로지	2006.12.21	소니컴퓨터엔터테인먼트코리아	RPG	38,000	1	전체	-		74p		
시노비도 호무라	2006.12.22	인트라링스	ACT	39,000	1~4	18세	자막		71p, 240p		
WWE 스맥다운 대 로우 2007	2007.1.11	THQ 코리아	SPT	39,000	1~4	15세	자막		77p, 240p		시즌모드 및 일부 텍스트
EA replay	2007.1.18	일렉트로닉아츠코리아	ACT	38,000	1	12세	-		EA replay		

타이틀명	발매일	발매사	장르	가격	명수	등급	한국어화	염가판	본서 소개 정보	DL	비고
토크맨 영어회화 : 수다쟁이 잉글리쉬	2007.1.25	소니컴퓨터엔터테인먼트코리아	ETC	29,000	1	전체	자막	BH	75p, 240p		마이크 필요
심즈 2 : 펫츠	2007.1.26	일렉트로닉아츠코리아	SLG	37,000	1	15세	-		75p		
METAL GEAR SOLID PORTABLE OPS	2007.1.31	코나미디지털엔터테인먼트 한국지점	ACT	39,500	1	18세	-		74p		
이디스 메모리즈 : 신천마계 GOC V	2007.2.15	사이버프론트코리아	SRPG	42,000	1	12세	자막	자체 염가판	63p, 240p	●	
발할라 나이츠	2007.2.22	유니아나	ARPG	38,000	1~6	12세	-		68p	●	
SOCOM U.S. NAVY SEALS FIRETEAM BRAVO 2	2007.2.22	소니컴퓨터엔터테인먼트코리아	FPS	38,000	1~16	15세	-		SOCOM U.S. NAVY SEALS FIRETEAM BRAVO 2		
몬스터헌터 포터블 2nd	2007.3.2	소니컴퓨터엔터테인먼트코리아	ACT	38,000	1~4	15세	-		77p		일본어판
테일즈 오브 데스티니 2	2007.3.7	반다이코리아	RPG	35,000	1	12세	-		77p		
B-BOY	2007.3.12	소니컴퓨터엔터테인먼트코리아	MUS	38,000	1~2	전체	-		B-BOY		
메탈슬러그 컴플리트	2007.3.13	액티비전 코리아	ACT	39,800	1~2	12세	-		77p	●	
킬존 : 리버레이션	2007.3.30	소니컴퓨터엔터테인먼트코리아	FPS	38,000	1~6	12세	자막		240p		
디제이맥스 포터블 2	2007.3.30	펜타비전	MUS	42,000	1~2	12세	국산		241p		한정판 2종 존재
루미네스 II	2007.3.30	소니컴퓨터엔터테인먼트코리아	PUZ	38,000	1~2	12세	-		77p		
기동전사 건담 SEED : 연합 VS. Z.A.F.T. PORTABLE	2007.4.5	반다이코리아	FACT	38,000	1~4	전체	-		78p		
UEFA Champions League 2006-2007	2007.4.19	일렉트로닉아츠코리아	SPT	38,000	1~2	전체	-		UEFA Champions League 2006-2007		PS2판 멀티
번아웃 도미네이터	2007.4.19	일렉트로닉아츠코리아	ACT	38,000	1	12세	-		82p	●	PS2판 멀티
CALL OF DUTY : ROADS TO VICTORY	2007.4.30	액티비전 코리아	FPS	39,000	1~6	15세	-		CALL OF DUTY : ROADS TO VICTORY		
로스트 레그넘 : 폐허의 황제	2007.5.3	인트라링스	ARPG	39,000	1~2	15세	자막	BH	76p, 241p		
MLB 07 THE SHOW	2007.5.4	소니컴퓨터엔터테인먼트코리아	SPT	38,000	1	전체	-		MLB 07 THE SHOW		
댄스배틀 오디션 포터블	2007.5.29	T3 엔터테인먼트	MUS	42,000	1~4	전체	국산		241p		한정판 존재
드래곤볼Z 진무도회 2	2007.6.14	반다이코리아	FACT	38,000	1~2	12세	-	BH	79p		
FINAL FANTASY	2007.6.15	SCEK	RPG	29,000	1	전체	-		78p	●	영어/일어
스매시 코트 테니스 3	2007.6.22	반다이코리아	SPT	38,000	1~2	전체	-		79p		
테스트 드라이브 언리미티드	2007.6.28	아타리코리아	RAC	38,000	1~4	12세	-		Test Drive Unlimited		
FINAL FANTASY TACTICS 사자전쟁	2007.7.6	소니컴퓨터엔터테인먼트코리아	SRPG	38,000	1	12세	-		78p	●	
해리포터와 불사조 기사단	2007.7.26	일렉트로닉아츠코리아	AADV	38,000	1	전체	-		Harry Potter and the Order of the Phoenix		
라따뚜이	2007.7.27	소니컴퓨터엔터테인먼트코리아	AADV	38,000	1~2	전체	자막		241p		PS2/PS3 멀티
트랜스포머 - 더 게임	2007.8.10	액티비전 코리아	ACT	39,000	1~4	12세	-		Transformer : The Game		
FINAL FANTASY II	2007.8.17	소니컴퓨터엔터테인먼트코리아	RPG	29,000	1	12세	-		79p	●	영어/일어
슈렉 3	2007.8.17	액티비전 코리아	ACT	39,000	1~2	전체	-		Shrek The Third		
드래고니어즈 아리아 : 용이 잠들 때까지	2007.8.24	소니컴퓨터엔터테인먼트코리아	RPG	38,000	1	전체	-		81p	●	
몬스터헌터 프리덤 2	2007.8.28	캡콤코리아	ACT	38,000	1~4	15세	-		Monster Hunter Freedom 2		영어판
라쳇 & 클랭크 : 공구들고 바캉스	2007.8.31	소니컴퓨터엔터테인먼트코리아	ACT	38,000	1~4	전체	자막		80p, 241p		
CODED GUN CONTAGION	2007.10.4	코나미디지털엔터테인먼트 한국지점	FPS	38,000	1~8	12세	-		82p		
펌프잇업 제로 포터블	2007.10.5	스튜디오나인	MUS	38,000	1~2	전체	국산		241p		
던전&드래곤 택틱스	2007.10.10	아타리코리아	RPG	42,000	1~4	전체	-		Dungeons & Dragons Tactics		
웜즈 : 오픈 워페어 2	2007.10.12	사이버프론트코리아	SHT	38,000	1~4	전체	-		Worms : Open Warfare 2		
마와스케스	2007.10.12	소니컴퓨터엔터테인먼트코리아	PUZ	38,000	1~8	전체	자막		80p, 241p		
CRISIS CORE : FINAL FANTASY VII	2007.10.19	소니컴퓨터엔터테인먼트코리아	RPG	52,000	1	12세	-		82p		일본어판
NBA 08 : featuring Block Party	2007.10.19	소니컴퓨터엔터테인먼트코리아	SPT	39,000	1~2	전체	-		NBA 08 : featuring Block Party		
Grand Theft Auto : 리버티 시티 스토리	2007.10.23	액티비전 코리아	AADV	39,000	1	18세	-		80p		
CASTLEVANIA : The Dracula X Chronicles	2007.10.25	코나미디지털엔터테인먼트 한국지점	ACT	38,000	1~2	15세	-		83p		
건담 배틀 크로니클	2007.11.2	반다이코리아	FACT	30,000	1	12세	-		83p		
사일런트 힐 : 오리진	2007.11.8	코나미디지털엔터테인먼트 한국지점	ADV	38,000	1	18세	-		84p		
남코 뮤지엄 VOL.2	2007.11.8	반다이코리아	ACT	38,000	1~2	12세	-		58p		
NBA LIVE 08	2007.11.13	일렉트로닉아츠코리아	SPT	38,000	1	전체	-		83p		
나루토 얼티메이트 닌자 히어로즈	2007.11.15	반다이코리아	FACT	38,000	1~2	12세	-		Naruto : Ultimate Ninja Heroes		

타이틀명	발매일	발매사	장르	가격	명수	등급	한국어화	염가판	본서 소개 정보	DL	비고
쥬스드 2 : 핫 임포트 나이츠	2007.11.16	사이버프론트코리아	RAC	38,000	1~6	15세	–		Juiced 2 : Hot Import Nights		
FIFA 08	2007.11.16	일렉트로닉아츠코리아	SPT	38,000	1~2	전체	–		FIFA 08		
SEGA RALLY REVO	2007.11.16	소니컴퓨터엔터테인먼트코리아	RAC	38,000	1~4	전체	–		86p		
고스트리콘 어드밴스드 워파이터 2	2007.11.21	블루인터랙티브	FPS	38,000	1~2	15세	–		Ghost Recon : Advanced Warfighter 2		
SOCOM : U.S.Navy SEALs TACTICAL STRIKE	2007.11.23	소니컴퓨터엔터테인먼트코리아	FPS	38,000	1~4	15세	음성·자막		241p		
스타워즈 배틀프론트 : 레니게이드 스쿼드런	2007.11.23	액티비전 코리아	ACT	39,000	1	12세	–		Star Wars Battlefront : Renegade Squadron		
PUZZLE QUEST : Challenge of the Warlords	2007.11.23	소니컴퓨터엔터테인먼트코리아	PUZ	20,000	1~2	전체	–		82p		
WARHAMMER 40,000 : SQUAD COMMAND	2007.11.30	사이버프론트코리아	SLG	38,000	1~8	12세	–		WARHAMMER 40,000 : SQUAD COMMAND		
WWE 스맥다운 대 로우 2008	2007.12.6	THQ 코리아	SPT	39,000	1~4	15세	–		WWE Smackdown vs. Raw 2008		
THE SIMPSONS GAME	2007.12.13	일렉트로닉아츠코리아	ACT	38,000	1	15세	–		THE SIMPSONS GAME		
이노센트 라이프 : 신 목장 이야기	2007.12.13	유니아나	SLG	38,000	1	전체	–		62p		
모두의 GOLF 포터블 2	2007.12.14	소니컴퓨터엔터테인먼트코리아	SPT	38,000	1~8	전체	–	UP	84p		일본어판
신천마계 컬렉션	2007.12.21	사이버프론트코리아	SRPG	33,000	1	12세	자막		241p		합본 팩
스파이더맨 3	2007.12.28	액티비전 코리아	ACT	39,000	1	12세	–		Spider-Man 3		
WIPEOUT PULSE	2008.1.11	소니컴퓨터엔터테인먼트코리아	RAC	38,000	1~8	전체	–		WIPEOUT PULSE		
마계전기 디스가이아 포터블 : 통신대전 시작했습니다.	2008.1.18	소니컴퓨터엔터테인먼트코리아	SRPG	21,000	1~2	전체	–		84p		일본어판
월드 사커 위닝 일레븐 유비쿼터스 에볼루션 2008	2008.1.24	코나미디지털엔터테인먼트 한국지점	SPT	42,000	1~2	전체	–		86p		
R-TYPE TACTICS	2008.1.29	소니컴퓨터엔터테인먼트코리아	SLG	38,000	1~2	전체	자막		82p, 242p		
황금나침반	2008.1.29	소니컴퓨터엔터테인먼트코리아	ACT	38,000	1	전체	–		The Golden Compass		
기동전사 건담 : 기렌의 야망 액시즈의 위협	2008.2.14	반다이코리아	SLG	38,000	1	전체	–		86p		
스타 오션 : First Departure	2008.2.15	소니컴퓨터엔터테인먼트코리아	RPG	38,000	1	전체	–		85p		
메달 오브 아너 : 히어로즈 2	2008.2.15	일렉트로닉아츠코리아	FPS	38,000	1~8	15세	–		87p	●	
무쌍 오로치	2008.2.21	코에이코리아	ACT	44,000	1~2	12세	–	BH	87p		
PURSUIT FORCE : EXTREME JUSTICE	2008.2.22	소니컴퓨터엔터테인먼트코리아	ACT	38,000	1~4	12세	–		Pursuit Force : Extreme Justice		
파타퐁	2008.2.22	소니컴퓨터엔터테인먼트코리아	MUS	38,000	1	전체	자막	BH, UP	85p, 242p		
NEED FOR SPEED : PRO STREET	2008.2.28	일렉트로닉아츠코리아	RAC	38,000	1~4	전체	–		87p		
발키리 프로파일 레나스 (Ultimate Hits)	2008.3.7	소니컴퓨터엔터테인먼트코리아	RPG	21,000	1	12세	–		59p		
스릴빌 : 오프 더 레일	2008.3.11	액티비전 코리아	SLG	39,000	1~2	전체	–		Thrillville : Off the Rails		
테일즈 오브 리버스	2008.3.20	반다이코리아	RPG	36,000	1	전체	–		87p	●	
엠엑스와 에이티브이 : 언테임드	2008.3.20	디지털터치	RAC	35,000	1	전체	–		MX vs. ATV Untamed		
echochrome : 무한회랑	2008.3.21	소니컴퓨터엔터테인먼트코리아	PUZ	29,000	1	전체	자막		87p, 242p		
몬스터헌터 포터블 2nd G	2008.3.29	캡콤코리아	ACT	38,000	1~4	15세	–	UP, DLUP	88p	●	일본어판
MLB 08 THE SHOW	2008.4.4	소니컴퓨터엔터테인먼트코리아	SPT	38,000	1	전체	–		MLB 08 THE SHOW		PS3판 멀티
FlatOut : Head On	2008.4.11	소니컴퓨터엔터테인먼트코리아	RAC	32,000	1~8	12세	–		FlatOut : Head On		
Dead Head Fred	2008.4.18	소니컴퓨터엔터테인먼트코리아	AADV	26,000	1	18세	–		135p		
갓 오브 워 : CHAINS OF OLYMPUS	2008.5.2	소니컴퓨터엔터테인먼트코리아	ACT	38,000	1	18세	자막	DLUP	90p, 242p	●	
SNK 아케이드 클래식 VOL.1	2008.5.8	액티비전 코리아	ACT	38,000	1~2	12세	–		103p		
Ford Racing Off Road	2008.5.9	소니컴퓨터엔터테인먼트코리아	RAC	38,000	1~6	전체	–		Ford Racing Off Road		
Ikuze Gensan -Yuyakedaikumonogatari-	2008.5.16	소니컴퓨터엔터테인먼트코리아	ACT	38,000	1~2	전체	–		88p		
UEFA EURO 2008	2008.5.21	일렉트로닉아츠코리아	SPT	35,000	1~2	전체	–		UEFA EURO 2008		
코디드 소울 : 계승되는 이데아	2008.5.23	소니컴퓨터엔터테인먼트코리아	RPG	38,000	1~2	12세	자막		86p, 242p		
핫 샷 골프 : 오픈 티 2	2008.6.13	소니컴퓨터엔터테인먼트코리아	SPT	38,000	1~8	전체	–		Hot Shots Golf : Open Tee 2		영어판
슈퍼로봇대전 A PORTABLE	2008.6.20	소니컴퓨터엔터테인먼트코리아	SRPG	38,000	1	전체	–		90p		
레고 인디아나 존스	2008.7.10	액티비전 코리아	AADV	39,000	1	전체	–		LEGO Indiana Jones		
발할라 나이츠 2	2008.7.16	유니아나	ARPG	38,000	1~2	12세	–		104p	●	
건담 배틀 유니버스	2008.7.24	반다이코리아	ACT	42,000	1~4	12세	–		90p		
길티기어 이그젝스 액센트 코어 플러스	2008.7.25	소니컴퓨터엔터테인먼트코리아	FACT	36,000	1~2	12세	–		91p	●	
판타지 스타 포터블	2008.8.1	소니컴퓨터엔터테인먼트코리아	ARPG	42,000	1~4	12세	–		91p		
CRISIS CORE : FINAL FANTASY VII	2008.9.12	소니컴퓨터엔터테인먼트코리아	RPG	38,000	1	12세	–		82p		영어판

타이틀명	발매일	발매사	장르	가격	명수	등급	한국어화	염가판	본서 소개 정보	DL	비고
시크릿 에이전트 클랭크	2008.9.12	소니컴퓨터엔터테인먼트코리아	ACT	42,000	1	전체	자막		94p, 242p	●	DLC 있음
스타워즈 : 포스 언리쉬드	2008.9.18	액티비전 코리아	ACT	42,000	1~4	12세	-		Star Wars : Force Unleashed		
파이프매니아	2008.9.26	소니컴퓨터엔터테인먼트코리아	PUZ	29,000	1~2	전체	-		Pipe Mania		
NBA 09 THE INSIDE	2008.10.7	소니컴퓨터엔터테인먼트코리아	SPT	42,000	1	전체	-		NBA 09 THE INSIDE		
NBA LIVE 09	2008.10.9	일렉트로닉아츠코리아	SPT	38,000	1~4	전체	-		93p		
FIFA 09	2008.10.16	일렉트로닉아츠코리아	SPT	38,000	1~2	전체	-		94p		
어스토니시아 스토리 2	2008.10.23	엔트리브소프트	RPG	39,000	1	전체	국산		93p, 242p	●	
블리치 : 소울 카니발	2008.10.24	소니컴퓨터엔터테인먼트코리아	FACT	42,000	1	전체	-		93p		
디제이맥스 포터블 클래지콰이 에디션	2008.10.24	펜타비전	MUS	48,000	1~2	12세	국산		243p		본체동봉판 존재
WWE 스맥다운 대 로우 2009	2008.11.19	THQ 코리아	SPT	38,000	1~4	15세	-		WWE Smackdown vs. Raw 2009		
NEED FOR SPEED : UNDERCOVER	2008.11.19	일렉트로닉아츠코리아	RAC	38,000	1	12세	-		96p		
기동전사 건담 : 건담 VS. 건담	2008.11.20	반다이코리아	FACT	38,000	1~4	12세	-		94p		
프리니 : 제가 주인공해도 되겠슴까?	2008.11.21	소니컴퓨터엔터테인먼트코리아	ACT	47,000	1	전체	-	DLUP	94p	●	일본어판
로코로코 2	2008.12.5	소니컴퓨터엔터테인먼트코리아	ACT	46,000	1~4	전체	자막	UP, DLUP	95p, 243p	●	
판타지 골프 팡야 포터블	2008.12.24	엔트리브소프트	SPT	39,000	1~8	전체	국산		101p, 243p	●	한정판 존재
디제이맥스 포터블 블랙 스퀘어	2008.12.24	펜타비전	MUS	42,000	1~2	12세	국산		172p, 243p		한정판 존재
DISSIDIA FINAL FANTASY	2009.1.20	소니컴퓨터엔터테인먼트코리아	FACT	55,000	1~2	15세	-		96p	●	얼티밋 히트판 존재
STRIKERS 1945 PLUS	2009.1.20	위즈이앤티	SHT	33,000	1	전체	-		106p		
북두의 권 라오우 외전 : 하늘의 패왕	2009.1.23	소니컴퓨터엔터테인먼트코리아	FACT	46,000	1~2	12세	-		97p		
용사주제에 건방지다 or2	2009.1.23	소니컴퓨터엔터테인먼트코리아	SLG	38,000	1	전체	자막		93p, 243p		
파타퐁 2 : 동챠카	2009.1.23	소니컴퓨터엔터테인먼트코리아	MUS	46,000	1~4	전체	자막	BH, UP	95p, 243p		
월드 사커 위닝 일레븐 2009	2009.1.29	KDEK	SPT	39,000	1~2	전체	-		97p		
테일즈 오브 더 월드 : 래디언트 미솔로지 2	2009.1.30	소니컴퓨터엔터테인먼트코리아	RPG	48,000	1	전체	-		97p		
천주 4	2009.2.13	소니컴퓨터엔터테인먼트코리아	ACT	46,000	1	18세	-	UP	98p		
아이돌 마스터 SP : 퍼펙트 선	2009.2.20	소니컴퓨터엔터테인먼트코리아	SLG	46,000	1	12세	-		98p		
기동전사 건담 : 기렌의 야망 액시즈의 위협 V	2009.2.28	반다이코리아	SLG	38,000	1	전체	-		98p		
프린세스 메이커 5 포터블	2009.3.12	사이버프론트코리아	SLG	42,000	1	15세	자막		92p, 243p	●	수정판 존재
킹 오브 파이터즈 컬렉션 : 오로치 사가	2009.3.18	WBA 인터렉티브	FACT	39,000	1~2	12세	-		130p	●	
레지스탕스 : 레트리뷰션	2009.3.20	소니컴퓨터엔터테인먼트코리아	FPS	41,000	1~8	18세	-		99p		
MLB 09 THE SHOW	2009.3.20	소니컴퓨터엔터테인먼트코리아	SPT	41,000	1	전체	-		MLB 09 THE SHOW		
마계전기 디스가이아 2 포터블	2009.3.27	소니컴퓨터엔터테인먼트코리아	SRPG	48,000	1	전체	-		101p	●	
기동전사 건담 전장의 유대 포터블	2009.4.4	반다이코리아	ACT	38,000	1~8	12세	-		100p		
드래곤볼 에볼루션	2009.4.10	소니컴퓨터엔터테인먼트코리아	FACT	37,000	1~2	12세	-		100p		
절체절명도시 3 : 무너져가는 도시와 그녀의 노래	2009.4.24	소니컴퓨터엔터테인먼트코리아	AADV	46,000	1~4	12세	-		102p		
여신전생 페르소나	2009.4.30	소니컴퓨터엔터테인먼트코리아	RPG	48,000	1	12세	-		102p		
진 삼국무쌍 멀티 레이드	2009.5.14	코에이코리아	ACT	44,000	1~4	12세	자막		98p, 244p		
블리치 : 히트 더 소울 6	2009.5.15	소니컴퓨터엔터테인먼트코리아	FACT	46,000	1~2	12세	-		103p		
에반게리온 : 서	2009.6.5	소니컴퓨터엔터테인먼트코리아	ACT	55,000	1	12세	-		104p		
몬스터헌터 프리덤 유나이트	2009.6.23	캡콤엔터테인먼트코리아	ACT	38,000	1~4	15세	-	UP	Monster Hunter Freedom Unite		영어판
트랜스포머 : 패자의 역습	2009.6.25	WBA 인터렉티브	ACT	43,000	1~2	전체	-		Transformers : Revenge of the Fallen		
하츠네 미쿠 : Project DIVA	2009.7.3	소니컴퓨터엔터테인먼트코리아	MUS	55,000	1	12세	-		105p		
해리포터와 혼혈왕자	2009.7.15	일렉트로닉아츠코리아	AADV	38,000	1	전체	-		Harry Potter and the Half-blooded Prince		
총성과 다이아몬드	2009.7.17	소니컴퓨터엔터테인먼트코리아	ADV	46,000	1	12세	자막		104p, 244p	●	
아머드 코어 3 포터블	2009.7.30	사이버프론트코리아	ACT	42,000	1~4	12세	-		106p		
업	2009.8.7	THQ 코리아	AADV	38,000	1	전체	-		Disney·Pixar's Up		
테일즈 오브 버서스	2009.8.11	소니컴퓨터엔터테인먼트코리아	FACT	48,000	1~4	12세	-		106p		
소울칼리버 : 브로큰 데스티니	2009.8.28	소니컴퓨터엔터테인먼트코리아	FACT	57,000	1	15세	-		107p	●	본체동봉판 존재
닌자활극 천주 3 포터블	2009.9.3	사이버프론트코리아	AADV	42,000	1	18세	-		107p		
무쌍 오로치 마왕재림 Plus	2009.9.10	코에이코리아	ACT	44,000	1~2	12세	자막		95p, 244p		
NEED FOR SPEED : SHIFT	2009.9.15	일렉트로닉아츠코리아	RAC	38,000	1	12세	-		113p		
COLIN MCRAE DIRT 2	2009.9.30	사이버프론트코리아	RAC	45,000	1~4	12세	-		112p		
그란 투리스모	2009.10.1	소니컴퓨터엔터테인먼트코리아	RAC	50,000	1~4	전체	음성·자막		109p, 244p	●	

타이틀명	발매일	발매사	장르	가격	명수	등급	한국어화	염가판	본서 소개 정보	DL	비고
PixelJunk Monsters : UMD Limited Edition	2009.10.1	소니컴퓨터엔터테인먼트코리아	PUZ	20,000	1~2	전체	-		112p	●	패키지판
NBA 10 THE INSIDE	2009.10.6	소니컴퓨터엔터테인먼트코리아	SPT	33,000	1	전체	-		NBA 10 THE INSIDE		
NBA LIVE 10	2009.10.7	일렉트로닉아츠코리아	SPT	38,000	1	전체	-		112p		
모터스톰 : ARCTIC EDGE	2009.10.9	소니컴퓨터엔터테인먼트코리아	RAC	38,000	1~6	12세	자막		112p, 244p	●	
FIFA 10	2009.10.14	일렉트로닉아츠코리아	SPT	38,000	1~2	전체	자막		110p, 244p		
강철의 연금술사 : 등 뒤를 맡길 자	2009.10.15	반다이남코파트너즈코리아	AADV	38,000	1~4	12세	-		110p		
언데드 나이츠	2009.10.22	코에이코리아	ACT	38,500	1~4	18세	-		110p		
WWE 스맥다운 대 로우 2010	2009.10.30	THQ 코리아	SPT	39,000	1~2	15세	-		WWE Smackdown vs. Raw 2010		
NBA 2K10	2009.11.2	유니아나	SPT	45,000	1~2	전체	-		110p		
Grand Theft Auto : Chinatown Wars	2009.11.2	유니아나	ACT	45,000	1~2	18세	-		122p		
잭 앤 덱스터 : 더 로스트 프론티어	2009.11.13	소니컴퓨터엔터테인먼트코리아	ACT	33,000	1	전체	-		113p	●	
어쌔신 크리드 : 블러드라인	2009.11.20	인트라링스	ACT	38,000	1	18세	-		116p	●	
리틀 빅 플래닛	2009.11.20	소니컴퓨터엔터테인먼트코리아	ACT	44,000	1~2	전체	자막	DLUP	114p, 245p	●	본체동봉판 존재
아머드 코어 사일런트 라인 포터블	2009.11.20	소니컴퓨터엔터테인먼트코리아	ACT	37,000	1~4	12세	-	UP	113p		
철권 6	2009.11.27	소니컴퓨터엔터테인먼트코리아	FACT	38,000	1~2	15세	자막	BH	117p, 244p	●	
기동전사 건담 : 건담 VS. 건담 NEXT PLUS	2009.12.3	반다이남코파트너즈코리아	ACT	37,000	1~4	12세	-		114p		
월드 사커 위닝 일레븐 2010	2009.12.10	KDEK	SPT	42,000	1~2	전체	-		115p		본체동봉판 존재
두근두근 메모리얼 4	2009.12.10	KDEK	SLG	32,000	1	12세	-		114p		
나루토 질풍전 : 나루티밋 엑셀 3	2009.12.10	반다이남코파트너즈코리아	ACT	37,000	1~4	12세	-		115p		
메탈슬러그 XX	2009.12.11	WBA 인터렉티브	ACT	39,000	1~2	12세	-		116p	●	
블리치 : 소울 카니발 2	2009.12.11	소니컴퓨터엔터테인먼트코리아	FACT	46,000	1	전체	-		115p		
용사 30	2009.12.30	사이버프론트코리아	RPG	43,000	1~4	전체	자막		103p, 245p	●	
인비지몬	2010.1.22	소니컴퓨터엔터테인먼트코리아	RPG	64,000	1~2	전체	자막		245p		카메라 동봉
갓 이터	2010.2.4	반다이남코파트너즈코리아	ACT	40,000	1~4	15세	-		119p		
KINGDOM HEARTS Birth by Sleep	2010.2.5	소니컴퓨터엔터테인먼트코리아	RPG	55,000	1~6	12세	-		117p		
목장이야기 : 슈가 마을과 모두의 소원	2010.2.11	사이버프론트코리아	SLG	43,000	1	15세	자막		100p, 245p	●	
진 삼국무쌍 5 Special	2010.2.11	코에이테크모코리아	ACT	45,500	1~2	12세	자막		110p, 245p		
여신전생 페르소나 3 포터블	2010.2.12	소니컴퓨터엔터테인먼트코리아	RPG	48,000	1	15세	자막	BH	112p, 245p	●	본체동봉판 존재
단테스 인페르노	2010.2.23	일렉트로닉아츠코리아	AADV	38,000	1	18세	-		123p		
100만톤의 조각 조각	2010.2.26	소니컴퓨터엔터테인먼트코리아	ACT	46,000	1	전체	-		120p	●	
SOCOM U.S.Navy SEALs : FIRETEAM BRAVO 3	2010.2.26	소니컴퓨터엔터테인먼트코리아	FPS	44,000	1~16	15세	자막	UP, DLUP	119p, 245p	●	
에코 쉬프트	2010.2.26	소니컴퓨터엔터테인먼트코리아	PUZ	39,000	1	전체	-		111p	●	
아머드 코어 라스트 레이븐 포터블	2010.3.5	소니컴퓨터엔터테인먼트코리아	ACT	37,000	1~4	12세	-		122p		
뚱뚱보 공주와 한 주먹의 케이크	2010.3.12	소니컴퓨터엔터테인먼트코리아	SLG	30,000	1~8	15세	자막	DLUP	123p, 245p	●	
절대 히어로 개조계획	2010.3.12	소니컴퓨터엔터테인먼트코리아	RPG	55,000	1	전체	-		122p	●	
MLB 10 THE SHOW	2010.3.12	소니컴퓨터엔터테인먼트코리아	SPT	39,000	1~2	전체	-		MLB 10 THE SHOW		
블레이 블루 포터블	2010.3.26	소니컴퓨터엔터테인먼트코리아	FACT	32,000	1~4	12세	자막		121p, 246p	●	
데드 오어 얼라이브 파라다이스	2010.3.31	코에이테크모코리아	ETC	39,600	1	18세	-		124p		
프로야구 스피리츠 2010	2010.4.1	코나미디지털엔터테인먼트 한국지점	SPT	41,000	1~2	전체	-		124p		
2010 FIFA WORLD CUP SOUTH AFRICA	2010.4.27	일렉트로닉아츠코리아	SPT	38,000	1~2	전체	자막		127p, 246p		
메탈기어 솔리드 피스 워커	2010.4.29	코나미디지털엔터테인먼트 한국지점	AADV	42,000	1~6	15세	-		127p		본체동봉판 존재, 일본어판
강철의 연금술사 : 약속의 날로	2010.5.20	반다이남코파트너즈코리아	SRPG	41,000	1	15세	-		128p		
메탈기어 솔리드 피스 워커	2010.6.8	코나미디지털엔터테인먼트 한국지점	AADV	42,000	1~6	15세	-		127p		영어판
디제이맥스 포터블 핫튠즈	2010.6.12	펜타비전	MUS	59,000	1	12세	국산		246p		한정판 존재
페르시아의 왕자 : 망각의 모래	2010.6.16	인트라링스	ACT	42,000	1	15세	-		130p	●	
모드네이션 레이서	2010.6.25	소니컴퓨터엔터테인먼트코리아	RAC	42,000	1~6	전체	자막		133p, 246p	●	
모두의 테니스 포터블	2010.6.29	소니컴퓨터엔터테인먼트코리아	SPT	46,000	1~4	전체	자막	UP, DLUP	121p, 246p	●	
라스트 랭커	2010.7.15	캡콤코리아	RPG	38,000	1	12세	-		132p		
실황 파워풀 프로야구 2010	2010.7.15	코나미디지털엔터테인먼트	SPT	39,000	1~2	전체	-		131p		
나루토 질풍전 : 키즈나 드라이브	2010.7.16	반다이남코파트너즈코리아	ACT	42,000	1~4	12세	-		132p		
네오지오 히어로즈 : 얼티메이트 슈팅	2010.7.29	인플레이 인터렉티브	SHT	33,000	1~2	전체	-		133p		
테일즈 오브 판타지아 : 나리키리 던전 크로스	2010.8.5	반다이남코파트너즈코리아	RPG	42,000	1	전체	-		134p		

타이틀명	발매일	발매사	장르	가격	명수	등급	한국어화	염가판	본서 소개 정보	DL	비고
디스가이아 포터블	2010.8.20	소니컴퓨터엔터테인먼트코리아	SRPG	14,000	1~2	전체	자막	UP	73p, 246p	●	한글판
몬헌일기 따끈따끈 아이루마을	2010.8.26	캡콤코리아	ADV	35,000	1~4	전체	-		136p		
에이스 컴뱃 X2 : 조인트 어설트	2010.8.26	반다이남코파트너즈코리아	SHT	42,000	1~8	전체	-		135p		
블리치 : 히트 더 소울 7	2010.9.3	소니컴퓨터엔터테인먼트코리아	FACT	48,000	1~4	12세	-		137p	●	
UFC 언디스퓨티드 2010	2010.9.8	THQ 코리아	SPT	42,000	1~2	15세	-		UFC Undisputed 2010		
흑표 : 용과 같이 신장	2010.9.28	소니컴퓨터엔터테인먼트코리아	AADV	48,000	1~4	18세	-		137p	●	
FIFA 11	2010.9.30	일렉트로닉아츠코리아	SPT	38,000	1~2	전체	-		140p		
디제이맥스 포터블 3	2010.10.14	펜타비전	MUS	44,000	1	12세	국산		148p, 246p		한정판 존재
LORD of ARCANA	2010.10.15	소니컴퓨터엔터테인먼트코리아	ACT	55,000	1~4	18세	-		140p	●	
WWE 스맥다운 대 로우 2011	2010.10.27	THQ 코리아	SPT	42,000	1~2	15세	-		WWE Smackdown vs. Raw 2011		
갓 이터 버스트	2010.10.28	반다이남코파트너즈코리아	ACT	52,000	1~4	15세	-		140p		
갓 오브 워 : GHOST OF SPARTA	2010.11.2	소니컴퓨터엔터테인먼트코리아	ACT	41,000	1	18세	자막		142p, 246p	●	
택틱스 오우거 : 운명의 수레바퀴	2010.11.12	소니컴퓨터엔터테인먼트코리아	SRPG	55,000	1~10	12세	-		142p	●	
월드 사커 위닝 일레븐 2011	2010.11.18	코나미디지털엔터테인먼트	SPT	42,000	1~4	전체	자막		142p, 247p		
몬스터헌터 포터블 3rd	2010.12.1	캡콤코리아	ACT	56,000	1~4	15세	-	BH	144p	●	본체동봉판 존재
모두의 스트레스 팍!	2010.12.17	소니컴퓨터엔터테인먼트코리아	ACT	12,800	1	전체	자막	UP, DLUP	109p, 247p	●	
The 3rd Birthday	2010.12.22	소니컴퓨터엔터테인먼트코리아	RPG	55,000	1	18세	-		145p	●	
프리니 2 : 새벽의 팬티 대작전입다!	2011.1.14	소니컴퓨터엔터테인먼트코리아	ACT	19,800	1	12세	-		124p		영어판
KINGDOM HEARTS Birth by Sleep FINAL MIX	2011.1.21	소니컴퓨터엔터테인먼트코리아	RPG	59,800	1~6	12세	-		146p		
테일즈 오브 더 월드 레디언트 마이솔로지 3	2011.2.10	반다이남코파트너즈코리아	RPG	45,000	1	전체	-		148p		
SD건담 G제네레이션 월드	2011.2.24	반다이남코파트너즈코리아	SLG	49,000	1	전체	-	BH	148p		
MLB 11 THE SHOW	2011.3.10	소니컴퓨터엔터테인먼트코리아	SPT	29,800	1	전체	-		MLB 11 THE SHOW		
FINAL FANTASY IV Complete Collection	2011.3.25	소니컴퓨터엔터테인먼트코리아	RPG	49,800	1	전체	-		150p	●	
프로야구 스피리츠 2011	2011.4.14	코나미디지털엔터테인먼트	SPT	42,000	1~2	전체	-		151p		
여신전생 페르소나 2 죄	2011.4.15	소니컴퓨터엔터테인먼트코리아	RPG	49,800	1	18세	-		151p		OST 동봉
SNK 아케이드 클래식 0	2011.4.22	WBA 인터렉티브	ACT	33,000	1~2	12세	-		151p		
파타퐁 3	2011.4.29	소니컴퓨터엔터테인먼트코리아	ARPG	19,800	1~8	전체	자막		152p, 247p	●	
DISSIDIA 012[duodecim] FINAL FANTASY	2011.5.12	소니컴퓨터엔터테인먼트코리아	FACT	34,800	1~10	15세	자막		149p, 247p	●	본체동봉판 존재
블레이 블루 컨티뉴엄 시프트 II	2011.6.1	소니컴퓨터엔터테인먼트코리아	FACT	29,800	1~4	12세	자막		150p, 247p	●	
건담 메모리즈 : 전장의 기억	2011.6.23	반다이남코파트너즈코리아	ACT	42,000	1	전체	-		154p		
실황 파워풀 프로야구 2011	2011.7.14	코나미디지털엔터테인먼트	SPT	39,000	1~2	전체	-		155p		
태고의 달인 포터블 DX	2011.7.14	반다이남코파트너즈코리아	MUS	45,000	1~4	전체	-		156p		
전국바사라 크로니클 히어로즈	2011.7.21	캡콤코리아	ACT	38,000	1~4	15세	-		156p		
몬헌일기 따끈따끈 아이루마을 G	2011.8.10	캡콤코리아	ADV	38,000	1~4	전체	-		157p	●	
진 삼국무쌍 6 Special	2011.8.30	디지털터치	ACT	44,000	1	15세	-		158p		
FIFA 12	2011.10.1	일렉트로닉아츠코리아	SPT	38,000	1~2	전체	-		162p		
월드 사커 위닝 일레븐 2012	2011.10.3	코나미디지털엔터테인먼트	SPT	42,000	1~4	전체	자막		163p, 247p		
나루토 질풍전 : 나루티밋 임팩트	2011.10.20	반다이남코파트너즈코리아	ACT	42,000	1~2	12세	-		162p		
FINAL FANTASY TYPE-0	2011.10.28	소니컴퓨터엔터테인먼트코리아	RPG	84,800	1~3	15세	-		163p	●	
슈퍼로봇대전 OG 사가 마장기신 II : REVELATION OF EVIL GOD	2012.1.12	반다이남코파트너즈코리아	SRPG	52,000	1	12세	-		168p		
기동전사 건담 : 목마의 궤적	2012.1.26	반다이남코파트너즈코리아	SLG	52,000	1	전체	-		168p		
테일즈 오브 더 히어로즈 : 난세의 전장	2012.2.23	반다이남코파트너즈코리아	ACT	52,000	1	12세	-		170p		
프로야구 스피리츠 2012	2012.3.29	코나미디지털엔터테인먼트	SPT	42,000	1~2	전체	-		173p		
SD건담 G제네레이션 오버 월드	2012.9.27	반다이남코파트너즈코리아	SLG	48,000	1~4	전체	-		183p		
원피스 로맨스 던 : 모험의 새벽	2012.12.20	반다이남코파트너즈코리아	RPG	45,000	1	12세	-		187p		

HARDWARE
2004
2005
2006
2007
2008
2009
2010
2011
2012
2013
2014
2015
2016
INDEX

한국 PlayStation Store의 PSP 소프트를 발매일순으로 게재

PSP 한국 정식발매 다운로드 소프트 리스트

이 페이지에서는 2024년 3월 현 시점에서 한국 PlayStation Store에 정규 등재 및 판매중인 PSP용 다운로드 소프트 총 456타이틀을 비롯해, minis·PC엔진·네오지오 스테이션 등 PSP로 제공중이거나 과거 제공했던 각종 다운로드 소프트의 리스트들을 출시일 기준으로 분류·정렬해 리스트화하였다. 본서 2장에서 소개된 타이틀(일본판)의 경우, 해당하는 일본어판 원작의 게재 페이지도 함께 기재했다.

본 리스트는 2024년 3월 시점에서 PS3·PS Vita로 접속 및 열람이 가능한 한국 PlayStation Store 상의 소프트 리스트를 최대한 취합하여 다듬었다. 다만 시간과 자료의 한계로 누락이나 오류가 있을 수 있으며 리스트의 정확성을 완전히 담보하지는 못하므로, 이 점은 너른 양해를 구하고자 한다. 또한 추후 한국 PlayStation Store의 운영정책 변경에 따라 본 리스트에 실린 소프트의 일부 혹은 전부가 판매 중지되거나 구입 불가능해질 수도 있으므로, 이 점도 양해 바란다.

※ 본 리스트의 소프트명 및 각종 기본정보 표기는 조사 시점에서의 PlayStation Store 상의 표기 기준이다.
※ '본서 소개 정보' 란의 푸른색 문자는 본서에 소개되지 않은 타이틀의 영문 원제이다. 또한 지면 관계상 부득이하게, 한국 타이틀명이 판이하게 다른 특이사례가 아닌 한 원제 타이틀명은 생략하고 기재 페이지 번호만을 수록했다.
※ '체험판' 란은 조사 시점에서 스토어 상에 무료 체험판이 제공되고 있는 소프트를 의미한다.
※ '용량'은 별도 표기가 없는 한 MB 단위이다.
※ PlayStation Store의 PSP용 소프트는 2024년 3월 현재 PS3와 PS Vita(및 PS Vita TV)에서 접속할 때 보여주는 리스트에 차이가 있다. 'PS Vita' 란에 '○'로 표기된 것은 PS Vita 스토어에서 표시되는 소프트이며, '-'는 PS3 스토어에서만 표시되는 소프트(PS Vita로는 구입·플레이가 불가능), 'S'는 PS Vita 스토어에서는 검색으로만 발견 가능한 소프트, '×'는 발매된 기록이 남아있으나 판매가 중단되어 PS3·PS Vita에서 모두 검색 불가능한 소프트이다.
※ '한국어화' 란은 별도 표기가 없다면 외국어판(비고에 영어/일본어판 여부를 최대한 표기)이며, '염가판'의 DLUP는 울트라팝(PS Store 다운로드)으로 발매된 적이 있는 소프트, Best는 일본 PlayStation Best판의 당시 가격설정을 따른 소프트임을 의미한다.

■ PSP용 다운로드 소프트 (177종)

발매일	타이틀명	발매사	가격	등급	용량(MB)	한국어화	염가판	체험판	PS Vita	본서 소개 정보	비고
2007.11.21	천지의 문	SCE	12,800	12세	933.8	자막	DLUP		○	49p, 235p	
2008.1.8	삐뽀사루 겟츄P!	SCE	12,800	전체	347.3	자막	DLUP		○	47p, 235p	
2008.1.8	삐뽀사루 아카데미~아 : 사고뭉치능력평가 완전정복	SCE	17,000	전체	131	자막			○	45p, 234p	
2008.1.22	로코로코	SCE	12,800	전체	493.6	자막	DLUP		○	66p, 239p	
2008.2.29	Beats	SCE	5,500	전체	236.1	자막			-	89p, 242p	
2008.3.10	워니치	나노그램	10,000	전체	-	국산			×	242p	
2008.12.4	로코로코 2	SCE	12,800	전체	1590	자막	DLUP	○	○	95p, 243p	
2008.12.25	STAR STRIKE PORTABLE	SCE	7,000	전체	75.6	자막			○	96p, 243p	
2009.2.17	PBR Out of the Chute	D2C Games	21,000	12세	167.8	-			-	PBR Out of the Chute	영어판
2009.3.31	Everyday Shooter Portable	SCE	15,000	전체	46.6	-			S	104p	영어판
2009.4.7	No Gravity : The Plague Of Mind	Anozor	-	전체	-	-			×	No Gravity : The Plague Of Mind	영어판
2009.4.28	극마계촌	CAPCOM ASIA	29,800	전체	280.5	-			○	67p	영어판
2009.5.21	ZERO Cho Aniki (령 초형귀)	Gungho Online Entertainment	48,800	15세	145.6	-			○	99p	일본어판
2009.6.26	Mana Khemia : Student Alliance	Nippon-Ichi Software	13,600	12세	514.9	-			○	92p	영어판
2009.6.26	Numblast	SCE	16,000	전체	35	자막		○	○	104p(크루통), 244p	
2009.7.3	International Athletic	Ghostlight	16,200	전체	28.5	-			-	International Athletic	영어판
2009.7.3	Skate Park City	Midas Interactive	16,200	전체	164	-			○	Skate Park City	영어판
2009.7.3	Stateshift	Midas Interactive	14,500	전체	157.8	-			○	Stateshift	영어판
2009.7.3	WWII : Battle Over The Pacific	Midas Interactive	14,500	전체	23.6	-			-	WWII : Battle Over The Pacific	영어판

발매일	타이틀명	발매사	가격	등급	용량(MB)	한국어화	염가판	체험판	PS Vita	본서 소개 정보	비고
2009.7.24	Legend of Hero NARISOKONAI	SCEK	–	전체	–	–			×	106p(설익은 영웅담)	일본어판
2009.9.11	Donkey Xote	Virgin PLAY	7,600	전체	797.9	–			S	Donkey Xote	영어판
2009.9.11	Final Armada	Virgin PLAY	7,600	12세	530.9	–			S	Final Armada	영어판
2009.9.11	Super Hind	Virgin PLAY	15,800	전체	408.8	–			○	Super Hind	영어판
2009.10.1	Burnout Dominator	Electronic Arts	12,800	12세	615.9	–	DLUP		–	82p	영어판
2009.10.1	Gran Turismo	SCE	45,000	전체	940.4	자막			○	109p, 244p	
2009.10.1	Medal of Honor : Heroes	Electronic Arts	12,800	12세	1336	–	DLUP		○	76p	영어판
2009.10.1	METAL SLUG COMPLETE	SNK Playmore	24,000	12세	1.2GB	–			○	77p	일본어판
2009.10.1	MotorStorm : Arctic Edge	SCE	33,900	12세	738.2	자막			○	112p, 244p	
2009.10.1	PixelJunk Monsters DELUXE	Q-GAMES	13,700	전체	69.6	–		○	○	112p	영/일어판
2009.10.1	Real Madrid The Game	Virgin PLAY	16,000	전체	642.4	–			S	Real Madrid The Game	영어판
2009.10.1	SOULCALIBUR : Broken Destiny	BANDAI NAMCO Entertainment	57,000	15세	758.1	–			○	107p	영/일어판
2009.10.1	Unbound Saga	Vogster Entertainment	6,300	15세	257.8	–			○	Unbound Saga	영어판
2009.10.2	Astonishia Story 2	엔트리브소프트	19,800	전체	751.5	국산			S	93p(가넷 크로니클), 242p	
2009.10.2	신천마계 : GOC4 어나더 사이드	CGK	19,800	전체	910	자막			○	47p, 237p	
2009.10.2	영어로 배우는 영어 Just English	바른손크리에이티브	9,900	전체	1335	국산			○	238p	
2009.10.2	돌려돌려!! 코롱	CGK	9,800	전체	58.7	–			–	64p	일본어판
2009.10.2	오석태의 말하는 영어	바른손크리에이티브	9,900	전체	1172	국산			○	238p	
2009.10.2	Win-JPT 일본어 초급	바른손크리에이티브	9,900	전체	1561	국산			S	236p	
2009.10.16	Burnout Legends	Electronic Arts	12,800	12세	438.9	–	DLUP		○	52p, 235p	영어판
2009.10.16	판타지 골프 팡야 포터블	엔트리브소프트	19,800	전체	688.7	국산			○	101p, 243p	
2009.10.16	Medal of Honor : Heroes 2	Electronic Arts	12,800	15세	1062	–	DLUP		○	87p	영어판
2009.10.16	Need for Speed Carbon : Own the City	Electronic Arts	12,800	12세	809.5	–	DLUP		○	74p	영어판
2009.10.16	SSX on Tour	Electronic Arts	11,000	전체	1307	–			–	53p, 236p	영어판
2009.10.16	The Sims 2 Castaway	Electronic Arts	–	전체	–	–			×	The Sims 2 Castaway	영어판
2009.10.16	GI JOE : The Rise of Cobra	Electronic Arts	–	12세	–	–			×	GI JOE : The Rise of Cobra	영어판
2009.10.23	Madden NFL 10	Electronic Arts	–	전체	–	–			×	Madden NFL 10	영어판
2009.10.23	God of War : Chains of Olympus	SCE	12,800	18세	1.3GB	자막	DLUP		○	90p, 242p	
2009.10.30	GUILTY GEAR JUDGMENT	ARC SYSTEM WORKS	20,600	15세	566.7	–			○	68p	일본어판
2009.10.30	GUILTY GEAR XX Accent CORE PLUS	ARC SYSTEM WORKS	28,800	12세	772.2	–			○	91p	일본어판
2009.10.30	로코로코 : Midnight Carnival	SCE	10,000	전체	175	자막		○	○	112p, 244p	DLC 있음
2009.11.17	7 Wonders of the Ancient World	MumboJumbo	12,200	전체	17.7	–			○	7 Wonders of the Ancient World	영어판
2009.11.17	KING'S FIELD ADDITIONAL 1	FromSoftware	14,700	18세	742.8	–			○	66p	일본어판
2009.11.17	KING'S FIELD ADDITIONAL 2	FromSoftware	14,700	18세	756.9	–			○	68p	일본어판
2009.11.17	LUXOR : Pharaoh's Challenge	MumboJumbo	12,200	전체	16	–			○	LUXOR : Pharaoh's Challenge	영어판
2009.11.17	Super Collapse! 3	MumboJumbo	12,200	전체	12.8	–			–	Super Collapse! 3	영어판
2009.11.17	Wish Score Op.ANGEL of ANTIPHONA	Nippon-Ichi Software	20,500	전체	638.3	–			○	110p(안티포나의 성가 공주)	일본어판
2009.11.20	CRYSTAL DEFENDER	SQUARE ENIX	12,600	전체	11.7	–			○	111p	영/일어판
2009.11.20	드래고니어즈 아리아 : 용이 잠들 때까지	Nippon-Ichi Software	14,700	전체	340.8	–			○	81p	일본어판
2009.11.20	주앤류토익 뉴 TOEIC LC Vol.1	바른손크리에이티브	9,900	전체	1306	국산			○	240p	
2009.11.20	주앤류토익 뉴 TOEIC LC Vol.2	바른손크리에이티브	9,900	전체	1460	국산			○	240p	
2009.11.20	무타쥬스	바른손크리에이티브	9,900	전체	1370	국산			○	237p	
2009.11.20	신기환상 : SSII 언리미티드 사이드	CGK	19,800	전체	1095	자막			○	52p, 239p	
2009.11.20	오석태의 말하는 영어 Vol.2	바른손크리에이티브	9,900	전체	1195	국산			○	238p	
2009.11.20	THEXDER NEO	SQUARE ENIX	14,000	전체	33	–			○	THEXDER NEO	영어판
2009.11.24	Disgaea Infinite	Nippon-Ichi Software	20,400	전체	147.2	–			○	111p	일본어판
2009.11.26	Puyopuyo 7	SEGA	35,200	전체	171.6	–			○	114p	일본어판
2009.11.27	Jak and Daxter : The Lost Frontier	SCE	29,700	전체	979.4	–		○	○	113p	영어판
2009.12.1	프리니 : 제가 주인공해도 되겠슴까?	Nippon-Ichi Software	12,800	전체	381.3	–	DLUP	○	○	94p	일본어판
2009.12.4	TIGER WOODS PGA Tour 09	Electronic Arts	–	전체	–	–			×	TIGER WOODS PGA Tour 09	영어판
2009.12.4	Adventures To Go!	GAE	41,100	전체	77.6	–			–	105p(세계는 나로 인해 돌아간다)	일본어판
2009.12.4	어쌔신 크리드 : 블러드라인	Ubisoft	22,000	18세	559.4	–			○	116p	영어판
2009.12.4	BOMBERMAN Portable	Hudson Soft	16,800	전체	72.5	–			○	66p	일본어판
2009.12.4	Dungeon Maker 2	GAE	41,100	12세	73.1	–			○	84p(크로니클 오브 던전 메이커 II)	일본어판
2009.12.4	이디스 메모리즈 : 신천마계 GOCV	CGK	19,800	12세	1652	자막			○	63p, 241p	
2009.12.4	NANATAMA : Dungeon Maker	GAE	41,100	12세	90	–			○	102p	일본어판
2009.12.4	VALHALLA KNIGHTS	Marvelous	29,300	12세	636.7	–	Best		○	68p	일본어판
2009.12.4	VALHALLA KNIGHTS 2	Marvelous	29,300	12세	1538	–	Best	○	○	104p	일본어판
2009.12.8	Obscure : The Aftermath	SCEK	–	18세	–	–			×	Obscure : The Aftermath	영어판
2009.12.11	마블 슈퍼 히어로 스쿼드	THQ 코리아	–	전체	–	–			×	Marvel Super Hero Squad	영어판
2009.12.17	리틀 빅 플래닛	SCE	12,800	전체	1310	자막			○	114p, 245p	DLC 있음
2010.1.8	Fading Shadows	Nordcurrent	6,400	전체	264.2	–			○	Fading Shadows	영어판

발매일	타이틀명	발매사	가격	등급	용량(MB)	한국어화	염가판	체험판	PS Vita	본서 소개 정보	비고
2010.1.8	Karakuri (Tokobot)	Tecmo	13,500	전체	285.3	–			○	54p	일본어판
2010.1.8	King of Pool	Nordcurrent	6,400	전체	41.8	–			○	King of Pool	영어판
2010.1.8	Prince of Persia Revelations	Ubisoft	19,900	15세	1277	–			○	Prince of Persia Revelations	영어판
2010.1.8	Tom Clancy's Ghost Recon Advanced Warfighter 2	Ubisoft	19,900	15세	675.3	–			○	Tom Clancy's Ghost Recon Advanced Warfighter 2	영어판
2010.1.12	Brothers In Arms : D-Day	Ubisoft	15,900	15세	1084	–			–	Brothers In Arms : D-Day	영어판
2010.1.12	GURUMIN	Nihon Falcom	41,100	전체	593.6	–			–	65p	일본어판
2010.1.15	Cloudy with a chance of Meatball	Ubisoft	15,900	전체	385.6	–			–	Cloudy with a chance of Meatball	영어판
2010.1.15	Driver '76	Ubisoft	15,900	18세	860.2	–			○	Driver '76	영어판
2010.1.19	Teenage Mutant Ninja Turtles	Ubisoft	15,900	12세	1063	–			–	Teenage Mutant Ninja Turtles	영어판
2010.1.19	Tom Clancy's EndWar	Ubisoft	15,900	전체	151.2	–			○	Tom Clancy's EndWar	영어판
2010.1.22	BOMBERMAN LAND PORTABLE	Hudson Soft	16,800	18세	365.8	–			○	78p	일본어판
2010.1.22	James Cameron's Avatar : The Game	Ubisoft	–	12세	–	–			×	James Cameron's Avatar : The Game	영어판
2010.1.29	용사 30	CGK	38,000	전체	113.5	자막			○	103p, 245p	
2010.2.5	Dungeon Explorer : Warriors of Ancient Arts	Hudson Soft	16,800	12세	529.3	–			○	84p(던전 익스플로러 : 맹약의 문)	일본어판
2010.2.5	Linebarrels of Iron	Hudson Soft	15,600	15세	1120	–			○	110p(강철의 라인배럴)	일본어판
2010.2.12	목장이야기 : 슈가 마을과 모두의 소원	CGK	38,000	15세	144.7	자막			○	100p, 245p	
2010.2.12	여신전생 페르소나 3 PORTABLE	Atlus U.S.A.	43,200	15세	1145	자막			○	112p, 245p	
2010.2.16	총성과 다이아몬드	SCE	43,600	12세	635.5	자막			○	104p, 244p	
2010.2.16	Fu-un Shinsengumi : Bakumatsuden Portable	FromSoftware	35,200	18세	472.1	–			–	115p(풍운 신선조 막말전 포터블)	일본어판
2010.2.16	LUXOR : The Wrath of Set	MumboJumbo	12,200	전체	23.2	–			○	LUXOR : The Wrath of Set	영어판
2010.2.16	천지의 문 2 : 무쌍전	SCE	12,800	12세	1104	자막	DLUP		○	71p, 240p	
2010.2.26	100만톤의 조각 조각	SCE	41,800	전체	190.9	–		○	○	120p	일본어판
2010.2.26	echoshift	SCE	35,200	전체	145.9	–		○	○	111p	영어판
2010.2.26	SOCOM : U.S.Navy SEALs Fireteam Bravo 3	SCE	12,800	15세	912.4	자막	DLUP	○	○	119p, 245p	DLC 있음
2010.3.5	Classic Dungeon fuyokunomasoujin	Nippon-Ichi Software	20,500	전체	180.5	–			○	119p(클래식 던전 : 부익의 마장진)	일본어판
2010.3.5	Lapucelle Ragnarok	Nippon-Ichi Software	20,500	15세	351.2	–			○	114p(라 퓌셀 라그나로크)	일본어판
2010.3.11	뚱뚱보 공주와 한 주먹의 케이크	SCE	12,800	15세	128	자막	DLUP		○	123p, 245p	
2010.3.12	MLB 10 The Show	SCE	36,900	전체	845.9	–			–	MLB 10 The Show	영어판
2010.3.12	Mytran Wars	Koch Media	34,600	12세	1122	–			–	Mytran Wars	영어판
2010.3.12	ZettaiHeroKaizouKeikaku	Nippon-Ichi Software	20,500	전체	466.2	–			○	122p(절대 히어로 개조계획)	일본어판
2010.3.25	프리니 2 : 특공유희! 새벽의 팬티 대작전 임다!!	Nippon-Ichi Software	20,400	전체	416.2	–			○	124p	일본어판
2010.4.2	아바마마 오셨다! 어서 굴려라!	BANDAI NAMCO Entertainment	38,000	전체	1652	자막			○	55p, 238p	
2010.4.2	Rengoku : The Tower of Purgatory	Hudson Soft	17,000	15세	174	–			○	46p(연옥)	일본어판
2010.4.2	Rengoku II : The Stairway to H.E.A.V.E.N.	Hudson Soft	17,000	12세	280.4	–			○	63p(연옥 II)	일본어판
2010.4.2	릿지 레이서	BANDAI NAMCO Entertainment	38,000	전체	872.5	–			–	44p	영어판
2010.4.2	철권 DARK RESURRECTION	BANDAI NAMCO Entertainment	38,000	15세	1.6GB	자막			○	65p, 239p	
2010.4.16	Patchwork Heroes (100만톤의 조각 조각)	SCE	13,400	전체	228.7	–			○	120p	영어판
2010.5.11	Disgaea 2 : Dark Hero Days	NIS America	13,600	전체	483.2	–			○	101p	영어판
2010.6.1	UNO PSP	Gameloft	–	전체	–	–			×	UNO PSP	영어판
2010.6.8	DISSIDIA FINAL FANTASY UNIVERSAL TUNING	SQUARE ENIX	27,300	15세	1294	–			○	111p	일본어판
2010.6.8	METAL GEAR SOLID PEACE WALKER	Konami Digital Entertainment	42,000	15세	1410	–			–	127p	영어판
2010.6.15	마계전기 디스가이아 2 Portable	Nippon-Ichi Software	20,500	전체	730.7	–			○	101p	일본어판
2010.6.15	METAL SLUG XX	SNK Playmore	39,000	12세	177.2	–			○	116p	일본어판
2010.6.22	Darkstalkers Chronicle : The Chaos Tower	CAPCOM ASIA	12,800	12세	657.1	–	DLUP		○	44p(뱀파이어 크로니클)	영어판
2010.6.22	MEGAMAN MAVERIC HUNTER X (IRREGULAR HUNTER X)	CAPCOM ASIA	12,800	전체	408.3	–	DLUP		○	54p(이레귤러 헌터 X)	영어판
2010.6.22	POWER STONE COLLECTION	CAPCOM ASIA	12,800	12세	452.9	–	DLUP		○	73p(파워 스톤 포터블)	영어판
2010.6.22	Xyanide : Resurrection	SCEK	–	12세	–	–			×	Xyanide : Resurrection	영어판
2010.6.24	ModNation Racers PSP	SCE	37,800	전체	1096	자막			○	133p, 246p	
2010.6.29	모두의 테니스 포터블	SCE	12,800	전체	1083	자막	DLUP		○	121p, 246p	
2010.6.29	프린세스 메이커 5 포터블	CGK	33,000	15세	1620	자막			○	92p, 246p	
2010.7.1	Sonic Rivals	SEGA	20,400	전체	196.8	–			–	Sonic Rivals	영어판
2010.7.1	Sonic Rivals 2	SEGA	25,500	전체	222.6	–			–	Sonic Rivals 2	영어판
2010.7.6	INFLUENCE	SCE	9,800	전체	51.9	–			○	INFLUENCE	일본어판

발매일	타이틀명	발매사	가격	등급	용량(MB)	한국어화	염가판	체험판	PS Vita	본서 소개 정보	비고
2010.7.10	After Burner : Black Falcon	SCEK	-	-	-	-			×	After Burner : Black Falcon	영어판
2010.7.13	IRON MAN 2	SEGA	37,200	12세	672.4	-			-	IRON MAN 2	영어판
2010.7.14	THE KING OF FIGHTERS PORTABLE '94~'98 Chapter of Orochi	SNK Playmore	30,000	12세	474.8	-			○	130p	일본어판
2010.7.20	Great Battles of Rome	Slitherine	12,800	12세	415.1	-			○	Great Battles of Rome	영어판
2010.7.20	Prince of Persia : The Forgotten Sands	Ubisoft	22,000	15세	507.2	-			○	130p	영어판
2010.7.22	Disgaea Infinite	NIS America	20,400	전체	153.8	-			○	111p	영어판
2010.7.22	Gravity Crash	SCE	12,600	전체	46.1	-			○	135p	영어판
2010.7.29	INFLUENCE	SCE	-	전체	-	-			×	INFLUENCE	영어판
2010.8.20	디스가이아 포터블	Nippon-Ichi Software	14,000	전체	587.8	자막			○	73p, 246p	
2010.8.26	ZettaiHeroKaizouKeikaku	Nippon-Ichi Software	20,500	전체	466.2	-			○	122p(절대 히어로 개조계획)	영어판
2010.8.31	시간으로 판타지아	CGK	38,000	전체	68.3	-			○	131p	일본어판
2010.9.7	BLEACH ~HEAT THE SOUL 7~	SCE	41,400	12세	422.4	-			○	137p	일본어판
2010.9.16	BLUE ROSES ~요정과 푸른 눈동자의 전사들~	Nippon-Ichi Software	27,300	전체	573.2	-			○	137p(블루 로지스)	일본어판
2010.9.16	DISSIDIA FINAL FANTASY	SQUARE ENIX	27,300	15세	1517	-			○	96p	일본어판
2010.9.28	MONSTER HUNTER PORTABLE 2nd G	CAPCOM ASIA	12,800	15세	802	-	DLUP		○	88p	일본어판
2010.9.29	흑표 : 용과 같이 신장	SEGA	48,000	18세	1045	-			○	137p	일본어판
2010.10.14	LORD of ARCANA	SQUARE ENIX	52,000	18세	678.7	-		○	○	140p	일본어판
2010.10.28	101-in-1 Megamix	Nordcurrent	19,600	전체	413.1	-			○	101-in-1 Megamix	영어판
2010.10.28	Phantom Brave PORTABLE	Nippon-Ichi Software	27,300	전체	396.9	-			○	141p	일본어판
2010.11.2	God of War : Ghost of Sparta	SCE	36,900	18세	1.1GB	자막		○	○	142p, 246p	
2010.11.24	Criminal Girls	Nippon-Ichi Software	27,300	18세	254.5	-			○	142p	일본어판
2010.12.15	TACTICS OGRE : Let Us Cling Together	SQUARE ENIX	32,300	12세	1124	-			○	78p	일본어판
2010.12.21	BLAZBLUE Portable	ARC SYSTEM WORKS	13,600	12세	906.3	자막			○	121p, 246p	
2010.12.22	The 3rd Birthday	SQUARE ENIX	32,300	18세	1194	-			○	145p	일본어판
2011.1.6	모두의 스트레스 팍!	SCE	12,800	전체	376.4	자막	DLUP		○	109p, 247p	
2011.1.18	Air Traffic Controller Haneda	Sonic Powered	20,500	전체	187.5	-			○	139p(에어포트 히어로 하네다)	일본어판
2011.1.25	Air Traffic Controller Kanku	Sonic Powered	20,500	전체	174.5	-			○	144p(에어포트 히어로 칸쿠)	일본어판
2011.2.22	FINAL FANTASY	SQUARE ENIX	23,700	전체	155.8	-			○	78p	영/일어판
2011.2.22	FINAL FANTASY II	SQUARE ENIX	23,700	12세	240.5	-			○	79p	영/일어판
2011.3.9	FINAL FANTASY TACTICS 사자전쟁	SQUARE ENIX	27,300	12세	438.2	-			○	78p	일본어판
2011.3.23	MLB 11 The Show	SCE	37,800	전체	801	-			-	MLB 11 The Show	영어판
2011.3.24	Classic Dungeon 2	Nippon-Ichi Software	27,300	전체	389.1	-			○	150p(클래식 던전 X2)	일본어판
2011.4.19	Commander Europe at War	Slitherine	12,800	12세	31.7	-			○	Commander Europe at War	영어판
2011.4.20	DISSIDIA duodecim Prologus FINAL FANTASY	SQUARE ENIX	3,900	15세	246.2	자막			○	146p, 247p	
2011.4.20	FINAL FANTASY IV : The Complete Collection	SQUARE ENIX	49,800	전체	727.2	-			○	150p	영/일어판
2011.6.24	BlazBlue : Continuum Shift II	ARC SYSTEM WORKS	28,300	12세	1289	자막			○	150p, 247p	
2011.6.24	DISSIDIA 012[duodecim] FINAL FANTASY	SQUARE ENIX	20,300	15세	1227	자막			○	149p, 247p	DLC 있음
2011.7.26	파타퐁 3	SCE	19,800	전체	378.5	자막		○	○	152p, 247p	DLC 있음
2011.10.28	FINAL FANTASY TYPE-0	SQUARE ENIX	31,600	15세	2300	-			○	163p	듀얼데이터
2011.11.10	내 시체를 넘어가라	SCE	52,500	12세	446.3	-			○	163p	일본어판
2011.12.8	HOARD PSP	Big Sandwich Games	12,100	전체	53.2	-		○	○	HOARD PSP	영어판
2012.3.7	Major League Baseball 2K12	SCEK	-	전체	-	-			×	Major League Baseball 2K12	영어판
2012.5.15	Master of Monsters Final EX	SystemSoft Alpha	26,900	전체	347.5	-			○	135p	일본어판
2012.5.15	Sangokuhime	SystemSoft Alpha	41,200	18세	1354	-			○	167p	일본어판
2012.6.12	MONSTER HUNTER PORTABLE 3rd	CAPCOM ASIA	34,700	15세	1100	-			○	144p	일본어판
2012.9.20	FINAL FANTASY III	SQUARE ENIX	23,700	전체	232.2	-			○	183p	영/일어판
2012.12.4	Impossible Mission	System 3	7,600	전체	75.1	-			○	Impossible Mission	영어판
2013.1.22	TNT Racers	dtp entertainment	9,600	전체	44.7	-			○	TNT Racers	영어판
2013.1.29	Adventures To Go!	Natsume	17,900	전체	42.1	-			○	105p(세계는 나로 인해 돌아간다)	영어판
2013.1.29	Genso Chronicle	KEMCO	8,500	전체	41.4	-			S	182p(환상 크로니클)	일본어판
2012.2.19	NBA 2K13	Take2 International	-	전체	-	-			×	NBA 2K13	영어판
2013.3.28	TEKKEN 6	BANDAI NAMCO Entertainment	26,500	15세	713.8	자막			○	117p, 244p	
2013.4.16	Elminage Original	UFO Interactive	11,700	12세	320.1	-			○	153p(엘미나쥬 오리지널)	영어판
2013.5.23	Carnage Heart EXA	Natsume	35,800	12세	490.9	-			○	140p(카니지 하트 EXA)	영어판
2013.7.23	Chameleon	UFO Interactive	4,000	전체	26.5	-			○	Chameleon	영어판
2013.8.6	Warriors of the Lost Empire	UFO Interactive	7,300	15세	1580	-			○	Warriors of the Lost Empire	영어판
2013.10.22	Mystic Chronicles	Natsume	18,000	12세	41.5	-			-	182p(환상 크로니클)	영어판
2013.11.28	TALES OF REBIRTH	BANDAI NAMCO Entertainment	29,800	12세	1490	-	Best		○	87p(테일즈 오브 리버스)	일본어판

■ minis 소프트 (101종)

PS3와 PSP(PS Vita·PS Vita TV 포함)에서 공통으로 플레이할 수 있는 소액·소규모의 다운로드 게임 소프트로서, 북미·유럽 중심으로 전개되었기에 거의 대부분이 영어판이나, 한국에서도 판매중이며 2024년 3월 현재 PS3와 PS Vita의 PlayStation Store에서 구입과 검색이 가능하다. 2024년 3월 시점의 PS3·PS Vita용 한국 PlayStation Store를 기준으로 조사한 리스트로서, PS3에선 발견되나 PS Vita에선 검색되지 않는 소프트는 'PS Vita' 란에 '×'로 표기했고, PS Vita에서는 검색으로만 구입 가능한 소프트는 'PS Vita' 란에 'S'로 표기했다. '없음'은 판매되었다는 기록만 남아있는 소프트다.

발매일	타이틀명	장르	발매사	가격(원)	등급	용량(MB)	PS Vita
2009.11.5	BRAINPIPE	PUZ	Hands-On Mobile	6,800	전체	27	S
2009.11.5	BREAKQUEST	ACT	BEATSHAPERS	5,500	전체	66	S
2009.11.5	FIELDRUNNERS	SLG	Subatomic Studios	9,500	12세	29	S
2009.11.5	PINBALL FANTASIES	ACT	COWBOY RODEO	9,800	전체	5.7	○
2009.11.5	PUZZLE SCAPE MINI	PUZ	Farmind	5,800	전체	91	S
2009.11.5	VEMPIRE	PUZ	Impressionware	6,800	전체	13	○
2009.11.5	Funky Punch	FACT	Solus Games	6,800	전체	20	S
2009.11.5	Alien Havoc	ACT	Creat Studio	6,800	전체	8.3	S
2009.11.5	Kahoots	PUZ	Honeyslug Limited	6,000	전체	23	S
2009.11.5	Fortix	ETC	Complete-IT	7,700	전체	23.9	×
2009.11.5	Hero Of Sparta	ACT	Gameloft	-	18세	-	없음
2009.11.5	Tetris	PUZ	Electronic Arts	-	전체	-	없음
2009.11.13	Sudoku	PUZ	Electronic Arts	5,500	전체	29.8	×
2009.11.13	Mahjongg Artifacts : Chapter 2	TBL	G5 Entertainment	-	전체	-	없음
2009.11.17	Super Collapse! 3	PUZ	MumboJumbo	-	전체	-	없음
2009.12.4	YETISPORTS PENGU THROW	ACT	Xendex Holding	5,800	전체	8.1	S
2009.12.4	YUMMY YUMMY COOKING JAM	ACT	Virtual Toys	6,800	전체	18	S
2009.12.18	Blast Off	SHT	Halfbrick Studios	5,400	전체	24	○
2009.12.25	ZOMBIE TYCOON	ACT	Frima Studio	5,000	12세	57	○
2009.12.25	Spot The Differences!	PUZ	Sanuk Games	4,100	전체	78	○
2009.12.25	BUBBLE TRUBBLE	ACT	Creat Studios	6,800	전체	18	S
2009.12.25	Echoes	PUZ	Halfbrick Studios	4,100	전체	24	S
2009.12.25	RED BULL X-FIGHTERS	ETC	Xendex Holding	-	전체	-	없음
2010.1.8	Pinball Dreams	ACT	COWBOY RODEO	9,900	전체	4.5	○
2010.1.15	BEAM'EM UP	ACT	Immersive Games	2,000	전체	16	S
2010.1.15	Stand O'Food	SLG	G5 Entertainment	-	전체	-	없음
2010.1.15	Let's Golf	SPT	Gameloft	-	전체	-	없음
2010.1.22	D-CUBE Planet	PUZ	Gameshastra	5,400	전체	8.5	S
2010.1.22	Pachisi	TBL	Gameshastra	5,400	전체	25	S
2010.1.22	Route 66	PUZ	Gameshastra	5,400	전체	41	S
2010.1.22	Tiger Trouble	TBL	Gameshastra	5,400	전체	24	S
2010.1.22	Circles	PUZ	Gameshastra	5,400	전체	9.3	×
2010.2.5	Deflector	PUZ	Gameshastra	5,400	전체	5.8	○
2010.2.5	BOWLING 3D PSP	SPT	Electronic Arts	6,100	전체	20.1	×
2010.3.12	CUBIXX	PUZ	Laughing Jackal	5,400	전체	27	S
2010.3.26	Age of Zombies	ACT	Halfbrick Studios	-	15세	-	없음
2010.3.26	Rocket Racing	RAC	Halfbrick Studios	6,800	전체	29	×
2010.4.30	Stellar Attack	PUZ	Laughing Jackal	4,800	전체	34	○
2010.5.7	Manic Monkey Mayhem	ACT	Code Monkeys	5,000	전체	16	S
2010.5.7	International Snooker	ACT	Big Head Games	1,600	전체	4	S
2010.5.7	Retro Cave Flyer	ACT	Big Head Games	1,600	전체	16	S
2010.5.7	The Terminator	ACT	Big Head Games	-	12세	-	없음
2010.5.12	Ice Road Truckers	RAC	Slitherine	3,700	전체	17	S
2010.5.27	Freekscape : Escape From Hell	ACT	New World Ideas	6,300	전체	46	S
2010.6.8	NormalTanks	ACT	Beatshapers	5,400	전체	9.9	S

발매일	타이틀명	장르	발매사	가격(원)	등급	용량(MB)	PS Vita
2010.7.1	Vibes	MUS	Laughing Jackal	5,900	12세	60	S
2010.7.13	Tehra Dark Warrior	ACT	StormBASIC	-	15세	-	없음
2010.7.20	HISTORY : Egypt Engineering an Empire	SLG	Slitherine	4,800	전체	21	S
2010.7.21	Arcade Darts	SPT	ICON	-	전체	-	없음
2010.7.29	Piyotama	PUZ	SCE WWS	4,600	전체	29.9	×
2010.9.1	Carnivores : Dinosaur Hunter	FPS	Beatshapers	5,000	12세	36	S
2010.9.22	DynoGems	PUZ	StormBASIC	-	전체	-	없음
2010.10.5	The Mystery of the Crystal Portal	PUZ	G5 Entertainment	-	전체	-	없음
2010.10.5	Mahjongg Artifacts	PUZ	G5 Entertainment	-	전체	-	없음
2010.10.19	Hive Sweeper	PUZ	Skyl-Com	1,900	전체	9.3	S
2010.10.28	Young Thor	ACT	FRIMA STUDIO	5,000	전체	55	S
2010.10.28	Widget's Odyssey	ACT	FRIMA STUDIO	2,500	전체	51	S
2010.10.28	Widget's Odyssey 2	ACT	FRIMA STUDIO	2,500	전체	61	S
2010.11.4	Ace Armstrong vs. the Alien Scumbags!	SHT	Laughing Jackal	5,900	12세	41	S
2010.11.16	ZENONIA	RPG	GAMEVIL	8,800	전체	22	S
2011.1.11	3,2,1... SuperCrash!	ETC	StormBASIC	-	전체	-	없음
2011.1.20	Paper Wars : Cannon Fodder	ACT	IFUN4ALL	6,300	12세	10	S
2011.1.20	Fish Tank	PUZ	Draw Distance	3,800	전체	6.7	○
2011.1.20	Future Fight	SLG	Bloober Team	6,300	전체	16	S
2011.2.15	Karimogi	PUZ	StormBASIC	-	전체	-	없음
2011.2.22	Family Games	PUZ	Icon Games	1,200	전체	26	S
2011.2.22	Arcade Air Hockey & Bowling	SPT	Icon Games	-	전체	-	없음
2011.2.22	Soccer Bashi	SPT	Icon Games	1,200	전체	38.5	×
2011.3.3	Pipe Madness	PUZ	Ayeware	3,200	전체	6.2	S
2011.3.31	SHIFT extended	PUZ	Zallag	-	12세	-	없음
2011.4.12	Wackylands Boss	ACT	CREAT STUDIO	6,300	12세	19	○
2011.7.19	Farm Frenzy	SLG	ALAWAR	3,800	전체	20	S
2011.7.20	SMASHBREAK	ACT	SCE WWS	3,400	전체	5.1	×
2011.7.20	Legend of Kunoichi	ACT	SCE WWS	3,400	전체	7.4	×
2011.7.20	EARTHSHIELD	SHT	SCE WWS	3,400	전체	6	×
2011.7.26	BABEL The King of the Blocks	PUZ	StormBASIC	-	전체	-	없음
2011.8.11	Mr.Hat and the Magic Cube	PUZ	BRAVO GAMES	4,800	전체	55	S
2011.8.11	Touch Racing Nitro	RAC	BRAVO GAMES	4,800	전체	21	○
2011.9.8	Doodle Pool	SPT	Big Head Games	1,500	전체	9.3	○
2011.10.11	Snowy : The Bear's Adventures (한국어 지원)	ACT	ALAWAR	3,600	전체	16	S
2011.11.15	Arcade Essentials Evolution	ACT	Nordcurrent	7,700	전체	35	S
2011.12.13	Card Shark	TBL	Midas Interactive	1,800	18세	-	없음
2012.2.28	A Space Shooter for 2 Bucks!	SHT	FRIMA STUDIO	2,000	12세	55	○
2012.11.14	Cubixx / Vibes Bundle pack	ACT	Ghostlight	7,400	12세	87	○
2012.11.14	Ace Armstrong / Stellar Attack Bundle	ACT	Ghostlight	7,400	12세	74	S
2012.11.15	Zombie Racers	RAC	Big Head Games	1,500	18세	58	S
2012.12.4	Impossible Mission	ACT	System 3	6,100	전체	40	○
2012.12.13	Wizorb	ACT	BEATSHAPERS	5,000	전체	15	○
2012.12.13	Carnivores : Ice Age	ACT	BEATSHAPERS	5,000	12세	33	○
2012.12.13	Canabalt	ACT	BEATSHAPERS	5,000	전체	12	○
2012.12.13	Galcon Labs	SLG	Beatshapers	5,000	전체	16	S
2013.5.15	Actual Crimes : Jack The Ripper	PUZ	Sanuk Games	4,800	12세	85	S
2013.5.15	Hysteria Project	ADV	Sanuk Games	2,400	12세	83	S
2013.5.15	Spot The Differences!	PUZ	Sanuk Games	4,100	전체	78	S
2013.6.26	Hysteria Project 2	ADV	Sanuk Games	3,000	18세	95	S
2013.6.26	Pix'n Love Rush	ACT	Sanuk Games	3,000	전체	15	S
2013.7.2	Twin Blades	ACT	Sanuk Games	3,000	18세	40	S
2013.7.2	3D Twist & Match	PUZ	Sanuk Games	3,000	전체	25	○
2013.7.2	Drums Challenge	MUS	Sanuk Games	3,000	전체	46.1	×
2013.8.7	Phase Shift : Threats Beyond the Network	SHT	Dark Potato Studios	4,400	전체	36	S
2013.11.6	Heracles : Chariot Racing	RAC	Neko Entertainment	3,200	전체	47	S

■ PlayStation 클래식 게임 (254종)

일본·미국판 PS1용 과거 작품을 에뮬레이션 구동 형태로 제공하는 PSP·PS Vita용 다운로드 소프트(일본의 '게임 아카이브스'에 해당). 2024년 3월 시점에서는 PS3·PS Vita·PS Vita TV의 PlayStation Store로만 검색과 구입이 가능하다. 대부분 PS Vita에서도 구입·구동할 수 있으나, 일부 소프트는 PS Vita에서는 검색으로만 발견 가능하거나 구입할 수 없으니 유의하도록 하자(해당 소프트는 'PS Vita' 란에 'S'와 '×'로 표기).

발매일	타이틀명	장르	발매사	가격(원)	인수	등급	언어	PS Vita	본서 소개 정보 (PS1 퍼펙트 카탈로그 기준)
2007.6.15	내 시체를 넘어가라	RPG	SIE	4,500	1명	12세	일어		내 시체를 넘어서 가라 (하권 57p)
2007.6.15	Rally Cross	RAC	SIE	4,500	1명	전체	일어	S	랠리 크로스 (상권 121p)
2007.6.15	GLOBAL FORCE : 신 전투국가	SLG	SIE	4,500	1명	12세	일어		글로벌 포스 : 신 전투국가 (하권 42p)
2007.6.16	마알 왕국의 인형 공주	RPG	니폰이치 소프트웨어	6,500	1명	전체	일어		마알 왕국의 인형공주 (상권 202p)
2007.6.16	철권 2	FACT	Bandai Namco	6,500	1명	12세	일어		철권 2 (상권 62p)
2007.6.16	Arc The Lad	RPG	SIE	6,800	1명	12세	일어		아크 더 래드 (상권 43p)
2007.6.21	아랑전설 WILD AMBITION	FACT	SNK	6,500	1명	12세	일어		아랑전설 WILD AMBITION (하권 58p)
2007.6.21	검객이문록 창홍의 검	FACT	SNK	6,500	1명	12세	일어		검객이문록 : 되살아나는 창홍의 칼날 (하권 94p)
2007.6.21	METAL SLUG X	SHT	SNK	6,500	1명	12세	일어	S	메탈 슬러그 X (하권 151p)
2007.6.21	리얼 바우트 아랑전설	FACT	SNK	6,500	1명	12세	일어		리얼 바웃 아랑전설 (상권 98p)
2007.6.21	직소 월드	PUZ	니폰이치 소프트웨어	6,500	1명	전체	일어		직소 월드 (상권 40p)
2007.6.21	야쿠츠 : 저주 게임	ADV	IDEA FACTORY	6,500	1명	전체	일어		액통 : 저주의 게임 (상권 100p)
2007.6.21	CG 옛날 이야기 할아버지 2번 놀라다!!	ETC	IDEA FACTORY	6,500	1명	전체	일어		CG 옛날이야기 : 할아버지, 두 번 놀라다 (상권 59p)
2007.6.21	사기 마작	PUZ	IDEA FACTORY	6,500	1명	18세	일어		사기 마작 (하권 115p)
2007.6.21	와이와이 테니스 플러스	SPT	HAMSTER	6,500	1명	전체	일어		Love Game's : 와글와글 테니스 플러스 (하권 184p)
2007.6.21	PHILOSOMA	SHT	SIE	4,500	1명	전체	일어	S	필로소마 (상권 44p)
2007.6.21	TALL ∞	PUZ	HAMSTER	6,500	1명	전체	일어		톨 언리미티드 (하권 95p)
2007.6.21	HARD EDGE	AADV	SUN Corp.	6,500	1명	12세	일어		하드 엣지 (상권 199p)
2007.6.21	GALAXY FIGHT	FACT	SUN Corp.	6,500	1명	12세	일어		갤럭시 파이트 (상권 65p)
2007.6.21	Arcade Hits RAIDEN	SHT	HAMSTER	6,500	1명	전체	일어	S	라이덴 프로젝트(상권 40p)에서 1편만 분리한 염가판
2007.6.21	야쿠 : 우정괴담	ADV	IDEA FACTORY	6,500	1명	12세	일어		액 : 우정담의 (상권 54p)
2007.6.21	PUZZLE MANIA	PUZ	HAMSTER	6,500	1명	전체	일어		퍼즐 매니아 (하권 39p)
2007.6.21	THE DRUG STORE	SLG	HAMSTER	6,500	1명	전체	일어		THE 드러그스토어 : 마츠모토 키요시에서 쇼핑하자! (상권 177p)
2007.6.21	파이팅 모리카와군 2호	SLG	SIE	4,500	1명	전체	일어		힘내라, 모리카와 군 2호 (상권 114p)
2007.6.21	Rally Cross	RAC	SIE	4,500	1명	전체	영어	S	랠리 크로스 (상권 121p)
2007.6.21	Jet Moto	RAC	SIE	4,400	1명	전체	영어		Jet Moto (상권 124p)
2007.6.21	A.IV.Evolution GLOBAL	SLG	HAMSTER	6,500	1명	전체	일어	×	A열차로 가자 4 : 글로벌 (상권 49p)
2007.6.21	SPECTRAL FORCE	SLG	IDEA FACTORY	6,500	1명	전체	일어	S	스펙트럴 포스 (상권 132p)
2007.6.21	로직 마작 창룡 3-4인 플레이어	SPT	니폰이치 소프트웨어	6,500	1명	18세	일어		로직 마작 : 창룡 4인 대국·3인 대국 (하권 53p)
2007.6.21	우좌(U-SA)	PUZ	HAMSTER	6,500	1명	전체	일어	×	우좌(U-SA) (하권 111p)
2007.6.21	Tail of the Sun : WILD, PURE, SIMPLE LIFE	AADV	HAMSTER	6,500	1명	전체	일어	×	태양의 꼬리 (상권 65p)
2007.6.21	THE CONVENI! : 마을을 독점하라	SLG	HAMSTER	6,500	1명	전체	일어	S	THE 편의점 : 저 동네를 점령하라 (상권 107p)
2007.6.21	미스터 드릴러	PUZ	Bandai Namco	6,500	1명	전체	일어		미스터 드릴러 (하권 122p)
2007.6.21	TOMARUNNER!	ACT	SIE	4,500	1명	전체	일어	S	격주 토마라너 (하권 63p)
2007.6.21	철권 2	FACT	Bandai Namco	6,500	1명	12세	영어		철권 2 (상권 62p)
2007.6.21	Crash Bandicoot	ACT	SIE	4,400	1명	전체	영어	×	크래시 밴디쿳 (상권 90p)
2007.6.21	Syphon Filter	ACT	SIE	4,500	1명	15세	영어		사이폰 필터 (하권 67p)
2007.6.21	SilentBomber	ACT	Bandai Namco	6,500	1명	12세	일어		사일런트 바머 (하권 79p)
2007.6.21	모두의 GOLF 2	SPT	SIE	4,500	1명	전체	일어		모두의 GOLF 2 (하권 65p)
2007.6.28	CoolBoarders	SPT	SIE	4,500	1명	전체	영어	S	쿨 보더즈 (상권 75p)
2007.6.28	Crash Bandicoot	ACT	SIE	4,400	1명	전체	일어	S	크래시 밴디쿳 (상권 90p)
2007.7.26	뱀피르 흡혈귀 전설	SLG	HAMSTER	6,500	1명	12세	일어	×	방피르 : 흡혈귀 전설 (하권 40p)
2007.9.7	GUILTYGEAR	FACT	아크시스템웍스	6,500	1명	12세	일어	S	길티기어 (상권 164p)
2007.9.7	SPECTRAL FORCE 2	SLG	IDEA FACTORY	6,500	1명	전체	일어	S	스펙트럴 포스 2 (상권 189p)
2007.9.7	SPECTRAL TOWER	RPG	IDEA FACTORY	6,500	1명	전체	일어	S	스펙트럴 타워 (상권 82p)
2007.9.7	SEPTENTRION	ADV	HAMSTER	6,500	1명	전체	일어		셉텐트리온 : out of the Blue (하권 42p)
2007.9.7	Marl Kingdom 2 : Little Princess	RPG	니폰이치 소프트웨어	6,500	1명	전체	일어	S	리틀 프린세스 : 마알 왕국의 인형공주 2 (하권 87p)

발매일	타이틀명	장르	발매사	가격(원)	인수	등급	언어	PS Vita	본서 소개 정보 (PS1 퍼펙트 카탈로그 기준)
2007.9.7	REAL BOUT FATAL FURY SPECIAL DOMINATED MIND	FACT	SNK	6,500	1명	12세	일어	S	리얼 바웃 아랑전설 스페셜 : DOMINATED MIND (상권 171p)
2007.9.7	SAMURAI SHODOWN 1/2	FACT	SNK	6,500	1명	12세	일어	S	사무라이 스피리츠 : 검객지침서 팩 (상권 157p)
2007.9.7	THE KING OF FIGHTERS '95	FACT	SNK	6,500	1명	전체	일어	S	더 킹 오브 파이터즈 '95 (상권 70p)
2007.9.7	THE KING OF FIGHTERS '96	FACT	SNK	6,500	1명	전체	일어		더 킹 오브 파이터즈 '96 (상권 119p)
2007.9.7	THE KING OF FIGHTERS '97	FACT	SNK	6,500	1명	전체	일어	S	더 킹 오브 파이터즈 '97 (상권 165p)
2007.10.9	JumpingFlash!	ACT	SIE	4,400	1명	전체	일어		점핑 플래시! : 알로하 남작 펑키 대작전 편 (상권 42p)
2008.1.10	BIO HAZARD DIRECTOR'S CUT	ACT	CAPCOM	6,500	1명	15세	일어	S	바이오하자드 : 디렉터즈 컷 (상권 130p)
2008.1.10	DINO CRISIS	ACT	CAPCOM	6,500	1명	15세	일어		디노 크라이시스 (상권 61p)
2008.2.29	THE KING OF FIGHTERS KYO	ADV	SNK	6,500	1명	12세	일어		더 킹 오브 파이터즈 : 쿄 (상권 180p)
2008.2.29	SAMURAI SHODOWN 4 SPECIAL	FACT	SNK	6,500	1명	15세	일어		사무라이 스피리츠 : 아마쿠사 강림 스페셜 (상권 144p)
2008.2.29	THE KING OF FIGHTERS '98	FACT	SNK	6,500	1명	12세	일어	S	더 킹 오브 파이터즈 '98 (하권 45p)
2008.2.29	THE KING OF FIGHTERS '99	FACT	SNK	6,500	1명	12세	일어		더 킹 오브 파이터즈 '99 (하권 109p)
2008.2.29	OASIS ROAD	RPG	IDEA FACTORY	6,500	1명	전체	일어		오아시스 로드 (하권 39p)
2008.2.29	SPECTRAL TOWER II	RPG	IDEA FACTORY	6,500	1명	전체	일어	S	스펙트럴 타워 II (상권 147p)
2008.2.29	DEPTH	ACT	SIE	4,500	1명	전체	일어	S	DEPTH (상권 91p)
2008.2.29	Panekit	PUZ	SIE	4,500	1명	전체	일어	S	파네킷 (하권 66p)
2008.2.29	JumpingFlash! 2	ACT	SIE	4,500	1명	전체	일어		점핑 플래시! 2 : 알로하 남작 대난감 편 (상권 64p)
2008.2.29	XI [sai]	PUZ	SIE	4,500	1명	전체	일어	S	XI [sai] (상권 168p)
2008.3.7	AI MAHJONG SELECTION	TBL	HAMSTER	6,500	1명	18세	일어		Major Wave 시리즈 : AI 마작 SELECTION (하권 190p)
2008.3.7	WILD ARMS	RPG	SIE	4,400	1명	전체	일어	S	와일드 암즈 (상권 95p)
2008.3.7	Yo Yo's Puzzle Park	ACT	IREM	구입불가	1명	전체	일어	×	굿슨 파라다이스 (상권 88p)
2008.3.7	COTTON ORIGINAL	SHT	SUCCESS	6,500	1명	전체	일어	S	코튼 오리지널 (하권 51p)
2008.3.7	SANVEIN	SHT	SUCCESS	6,500	1명	전체	일어		SuperLite 1500 시리즈 : 잔파인 (하권 110p)
2008.3.7	PUZZLE MANIA 2	PUZ	HAMSTER	6,500	1명	전체	일어	S	퍼즐 매니아 2 (하권 46p)
2008.3.7	ZIPANGUJIMA	TBL	HAMSTER	6,500	1명	전체	일어	S	지팡구 섬 : 운명은 주사위가 결정한다!? (하권 76p)
2008.3.7	METAL SLUG	ACT	SNK	6,500	1명	12세	일어		메탈 슬러그 (상권 125p)
2008.3.7	SAMURAI SHODOWN 3	FACT	SNK	6,500	1명	15세	일어	S	사무라이 스피리츠 : 잔쿠로 무쌍검 (상권 75p)
2008.3.14	AI SHOGI SELECTION	TBL	HAMSTER	6,500	1명	전체	일어	S	Major Wave 시리즈 : AI 쇼기 셀렉션 (하권 187p)
2008.3.14	SuperLite 1500 Series CHITTY CHITTY CHICKEN	PUZ	SUCCESS	6,500	1명	전체	일어	S	SuperLite 1500 시리즈 : 치키치키 치킨 (하권 134p)
2008.3.14	The Adventure of Little Ralph	ACT	ERTAIN	6,500	1명	12세	일어		꼬마 랄프의 대모험 (하권 56p)
2008.3.14	BOXER'S ROAD	ACT	ERTAIN	6,500	1명	전체	일어	×	복서즈 로드 (상권 45p)
2008.3.14	KING'S FIELD	RPG	FromSoftware	6,500	1명	전체	일어		킹스 필드 (상권 39p)
2008.3.14	Tiny Bullets	ACT	SIE	4,500	1명	전체	일어	S	타이니 블릿 (하권 112p)
2008.3.14	Bealphareth	ARPG	SIE	4,400	1명	전체	일어	S	베알파레스 (하권 135p)
2008.3.14	Robbit mon Dieu	ACT	SIE	4,500	1명	전체	일어	S	로빗 몽 듀 (하권 78p)
2008.10.16	BLOCK KUZUSHI	ACT	HAMSTER	6,500	1명	12세	일어	S	Major Wave 시리즈 : 블록깨기 (하권 201p)
2008.10.16	WAIWAI KUSAYAKYU	SPT	HAMSTER	6,500	1명	전체	일어		Major Wave 시리즈 : 시끌벅적 사회인야구 (하권 201p)
2008.10.16	WAIWAI KART	RAC	HAMSTER	6,500	1명	전체	일어	S	Major Wave 시리즈 : 시끌벅적 카트 (하권 200p)
2008.10.16	BLUE BREAKER BURST	FACT	HAMSTER	6,500	1명	12세	일어	S	블루 브레이커 버스트 : 미소를 그대와 (상권 174p)
2008.10.16	BIOHAZARD 2	ACT	CAPCOM	6,500	1명	18세	일어	S	바이오하자드 2 (상권 148p)
2008.10.16	RAYBLADE	SRPG	Winky Soft	구입불가	1명	12세	일어	×	성령기 라이블레이드 (하권 109p)
2008.10.23	Meru Purana	SLG	KOEI TECMO	6,500	1명	전체	일어	S	메루 푸라나 (상권 70p)
2008.10.23	Noir yeux noire -Cielgris Fantasm-	RPG	KOEI TECMO	6,500	1명	전체	일어		검은 눈동자의 노아 (하권 60p)
2008.10.23	The adventures of Robin Lloyd	ADV	KOEI TECMO	6,500	1명	전체	일어		로빈 로이드의 모험 (하권 97p)
2008.10.23	Falcata	SLG	KOEI TECMO	6,500	1명	전체	일어	S	팔카타 : 아스트란 파드마의 문장 (상권 43p)
2008.10.23	Atelier Marie Plus	RPG	KOEI TECMO	6,500	1명	전체	일어		마리의 아틀리에 : 잘부르그의 연금술사 (상권 114p)
2008.10.23	BLUE BREAKER BURST-2	FACT	HAMSTER	6,500	1명	12세	일어		블루 브레이커 버스트 : 미소 짓는 내일로 (상권 183p)
2009.3.12	BIOHAZARD 3 LAST ESCAPE	ACT	CAPCOM	6,500	1명	18세	일어	S	바이오하자드 3 : LAST ESCAPE (하권 72p)
2009.4.10	Arcade Hits ShienRyu	SHT	HAMSTER	6,500	1명	전체	일어	S	격왕 자염룡(하권 53p)의 염가판
2009.4.10	Master Of Monsters Akatsuki no Kenjatachi	SLG	HAMSTER	6,500	1명	전체	일어		마스터 오브 몬스터즈 : 새벽녘의 현자들 (상권 124p)
2009.4.10	THE AQUANAUT'S HOLIDAY: MEMORIES OF SUMMER 1996	SLG	HAMSTER	6,500	1명	전체	일어	×	아쿠아노트의 휴일 : MEMORIES OF SUMMER 1996 (상권 71p)

발매일	타이틀명	장르	발매사	가격(원)	인수	등급	언어	PS Vita	본서 소개 정보 (PS1 퍼펙트 카탈로그 기준)
2009.4.17	THE AQUANAUT'S HOLIDAY 2	ETC	HAMSTER	6,500	1명	전체	일어	×	아쿠아노트의 휴일 2 (하권 60p)
2009.4.28	LORD MONARCH	SLG	HAMSTER	6,500	1명	12세	일어		로드 모나크 : 신 가이아 왕국기 (상권 204p)
2009.4.28	BELTLOGGER 9	SHT	Genki	6,500	1명	12세	일어	×	벨트로거 9 (상권 87p)
2009.4.28	TAMAMAYU MONOGATARI	RPG	Genki	6,500	1명	전체	일어	×	타마마유 이야기 (상권 199p)
2009.5.1	FINAL FANTASY Ⅶ INTERNATIONAL	RPG	SQUARE ENIX	22,000	1명	12세	일어		파이널 판타지 Ⅶ 인터내셔널 (상권 131p)
2009.5.28	SOUMATOU(DARK DELUSION)	ACT	KOEI TECMO	6,500	1명	15세	일어		창마등 (하권 89p)
2009.5.28	MONSTER FARM JUMP	ACT	KOEI TECMO	6,500	1명	전체	일어		몬스터 팜 점프 (하권 154p)
2009.5.28	Kawa No Nushi Zuri	RPG	Marvelous	6,500	1명	전체	일어		강의 누시 낚시 : 비경을 찾아서 (상권 180p)
2009.5.28	KAGERO(TRAPT)	ACT	KOEI TECMO	6,500	1명	15세	일어		카게로 : 각명관 진장 (상권 174p)
2009.5.28	DECEPTION(KOKUMEIKAN)	ACT	KOEI TECMO	6,500	1명	15세	일어	S	각명관 (상권 72p)
2009.5.28	DEAD OR ALIVE	FACT	KOEI TECMO	6,400	1명	15세	일어	S	데드 오어 얼라이브 (상권 154p)
2009.5.28	Bokujou Monogatari Harvest Moon	SLG	Marvelous	6,500	1명	전체	일어		목장이야기 : 하베스트 문 (하권 92p)
2009.5.28	ANGEL EYES(TOUKI DENSETU)	FACT	KOEI TECMO	6,500	1명	12세	일어	S	투희전승 : ANGEL EYES (상권 140p)
2009.7.21	BRAVE FENCER MUSASHIDEN	ACT	SQUARE ENIX	6,500	1명	전체	일어	S	브레이브 펜서 : 무사시 전 (상권 173p)
2009.7.21	FRONT MISSION ALTERNATIVE	SLG	SQUARE ENIX	16,000	1명	12세	일어		프론트 미션 얼터너티브 (상권 142p)
2009.7.21	FINAL FANTASY	RPG	SQUARE ENIX	6,500	1명	전체	일어	S	파이널 판타지 (하권 195p)
2009.7.21	FINAL FANTASY TACTICS	SRPG	SQUARE ENIX	16,000	1명	전체	일어		파이널 판타지 택틱스 (상권 117p)
2009.7.24	DICE DE CHOCOBO	ETC	SQUARE ENIX	6,500	1명	전체	일어		초코보 컬렉션 (하권 95p)
2009.7.31	GAIASEED	SHT	HAMSTER	6,500	1명	전체	일어	S	가이아 시드 (상권 92p)
2009.9.8	TALL TWINS TOWER	PUZ	HAMSTER	6,500	1명	전체	일어		톨 : 트윈즈 타워 (하권 139p)
2009.9.8	VAGRANT STORY	RPG	SQUARE ENIX	6,500	1명	12세	일어		베이그런트 스토리 (하권 103p)
2009.9.25	THE RAPID ANGEL	ACT	HAMSTER	6,500	1명	전체	일어		쾌속천사 (상권 179p)
2009.10.23	FINAL FANTASY Ⅱ	RPG	SQUARE ENIX	7,400	1명	12세	일어		파이널 판타지 Ⅱ (하권 195p)
2009.11.6	FINAL FANTASY Ⅷ	RPG	SQUARE ENIX	21,000	1명	12세	일어	S	파이널 판타지 Ⅷ (하권 37p)
2009.11.20	Epica Stella	SRPG	HAMSTER	7,400	1명	전체	일어	S	에피카 스텔라 (상권 175p)
2010.2.5	NEKOZAMURAI	RPG	HAMSTER	7,400	1명	12세	일어		고양이 사무라이 (하권 41p)
2010.2.5	Mikagura Shoujo Tanteidan	ADV	HAMSTER	7,400	1명	15세	일어		미카구라 소녀탐정단 (상권 184p)
2010.2.5	Lucifer Ring	ACT	HAMSTER	7,400	1명	12세	일어		루시퍼 링 (상권 204p)
2010.3.9	Manpuku!! Nabe Kazoku	ACT	HAMSTER	구입불가	1명	전체	일어	×	미식 액션 게임 : 대식가!! 냄비 가족 (하권 177p)
2010.6.8	FINAL FANTASY IX	RPG	SQUARE ENIX	19,500	1명	전체	일어		파이널 판타지 IX (하권 123p)
2010.6.17	DonPachi	SHT	HAMSTER	6,800	1명	전체	일어	S	돈파치 (상권 83p)
2010.6.29	DODONPACHI	SHT	HAMSTER	6,800	1명	전체	일어		도돈파치 (상권 182p)
2010.6.29	METAL GEAR SOLID	ACT	KONAMI	8,000	1명	18세	일어	S	메탈기어 솔리드 (상권 181p)
2010.8.3	Shinobi no Roku	TBL	HAMSTER	6,800	1명	12세	일어	S	시노비노로쿠 (하권 135p)
2010.8.3	PUPPET ZOO PILOMY	SLG	HAMSTER	6,800	1명	전체	일어	S	퍼핏 주 필로미 (상권 57p)
2010.8.3	NOeL NOT DiGITAL	RPG	HAMSTER	6,800	1명	15세	일어		NOeL : NOT DiGITAL (상권 73p)
2010.8.3	KAKUGE- YAROU -FightingGameCreator	FACT	HAMSTER	6,800	1명	전체	일어		격투게임 죽돌이 : Fighting Game Creator (하권 103p)
2010.8.3	Jet Copter X	SLG	HAMSTER	6,800	1명	전체	일어		제트 콥터 엑스 (하권 175p)
2010.8.3	Family Diamond	TBL	HAMSTER	6,800	1명	전체	일어		패밀리 다이아몬드 (하권 177p)
2010.8.3	Family Chess	TBL	HAMSTER	6,800	1명	전체	일어	S	패밀리 체스 (하권 182p)
2010.8.3	Bakuretsu Akindo Uchuu Goushouden	ACT	HAMSTER	6,800	1명	전체	일어		우주호상전 : 폭렬상인 (상권 60p)
2010.8.3	Arcade Hits WOLF FANG	ACT	HAMSTER	6,800	1명	전체	일어	S	울프 팽 : 쿠우가 2001(상권 66p)의 염가판
2010.8.3	Zoku Mikagura Shoujo Tanteidan ~Kanketsu Hen~	ADV	HAMSTER	6,800	1명	15세	일어	×	속 미카구라 소녀탐정단 완결편 (하권 77p)
2010.8.5	DEWPRISM	RPG	SQUARE ENIX	6,800	1명	전체	일어		듀프리즘 (하권 77p)
2010.8.5	FRONT MISSION 3	ACT	SQUARE ENIX	6,800	1명	12세	일어		프론트 미션 3 (하권 70p)
2010.8.24	Tom Clancy's Rainbow Six	FPS	Ubisoft	6,800	1명	15세	영어		월드 그레이티스트 히츠 Vol.4 : 레인보우 식스 (하권 188p)
2010.8.31	Rayman	ACT	Ubisoft	6,800	1명	전체	영어	S	레이맨 (상권 46p)
2010.10.12	Bomberman Party Edition	ACT	HUDSON	6,800	1명	전체	영어	×	봄버맨 (상권 200p)
2010.10.12	BOMBERMAN FANTASY RACE	RAC	HUDSON	6,800	1명	전체	영어	×	봄버맨 판타지 레이스 (상권 178p)
2010.10.19	Bloody Roar	FACT	HUDSON	6,800	1명	15세	영어	×	블러디 로어 (상권 134p)
2010.10.19	Bloody Roar 2	FACT	HUDSON	6,800	1명	15세	영어	×	블러디 로어 2 (하권 35p)
2010.10.26	Military Madness: Nectaris	ACT	HUDSON	6,800	1명	전체	일어	×	넥타리스 (상권 152p)
2010.10.26	Bomberman Land	ACT	HUDSON	6,800	1명	18세	일어	×	봄버맨 랜드 (하권 148p)
2010.11.2	Chocobo no Fushigina Dungeon	RPG	SQUARE ENIX	6,800	1명	15세	일어		초코보의 이상한 던전 (상권 143p)
2010.11.16	Rayman 2: The Great Escape	ACT	Ubisoft	6,800	1명	전체	영어	S	Rayman 2: The Great Escape
2010.11.30	Street Fighter Alpha	FACT	CAPCOM	6,800	1명	12세	영어	S	스트리트 파이터 ZERO (상권 52p)
2010.11.30	Street Fighter Alpha 2	FACT	CAPCOM	6,800	1명	12세	영어	S	스트리트 파이터 ZERO 2 (상권 74p)
2010.12.2	Resident Evil Director's Cut	ACT	CAPCOM	6,800	1명	18세	영어		바이오하자드 : 디렉터즈 컷 (상권 130p)
2010.12.2	Resident Evil 2	ACT	CAPCOM	6,800	1명	18세	영어	S	바이오하자드 2 (상권 148p)
2010.12.2	Resident Evil 3 : Nemesis	ACT	CAPCOM	6,800	1명	18세	영어	S	바이오하자드 3 : LAST ESCAPE (하권 72p)

발매일	타이틀명	장르	발매사	가격(원)	인수	등급	언어	PS Vita	본서 소개 정보 (PS1 퍼펙트 카탈로그 기준)
2010.12.2	Dino Crisis	ACT	CAPCOM	6,800	1명	15세	영어		디노 크라이시스 (상권 61p)
2010.12.24	Parasite Eve	RPG	SQUARE ENIX	6,800	1명	15세	일어		패러사이트 이브 (상권 158p)
2010.12.24	Parasite Eve II	RPG	SQUARE ENIX	6,800	1명	15세	일어	S	패러사이트 이브 2 (하권 92p)
2011.1.18	Legend of Dragoon	RPG	SIE	6,800	1명	12세	일어		레전드 오브 드라군 (하권 89p)
2011.1.20	Legend of Mana	RPG	SQUARE ENIX	6,800	1명	전체	일어		성검전설 LEGEND OF MANA (하권 62p)
2011.1.25	Motor Toon Grand Prix	RAC	SIE	6,800	1명	전체	일어		모터 툰 그랑프리 (상권 39p)
2011.1.25	The Chronicles of Berdeseruba	SLG	SIE	6,800	1명	전체	일어		벨데셀바 전기 : 날개의 훈장 (상권 110p)
2011.1.25	CIRCADIA	RPG	SIE	6,800	1명	전체	일어	S	서카디아 (하권 32p)
2011.1.25	Gunners Heaven	SHT	SIE	6,800	1명	전체	일어	S	거너즈 헤븐 (상권 42p)
2011.1.25	Um Jammer Lammy	MUS	SIE	6,800	1명	전체	일어		움 재머 라미 (하권 43p)
2011.1.25	Arc the Lad : Monster Game with Casino Game	TBL	SIE	6,800	1명	18세	일어	S	아크 더 래드 : 몬스터 게임 with 카지노 게임 (상권 122p)
2011.1.25	Arc The Lad II	RPG	SIE	6,800	1명	전체	일어		아크 더 래드 II (상권 85p)
2011.1.25	Arc The Lad III	RPG	SIE	6,800	1명	18세	일어	S	아크 더 래드 III (하권 79p)
2011.1.25	I.Q Intelligent Qube	PUZ	SIE	6,800	1명	전체	일어		I.Q : 인텔리전트 큐브 (상권 99p)
2011.1.25	I.Q FINAL	PUZ	SIE	6,800	1명	전체	일어		I.Q FINAL (상권 203p)
2011.2.1	THE FIREMEN 2	ACT	HAMSTER	6,800	1명	전체	일어	S	더 파이어멘 2 : 피트 & 대니 (상권 52p)
2011.2.1	UNGRA WALKER	ACT	HAMSTER	6,800	1명	전체	일어	S	지하던전 걷기 (하권 187p)
2011.2.1	SuperLite1500 Series Oekaki Puzzle	PUZ	HAMSTER	6,800	1명	전체	일어		SuperLite 1500 시리즈 Vol.3 : 네모네모 로직 (하권 54p)
2011.2.1	SuperLite1500 Series Oekaki Puzzle 2	PUZ	HAMSTER	6,800	1명	전체	일어	S	SuperLite 1500 시리즈 : 네모네모 로직 2 (하권 99p)
2011.2.1	SuperLite1500 Series Oekaki Puzzle 3	PUZ	HAMSTER	6,800	1명	전체	일어	S	SuperLite 1500 시리즈 : 네모네모 로직 3 (하권 121p)
2011.2.2	SuperLite1500 Series Oekaki Puzzle 4	PUZ	HAMSTER	6,800	1명	전체	일어	S	SuperLite 1500 시리즈 : 네모네모 로직 4 (하권 142p)
2011.2.2	SuperLite1500 Series Oekaki Puzzle 5	PUZ	HAMSTER	6,800	1명	전체	일어	S	SuperLite 1500 시리즈 : 네모네모 로직 5 (하권 157p)
2011.2.9	SuperLite1500 Series Hooockey!!	SPT	HAMSTER	6,800	1명	전체	일어	S	SuperLite 1500 시리즈 : HOOOCKEY!! (하권 117p)
2011.2.9	ZIG ZAG BALL	ACT	HAMSTER	6,800	1명	전체	일어		지그재그볼 (상권 199p)
2011.2.10	GORYUZIN ELECTRO	TBL	HAMSTER	6,800	1명	전체	일어		오룡진 일렉트로 (상권 191p)
2011.2.10	SuperLite1500 Series COTTON 100%	SHT	HAMSTER	6,800	1명	전체	일어		SuperLite 1500 시리즈 : 코튼 100% (하권 201p)
2011.2.10	SuperLite1500 Series THE CURLING	SPT	HAMSTER	6,800	1명	전체	일어		SuperLite 1500 시리즈 Vol.4 : 더 컬링 (하권 60p)
2011.2.10	SuperLite1500 Series BOMB BOAT	PUZ	HAMSTER	6,800	1명	전체	일어		SuperLite 1500 시리즈 : 봄보트 (하권 191p)
2011.2.10	Love Game's WaiWai Tennis	SPT	HAMSTER	6,800	1명	전체	일어		Love Game's : 와글와글 테니스 (상권 104p)
2011.2.22	FINAL FANTASY VII	RPG	SQUARE ENIX	19,500	1명	12세	영어	S	파이널 판타지 VII (상권 100p)
2011.2.22	FINAL FANTASY VIII	RPG	SQUARE ENIX	19,500	1명	12세	영어	S	파이널 판타지 VIII (하권 37p)
2011.2.22	FINAL FANTASY IX	RPG	SQUARE ENIX	19,500	1명	전체	영어	S	파이널 판타지 IX (하권 123p)
2011.2.22	Hi·Hou·Ou	TBL	HAMSTER	6,800	1~4명	전체	일어		비·보·왕 : 이제 너랑은 말싸움 안 해!! (상권 112p)
2011.2.22	SuperLite1500 Series Angolmois99	TBL	HAMSTER	6,800	1명	전체	일어		SuperLite 1500 시리즈 : 앙골모아 99 (하권 68p)
2011.2.22	SILHOUETTE MIRAGE REPROGRAMMED HOPE	SHT	HAMSTER	6,800	1명	전체	일어	S	실루엣 미라쥬 : 리프로그램드 호프 (상권 174p)
2011.3.1	NOel ~ La neige	SLG	HAMSTER	6,800	1명	12세	일어		NOeL : La neige (상권 152p)
2011.3.1	elan	SLG	HAMSTER	6,800	1명	전체	일어	S	엘란 (하권 47p)
2011.3.1	SuperLite1500 Series Battle SUGOROKU THE HUNTER A.R.0062	TBL	HAMSTER	6,800	1명	전체	일어	S	SuperLite 1500 시리즈 : 배틀 말판놀이 '헌터' (하권 95p)
2011.3.1	SuperLite1500 Series Cards II	TBL	HAMSTER	6,800	1명	18세	일어		SuperLite 1500 시리즈 : 카드 II (하권 73p)
2011.3.1	SuperLite1500 Series QUIZ MASTER RED	TBL	HAMSTER	6,800	1명	전체	일어	S	SuperLite 1500 시리즈 : 퀴즈 마스터 레드 (하권 121p)
2011.3.1	SuperLite1500 Series QUIZ MASTER BLUE	TBL	HAMSTER	6,800	1명	전체	일어		SuperLite 1500 시리즈 : 퀴즈 마스터 블루 (하권 121p)
2011.3.2	Noel3 MISSION ON THE LINE	ADV	HAMSTER	6,800	1명	12세	일어		NOeL 3 : MISSION ON THE LINE (하권 43p)
2011.3.8	SuperLite1500 Series PANGAEA	RPG	HAMSTER	6,800	1명	전체	일어	S	SuperLite 1500 시리즈 : 판게아 (하권 68p)
2011.3.8	SuperLite1500 Series Pinball Golden Logres	ACT	HAMSTER	6,800	1명	전체	일어		SuperLite 1500 시리즈 Vol.10 : 핀볼 - 골든 로그레스 (하권 64p)
2011.3.8	SuperLite1500 Series QUIZ MASTER YELLOW	TBL	HAMSTER	6,800	1명	12세	일어	×	SuperLite 1500 시리즈 : 퀴즈 마스터 옐로 (하권 121p)
2011.3.8	Salary Man Champ Tatakau Salary man	TBL	HAMSTER	6,800	1명	전체	일어		샐러리맨 챔프 : 싸우는 샐러리맨 (하권 160p)
2011.3.8	Saikyou Ginsei Chess	TBL	HAMSTER	6,800	1명	전체	일어		최강 은성체스 (하권 195p)
2011.3.8	KohniShogun	ETC	HAMSTER	6,800	1명	전체	일어		고2 → 쇼군 (하권 137p)
2011.3.8	DIGITALGLIDER AIRMAN	SLG	HAMSTER	6,800	1명	전체	일어		디지털 글라이더 에어맨 (하권 72p)
2011.3.17	Shijin no Maki Koten Tsumego Shuu	TBL	HAMSTER	6,800	1명	전체	일어	S	고전 묘수풀이집 : 4신의 두루마리 (상권 56p)

발매일	타이틀명	장르	발매사	가격(원)	인수	등급	언어	PS Vita	본서 소개 정보 (PS1 퍼펙트 카탈로그 기준)
2011.3.22	ANOKODOKONOKO	TBL	HAMSTER	6,800	1명	12세	일어	S	그 사람은 어디에 (상권 176p)
2011.3.24	NOel ~ La neige Special	SLG	HAMSTER	6,800	1명	12세	일어		NOeL : La neige SPECIAL (상권 178p)
2011.3.24	elan plus	SLG	HAMSTER	6,800	1명	전체	일어		엘란 플러스 (하권 116p)
2011.3.24	SuperLite1500 Series ANOKODOKONOKO ENDLESS SEASON	TBL	HAMSTER	6,800	1명	12세	일어	S	SuperLite 1500 시리즈 Vol.9 : 그 사람은 어디에 – 엔들리스 시즌 (하권 63p)
2011.6.24	FINAL FANTASY V	RPG	SQUARE ENIX	15,600	1명	전체	일어	S	파이널 판타지 V (상권 155p)
2011.6.24	FINAL FANTASY VI	RPG	SQUARE ENIX	15,600	1명	전체	일어	S	파이널 판타지 VI (하권 43p)
2011.6.24	DARKSTALKERS 3 (VAMPIRE SAVIOR EX EDITION)	FACT	CAPCOM	6,800	1명	12세	일어	S	뱀파이어 세이비어 : EX 에디션 (상권 192p)
2011.6.24	CYBERBOTS	FACT	CAPCOM	6,800	1명	12세	일어	S	사이버보츠 : FULLMETAL MADNESS (상권 144p)
2011.6.24	DINO CRISIS 2	ACT	CAPCOM	6,800	1명	15세	일어		디노 크라이시스 2 (하권 131p)
2011.6.24	POCKET FIGHTER	FACT	CAPCOM	6,800	1명	전체	일어	S	포켓 파이터 (상권 167p)
2011.6.24	PLASMA SWORD	FACT	CAPCOM	6,800	1명	12세	일어	S	스타 글래디에이터 (상권 84p)
2011.6.24	Command & Conquer	SLG	Electronic Arts	6,800	1명	12세	영어	×	Command & Conquer
2011.6.24	Command & Conquer : Red Alert	SLG	Electronic Arts	6,800	1명	12세	영어	×	Command & Conquer : Red Alert
2011.6.24	Command & Conquer : Retaliation	SLG	Electronic Arts	6,800	1명	12세	영어	×	Command & Conquer : Retaliation
2011.6.24	Championship Bass	SPT	Electronic Arts	구입불가	1명	전체	영어	×	Championship Bass
2011.7.5	DINO CRISIS 2	ACT	CAPCOM	6,800	1명	전체	영어	S	디노 크라이시스 2 (하권 131p)
2011.7.5	SimCity 2000	SLG	Electronic Arts	6,800	1명	전체	영어	S	심시티 2000 (상권 94p)
2011.7.5	Sim Theme Park	SLG	Electronic Arts	6,800	1명	전체	영어	×	신 테마 파크 (상권 109p)
2011.7.5	Magic Carpet	FPS	Electronic Arts	7,400	1명	전체	영어	×	매직 카펫 (상권 101p)
2011.7.12	Extreme Pinball	ACT	Electronic Arts	구입불가	1명	전체	영어	×	Extreme Pinball
2011.7.12	HI-OCTANE	RAC	Electronic Arts	6,800	1명	전체	영어		하이옥탄 (상권 54p)
2011.8.9	Xenogears	RPG	SQUARE ENIX	6,800	1명	15세	일어		제노기어스 (상권 149p)
2011.8.9	Xenogears	RPG	SQUARE ENIX	6,800	1명	15세	영어		제노기어스 (상권 149p)
2011.8.30	MediEvil	AADV	SIE	6,800	1명	12세	영어		메디이블 : 되살아난 갤로미어의 용사 (하권 58p)
2011.9.1	ROCKMAN 1	ACT	CAPCOM	6,800	1명	전체	일어	S	록맨 (하권 67p)
2011.9.1	ROCKMAN 2	ACT	CAPCOM	6,800	1명	전체	일어		록맨 2 : Dr.와일리의 수수께끼 (하권 70p)
2011.9.1	ROCKMAN 3	ACT	CAPCOM	6,800	1명	전체	일어	S	록맨 3 : Dr.와일리의 최후!? (하권 72p)
2011.9.1	ROCKMAN 4	ACT	CAPCOM	6,800	1명	전체	일어		록맨 4 : 새로운 야망!! (하권 81p)
2011.9.7	BREATH OF FIRE IV	RPG	CAPCOM	6,800	1명	전체	영어	S	브레스 오브 파이어 IV : 변치 않는 것 (하권 115p)
2011.9.15	CHRONO CROSS	RPG	SQUARE ENIX	10,400	1명	12세	일어		크로노 크로스 (하권 83p)
2011.9.27	ROCKMAN 5	ACT	CAPCOM	6,800	1명	전체	일어		록맨 5 : 블루스의 함정!? (하권 87p)
2011.10.26	CHRONO TRIGGER	RPG	SQUARE ENIX	18,400	1명	전체	일어	S	크로노 트리거 (하권 81p)
2011.10.26	CHRONO TRIGGER	RPG	SQUARE ENIX	18,400	1명	전체	영어		크로노 트리거 (하권 81p)
2011.11.9	CHRONO CROSS	RPG	SQUARE ENIX	10,400	1명	12세	영어	S	크로노 크로스 (하권 83p)
2012.2.21	Dragon Seeds	SLG	HAMSTER	8,100	1명	전체	일어	S	드래곤시즈 : 최종진화형태 (상권 177p)
2012.2.21	Slam Dragon	FACT	HAMSTER	8,100	1명	12세	일어		슬램 드래곤 (상권 63p)
2012.4.24	WINNING LURE	SPT	HAMSTER	7,900	1명	전체	일어		파이팅 로드 시리즈 : 위닝 루어 (하권 126p)
2012.4.24	MerbyBabyStory	PUZ	HAMSTER	7,900	1명	전체	일어		마비 베이비 스토리 (하권 38p)
2012.5.15	Voltage Fighter GOWCAIZWER	FACT	HAMSTER	7,900	1명	12세	일어	S	초인학원 고우카이저 (상권 120p)
2012.9.19	Parasite Eve	RPG	SQUARE ENIX	7,900	1명	15세	영어	S	패러사이트 이브 (상권 158p)
2012.9.19	Parasite Eve II	RPG	SQUARE ENIX	7,900	1명	15세	영어	S	패러사이트 이브 2 (하권 92p)
2012.10.18	VAGRANT STORY	RPG	SQUARE ENIX	7,900	1명	12세	영어	S	베이그런트 스토리 (하권 103p)
2013.1.16	Turnabout	PUZ	HAMSTER	6,000	1명	전체	영어	×	우좌(U-SA) (하권 111p)
2013.12.11	Namco Museum Vol.1	ETC	Bandai Namco	9,500	1명	전체	일어		남코 뮤지엄 : VOL.1 (상권 49p)
2013.12.11	Namco Museum Vol.2	ETC	Bandai Namco	9,500	1명	전체	일어	S	남코 뮤지엄 : VOL.2 (상권 56p)
2014.2.18	Galaxian 3	SHT	Bandai Namco	7,200	1명	전체	일어	S	갤럭시안3 (상권 64p)

■ PlayStation 클래식 게임 (PC Engine) (11종)

일본 PC엔진용 과거 작품을 에뮬레이터 형태로 제공하는 소프트. 2024년 3월 시점에서는 PS3의 PlayStation Store로만 검색·구입이 가능하며, PS Vita에서는 검색도 제공도 되지 않는다. 언어는 모두 일본어판, 발매사는 모두 기본적으로 SIE(당시 SCEI)이다. 현 시점에선 PS3로 구입하고 USB 케이블로 동일 계정의 PSP에 설치해야만 플레이 가능하다.

발매일	타이틀명	장르	가격	인수	등급	본서 소개 정보 (PC엔진 퍼펙트 카탈로그 기준)
2009.9.25	Super Star Soldier	ACT	6,000	1명	전체	슈퍼 스타 솔저 (66p)
2009.9.25	BOMBERMAN '94	ACT	6,000	1명	전체	봄버맨 '94 (132p)
2009.9.25	Devil's Crush	TBL	6,000	1명	전체	데빌 크래시 (67p)
2009.9.25	New Adventure Island	ACT	6,000	1명	전체	타카하시 명인의 신 모험도 (106p)
2010.1.22	Bonk's Adventure	ACT	6,000	1명	전체	PC원인 (53p)
2010.1.22	Bonk's Revenge	ACT	6,000	1명	전체	PC원인 2 (87p)
2010.1.22	Dungeon Explorer	RPG	6,000	1명	전체	던전 익스플로러 (43p)
2010.4.2	Bonk 3 Bonk's Big Adventure	ACT	6,000	1명	전체	PC원인 3 (122p)
2010.11.16	GRADIUS	SHT	6,000	1명	전체	그라디우스 (92p)
2010.11.16	SALAMANDER	SHT	6,000	1명	전체	사라만다 (93p)
2010.11.16	DUNGEON EXPLORER II	ARPG	6,000	1명	18세	던전 익스플로러 II (121p)

■ NEOGEO STATION (16종)

네오지오용 과거 작품을 에뮬레이터 형태로 제공했던 소프트. 2024년 3월 조사 시점에서는 과거에 판매했었다는 기록만 남아있기에, 한국 PlayStation Store에서의 검색도 구입도 불가능하다. 따라서 현 시점에서는 플레이 역시 불가능하나, 데이터로서 정리해 둔다. 발매사는 모두 기본적으로 SIE(당시 SCEI)이므로, 리스트에서는 생략했다.

발매일	타이틀명	장르	인수	등급	언어
2010.12.22	FATAL FURY	FACT	1~2명	12세	영어
2010.12.22	SAMURAI SHODOWN	FACT	1~2명	12세	영어
2010.12.22	THE KING OF FIGHTERS '94	FACT	1~2명	12세	영어
2010.12.22	ART OF FIGHTING	FACT	1~2명	12세	영어
2010.12.22	METAL SLUG	ACT	1~2명	12세	영어
2010.12.22	MAGICIAN LORD	ACT	1명	전체	영어
2010.12.22	BASEBALL STARS PROFESSIONAL	SPT	1~2명	전체	영어
2010.12.22	SUPER SIDEKICKS	SPT	1~2명	전체	영어
2010.12.22	ALPHA MISSION 2	SHT	1~2명	전체	영어
2010.12.22	LEAGUE BOWLING	SPT	1~2명	전체	영어
2011.7.21	BASEBALL STARS 2	SPT	1~2명	전체	영어/일본어
2011.7.21	THE KING OF FIGHTERS '95	FACT	1~2명	12세	영어/일본어
2011.8.25	Shock Troopers	ACT	1~2명	15세	영어/일본어
2011.8.25	World Heroes	FACT	1~2명	12세	영어/일본어
2011.10.13	METAL SLUG 2	ACT	1~2명	12세	영어/일본어
2011.10.13	THE KING OF FIGHTERS '96	FACT	1~2명	12세	영어/일본어

플레이스테이션 포터블
퍼펙트 카탈로그

1판 1쇄 | 2024년 4월 25일
감 수 | 마에다 히로유키·조기현
옮 긴 이 | 김경문
발 행 인 | 김인태
발 행 처 | 삼호미디어
등 록 | 1993년 10월 12일 제21-494호
주 소 | 서울특별시 서초구 강남대로 545-21 거림빌딩 4층
www.samhomedia.com
전 화 | (02)544-9456(영업부) (02)544-9457(편집기획부)
팩 스 | (02)512-3593

ISBN 978-89-7849-704-6 (13690)